The General History
of the World

最新整理图文珍藏版

世界通史

图文再现世界 "四史"　温故知新人类文明

中国书店

英国资产阶级革命

1649 年 1 月 30 日的伦敦，清冷而阴暗。天刚蒙蒙亮，人们便迎着凛冽的寒风三五成群地向白厅宴会堂外面的广场涌去，把一个偌大的广场，挤得水泄不通。下午一点半钟，面对广场的宴会堂中间那扇窗子打开了，全场顿时肃静下来。在众目睽睽下，一个全身黑色装扮，面色惨白的瘦长中年人被带上宴会堂外面的绞刑台上。原来，他就是新近被国会宣布为"暴君、叛徒、杀人犯和英国全体善良人民的共同敌人"的英国国王查理一世，他已用专

蒸汽机车喷着烟雾，顺利地从隧道深处开出来的情景

制方法统治了英国二十四年。这一天是他当众被处决的日子。当执刑完毕后，群众振臂欢呼，互相拥抱，纷纷把帽子抛向天空以示庆贺。5 月，英国宣布成立共和国，在人民群众革命浪潮的推动下，英国封建专制制度被推翻了，君主制被取消了。英国资产阶级革命进入高潮。

大家知道，英国资产阶级革命开始于 1640 年，前后共经历近五十年，直到 1688 年才告结束。

革命前的英国是个农业国，人口只有四五百万，其中农民占五分之四以上。以国王为首的封建贵族和国教教会是英国最大的剥削者和反动势力。广大农民耕种的土地绝大部分属于他们，农民除向他们交纳大量封建地租外，还被一系列沉重的封建义务压得喘不过气来。无地的贫苦农民生活得更加悲惨。

15 世纪后半期，资本主义开始在欧洲发展起来。"为资本主义生产方式奠定基础的变革的序幕，是在 15 世纪最后三十多年和 16 世纪最初几十年演出的"。（马克思：《资本论》，《马克思恩格斯全集》第 23 卷，第 786 页）英国资本主义发展的特点是它首先深入农村。英国的毛纺织业特别发达，羊毛

珍妮纺织机

及毛织品畅销国外，从而使养羊事业成为有利可图的事。从15、16世纪以来，一部分地主贵族开始采用资本主义方式经营牧场。这部分贵族称为新贵族，以别于旧的封建贵族。他们一方面把自己分散的土地集中起来改为牧场；一方面大量圈占荒地、丛林、沼泽等公共土地，筑起篱笆，围以沟堑，饲养羊群。同时，他们还借助封建法庭势力，把农民从他们世代居住的土地上驱赶出去，把从农民手里掠夺来的土地改为牧场。被剥夺土地的农民无家可归，到处流浪，封建政权采用各种残酷刑罚，迫使他们遵守雇佣劳动制度所必需的纪律。这些措施为资本主义发展提供了大批廉价劳动力。这就是历史上所谓"圈地运动"。圈地是原始积累的一种典型方式。它实质上是使生产者和生产资料相脱离，把农民的土地转化为资本，把农民转化为资本家的雇佣奴隶。

从16世纪以来，英国资本主义工商业也有一定程度的发展，除广泛发展的毛纺织业已成为英国的民族工业外，采煤、冶铁以及锡、铜等冶炼方面也进入资本主义手工工场阶段，有的工场规

斯图亚特王朝复辟

模很大，拥有几千名工人。出现了诸如肥皂、火药、玻璃、造纸等新兴的工业部门。对外贸易和海外殖民的发展也很迅速。

封建王朝的专制统治引起了广大农民群众、资产阶级和新贵族的不满。农民们在忍无可忍的情况下，多次举行起义，他们的起义和斗争成为英国资产阶级革命的强大动力。封建政权不仅对农民实行残酷的统治，而且限制资本主义的发展。例如，国王为了保证封建国家的税收和兵源，禁止任意圈占土地，违者严惩。他还把肥皂、纸张、玻璃、毛织品等几百种商品划归为自己的专利，实行专卖。此外，国王还规定年收入在四十镑以上的土地所有者都要接受骑士称号，缴纳一定数目的骑士捐。国王的这些措施大大地损害了资产阶级和资产阶级化了的地主——新贵族的利益，他们结成同盟反对封建君主

16 世纪末伦敦

制。这是英国资产阶级革命一个很重要的特点。

英国封建王朝的反动专制统治到斯图亚特王朝时期达到顶点。

1603 年，英国都铎王朝女王伊丽莎白死后无嗣，由她的堂弟苏格兰国王詹姆士·斯图亚特继承王位，在英国称詹姆士一世（1603～1625 年），开始了斯图亚特王朝统治时期。詹姆士一世和他的儿子查理一世（1625～1649 年），高唱王权神授的反动理论，宣称他们的权利来自上帝，反对他们就是反对上帝，要受到严厉的惩治。他们无视议会的权力，巧立名目，任意摊派捐税。在宗教信仰方面，对于那些敢于批评英国国教、宣传清教的教徒们实行残酷的迫害。他们的反动统治，使英国经济陷于停滞，物价飞涨，广大人民群众挣扎在死亡线上。人民再也不能按照老样子继续生活下去了，纷纷起来进行斗争。资产阶级和新贵族也拒绝纳税。英国处于革命的前夜。1637 至 1639 年苏格兰的反英起义遂成为英国资产阶级革命的导火线。

1639 年，苏格兰人攻入英国北部。为了筹措军饷，1640 年 4 月查理一世被迫重新召开从 1629 年起就被他解散的议会。但这届

1839年汽锤的发明使重工业革命化

议会只存在三个星期，又被查理一世解散。然而在国内人民革命形势高涨和苏格兰人一再发动进攻的情况下，查理一世不得不再度召开议会。这次议会存在的时间很长，从1640年11月直至1653年4月，在英国历史上被称为"长期议会"。长期议会的召开，结束了十一年来查理一世的独裁统治，标志着英国资产阶级革命的开端。从此，资产阶级和新贵族在人民群众推动下，以议会为阵地展开了对查理一世和他的党羽——王党分子的斗争。

议会成立之初，查理一世迫于国内革命形势，对资产阶级和新贵族作了一系列让步，如宣布处死他的宠臣，国王不经议会同意不能任意解散议会和征税等。1640年底，议会又通过了《大谴责书》，列举查理一世及其政府最近十年来所有擅权渎职的罪行，和长期议会召开以来的成绩，并提出保证工商业自由发展，限制主教权力，建立对议会负责的政府等一系列符合资产阶级、新贵族利益的要求。

《大谴责书》是革命初期英国资产阶级的纲领性文件。查理一世拒绝接受，并于1642年初亲自带领四百名武装卫队冲入议会，企图逮捕正在开会的皮姆、汉普敦等五名反对派首领。查理扬言"要揪着那些反对派的耳朵，把他们拎出会场"，企图制造一起"血溅下院"的惨剧。然而皮姆等早已听到风声，在民兵保护下躲入资产阶级控制的伦敦城区。国王进入下院后，伦敦城内立即响起警报，民兵们集合起来，决心用武力保护议会。伦敦市民和附近的农民也都武装起来，严阵以待。国王亲自逮捕议员领袖的计划落空了。当国王走出会厅时，群众一起拥向国王，向他的轿车投掷革命传单，广大人民群众的行动粉碎了国王的阴谋，逮捕令被迫撤销。1月10日，当皮姆等五人胜利回到议会时，查理一世垂头丧气，不声不响地离开了伦敦，出走到北部的约克城。他企图在落后的北部和中部地区的封建贵族中寻找支持，英国处于内战的前夜。

1642年8月22日，查理一世在诺丁汉城升起了国王的军旗，正式向议会宣战。内战开始后，英国分裂为拥护议会和拥护国王的两大阵营。大致说来，工商业比较发达的东南部站在议会方面，而落后的西部和北部地区拥护国王。从阶级成分上看，城市资产阶级、新贵族、自耕农和租地农业家等支持议会，广大农民群众、手工业者、学徒工也都同情并大力支持议会。站在国王阵营一方的，主要是封建贵族、英国国教

伊丽莎白一世

会，以及部分地区的落后农民。站在议会方面的资产阶级和新贵族都属清教徒，他们衣着朴素，头剪短发（当时只有贵族才有留长发的特权），因而被称为"圆颅党"。而拥护国王的人多数属于衣着华贵、腰挎长剑、长发披肩的贵族，因此获得了"骑士党"的诨名。

从实力上说，优势在议会方面。因为主要工商业城市都在他们的控制之下，有较强的经济实力，财源丰实，还拥有许多重要港口。舰队和大量受过训练的民兵。而查理一世的据点则是落后的西部和北部地区，财政上只能依靠贵族的临时捐助，由于战争开始时革命领导权掌握在大资产阶级和新贵族的保守派手中。即掌握在长老派手中，他们害怕革命深入发展会触犯到他们的利益，不愿同国王彻底决裂，只求国王能做些让步，达成一些妥协就满足了。因此，尽管议会阵营处于优势地位，但打起仗来却屡遭失败。议会军的失败，引起了广大人民群众的不满。

1645年，军队的领导权转入代表中等资产阶级和中等新贵族利益的独立派手中。独立派同封建专制制度有较深刻的矛盾，他

们不同意长老派的妥协让步政策，要求对国王进行较坚决的战争，"打垮了国王再进行谈判"是他们的信条。独立派的首领是奥列弗·克仑威尔（1599～1658年）。内战开始后，他对议会军腐败、缺乏战斗力的情况十分不满。他建立了一支勇敢善战、纪律严明的军队。克仑威尔依靠这支军队，先后取得了马斯吞荒原之役（1644年7月）和纳斯比大战（1645年6月）的决定性胜利，扭转了战局。查理一世见势不妙，化装成仆人，北上逃往苏格兰，企图在那里养精蓄锐，卷土重来，然而苏格兰人把他拘捕起来，以四十万英镑的高价卖给了议会。议会把他囚禁在荷思比城堡中。第一次内战结束。1647年底，查理一世逃跑，到威特岛被郡长扣留。1648年2月起，王党又乘机在许多地方发动武装叛乱，挑起第二次内战。大敌当前，军队内部的独立派和平等派又联合起来，共同镇压王党叛乱。1648年8月，克仑威尔击溃了王党军队，9月，占领了苏格兰首都爱丁堡，第二次内战以议会阵营的胜利而结束。

内战结束后，长期议会的领导权转入独立派手中。他们在人民群众的压力下成立了一个高等法庭，对查理一世进行审判。法庭最后把查理一世判处死刑。处死查理一世，英国宣布为共和国，是英国资产阶级革命达到高潮的标志。

17世纪英国资产阶级革命是近代历史上划时代的革命运动。这次革命是发生在资本主义手工工场时期的革命运动，属于早期的资产阶级革命。在这次革命中资产阶级不是同人民群众结成联盟，而是同新贵族结成联盟共同领导革命，因而使革命具有保守性和不彻底性。它没有彻底消灭封建势力，农民对地主的封建依附关系依然存在，贵族在国家政权中仍占有重要职位。革命结束后，农民迫切要求获得土地的要求不仅没有得到解决，议会反而通过了一系列有关圈地的法令，变本加厉地剥夺农民的土地。到18世纪末，英国的自耕农已基本消失。尽管如此，英国资产阶级革命是历史上资本主义对封建制度的第一次重大胜利，它是人类从封建主义社会进入资本主义社会的里程碑，它为资本主义在英国发展扫清了道路。

英国资产阶级革命不但对本国，而且对所有欧洲国家反对封建制度的革命运动，都有着巨大的影响。马克思高度评价了这次革命，称它是"欧洲范围的革命"，它"宣告了欧洲新社会的政治制度"，这次革命意味着"资产阶级所有制对封建所有制的胜利"。（马克思：《资产阶级和反革命》（1848），《马克思恩格斯选集》第1卷，第321页）

英国第一次内战

1603年开始的斯图亚特王朝的反动统治，加剧了英国封建制度的危机，促进了革命的爆发。

国王詹姆斯一世崇拜16世纪以来在欧洲形成的专制主义理论，羡慕法国和西班牙的专制制度。他入主英国后，提倡"王权神授说"，宣扬国王是上帝派来统治人民的，国王的地位是神圣不可侵犯的，"国王是法律的创立者，而非法律创造国王"。他在登位后的第一届议会上宣称："议论上帝是渎神，议论君主是叛逆"。他表示不能忍受议会的权力，曾三次召开议会，又三次解散议会。他迫害清教徒，颁布命令禁止非国教的教派组织的存在及活动，为了维护宫廷的庞大开支，他千方百计地大肆搜刮，出售商业公司的专卖权，实行宫廷采买优先制，公开卖官鬻爵，规定男爵的价格为1千镑，子爵为1万镑，伯爵为2万镑。詹姆斯一世还对信奉天主教的西班牙采取联合政策。这些倒行逆施，既给广大劳动人民带来很大的灾难，也严重地损害资产阶级的利益，加深了资产阶级、新贵族和人民群众同以国王为首的封建势力的矛盾。

议会中的资产阶级和新贵族的代表逐渐形成对政府各项反动政策进行斗争的反对派。1628年，他们向国王提出《权利请愿书》，重申只有议会才有批准征税的权利，未经议会同意不得任意征税，对任何人没有法律的依据和法院的判决不得任意逮捕。查理一世为了得到议会的拨款，被迫接受了这份请愿书。但是国王在吨税和磅税问题上同议会发生了争议。查理一世提出终身征收这两种税收的要求，遭到议会的拒绝。国王就在1629年解散了议会，开始了长达十一年的无议会统治时期。

在这期间，查理一世及其宠臣斯特拉福伯爵和劳德大主教变本加厉地推行高压政策和搜刮政策。他们逮捕清教徒并对其严刑拷打，使之大批逃亡海外。同时恢复了诺曼时代所采用过的"船税"。还扩大了专卖权的范围，连纽扣、别针都被包罗进来，这就使没有专卖权的企业纷纷倒闭，工人失业，商品价格上涨，工商业受到严重的摧残。一部分中小资产阶级被迫携带资本移居国外。资产阶级、新贵族和封建专制王权的矛盾空前地尖锐化。

苏格兰起义是英国革命的导火线。詹姆斯一世继承英国王位后，苏格兰并未并入英国，仍保持着自己的独立的政治体系。苏格兰封建贵族的势力很大，而国王的力量薄弱，专制主义尚未形成。苏格兰经过宗教改革，长老会派教会占统治地位。长期以来，詹姆斯一世和查理一世就企图在苏格兰建立封建专制制度。1637年，劳德大主教命令苏格兰长老会派教会在举行宗教仪式时使用英国国教会祈祷书，引起了苏格兰人的起义。1639年，苏格兰起

在战斗中，克伦威尔领导着"断模范军"奋勇杀敌。

义军攻入英国境内。

查理一世为了筹集经费，不得不再次召开议会。这届议会于1640年11月3日召开，一直存在到1653年4月，史称"长期议会"。它成了资产阶级和新贵族对封建王权进行斗争的活动中心，以及革命的领导机关。长期议会的召开揭开了英国资产阶级革命的序幕。

长期议会开幕以后，反对派议员猛烈抨击国王的政策，提出了对国王宠臣斯特拉福伯爵的审判案。这是资产阶级、新贵族对国王的公开挑战。议会先后逮捕了斯特拉福和苏德大主教。反对派领袖约翰·皮姆代表下议院在上议院里控告斯特拉福时说："使斯特拉福逍遥法外，就意味着议会的解散。"

查理一世极力为斯特拉福辩护，并图谋用武力解散议会。消

詹姆士二世逃往法国

世界通史

最新整理图文珍藏版

息传出后，伦敦数万名市民、帮工、学徒、小手工业者手持刀、剑、棍棒聚集到王宫前，要求马上处死这个"臭名昭彰的罪犯"。1641年5月10日，国王不得不签署了斯特拉福的死刑判决书。5月12日，斯特拉福被推上断头台。过了四年，劳德大主教也被处死。

长期议会通过了一些限制国王权力的法案。《三年法案》规定，每三年至少召开一次议会，国王未经议会同意不得解散议会。议会还撤销了最为人民痛恨的专制政体的重要机构"刑室法庭"和"高等宗教法庭"。同时，废除了专卖制度，禁止征收吨税、磅税、船税及其他苛捐杂税。

1641年11月22日，议会通过《大抗议书》，全文共204条，除对查理一世的暴政胪列详尽以暴诸于天下外，还要求国王保证工商业自由，"录用那些议会所能信任的枢密大臣"。这实际上是要建立责任内阁制，显然是君主立宪制的雏形。《大抗议书》提交议会讨论时，会场沸腾，群情激昂。议员们皆拔出佩刀，势将决裂。最后以159票对148票的微弱多数通过。这说明随着斗争的深入，议会里发生了剧烈的政治分化。《大抗议书》起了号召人民起来反

对王权的积极作用。

查理一世拒绝批准《大抗议书》。1642年1月3日，国王签署诏令，宣布反对派领袖约翰·皮姆、约翰·汉普顿、阿瑟·海兹利洛、丹吉尔·霍里斯和威廉·斯特罗德为"叛逆"。第二天，查理一世亲自带领300名武装人员去下议院逮捕他们。这五名反对派领袖事先得知消息，避入伦敦市区。

1月5日，国王又到伦敦商业区去搜捕反对派领袖。这时，伦敦市民和附近各郡农民共计10万人，手持武器，涌上街头，赶赴反对派领袖隐匿的地方，声援议会，使国王未能得逞。皮姆等五名议员在群众的护送下回到了下议院，查理一世感到自己在伦敦的处境十分孤立，于1月10日离开首都，北上到约克城，在那里纠集保王势力，拼凑反革命武装。1642年8月22日，查理一世在诺丁汉升起了军旗，宣布"讨伐"议会，挑起了第一次内战。

内战开始后，英国分为两个敌对阵营。站在国王一边的，是封建贵族、国教会上层僧侣，还有一部分同国王有联系的大资产阶级和官僚。他们大多是国教教徒和天主教徒。拥护议会的，主

要是资产阶级、新贵族、城市平民、手工业者和自耕农。他们大多是清教徒。

伦敦桥，出自菲斯海尔的伦敦地图，约绘于1950年。

从交战双方的力量对比看，优势在议会方面。议会所控制的东南部地区，经济发达、人口稠密，物产丰富，财源充足。全国的税收总额至少有4/5来自这里。议会据有许多重要港口、工商业大城市和船队，可以利用其海上的优势地位截断国王与外界的联系。议会军人数较多，并得到人民群众的支持。而国王盘踞的西部和北部地区，经济比较落后，财源很不可靠。在军队的数量上，王党军远不如议会军。它代表的是腐朽没落的封建势力，不得人心。当时，有个大臣警告查理一世说："陛下，在一个美丽的夜晚，赤手空拳就可以捉住您！"

内战开始的头两年，议会军一再失利，王党军几乎完全掌握了进攻的主动权。1642年10月，王党军试图攻取伦敦。10月23日，与议会军在沃里克郡的埃吉山发生第一次战斗。王党军投入7000多人的兵力，议会军参战人数有7500人，战斗异常激烈。10月29日，王党军占领牛津。11月12日，攻占距伦敦只有7英里的布伦特福，首都告急。在伦敦4000名民兵和附近的农民武装的英勇抗击下，才粉碎了国王攻取伦敦的计划。1643年夏，王党军占领了约克郡的几个工业城市，南下进逼林肯郡。

在西部和西南部，议会军连吃败仗。7月26日，王党军攻占英国第二大港口布里斯托尔。同年秋，王党军再次围攻伦敦。9月20日，在纽伯里发生激战。这一次又是由于伦敦民兵的英勇出击，使首都转危为安。到1643年底，王党军控制了英格兰北部五个郡、西部各郡和威尔士，以及中部的牛津郡、柏克郡，几乎占领了3/5的国土。

内战初期，议会军之所以失利，主要是由于掌握议会领导权的长老会派的动摇妥协，不愿与国王彻底决裂。他们把战争只看作是迫使国王让步、谋求妥协的一种手段。议会军总司令埃塞克斯伯爵曾说，问题只在于国王承认"宪法"，而不是消灭君主制度。他们作战不坚决，加上议会军缺乏统一指挥，贻误战机，造成了军事不利局面。

在这关键时刻，议会军中涌现出了杰出的将领克伦威尔。他出身亨丁顿郡的新贵族家族，1628年进入议会，1641年参与起草《大抗议书》。内战刚爆发，他组织了一支骑兵队，加入议会军，并参加了埃吉山战役。1642年底，由于克伦威尔的努力，诺福克、萨福克、剑桥、埃塞克斯和赫里福德等东部五郡，组成"东部联盟"，共同对付王党军。之后，林肯郡和亨丁顿郡也加入了这个联盟。克伦威尔是东部联盟的组织者。他四处奔走，筹集军费，招募志愿兵。到1643年6月，东部联盟的军队已达1.2万人。在克伦威尔的提议下，由曼彻斯特担任总司令。这支军队成为议会军的主要支柱。克伦威尔的军队又是东部联盟军的骨干力量。它主要是由自耕农和手工业者组成。克伦威尔注意任用有军事才能的

平民如锅炉工约翰·福克斯、马车夫托马斯、普莱德、皮鞋匠纽森、约翰等为中下级军官。这支军队纪律严明，英勇善战，深受群众的欢迎。当议会军在其他战场丢城失地时，克伦威尔所在的东部联盟军却始终保持完整。1643年5至10月间，克伦威尔在林肯郡的格兰萨姆、盖恩斯巴勒和温斯比接连打了三次胜仗。1644年1月，他被议会擢长为中将。

进入1644年，战争进程开始出现了对议会军有利的形势，议会军虽然在西部和中部作战还异常吃力，但在北部和东部各郡已占一定优势。这一年夏初，东部联盟军收复了林肯郡的大部分土地。在这之前，利文伯爵率领的苏格兰盟军已进入英格兰，解放了约克郡大部地区，并同斐迪南德，费尔法克斯的议会军会师。5

中世纪基督教堂彩色玻璃窗上的宗教画

月，东部联盟军总司令曼彻斯特亦率军来会合。6 月，议会军开始围攻约克城。

这时，国王命令鲁珀特亲王率王党军从兰开夏火速北上，和在北部作战的纽卡什尔公爵的军队会合。议会军被迫停止围攻约克城的军事行动，向西撤退，在约克城西北约 10 公里的马斯顿草原与王党军相遇，发生了内战以来第一次大规模的战役。议会军投入兵力达 2.7 万人，其中有骑兵 7000 人，列阵在托克威思迤长的小丘上，居高临下，取攻势。王党军集结了 1.8 万人，其骑兵人数与议会军相等，布阵在草原以南。

1644 年 7 月 2 日凌晨，双方开始猛烈炮击。入夜，克伦威尔指挥的骑兵队首先发起进攻。未几，鲁珀特进行反击，两军肉搏。克伦威尔大破王党军右翼阵地。但议会军在进攻王党军左翼阵地中遇到顽强抵抗。托马斯、费尔法克斯的骑兵为戈林王党军所挫。克伦威尔托付戴维，莱斯利的苏格兰军追击鲁珀特残部，自己率军直扑戈林的后方，同托马斯·费尔法克斯会合，一举击溃戈林的骑兵。之后，克伦威尔掉过头来援助中路议会军，把王党军打

得七零八落。鲁珀特败退约克城。

在马斯顿草原战役中，议会军毙敌 4000 人，俘敌 1500 人，缴获了大批武器。这个战役是议会军由失利走向胜利的转折点。7 月 16 日，议会军攻克约克城。接着又收复了王党军所控制的北部地区。克伦威尔在战斗中果敢大胆，善于运用机动灵活的战术，表现了卓越的军事才能。他的军队屡建战功，获得了"铁骑军"的称号。

战争的进程表明，议会必须迅速改变犹豫动摇的态度，采取坚决的措施，才能与王党军进行胜利的斗争。1644 年 12 月 9 日，克伦威尔在下院发表演说，提出了实行根本的军事改革，提高军队战斗力的主张。在以克伦威尔为首的独立派的坚持下，议会于 1645 年 2 月通过了《新模范军法案》。主要内容是：建立一支编制为 2.2 万人的军队，其中约 1/3 为骑兵，其余为步兵，确定从国家预算中拨发军费每月为 4 万千镑。还规定军队实行统一指挥，统一纪律条令，军服划一；实行强迫募兵原则，以保证军队的补充来源。《新模范军法案》的实行，是英国军事史上的一个重大变革。从此，英国建立起了一支以东部

联盟军队为基础的、统一指挥的有纪律的正规军。它在加强议会军力量方面起了很大的作用。

1645 年 4 月初，议会通过《自抑法》，规定议会议员不得担任军队将领职务，担任军事职务的议员必须在 40 天内辞去军职。根据这个法案，解除了长老会派埃塞克斯、曼彻斯特等人的军队职务。议会任命托马斯·费尔法克斯为新模范军总司令。只有克伦威尔例外，他身为议员，仍被任命为副总司令。经过改组，议会军的领导权完全掌握在独立派手里。从此，形成了长老会派控制议会，独立派掌握军队的局面。

6 月 14 日晨，议会军和王党军在北安普敦郡内斯比附近相遇。议会军有 1.4 万人，其中骑兵 5600 人，而王党军只有 7500 人，其中骑兵 4000 人。鲁珀特亲王首先突入议会军艾尔顿部的防线。克伦威尔采取侧面攻击的战术，先击溃王党军左翼兰代尔和阿斯特利的部队，然后再打其中央。经过三个小时持续的战斗，王党军几乎全部被歼灭。这次战役，议会军摧毁了王党军的主力，为夺取内战的最后胜利打下了基础。

内斯比战役后，内战并没有马上停止。王党军在西部和西南部地区还有相当的力量。从 1645 年 7 月起，议会军继续追击王党军。9 月 14 日，收复了布里斯托尔。到 1646 年上半年，敌人盘踞的 50 个要塞相继向议会军投降。1646 年 6 月 24 日，议会军攻克王党军的大本营牛津。查理一世乔装成仆人逃到苏格兰，落入了议会军的同盟者苏格兰军队手中。1647 年 2 月 1 日，苏格兰以索取 40 万镑的代价把国王交给英国议会。查理一世被囚禁在内斯比附近的赫姆比城堡中。3 月 16 日，议会军攻占敌人在威尔士的最后一个要塞——哈莱克城堡。第一次内战以议会获胜而结束。

英国第二次内战和共和国的成立

第一次内战打败了王党之后，革命阵营内部各阶级、各政治集团之间的矛盾上升到主要地位。

长老会派是内战的既得利益者。在政治上，他们控制了实际上已成为国家最高权力机关的议会，并把它作为维护自己利益的工具。在经济上，他们在拍卖王党和教会的土地中捞到很大的好处，大批土地落入大资产阶级和上层新贵族之手。

但是，整个社会的经济和政治状况却没有得到多少改变。战争时期国库财政支出巨大，掌握议会实权的长老会派增加税收，摊派到广大群众和中小资产阶级的头上。这使得本来就处在粮食歉收和物价高涨夹击下的下层民众更难以生存，而中小资产者所缴付的税额也并不低于国王统治时期。在革命的中心问题土地问题上，捞到好处的仅是大资产阶级和新贵族上层。对于大多数新贵族来说，"骑士领有制"虽经法令废除，但他们并没有在革命中谋得地产的实际扩展。至于农民所担负的封建义务，则基本上没有受到触动。第一次内战后，长老会派议会把中小资产阶级和广大群众排斥在应有的政治权利之外，对思想言论严加控制，引起社会各阶级的普遍不满和抗议。独享革命果实的长老会派竭力终止革命，与国王握手言和。

内战刚刚结束，长老会派领袖沃里克·曼彻斯特和霍兰就同囚禁中的查理一世进行恢复王位的谈判，迫不及待地同国王达成妥协。他们准备同国王妥协的条件是：在20年内剥夺国王的军权。20年后，国王只有在议会的同意下才能支配军队；国王必须收回一切反对议会的声明；议会有权把开会地点迁到有利于自己的地方去，等等。他们只是企图剥夺和限制国王的军事大权和让国王承认议会的既得权利，对国王的行政大权根本没有触及。长老会派还感到军队的继续存在，将是实现其阴谋的严重阻碍。所以，他们在内战胜利后不是摒弃国王，而是排除战胜了国王的军队。由于当时长老会派控制着议会，独立派掌握着军队，两派之间的政治斗争就表现为议会与军队的冲突。

1647年2月19日，议会通过了长老会派提出的解散军队的议案。它规定除保留一支6000人的军队外，其余的骑兵和步兵全部解散，被解散的士兵只可以参加远征爱尔兰的军队。消息传到军队后，遭到士兵和一部分下级军官的强烈反对。政府拒绝补发所欠薪饷更激起士兵的严重不满。克伦威尔在描述当时士兵的情绪时写道："人们从来没有像现在这样的激愤。"

领导士兵同议会进行斗争的是反映小资产阶级利益的激进派别——平等派。平等派领袖约翰·李尔本出身于小贵族家庭，是一个小资产阶级民主主义者。平等派思想在第一次内战期间已开始流传。它从人民主权学说出发，认为政权就其产生和本质而言是来源于人民的，政府的主要任务是保障人民的利益。它要求取消一切封建特权，实行信仰自由和商业自由，取消王权和上议院，实行普选制，建立资产阶级民主共和国。这些主张不同程度地反映了城乡小资产阶级和下层人民的利益。

在平等派思想的影响下，军队中的士兵为保卫自身的利益而自动组织起来。1647年4月，各团选出了"士兵鼓动员"，组成"士兵鼓动员委员会"。它成为团结和领导士兵的核心。平等派领袖塞克斯比为鼓动员拟定了工作细则，规定了鼓动员的宗旨，就是要同所有"士兵和王国各郡怀有善意的人们"保持联系，按为人民谋福利的方针办事，对那些"隐蔽的、公开的以及进行暗害活动的敌人"保持警惕，监视国王及保王党人的阴谋活动，并为政治改革而奋斗，以达到"确立公民自由"的目的。士兵鼓动员委员会的建立，表明军队中以平等派士兵为核心的政治力量开始形成。

克伦威尔对士兵的革命行动虽然忧心忡忡，但由于他对长老会派独揽行政大权不满，深恐长老会派与王党勾结威胁到独立派的利益，所以，他不愿意失去自身力量的支柱——军队，便改变了原来与长老会派分享政权的妥协态度，转而依靠士兵，企图利用军队的力量去同长老会派进行斗争。

1647年5月底，克伦威尔表示愿与大多数高级军官站到士兵方面来，并答应士兵的要求，拒绝执行议会遣散军队的命令，与长老会派决裂。军队为防止长老会派与国王勾结，于6月2日派骑兵到赫姆比城堡，将查理一世押到军队的大本营纽马克特，把国王控制在自己手里，以割断长老会派同国王的联系。与此同时，克伦威尔为控制军队中平等派士兵，保持独立派对军队的领导权，成立了以高级军官为主体的全军会议，吸收士兵鼓动员参加，作为代表全军讨论重大问题的机构。

6月5日，在肯特福德—希思召开的全军会议上，通过了《庄严协约》和《军队声明》，以全军名义拒绝执行议会解散军队的命令，提出补发军队欠饷、实行政治改革等要求。这是独立派和平

1653年，奥立弗·克伦威尔的画像

派夺取议会的多数铺平道路，又可以把劳动群众排除在议会之外。这个纲目还提出保留上议院和君主制，在国王及两院之外设立国务会议，在得到议会同意下，它有宣战和外交权力。这样，王权受到了限制，部分行政权力转归对议会负责的国务会议。独立派的政治纲领就是要求建立君主立宪制度。从8月底开始，克伦威尔以《军队建议纲目》为基础与国王谈判。查理一世对其中限制王权的规定很不满意，因而拒绝接受。

《军队建议纲目》对人民利益的忽视引起了群众的不满。克伦威尔和国王的妥协活动也遭到平等派的猛烈抨击。在平等派的影响下，鼓动员着手拟定自己的政治纲领——《人民公约》，提出未来的议会"应根据人口数量按比例地分配名额"，由人民选出的代表所组成的下议院是国家的最高权力机关，它享有立法权、决定战争和媾和权，以及制定对外政策和任免官吏的权力。《人民公约》贯穿着主权在民的思想，实质是要建立一个没有国王、没有上议院的资产阶级民主共和国。这是对独立派的政治主张的直接回击。

等派结成暂时同盟的标志。在平等派的推动下和伦敦人民的广泛支持下，1647年8月6日，军队开进伦敦，许多长老会派议员仓皇逃走。议会的实权暂时落到独立派手里。

议会控制权易手之后，军队内部早已存在的独立派高级军官和平等派士兵之间的矛盾表面化了。两派各自按照本阶级的利益提出了政治主张，斗争集中在未来国家制度和选举权问题上。

1647年8月1日，独立派发表了《军队建议纲目》，要求解散现存议会，重新进行选举。提出新议会应两年召集一次，各郡议员名额的分配应依其对王国纳税额的多寡而定。实行以财产为基础的比例代表制，既可以为独立客观现实使克伦威尔意识到平等派已成为军队中一个不容忽视的政治力量。他决定把两派的文件提交全军会议讨论。在1647年10月28日召开的帕特尼会议上，双方针锋相对，争论非常激烈。平等派公开反对王权统治，要求取消君主制。雷恩斯博罗就直截了当地说："我反对国王，也反对任何危害人民的政权"。独立派则主张继续保存受议会制约的王权。克伦威尔、艾尔顿认为君主制在英国是不可动摇的，取消君主制将是政治体制改革中"过大的飞跃"，其后果是"混乱"和"杂乱无章"，给国家将带来"一片无尽的废墟"。

在平等派的影响下，伦敦街头和士兵中间出现了传单，要求撤掉团队中的独立派军官。11月，九个团队的士兵举行武装示威，帽子上贴着《人民公约》和"给人民自由，给士兵权利"的标语，克伦威尔眼看无法平服士兵们的革命情绪，便断然采取行动。11月11日，克伦威尔驱逐了与会的士兵鼓动员，强令解散全军会议，它的职能由军官所组成的军事委员会代替。

革命阵营内部的分裂，给国王以可乘之机。1647年11月11

日夜晚，查理一世从纽马克特逃出，到了南方的怀特岛。他一面同长老会派谈判；一面又秘密地同苏格兰代表劳德戴尔勾结，缔结了密约。条约规定，国王批准圣约，三年之内在英国成立长老派教会，镇压异教徒独立派；苏格兰封建集团则答应提供武装力量，打击议会军，帮助国王复辟。查理一世加紧煽动各地王党叛乱，准备新的战争。

1648年2月，保王党人在西南部发动叛乱，挑起了第二次内战。大敌当前，独立派谋求与平等派合作。4月29日，在温泽召开的军官会议上，克伦威尔答应战胜王党后实行《人民公约》，将查理一世交付法庭审判。独立派和平等派重新联合，保证了第二次内战的胜利。

内战在西部、东南部和北部三个地区展开。1648年5月3日，克伦威尔率领一支近七千人的精锐部队，从伦敦向南威尔士进发。5月24日，在彭布鲁克同王党军发生激战。双方僵持了一个多月。7月9日，议会军用重炮强攻，迫使保王派司令波耶尔投降。与此同时，议会军向肯特郡进军，6月2日，占领梅德斯顿城。接着又攻陷罗彻斯特、多佛尔等城市，拔除了王党军在东南部的最后据点。

威胁主要来自北部的苏格兰人。慑于英国革命对苏格兰的影响，苏格兰长老会派右翼支持英国反革命势力。1648 年 3 月 2 日，爱丁堡设立了"危险委员会"，拟定军事行动计划，并建立一支 9 万人的军队，策划武装干涉。4 月 26 日，苏格兰议会向英国议会发出带有最后通牒性质的咨文，要求取缔独立派和其他民主教派；所有英国人必须接受长老会派圣约；允许国王返回伦敦，与议会进行谈判；一切被驱逐出议会的议员应返回下院；除保留为保障国家所必需的警备队外，军队必须解散。7 月 8 日，苏格兰军队侵入英国，穿过兰开夏向南推进。北部处在紧急状态中。

议会军在击溃西部和东南部王党军之后，马上挥师北进，迎击苏格兰军。8 月初，克伦威尔占领诺丁汉，攻下唐卡斯特，随后回师向西，突然出现在苏格兰军的侧翼。8 月 16 日，克伦威尔和王党军、苏格兰军在普雷斯顿相遇。在这个战役中，议会军歼灭了苏格兰军主力，俘敌 1 万人，并活捉了敌将兰代尔和汉密尔顿。9 月 21 日，克伦威尔向爱丁堡挺进。苏格兰新政府官员出城迎接，并设宴为克伦威尔洗尘。苏格兰政府宣布废除旧政府与查理一世签订的一切条约，解散苏格兰军队。10 月 7 日，克伦威尔离开爱丁堡返回英国。

当议会军离开伦敦去进攻王党军的时候，长老会派又在议会里占了优势。在内战过程中，长老会派与国王进行恢复王位的谈判。1648 年 11 月，议会通过决议，规定除在某些城市保留一部分军队作为警卫部队外，其余军队一律遣散，长老会派的倒行逆施引起了军队和人民群众的愤慨。议会军在消灭了王党叛乱返回伦敦途中，11 月 30 日发表宣言，宣布下议院大多数议员是叛徒，为了人民的利益，必须把他们清洗掉。

12 月 2 日，军队开进伦敦。12 月 6 日晨，艾尔顿命令普莱德上校率领军队包围了威斯特敏斯特宫。普莱德把住议会大门，手持下议院议员名单，逐个驱逐长老会派议员。结果，有 47 名议员被捕，96 名议员被开除，有的议员自动退出了议会。这就是英国历史上有名的"普莱德清洗"。从此，议会由长老会派转移到独立派手中。

1648 年 12 月 23 日，议会宣布查理一世为反对议会、发动内战的罪魁，是爱尔兰人和苏格兰人对付英格兰的同盟者，应交付法庭审判。在人民群众和士兵的推动下，独立派宣布下议院为国家最高权力机关，由议会和军队共同组成特别高等法庭审判国王。在审判过程中，每天都有大批群众聚集在法庭附近，高呼"审判"和"处死"等口号，1649 年 1 月27 日，法庭宣判查理一世为"暴君、叛徒、杀人犯和我国善良人民的敌人"，处以死刑。1 月 30日，查理一世被押上断头台。2月，下议院通过决议，宣布解散上议院，规定一院制议会为国家最高立法机关，把行政权交给以克伦威尔为首的军队所控制的国务会议。1649 年 5 月 19 日，英国正式宣布废除君主制，成立共和国。

英国内战是英国资产阶级革命过程中，资产阶级、新贵族和封建专制王权之间为争夺政权而进行的一场阶级大搏斗。通过两次内战，资产阶级、新贵族打败了王党军，建立了共和国，从而为英国资产阶级革命的胜利发展铺平了道路。

"光荣革命"与君主立宪

1688 年 10 月，荷兰全国各大城市、各主要地区，所有的港口、码头、主要街道以及通衢小巷，只要是引人注目的地方，都贴满了揭露英国国王詹姆士二世的反动统治，以及奥兰治亲王的宣言等花花绿绿的宣传品；世界上第一次大规模的宣传攻势，正在这里全面展开。这究竟是怎么一回事呢？

1660 年，斯图亚特王朝开始在英国复辟，查理二世回到英国以后，反攻倒算，倒行逆施，就连死去的克伦威尔都不能放过，同样重新施加绞刑；好端端的一个英国，霎时间变得乌云翻滚，白色恐怖笼罩大地。查理二世复辟二十多年，弄得英国简直面目全非。

1685 年，查理二世病死，王位由他的弟弟詹姆士二世继承。他前后在位三年，不仅没有废除原来的反动措施，反而变本加厉地推行查理二世的内外政策，兄弟相比，可谓后来者居上，有过之而无不及。詹姆士二世是个"君权至上"论者，虔诚的天主教

英国议会大厦

徒，狂热的亲法派，完全继承了查理二世的反动衣钵。他即位以后，依然从法国王室秘密领取津贴；降低法国商品的关税率，听命于路易十四，按照法国的意旨办事。1687年，他发布"信教自由宣言"，废除反天主教的法律，企图在英国恢复天主教的统治；在宫廷里公开举行天主教的礼拜仪式，成批释放被囚禁的天主教徒，公开委派天主教徒充任军官、大学校长，把他们送上统治阶级的宝座；在牛津成立出版社，大量印发天主教的宣传品，制造反动舆论。

詹姆士二世的反动统治，严重地损害和侵犯了大资产阶级和新贵族的利益，同时也遭到广大人民群众的反对。这是为什么呢？因为在英国新贵族中，有很多人曾经廉价购买过大批寺院土地，如果天主教一旦恢复，他们手中的土地，就将有重新被夺回和重新丧失的危险。就是在国教内部，像上层主教和教士这些人，也是忧心忡忡，惟恐天主教重新恢复，如果恢复天主教，他们的领地、什一税和世袭福利将全部丧失。詹姆士二世的反动统治，对广大人民来说，更是一种灾难和罪恶，所以，人民群众的反对情绪，正在与日俱增。

1688年，一个反抗詹姆士二世反动统治的运动正在兴起，一场革命风暴逐渐酝酿成熟。这年4月，詹姆士二世下令，在所有教堂中宣读"信教自由宣言"，但是，人们已经不那么顺从了。譬如，广大群众拒绝参加天主教仪式的礼拜；在威斯敏斯特修道院做礼拜时，人们只要一听到美化和吹捧国王的宣传，就纷纷退场离去。弄得教士们十分尴尬。詹姆士二世面对这种日益高涨的反抗情绪，图穷匕首见，开始动用暴力了。他首先逮捕一批不服从命令的主教，交付法庭审判，但陪审员完全违背国王意志，宣告他们无罪。情况表明，詹姆士二世不仅已经众叛亲离，就连他的国家机器也都运转失灵了。

当英国王权遭到严重挑战的时候，资产阶级和新贵族，日益

世界通史

最新整理图文珍藏版

感到复辟的斯图亚特王朝，已经不能维护自己的阶级利益，决定结束詹姆士二世的统治，准备再次"换马"了。那么，人选呢？最后被他们选中的是荷兰执政奥兰治亲王；他们认为这是自己最理想的代表。

奥兰治亲王威廉本来是英国王室的姻亲，他的夫人玛丽，是詹姆士二世的长女。威廉所以被英国资产阶级选中，有两方面原因：一是詹姆士二世无子，长女玛丽是王位的当然继承人；就习惯和法理来说，威廉入主英国，仿佛是无可非议的，不应该引起任何争议和冲突。二是威廉的政治态度完全适应资产阶级的需要。他不仅是新教国家首领，同天主教势不两立，而且他一直把法国视若仇敌。如果他能登上英国王位，资产阶级的两块心病，马上就可根除：既可以使英国摆脱法国势力的影响，又可以保证英国不再成为天主教国家。说来也巧，1688 年 6 月，詹姆士二世喜得王子，从而，使玛丽的王位继承权发生了新的变化。于是，围绕王位继承问题，统治阶级上层的矛盾日趋激化。1688 年夏，英国资产阶级、新贵族派出代表，同威廉举行谈判，要求他对英国实行武装干涉；一场宫廷政变在秘密策划中。6 月 30 日，在谈判双方已经私下拍板成交、达成协议的情况下，为了给威廉来到英国披上合法外衣，英国议会两党领袖和一位主教，向威廉发出公开邀请，敦促他立即来英国，以保护人们的自由。威廉接到邀请以后，当即表示同意；并于 10 月 10 日发表宣言，对英国人民的苦难，假惺惺地深表"同情"；并且声称，他去英国的目的，主要是为了保护"新教、自由、财产及自由的议会"；一邀一就，一唱一和，一出滑稽的双簧，表演得惟妙惟肖，配合得十分默契。

为了保证出师有名，马到成功，威廉在出发之前，作了一系列准备工作。在舆论方面，他不顾任何情谊，向他的岳父发起了一个历史空前的宣传攻势，他把自己的"宣言"和揭露詹姆士二世罪行的宣传品，到处张贴，据考证，这种宣传攻势，在历史上还是第一次。

当一切准备全部就绪之后，1688 年 10 月 19 日，威廉率领军舰 600 艘，士兵 1.5 万人，开始向英国进发了。11 月 5 日，在英国西南部的托尔基海港登陆。8 月，到达埃克西特城；随后开始向伦敦挺进。面对威廉的武装进攻，在英国统治阶级上层，有两种根本不同的反映。詹姆士二世听说威廉大兵压境，十分惊慌，他立即要求法国出兵干涉。当时，法国正忙于争夺欧洲大陆霸权，根本无暇西顾，也抽不出一兵一卒，只好眼睁睁地看着领有自己津贴的英国代理人走向绝望、陷于灭亡。而英国西南、中部和北部各城乡的资产阶级、新贵族，却多半都投到了威廉方面。伦敦的资产阶级更迫切地期待着威廉的到来；他们千里迢迢来到威廉军队的驻地，表示自己的热忱，倾诉自己的一片衷心。至于那些王族、大臣，甚至还有王军总司令部的成员，以及詹姆士二世的次女和女婿，也都一起背叛国王，投向威廉方面。詹姆士二世完全被遗弃了。所以，前线没有发生什么战斗，威廉就顺利地取得了胜利。

当詹姆士二世眼看大势已去，再也无法招架的时候，决定逃往法国，以便在那里得到庇护。他首先打发王后和他那刚满半岁的王子离开英国，随后他也在12月10日夜间，仓皇化装出逃，但被士兵中途截回伦敦。上兵们的这种认真态度，看来并不符合威廉的意图。因为詹姆士二世的出逃，

恰好使英国国王虚位以待，给威廉提供了上台的大好时机。1688年12月28日，威廉下令放走詹姆士二世，使他第二次流亡法国。同一天，威廉进驻白厅，一场由资产阶级策划的宫廷政变，最后宣告完成。这场政变，我们叫它"1688年政变"。这次政变是一次没有经过流血、没有人民群众参加、而更替政权的历史事变，所以资产阶级史学家称它为"光荣革命"；其实，它并没有什么光荣，不过是女婿使用政变手段，取代了岳父的政权罢了！

1689年1月，英国国会宣布詹姆士二世"自行退位"；把政权交给威廉和他的妻子玛丽。2月13日，威廉被宣布为英王，玛丽为英国女王、国后，实行双王统治；行政大权由威廉掌握，称威廉三世。

随着资产阶级"换马"任务的完成，英国的政治形式也出现了某些波动。中世纪以来的世袭君主制，议员世袭的贵族院等等，虽然被完整地保留下来，但是，资产阶级为了使这种政治形式更能保障自己的利益，适合自己的需要，而把无限的君主权力，限制在有限的宪法范围之内。为此，1689年，英国国会颁布《权利法

案》。法案限制了王权，保障了资产阶级和新贵族的权力；它规定没有经过议会同意，国王不得废止法律，不得征税，不得在平时招募和维持常备军；它也规定臣民有权向国王请愿；议员在议会中的言论，在会外不受任何机关的弹劾和质问；国王必须经常召开议会会议等等。1701 年，国会进一步通过《王位继承法》，规定国王个人无权决定王位继承问题，对王位继承作出了一系列限制。它规定威廉死后如果无嗣，王位应由忠于新教的、詹姆士二世的幼女安娜继承；如果将来安娜也是无嗣的话，那么，王位将属于汉诺威选侯。《权利法案》和《王位继承法》，确立了英国君主立宪制的基本原则，排除了天主教徒继承英国王位的可能性，它规定了国会的权利和国王的权限，保留了国王的形式，用立法手段限制了国王的权力，这种政治形式，历史上叫做"君主立宪"制。君主立宪制的统治，使大资产阶级和新贵族，牢固地控制了政权，巩固了资产阶级革命的成果。

但滑稽的是，君主立宪制的故乡，虽然是在英国，它理应是世界上最早产生宪法的国家，然而，时至今日，英国还是把一堆习惯法、判例和法令，杂烩一起，权且充当宪法，它根本没有一部成文的东西。

法国启蒙运动与资产阶级革命

"18 世纪在世界历史上是一个不寻常的世纪，是启蒙的世纪、理性的世纪，是一个离它的前一个世纪——17 世纪——古典主义世纪相隔甚远的世纪，而与 15、16 世纪——文艺复兴的世纪靠得更近的世纪。"启蒙运动高举的理性大旗在 18 世纪是时代的旗帜。资产阶级反对封建主义的王权、神权和特权的思想斗争经历了很长的时期。文艺复兴是近代西方

伏尔泰雕像

第一次思想大解放运动，启蒙运动则是第二次，而且是在更高的理性学说基础上进行的。如果说文艺复兴是将人性从神权、禁欲里解放出来的话，启蒙运动乃是将人类从宗教教条、盲目信仰中解放出来，充分发挥人类的聪明才智，用理性之光照亮未来的自由王国。在文艺复兴的旗帜上写着的是人文主义，在启蒙运动的旗帜上写着的是人道主义。显而易见，作为一场深刻的思想运动，启蒙运动既是对文艺复兴的继承和延续，更是它的深入和发展。康德在描述启蒙所面临的历史现实时指出："到处是不要思想的呼叫。军官说，'不要思想，执行吧！'征税者说，'不要思想，付钱吧！'教士说，'不要思想，信仰吧！'"18世纪最后一位启蒙哲学家孔多塞在谈及启蒙思想家的神圣使命时呼吁："一刻也不停地

孟德斯鸠塑像

宣称：理性的独立、著述的自由，是人的权利，是人的解放"，他号召他们"发出战斗的吼声：理性、宽容、人道"。

启蒙运动的代表人物有伏尔泰、孟德斯鸠、卢梭、狄德罗、霍尔巴赫、爱尔维修和平民思想家梅利叶、摩莱里及马布处等人。他们犹如灿烂的群星，照耀在法国天空上，给法国人民带来了光明和希望。

伏尔泰（1694～1778年）是18世纪上半叶法国资产阶级启蒙运动的领袖和导师。他出生在巴黎一个富裕的资产阶级家庭。青年时期因讽刺摄政王奥尔良公爵被逐出巴黎；1717年又因写诗讽刺宫廷贵族而被捕，关押于巴士底狱。在狱中他创作了第一部悲剧《欧第伯》，剧中抨击宗教、批判朝政。1725年，又因和小贵族德·洛昂发生冲突而被捕入狱，释放后被逐出法国，流亡英国。他在英国住了三年，考察了英国的政治制度、社会风俗，研究了牛顿、洛克等人的哲学、科学思想，写出了他的第一部哲学和政治专著《哲学通信》（又名《英国通信》）。此书于1743年出版后，因宣传唯物主义反对封建专制主义而被判决焚毁。伏尔泰本人也

被通缉，被迫逃亡到偏僻的小城西雷，在夏德莱侯爵夫人的城堡中住了15年。在此期间他写了哲学专著《形而上学论》、《牛顿哲学原理》以及大量戏剧、诗歌、小说。1750年，他接受了普鲁士国王的邀请前往德国，在那里住了五年，著有历史著作《路易十四朝记事》。当伏尔泰发觉腓特烈二世只是利用他的声誉来粉饰普鲁士的专制统治时，毅然逃离柏林，在法国和瑞士的边境凡尔那购买了费因城堡，度过了生命中最后的二十几年。这一时期他著有《哲学辞典》、历史著作《彼得大帝统治下的俄罗斯》、《议会史》、哲理诗《里斯本的灾难》、哲理小说《老实人》、《天真汉》、《耶诺与高兰》、《白与黑》等著作。1778年，伏尔泰重返巴黎，受到人民的热烈欢迎。这时达到他一生事业和荣誉的顶点，最终确立了他在18世纪法国启蒙运动

洛河瓦决战时的情景

中的崇高地位。如同维克多·雨果所说的："伏尔泰的名字所代表的不是一个人，而是整整一个时代。"同年5月13日，84岁高龄的伏尔泰与世长辞。

伏尔泰是启蒙文学的主将，享有"哲学家国王"的美誉。他的全集包括哲学著作、历史著作、史诗、抒情诗、讽刺诗、哲理诗、哲理小说、五十多部悲剧和喜剧以及一万余封信札，是一位留下了丰富文化遗产的伟大作家。他第一个将莎士比亚戏剧介绍到法国，又成功地将元曲《赵氏孤儿》改编为《中国孤儿》，为世界各民族文化交流事业做出了卓越贡献。

伏尔泰的哲学观点基本上是唯物主义的。在《哲学通信》中，他把洛克的唯物主义经验论介绍到法国，并批判了各种唯心主义观点。这本著作成为当时资产阶级反对封建专制的强大思想武器。

伏尔泰承认外在世界的客观性。认为物体的本质在于广袤和不可入性；即使一个人又聋又瞎，只要他有触觉，就不会怀疑那些使他感到坚硬的东西的存在。

伏尔泰的唯物主义观点是以自然神论的形式表现的，恩格斯指出："公开的唯物主义或自然神论，成为法国一切有教养的青年

的信务。"伏尔泰认为："运动并不是凭自身而存在的；因此必须求助于一个最初的推动者。……整个自然界，从最遥远的星辰直到一根草芒，都应当服从一个最初的推动者。"他承认在客观世界之外有一个上帝，因为"万物都是宇宙中的艺术，而艺术证明创造主的存在"。但是，伏尔泰承认的上帝与教会宣传的赏善罚恶的人格神并不一样。他认为上帝通过一次创造活动创造了现实世界之后，就不再干预人间的事物了。宇宙是一架巨大的机器，上帝只是使"世界机器"运动而又不干涉它的活动的"伟大数学家"。至于教会宣传的上帝的属性和本质，伏尔泰宣称："我是生成不能理解它们的"，"有一个神这一命题并不能给我们一个关于神是什么的观念。"由此可见，伏尔泰的"上帝"并不是天主教所崇拜的偶像，而是其机械唯物主义的逻辑所导致的必然结果，他以自然神的形式肯定了自然界及其规律的客观性，这在当时是摆脱宗教束缚的一种简便易行的方法。

在认识论方面，伏尔泰推崇洛克的《人类理智论》，他自述："我跑了许多很不幸的弯路，疲惫困顿……我又回到洛克这里来了，就像一个浪子回到他父亲那里一样。"他赞同洛克的经验论原则："一切观念都通过感官而来。"他批判了笛卡儿的天赋观念论，认为"人心里根本没有天赋观念"。他反对不可知论，对理性怀有信心。他说："我们不应当因为人类不能认识一切，就阻止人类去寻求于自己有用的东西"，"你的眼睛虽然比不上林赛的尖锐，但切不可因此不擦掉你的眼屎。"

作为一个资产阶级启蒙思想家，伏尔泰对封建制度的精神支柱——天主教教会作了淋漓尽致的批判，这是他一生中的最光辉业绩。他首先批驳了主张人们生来就有神的观念的说法，指出小孩并没有神的观念，非洲一些民族也没有神的观念，基督教是建立在"最下流的无赖编造出来的最卑鄙的谎话"的基础之上的。一切社会罪恶都来源于教会所散

福隆德运动中，巴黎市民举行集会，准备发动武装起义的情景。

世界通史

最新整理图文珍藏版

布的蒙昧主义，基督教的历史是一部残酷的血腥史。据他统计，人类因基督教而损失了1700万生灵，他痛斥教皇、主教是"两足禽兽"、"文明的恶棍"；僧侣们是寄生虫，是"社会败类"；特别是宗教裁判所更犯下了令人发指的罪行，比拦路抢劫的强盗还可恶。伏尔泰在许多书信中总是写上一句"消灭败类"，以表示消灭宗教的决心，他宣扬理性、科学、信仰自由和宗教宽容思想。在长诗《亨利亚特》中歌颂了主张信教自由，结束了长期宗教战争的法国国王；在《奥尔良的处女》中赞扬了被宗教裁判所判处火刑的法国民族女英雄贞德。他积极参与现实斗争，动员社会力量为遭受天主教迫害致死的新教徒卡拉等

辉煌的凡尔赛

人平反昭雪。

伏尔泰社会政治思想的出发点是"自然法权论"。他认为"法律是自然的女儿"，"每一个精神健全的人心里都有自然法的概念"，它的基本原则是："这种法律既不在于使别人痛苦，也不在于以别人的痛苦使自己快乐。"这里，虽然宣扬了所谓永恒不变的人性，但是，实际上是以追求资产阶级的自由、平等，宣传君主立宪为基本内容的。他赞成开明君主制度，把依靠君主实行自上而下的改革，作为达到消灭封建等级制度，实行自由、平等的理性王国的手段。在他心目中，经过资产阶级革命后所建立的英国政治制度就是他所向往的理想。他说："英国是世界上抵抗君主达到节制君主权力的唯一国家，他们由于不断的努力，终于建立了这样开明的政府：在这个政府里，君主有无限的权力去做好事，倘若想做坏事，那就双手被缚了；在这个政府里，老爷们高贵而不骄横，且无家臣；在这个政府里，人民心安理得地参与国事。"可是，他向封建君主兜售的"自上而下"实行改革的主张在事实面前屡次遭到破产。70年代以后，由于法国封建专制国家和"第三

等级"的矛盾日益尖锐，他逐渐倾向于共和制度，表现出对革命的期望。他说"我所看到的一切，都在传播着革命的种子。""时机一到，革命立刻就要爆发的。"

孟德斯鸠（1689~1755年），出身于法国吉伦特省特尔多市附近的柏烈德庄园的一个贵族世家。在10岁时入奥拉托里的教会学校，在那里学习五年。1706年，他回到波尔多学习法律，从此到1714年专门研究法律，准备继承本族世袭的波尔多议长的职位。1716年，他的伯父——孟德斯鸠男爵去世。按照伯父的遗嘱，他承袭了"孟德斯鸠男爵"的封号继任波尔多议长，长达十年。在这期间，他深刻地了解到法国社会的腐败和封建社会的流弊，同时也阅读了大量书籍，研究过解

《论法的精神》是孟德斯鸠众多著作中最著名的一部

剖学、植物学和物理学，写过《论海水的涨潮与落潮》、《论物体的透明性》、《论相对运动》等论文；也研究过法律、历史、文学、哲学等人文科学。1726年孟德斯鸠以高价卖掉世袭的议长职位和男爵封号，迁居巴黎，全力从事研究和著述。1728年被推选为法国科学院院士，开始长途旅行，曾到过奥地利、匈牙利、意大利、法国、瑞士、荷兰等国进行学术考察。1729年开始他在英国住了两年，研究英国的哲学和政治，被选为英国皇家学会会员和柏林皇家科学院院士。1731年，他回到波尔多老家的庄园，专心写作。1755年，66岁高龄的孟德斯鸠再次出游，不幸在旅途中患病，于2月份在巴黎逝世。

孟德斯鸠的第一部重要著作是《波斯人信札》，1721年以化名"彼尔·马多"发表于荷兰的阿姆斯特丹。《波斯人信札》是他用书信体撰写的一部作品，开创了哲理小说的先河。《信札》由160封信组成。作者通过两位旅居巴黎的波斯青年向本国亲友描绘自己所见所闻的形式，对当时法国的政治、时事、法律、宗教等问题进行评述，攻击路易十四是位暴君，揭露教皇是"精神魔术

世界通史

最新整理图文珍藏版

师"。作品还批判了上流社会的腐朽生活，嘲笑资产阶级艳羡贵族的门阀封号。此外，作者还臆造出"穴居人"的故事，将其美化为一个宗法社会，赞颂那里以人的自然品质所维系的社会生活，借以表达个人的社会理想。作为一部讽刺作品，《波斯人信札》并无完整系统的情节，也鲜见具体的人物性格的描写，但它明确无误地阐发了作者的启蒙思想和见解，这种写作手法为后来的哲理小说风格奠定了基础。

1734 年，他发表的《罗马盛衰原因论》是一部严肃的历史著作，书中谴责了专制统治，颂扬了罗马的共和制度。1748 年出版的《论法的精神》是孟德斯鸠最

画中描绘的是法国皇太子出生时，在驻罗马的法国大使华宅中所举行的奢华音乐盛宴场面。

重要的著作，他自述："我毕生精力，耗尽在《论法的精神》一书。"在当时，这是一部进步的社会政治理论著作，受到广泛欢迎，两年内连续印行 22 版，并很快译成多种文字出版。中国有严复的译本——《法意》，对当时的资产阶级民主革命有一定的影响。这部著作受到了欧洲反动势力的诽谤，为了进行反击，孟德斯鸠在1750 年曾匿名发表了《为〈论法的精神〉辩护和解释》一文。

孟德斯鸠在《论法的精神》的第一页指出："法，就最广的意义来说，就是由万物的本性派生出来的必然关系：在这个意义之下，一切实体都有它们的法；神有神的法，物质世界有物质世界的法，在人之上的天使有天使的法，禽兽有禽兽的法，人有人的法。"他所说的法，重点在于物质世界的规律、法则。他说："既然我们看到，这个由物质的运动造成的、并无理智的世界是永远存在的，那么它的运动就一定有一些不变的法则"，"这些法则是一种确定不移的关系。"孟德斯鸠认为在一切法之先的是自然法，自然法"是唯一从我们的存在结构派生出来的"。它是人处于建立社会之前的状态中所接受的法。孟

德斯鸠反对霍布斯的"人与人之间像狼一样"的信条，主张第一条自然法就是和平。第二条自然法是由于感到匮乏而促使他设法养活自己的法则。第三条自然法是由于互相接近、互相依恋而彼此之间永远在进行的自然祈求。最后一条自然法就是过社会生活的展望。但是，在人们进入社会之后就丧失了软弱的感觉；国与国之间、个人与个人之间为了争夺利益就出现了战争状态，这就是促使人们立法的原因。孟德斯鸠认为法的基础是理性。"一般的法，就其统治地上一切民族而言，就是人类理性；每一个国家的政治法和公民法，应当只是应用这种人类理性的特例"。孟德斯鸠把法放在主宰一切的、高于神之上的地位，把上帝和人世严格分开，努力从人类社会本身来解释历史。他把从人的本性派生出来的自然法说成是人类社会固有的发展规律，把理性看成是政府所制定的法的基础，这就破除了封建制度下"君权神授"的神话，对于批判封建专制制度、建立资产阶级国家起了推动作用。

孟德斯鸠认为历史上存在过三种政体：共和政体、君主政体和专制政体。"共和政体是全体人民或仅仅一部分人民握有最高权力的政体；君主政体是由单独一人执政，不过遵照固定的和确立了的法律；专制政体是既无法律又无规章，由单独一个人按照一己的意志和反复无常的性情领导一切"。他反对专制政体，认为在这种政体下："一切事情都可以骤然地导致革命，革命是不能预见的。"他主张像英国那样的君主立宪制。他认为共和政体的原则是品德，君主政体的原则是荣誉，专制政体的原则是恐怖。马克思曾批评过这种唯心主义的观点，指出："君主政体的原则总的说来就是轻视人，蔑视人，使人不成其为人；而孟德斯鸠认为君主政体的原则是荣誉，他完全错了。"

孟德斯鸠主张政治自由，认为"一个公民的政治自由乃是一

法国人像

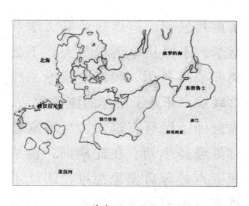

普鲁士的发展

种精神上的安宁，这种安宁来自人人都感到安全。"但是，他又指出，"政治自由并不在于想做什么就做什么"，"自由就是做一切法律许可的事的权利"。他认为"民主制和贵族制从本性上说并不是自由的国家。政治自由只能存在于适中的政府中"。他所谓的适中的政府就是指君主立宪制。不过，在适中的国家中也并非永远有政治自由，他认为："有一条颠扑不破的经验：凡是有权力的人，总要滥用权力""为了使人们不致滥用权力，必须作出妥善安排，以权力牵制权力。"孟德斯鸠发展了洛克的三权分立说，提出："任何国家都有三种权力：立法权，执行有关国际法事务之权，执行有关公民法事务之权。"后二者也就是国家行政权和司法权。他认为这三种权力机构应彼此分立而又互相钳制，绝不能集中于同一机构或同一人。"立法权和行政权为同一个人或同一个官厅并揽时，就没有自由可言""如果不把司法权与立法权和行政权分开，也没有自由可言""如果由同一个人或同一个要人团体、贵族团体或人民团体来行使这三种权力，即制定法律的权力，执行公共决议的权力，和审理罪行或个人争端的权力，那就一切都完了"。孟德斯鸠的三权分立说在当时具有反封建的意义，代表了法国资产阶级向封建统治者"分权"的要求；它的基本原则在不同程度上为后来的许多资产阶级国家所采用。

孟德斯鸠是资产阶级地理学派的创始人，在《论法的精神》中，他用五章的篇幅论述政治、法律与地理环境的关系。他主张地理条件规定着民性和制度；气候、土壤和地域影响着民族的性格、感情、道德、宗教、风俗和法律，甚至决定国家的政体。他说："酷暑令人形神皆惫，失去勇气"，"寒冷的地方有一种身体和精神上的力量使人能够作种种耐久、辛劳、巨大、勇毅的活动"，"土地硗薄能使人勤勉持重，坚忍耐劳，勇敢善战……土地膏腴则因安乐而使人怠惰，而且贪生畏死"，"因此热带民族的怠惰几乎总是使他们成为奴隶，寒带民族的勇敢则使他们保持自由"，"海岛民族比大陆民族更重视自由。""艰苦的山区享有的自由，胜于得天独厚的地区"，"单独一人的统治最常见于土地肥沃的国度，而若干人的统治则见于不肥沃的国度。"他以普鲁泰克的话为例证："山区的人竭力要求人民的统治；平原的人要求豪门的统治；近海的人则拥护两者混合的统治。"

孟德斯鸠这种片面地夸大地理环境对社会发展的作用的观点是错误的。地理环境固然是人类社会生存和发展的必要条件，但它只是一种外部因素，它有可能加速或延缓社会的发展，但社会制度的变革及其性质毕竟是由物质资料的生产方式所决定的。就孟德斯鸠批判了君权神授说的唯神史观来说是应该肯定的；但他无视社会物质经济生活对政治制度的决定作用，仍然陷入唯心主义的历史观。

狄德罗（1713～1784年）出生于朗格尔市一个富裕的手艺世家，父亲是刀具匠。少年时他曾在天主教会的学校中学过神学。1732年，狄德罗获得巴黎大学文科硕士学位后，对神学感到厌恶，父亲又把他送到律师事务所里学了两年法律，但他却爱好文学和数学，不愿从事诉讼事务，于是离开了事务所，和家庭断绝了经济联系，开始了十年的流浪生活，靠翻译、代写布道文、当家庭教师等维持生活。在此期间，他结识了卢梭等启蒙思想家，阅读了许多自由思想家的著作，专心研究了自然科学、语言和哲学等学科，终于成为一位著名的启蒙思想家，并成为启蒙运动的领袖人物之一。

1746年，狄德罗发表了第一部哲学著作《哲学思想录》。当时他是一个自然神论者，在书中批判了天启、奇迹等宗教神学，此书立即被巴黎议会下令焚毁。但是，这只是更激发了他向封建势力斗争的勇气。1749年，他发表的《供明眼人参考的谈盲人的信》中否定上帝的存在，转变到无神论的立场。由此，他又遭到封建统治者的迫害，以传播危险思想的罪名被关进文森监狱的城堡主塔。出狱后，他积极投入《百科全书》（即《科学、艺术和工艺详解辞典》）的编纂工作并任主编，通过编辑工作团结了一大批号称"百科全书派"的进步知识分子。由于他不屈不挠、坚持不懈的努力，经过二十多年的奋斗，终于完成了这部卷帙浩繁的巨著。恩格斯曾经赞扬道："如果说，有谁为了'对真理和正义的热诚'（就这句话的正面的意思说）而献出了整个生命，那么，例如狄德罗就是这样的人。"

狄德罗感情丰富、思维敏捷、才华横溢。他不仅是一个哲学家，自己也创作过小说和剧本；对于小说、戏剧、绘画等理论也有精湛的专门研究，是一个有影响的美学家。狄德罗的美学观点同样以启蒙思想为基础。他反对古典主义的原则，主张艺术要模仿自然，提出"美"即是"描绘和事

卢梭的雕像

物本身的吻合"。在造型艺术理论方面，他的主要作品是《沙龙》和《论绘画》，关于戏剧理论的重要著作则有《论戏剧诗》等。他创造了一种介乎悲剧和喜剧之间的启蒙戏剧体裁——正剧，主张戏剧要表现资产阶级的平民，并且在《私生子》和《家长》这两部正剧的创作中实践了这一思想原则。

狄德罗的主要哲学著作有：《哲学思想录》（1746年）、《供明眼人参考的谈盲人的信》（1749年）、《对自然的解释》（1754年）、《拉摩的侄儿》（1762年）、《达朗贝与狄德罗的谈话》（1769年）、《达朗贝的梦》（1769年）、《关于物质和运动的哲学原理》（1770年）等。

狄德罗关于物质和运动的学说包含着丰富的唯物主义的辩证法思想。

在实体观方面，他继承了斯宾诺莎关于宇宙间只有一个实体的思想，不同意笛卡尔主张有两个实体的二元论；但是他也克服了斯宾诺莎认为物质只是实体的一种属性的观点，明确断言这一个实体就是物质本身。他认为要假定任何一个处在物质宇宙之外的实体，都是不可能的。他驳斥

了宗教唯心主义宣传的上帝是最高实体的观念，他说："我承认，我们很难接受一个实体，它存在于某个地方，而又不与空间上的任何一点相合；我们很难接受一个实体，它是没有体积的，又占有体积，而且在这个体积的每一个部分里都是完整的；在本质上与物质不同，而又与物质联合为一体；跟在物质后面推动物质，而自身又不动；影响物质，而又受物质的一切变迁的影响：这样一个我对它几乎毫无观念的实体，一个具有这样矛盾的性质的实体，是很难接受的。"

狄德罗把许多性质不同的物质微粒称为"元素"，认为自然就是元素的组合。他强调元素是异质的，各元素有本质上的区别，否则就不能解释物质世界各种现

狄德罗一生最大的贡献是编纂了《百科全书》

象的多样性。他说："在我看来，说自然界的一切东西都由一种完全同质的物质产生出来，这就和用同一颜色来表现一切东西一样不可能。"元素的数量是无限的，元素可最后分割为分子，而"分子是以一种绝对的不可分割性而不可分割的"。狄德罗关于"异质元素"的思想表明，他试图用辩证的观点说明世界的统一性和多样性的关系，用质的区别而不是用量的不同解释自然界的多样性。

狄德罗认为物质和运动不可分割，运动的原因在于事物的内部，是物体的固有属性。物质是永恒存在的，而运动则是它本性固有的。运动是和形状、广袤、不可入性一样是物质的基本属性，无论物体或组成物体的分子都处在运动之中。"物体就其本身说来，就其固有性质的本身说来，不管就它的一些分子看，还是就它的全体看，都是充满着活动和力的。"这样，他就描绘出一幅世界处于永不停息的运动变化之中的景象："一切都在变，一切都在过渡，只有全体是不变的。世界生灭不已，每一刹那它都在生都在灭，从来没有过例外，也永远不会有例外。"物质的异质性正是从运动的多样性中所得出的结论。

他说："我看见一切物体都在作用与反作用中，都在一种形式下破坏；都在另一种形式之下重新组合；我看见各种各样的升华、分解、化合，各种与物质的同质性不相容的现象；我由此得出结论：认为物质是异质的；认为自然中有无数不同的元素存在。"物质的运动有其自身的规律，并非由于上帝的安排。他说："混沌是不可能的；因为由于物质的原始性质，本质上就存在着一种秩序的。"

狄德罗关于物质和运动的观点具有丰富的辩证法思想，他强调事物之间的普遍联系。他说："如果现象不是彼此联系着，那就根本不能有哲学。"他从物质运动的普遍性和形式多样性出发，主张自然界有一个发展过程，生物界是进化的。动物界和植物界一样，一个个体可以说有开始、成长、延续、衰颓和消逝。物种也是如此。他认为在"先有蛋还是先有鸡"的问题上，不能从已经形成的动物作为出发点，而应上溯到动物的最初根苗，回到它还是一个柔软的、纤维状的、无定形的、蛆虫似的、不大像一个动物而颇像一颗植物的根块状的物质时才行。他反对主张物种不变的"预成论"，他认为动物将来的样子和过去的样子并不雷同于现在的样子。"在污泥中活动的小到看不出的蛆虫，也许在走向大动物的状态；大得使我们吃惊的巨大动物，也许在走向蛆虫的状态"。不过，狄德罗的生物进化思想过分强调了发展的连续性、渐进性，忽视了其中质的变化。他认为生物的一个"界"以不可感觉的程度接近另一个"界""链条中不可能有一个空当。"这仍然表现出机械的、形而上学思想方法的色彩。

狄德罗继承了洛克的唯物主义经验论，但克服了他把内省作为经验的一个来源的缺陷；他坚持了唯物主义的反映论，批判了贝克莱的主观唯心主义。他强调尊重事实，认识自然。他说："事实，不管是什么性质的事实，总是哲学家的真正财富""我要写的是自然。我将让这些思想就照着对象在我的思考中呈现的次序，在我笔下相继出现。"相反，"那些在自然中没有任何基础的概念"正如没有根的树木，一阵风就可以把它推倒。他肯定物质世界是不依赖我们的意识而存在的，是认识的唯一对象。他形象地把人比作钢琴，是一具"赋有感受性和记忆的乐器"，"我们的感官就是键盘，我们周围的自然弹它，它自己也常常弹自己。"这样就产生了感觉，感觉是外部世界刺激人的感官所引起的结果。"感觉是我们一切知识的来源"。他批判贝克莱用主观的感觉去代替客观实在和主张"存在就是被感知"的观点，他说这犹如一架"发疯的钢琴"，以为自己是世界上唯一的钢琴一样。

对于检验认识的标准，他主张"真理就是我们的判断与对象一致"，并特别强调观察和实验的作用，认为实验是检验认识的唯一标准。除了实验以外，没有别的办法可以识别错误。值得一提的是：狄德罗提出了知识的效用问题。他说："要使哲学在俗人眼中成为真正可尊重的，只有一个唯一的办法：这就是为他指出哲学伴随着效用。""效用为一切划定了界限。"这种观点可以说比实验的观点更接受科学的实践观。当然总的说来狄德罗的效用，仍然是狭隘的实用，在某种意义上说是对知识发展起消极的阻碍作用。

狄德罗尊崇理性。他所述的理性不仅是与感性相对的一个认识阶段，而且有与宗教信仰相对立的含义，即"人类认识真理的

自然能力"；"人的精神不靠信仰的光亮的帮助而能够自然达到的一系列真理"。他鼓吹"真正的哲学家"应当"敢于推倒宗教设置的神圣界限，打碎信仰所加于理性的羁绊"。他认为理性是唯一的导引者，而神学家却叫人在夜间迷失于森林时吹灭烛火以便更好地寻路。在他看来，愚昧无知是宗教产生的根源。实际上，神学家们"用一个奇迹来证明福音，就是用一个违反自然的东西来证明一个荒谬的东西"，"人们用来支持宗教的那些事情是古老而且奇异的，这就是说，是最可疑不过的事情，用来证明最不可信的东西。"

狄德罗的认识论不仅比 17 世纪和同时代的唯物主义认识论前进了一步，而且一定程度接近辩证唯物主义。

狄德罗对天主教的圣经和教义作了深刻而机智的批判，指出其中的自相矛盾和荒谬。他说："'三位一体'中的三位，或者是三种偶然属性，或者是三种本体。中间的是绝没有的。如果这是三种偶然属性，我们就是无神论者或自然神论者。如果这是三种本体，我们就是异端。"针对亚当吃了苹果而受到惩罚的说法，他讽

刺道："基督徒的上帝是一个很看重他的苹果而很不看重他的孩子们的父亲""没有一个好父亲愿意像我们这个天上的父的。"对于圣餐仪式，他叫人民睁开眼睛看一看："这身体发霉了，这血液变酸了。这上帝就在他的祭坛上被蛊虫吞吃掉了。"

在现实生活中，宗教所起的作用是危害社会的。他指出："上帝！上帝！这可怕的名字"使人们"彼此询问、争论、怒恼、痛斥、仇恨互相扼杀"，在不同教派中掀起大规模的宗教战争。厚颜无耻的神学家们在人们探索自然的途径上设置重重精神障碍。"没有一种邪恶的学说是耶稣会士们没有宣扬过的""他们公开侮辱最神圣的原则，力图消灭自然法，摧毁人的信心，践踏法律以破坏市民社会，压抑人道的感情。他们不断地进行诽谤、陷害、咒骂、斲伤民族的最后一点元气，像讨厌的蚊子、苍蝇一样，将时间都花在叮人、咬人、打扰人工作和休息上。"

狄德罗对宗教神学的批判是坚决而彻底的。他在临终时，神甫前来提醒他，如果不"小小否认一下"以前的信仰，就会像伏尔泰一样得不到墓地。狄德罗明确地回答说："我懂您的话，神甫！您不愿让伏尔泰安葬，是因为他不相信圣子的神性。好吧，我死后，随便人们把我葬在哪里都行，但是我要宣布我既不相信圣父，也不相信圣灵，也不相信圣族的其他任何人！"

在社会政治思想方面，狄德罗从"自然权利"和"社会契约论"出发，认为"自由是天赐的东西，每一个同类的个体，只要享有理性，就有享受自由的权利。"现实社会中的权威"或者是出于垄断权威的人的实力和暴力"或者是人们之间订立的契约。"凭借暴力取得的权力只不过是一种篡夺"，它是不合法的。根据自然法和国家法君主只有凭着臣民的选择和同意，才有支配他们的权柄和权威。但是当时法国国王路易十四却宣称"朕即国家"。狄德罗在《百科全书》的许多条目中批判了这种独裁制度。他说："在专制独裁的国家中，国家元首就是一切，而国家则算不了什么；一个独夫的意旨就是法律，而社会却没有自己的代表。""在所有使人类遭受折磨的可怕的人中没有比暴君更残酷的了。"狄德罗认为权威是与法相联系的，君主也应该服从法。没有法就没有权威，

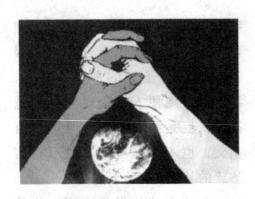
卢梭的《社会契约论》发出了人类解放的第一个呼声

任何法都不给人以无限制的权威。政权"本质上只属于人民，仅仅为人民所固有。——并不是国家属于君主，而是君主属于国家。"但是，狄德罗是一个资产阶级思想家，他把资产阶级的"市民社会"称为"地上的神"，他心目中认为能参政的人民主要指资产阶级。狄德罗的社会政治思想虽然对于批判封建专制制度是起过巨大的革命作用的，但是他的通过教育和立法、通过发扬理性就可以改变社会制度的主张是不可能实现的；他认为政权产生于暴力或契约也是一种唯心主义的主张。

让·雅克·卢梭（1712～1778年），出生在日内瓦一个钟表匠的家庭。他的祖先是法国血统，信奉加尔文教，为逃避宗教迫害移居日内瓦。他出世后就丧母，由父亲抚养，10岁时父亲被迫出

走，他被送到雕刻匠的铺子中当学徒。16岁时，他离开日内瓦，在法国、意大利等地度过了13年流浪生活，做过学徒、仆役、家庭秘书、流浪卖艺的音乐家以至乐谱抄写员等。他曾被送入意大利都灵的宗教收容所，在诱迫下改信天主教，但后来又改信加尔文教。卢梭没有受过正规学校教育，他全凭自学掌握了丰富的知识，甚至在重病时也不间断。他说："死亡的逼近不但没有削弱我研究学问的兴趣，反而似乎更使我兴致勃勃地研究起学问来。"他对数学、天文、历史、地理、哲学、文学、音乐、生物等学科都有研究。1741年，卢梭来到巴黎，结识了不少法国启蒙运动的杰出代表；1743～1744年他出任法国驻意大利使馆秘书，返回巴黎后，积极为《百科全书》撰写政治，音乐等条目。1750年，他写出第一篇重要著作《论科学与艺术》获得第戎科学院征文奖。1753年，他撰写了《论人类不平等的起源和基础》，这标志着他思想已进入成熟期，1755年在荷兰出版后震动了欧洲。1761～1762年，他连续发表三部重要著作：《社会契约论》（又译《民约论》），这是卢梭影响最大的政治著作；《新爱洛

伊丝》是一本包含着卢梭各方面思想的反封建的书信体小说；《爱弥儿》是一部教育学名著，也是政治和哲学著作。《新爱洛伊丝》揭露了封建等级制度对人的情感的压抑和摧残，表达了作者要求在各个方面获得自由和解放的强烈愿望。小说中对于个人感情的描写与对大自然的描写紧密结合在一起，为法国文学带来了新的因素。其中《萨伏依副主教的表白》集中表现了卢梭的哲学思想和宗教观点。此书在荷兰出版后，受到封建统治阶层的忌恨，巴黎学院下令当众焚毁，并扬言要烧死作者。从此，卢梭被迫逃往国外，又陷入凄惨的流亡生活；一度应休谟邀请在英国避难，后又化名秘密回国，在外省辗转流徙。这一时期，他用自传体写出文学名著《忏悔录》。1770年，他被法国当局赦免，才定居巴黎；晚年生活悲凉，靠誊抄乐谱为生。他逝世11年后，法国爆发了大革命，卢梭获得了巨大的哀荣，他的遗体移葬巴黎名人公墓，并在法国国民议会大厅里为他建立丰身像，供人瞻仰。

卢梭思想体系的主要内容是社会政治学说，这也是他对后世影响最大的部分。

卢梭学说的出发点是抽象人性论。他接受了17世纪以来流行的“自然状态”说，虚构了一个没有任何社会联系的、处于“自然状态”之中的人类发展的最初阶段。那时，人们漂泊在森林之中，“每个人都生而自由、平等”。他说：“我看到他在橡树下饱食，在原始的小河里饮水，并以供给其食物的那一棵树的树脚作为自己的床；他的需要的满足就是如此。”卢梭认为，这种自然状态是关心自我保存然而并不损害他人保存的状态，人与人之间的关系没有奴役和统治，是天赋的自由平等状态，它是和平的，最适宜于人类的状态。由此，我们看到卢梭关于“自然状态”的看法，既不同霍布斯“人对人像狼一样”的“一切人对一切人的战争”状态，也不同于洛克所说的“那时就各自占有私有财产”的状态，而是把原始社会美化为“自由、平等、幸福”的黄金时代，实际上是把资产阶级心目中的理想社会推到古代去的一种虚构。

卢梭认为，私有制的产生是人类不平等的根源。人与人之间的统治和奴役的不平等关系只是在人类的“社会状态”亦即文明社会中才出现。人类从自然状态向社会状态转变是人类自身发展的必然过程。由于人具有自我完善化的能力，有凭借智慧和技巧征服自然的能力，在与自然界作斗争中增长了才智、建立了家庭，逐步掌握了冶金技术和农业技术，这就逐渐增多了生活资料，从而产生了利用富裕的生活资料使别人服从自己的可能。他认为，使人类文明起来而又使人类没落下去的东西，"在诗人看来是金和银，而在哲学家看来是铁和谷物。"这时，"谁第一个把一块土地圈起来并想到说：这是我的而且找到一些头脑十分简单的人居然相信了他的话，谁就是文明社会的真正奠基者"。

卢梭描绘了社会不平等的发展过程，探讨不平等的原因和重新建立平等的途径。在他看来，原始社会因为没有私有财产，本

卢梭的作品中时时刻刻都表达出强烈的反封建、反宗教思想

是人人平等的。私有制出现，原始平等就被破坏而产生了不平等。为了保护私有财产和个人自由，就要订立社会契约建立国家机构，并拥立国君作为自己的统治者。后来国君必然成为人民的压迫者，君主用暴力压迫人民，人民用暴力推翻他。这样不平等又重新转变为平等。但不是原始人所拥有的旧的自发的平等，而是转变为更高级的社会契约的平等。

卢梭关于人类不平等的学说，包含着历史辩证法的思想萌芽，在某种程度上猜测到社会存在决定社会意识、经济因素决定政治因素的思想。恩格斯指出："我们在卢梭那里不仅已经可以看到那种和马克思《资本论》中所遵循的完全相同的思想进程，而且还在他的详细叙述中可以看到马克思所使用的整整一系列辩证的说法、按本性说是对抗的、包含着矛盾的过程、每个极端向它的反面的转化，最后，作为整个过程的核心的否定的否定。"

卢梭的《社会契约论》提出了他改造社会的政治理想。他是在批判格劳修斯和霍布斯等人的"社会契约论"的基础上提出自己的主张的。他强调"人作为整体来说是主权者。"他指责格劳修斯

等人提出的自由和主权的转让论，认为这种说法是"不遗余力地剥夺人民的一切权利，并且想尽种种办法把它们奉献给国王。"在卢梭看来，要人民放弃自己的自由，就是放弃做人的资格。他努力"寻求一种结合的形式，使它能够以全部共同的力量来防御和保护每个结合者的人身和财富；而同时又使每一个与全体相联合的人只不过是在服从自己本人，并且仍然像以往一样地自由。"卢梭克服了早先资产阶级政治思想家的妥协性，摒弃对君主政体及其改良措施的幻想，主张把封建君主的国家政权改造成为民主国家，为包括整个第三等级在内的人民争取政治主权，这一主张在政治上高于当时其他资产阶级启蒙思想家。

卢梭认为人民的主权是不可分割的，不同意洛克、孟德斯鸠所主张的所主权分为立法、司法、行政三种权力，由人民和君主、贵族集团分享。他坚持人民应拥有直接的立法权。他说："立法权是属于人民的，而且只能是属于人民的"，"立法权是国家的心脏。"他认为，只有全体人民参加立法，才能保持自由。因为这样制定的法律在他看来才是人民的

"公共意志"的表现，也体现了"个人意志"。"公共意志"是卢梭提出的一个重要观点，它是抵消了各个人冲突后全体公民的意志的共同部分。"公共意志"所作的决定永远是好的。它既不损害公共利益，也不损害个人利益。卢梭主张民主共和制，反对徒具虚名的资产阶级代议制，批判了被伏尔泰、孟德斯鸠奉为楷模的英国君主立宪议会制，认为英国人民一旦选出议员以后，"他们就是奴隶，他们就等于零了。"在各种权利中，他强调财产权，认为是所有权中最神圣的，甚至比自由还重要。

卢梭的哲学思想集中反映在他的《爱弥儿》第四卷"一个萨瓦省的牧师自述"中。他借萨瓦副主教之口，阐述了他自己的主张，他受了洛克和孔狄亚克的影响，以唯物主义的经验论作为他的哲学基础。他肯定了物质世界的客观存在，指出："宇宙的存在与我的存在同样确实。"并提出了一个概括性的物质定义："我把我感觉到在我以外的，作用于我的感官的一切称为物质。"他还论证了物质的运动问题，承认宇宙是运动变化的，把运动分为两类，一类是"传来的运动"即受他物

的影响而发生的运动；一类是"自发的或随意的运动"，即动因在运动的物体之内的运动。但是，他深受机械唯物主义的影响，认为物质的自然状态是静止的。那么，它怎样运动起来呢？他回答说："如果地球在转动，我就认为感到有一只手在使它转动"，"运动的第一个原因并不在物质之内"，"我认为是一个意志推动着宇宙，鼓动着自然。这就是我的第一号教条或第一号信条。"正是这"一个意志"安排万物的系统，使它们按一定法则而运动。这个最高的意志就是卢梭心目中的"上帝"。不过，这个"上帝"并不是人格化的神灵，它虽然给万物以最初的推动，但并不能随心所欲地干预一切，不能创造或消灭物质。卢梭既批判封建统治的精神支柱天主教，也反对百科全书派的无神论者。他主张宗教宽容，企图创立一种建筑在良心的基础上的"好宗教"，认为天赋的良心是"神圣的本能，不朽的天堂呼声……是善与恶的万无一失的评判者，使人与神相似"。这就使他在伦理观上也陷入唯心主义。

卢梭在教育、道德、文艺、美学等方面也有独到的见解，对后世有相当的影响。他在《爱弥儿》中论述了儿童教育问题。他倡导"自然教育"，重视自然赋予儿童的善良禀赋，强调农业和手工业是社会的基础，主张在劳动实践中自由地发展儿童个性，排除一切传统的封建宗教观念的影响，指责经院式教学中"那些华而不实的种种学科在这个不幸的孩子周围造成了许多的陷阱"。在文艺和美学方面他推崇"自然"、贬低"人为"，主张"回到自然去！"认为艺术和科学都无阻于道德风尚的提高，有否定艺术的倾向；由于他重视情感、良心、自由意志的作用，曾被后人视为浪漫主义思潮的始祖。

卢梭思想的影响是深远而复杂的。从政治上说，他在推动资产阶级革命、反对封建专制制度方面有不可磨灭的积极作用；从哲学上说，他对德国古典哲学也有重要的影响；黑格尔认为休谟和卢梭是法国哲学的两个出发点。康德则把卢梭和牛顿相提并论，认为牛顿揭示了外在世界的秩序与规律，而卢梭则发现了人的内在本性。但是卢梭实质上是一个小资产阶级思想家。他心目中的理想国家只是像古希腊的小国寡民式的城邦国家，他企求把欧洲拉回到由许多宗法式小共和国组成的集合体是违反历史发展趋势的，因此他的思想在许多方面又表现出消极性和保守性。

霍尔巴赫，原名保尔·亨利希·迪特里希（1723～1789年），生于德国巴伐利亚帕拉蒂内特的埃德森姆村的一个信奉天主教的家庭，幼年丧母。12岁时应伯父邀请随伯父移居巴黎求学，1744年就读于荷兰莱顿大学学习自然科学，毕业后回巴黎，一度在索尔朋神学院教书，1749年取得法国国籍。1753年，无嗣的伯父病故，他继承了伯父的大量财产和男爵爵号，称为保尔·昂利·霍尔巴赫男爵。从1749年起，霍尔巴赫就结识了狄德罗等进步思想家，他家的沙龙成为他们聚会的中心，他也常凭借他的合法地位掩护他们反对封建专制、反对教会的活动。他从物质上，精神上全力支持《百科全书》的出版，并在物理、化学、矿物学、地质学、冶金学等领域撰写了约四百个条目。他关心外国的先进科学技术和先进思想，并作过介绍，曾当选为柏林科学院、巴黎科学院和俄国科学院的院士。他的主要著作有：《揭穿了的基督教》（1761）、《袖珍神学》（1767）、《神圣的瘟疫》（1768）、《自然的

体系》（1770）、《健全的思想》（1772）、《社会体系》（1773）、《普遍道德》（1776）等。他的哲学著作大多在荷兰匿名发表。《自然的体系》是他的最主要的著作，很大程度上概括了18世纪法国唯物主义者的世界观，以密拉波之名在外国出版后，被誉为18世纪"唯物主义的圣经"，被译成好几种文字多次再版；同时该书也遭到僧侣和反动派的攻击，被巴黎法院判处公开销毁，并被罗马教皇列入《禁书目录》。

霍尔巴赫在《自然的体系》中概括了前人的成就，充分掌握了当时自然科学的成果，第一次系统地总结了法国唯物主义哲学，形成了一个较为完整的机械唯物主义哲学体系。

他强调研究自然的重要性，主张"人应该在自然本身以及自然的力量之内去寻找他所需要的东西。"他认为："从最广的意义来说的自然，就是由各种不同的物质、由这些物质的各种不同的组合、由我们在宇宙间看到的各种不同的运动集合而成的大全体。"他强调物质运动形式的多样性，"一些变化万殊，具有无限多组合方式的物质，不断地接受和传达着各式各样的运动。这些物

质的各种不同的特性，各种不同的组合，以及它们必然产生的那些变化多端的活动方式，对于我们来说，就构成了万物的本质；就是由这些多样化的本质中，产生出这些事物所拥有的种种门类、等级和体系，其总和就构成了我们所谓的自然"。他认为自然界的运动是绝对的，运动的源泉在自然本身。他说："自然界的一切都处在一种不断的运动之中；它的各部分没有一个是真正静止的，总之自然界是一个活动的全体，……自然的观念必然包含着运动的观念。"至于这个自然是从哪里获得它的运动的呢？我们将回答说：是从它自身获得的，因为自然就是大全，在它之外是什么也不能存在的。我们要说，运动乃是一种必然从物质的本质中产生出来的存在方式；物质是凭它自己固有的能力而活动的；它的各种运动是由于它内部蕴涵的那些力造成的；它的各种运动及其所造成的各种现象之所以千变万化，乃是由于那些原来存在于种种原始物质中的特性、性质、组合的多种多样，而自然就是它们的总汇。"

霍尔巴赫对物质的定义作出了超于前人的贡献。他不赞成把物质看成一种单一的、粗糙的、被动的、不能自己组合、不能由自身产生出任何事物的东西。认为人们对于物质还没有作出一个令人满意的定义。他自己给物质下了新的定义："物质一般地说就是一切以任何一种方式刺激我们感官的东西；我们归之于不同的物质的那些特性，是以不同的物质在我们身上造成的不同的印象或变化为基础的。"这一定义从物质与精神的关系着手，坚持了物质第一性意识第二性的唯物主义反映论路线，高出于17世纪的唯物主义者的观点。

霍尔巴赫写了大量的著作揭露教会的恶行并对基督教教义进行分析和批判。除了《自然的体系》、《袖珍神学》、《神圣的瘟疫》等代表作以外，还著有《健全的思想》、《揭穿了的基督教》、《神职者的阴谋》、《摧毁了的地狱》、《批判的耶稣基督教义》、《被揭露的教士》、《对基督教辩护士的批判的考察》、《圣徒陈列室》、《雪了恨的以色列》和《神迹考》等著作。他旗帜鲜明地，公开地批判天主教神学，痛斥教会僧侣，在无神论史上留下了光辉业绩。

霍尔巴赫首先指出了宗教的

作用和实际目的。他说："自古以来宗教的唯一作用就在于：它束缚了人的理性，使它无法认识人的一切正确的社会关系、真正的义务和实在的利益。只有驱散宗教的烟雾和怪影，我们才会发现真理、理性和道德的源泉和应当促使我们为善的实际动机"，"我们对各种宗教教条和宗教原则研究得越多，我们就越相信它们的唯一目的就在于保卫暴君和僧侣的利益，而损害社会的利益。"他在著作中以形象的语言揭露了宗教的危害。他指出：神学不断地反对国家的幸福，人心的进步，有益的研究，思想的自由；它强使人们保持愚昧无知；它指点人们走的每一步路，都无非是错误。在社会生活中，神权实际上高于政权。"在每一个国家里都树立了两种不同的权力；以神本身为依据的宗教权力，几乎永远凌驾于君主的权力之上……自从世界成了基督教的天下以来，君主就只不过是教士的第一号奴隶，只不过是执行教士命令、为教士复仇的刽子手罢了。"同时，天主教和教会又反过来成为封建专制君主统治人民的工具。那些地上的立法者被认为是"神的代言人和使者，他的利益永远就是神的利益"。专制君主"把自己与神明等同起来，行使着无上的绝对权力……神被用来为暴政的放肆和罪行作辩解；人们把一些暴君说成这些神本身；人们以神的名义去作出罪行和伤天害理的行为，从天上来的恫吓变成了支持那些向凡夫俗子发号施令的人纵欲的工具"。霍尔巴赫控诉他们"以神的名义去残害、虐待、毁灭。于是人血流遍一切祭坛，各种最野蛮、最残暴、最痛苦的献祭被看成最合乎吃人肉的神的心意"。他还指出，宗教败坏人的道德，基督教根本没有资格自夸给道德和政治带来好处，"我们在世界上所有的宗教中都看到一种凄惨悲愁的色彩占据着统治地位。事实上，我们不管在哪里都看到宗教致使世人忧郁，使他们一本正经，使他们逃避喜悦和欢乐，而且常常使他们采取那种最无趣味，最违反人性的生活方式。"宗教也妨碍了自然科学的发展，"神学，这种超自然的学说，是阻挡自然科学进步的一重无法克服的障碍……除了通过迷信的病眼以外，它不允许物理学、博物学、解剖学去看任何事物"。他最后得出结论："神学及其种种概念远非有益于人类，乃是种种令人世悲愁的灾难，使世人盲目的谬误，致人心于麻木的偏见，陷众生于轻信的无知，折磨群众的罪行、压迫人民的政府的真正来源……这些不详的观念损害了道德，败坏了政治，推迟了科学的进步，在人心深处毁灭了幸福与和平。"所以，宗教是"神圣的瘟疫。"

霍尔巴赫还分析了迷信的起源。他认为"上帝的存在是一切宗教的基础"。但是这一点正是"一切宗教中最不足的东西"。因为凡是存在东西，它的属性必然是我们的感官能够感知的，但是谁能直接感知到上帝呢？如果说上帝是无形体的那也没有解决任何问题。因为无形体的概念不过是"一种不反映任何实在物的概念"。他说："老实说，崇拜上帝，无异崇拜人的想创造的虚构物，或者简直就是崇拜乌有的东西。"在他看来，人之所以迷信，只是由于恐惧；人之所以恐惧，只是由于无知。无知和恐惧是人类各种迷误的两个滔滔不绝的来源。他认为是人创造了神而不是神创造了人。"人缺乏对于自然力量的认识，于是设想自然受一些看不见的势力支配……他的想象力永远只能在这些神灵身上向他指出一些夸大了的人，因此他

所设想的这些看不见的东西与他自己之间的各种关系永远是人的关系。""因此他的崇拜，亦即他对待一个神的行为体系，是必然符合于他为神制造出来的那些概念的，正如这个神本身是按照他自己的感觉方式塑造出来的一样。"他指出：神这个实体总是被说成人的模样，不过这个人是一个特权的人，像苏丹一样地专横。此外，由于人们所感受的各种不同的感情或心境的影响，所以"没有一个神不是自相矛盾的"。神的形象由于骗子的欺骗而变得更严峻可怕。针对基督教赞颂的上帝，霍尔巴赫指出："这个神是一个独夫，一个民贼，一个什么都能干得出的暴君。"基督教"所依据的是欺骗、无知和轻信，它在任何时候都只是对一些存心欺骗人类的人有利；它从不间断地为各个民族造成最大的灾难，它根本不能给他们带来它答应给他们的幸福，而只足以使人耽于狂暴，使人流血，使人陷于疯狂和罪行，使人不认识自己真正的利益和最神圣的义务"。

霍尔巴赫是一个坚定的无神论者，在这方面超出了他的同辈。他看透了"神学和宗教在任何时候都是一堆燃料，潜伏在人

们的想象中，总归要以引起一场大火灾告结束的"。他敢于"追要到底，把神本身传到理性的法庭上"。他不赞成自然神论，认为"它的根据是一个幻想，我们可以看到它迟早必定堕落成为一种荒唐而且危险的迷信"。总的说来，霍尔巴赫在宣传唯物论和无神论、批判宗教神学和教会反动势力方面表现出彻底的革命精神，是18世纪战斗唯物主义的杰出代表。

在18世纪的法国，新兴的资产阶级发动了一场波澜壮阔的反封建反神学的思想文化运动。以伏尔泰、卢梭为代表的启蒙思想家，吹起了资产阶级反封建的思想斗争的号角，以狄德罗为代表的百科全书派的唯物主义是当时法国哲学的最高成就，成为马克思主义以前机械唯物主义的最完善的形式。法国唯物主义是在批判经院哲学和旧形而上学的斗争中发展起来的。它克服了17世纪唯物主义在物质与意识、物质与运动等问题上的不彻底性。它明确主张，只有物质实体，思维不过是物质的属性，在解决思维与存在统一性的问题上比过去大大前进了一步。它坚持唯物主义的反映论，力图克服唯理论和经验

论的片面性，为全面研究认识过程的发展作了可贵的探索。法国唯物主义者是彻底的战斗无神论者，把唯物主义和无神论结合了起来。他们在感觉主义的基础上提出了一整套社会政治理论。在伦理学说方面，把资产阶级功利主义变成了哲学体系。他们建立新体系，鼓吹新思想、新观念，提出新方法，不仅富有积极的理论内容，而且表露出明显的实践价值。唯物主义的思想光辉，照亮了法国资产阶级大革命的道路。正如恩格斯所说："尽管18世纪法国人在陆上和海上的一切战争中都被德国人和英国人所战胜，法国唯物主义者还是使18世纪成为主要是法国人的世纪。"但是，由于阶级的和时代的局限，18世纪法国唯物主义自然属于形而上学唯物主义的范畴，他们持机械观点，认为"人也不过是一架机器"，他们受形而上学思维方式的束缚，一旦论及社会、伦理、政治、法律和历史的领域，就滑入唯心主义。18世纪法国哲学，既在当时发挥了巨大的革命作用，又给后来的哲学发展以巨大影响。德国古典哲学，从法国哲学中吸取了思想营养，开辟了哲学发展的新纪元。

在启蒙运动中，还出现了一批反映下层人民群众革命要求的思想家，最具有代表性的是梅里叶（1664～1729年）、玛布里（1700～1785年）和摩莱里（生卒年不详）等人。这批思想家的思想中都带有明显的机械唯物主义和空想共产主义色彩。梅叶里在其代表作《遗书》中，痛斥了私有制，指出私有制和社会上的不平等现象是万恶之源，并将教士、投机商人、官吏统统称为"富足的懒虫"，称封建地主是"魔鬼"。他主张每个人在社会中都应做有益社会的事，社会财富应由大众共同享受。号召人民起来革命，推翻封建专制制度。摩莱里在其著作《自然法典》中，提出应该消灭私有制，建立一个人人平等的共产主义社会。但是他并不主张通过革命来达到这一目的，而是认为只要消灭社会上的偏见和谬误，就可以实现他的主张。玛布里的观点与梅里叶的观点大致相同，他认为只有消除社会不平等才能消除暴政和罪恶。在其著作《论法制或法的原则》和《论公民的权利和义务》中，玛布里描绘了他的理想共和国的图景：在这个共和国里"人人平等，人人自由，一切人皆为兄弟，禁止占有财产是这个共和国的第一法律"。但是，他又不切实际地提出，这一理想的国家，不能建立在当时的社会条件下，只能建立在荒无人烟的海岛上。这种空想共产主义思想，正是当时社会上广大劳动人民群众对现实绝望心情的一个侧面反映。

路易十一

不安分的路易王子

路易十一是法兰西国土统一的奠基人，也是法国15世纪最有作为的国王。他出生于1423年7月3日，当时英法百年战争已接近尾声。然而就在法国将要取得胜利时，法国国内各大封建领主

查理七世

私欲膨胀，企图脱离王室独立。封建领主借战争之机扩充的力量已不可小觑，此时王权衰落，一切都变得难以预测。

作为法王查理七世的儿子，太子路易十一也有觊觎王位之心。路易十一自幼沉默寡言，但心计颇多。1436年，年幼的路易十一与苏格兰的玛格丽特举行了一场政治婚姻。1439年，路易十一受命指挥朗格多克保卫战以抵御英军，并作为国王全权代表身份来到普瓦杜。查理七世本指望路易十一奋勇杀敌，谁知路易十一取得兵权后，立即组织反对查理七世的武装力量，希望通过武力尽快登上王位。

路易十一 油画

1440年，路易十一领导反对国王的大封建主发动叛乱，但很快就被镇压，路易十一被押到了查理七世面前。查理七世面对这个寡言少语的儿子，最终赦免了他，并再次委以重任，让他带领大军抗击英军。查理七世以父亲的慈祥宽容了路易十一，但并没有赢得他的真心。

1446年，路易十一企图煽动阿热纳起义，以逼迫查理七世交出王权。阴谋失败后，路易十一苦心经营自己的领地，大有建立国中之国的意味。路易十一还秘密与萨伏依结盟，瓜分米兰公爵领地。玛格丽特死后，路易十一不顾父亲反对，决定与萨伏依公爵的女儿夏洛特结婚。查理七世忍无可忍，决定剥夺路易十一的俸禄。失去经济来源的路易十一并没有向父亲妥协，而是于1456年秘密投奔了勃艮第公爵善良腓力。1461年7月，查理七世去世，在外流浪五年的路易十一迫不及待地回国即位，而查理七世之死与他似乎也有关系。

"朕即法兰西"

登上王位的路易十一有点忘乎所以了，他曾对叛乱的封建领主说："朕即法兰西。"完全一副唯我独尊的样子，并自诩是法兰

登上王位的路易十一

西民族意识的体现。为了统一法兰西领土，路易十一与封建领主进行了无数次的交锋，最典型的就是他与勃艮第公爵大胆查理的较量。

大胆查理是善良腓力之子，路易十一曾于1456年投奔善良腓力寻求庇护，但路易十一上台后迫使善良腓力将索姆河沿岸城市卖给了他。勃艮第是法兰西王室成员的领地，历任公爵都希望建立一个强大的王国，以求脱离法兰西。传至大胆查理这一代时，好战的个性使他对未来充满了希望，建立一个与法兰西匹敌的王国成了他不断追求的梦想。

为了消除大胆查理联合国内敌对势力的可能，路易十一决定先从国内下手。那些对他统治政策不满的臣民都遭到了各种各样的打压，查理七世时代的大臣因口吐怨言大都被革职或投入监狱。清理一批反对大臣后，路易十一开始从下层贵族和中产阶级中选拔人才，只要对他忠心且有一定能力都可获得一官半职。虽然这些官员助长了路易十一的独断专行，但因打破了地位及出身的限制，仍算是给政府机构注入了一股新鲜的血液。

在加强国内政权的同时，路易十一还暗中支持在勃艮第统辖下的列日城的反叛活动。大胆查理感觉时机成熟，于是联络一些被路易十一限制独立的安茹、布列塔尼、波旁等家族组成了"公益联盟"，并拥立路易十一的胞弟查理为名义上的首领，将军队开赴到巴黎附近，要与路易十一进行决战。

1465年，路易十一在战争中失败，10月签订了孔弗朗以及圣莫尔条约：把索姆河流域的城市还给勃艮第，把诺曼底让给胞弟查理。

狡猾多变的路易十一

路易十一并不想遵守与"公益联盟"签订的条约。仅仅过了两个月，路易十一就利用弟弟查理与布列塔尼公爵发生矛盾的机会夺回了诺曼底。大胆查理立即重组"公益联盟",联合了布列塔尼的弗朗西斯公爵和英格兰的爱德华四世再次讨伐路易十一。

路易十一感觉事情不妙,立即驱兵直入布列塔尼,迫使弗朗西斯公爵退出联盟。同时他还表示愿意与大胆查理谈判。大胆查理接受了路易十一的提议,迎接他到勃艮第佩洛纳进行谈判。在谈判过程中,路易十一的密使在列日煽动叛乱,大胆查理闻言后十分恼火,立即扣押了路易十一,并迫使他签订了屈辱的条约:保证佛兰尔德的自由,把香槟作为

路易十一

大胆查理

封地授予他的弟弟查理,陪同大胆查理到列日去平定叛乱。

被羞辱一番的路易十一回国后立即撕毁条约,把弟弟查理打发到基恩,并支持英国被废的兰开斯特家族亨利六世复辟,使他与约克家族的爱德华四世相抗衡。

大胆查理再次组成讨伐路易十一的联盟,并新增了阿曼涅克的约翰伯爵和阿朗松的约翰公爵两名成员。来势汹汹的第三次讨伐使路易十一胆战心惊,但1472年弟弟查理的去世使他没有了后顾之忧。路易十一率兵迎敌,先后征服了阿曼涅克与阿朗

路易十一的宫廷生活

松，约翰伯爵丧命，约翰公爵则被关入监狱。1475年6月，英王爱德华四世在加来登陆，但两个月后就被路易十一的钱财打发回国。

爱德华四世罢兵回国后，大胆查理只得孤军奋战。路易十一挑拨洛林、瑞士与勃艮第之间的矛盾，并向洛林和瑞士资助钱财。1477年，大胆查理与洛林公爵在南锡大战，大胆查理战败身亡。路易十一扫清了主要反对者后，开始实行统一法兰西的计划。

"万能蜘蛛"

路易十一有"万能蜘蛛"之称，机智而又老练。在统一领土的过程中，他很少动用手中的军队，经常是通过外交手段或利用继承权来解决。大胆查理死后，路易十一迫切想得到勃艮第，但大胆查理的女儿玛丽与奥地利王子马克西米连的联姻使他没敢轻举妄动。1482年玛丽去世，路易十一立即与马克西米连签署阿拉斯条约，收回了勃艮第公爵领地、皮卡迪和布洛纳。随后，路易十一又通过儿子与马克西米连女儿的婚姻获得了丰厚的嫁妆——勃艮第伯爵领地和阿图瓦。

路易十一还积极协助西班牙政府，帮它平定了卡塔朗叛乱，

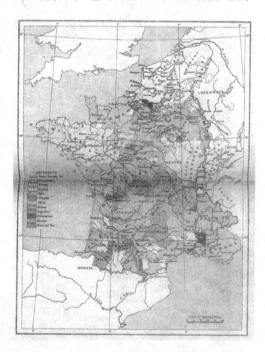

路易十一统治下的法国版图

而西班牙也给了他不菲的报酬——塞尔塔尼和鲁西莱两地。安茹伯爵去世后，路易十一瞅准机会，强行占据了安茹、曼纳和普罗旺斯。波旁和奥尔良两块领地也相继被路易十一控制，因为他把这两块领地的继承人变成了自己的女婿。路易十一统治末年，法国基本统一，只有布列塔尼公国尚未并入法国版图，加来港及其附近地区仍在英国人手中。

路易十一统治期间，实施了一系列促进生产的政策。他修建公路，创办邮局，开设印刷所，并招用意大利工人在里昂兴办第一个丝织业工场。他还任用新兴资产阶级担任政府官职，因而受到了市民的支持。1483 年 8 月 30 日，路易十一因脑溢血在普列西·列·土尔城堡去世。

1494 年查理八世行军图

弗朗西斯一世

弗朗西斯一世的野心

法王路易十一于 1483 年去世，他为法兰西国土的统一奠定了基础，但西北部的布列塔尼公国还在国门之外。路易十一的儿子查理八世即位后继续推行统一法国的政策，终于将布列塔尼公国并入了法国版图，完成了法国统一大业。但不幸的是，年仅 28 岁的查理八世于 1498 年意外死亡。因查理八世没有子嗣，与他的遗孀安妮结婚的奥尔良公爵路易十二取得了王位继承权。路易十二即位后励精图治，实施了一系列为民着想的政策，被誉为"人民之父"。1515 年 1 月 1 日，路易十二去世。路易十二也没有子嗣，他的堂弟昂古莱姆公爵弗朗西斯于 1515 年即位，称弗朗西斯一世。

弗朗西斯一世上台后，继续推行以前的对外政策，即入侵意大利。这是法国为了巩固自己在地中海的地位而制定的政策，同时也是为了满足封建贵族掠取财富的愿望。查理八世在位期间曾于 1494 年发动了入侵意大利的战

路易十二和安妮纪念碑大理石雕塑

争。路易十二也发动了入侵意大利的战争，但于 1513 年赔掉了米兰。当时意大利境内的各小国联合起来奋勇抗敌，西班牙和神圣罗马帝国也大力相助，共同阻击了法国的侵略步伐，迫使法国狼狈撤军。

年仅 20 岁的弗朗西斯一世血气方刚，誓要夺回米兰。他把国内的事情交由母亲管理，然后亲率大军跨过阿尔卑斯山脉，出击米兰。在马里尼亚诺之战中，弗朗西斯一世大获全胜，终于夺回了米兰。

1519 年，西班牙国王查理一世当上了神圣罗马帝国的皇帝，号称查理五世。查理五世控制了西班牙、尼德兰和意大利南部，

也雄心勃勃地要占领意大利。另外，法国的勃艮第在他眼中也是一块肥肉。从地图上不难看出，西班牙、意大利南部和尼德兰对法国形成了三面包围之势，法国明显处于劣势地位。1521 年，弗朗西斯一世与查理五世的矛盾点燃了意大利境内的战火。

1521 ~ 1544 年，弗朗西斯一世与查理五世进行了四次交锋。

双雄争霸

第一次交锋是在 1521 ~ 1525 年。在这次交锋中，弗朗西斯一世不仅丢失了米兰，还赔上了勃艮第，他本人也成了查理五世的俘虏。第二次交锋是在 1527 ~

查理五世

弗朗西斯一世画像

1529年，弗朗西斯一世联合各路诸侯共同讨伐查理五世，又夺回了勃艮第。第三次和第四次交锋分别发生在1536～1538年与1542～1544年，双方都没有讨到什么便宜。

1529年双方停战后，查理五世积极推行基督教统治政策，企图在全欧洲建立基督教统治。弗朗西斯一世立即与英王亨利八世以及德意志的新教诸侯结成联盟，以对抗查理五世的政权。1535年，弗朗西斯一世又与土耳其苏丹苏莱曼订立同盟，获得了对法国极为有利的"治外法权"，使法国在外交舞台上扮演了越来越重要的角色。

1544年，查理五世亲征弗朗西斯一世，率大军逼近巴黎。弗朗西斯一面鼓励法国人民誓死抵抗，一面鼓动德意志境内新教诸侯举行起义，致使查理五世顾虑重重。此外，弗朗西斯一世还向盟友土耳其求援。土耳其军队在匈牙利境内活动后，严重威胁了维也纳的安全。面对法国人民的奋勇抵抗及弗朗西斯一世灵活的外交手段，查理五世最终放弃了进攻。同年，查理五世和弗朗西斯一世在克列比城签订和约，神圣罗马帝国军队从法国境内退出。

王权的加强

弗朗西斯一世在位期间，为加强王权做出了诸多努力。因战争的需要，金属的需求大大增长，这促进了采矿业的发展。为了保证物资运输方便，弗朗西斯

弗朗西斯一世的盐罐黄金与珐琅制品

教皇利奥十世

一世下令开凿运河，修筑公路桥梁，取消过多的关卡，保护商人的人身安全，这使全国市场有序和谐地发展，并在客观上促进了度量衡的统一。同时他还实行贸易保护政策，通过关税限制进口意大利、佛兰德尔、西班牙等地的工业晶，以保护国内工业的发展。另外他又同土耳其签订了"特惠条约"，使法国商人在土耳其利文特经济建设搞好了，弗朗西斯一世拥有了强大的物质财富。国库充盈，王室可支配的资金充足，王权的加强有了最基本的保障。足够的财富使弗朗西斯一世有能力建立起一支效忠于他

的军队，进而加强对行政机关的控制。他向各郡派遣只听命于国王的监督官，极大地限制了各郡郡守的权力。等级代表制度已经无法约束弗朗西斯一世，三级会议在他执政期间始终没有召开，甚至地方三级会议有的也被取消。

弗朗西斯一世执政期间，教会的势力也被极大地削弱。往日由教会法庭审理的民事诉讼都改由国王法庭审理，国王的司法权限被尽可能地扩大了。弗朗西斯一世还把统治国家的最高权力集中到了御前会议，最高法院已经成了摆设。1527年，巴黎高等法院主席向出席会议的弗朗西斯一世宣称："您是在法律之上的，没有一种权力可以强迫您去做什么。"这满足了弗朗西斯对权力的欲望，他在国王文件末尾写上了"此乃朕意"的话，这一说法成为了历代帝王诏书的习惯用语。

难掩的社会矛盾

为了巩固统治地位，弗朗西斯一世有点不择手段了。在发行公债支付战争和宫廷费用的同时，弗朗西斯一世于1523年设置了一个专门出售官职的机构。巴黎市政府于1522年发行了第一次公

法国卢浮宫

债，但仍然无法解决财政问题。于是，弗朗西斯一世开始公开出售官职。为了增加收入，他还设了不少新官职。官职的公开买卖使贪贿成风，因人而设的官职使庞大的国家机构变得更加臃肿。此外，弗朗西斯一世还推行了包征间接税制度，即包税人先把规定的税额向国库一次性交清，然后再向纳税人以更高的税额收回。

这些措施的出台，使贵族和资产阶级变得越来越富有，而农民则变得越来越贫穷。包税人都是社会上层人物，他们向国库交完税后，开始疯狂压榨农民。生活在底层的农民、手工业者举行了各种反抗活动，社会矛盾已经变得越来越尖锐。

法国另一潜在的危机是宗教分裂活动，它源于弗朗西斯一世残忍的宗教政策。1535 年，300 余名新教徒被逮捕，其中 35 人被烧死。1540 年，法国建立了宗教裁判所，加大了对新教徒的迫害力度。高压政策使"异教"凝聚成了一种可怕的力量，地方贵族借机利用这种力量与中央政权对抗，危及了 16 世纪下半叶法国的君主专制制度。

1547 年 3 月 31 日，得了热病的弗朗西斯一世在拉波莱脱去世。

法意战争

垂涎三尺的法国

意大利虽然长期处于分裂状态，但仍然是欧洲屈指可数的富裕之地。15 世纪末，各国终于为了这块"肥肉"而大打出手。

查理八世进入佛罗伦萨

1494 年 1 月，那不勒斯国王斐迪南一世去世。法王查理八世宣布有权占据斐迪南一世的领地，并于 8 月底率兵三万余人越过阿

最新整理图文珍藏版

尔卑斯山脉向那不勒斯进军。1494年年底，查理八世在遇到零星抵抗后即穿过罗马全境。1495年1月，罗马教皇宣布查理八世为那不勒斯国王。2月23日，查理八世占领那不勒斯。

法军在那不勒斯横征暴敛，贪婪地搜刮着那里的财富。为了驱赶法军，威尼斯、米兰和罗马教皇等组成了"神圣同盟"。这时"神圣罗马帝国"皇帝马克西米连一世和西班牙国王斐迪南二世也加入了同盟，希望战胜法国后能分得一杯羹。

1495年7月6日，"神圣同盟"军与法军交战于福尔诺沃，法军大败。1496年12月，势单力孤的法军狼狈撤出那不勒斯王国。

1499年，继任查理八世的路易十二继续远征意大利，并相继占领了米兰和伦巴第。西班牙此前参加了"神圣同盟"，但用意并不是对抗法军，而是侵吞意大利。所以，西班牙与法国在1501～1502年签订了协约，共同管理那不勒斯王国。这种条约是建立在共同利益基础上的，一旦双方的利益发生冲突，条约也就失去了意义。

1503年春，法、西因那不勒斯的利益分配问题爆发战争。12月29日，法军在加里利亚诺河畔战败，那不勒斯完全成了西班牙的领地。

1509年，路易十二派兵出击威尼斯，占领了威尼斯在伦巴第的领地，并随后击溃了威尼斯的大军。法国在意大利北部迅速膨胀的势力，引起了觊觎意大利的各国的不安。1511年10月，西班牙、英国、瑞士、罗马教皇与威尼斯订立"神圣同盟"，共同对付路易十二。

1512年，驻意法军在拉文纳战役中击溃西班牙军队，但因法军中的雇佣军纷纷投敌，路易十二只好下令撤退，于1512年年底

亨利二世像

弗朗西斯一世画像

放弃伦巴第。

弗朗西斯的远征

1515 年，弗朗西斯一世登上王位，决定再征意大利。同年 9 月，弗朗西斯一世在马里尼亚诺之战获胜，重新占领了米兰。次年，弗朗西斯一世与教皇签订了博洛尼亚协定，使法国教会成为了专制王权的支柱。

1521 年 5 月，神圣罗马帝国皇帝查理五世与教皇缔结同盟，共同反对法国。查理五世与弗朗西斯一世于 1521 年进行了第一次交锋。在这次交锋中，弗朗西斯一世溃不成军，米兰于 1522 年 4 月被查理五世攻占。1523 年，面对从北方入侵的英军，法国陆军统帅波旁叛变，致使弗朗西斯一世手忙脚乱。1525 年，弗朗西斯一世在巴费亚战败被俘，并被押送到了马德里。次年 1 月，查理五世逼迫弗朗西斯一世签订了《马德里条约》：法国放弃对意大利及那不勒斯的领土要求，承认勃艮第、普罗旺斯和多飞内独立，将诺曼底、安茹、加斯科涅和歧恩划给英国。《马德里条约》基本上肢解了法国。

1527 年意大利烽烟再起，至 1529 年才告一段落。1525 年弗朗西斯一世战败回国后，立即命令高等法院否定《马德里条约》。同时他还联合意大利的威尼斯、佛罗伦萨、米兰等国的诸侯，并与反对查理五世的教皇克莱门特七世结盟，还力邀土耳其苏丹作其后盾，于 1527 年向查理五世发出挑战。面对弗朗西斯一世强大的攻势，查理五世于 1529 年签订了康布雷和约，但法国被挤出了意大利。

为了夺取意大利，弗朗西斯一世煽动反对查理五世的一切力量，妄图推翻他的统治。但 1544 年查理五世率军攻入法国，迫使弗朗西斯一世签订了克雷皮和约，并重申康布雷和约有效。

1547 年弗朗西斯一世去世后，

其子亨利二世继位，继续发动战争。1552年3月，法军攻占土尔、梅斯和凡尔登，1558年攻占卢森堡。连年的战争使各方都疲惫不堪，各国人民也都怨声载道。1559年3月12日，亨利二世与西班牙国王腓力二世签订卡托—堪布累济和约，意大利战争正式结束。

法国宗教改革

宗教改革的开始

英法百年战争接近尾声时，法国的胜势已不可逆转。战场上的有利局面使法国的王权得到了加强，王室也开始干预领土内的任何事情。1438年，为加强对教会的控制，查理七世颁布了"布鲁日国事诏书"。诏书宣称宗教会议的权力高于教皇，有权任命主

坐在床上的加尔文

教等高级神职人员及修道院长，可以不向罗马缴纳上任年贡，上诉罗马的宗教案件必须经过初审。布鲁日国事诏书在一定程度上限制了教廷的人事、财政和司法权，为建立法国民族教会奠定了基础。

1512年，法国人文主义者戴塔普尔提出"唯信称义"思想，认为人只有靠信仰才能得救，不能靠善功、圣礼和神职人员。但戴塔普尔并不完全否认教皇和教会的作用，他自己也是虔诚的天主教徒。1516年，戴塔普尔与法莱尔、莫城主教威廉·布利松涅等人在莫城组成了"莫城小组"。这个小组倡导人们用法语做礼拜，并宣讲福音、撤去圣像，在莫城产生了重要影响。小组的活动还得到了弗朗西斯一世的妹妹玛格丽特的支持，她不仅为莫城小组提供便利，还为他们提供庇护。戴塔普尔的很多弟子后来成了新教徒，成为了宗教改革中的一支重要力量。同年，法王弗朗西斯一世与教皇利奥十世签订博洛尼亚协定，获得了任命法国高级神职人员的权力，从而控制了法国教会的大部分财产，使教会变成了国王手中的玩物。

1519年，马丁·路德的著作在巴黎公开出售。弗朗西斯一

世界通史

最新整理图文珍藏版

饭店中的弗朗西斯二世

世十分赞同书中"政权高于教权"的思想，并公开支持德国的新教诸侯反对德国的政权。但当本国新教徒开始行动时，弗朗西斯一世立即慌了手脚。1534年10月，宣传宗教改革的传单竟然贴到了王宫的大门上，史称"传单事件"。弗朗西斯一世看到政权受到了挑战，立即对国内新教徒采取镇压政策。

加尔文教派的活动

1545年，弗朗西斯一世屠杀了大约三千新教徒，其中包括很多妇女和儿童。继任的亨利二世变本加厉，设置了专门迫害新教徒的"火焰法庭"。16世纪40年代起开始在法国境内流传的加尔文教，对中央政府的残酷手段十分不满。

加尔文教立足于南方的普罗旺斯和朗格多克，吸收了具有分立情绪的贵族和一部分资产阶级分子。进入16世纪50年代后，各地的加尔文派纷纷建立独立的组织，如巴黎、莫城、奥尔良、里昂等地。为了扩大影响力，加尔文派让经过培训的牧师潜回国内进行宣传，并不断吸收新的信徒。

1559年5月，巴黎市郊的圣日耳曼汇集了大批加尔文教徒。经加尔文的倡议，法国加尔文教徒举行了首次代表大会，并成立了法国新教会。这些新教徒又被称为"胡格诺"，即"同盟者"的意思。

1559年7月，亨利二世去世，15岁的太子弗朗西斯二世即位。由于弗朗西斯二世体质较弱，大权落到了两位叔叔手里，即吉斯公爵、王国军队统帅弗朗西斯和他的弟弟洛林红衣主教查理。

弗朗西斯和查理掌握大权后形成了吉斯集团，表示要捍卫天主教的地位。而波旁家族的那瓦尔国王安托万和他的弟弟孔德亲王路易，以及夏蒂隆家族的海军上将科里尼高举加尔文教的旗帜，组成了胡格诺集团，与吉斯集团公开对立。

1560年12月，16岁的弗朗西斯二世去世，10岁的查理九世即位，太后凯瑟琳摄政。凯瑟琳为了维护王权和君主专制制度，准备调解两大集团的矛盾，或者拉拢一派消灭另一派。1561年，经凯瑟琳倡议，新旧教神学家在普瓦西举行了会议。次年1月，凯瑟琳颁布敕令允许胡格诺白天在城外做礼拜。但凯瑟琳的努力没能化解信仰上的冲突，更何况矛盾的实质本就不在信仰问题上，两大集团最终爆发了"胡格诺战争"。

统治集团争权夺利的战争

1562年3月1日，吉斯公爵在瓦西镇袭击了正在举行礼拜的胡格诺教徒，使胡格诺教徒死伤二百余人。事件发生不久，土尔、桑斯和图鲁兹等地也出现了屠杀胡格诺教徒事件。南方的胡格诺贵族集团闻讯大怒，立即调集兵马准备与吉斯集团展开决战。吉斯集团也排兵布阵，准备给对手来个迎头痛击。宗教战争的序幕终于被拉开了。

1562年12月，两大集团在巴

举行礼拜的胡格诺教徒遭到屠杀

黎附近的德勒展开激战，吉斯集团在战争中遭到重创。此后不久，胡格诺集团的安托万和吉斯集团的弗朗西斯相继战死。

圣巴勒特穆之夜

1567年11月，孔德亲王路易起兵包围巴黎。他得到了德国巴拉丁伯爵的援助，与吉斯集团在巴黎北郊的圣德尼斯展开血战。经多方斡旋，交战双方一度达成停战协议。但1569年3月战端又起，两大集团在雅尔纳克杀得天昏地暗。结果胡格诺集团的路易战死，科里尼率残部退回南方的朗格多克。凯瑟琳再次出面调解，并于1570年8月签署圣日耳曼和解敕令，允许胡格诺信仰自由。同时她还将法王查理九世的妹妹玛格丽特嫁给那瓦尔王子亨利，以巩固这种关系。

科里尼因受到查理九世的信任进入了宫中，参与国家各种大事。但他打击西班牙的外交政策引起了凯瑟琳的不满。

1572 年，那瓦尔王子亨利即位为那瓦尔国王，成为胡格诺集团新的领导人。同年 8 月，亨利前往巴黎与玛格丽特公主完婚。但 8 月 24 日的圣巴特勒穆节发生了流血事件，胡格诺教派的许多显要人物被杀，那瓦尔国王亨利被软禁在卢浮宫。1573 年 6 月，查理九世签署拉罗舍尔和约，胡格诺教徒再次争取到了信仰自由。

亨利四世

三亨利之间的战争

1574 年 5 月 30 日，查理九世去世，安茹公爵亨利三世击败自己的弟弟阿朗松公爵后夺得王位。阿朗松公爵倒向了胡格诺教派，与亨利三世发动了内战。1576 年 5 月，在太后凯瑟琳的调解下，亨利三世签署了"王弟和约"，也称博利厄和约。

因不满对胡格诺教派的偏袒，吉斯集团的亨利·吉斯于 1576 年 6 月成立了"天主教联盟"，为夺取王权做准备。同年，那瓦尔王亨利从卢浮宫逃回南方，继续领导胡格诺集团进行战争。

1577 年 9 月，两大集团签订了贝热拉克和约，"天主教联盟"解散，胡格诺战争结束。

1584 年 6 月，阿朗松公爵去世，那瓦尔王亨利成了法国王位的唯一继承人。1585 年，亨利·吉斯重组天主教联盟，声称也拥有王位继承权。但新组建的天主教联盟被亨利三世利用，不仅更名为"王家联盟"，领导权也被亨利三世攫取。亨利·吉斯只得另立"巴黎联盟"，继续进行夺取王权的斗争。

1586 年 7 月，亨利三世颁布了那慕尔敕令，废除那瓦尔王亨利的王位继承权，并限令胡格诺六个月内改信天主教，否则将被驱逐出法国。亨利三世本想一箭双雕，既安抚亨利·吉斯，又打

亨利三世

击那瓦尔王亨利，但却引发了"三亨利之战"。

　　1587年10月，那瓦尔王亨利在库特拉大败亨利三世。1588年5月，亨利·吉斯迫使亨利三世出逃巴黎，但他本人被亨利三世派人刺杀。亨利·吉斯死后，吉斯集团立即策动政变，推举年迈的洛林红衣主教查理为国王，称为"查理十世"。走投无路的亨利三世只好与那瓦尔王亨利联合，共同对抗吉斯集团，并承诺把王位继承权交给他。

　　1589年8月1日，亨利三世遇刺，于次日死去。三亨利只剩下了那瓦尔王亨利，"三亨利之战"至此结束。同年，那瓦尔王亨利登上王位，称为亨利四世，

亨利四世

亨利四世进入巴黎

他开创了法国的波旁王朝。

波旁王朝的建立

　　亨利四世是法国波旁王朝的奠基人，他巩固了法国的君主专制政体。但他即位之初国内的局势还很混乱，天主教同盟不断声讨作为胡格诺教徒的亨利四世。吉斯集团仍然盯住王位不放，并伺机作乱。

　　就在亨利四世被国内的反动势力搞得筋疲力尽时，西班牙天主教国王腓力二世乘虚而入，进犯巴黎，并与天主教同盟相互勾结，企图推翻亨利四世的政权，确保天主教在法国的统治。

　　为了巩固王权，亨利四世开始南征北战。1589年，亨利四世在阿尔克战役中取得大捷。1590年，亨利四世在伊伏利战役中重创敌军。信心倍增的亨利四世向巴黎进发，准备赶走那里的入侵

世界通史

最新整理图文珍藏版

者。但信奉天主教的巴黎市民并不欢迎亨利四世，他们甚至认为异教徒是没有资格领导法国的。亨利四世无法在短期内占领巴黎，而从荷兰星夜赶来的西班牙大军则迫使他放弃了巴黎。

战乱导致的生产停滞使城乡人民揭竿而起，全国发生了大规模的农民暴动，著名的有"克罗堪"农民起义等。此时的巴黎并未落入西班牙国王腓力二世之手，但市内执政的委员会残酷压榨巴黎市民的同时，还把西班牙卫戍部队引进了首都。腓力二世让女儿伊丽莎白登上法国王位的企图遭到了巴黎市民的强烈反对。

1593年，亨利四世为争取巴

亨利四世签署南特敕令

黎人民的支持，宣布皈依天主教。1594年2月，亨利四世在沙尔特接受加冕。3月，信奉天主教的巴黎市民大开城门，欢迎亨利四世入城。

得到巴黎市民的支持后，亨利四世重拳整治天主教同盟、镇压农民起义，同时挥军驱逐外敌。1595年，天主教同盟首领梅埃纳被击败，"同盟"投降，1596年，"克罗堪"农民起义被血腥镇压，1597年，腓力二世在亚眠战役中惨败，被迫讲和。在三年的时间里，亨利四世基本扫清了严重危及统治的武装力量。

南特敕令

胡格诺战争结束后，法国人民急需一种安定的生活。但此时西班牙的军队并未全部撤走，连年的内战也使国库空虚。为了恢复生产发展、稳定社会秩序，必须加强政府的调控能力，而这又

亨利四世征战图

南特敕令影印本

献——南特敕令。对于胡格诺教徒，敕令承认他们信仰自由，有权建造教堂和召集教务会议。在法律上享有公民的一切权利，在审讯新教徒时组成新旧教法官混合法庭；在政治上与天主教徒一样，新教徒有权担任各种官职和向国王进谏；在军事上允许胡格诺教徒保留一百多座城堡，拥有军队和武器。为安抚天主教徒，敕令定天主教为法国国教。

但是，亨利四世赋予新教的权利仍引起了天主教教徒强烈的不满，他们无法忍受异教与自己平起平坐；高等法院也提出了抗议，让新教教徒担任法官是对高等法院权威的蔑视。在亨利四世的强硬态度下，南特敕令才得以勉强实行。同年5月，亨利四世解决了法国与西班牙的疆界问题，西班牙的干涉正式结束。

加强封建君主专制

南特敕令虽然没有彻底解决两派问题，但稳定了国内混乱的局势。亨利四世一方面忙于恢复生产，一方面加强王权，打击反对势力。要想得到人民的支持，必须让人民安居乐业，因此他经常深入社会底层，向生活在疾苦中的农民嘘寒问暖，甚至许诺让"每个农民星期日罐子里有只炖鸡

需要大批的资金。亨利四世只得加重税收充实国库，这又引起了群众的不满。更大的问题在于胡格诺教派这一势力，亨利四世改宗天主教已引起他们的愤怒。1594年亨利四世进入巴黎后，胡格诺宣誓继续忠于自己的信仰，并在斯蒂福召开大会商讨对策。1595年，胡格诺举行索米尔大会，要求享有与天主教徒平等的权利，否则就发动武装斗争。

为了解决国内复杂的矛盾，避免战火重燃，亨利四世于1598年4月13日颁布了欧洲历史上第一个保证实行宗教宽容政策的文

吃"。在取得人民信任后，他又清除了决策机构里的大贵族反对派，并处决了通敌叛国的比龙元帅。为了总揽全国大权，亨利四世选派了五名亲信组成秘书处，决策国内外的一切大事，他们实际上替亨利四世掌控了整个国家。

英姿勃发的亨利四世

亨利四世的行宫

为了巩固君主专制政体，重塑国家权威，亨利四世又动了一番脑筋。他向臣民们推荐《论共和国》一书，大力宣扬它的思想境界。《论共和国》是论述专制制度理论的著作，作者是16世纪著名的法学家、历史学家让·博丹，他认为君主是一切权力和权利的源泉。亨利四世以他的理论为依据，大力推行君主专制制度。在亨利四世当政期间，高等法院已成了一种摆设，三级会议也失去了对他的约束力。

为了让官吏世代为国王效劳，

亨利四世于1604年发布敕令，规定官员只要缴纳收入的1/60作为年税，官职就可以世袭继承。这不仅增加了国库收入，还维护了贵族的地位。但这种做法的危害还是可以预料的：行政机构变得尾大不掉，官员中的渎职现象时有发生。

在打击异己的同时，亨利四世还采取了安抚、收买等政策。他给予了天主教贵族种种特权以寻求他们的支持，对于犯上作乱的天主教徒他也采取了克制的态度。亨利四世在处理国内外问题上显示出了远见卓识，法国在他的领导下显示出了一派欣欣向荣之色。

三色旗与《人权宣言》

1789年7月9日，法国第三等级的代表，在广大群众的支持下，在部分教士和贵族的参加下，决意把"国民会议"改名为"制宪议会"，企图通过制定宪法，来限制王权；用和平斗争的方式，来实现自己的要求。

路易十六

与公民权宣言》。它的起草人是拉法耶特。

腓烈大帝

当"制宪议会"着手起草宪法的时候，他们仿照美国《独立宣言》的故事，也事先拟定了一个纲领，作为制定宪法的基础原则；而这，就是我们所熟知的法国《人权宣言》。

《人权宣言》，全称叫《人权

拉法耶特是法国的政治活动家，在法国资产阶级革命中曾经起到过重要作用。他出生在奥弗涅省的一个古老而富有的名门望族。他的青年时代，正是处在法国革命的前夜，所以，深受启蒙思想的哺育；美国独立的最强音，打动了他的心灵，使他更加向往自由主义。1777年，他不顾各方亲属的阻拦和反对，竟然自己出钱购买船只，并进行装备，而后率领一些志愿人员，从波尔多出发，抵达北美，直接参加了美国的独立战争。7月，大陆会议授予他少将军衔，任命他为大陆军司令乔治·华盛顿的副官。独立战争重复每段末尾的歌词："公民们！拿起武器"，检察官竟像小孩子一样放声大哭起来。一位大学生挥动手中的帽子，高呼："法兰西万岁！""还有阿尔萨斯！"另一个大学生急忙补充说："它们是一个整体！"李尔顿时被这一场面惊呆了，他万万没有想到，他的歌竟会获得如此巨大的成功。他也以同样激动的心情，同向他表示祝贺的人一一握手道谢。

李尔应邀到誓师大会唱这支战歌，战歌博得全场热烈的掌声。义勇军战士们听了非常激动，有的人咬牙切齿，紧握双拳；有的人流出了两行热泪，他们个个决心与侵略军战斗到底。

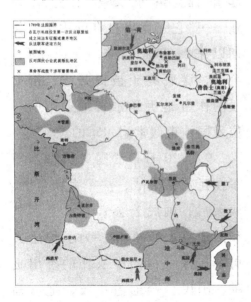

1792 年～1794 年的法国

"这首战歌好不好？"市长问。

"好极了！"义勇军战士们异口同声地称赞。

"那就给它取个名吧！"

战士们立刻掀起议论的高潮，最后一致认为，义勇军作战是为了反抗侵略者，进军莱茵河，就把这支歌取名《莱茵军战歌》。《战歌》不胫而走，传到法国各地。马赛义勇军首先接受了这首歌曲。

正在这时，巴黎的革命又发展到一个新的阶段。8 月 9 日凌晨，巴黎的革命群众和各地来的义勇军团结在一起，冲进王宫，逮捕了路易十六和王后。尔后，又镇压了一批反革命分子，巩固了后方。义勇军士气大振，并奉命出击。

话分两头。这年 6 月，巴巴鲁正好在巴黎，他写信给马赛市市长木拉叶，建议他派一支"由 500 人组成的敢死队"到巴黎来加强巴黎的防卫力量。巴巴鲁请在蒙彼利埃的两位爱国者把信带到马赛。他们于 6 月 19 日抵达马赛。市长木拉叶当即在巴诺大街的一家俱乐部里，向经常在那里聚会的爱国者宣读了这封信。这两位信使中有一个名叫米勒尔的大学生，此人口才极好，能言善辩。

他在那天晚上向马赛俱乐部成员激昂慷慨地发表了演说，使在座的人惊叹不已。

俱乐部附近有一家饭馆。6月22日，米勒尔和他的朋友应邀参加饭馆里举行的宴会。宴会快结束时，米勒尔为了答谢主人的盛情款待，用洪亮的声音唱了《莱茵军战歌》。所有在座的俱乐部成员都拍手叫好，赞不绝口。米勒尔从提箱中拿出一叠歌片，分给大家。其中有一个人，在兴奋之余，想立即把它交给里戈尔和米库兰主编的《南方省报》发表。翌日，该报便以《献给我们的边防战士》为标题，刊登了这首歌的六段歌词。

法国大革命示意图

就在《南方省报》刊登歌词的当天，马赛市政厅根据巴巴鲁的请求，开始征召义勇军。四天后的晚上，500名义勇军集合在市政厅前，整装待发。他们编成八个连队，尽情地喝完酒后，拉着两尊火炮，在军鼓声中，不断高唱这首威武雄壮、激动人心的《莱茵军战歌》，雄赳赳，气昂昂地向被围的巴黎挺进。巴黎人就是从这些马赛人那里第一次听到这首歌的。其他地方来的义勇战士听了大为感动，也纷纷学唱这支战歌。从此，人们就把《莱茵军战歌》叫做《马赛曲》。

除了李尔写的六段歌词外，后来又增添了第七段："我们将挑起重任，继承父辈未竟的事业……"它究竟出自谁的手笔？长期以来一直是个谜，众说纷纭。今天，谜底终于被揭开了：第七段的作者是伊泽尔省维恩市的一位爱国神甫佩索耐尔写的。

9月20日，法国义勇军与普军在瓦尔密决战，法军大获全胜。两天后，国民公会宣布法兰西共和国成立。1795年，为了纪念义勇军在保卫祖国中所作的杰出贡献，国民公会通过决议，把《马赛曲》定为法兰西共和国的国歌。

吉伦特派执掌政权

各地义勇军汇集到巴黎后，立刻同巴黎人民一起掀起了一个新的民主共和运动的高潮。群众要求废除国王、惩办拉斐德、取消"积极公民"和"消极公民"的划分、实行普选制度、建立共和国。

在这个运动中，山岳派发挥了很大作用。7月17日它在立法议会上宣读了一份由罗伯斯庇尔起草的请愿书，上面有590多名义勇军签名。请愿书要求废除王权，审讯拉斐德，撤换并惩办忠于宫廷和忠于拉斐德的各郡政府。巴黎各区的群众也在积极活动。法兰西剧院区在山岳派活动家丹东、肖美特等人领导下，宣布废除"积极公民"和"消极公民"的区别。别的许多区也效法这样做了。圣安东郊区的肯兹一文教区出版了《七月十四日人和圣安东人报》，提出："我们需要一个至今还未有过的政府……在这个政府里，一切都是由人民自己来做或是为了人民而做的。"

就在这时，奥地利、普鲁士联军统帅不伦瑞克发表了一个宣言，用威吓的口气说什么对侵犯国王的人要进行"永世难忘"的惩罚，要"彻底毁灭"巴黎。这激起了人民更大的愤怒。人民准备公开起义。格拉维利尔区向立法议会发出警告："立法者们，我们本来把拯救祖国的荣誉给了你们；如果你们拒绝这样做，那么，为了祖国的安全，我们就要自己动手了。"肯兹一文教区于8月4日宣布：到9日晚11点，如果立法议会还不肯废除国王，就要"吹起集合号，立即起义"。但是到期议会没有任何反应，肯兹一文教区就正式发出起义的号召。半夜12点钟，法兰西剧院区首先敲起了警钟，武装起义开始了。

8月10日早晨六点多钟，巴黎28个区的代表在起义的枪声中来到了市政厅，宣布旧市政府被推翻了，正式成立了巴黎公社，马上投入了指挥起义的斗争。任命山岳派的桑戴尔为新的国民自卫军司令，他立即率领自卫军加入起义队伍，很快攻下了王宫。

这时，路易十六已跑到立法议会去请求保护。他说："我一向认为，在国民的代表中间，我和我的家属是安全的。"当时担任议会主席的吉伦特派分子微尼奥竟然表示：议会将保卫"既定的政权"。就在这时，巴黎公社的代表也来到立法议会，要求立即废除国王，解散议会，召开普选产生的新议会。在武装群众的压力下，立法议会只好宣布国王暂时停职，召开普选产生的国民公会。8月10日起义胜利了！

这幅版画展示了法国第三等级即平民的代表在天神的注视下，于1789年6月20日在凡乐赛宫集体宣誓的场景。

　　这次起义的胜利，是法国革命进程中的一个重大转折点。它推翻了几百年来的封建君主制和三年来的立宪君主制；斐扬派的统治连同它的那部1791年宪法，随着王政的倒台也就变成了一束废纸。革命进入了一个新的阶段，吉伦特派得到了政权。

　　在国王停职后，立法议会选举了一个由六人组成的行政委员会作为临时政府。委员会中有五人属吉伦特派。吉伦特派认为王政已推翻，政权已到手，应该停止革命，巩固自己的独占统治了。布里索发表文章说："为了拯救法国，三次革命是必要的：第一次，推翻了专制制度；第二次，废除了国王权力；第三次，应该是消灭无政府状态。"吉伦特派作为工商业资产阶级的代表，他们害怕革命再向前推进，会"消灭私有财产"。他们企图在"消灭无政府状态"的借口下，极力压制山岳派和革命群众。而山岳派领导的巴黎公社，在广大群众的支持下，担起了继续推进革命的重任。

　　8月10日起义胜利后，公社总委员会由89人扩大到280人。罗伯斯庇尔、肖美特、帕什等山岳派活动家都参加了。公社逮捕了8月10日前当政的斐扬派部长，封闭了王党的报纸，征用了教堂的铁栅栏、大钟和其他铜器，熔铸大炮等武器，用来打击敌人。8

巴黎人民攻占巴士底狱时的激烈场面

世界通史

最新整理图文珍藏版

月 17 日，公社迫使立法议会成立特别法庭，审判反革命分子。公社还下令，拆除一切带有国王象征的建筑物和纪念碑等等。

巴黎公社在同外来敌人的斗争中，起了重大的作用。奥普联军统帅不伦瑞克发表宣言后，就开始向法国大举进犯，通往巴黎的军事要塞凡尔登于 9 月 2 日失陷了。当时欧洲各国反动派兴高采烈，预言十天之后就要攻陷巴黎。巴黎公社在这紧急关头发出了战斗号召："公民们，武装起来！敌人已经到了我们的门口。马上在各自的旗帜下前进，到马斯校场集合。我们要立即组织起 6 万大军！"丹东在立法议会上发表了重要演说，他说：一切人"都在愤怒地要去厮杀"。"要征服敌人，我们必须勇敢、勇敢、再勇敢，法国才能得救。"巴黎人民立即热烈响应公社的号召，义勇军整装待发，准备开赴前线。巴黎的普瓦松尼区向其他 47 个区发出呼吁："立即裁决在押的为非作歹和阴谋叛乱的人"。于是，义勇军在出发前，首先惩办了那些在押犯人。9 月 2 日到 5 日，群众自发起来，处死了大批反革命。

一面义勇军开赴前线，一面全国各地按普选方式进行了国民公会代表的选举。王党和斐扬派分子都没有当选。吉伦特派得到了很多选票，布里索、微尼奥、孔多塞等都当选了。他们在各地进行宣传，自称是"爱国者"，极力诬蔑山岳派是"疯狂的匪帮"。但是各大城市的人民也有很多拥护山岳派的，他们选举了罗伯斯庇尔、马拉、丹东、圣茹斯特、古东、勒巴等人。

选举刚完毕，前线就传来了好消息。9 月 20 日，革命军队在瓦尔密（凡尔登西南部）击溃了进犯的普鲁士军队。这是反对外国武装干涉取得的第一次大胜利，极大地鼓舞了人民的勇气和信心。

在 9 月 20 日击溃普军的捷报声中，新选出的国民公会于 21 日在巴黎开幕了。吉伦特派占 160

律师马克西米连·罗伯斯庇尔

《弑君者》：前奥尔良公爵菲利普·
伊格利特抓住路易十六的头

个席位，组成右派势力；山岳派占80个席位，是左派力量。其余中间派占500个席位左右。中间派被称为平原派或沼泽派，代表中等资产阶级的利益。由于平原派起初支持吉伦特派，所以吉伦特派的佩迪昂当选为会议主席，把持了国民公会的领导权。

国民公会一开幕，吉伦特派却把建立共和国这样的大事撇在一边。他们首先提出来的问题是针对山岳派的。其一是所谓追究9月2日到5日"屠杀"事件的责任问题。他们诬蔑巴黎人民处死

在押反革命分子是残酷的"大屠杀"，硬说这是山岳派煽动的，要追究责任。其二是提出要建立"郡卫军"，说国民公会代表当选的郡里，应该给自己选出的代表派卫兵以保障其安全。其用意是拼凑一支武装力量，用来对付山岳派影响下的巴黎人民和国民自卫军。其三是提出要调查巴黎人心的动向，这是在寻找口实，反对山岳派领导的巴黎公社。如此等等。山岳派在人民群众的支持下，坚持斗争，使吉伦特派这些企图没有得逞。

9月21日，当国民公会开幕时，一队马赛义勇军从会场经过，听到里面有人讲到"共和国"的声音，就误以为宣布共和了。这个消息一传开，当天晚上巴黎人民就张灯结彩，举行集会，"共和国万岁！"的呼声响彻上空。吉伦特派在群众的压力下，不敢再回避这个首要问题，只好开始讨论。

律师路易·圣鞠斯特　奥尔良公爵路易·菲利普　作家雅克·布里索　律师卡米尔·德穆兰

世界通史

最新整理图文珍藏版

9 月 25 日，国民公会正式宣布：法国是统一的不可分割的共和国。这就是法国历史上的法兰西第一共和国。

国民公会虽然一致通过了建立共和国的决议，但是要什么样的共和国，吉伦特派和山岳派的斗争还是很激烈的。10 月间，布里索和罗伯斯庇尔都发表了文章，他们的主张是完全对立的。

布里索的《告全体法国共和党人》一文中，指名攻击罗伯斯庇尔、马拉等山岳派活动家是"破坏者"，他认为社会的物质财富和精神财富只能由吉伦特派及其所代表的富有阶级独占，不能讲平等。吉伦特派是主张建立一个富有者独占统治的共和国。

罗伯斯庇尔发表的《致选举人信》一文，针锋相对地指出吉伦特派是"伪爱国者"，他们建立共和国，"只是为了富人的和官僚们的利益而统治"。真正的爱国者要求"在平等和大众利益的原则上建立共和国"。山岳派反对吉伦特派的独占统治，主张扩大共和国的基础，把革命推向前进。

这样，吉伦特派同山岳派进行了长时间的斗争。吉伦特派企图把公社控制在自己手中，无中生有地硬说巴黎公社成员盗窃公款，提出要改选公社总委员会。但是改选的结果，山岳派活动家仍然当选为公社的领导，肖美特和埃贝尔担任了正副检察长，挫败了吉伦特派的阴谋。

吉伦特派为反对巴黎公社，还极力贬低巴黎作为革命中心的地位。吉伦特派的拉索斯在 9 月 25 日国民公会会议上叫嚷，反对"这个受阴谋家指挥的巴黎"，"巴黎的权力必须和其他各郡一样，缩小到八十三分之一。"他们甚至不惜分裂国家，鼓动各郡脱离巴黎，建立个别的小邦，再自愿组成联邦国家。所以吉伦特派也被称为联邦主义者。山岳派坚决批驳了这种反动的主张。丹东严厉地指出："据说有人主张把国家割裂。我们必须用死刑对付这种人……法兰西必须是一个不可分割的整体。"

雅各宾俱乐部就在这种激烈的斗争中，发生了第二次分裂。10 月 10 日，布里索被开除出俱乐部，其他吉伦特派分子也纷纷退出。从此，雅各宾派就成了以罗伯斯庇尔为主要领袖的真正的资产阶级革命民主派。

这时，雅各宾派同吉伦特派又在怎样处置前国王路易十六的问题上展开了斗争。为了打倒这个封建反动势力的总代表，反革命罪魁，10月1日，巴黎公社就派代表团到国民公会，提出大量证据，证明路易十六同逃亡国外的反革命贵族相勾结，同时还揭发了他的一系列反革命罪行，要求审判路易十六。吉伦特派却出来保护，他们一再拖延时间，不肯审判路易十六，甚至搬出已被废除了的1791年宪法，说是宪法规定国王有不可侵犯的权利。这就极大地激怒了雅各宾派和人民群众。

12月2日，巴黎公社代表团来到国民公会，向代表们大声疾呼："企图消灭自由和平等的恶魔现在被锁住了。人民把惩罚的宝剑交给了国民公会。请想一想我们浸满血泊的大地吧，看一看躺倒在大地上的那些面容苦楚的冻僵了的尸体吧，他们就像在谴责你们的迟缓；他们要求处死那个戴王冠的人。"第二天，罗伯斯庇尔在国民公会也发表重要演说，痛斥吉伦特派的保王谬论。他说："从前路易是国王，而现在成立了共和国……胜利了的人民认定，叛徒就是路易本人。因此，路易不能不受审判，因为他已被定罪了。不然共和国就没有存在的理由。"最后他以断然的口气提出：

"路易应该死，因为祖国需要生！"12月28日，罗伯斯庇尔再次就处死路易十六的问题发表了演说。在人民群众和雅各宾派的坚持斗争下，国民公会只得决定审判路易十六。

在审判过程中，路易十六十分顽固，极不老实。对他的质问，他总是用这样一些话回答："那是通过宪法以前的事"，"我有这种权力"，"这涉及到大臣们，与我无关"，"关于这一点我不了解"，等等来搪塞，尽管有大量的证据表明他是一个十恶不赦的反革命分子，但他根本不肯认罪。后来，根据马拉的提议，对怎样处置路易十六的问题，国民公会的代表采取单独表态的办法。进行表决时，巴黎群众挤满了国民公会大厅。在众目睽睽之下，许多吉伦特派分子也不得不表示赞成处死路易十六。1793年1月21日这一天，路易十六终于被送上断头台。

路易十六的处死进一步坚定了人们的革命决心。就像雅各宾派的重要成员勒巴所说："我们后退的路已经破坏，……我们只有前进；尤其在目前，只能说，或者生而自由，或者死！"

当国民公会辩论如何处置路易十六的时候，法国正发生一场粮食不足的危机。由于战争，大批壮劳力上前线，军费开支浩大，资本家利用国家的困难，大肆投机倒把，富农囤积粮食，这就造成市场上粮食奇缺，物价飞涨。工人每天劳动所得，只够买两磅多面包，根本无法养家糊口。群众愤怒地把投机商和富农称为"饥饿的罪魁"，要求物价回复到1790年时的水平。

罗伯斯庇尔在国民公会受袭击后的情景

激进的男女平等主义者玛丽·沃斯通克拉夫特

在要求降低物价的运动中，涌现出一批平民的革命家，这就是忿激派。他们主张限定生活必需品的价格，严厉制裁投机商，用革命的手段打击反革命分子。忿激派的主要领导人有雅克·卢、勒克雷尔克、瓦尔勒等。雅克·卢出身于低级军官家庭，当过教

员和乡村牧师。他于1791年来到巴黎，住在工人聚居的格拉维利尔区。他代表人民的利益，深受群众的拥戴。

吉伦特派拒绝忿激派的限价要求，极力强调"贸易自由"。这实际上包庇了投机商，助长了投机活动，引起了群众的更大不满。1793年2月12日，巴黎四十八个区的代表团到国民公会宣读了由雅克·卢起草的请愿书。请愿书说："光宣布法兰西为共和国是不够的，还必须给人民幸福，必须让人民有面包吃……你们宣布无限制的贸易自由，等于对穷人抬高面包价格，等于让贪婪的投机商发财致富。你们当中有人说，颁布一项完美无缺的粮食法令，是根本不可能的。这就使人不能不怀疑，你们是否有能力管理一个已经推翻了君主制的国家"。这些话表明巴黎人民已经对吉伦

派的掌权失去了信心，开始考虑它是不是应该继续存在下去。

就在同一天，巴黎的洗衣女工们在塞纳河上截留了一条运输肥皂的商船，并强迫货主按她们规定的价格出卖肥皂。她们还到国民公会去请愿，严厉地指出：如果今后还想从群众中征募军队，那就要满足人民的要求。国民公会推脱说，两天之后再研究这个问题。妇女们立刻争辩说："当孩子向我们要奶吃时，我们可不能说让他们等几天。"

革命者将革命对象转向自己人的场面

随着斗争的深入，有些人开始意识到，吉伦特派的统治实际上是危害革命有利王党的。1793年3月4日雅各宾俱乐部里宣读了一封署名"共和国保卫者协会"的来信，信中写道："对于叛徒代表，不仅必须撤职，而且要在法律宝剑的打击下，使他们人头落

地……财富贵族——大商人和大金融家，一般都是在贵族的废墟上生长和聚集起来的吸血鬼。任何一个戴王冠强盗，如果他们没有把握得到国民公会里某一整个党派的支持，就不敢侵犯我们。"这里说的"叛徒代表"和"某一整个党派"，就是指的吉伦特派。而且在1792年9月，巴黎流传的一份宣传品上就把吉伦特派形容为代表"财富贵族"的"投机商和包买商的党"。吉伦特派已丧尽民心，群众把它看成是包庇王党的革命障碍物。

就在国家经济困难而吉伦特派又倒行逆施的情况下，1793年3月在西部的万第郡，发生了反革命武装叛乱。这次叛乱是王党分子、反动僧侣煽动起来的。据调查叛乱的费里奥说："那些神甫们，尤其是那些主教们，都在用各种狂热信仰的手段煽动城乡人民。"叛乱者攻城夺地，杀害了大批革命者。

外国干涉者乘机卷土重来。英国纠合了普鲁士、奥地利、荷兰、西班牙、意大利半岛上的那不勒斯和撒丁王国等国家，组成反法联盟，侵入了法国领土。在这严重的时刻，吉伦特派所信赖的将领杜木里埃竟然公开叛变，投到奥地利人方面去了。

总之，到 1793 年春天，法国内忧外患十分严重。吉伦特派上台时，形势本来很好，建立了共和国，打败了外国干涉军，群众革命热情很高。可是只有几个月的时间，情况就迅速地恶化起来。就像国民公会派往外地去的一名特派员在报告中说的："公共事业已处在灭亡的边缘。只有最迅速、最坚决的措施才能拯救它。到处都可以看出，革命疲惫了。富人们仇视它，而贫民缺乏面包。他们都认定我们是有罪的。"这一切，都是吉伦特派统治所造成的恶果。

在这危急关头，只有依靠群众才能挽救革命。大敌当前，迫使雅各宾派同忿激派结成了暂时的联盟。5 月 4 日，经罗伯斯庇尔提议，国民公会通过了"粮食最高限价法案"，实现了忿激派的一个重要的要求，加强了雅各宾派同人民的联系，从而奠定了推翻吉伦特派的社会基础。

还在 5 月 1 日，圣安东郊区的工人举行示威时，就发出了要举行武装起义的呼声。他们在递交国民公会的请愿书中说："请问，你们做了些什么呢？你们答应得很多，做得很少……这就使人们

再也不能信任你们了。"请愿书提出必须强迫"富人和利己主义者"出力为共和国服务，"这就是我们拯救共同事业的办法……如果你们不接受……我们就准备起义"。

吉伦特派不考虑群众的要求，不顾国家的安危，仍然一意孤行。他们在国民公会里组织了一个 12 人委员会，专门迫害革命民主派，分裂革命力量。从 5 月 24 日起，他们相继逮捕了雅各宾派的左翼代表、巴黎公社副检察长埃贝尔，公社的工作人员马里诺，忿激派领袖瓦尔勒等一批革命者。这就激起了雅各宾派、巴黎公社和人民群众的极大愤怒。25 日，公社代表前去抗议，坚决要求释放被捕者。当时任国民公会主席的是吉伦特派分子伊斯纳尔，他竟蛮

萨斯像

横地威胁说，如果巴黎人民暴动，就要受到镇压，巴黎就要被毁灭。巴黎人民已经忍无可忍，他们清楚地看到只有推翻吉伦特派的统治，才能拯救革命，拯救共和国。

雅各宾专政

雅各宾专政的产生

雅各宾专政是雅各宾派在内忧外患的危急形势下同吉伦特派进行斗争，并同广大人民群众结成暂时联盟的产物。

1792年8月10日革命后执掌政权的吉伦特派，代表工商业资

雅各宾派领袖罗伯斯庇尔

产阶级的利益，在政治上主张联邦共和制，在经济上坚持自由主义，在外交上企图通过战争为法国资产阶级扩大市场。这种政策既招致英国和欧洲大陆上封建君主国以及法国王党分子的敌视，又引起国内下层群众的不满，更不适应当时特定形势的需要，这就决定了它必然要遭到失败。

1793年春天，法国所面临的形势是严酷的。首先是军事危机。在2月1日法英宣战以后，逐渐形成了以英国为中心，包括荷兰、俄国、撒丁、西班牙、那不勒斯、普鲁士、奥地利、葡萄牙等在内的第一次反法同盟。新生的法兰西共和国四境都随着敌国的武装进攻。3月10日，旺代叛乱全面爆发，如同一把匕首插在共和国的背上。4月5日，在比利时指挥作战的杜木里埃将军越境投敌，使前线处境更加恶化。这对于以军事胜利为支柱的吉伦特派是一个重大打击。

其次是经济危机。货币贬值，物价上涨和粮食匮乏，严重威胁着人民的生活。1799年开始发行、并被赋予纸币职能的指券，1793年1月初还值票面额的60～65％，到2月只值50％，而且一直在下跌。地主和农民不愿意以

粮食交换贬值的纸币，使得市场上粮食供应紧张，粮价上涨。对外战争又影响了国外粮食的进口。大城市的工资劳动者生活特别困难，他们的日平均工资收入为20～40苏，而面包价格有时高达每磅8苏。吉伦特派无视有关群众生存的紧迫问题，拒绝限制物价和征购粮食，因而同人民群众发生了尖锐矛盾。

法国军队强渡阿尔波恩河

第三是政治危机。起初曾控制着立法议会和国民公会的吉伦特派，在同雅各宾派和巴黎公社的斗争中日渐失去政治上的优势地位。他们企图停止革命，打击雅各宾派的主要堡垒巴黎公社，把首都巴黎的地位降低到同全国83个省一样，结果遭到失败。特别是在处置国王的问题上，挽救国王生命的阴谋被雅各宾派粉碎，吉伦特派的威信受到严重损害。

由于下层群众的压力和雅各宾派的督促，国民公会被迫采取了一些非常措施：1793年1月11日，将1792年10月17日成立的治安委员会改组，雅各宾派占了优势；2月24日决定征兵30万；3月10日成立革命法庭；3月21日下令全国各公社建立监视委员会（或称革命委员会），负责监视嫌疑分子；3月28日制定关于处决亡命者的法令；4月6日，将1月1日成立的总防御委员会改组为以丹东为首的救国委员会；4月30日正式确定议会特派员行使中央权力的职权；5月4日颁布谷物最高限价法令；5月20日规定对富人摊派10亿利弗尔公债。这些措施多数是违背吉伦特派意愿的，而它们执行之不得力又引起下层群众的强烈不满。要不要实行激烈的救国措施，成了双方斗争的焦点。

在斗争的决定性阶段，雅各宾派领导人罗伯斯庇尔首先发难。1793年4月3日，他就杜木里埃叛变事件发言时说："我以为要采取的第一条救国措施，就是决定审讯所有被指控为杜木里埃的同谋犯，特别是布里索。"4月5日，马拉主持的雅各宾俱乐部要求惩治"申诉派"，即在审判国王时企图以诉诸全民表决的办法挽救国王生命的吉伦特派分子。不久，巴黎公社也对吉伦特派提出同样的指控。吉伦特派采取反击措施：4月13日对马拉提出起诉（24日被革命法庭宣布无罪释放）；5月18日提议解散巴黎公社，并成立"十二人委员会"对其活动进行调查；5月24日下令逮捕公社领导人埃贝尔等（27日获释）；5月25日吉伦特派领导人伊斯纳尔在国民公会发言恫吓说，万一公社举行暴动，巴黎就可能被毁灭。这是向雅各宾派发出决战的信号，被称为"新不伦瑞克宣言"。

面对吉伦特派的挑战，雅各宾派和巴黎公社最后决定诉诸武力。5月26日，罗伯斯庇尔在雅各宾俱乐部号召人民举行起义，说："当人民遭受压迫时，当人民除了自己一无所有时，谁不号召他们起来，谁就是胆小鬼。"5月29日，巴黎33个区的代表在主教宫成立秘密的起义委员会。5月31日，起义群众按照1792年8月10日的方式包围了国民公会，迫使它解散了"十二人委员会"。6月2日再次起义，又迫使国民公会通过软禁29名吉伦特派议员的决议。两次起义的结果是吉伦特派统治的垮台和雅各宾派执政的开始。

雅各宾派与吉伦特派不同，为了应付内忧外患的危急形势，他们"不惜任何代价来实现和维护第三等级的革命团结，甚至不惜为此作出让步和妥协"。罗伯斯庇尔明确意识到这一点。他在当时的私人笔记中记下警句："人民应该与国民公会团结一致；国民公会应该利用人民。"雅各宾派执政初期颁布1793年宪法和三个土地法令，就是他们实行同平民群众结盟的两项民主措施。

5月30成立了附属于救国委员会的塞舍尔等五人小组，负责起草新宪法。6月9日提出草案，10日经救国委员会批准，11日向国民公会提出，24日被通过，1793年宪法又称作"共和元年宪法"或"雅各宾宪法"，它包括新的《人权宣言》35条，宪法本文124条。它规定，社会的目的是公共福利，政府是为保障人们享受其自然和不可剥夺的权利而设立的；公民享有劳动权、社会救济权和受教育权；主权属于人民，人民拥有反抗政府压迫的权利；成年男子享有普选权；最高立法权属于由直接选举产生的立法议会，最高行政权属于从各省候选人中选出的、24人组成的行政委员会，它对立法议会负责。1793年宪法通常被认为是最民主的资产阶级宪法，是最终建立民主共和国的蓝图。雅客宾派之所以急于制定和通过这部宪法，有其策略意义。塞舍尔在6月10日宣读宪法草案时指出，它是"我们对所有诬蔑我们只想搞无政府主义的诽谤者、阴谋家的回答。"的确，这部宪法仍然保障财产的充分所有权，仍然保障各省地方权力和各种民主自由，是为了避免关于"巴黎无套裤汉专政"的指责，为了使信奉联邦主义的农村不再议论5月31日和6月2日事件之"非法"。除却特权阶级以外，法国社会的各个阶级阶层都能从中读到令人快慰的条文。七八月间举行全民投票，结果以绝对多数获得批准。

雅各宾派还希望使广大农民群众立即看到5月31日和6月2日起义的实际成果，把他们团结在自己的周围。国民公会接连颁布了三个土地法令。6月3日法令规定把亡命者的土地分成小块出售，并允许贫农在十年内分期偿付地价。6月10日法令规定，按人口平均分配农村公社的公有土地。7月17日法令宣布，无偿废除一切封建权利和义务，销毁一切封建契约。这些法令是雅各宾派为了同农民群众结成联盟而付的代价。列宁高度评价这些法令的深远意义，指出："用真正革命的手段摧毁过时的封建制度，使全国过渡到更高的生产方式，过渡到自由的农民土地占有制"，是造成1793年英勇爱国精神和军事奇迹的"物质经济条件"。

这样，执政的雅各宾派通过这些民主措施，同广大城乡平民群众结成联盟，扩大了政权的社会基础，为走向专政准备了条件。

雅各宾专政的瓦解

雅各宾专政取得了巨大的胜利，但在它内部包含着不少避免的瓦解因素。雅各宾派在国民公会中只占少数，它的力量在于同下层群众结成联盟，但这种联盟只是暂时的、有限度的，不可能长期维系在一起。革命政府和恐怖政策一度行之有效，但它仅出

反映《巴黎条约》签署的一幅漫画

1157

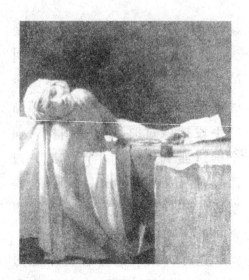

马拉之死

庇尔认为"土地法""只是骗子们为了恐吓糊涂虫们所捏造出来的幻想","财产的平等只是一种空想"。在 1793 年 9 月 29 日全面限价令中，同时规定了工资的最高限额。1791 年 6 月 14 日剥夺工人集会结社权利的勒·夏珀利埃法也依然生效。直到热月 5 日（1794 年 7 月 23 日），即热月政变前四天，罗伯斯庇尔派的公社还公布了巴黎工资的最高限额。雅各宾派领袖们终究是经济自由主义的信徒，他们厌恶"统制经济"，认为它只是战时被迫采取的权宜措施，不允许它超出革命防御所必需的范围。他们的出发点是与下层城乡劳动群众不同的，因此两者之间就不可能有真正稳固的联盟。1793 年 9 月逮捕"忿激派"领袖扎克·卢和瓦尔勒等，就是此一联盟发生裂痕的标志。

雅各宾派内部的斗争导致联盟的破裂和罗伯斯庇尔派的孤立。雅各宾派内部分为左、右、中三派，即埃贝尔派、丹东派和罗伯斯庇尔派。斗争的中心问题是要不要严厉实行限价政策和恐怖措施。各派都想执掌政权，操纵两委员会。埃贝尔派是继"忿激派"之后城市下层群众激进运动的代表者，他们控制着巴黎公社。埃

于形势所迫，只是权宜措施，绝非长治久安之计。在内忧外患的形势下，由各个社会阶层代表组成的革命领导集团内部可以保持一定程度的团结，忍辱负重，一致对外。一旦危象解除，内部分歧顿现激化，从相互倾轧变成生死搏斗，终于导致专政的瓦解。

雅各宾派区别于君主立宪派和吉伦特派的主要之点，在于它颁布较激进的土地法令和实施严厉的限价政策，以牺牲资产阶级的某些利益为代价，一定程度上满足了城乡劳动群众的当前愿望。但这种政策是有限度的。在公布1793 年 6～7 月三个土地法令的同时，3 月 18 日关于凡宣传"土地法"（无偿平分土地）者均处以死刑的法令却没有被废除。罗伯斯

贝尔认为，一切罪恶都是囤积居奇者造成的，唯一的补救办法是断头机。他在《杜歇老爹报》上写道："正如不能宽恕较大的商人一样，也不能宽恕卖胡萝卜的商人"，"小商店也和大商店一样坏"。他们指责丹东派是"催眠派"，指责罗伯斯庇尔派是"新催眠派"。丹东派较多地承继了吉伦特派经济自由主义主张，并要求"爱惜人类的鲜血"，实行"宽容"政策。丹东支持德穆兰创办《老哥德利埃报》，猛烈抨击恐怖政策，矛头不仅指向埃贝尔派，而且指向罗伯斯庇尔派。

处于中间地位，受到两面攻击的罗伯斯庇尔派则是主流派，他们掌握着救国委员会的实权。这场斗争从 1793 年 9 月以后日渐

丹东

加剧。罗伯斯庇尔派起初是摇摆不定的。1793 年 11 月狂热的反基督教运动造成严重混乱，罗伯斯庇尔联合丹东使国民公会于 1793 年 12 月 6 日通过了信仰自由令，从而给埃贝尔派以初步打击。丹东派于 12 月发动猛烈进攻，企图改组救国委员会，又使罗伯斯庇尔对他们失去信任。12 月 25 日，他对左右两派都作了谴责。

从 1794 年初起，罗伯斯庇尔派迫于形势而继续向左转。2 月 26 日和 3 月 3 日（风月 8 日和 13 日），圣茹斯特提出的风月法令规定：凡经审查被确认为"革命敌人"者应拘禁到和平实现时为止，其财产应被没收，无偿分配给"赤贫的爱国者"。此法令是极难实行的，事实上也始终未曾兑现，但它表明了罗伯斯庇尔派继续推行恐怖政策的决心。然而，埃贝尔派却想乘机举行暴动以夺取政权。

于是，救国委员会决定分别镇压左右两派。3 月 13 日～14 日夜间，逮捕了埃贝尔派主要代表人物埃贝尔、隆森、樊尚、摩莫罗、克洛斯等，于 24 日送上断头台。3 月 30 日夜间，逮捕了丹东派主要代表人物丹东、德穆兰、德拉克鲁瓦、菲利波等，于 4 月 5

日送上断头台。在打击两派的同时进一步加强了集权。3月27日解散了由埃贝尔派掌握的革命军；4月1日取消了临时执行会议；4月13日处决肖梅特，5月10日逮捕帕什，进而彻底改组巴黎公社，代之以由政府任命的官员。反对派被镇压了，政府的权力更集中了，但专政的群众基础也被瓦解了，掌权的罗伯斯庇尔派陷于孤立。圣茹斯特清楚地感觉到这一点，写道：要使恐怖政策不成为两面锋刃的武器是极困难的，革命已经冰冷了。

法国的民间火杆

罗伯斯庇尔派曾指望再度鼓起群众的热情，以求革命的团结。然而，强大的新反对派暗流已在形成。这次新斗争的场所不在政府之外，而在国民公会和两委员会内部。它的意义客观上超出了派别倾轧和争权斗争的范围，超出了斗争参与者的主观想象。

救国委员会内部本来就存在着分歧。极左派俾约—瓦伦和科洛—德布瓦，对罗伯斯庇尔等处决埃贝尔派、一度保护丹东派深感不满。温和派卡尔诺、兰代和科多尔省的普里厄，对罗伯斯庇尔等"左倾"的社会经济政策及恐怖措施极为反感。他们都反对罗伯斯庇尔、圣茹斯特和库东的"三头政治"。治安委员会同救国委员会之间有着权力之争，经常发生摩擦。瓦迪埃、阿马尔、服兰等人对罗伯斯庇尔的权势感到不安。在国民公会中，塔利安、弗雷隆、布尔东、勒让德尔等一批人则对罗伯斯庇尔恐怖政策的下一打击步骤深怀恐惧。反对派的矛头集中指向罗伯斯庇尔。关于他"独裁"、"专制"的指责已经时有所闻，刺杀他的事件也屡次发生。

遭到孤立的罗伯斯庇尔派决心继续实行恐怖，清除所有反对派。1794年6月10日（牧月22日），库东向国民公会提出由他和罗伯斯庇尔共同起草的"牧月法令"，虽遭强烈反对，仍获通过。该法令以含混的定义扩大了"敌人"的范围，宣布：凡是与人民为敌的都是罪犯，所有企图使用暴力或使用阴谋来破坏自由的人都是人民的敌人。法令取消了辩护人制度，规定：被诬告的爱国者可由爱国的陪审官作辩护，法律决不准许阴谋分子有辩护人。预审制度也被取消，审判程序大为简化。连国民公会议员也只要有救国委员会等的命令就可直接送交法庭审讯，而毋须通过议会决定。从此开始了所谓"大恐怖"阶段。罗伯斯庇尔派的主观意图是严厉打击革命的敌人，但客观效果却并非如此。此一阶段恐怖的特点是，死刑判决数量激增，普通民众在死刑犯中所占比例明显上升。据统计，从1794年3月到6月10日的3个多月中，巴黎共处决1251人；从6月11日到7月26日的45天中，则处决1376人。7月间被处死刑者中，贵族和僧侣仅占5%，中下阶层约占74.5%，其余为军政官吏。

从1793年底起，特别是1794年6月弗勒鲁斯战役给反法联军以决定性的打击以后，人们对革命的胜利确信无疑了，因而对"贵族阴谋"的恐惧、报复的欲望、激进的狂热都开始减退了。恐怖的象征物——断头台遭到巴黎人民的冷遇甚至厌恶，不得不迁移到更僻远的地方。诚如恩格斯所指出的，在反丹东派和埃贝尔派的斗争中罗伯斯庇尔派获得了胜利，"但从那时起，对他来说，恐怖成了保护自己的一种手段，从而变成了一种荒谬的东西"。恐怖已经失去了立足之地。由此，以罗伯斯庇尔派为核心的雅各宾专政，作为行使恐怖的机器，其垮台也就成为必然的了。

1794年7月27日的热月政变，把罗伯斯庇尔等人也送上断头台，以此作为雅各宾专政悲剧式的幕终。

热月政变

反罗伯斯庇尔的阴谋

在雅各宾专政期间，城乡广大劳苦群众仍然十分贫困，濒临破产边缘。农民对征粮制、农产品固定价格政策怨恨不已。城市工人对政府规定的工资最高限额及保留制宪议会制定的勒·夏珀利埃法深为不满。1794年春，政

最新整理图文珍藏版

府给工商业者发放补助金，恢复奢侈品生产，减轻对投机行为的惩罚，更激起人民群众的愤怒，甚至引起各行业工人罢工。广大劳动群众对雅各宾政府的经济措施大失所望，对政府逐渐疏远，甚至抱有敌意。

新兴的大资产阶级，形形色色的投机家，对雅各宾政府向富人征收特别税、实行最高限价法和极端恐怖政策痛恨万分。1794年夏季，企望能够自由积累资金、肆无忌惮地掠夺财富的大资产阶级认定共和国已经巩固，封建王朝无从复辟，不愿再忍受雅各宾政策的束缚，准备打倒雅各宾派取而代之。

当大资产阶级和城乡劳动群众都对罗伯斯庇尔为首的雅各宾政权的政策日益不满时，在国民公会、救国委员会和治安委员会中，反对派的力量正在逐渐加强。

从原则上说来，救国委员会和治安委员会具有同等权力，重大事件应由两委员会的联席会议决定。但后来救国委员会的权力逐渐增大，经常撇开治安委员会，独自草拟重要报告，处理各项重大事务，甚至连治安委员会职权范围之内的事务，救国委员会亦不和它商量，独断独行。革命法庭是由治安委员会直接领导和管理的机构。1794年6月10日，罗伯斯庇尔和库东事先未和治安委员会商讨，便起草并使国民公会通过了有关革命法庭的法令。罗伯斯庇尔等人的这种做法侵犯了治安委员会的权力，后者十分不满，所以当国民公会讨论这个法令草案时，治安委员会的成员始终默不作声，以缄默来对抗。救国委员会内一部分人对罗伯斯庇尔及其拥护者的威信与日俱增深感不安。卡诺曾说："倘使某一个人的功绩，甚或他的德性当作不可少之物时，就是共和国之不幸。"俾约一瓦伦说："爱护自由之民族，应当留意那些居高位者所具之德性"。到1794年夏天，在救国委员会和治安委员会中，反罗伯斯庇尔及其忠实拥护者的委员逐渐形成了多数。

国民公会中的弗雷隆、巴拉斯、塔利安、富歇等也互相逐渐靠拢，形成了一股反罗伯斯庇尔派的力量。巴拉斯是一个狡诈的政客、投机家。弗雷隆与丹东派主要人物德穆兰同学，并为其妹密友。热月政变之后，他采取种种残暴手段迫害罗伯斯庇尔的支持者们，公开声称要为丹东和德穆兰兄妹复仇。巴拉斯、弗雷隆

世界通史

最新整理图文珍藏版

二人都在外省当过特派员。塔利安是在丹东帮助下被选进国民公会的。他在波尔多任特派员时，贪赃受贿、庇护投机商，并且肆意扩大杀戮范围，把数千人送上断头台。富歇是里昂的特派员，他在那里也制造极端恐怖。各地的爱国者控告国民公会的特派员在外地贪赃枉法，滥施恐怖，巴拉斯、弗雷隆、塔利安、富歇等人被召回巴黎。罗伯斯庇尔说："无论在什么地方，都不能再容许任何党派或罪恶的痕迹。几个罪大恶极的人玷污了国民公会的名誉，国民公会当然是不会受他们压制的。"巴拉斯、弗雷隆、塔利安等人深知，如果罗伯斯庇尔获胜，他们只有死路一条。

弗雷隆、塔利安等人利用一切时机，拉拢国民公会中的沼泽派。沼泽派非常畏惧罗伯斯庇尔派的势力。丹东派曾两度恳求他们合作反对罗伯斯庇尔派，他们一直举棋不定。后来丹东派伪造一份罗伯斯庇尔拟定的即将送上断头台的国民公会成员的名单，上列沼泽派所有领袖的名字，才促使沼泽派下决心加入反罗伯斯庇尔的行列。国民公会中反罗伯斯庇尔派的联盟是一种暂时的结合，法国著名历史学家阿·索布尔曾说过："这个权宜之计的联盟只因为恐惧而得以结成"。

7月初，罗伯斯庇尔的情绪一度颇为低沉，自7月3日起不再出席救国委员会的会议。而罗伯斯庇尔的敌人则加紧活动，他们投寄匿名信，三番五次地企图暗杀罗伯斯庇尔。治安委员会对街头要求逮捕罗伯斯庇尔的叫嚷不加制止。罗伯斯庇尔意识到，决战临近了。

热月政变的经过

1794年7月中旬，圣茹斯特正在北路军中视察。罗伯斯庇尔看到形势急迫，遂将他调回巴黎。圣茹斯特返回后，主张立即行动，他说："敢干，就是革命的全部秘密"，应该猛打，快打。罗伯斯庇尔期望争取国民公会中的动摇分子，以打击最主要的敌人，所以

拿破仑入侵埃及

7月26日，即热月8日，罗伯斯庇尔在国民公会发表了一篇精心准备的演说。这篇演说的主要内容有两点：第一是回击政敌的责难，为自己辩护。罗伯斯庇尔说："埃贝尔和丹东的同党害怕我们的原则，责备我们不公平和暴虐……可是祖国却责备我们过于宽大。"难道说是我们把爱国人士投入牢狱，是我们到处造成恐怖？这是那些控诉我们的恶徒们干的勾当。"罗伯斯庇尔斥责那些诬蔑他为暴君的人说："你们这些诽谤真理威力的人们，你们自己就是最可鄙视的暴君。"第二点是谴责政敌在从事阴谋活动。罗伯斯庇尔声色俱厉地说道："我声明，我现在仍然相信有阴谋存在。"他认为从前大声疾呼反对埃贝尔的人们，现在却维护埃贝尔的同谋者，自称是丹东敌人的人又在步丹东的后尘，从前公开指责过国民公会某些议员的人，现在又和这些议员结成联盟来反对爱国人士。罗伯斯庇尔在演说中，把反对他个人和反对国民公会联系起来，等同起来。"他们为什么要迫害我呢？如果这种迫害不是他们反对国民公会的阴谋的一部分的话。"罗伯斯庇尔接着指出，阴谋分子的目的是要制造混乱，以陷害爱国人士和恢复暴政，因此，"革命政府拯救了祖国，现在需要排除一切暗礁来拯救它自己"。罗伯斯庇尔这一席话旨在动员国民公会揭露阴谋分子，击败他们。

但是罗伯斯庇尔的演说不够策略，未能收到预期效果。他没有把犯错误和具有不正当行为的人同进行阴谋活动的人区别开来，他未具体点明阴谋分子的姓名。国民公会中犯有错误或有不正当行为者，以及同这些人有瓜葛、牵连者甚众，因而与会者个个觉得自己是被谴责的对象，人人自危，其结果是促使中间派倒向反罗伯斯庇尔派一边。

罗伯斯庇尔演说完毕后，会场上一片寂静，好久没有丝毫反应。是赞成，还是反对，人们似乎一时难以决定。凡尔赛的代表勒库安特尔建议印发这篇讲词，

拿破仑政变时的情景

1164

库东提议把它印发全国，代表们接受了这些提议。然而，那些自觉受到责难和威胁的人很快清醒过来，倾向埃贝派的瓦埃首先向罗伯斯庇尔本人和演讲词提出责难。随后，先是丹东派为埃贝尔派的俾约—瓦伦严厉抨击罗伯斯庇尔，说："不管是谁脸上的假面具，都应该扯下来；我宁愿听任一个野心家踏着我的尸体走上宝座，也不能因为我不发言而助长野心家的严重罪行。"原丹东派的康邦指责罗伯斯庇尔使国民公会的意志瘫痪。俾约—瓦伦和科洛—德布瓦要求在把罗伯斯庇尔的演讲词分发到各地之前，先经救国委员会和治安委员会审查。紧接着，丹东派的帕尼斯、倾向埃贝尔派的阿马尔等先后发言，攻击罗伯斯庇尔，反对把演讲词印发各地。于是，国民公会立即撤销了原决定，同意把演讲词交给两委员会审查。罗伯斯庇尔激烈反对，他说："怎么？我有勇气在大会上揭发我认为有关祖国存亡的事实，现在反而把这篇讲词转给我所控告的那些人去审查。"说罢，他愤然退出会场。形势的发展显然对罗伯斯庇尔十分不利。他在国民公会中也失去了多数人的支持。

当晚，罗伯斯庇尔来到雅各宾俱乐部。在这里，他拥有广泛坚定的支持者，受到热烈欢迎。他把白天在国民公会所作的演讲重复一遍，与会群众为之喝彩。他的敌手俾约—瓦伦和科洛—德布瓦想要发言，却遭到群众喝阻。罗伯斯庇尔过于乐观地看待他在俱乐部的胜利，以为自己仍然能争取大多数人的支持，决心第二天再回国民公会与反对派较量。

救国委员会和治安委员会当晚通宵达旦开会，力图协调各派意见，以求一致反对罗伯斯庇尔派。在国民公会中丹东派争得右派和沼泽派同意，共同对付罗伯斯庇尔。至此，各个反对派决定一致行动。

翌日（热月9日），国民公会会议完全被反罗伯斯庇尔分子所操纵。先是塔利安粗暴的阻挠圣

凡尔赛和平厅

茹斯特发言。拉着，俾约—瓦伦起来指控罗伯斯庇尔曾经保护贵族、骗子和其他反对革命的人，迫害革命者，实行独裁暴政、称他为"暴君"。塔利安大声叫喊，要求把黑幕彻底揭开。罗伯斯庇尔多次想上台申辩，都遭到阻拦。会场上响起一阵阵"打倒暴君!"的喊声。塔利安高兴地说：黑幕完全揭开了，阴谋家的假面具被戳穿了。他提议逮捕罗伯斯庇尔的拥护者国民自卫军司令昂里奥，大会采纳了这个建议。随后，大会又通过逮捕罗伯斯庇尔、库东、圣茹斯特的决定。与会各派一致鼓掌赞同。奥古斯丁·罗伯斯庇尔要求分担其兄的命运，自愿受捕。罗伯斯庇尔兄弟的忠实朋友勒巴也一起自动受捕。下午5时半，在与会者的欢呼声中，被捕者们被带出会场。罗伯斯庇尔愤怒地高喊："共和国完了，强盗们胜利了!"此后，罗伯斯庇尔被送往卢森堡鉴狱，其弟被送到圣拉扎尔监狱，库东被押往布尔勃监狱，勒巴被关押在巴黎裁判所附属监狱。

消息很快传遍巴黎。拥护罗伯斯庇尔的巴黎公社立即召开紧急会议，敲响警钟，自行在各区分部发动起义，企图用武力解散国民公会。

起义者从狱中营救出罗伯斯庇尔等被捕者。但是罗伯斯庇尔等对领导起义犹豫不决，行动迟缓。昂里奥不敢组织力量袭击国民公会。总之这次起义缺乏准备，力量分散，配合不当。由于埃贝尔派的被镇压以及部分工人区对罗伯斯庇尔的政策怨恨甚深，在事变的紧要关头，他们也转向国民公会，削弱了巴黎公社的力量。

国民公会方面毫不迟疑地发起反攻。巴累使国民公会通过了一个法令，宣布罗伯斯庇尔等被营救出的人以及巴黎公社、雅各宾俱乐部和革命法庭的许多领导人不受法律保护，对他们可不经审判，立即处决。国民公会又委派巴拉斯去召集武装力量，另派六名议员辅佐他去发动各资产阶级区，向市政厅进发。这时，支持公社的军队和群众因无人领导，已经渐渐散去。巴拉斯所率军队从叛徒口中得到昂里奥发布的口令，于半夜时分出其不意攻入市政厅内。罗伯斯庇尔见反抗已毫无用处，自杀未遂，身受重伤；小罗伯斯庇尔跳窗折断一腿；勒巴自杀身亡；圣茹斯特虽镇静自若，但并未采取什么有效措施，只是束手待擒。次日（热月10日）下午6时左右，以罗伯斯庇尔为首的22名被捕者，不经审判，在游街示众之后被押往刑场，送上断头台。7月29日，即热月11日，巴黎公社的72名成员也遭到同样的命运。

热月9日政变结束了雅各宾派专政。代表中小资产阶级的革命民主派失败了，新兴大资产阶级夺取了政权，开始了热月党人的统治。

彼得一世改革

17世纪的俄国是一个封建农奴制的国家。1649年，沙皇阿列克塞·米哈伊洛维奇颁布的《法

彼得大帝在俄国首都圣彼得堡的新宫殿

典》规定，农奴不论逃亡多久，一旦被捕获后，连人带家眷以及财产一并归还原主。这就从法律上确立了农奴制度。当时，俄国的土地属皇室、贵族、教会和国家所有。农奴按其依附对象分成三类：依附于皇室土地上的称宫廷农奴；依附于贵族地主、教会土地上的称私有农奴；依附于国家土地上的称国家农奴。17世纪中叶，农奴占全俄人口的90%以上。农奴没有人身自由。地主对农奴可以随便审讯、打骂、交换和买卖。在农奴制的残酷剥削和压迫下，农民的反抗斗争连绵不断。其中规模最大的是1667年斯杰潘·拉辛领导的农民起义，它席卷了顿河和伏尔加河的广大地区，起义队伍扩大到5000人，到1671年才被镇压下去。

在农奴制的统治下，俄国的社会经济发展水平远远落后于西

叶卡特琳娜二世像

欧各国。农村盛行三圃制，生产工具主要是木犁、木耙。工业经济以家庭手工业为主。农村中出现了许多木工、锻工、织工、皮革工和制呢工。在城乡小商品生产发展的基础上，出现了新建的农奴制手工工场。1632 年经沙皇特许在土拉建立的一座炼铁场，是俄国最早的手工工场。后来铸钢、造纸、制革、玻璃、碳酸钾等工场也陆续兴建，主要靠农奴手工劳动，雇工很少。随着工商业的发展，以莫斯科为中心的全俄市场逐渐形成。17 世纪后半期，莫斯科已成为全俄最大的商业中心，市内人口约有 20 万，与各地集市有着密切的贸易联系。但俄国工业的发展非常缓慢，直至 17 世纪末，全国总共只有 21 家手工工场，国内需要的工业品、日用品和军需品几乎都靠进口。工业落后致使军事力量也十分薄弱，这对加强农奴制专制统治和进行对外扩张是不利的。地主阶级和新兴商人要求迅速改革俄国的落后状况。

为了适应这种要求，彼得一世执掌政权后，决心效法西方，实行改革。1697 年，彼得一世派使团去西欧各国考察。他自己也化名彼得·米哈伊尔，以水手身份随使团秘密同行，亲自了解西方资产阶级的政治、文化和科学技术。彼得一世回国后，实行了一系列改革。

在政治体制方面，彼得一世废除贵族杜马，建立参政院，负责拟定法令，管理中央和地方行政，建制陆海军和征收赋税；设立监察署，负责监督法令的执行；把全国划分为 8 个省，省下设 50 个州，省长由中央任命；颁布职官等级表，将文武官员分为 14 等，根据才能选拔官吏和晋升等级；罢黜反对改革的大教长，废除主教制，设立宗教事务管理局，把教会直接置于国家控制之下。

在军事方面，彼得一世实行

绘有彼得一世的勋章

征兵制，建立新的正规军和近卫军。到彼得末年，已建立了一支由步、骑、炮、工四个兵种组成的 20 万人的陆军，以及拥有军舰 48 艘、大小战船 800 只、乘员 28000 人的海军。此外，还兴建军需工场，创办炮兵学校、海军学院，派遣贵族子弟出国留学，培养军事人才。

在经济方面，彼得一世大力发展工商业，兴建国家工场，奖励私人办企业，允许外国人在俄国投资设厂，招聘外国技术人员。在他统治期间，俄国先后兴建各种手工工场二百四十多家。他还实行重商主义政策，增加出口，减少进口，提高关税率。

在文化教育方面，彼得一世创办俄国科学院，建立俄国第一座博物馆，创办俄国第一份报纸《新闻报》，开办各类学校，简化俄文字母，采用欧洲新历，翻译出版西欧著作，提倡西欧的服饰礼仪和生活方式。

彼得一世的改革在一定程度上改变了俄国的落后状况，为俄国资本主义的发展创造了条件。但它是建立在封建农奴制基础上的，是靠残酷地剥削农奴来进行的。

彼得大帝

彼得一世（1672～1725 年）是俄国历史上非常有名的沙皇。他在国内进行一系列的改革，促进了经济发展。他不断向外侵略扩张，占领了波罗的海沿岸地区，打开了"朝向欧洲的窗户"。他是俄罗斯帝国的第一个皇帝。

彼得生于 1672 年，十岁时当了沙皇。可是，没过几个月，他的同父异母姐姐索菲亚借助射击军兵变，上台执了政。彼得被迫住到莫斯科郊外。在那里，他整天同小伙伴玩军事游戏，把他们组织成为两个"游戏"兵团。其中不少人成为彼得的亲密助手。有一个叫做"阿列克萨什卡"的游戏兵，后来成为一人之下、万人之上的公爵缅希科夫。随着时光的流逝，彼得长大了，游戏兵团成为训练有素的武装力量。索菲亚意识到，彼得是个危险的对手。1689 年 8 月，她准备废掉彼

彼得严惩射击军

得，但是阴谋失败，索菲亚被关进修道院。

彼得上台时，俄国国内统一市场已初步形成，对各种商品的需求日益增长，而原有的小手工业生产远远不能满足这种需求，很多商品要从国外进口。彼得竭力想改变这种依赖西欧的状况，他采取各种措施，促进工商业和农业的发展，同时还兴建了很多官办的手工工厂。彼得时期，呢绒、麻布、皮革和生铁的产量增加了好几倍，还出现了造船、炼钢、丝织等新的工业部门。

经济的发展大大加强了贵族地主和新兴商人的地位。他们已经不满足过去的那种扩张办法，认为仅仅蚕食邻国的陆地是不够的，需要打通出海口，争夺海外

彼得大帝身着荷兰船工的装束

市场。当时俄国除了北部濒临经常封冻的北冰洋外，其他几面都被包围在陆地之中：南方的克里木汗国和土耳其占据了黑海北岸；西方的瑞典截断了通向波罗的海的道路；东南方向的里海海岸线，大部分在别国手里。俄国的地主和商人要求根本改变这种情况。

彼得一世理解了这一要求。他宣称："水域——这就是俄国所需要的"。他几乎一生都过着戎马生涯，不惜用尽国家的财富资源来打通各个出海口。

1695 年春天，俄国三万大军进攻顿河河口的亚速。由于没有军舰，彼得不能从海上包围这个城堡，而土耳其舰队却可以经常提供援助。到 9 月底，彼得不得不解除对亚速的包围。远征亚速失败后，彼得从全国各地调集工匠建造军舰。本人也亲自参加了这项工作。一个小舰队很快就建立起来了。1696 年春天，三十艘俄国战船突然出现在亚速附近，土耳其舰队不战而退。被包围的亚速被迫于 7 月 19 日投降。

占领亚速后，俄国并没有打通南方的出海口。因为土耳其不仅占领着亚速海的门户——刻赤，而且它拥有一支强大的海军，统治着黑海。彼得决心要彻底打败

土耳其，他派遣了一个大使团到西欧去商讨建立反土耳其同盟的问题。彼得本人以下士的身份加入了使团，化名为彼得·米海依洛夫。1697年，彼得同使团一起出发。8月，他离开使团，带着自己的随从到了荷兰和英国。彼得非常重视学习西方，他自称"是一个寻师问道的学生"。他身强力壮，体躯高大，大约有两米高，亲自在造船厂里做工当木匠，学习造船的技术；此外还参观手工工厂和博物馆，观摩英国的国会会议，研究它的国家制度。1698年夏天，国内射击军发动兵变，要求立索菲亚为沙皇。彼得闻讯后，立即赶回国内。他残酷地镇压了叛乱，处死了一千多人。他强迫索菲亚当了修女，并把195名叛乱者的尸体吊在她的窗前。

彼得出国访问的目的是要结成一个反土耳其同盟。但是，西欧各国已把注意力转到西班牙王位继承问题上去了。彼得看到结盟无望，只好同土耳其签订停战协定，暂时放弃争夺黑海的战争。

彼得极力为俄国寻取出海口，南方不行，就把眼光投向北方。他同丹麦、波兰结成同盟共同反对瑞典。当时的瑞典是欧洲有名的强国，它拥有一支强大的军队。

彼得要同瑞典争夺波罗的海是一个非常大胆的决定，是对俄国的一次严重考验。1700年秋，彼得率三万五千大军包围了瑞典城堡纳尔瓦，开始了北方战争（1700~1721年）。瑞典国王查理十二世先发兵打败丹麦，接着带领一万多精兵和俄国发动总进攻。俄军全线崩溃，国家几乎濒临毁灭的边缘。但是，查理认为没有必要继续进攻俄国，而是挥师向南，攻打波兰去了。

惨重的失败并没有使彼得气馁。他利用查理的疏忽，以最大的努力重建军队。恩格斯对彼得的做法作了这样的评价："纳尔瓦会战是一个正在崛起的民族所遭到的第一次严重的失败……它甚至在失败中学习如何取得胜利"。（恩格斯：《克里木战局》，《马克思恩格斯全集》第10卷，第601页）

彼得从全国各地征集新兵，加紧训练。为了弥补大炮的损失，他命令每三个教堂交出一个铜钟来铸炮。一年以后，俄国铸出了三百多门新炮，比在纳尔瓦损失的多一倍。随着军力的恢复，俄军又开始新的进攻。1703年，俄军占领涅瓦河北岸的瑞典城堡尼恩尚茨。5月16日，在离它不远

最新整理图文珍藏版

的兔子岛上，俄国开始修建彼得保罗堡。在这座城堡的保护下，彼得调集大批农民在涅瓦河两岸沼泽地带建起了一座新的城市——圣彼得堡。1712年，彼得把首都从莫斯科迁到圣彼得堡。这个大胆决定反映了彼得要打通出海口的决心和远见。

普加乔夫

瑞典打败波兰后，于1708年再次攻入俄国。1709年6月27日，两军在乌克兰的波尔塔瓦展开了生死搏斗。彼得亲临第一线指挥，他的帽子和马鞍都中了枪弹。最后，瑞典军溃败，查理逃到土耳其。不久，俄国又同土耳其重新开战。在普鲁特河畔，俄军陷于重围，被迫讲和，并把亚速退还给土耳其。俄国虽败于土耳其，但波尔塔瓦的胜利成果却保留下来了。1714～1720年间，俄国舰队在波罗的海几次打败瑞典海军。1721年两国签订尼什塔德和约，俄国得到芬兰湾和里加湾的沿岸土地，从而解决了北方出海口的问题。

俄瑞战争结束后的第二年，彼得又发动了对伊朗的战争。1723年两国签订和约，俄国占领了巴库以及里海的西岸和南岸。彼得对土耳其、瑞典和伊朗的战争虽然没能全都获得胜利，没有完全解决出海口的问题，但他给他的继承人指明了扩张的目标和方针。马克思说，彼得是"现代俄罗斯政策的创立者"。（马克思：《十八世纪外交史内幕》，人民出版社1979年版，第77页）

彼得一世在进行对外侵略战争的同时，实行了一系列改革。纳尔瓦战役失败后，彼得决定进行军事改革。他采取募兵制，规定每二十五户出一名终生服役的步兵，从而建立起一支二十万人的陆军。彼得非常重视海军。在彼得以前，俄国没有一艘战船。彼得首先建立了亚速海舰队，但是普鲁特河畔战役失败后，被迫取消了这支舰队。北方战争开始后，正式建立起全国第一支舰队——波罗的海舰队，有四十多艘大帆船和二百多艘小型划船。通过改革，俄国的陆、海军成为当时欧洲最强的军队之一。

彼得对国家行政机构进行了全面改革。在17世纪时，领主杜马（议会）起很大作用，沙皇颁布诏书时，一开头总是写着："沙皇诏谕，经领主认可"。彼得不能容忍别人分权，他直接用个人名义发布诏书。领主杜马被无声无息地取消了。1711年，彼得下令成立新的最高权力机关——参政

俄国的喇叭枪

院。1722年，又设总监察官，负责监督政府各机关的工作。另外，还成立了十二个院，分工管理某一部门的事务，如外交院、陆军院、海军院、司法院等。在地方上，彼得把全国分为八个州，后来下面又分为五十个省，设专门官吏管理军事、税收等项事务。1722年，发布"官秩表"，把全国文武官员分为十四个等级。贵族子弟必须从低级官吏作起，然后才能获得高级官衔。非贵族出身的人，如果有特殊才能和贡献也可以作高官，当他们升到八等以上，就被列为贵族。

彼得的改革使俄国成为一个君主专制制度的国家。当时通行的《军人手册》中说："俄罗斯的统治者是独裁君主，他的行为不对世上的任何人负责"。对于代表上帝的教会，彼得也把它置于皇帝的权力之下。他废除了大主教，另设新的国家机构——神教院来管理教会事务。彼得的改革使俄国皇帝有至高无上的权力，他依靠庞大的官僚行政机构和强大的正规军，统治全国和进行对外扩张。

彼得还采取一系列措施促进俄国文化发展。彼得以前，俄国采用旧的历法，每年从9月1日开

始。彼得决定从 1700 年起使用 1 月 1 日开始新年的儒略历。彼得还决定废弃教会斯拉夫体文字，采用简单易读的普通字体。这种字体一直到今天还在使用。采用新字体后，出版了很多通俗书籍，发行了第一份俄文报纸《新闻报》。1724 年彼得签署了在俄国设立科学院的命令。

彼得非常崇拜西方文化，他甚至不惜采取野蛮手段强迫贵族接受西方习俗。彼得在 1698 年从国外回来接见贵族时，当场剪掉他们的长胡子，禁止他们下跪，后来又下令禁止穿俄罗斯长袍。彼得鼓励贵族学习西欧嗜好，要他们在头上戴着撒了粉的假发，脚上穿喇叭口的长桶靴，带着妻室儿女参加各种晚会，进行社交来往等等。

彼得的改革引起大封建主和高级僧侣的不满。彼得的儿子阿列克塞也反对这些变革，他参加了反彼得的阴谋集团，后来逃亡奥地利。彼得表现了很大勇气，把自己的儿子引渡回来，并把他当作叛徒交付法庭，判处死刑。

彼得的一生活动巩固了贵族国家，扩大了国家领土。但是，这些成果都是在加强对广大人民压榨和牺牲别国领土主权的基础上获得的。为了满足战争的需求，彼得在几年内，把赋税增加了四倍。人民不堪忍受这种压迫，不断举行起义：1705 年阿斯特拉罕爆发起义；1707～1708 的布拉文在顿河流域起事；1705～1711 年巴什基尔等少数民族起义。彼得极其残酷地镇压了这些起义。斯大林在评价彼得一世时指出："彼得大帝为了提高地主阶级和发展新兴商人阶级是做了很多事情的。

1795 年的一幅作品，描绘的是莫斯科中心大广场的概貌。

世界通史

最新整理图文珍藏版

彼得为了建立并巩固地主和商人的民族国家是做了很多事情的。同时也应该说，提高地主阶级、帮助新兴商人阶级和巩固这两个阶级的民族国家都是靠残酷地剥削农奴来进行的"。（斯大林：《和德国作家艾米尔·路德维希的谈话》，《斯大林全集》第13卷，第93～94页）

西欧之行

1696年，俄军占领亚速，但没有夺得黑海出海口。彼得派了一个高级使团去西欧。其任务有二：巩固和扩大反土耳其同盟；派"志愿兵"（留学生）去西欧学习，同时招聘外国专家、学者和技术人员到俄国传授知识和技术，雇佣军官、水兵、炮手，购买各种武器以及航海器材，等等。

1697年3月2日，弗兰茨·列福尔特、费·阿·戈洛文和普·波·沃兹尼岑率领的250人组成的高级使团从莫斯科出发。其中有35名贵族志愿兵，专门去学习航海、造船和外语。志愿兵共编为三个小队。彼得隐瞒身份、更改姓名，以下士彼得，米哈依洛夫的名义编入小队。他既是使团去西欧学习的普通成员，又是使团的实际领导人。他说自己"是个小学生"，到西欧"是去向老师学习"。

4月初，彼得随同使团到达当时属于瑞典的里加。彼得对瑞典的军事设施发生浓厚的兴趣。他不仅参观里加要塞，用望远镜观察军事工事，记录停泊在码头上的船只，统计卫戍部队数字，观看武器装备，而且还测量里加城堡的围墙和画下工事图形。这些行动引起里加城防司令达利贝尔格的怀疑。瑞典当局要求彼得一行立即离开里加。

彼得和使团从里加乘船前往普鲁士的柯尼斯堡。他同勃兰登堡选帝侯弗里德里希三世进行了秘密会谈，并系统地学习造炮技术。普鲁士城防总工程师向他颁发了合格证书，上面写着："彼得·米哈依洛夫知识丰富，成绩优异，是个出色的炮手。"

8月8日，彼得到达荷兰造船业中心萨尔丹。他参观造船厂，买了一套木工用的工具，亲手进行操作。16日，他到阿姆斯特丹，同十名贵族留学生一起在东印度公司造船厂学习造船。11月中旬，他同留学生一起建造的彼得·保罗号三桅巡洋舰下水。教彼得造船的老师保罗发给他一张毕业证书，上面写着："彼得·米哈依洛夫是一个勤奋、聪明、手艺精细的木工，学会了造船和绘图设计。"

1698 年 1 月，彼得一行从荷兰前往英国。11 日，来到伦敦。在这里，彼得集中精力学习航海知识和造船技术。他还在捷普特费尔德城的一个造船厂钻研造船理论，绘制英国舰船图样。同时，彼得参观了军需库、高等院校、格林威治天文台、造币厂、天主教堂以及伦敦监狱。他还访问了英国皇家学会，拜访了牛顿和其他专家学者。

6 月 16 日，彼得和使团到达奥地利首都维也纳。19 日，彼得同奥皇列奥波利德会晤，双方就结成反土耳其同盟进行了会谈。在会谈中，彼得要求把当时属土耳其的刻赤海峡划归俄国，以控制黑海出海口。奥皇坚决反对，谈判没有取得结果。

7 月 15 日，正当彼得和俄国使团准备启程去威尼斯，突然接到莫斯科罗莫丹诺夫斯基公爵关于射击军叛乱的奏文。彼得决定立即回国。23 日，彼得一行到达波兰小城拉瓦鲁斯卡（今属乌克兰利沃夫省），得到叛乱已被平定的消息，便停留下来，同萨克逊选帝候兼波兰国王奥古斯特二世会晤。彼得发现波兰、丹麦等国同瑞典为争夺波罗的海沿岸发生争端，便决定抓住这一有利时机，从中渔利。为此，俄波双方进行了秘密会谈，在口头上达成了共同反对瑞典的协议。从此，彼得开始改变战略方面，从原来进攻土耳其，争夺黑海出海口，改为先进攻瑞典，争夺波罗的海出海口。

8 月 19 日，彼得和使团到达俄国边境，结束了为期一年半的对西欧的访问。

欧化改革

彼得随使团出国访问，受到西欧很大影响。他一心想使俄国全面欧化，完成他对内、对外的"宏伟业绩"。

改革首先从一般风俗习惯开始。1698 年 8 月 25 日，彼得回到莫斯科。第二天，他亲自用剪刀把来向他祝贺的贵族的大胡子剪掉，不准人们留胡须。1699 年 2 月，在一次宴会上，他把贵族们的长袍剪短，不准人们穿俄罗斯旧式长袍，只准穿西装。同年 12 月，他实行历法改革，下令改变"创世日"即 9 月 1 日过年的俄国传统习惯，用公历即 1 月 1 日为一年的开始。

彼得改革的内容很多，其中具有重大意义的改革有下述几项：

军事改革是彼得一世改革的重点内容。他几乎用去毕生的精力建立俄国的正规陆军和创建海军。改革前，他曾做了两件事，为建立正规陆军奠定了基础：其一是，1691 年彼得组建了普列奥布拉任斯基和谢苗诺夫斯基两个"少年游戏兵团"。后来在军事改革中，这两个兵团成了他的正规陆军的核心。其二是，1698 年，他解散射击军，把原有 2 万人的射击军和 9 万人的新制团队改编成正规军。为了扩大兵源，他取消雇佣制和贵族军队，从 1699 年开始实行征兵制。征兵对象主要是农民，贵族和僧侣免服兵役。根据规定，每 25 户征召士兵 1 人，每次征召 3 万 ~ 4 万人。彼得在位期间，共征兵 53 次，应征入伍人数达 284，187 人。到 1709 年，军队改编工作基本完成。

彼得所建立的正规陆军由步、骑、炮、工四个兵种组成，以步兵为主。四个兵种从编制到武器，从大炮口径到军服式样都作了统一规定。步兵继续使用滑膛火枪，新增加了三刃刺刀和榴弹。骑兵除冷兵器外，配备了短火枪、手枪和大军刀。每个骑兵团配备 2 门榴弹炮和 4 门臼炮。炮兵配备了重型大炮和 4 门轻臼炮。彼得

政府下令在国家中部地区建立造炮场，在图拉和谢斯特罗列茨克建立两个大型兵工厂；每三个教堂取下一口铜钟，铸造大炮。通过这些措施，俄国军队使用了本国制造的武器。在 1700 ~ 1725 年期间，彼得政府建立的兵工厂共制造 25 万多支火枪，5 万支手枪，3，500 多门大炮。1706 ~ 1708 年间，每年生产 3 万 ~ 4 万普特的火药。

彼得多方采取措施培养俄国贵族军官，逐步代替外国军官。1701 ~ 1719 年，彼得政府先后开办了炮兵学校、军事工程学校、军医学校。1718 年，彼得政府设立陆军院，加强中央政府对军队的统一指挥。为了让军官真正具有指挥作战的能力，彼得规定，贵族青年到军队服役必须首先从当士兵开始，然后逐级升为军官，从而打破了贵族一入伍就当军官的旧制度。彼得政府设立了军衔制度，军官分成 14 级，根据军功作用军官。

为使军队逐步俄罗斯化，1711 年彼得政府规定，外国人在俄国军队中任职不得超过俄国军官的 1/3。1720 年，陆军院发布命令，禁止外国人再到俄国军队中任职。1721 年。俄国政府规定，

炮兵军官必须从俄国军人中挑选。

1716 年，彼得制定《陆军条例》，规定了军队组成、军官义务、军规军纪和军事刑法等。条例要求全体官兵大胆勇敢，意志坚强，能经受得住战争的严峻考验，懂军事艺术，既能进攻，也能防御，能熟练地使用武器等等。彼得十分重视激发士兵的斗志。在 1709 年波尔塔瓦大战前夕，彼得鼓动士兵说："你们不是为彼得而战，而是为俄罗斯祖国而战"。这样，到彼得执政末年的 1725 年，一共组建了 130 个团的俄国正规陆军，人数达 20 万人。

彼得认为，"仅仅拥有陆军的君主是只有一只手的人，既有陆军又有海军才能成为双手俱全的人"。他从 1695 年第一次亚速战争失败以后，就着手建立亚速舰队，自己参加造船。他下令，教会领地上每 8 千农户集资建一艘军舰，世俗贵族领地上每 1 万农户集资建一艘军舰。到 1696 年春，俄国建成了各装有 36 门大炮的"圣徒彼得"号和"圣徒巴维尔"号舰船、4 艘放火船、23 艘帆桨大船、30 只小船、1，300 只平底木船。到 1698 年，俄国建造了 52 艘军舰。

北方战争（1700～1721 年）

爆发后，彼得创建波罗的海舰队。1701 年，他命令在瓦尔霍夫河和卢卡河建造 600 只平底小船；1702 年，在霞西河造了 6 艘三桅巡洋舰。在 1702～1715 年期间，俄国共建造 25 艘战列舰，19 艘三桅巡洋舰和 298 艘其他船只。1711 年，枢密院会议通过决议，计划建造装载 60 门或 50 门大炮的舰船各 10 艘，装载 26 门大炮的三桅巡洋舰 6 艘，载有 12 或 14 门大炮的双桅侦察舰 6 艘。到 1724 年，波罗的海舰队实际拥有装载 50～96 门大炮的战列舰 32 艘、双桅侦察舰 8 艘、三桅巡洋舰 16 艘、帆桨大船 85 艘、小船 300 多只。彼得政府为培养俄国海军方面的专门人才，于 1701 年在莫斯科设立第一所航海学校。1715 年，这所航海学校迁移到彼得堡，改为彼得堡海军学院。1718 年，彼得政府设立海军院。

对外战争要求彼得进行军事改革，同时也要求发展生产、繁荣经济。彼得实行重商主义政策，鼓励发展工商业。1701 年俄军在纳尔瓦战役失败后，彼得立即在乌拉尔开办了 11 个炼铁场和炼铜场。他先后开办了呢绒、丝织、制毛、制帆、皮革、造纸以及缆绳和玻璃等手工工场。到 1725

年，彼得政府所建造的各种类型的手工工场大约有 240 家。

为给手工工场提供劳动力，1703 年，彼得下令把国有农奴编入手工工场。1721 年 1 月 18 日决定，允许工场场主在不单独转卖的条件下，购买整村农奴。他贷给工场主数以万计的卢布，以解决资金问题。在彼得的扶植下，俄国工业品、军需品以及日用品的生产取得一些进展。俄国一向极度缺乏生铁，1700 年全国总共只生产了 15 万普特，到 1725 年生铁总产量增加到 81 万 5 千普特。1726 年出口生铁 5 万 5 千普特以上。

彼得为筹集军费和资金，进行了财政改革。从 17 世纪末到 1718 年，彼得靠增加间接税和直接税来扩大军费和资金来源。他巧立名目，强行征收养蜂税、烟囱税、磨刀磨斧税、蓄须税以及灰眼珠和黑眼珠税。但是，这些税收仍不能满足彼得政府的需要。所以，1718 年 11 月 26 日，彼得政府开始进行人口调查，改征人头税，代替过去按户纳税的办法。据 1723 年调查结果，全国共有 1400 万人口，其中有 540 万纳税男性居民。根据规定，贵族、僧侣不纳税，地主农民每年每人交

纳人头税 74 戈比，国家农奴交 1 卢布 14 戈比，郊区居民每人交 1 卢布 20 戈比。征收人头税后，国家预算中直接税总额占总收入的 55.5%，从 1680 年的 493900 卢布增加到 1724 年的 4731100 卢布。1724 年，俄国全部税收总数为 850 万卢布，其中人头税就占 460 万卢布。人头税使国家税收几乎增加了三倍。

彼得政府实行保护关税政策，1724 年，颁布了关税法，目的是奖励输出，限制输入，限制西欧工商业同俄国竞争。关税法规定，如果国内某种商品的生产超过了该种商品的输入额，则对这种输入品按其输入价格的 75% 课税；如果国内某种商品的生产达到了输入额的 25%，则对这种商品按 25% 课进口税。在输出方面，奖励输出制成品，限制输出原材料。以山羊皮为例，输出没有经过加工的山羊皮，征收 75% 的税；如果输出经过加工的成品，只征收 6% 的税。通过保护关税政策，保障了俄国工业的顺利发展，限制了西欧工业品与本国产品的竞争。

在文化教育方面，彼得政府开办了矿业学校、算术学校和外语学校。1702 年底至 1703 年初，彼得政府创办了俄国的第一份报

纸《新闻报》。1710年，简化了俄文字母，采用活字印刷术。1714～1719年，建立俄国第一座博物馆。1724年，枢密院决定筹建科学院。

彼得很重视对政权机构的改革。原国家最高政权机构贵族杜马对彼得实行改革政策非常不满。彼得对贵族杜马也极不信任。他在处理国内外重大问题时，经常不通过杜马，而由他一人决定。由于彼得对杜马采取这种态度，杜马成员人数逐渐减少。1699～1701年期间，贵族杜马成员从112人减少到86人，实际参加会议的人数只有30～40人。到1708年，只剩下8人。贵族杜马名存实亡。

1699年，彼得指定8个亲信组成办公厅，代行贵族杜马职务。1711年3月2日，彼得下令建立枢密院，代替贵族杜马。他亲自任命9个枢密官，全面管理国家经济、军事、行政、司法等各项事务。3月5日，彼得命令枢密院设立督察官，秘密监督各部门的工作。为了提高国家机构的办事效率，1718～1720年决定枢密院设立12个院，代替过去职能混乱的80多个衙门，其中以陆军、海军、外交三个院为主。1722年，彼得又设置被称之为"帝王的眼睛"的总督察长的职务，监督、检查枢密院的工作。

彼得还进行了两次地方行政机构的改革，以巩固地方政权。1708年，他把全国划分为8个省，每省设总督1人。总督不仅拥有行政上的权力，而且拥有军权。总督由沙皇任命，直接听命于中央。各省成立了贵族参议会，监督各省总督。1719年进行的第二次地方行政改革，把全国划分为面积大致相等的50个州，每州又划分成较小的区。各州直属枢密院，州长直接同枢密院联系。俄国第一次建立了比较统一的地方行政机构系统，加强了中央集权。

彼得在进行中央和地方行政机构改革过程中，还进行了市政、贵族土地继承权和用人方面三项较为重要的改革。

1699年，彼得决定在莫斯科建立商人自治机构市镇局。这个机构协助彼得政府征收税款，同时保证商人在经营中不亏本、不滞销。后来在地方行政改革中，市镇局征收税款的职能由省地方机构所代替。1720年，彼得政府在彼得堡成立市议会，在市议会上讨论市政问题，选举市长。这个机构代表大商人、大企业主的利益，规定商人有自定捐税、建立同业公会等一系列特权。

1714 年 3 月 23 日，彼得政府颁布"一子继承法"，规定贵族只能把土地和其他不动产传给一个儿子，防止土地分散，进一步巩固了大地主、大贵族的土地所有制。同时，俄国形成了一批没有土地的贵族，他们或到国家机关中去任职，或到军队里服役。这项措施既保护了贵族的经济利益，又保证了贵族的政治地位。

1722 年彼得政府颁布的《官职等级表》把文武官职分成 14 级。在选拔各级官吏时，打破贵族世袭制度，不凭出身门第，而是量才使用，论功取士。当非贵族出身的人升到 8 级时，就可以获得贵族称号。这项措施有利于提高彼得政府机构的办事效率，加强军队的战斗力。

彼得为了加强自己的专制统治，还进行了宗教改革，限制教会占有土地和农奴的数目，第一次使教会服从世俗政权。1701 年，他恢复了教会衙门，由世俗官吏、前阿斯特拉罕总督伊·阿·穆欣—普希金任教会衙门的主管。同年，他把教会大部分收入收归国库。1721 年，他宣布取消大教长职务，成立东正教事务总管理局，规定教会为国家机构的一部分，东正教事务总管理局局长在世俗官吏中任命。从此，在俄国结束了教会与世俗政权分庭抗礼的局面，巩固了沙皇专制统治。

关于彼得一世改革，斯大林曾经指出，彼得大帝接触了西方较发达的国家以后，就狂热地建立工厂来供应军队和加强国防，这也就是想跳出落后圈子的一种独特尝试。彼得一世进行这种"独特尝试"的目的是要改变俄国极端落后的状况，以保证对外战争的胜利，确立君主专制的中央集权统治。

同反改革派的斗争

彼得一世改革触犯了世袭贵族和教会的切身利益，引起了旧贵族和反动僧侣的不满。改革自始至终是在同反改革派的激烈斗争中进行的。处理皇太子阿列克塞案件使这场斗争在到高潮。

阿列克塞生于 1690 年，是彼得一世和他的第一个妻子叶夫多基亚·洛普辛娜的儿子。他从小不和彼得生活在一起，彼得不喜欢他的生母，父子之间一直很不融洽。反对改革的旧贵族和神甫们紧紧聚集在阿列克塞周围，形成一个"太子帮"，经常向皇太子灌输仇视改革的情绪。他们企图利用阿列克塞反对彼得改革。

彼得一世

经验的外交家鲁勉采夫和彼得·托尔斯泰到奥国交涉，要求奥皇交出阿列克塞。9月，他们见到了皇太子，面交了彼得命令他回国的亲笔信。彼得在信中说："如果不回国，就以叛徒论处。"1718年1月，阿列克塞回到莫斯科。

在莫斯科期间，彼得亲自审问了阿列克塞。3月，阿列克塞和他的同谋者被押关到彼得堡，继续受审。6月24日，彼得政府组成127人的最高法庭，宣判皇太子犯了借助外国军队，企图阴谋暴动，颠覆国家政权，篡夺皇位罪，处以死刑。6月26日，阿列克塞死于彼得·保罗要塞狱中。其他同谋者，有的被判处死刑，有的被流放和监禁，反改革的太子帮遭到了失败，彼得政权得到巩固，改革得以继续进行。

1722年2月，彼得为避免阿

阿列克塞充当了反改革派的总代表，表示一旦他当了沙皇，就解散军队、毁掉海军，恢复祖先施行的旧秩序。彼得一世多次争取皇太子支持改革事业。他置若罔闻，不听劝阻。彼得向阿列克塞严厉指出，如果不愿继承自己的改革事业，就要他出家，去当牧师。阿列克塞在密友基金的策划下，行韬晦之计，表示不继承皇位，愿当牧师。

1716年，阿列克塞逃到维也纳，请求奥皇查理六世援助，夺取帝位。查理六世把他窝藏在那不勒斯高山上的圣·哀里莫城堡里。1717年，彼得派心腹、富有

彼得一世进军维堡

列克塞事件重演，宣布"取消长子继承权"，规定今后由沙皇自己逃选满意的继承人。

对彼得一世学习西方，实行改革，从来就有两种截然不同的评价。维护专制政体的俄国贵族历史学家尼·米·卡拉姆辛说：彼得一世实行欧化政策，进行改革，是"丢掉了民族精神"。斯拉夫派代表伊·基列耶夫斯基谴责彼得走西方的路"是错误的和危险的"。西方主义者代表波·卡达耶夫同斯拉夫派的观点完全相反，认为彼得学习西方、实行改革是完全必要的。他说："在彼得以前，俄国是野蛮的、愚昧的，或者说，纯粹是一张白纸，只有彼得才在这张白纸上画上了图画"。革命民主主义者别林斯基、赫尔岑、杜勃罗留勃夫、车尔尼雪夫斯基等把彼得改革看成是革命，认为彼得是最伟大的爱国主义者。

彼得改革是在极端落后的农奴制条件下进行的。他开办手工工场使用的劳力、资金，建设军队征召的士兵、使用的军费，以及开凿运河和兴建彼得堡等，都是农奴承担的。所以，他不会也不能废除农奴制度。1721年，他发布命令说，对农奴可以"一家一户为单位来出卖"。在彼得改革后，俄国既没有建立起资本主义的大工业，也没有建立起像西欧那样的资本主义国家。俄国仍然是一个落后于西欧的封建农奴制国家。

但是，彼得一世改革对俄国的发展具有进步作用，它在一定程度上改变了俄国的落后面貌。马克思曾指出：彼得大帝用野蛮制服了俄国的野蛮。彼得所实行的重商主义政策，保护了俄国民族工商业的发展，促进了俄国资产阶级的诞生和成长。彼得改革是俄国的代化的开端。他在各方面取得的成就，在他的先辈米哈依洛维奇时期，在费多尔和索菲亚时期，都是不曾有过的。列宁曾明确指出："判断历史的功绩，

彼得大帝剪须运动中的一个场面

不是根据历史活动家没有提供现代所要求的东西，而是根据他们比他们的前辈提供了新的东西"。正是从这个意义上，彼得一世改革具有进步性。

割胡剪袖

从波兰返回俄国的路上，彼得的脑子里反复琢磨着两件大事：一是如何彻底解决"祸乱"朝政，在他执政的道路上不断设置障碍的射击军；二是怎样缩短俄国同欧洲强国之间的差距。前一件事好办，后一件事最难。

回想在欧洲各国的所见所闻，彼得明白了一个深刻的道理：国家的兴盛，既要靠强大的军队，更要靠聪明智慧、具有新思想的臣民。欧洲一些国家之所以先进，主要原因是人民具有新思想、新观念，敢于冲破旧框框的束缚，连穿着打扮、仪表举止也比俄罗斯人文明。当他一踏上俄国土地，这一感受就越发强烈。沿途庄稼荒芜，房舍低矮破旧，街道肮脏零乱，农夫们面黄肌瘦，衣不遮体。俄罗斯人正处于浑浑噩噩的状态中。必须改变这种状态。

1698 年 8 月 25 日晚，彼得悄然回到莫斯科。他一反常规，既不让宫廷举行盛会欢迎，也不去见妻子叶芙朵基雅·洛普欣娜，而是绕过克里姆林宫，去看望老朋友戈登，又到情妇安娜·蒙斯那里呆了一会儿，而后下榻普列奥布拉任斯基村宅邸。

第二天清晨，文武大臣、领主、贵族纷纷前来普列奥布拉任斯基村觐见皇上。彼得对他们表示异乎寻常的热情。大臣们要向他行跪拜礼，他连连摆手，笑着说，从今日起，凡见朕者，一律免行旧式朝见的跪拜仪式。"为答谢诸位先生和将军们祝贺朕出访归来。我要送给你们一件特殊的礼物。"说着，他走近统帅军队平息了射击军叛乱的谢英面前，将起他的大胡子，抄起剪刀，"咔嚓"几下，就把他的胡子剪掉了。在场的人还没回过味来，他又转到"公爵皇帝"罗莫丹诺夫斯基跟前，揪起他的胡子就是几剪刀。这一出乎意料的举动，吓得在场的人目瞪口呆。有人本能地捂住下巴，有人不由自主地向后移动。彼得一见，把剪刀扔在地下，吼叫道，"请你们自己动手吧！一个也别想溜掉！"领主和贵族只好乖乖地拾起剪刀，剪掉了自己的胡子。

五天以后，沙皇又对另一些官员的胡子动了一次"手术"。这是在谢英大元帅家举行的宴会上。

世界通史

最新整理图文珍藏版

这一次不是他亲自动手，而是由侍从、小丑代劳。为庆贺割胡的成功，彼得还下令鸣礼炮25响。

割胡子，本来是一件微不足道的事情，但在当时的俄国，却是破天荒的大胆举动，是彼得决心在俄国破除陈规陋习，转变人们观念的开端。在他看来，胡须是宗教、迷信、偏见和旧势力的象征。他要带领俄国臣民朝着欧洲的文明方向迈进，就必须先拿胡须开刀。

俄罗斯人历来把胡子看作是上帝赐给男人"最珍贵的装饰品"，是他们区别于外国人的一种"特殊标志"。谁胡子长，谁的品德就高尚；谁的胡须最密，谁就最威严。有些人还把胡子当作升官发财的资本。莫斯科大主教阿德里安甚至把没留胡须的人比作"公猫、公狗或猴子"。俄罗斯人一进入成年就开始蓄胡须，直至"带着胡子去见上帝"。现在，突然间要割掉胡子，岂不是要他们的命。

割胡子之风乍起，教会旋即宣布："割胡须的做法是一种亵渎神灵的罪孽，迟早要受到上苍的报应。"上流社会的贵妇们也因被剪了胡子的丈夫而跪在圣像前，祈求上帝保佑全家平安。平民百姓在万般无奈、必须割掉胡子的情况下，"也要把割下的大把胡须小心保存起来，以便在他们死后让人放在棺材里，作为去出席最后审判时的证据"。

推行像"割胡"这类微小的革新，竟然遇到了如此大的阻力，足见俄罗斯人陋习之深，思想之守旧。彼得越想越恼火。必须采取强硬措施，否则，此后的一切革新，都将无法实行。于是，他把罗莫丹诺夫斯基、谢英、戈洛文、戈洛夫金、戈里津、戈登、缅什科夫、列福尔特等众亲信召集在一起，严肃地对他们说，如果你们不想俄国落后，就必须遵照我的命令行事。"这是政府的一项新政策，懂吗？"你们知道外国人是怎样看待俄罗斯的？人家早已把俄国说成是"毫无生气的老人国"，随后，他颁布了一项法令，宣布："割胡子是全国臣民对国家应尽的义务。"

但是，仍有许多人进行顽强抵制。特别是偏远地区的农民，他们宁愿用布把下巴围起来，也不愿剪去比性命还宝贵的胡须。为此，彼得命人起草了一份诏书，其中规定：凡不服从沙皇旨意而想留胡子者，将视其社会地位缴纳一定税金。富商每年交蓄胡税

100 卢布；领主、贵族和高级官吏每年交 60 卢布；听差和车夫 30 卢布，农民进城时每次交半个卢布。沙皇当局还特制了一块小铜牌，挂在留胡子人的脖子上，作为已缴纳此税的凭证。如果有人付不起税款，则送去服劳役，以其劳动所得予以补交。许多人因为怕花钱，每到一个地方还要接受严格的检查，实在麻烦。所以，除了神职人员以外，留胡子的人就越来越少了。

割了胡须，俄罗斯人显得精神多了。但是，他们身着古代拜占廷式的长袍，外面罩着一件带长袖的坎肩，与没有胡子的面容相衬，既不美观也不协调。而且，走起路来呼呼作响，干起活来拖拖拉拉，实在碍手碍脚。彼得对此深恶痛绝，早就想动手了，只是没有找到合适的机会。

一天，彼得出席列福尔特举行的家宴。正在客人们举杯畅饮的兴头上，他悄悄离座，趁客人不备，撩起他们的袖子就剪了起来，一边剪，嘴里还一边嘟噜着："长袖子太碍事，到处惹祸，不是碰碎玻璃杯，就是蹭人一身汤。剪下来这一段，拿回家做一双长筒袜吧！"在场的人被弄得莫名其妙，半天也不明白皇上为什么要剪他们的袖子？这一次彼得倒是没有发火。他耐心地说，在国外访问时，俄国使团的装束到处引起了"看热闹人的冷嘲热讽"。"如果我们要大踏步地前进"，就"应该穿上不妨碍身体活动的服装。"

1700 年 1 月 4 日，彼得为此发布了一道敕令："特权贵族、朝廷命官、莫斯科及其他城市的官吏必须身着匈牙利服装，外面袍子的长度要到腿上的松紧袜带，里面的衬衣也要保持同样的长度，只略短一些即可。"同年 4 月 20 日的一道敕令又进一步规定："为了国家以及军事机关的荣誉，凡男子，除神职人员、马车夫和种地的农民外，一律要穿匈牙利和德国式服装。"1701 年的敕令又对过去的规定作了补充："男子要穿短上衣、长腿裤、长靴、皮鞋和戴法国式礼帽，穿法国式或萨克逊式上衣。女人要穿裙子、欧式皮鞋，戴高装帽。"为使这些规定得以执行，政府有关部门还在全国一些城镇举办了新式服装和鞋帽展示。同时，制订了相应的处罚条例。沙皇本人也亲自动手，把过长的衣袖剪短，并亲手制作一双皮靴。

没过多久，所有的特权贵族

和朝廷命官，在正式场合都遵照沙皇敕令，穿上新式服装。尽管有些上了年纪的达官贵人常常诉苦说，穿这种新式服装"不适合俄国寒冷的气候"，但他们也不过是在背地里发发牢骚而已，谁也不敢当面提出异议。

绞杀叛军

"割胡剪袖"不过是彼得出访归来后首先着手做的一桩"小事"。他做的第二件事不仅意义重大，而且事隔很久，只要提起它还令人毛骨悚然，这就是绞杀曾多次"危害"他的射击军。

照彼得的说法，射击军不仅是因为缺乏训练，没有战斗力，在整体素质上表现出野蛮和落后，而且因为他们"不是军人，是一群盗贼、流氓、无赖和祸根"。早在他登基的那天起，射击军就不断制造事端：是他们支持索菲娅在克里姆林宫门前残杀了纳雷什金家族四十多人，并将他降为第二沙皇，以至赶到普列奥布拉任斯基村"过体面的悠闲生活"；当他亲政时，是射击军支持索菲娅发动宫廷政变，企图加害于他；又是射击军在他出访前夕预谋刺杀他，试图阻止俄国人向国外学习富国强兵经验；还是他们在他出访期间，在首都及外地发动军

事叛乱，迫使他提前结束在国外的访问，匆匆赶回国内。彼得一想起这些，就对射击军恨得咬牙切齿。至于射击军为何总要与他作对，彼得根本不愿意去想。他认为，作为军队，服从命令，听从调遣，效忠皇上，是天经地义的。

然而"冰冻三尺，非一日之寒"。最初，射击军为了便于从事工商业，只担负守卫京城的任务，不必上前线打仗，也不用远离妻儿去镇守边疆。这是历代沙皇所赐予他们的特权。但是彼得执政以后，为实现其宏图大业，取消了射击军的这些特权，要求他们离开莫斯科，和作战部队一样完成军事任务。1695年初，彼得下令从莫斯科抽调一部分射击军，参加远征亚速的战斗。1696年秋，俄军攻占亚速后，彼得的嫡系部队返回了原驻地，却将四个射击军团队留下保卫亚速要塞，不让他们返回莫斯科。不久，又将他们调往俄国西部边境的大卢卡地区戍边。此后，其余留守莫斯科的射击军也被调到了亚速和俄国西南地区，镇守边疆。这样一来，射击军士兵不仅本人长期过着艰苦的兵营生活，承担着繁重的军务，而且留在莫斯科的妻儿老小，

因为失去了经济来源，也"过着饥寒交迫的日子"。他们无时不在向往着索菲娅时代所享有的特权，急切盼望着回莫斯科重操旧业，以供养处于贫困交加中的妻儿。但是，所有这一切都落空了，由此引起了他们对彼得政府的怨恨。

1698年3月，从亚速开赴立陶宛边界的四个射击军团队的175名官兵，擅自离队，上莫斯科请愿示威，向政府诉说他们勤务太重，又领不到军饷。政府为平息射击军的怒气，答应补发薪饷，并勒令他们立即返回边防驻地。此事表面上业已结束。4月8日，掌管朝政的罗莫丹诺夫斯基将射击军闹事的情况禀告正在维也纳的彼得。彼得获悉后，当即回信罗莫丹诺夫斯基："不要胆怯得像个娘儿们……不必对射击军讲究慈悲！对于这场大火（指射击军——引者）除了扑灭，别无他途。"他表示，将立即结束在国外的学习和外交事务，迅速赶回国内，"采取您所想象不到的措施，来惩罚射击军！"

在罗莫丹诺夫斯基给彼得写信的同一时刻，赴京请愿的头目图·普罗斯库里科夫等人并没有随多数射击军立即返回防地，而是留在莫斯科，暗地里通过彼得

的另一个同父异母姐姐玛尔法·阿列克谢耶芙娜上书索菲娅，陈述射击军的痛苦遭遇，希望得到索菲娅的同情和支持。索菲娅也想依靠射击军，结束在诺沃杰奇修道院的幽禁，东山再起，重掌朝政。她回信射击军代表，要他们返回莫斯科，乘彼得在国外之际，夺取政权。在索菲娅的鼓动下，射击军代表一回到大卢卡，就开始了军事叛乱的准备。士兵们撤掉了那些意志不坚定的军官，推举一些可靠的人担任指挥官。6月6日，两千余名驻俄国西部边境的射击军，全副武装向莫斯科进发，企图恢复旧秩序，维持他们原有的特权，"请索菲娅公主重新执政"，并计划在彼得回国的路上，将他干掉。射击军的行动得到了一部分旧贵族和教会僧侣的支持。当他们到达新耶路撒冷（距莫斯科约50俄里的伊斯特拉城）时，被谢英和戈登率领的普列奥布拉任斯基军团和谢苗诺夫斯基军团击败。参与叛乱的136名主犯被判处绞刑，140名骨干分子被施以鞭型，2000名胁从者被放逐到全国各城市。这次审讯是在彼得未归国前，由谢英主持的。

彼得回国后，深入地调查了射击军的叛乱情况，仔细研究了

世界通史

最新整理图文珍藏版

有关镇压和审讯射击军犯人的材料。他了解的材料愈多，其不满情绪就愈强，对射击军的仇恨也就愈深。他认为，对"这帮恶棍们"的惩办过于仁慈，而且审讯人员在没有查清闹事者的真实目的，以及与本案有密切关系的"幕后势力"，即"米洛斯拉夫斯基播下的种子"以后，就仓促处决了首要分子。"这些人死了，就把朕最关心的秘密带走了。"彼得决定重审此案。他对戈登说，"我来审问他们，要比你们严厉得多。"

彼得首先成立了一个由特权贵族组成的审讯委员会，接着下令，将参与叛乱的1741名射击军官兵全部押解到莫斯科，分别关进莫斯科各监狱，而后，在普列奥布拉任斯基村准备了14间刑室，再分批将犯人押来进行"最严厉的审讯"。

对犯人的量刑，在审讯前就定下了："他们犯上作乱，不听调度，仅此一条罪行就足以处他们死刑。"沙皇之所以重新对他们审讯，除了要查清所谓幕后的皇室成员、部分旧贵族和宗教界僧侣以外，还有一个重要原因，那就是，"铲除一切阻碍他前进的黑暗势力"，并以此向世人表明，他的权威和意志是绝对不可侵犯的。

审讯从1698年9月17日开始，除礼拜天和节日以外，无一天停顿。刑室里放着一盆炭火，只要犯人不肯回答问题，或者在事实面前拒不认罪，便将他们的手腕吊起来，用九尾鞭抽打，直至皮开肉绽。受刑者昏厥过去，医生设法使他们苏醒。如果他们仍不开口，即施以吊刑，用火红的木炭插进裂开的肌肉，或用烧红的钳子折断肋骨。犯人身上流出的脓血和烧焦的烂肉散发出的怪味，以及犯人发出的号叫和呻吟声，搅和一起，弥漫着刑室，"以至溢于牢墙之外，甚至连刽子手也感到厌倦和憋得喘不过气来"。惟有彼得毫不厌倦。他时常坐镇审讯现场，亲自提审，有时从刽子手中夺过皮鞭，使劲抽打已奄奄一息的受刑者。阿德里安大主教手捧圣母像，乞求皇上对迷途的射击军发出怜悯之心，而彼得却冲着他大声吼叫道：

"滚！把圣像放回原处。告诉你，我和你一样崇敬上帝和圣母。但是，你要明白，我的责任是保护人民，惩罚那些阴谋毁坏我的国家的罪犯！"

在严刑逼供之下，绝大多数犯人供出了索菲娅和玛尔法两位公主参与了射击军的叛乱活动。彼得命人押着叛乱者头目马斯洛夫和伊格纳杰夫，带上他们的口供记录，来到囚禁索菲娅的修道院，亲自主持对两位公主的审讯，只是没有对她俩用刑。索菲娅在修道院已幽禁九年，但是当局对她的监管并不严。她仍然有机会与外界来往，可以使唤女仆，接受亲友们的馈赠，彼得对此不闻不问。

彼得和索菲娅都是性格倔强、意志坚定的人。在审讯过程中，俩人唇枪舌剑，相互指责。彼得问："难道侦察机关发现你让修道院女乞丐转给射击军的信有假吗？现有两个证人在场，还想抵赖？"索菲娅毫不退让地说："不！你所说的证人马斯洛夫和伊格纳杰夫，我从不认识，也不知道什么女乞丐！至于说射击军让我回莫斯科主持政府，那是因为他们记得我从1682年起曾当过摄政。"彼得命人把玛尔法·阿列克谢耶芙娜公主带上来对质。她被指控与索菲娅过从甚密，是其姐姐和射击军之间的"牵线人"，索菲娅的信就是由她转交射击军的。玛尔法也毫不示弱，只承认曾将射击军在莫斯科等地闹事的消息透露给了姐姐，却矢口否认转信的指挥。

彼得对两位公主的审讯一无所获，便把满腔的仇恨发泄到射击军身上。

是年9月30日开始处决犯人。第一批300名罪犯分别被绑在百十辆马车上，他们每人被强迫手举一根点燃的蜡烛，站在囚车上缓缓向刑场驶去。彼得和政府要员，还有被特邀来观看行刑的外国使节，早已等候在刑场。囚车行至彼得面前停下。彼得命令书记员宣读由他签发的判决书："这些强盗、匪徒、侮辱十字架的叛逆者，皆处到死刑。"之后，201名罪犯被当场吊死；余下的年龄在15至20岁的100名犯人，面颊上被打上烙印，发配到西伯利亚服苦役。10月11日，第二批700多名射击军士兵被绑赴刑场，有的被绞死，有的被施以五马分尸。当一些观看行刑的人低头不忍目睹此惨状时，彼得很不满意，指责这些人是"怯懦者"。根据他的命令，被处死者要暴尸五个月才可埋葬，从1688年9月至1689年2月，整个莫斯科笼罩在一片阴森森的大屠杀气氛中。据有关资料统计，这次有799名射击军被处决。

处决结束后，16个团的射击军被解散。其人员被遣送到远离

世界通史

最新整理图文珍藏版

莫斯科的地方，永远不能在军中服役，不经地方当局批准，不得自由迁移。被处死者的遗属也被赶出了京城。从绞杀射击军所使用的手段看，彼得是个极端残忍、野蛮的君主。但是，从为维护封建皇权，推动俄罗斯的文明进步着眼，彼得采取的措施，又具有历史进步意义。况且，纵观世界各国历朝历代的封建君主，在对付其政敌时，又何尝不是如此呢？

为惩罚索菲娅参与射击军叛乱的罪行，彼得命人将三个射击军的尸体，吊在紧靠着索菲娅窗前的树上，遇有大风，"三具尸体节奏均匀地荡漾着"；"每具尸体的手中被塞上一张纸条，暗示女修士：这就是她写给射击军的信"。而后，彼得又强迫索菲娅改名为苏珊娜嬷嬷，送往新圣母修道院"严加看管"。受牵连的玛尔法·阿列克谢耶芙娜公主，也被迫改名为马格丽特嬷嬷，被送进圣母升天修道院当修女。

差不多在同一时刻，还有一位显赫的女人，乘两辆普通马车，无人护送，从克里姆林宫门内驶往苏兹达尔修道院。她将在那里换上修女法衣，改名叶莲娜嬷嬷，终身修道。她，就是彼得的结发妻子，当朝皇太子阿列克塞的母后——叶芙朵基雅·列普欣娜。此事传出，满朝上下，议论纷纷：皇后一向循规蹈矩，谨遵妇道，全心爱着沙皇，抚育太子；自射击军案发后，也丝毫未涉及她的名字。今日，她遭受如此悲惨命运，究竟身犯何罪？

废立皇后

其实，彼得对叶芙朵基雅·洛普欣娜一直没有感情。当初，他之所以同意这门亲事，一是出于对母后纳塔利娅的孝敬；二是为了同索菲娅争夺皇位。虽然他与皇后已生活了近十年，且生下了太子，但也是同床异梦，并没有因此增加他对皇后的情感，相反，却对她愈来愈厌恶。

人们还记得，沙皇和皇后在"蜜月"之后不过两个月，就带着小伙伴们逃到佩列雅斯拉夫沃湖驾船航海去了。1689 年 4 月 20日，他在那里给母后写了一封满怀深情的信，可是却只字不提独守空房的妻子。受到冷落的叶芙朵基雅曾写了几封温情脉脉的信，"我的心上人啊，愿你长寿。恳求你，皇上，驾临我这里，切勿迟延……你的愚妻叩首"。但是，这位年轻的丈夫没有给她只言片语的回音。同年六七月，他曾回到皇后身边，但时间很短。他当时考虑更多的是政治，是怎样对付索菲娅。翌年2月，皇太子降生，彼得把太子视为天赐的恩典。高兴之余，他跑进后宫，拼命抓住年轻产妇的手腕，大口大口地喝起伏特加酒，并传旨鸣放礼炮，以表达对皇后的感激之情。可是不过几天，他就不顾母后和皇后的一再挽留，跑到日耳曼村去了。

在日耳曼村，有来自德国、苏格兰、荷兰和意大利等国的众多贵妇。她们眉清目秀、体态丰满、举止大方，比起俄罗斯女性真有天渊之别。在这里，彼得看中了一个最具诱惑力的摩登女郎，名叫安娜·蒙斯。她是从德国威斯特伐利亚移居俄国的侨民之女，其父约翰·蒙斯在日耳曼村开设一家小旅店。她和妹妹在店里接待地往客人，时间一久，便和常来此处作乐的列福尔特混熟了。后来，经列福尔特穿针引线，又攀上了沙皇。安娜·蒙斯没有受过任何教育，庸俗风骚、禀性自私，但是她性格开朗、情感奔放、不拘礼节、楚楚动人，善于揣摸彼得的心思，和叶芙朵基雅似乎是两个不同时代的人。叶芙朵基雅虽然出身贵族，容貌出众，性格温顺，但是"智力平平"。她笃信宗教，极端迷信，既不懂也不

理解作为一个胸怀大志而又放荡不羁的年轻沙皇的最高追求和最终目标是什么。每当彼得远离京都，外出巡视，举行"军事演习"，或驾船航海时，她总要派侍者送去"情意绵绵的信函"，恳求皇上"回到她的身边"。信中尽是"我的幸福"、"我的心肝"、"我的明灯"等一套俗语，惟独不写"祝陛下事业成功"之类使皇上欣慰的话。1692年，彼得去阿尔汉格尔斯克忙于"心爱的航海事业"，她竟附和母后以年仅三岁的儿子阿列克塞的名义，"催促皇上速速回京"。这怎能不使彼得感到失望？

彼得也曾规劝过叶芙朵基雅，"你应当去看看历史书，学学荷兰文和德文"，试图使她变成一位理想的皇后，但是她没有这个雅兴，也不想在此方面费心劳神。她固守的是祖宗传下来的为妇之道；信仰的是东正教的正统教义；渴求的是和皇上厮守终身，安享荣华；她的神圣职责是生儿育女，为罗曼诺夫王朝传宗接代。她自信这一切没有错，皇上没有理由抛弃她。然而事与愿违，她不仅没有赢得皇上的心，反而使皇上对她越来越疏远。她在1694年写给彼得的几封信里，再也掩饰不

世界通史

最新整理图文珍藏版

住对皇上的抱怨和指责，尽情抒发"一个不幸女人"遭遗弃后心中的无限悲伤和孤独。殊不知，作为一位至尊无上的沙皇，像叶芙朵基雅这样目光短浅、境界狭隘的女人，彼得随处可得；而作为一个"合格"的皇后，一个思想开化、支持其宏图伟业的得力助手和知心伴侣，彼得又无时不在寻觅。

1694 年，母后纳塔利娅不幸撒手归天。如果说在此以前，彼得为了不伤母后的心，还不想提出"废黜皇后"的话，那么，在此之后他就毫无顾忌了。自从认识了安娜·蒙斯，彼得感到叶芙朵基雅不过是插在瓶子里一朵蔫了的花，摆在那里实在令人生厌。因此，他再也不回到她的身边。他把安娜·蒙斯当作消愁解闷的心上人。起初，他"送给她一些不值钱的小玩艺儿"，接着，"逐渐增加了馈赠礼品的数量和价值"；后来，他又送给了她一座有295 户的农庄。他已无需隐瞒和安娜的私情，也不因为她出身卑微而自感脸上无光，更不在乎教会和朝廷大员的议论。他甚至在公开场合把她介绍给外国使节，并私下表示"要娶安娜为妻"，至于那个叶芙朵基雅，"将给她找一个合适的地方"。

1697 年，彼得在出访欧洲之前，已打定主意与皇后断绝关系。他把此事交给老臣季杭·尼基塔·斯特列什涅夫去办，要他说服叶芙朵基雅削发出家。出国以后，彼得又写了几封信催问此事办得如何。季杭回信，建议沙皇亲自处理这件事。1688 年 8 月 28 日，彼得出访归来，回到莫斯科后的第三天，他就亲自找叶芙朵基雅谈话，其内容已无史料记载，但是根据其结果判断，叶芙朵基雅没有答应彼得的要求。因为事后她哭哭啼啼去找过阿得里安大主教，请他出面调解。"彼得大怒，撵走了大主教。"三个星期后，彼得下令，免去皇后的一切头衔和特权，强行把她推进一辆俭朴的马车里，送往苏兹达尔修道院。

废黜了皇后，彼得可以堂而皇之地和安娜·蒙斯结合在一起了。他每年发给这位宠姬 700 卢布的生活费，又在日耳曼村为她兴建了一所豪华住宅。然而没想到，这位安娜是个不甘寂寞的女人。当彼得率领俄军在前线与瑞典交战时，她却和萨克逊驻俄使节科尼赛克偷情，被人发现报告了彼得。彼得大怒："要爱沙皇，就应该在脑子里有个沙皇！"于是立即下令将她逮捕，没收了赠予她的全部财产。尽管彼得在婚姻问题上相当开明，但是他毕竟感到自己的皇威受到了冒犯。

1702 年 7 月，俄军在鲍·彼·舍烈麦捷夫元帅的指挥下，击败了瑞典军队一部，攻占了马连堡（位于波罗的海东岸地区），俘虏一位年方十七的女仆，名叫玛尔塔。她原是立陶宛农奴萨蒙伊尔的女儿，后来被送到格柳克牧师家当洗衣妇。俄瑞交战被俘后，她成了一个军士的情妇。接着被舍烈麦捷夫霸占，继而又被沙皇的宠臣缅什科夫看中。一天傍晚，彼得来缅什科夫营地巡视，发现了这位女仆。他对缅什科夫说："我把她带走，你另找一个吧！"从此，命运之神便改变了玛尔塔的一生，玛尔塔也终于征服了彼得的心。

玛尔塔不识字，但天生机灵、美丽、妩媚而又温柔。她与叶芙内基雅和安娜·蒙斯的最大不同是：有勇士般健康的体魄，忠诚于彼得的事业，只要彼得一声召唤，她就能克服数百俄里泥泞道路的艰难跋涉，应召前往陪驾。她时时关心着彼得的命运和安全，衷心期望俄罗斯的强大和美好未来。她时常策马驰骋，挥戈上阵，在彼得最危难之际，助其一臂之力。她善于和官兵们打成一片，关心他们的生活，惦记他们的家庭。她胸怀坦荡，不计恩怨，每当新贵旧臣遇到沙皇的猜忌、指责和谩骂时，她皆能挺身而出，为其说情，帮其解围。她摸透了彼得狂暴易怒的脾性，当彼得狂怒时，谁也不敢近前，而她却无所畏惧地站出来，对视彼得"冒火的眼睛"，直到他恢复常态。因此，她既深得彼得的信赖和钟情，又赢得了彼得亲信们的拥护和爱戴。玛尔塔渐渐成了彼得身边不可缺少的重要人物。

玛尔塔来到彼得身边不久，皈依东正教（原信仰路德教），改名叶卡捷琳娜·阿列克谢耶芙娜（1685～1727 年）。彼得给叶卡捷琳娜的书信保存下来的有一百七十余封，从这些书信中足见彼得对她的眷爱和敬佩。1707 年 1 月，他在若尔克瓦写给叶卡捷琳娜的信中充分表达了这种情感："快来基辅，万勿迟延！"当月，他又从圣彼得堡写信急切地说："为了上帝，快些来吧，有事不能马上动身，望即来信，因为听不见您的声音，看不见您的身影，我不能不感到悲哀。"彼得因担心自己在遇有不测时，叶卡捷琳娜与其非婚生女儿安娜生活无着，便在1708年初动身去前线时，特地留下一道手谕："如果我因为上帝的安排而遭到不幸，请将存在缅什科夫公爵先生府上的3000卢布转交给叶卡捷琳娜和小女儿。"

叶卡捷琳娜对彼得也体贴入微，从不仗着彼得权势招摇过市，欺世盗名。她经常陪彼得外出，但在军事检阅、舰只下水、庆祝典礼或欢庆节日、接见外国使节时从不露面。每当听说彼得在外另有新欢时，叶卡捷琳娜总是宽容大度或莞尔一笑，有时仅以玩笑的口吻提醒他而已。在同瑞典进行决定性的波尔塔瓦会战（1709年）时，叶卡捷琳娜不顾彼得的劝阻，坚持上前线，在彼得身边过起军旅生活。她除了悉心照料皇上的衣食起居之外，还骑马去前沿，利用战斗间隙和士兵们聊天，斟满酒杯让他们喝，以解除士兵们的疲劳，给伤员们换洗被单、包扎伤口。她助人为乐，勇敢大方，笑容可掬，做事处落。对此，彼得被感动得仰天大笑，"尽管她出身卑贱，但她是为我而生在这个世界上的"。

彼得真心地爱着叶卡捷琳娜，他已经感到，"没有她在身边，一切都是空的"，"一切都索然无

味"。他曾多次考虑要不要娶她为妻，"在全世界面前宣布她为皇后，甚至上百次地这样宣布，也不为过。"但是，他还想再等等，以防她变为第二个安娜·蒙斯。然而事实证明，他的等待是多余的。1711年7月，俄军在普鲁特河会战中，被土耳其大军合围，陷于弹尽粮绝的境地。全军上下一片恐惧，连彼得也打算携叶卡捷琳娜乔装穿过敌人封锁线逃跑。惟有叶卡捷琳娜等人"镇定自若，劝说沙皇同土耳其讲和"，并当场献出了自己珠宝匣里的全部首饰和金器。沙皇采纳了她的建议，指派沙菲罗夫和舍列麦捷夫等人带着这些贵重礼品，贿赂贪财的土军总司令。结果，和谈成功，俄国人以最小的代价换取了土耳其人最大的让步，使两万多人的俄军免遭灭顶之灾。

通过这件事，彼得坚信，叶卡捷琳娜不仅具备了一个女人"应具备的所有美貌"，而且有胆有识，是自己不可多得的助手和知心朋友。他不再犹豫了。从普鲁特河一回到莫斯科（1712年初），彼得就在克里姆林宫与叶卡捷琳娜举行婚礼，他正式宣布：叶卡捷琳娜是她的"合法妻子"，接着又晋升她为皇后。1724年5

月 7 日，彼得在克里姆林宫圣母升天大教堂为叶卡捷琳娜皇后举行隆重的加冕典礼，"他把王冠戴在皇后的头上，但是把杖仗留在自己手里"。1725 年 1 月 28 日彼得逝世，叶卡捷琳娜在普列奥布拉任斯基和谢苗诺夫斯基两个近卫军团的拥戴下，于同年 1 月 28 日登基为女沙皇，史称叶卡捷琳娜一世。

彼得娶农奴之女为皇后，是对陈规陋习的破除，也是对千百年沿袭下来的旧传统的挑战。

整治教会

1698 年 10 月 31 日，即彼得在把皇后叶芙朵基雅送进修道院和处决了最后一批射击军之后，便匆匆赶往沃罗涅什造船厂视察，直到圣诞节前夕才返回莫斯科。

一回到莫斯科，他就组织了一场"醉僧会堂"游戏，其规模、人数和花样，是往年从没有过的。什么酒鬼、馋鬼、小丑、傻瓜都允许参加。他把参加游戏的人，按教阶制（教会等级）分成大主教、主教、神甫、普通教士等小团体，然后举行饮酒比赛，获胜者即被尊为"公爵教皇"。彼得的老师尼基塔·佐托夫因酒量大而赢得了这一头衔。酒宴结束后，彼得又硬逼着一帮烂醉如泥的酒鬼从宴会厅爬出来，坐上用猪、狗、羊、熊拉的雪橇，沿莫斯科大街乱转。他站在佐托夫乘坐的雪橇后边，招摇过市，跑遍了整个莫斯科。这种游戏以后还举办过几次。

彼得组织"醉僧会堂"游戏，目的是什么？一些研究者认为，一是为了嘲讽教会，二是为了戏弄酗酒者，三是为了窥探臣民们对他"割胡剪袖"，处决射击军和废黜皇后的反应。另一些研究者认为，其目的主要是嘲讽教会。因为从接下来发生的事件中，可以得到验证。

1699 年 1 月 14 日，彼得为了同瑞典争夺波罗的海出海口，迫不及待地派沃兹尼岑前往土耳其谈判缔结俄土两国和约的问题，但是土方只答应同俄国缔结两年的停战协定。

3 月 2 日，彼得的挚友、年仅 43 岁的列福尔特病逝。彼得赶到他的家里，打开棺梓，亲吻死者的脸颊，失声痛哭道："我的朋友不在人世了，现在我能指靠谁呢？"接着，他下令为列福尔特举行隆重葬礼。彼得身穿孝服，率领特权贵族，朝廷大员、各国驻俄使节，以及三个团的官兵，跟在由多名上校抬着的灵柩后面，缓缓向新教教堂（死者信仰基督教中的一派——新教）行进。军乐队奏着低沉的哀乐，40门大炮鸣放礼炮为送葬队伍开道，沿途还有成群的女人为死者哭丧。莫斯科东正教神甫和看热闹的市民，怎么也不明白，沙皇的母后去世时，也没有为其举行如此隆重的葬礼，为何要厚葬一个外国人、一个异教徒？难道当今沙皇不是俄国沙皇，不是东正教信徒？回想起沙皇去年做的几件事，心中不免疑窦丛生。几个月后，另一个外国人，帕特里克·戈登将军去世，彼得又为其举行了同样规模的葬礼。这就使人们更加疑惑不解了。

5月，沃兹尼岑从土耳其京城君士坦丁堡写信向彼得献计：再派一个高级使团前往土耳其；使团不要走传统的旱路，而应走水路，以迫使土耳其屈服。彼得欣然采纳，立即派杜马书记官叶美良·乌克拉英采夫出使君士坦丁堡。8月5日，彼得亲率一支由十艘大型战舰组成的舰队，以护送使团为名，从亚速起锚，穿过刻赤海峡，强行开进黑海，向土耳其京城驶去。在俄国舰队的威胁下，土耳其人只好答应就缔结俄土和约问题举行谈判。

11月，萨克逊（德意志帝国的一个邦国）与俄国代表在普列奥布拉任斯基村正式签订了反对瑞典的条约。而在此之前，萨克逊和丹麦已签订了反瑞条约。这样，俄国、萨克逊、丹麦三国的反瑞"北方同盟"就形成了。现在，只等从土耳其传来好消息。在同一时刻，彼得还为激励俄国贵族阶级和俄军官兵士气，特地设计了一枚骑士勋章，即圣安德烈勋章。获此殊荣者，胸前即可佩带上淡蓝色的宽幅丝带，以此作为加官晋爵的资本。

在即将爆发的俄瑞战争之际，1699年12月20日，彼得又发表了一项敕令，对俄国的历法进行改革。敕令规定，今后不再用"创世日"纪年，而改用儒略·凯撒所创立了"儒略历"，即以基督诞生日为一年之始。俄国人历来遵循的是拜占廷的传统纪年法，它以每年9月1日为一年的开端。据说，这是上帝在耶稣诞生前5508年创造世界的日子。用儒略历纪年，到1700年1月1日这一天，按旧历计算，正好满7208年零4个月；按新历计算则是1700年元旦。

为庆祝实行新历法后的第一个元旦，彼得下令，调集驻莫斯科郊外的各步兵团到红场，架起两百多门大炮鸣礼炮六天，同时又诏令莫斯科领主、豪绅巨贾，"凡有小炮者，应在其庭院中施放小炮，有火枪或其他小型枪支者，应鸣枪三响；有爆竹者，有多少放多少。"元旦前两天，彼得就兴致勃勃地向宫廷侍从用松树、枞树和桧树枝，把克里姆林宫大门装饰一新。元旦这天，他和侍从及皇室成员彻夜不眠，燃放烟火。

彼得将俄国人沿用多年的历法改为欧洲多数国家通行的纪年法，不仅使用方便，且容易记忆。但这却是对东正教和俄国旧风俗的一次大的冲击。按教会一些人的说示，这是"对上帝的亵渎"，是"对我主的不敬"，是对俄国百姓感情的伤害，由此引起了教会和俄国人民的不满和忌恨。据莫斯科侦察机关呈递沙皇的报告说，新年过后，在莫斯科不少街巷里，秘密集会、诅咒皇上的人日益增多。特别是教会的神甫所发表的言论最具煽动性。一个神甫激昂地说："沙皇割掉别人的胡子，和德国人勾勾搭搭，他所信仰的是德国人的宗教。"另一个神甫接着说："沙皇过着外国人的生活方式；他星期三和星期五照常吃肉（东正教规定这两天忌食肉类——

引者注），也不遵守圣菲利浦的封斋期。他下令所有的人穿德国服装……他在 1700 年 1 月 1 日下令庆祝新年，从而违背了神圣的先祖们立下的誓言。上帝的年历被毁坏了，现在遵循的是魔鬼的年历。"彼得看了这份报告，漠然置之。他现在无心听这些"老朽们在那儿胡言乱语"，因为他有特别重要的事情要办。

1700 年元旦过后，彼得一边焦急地等待着乌克拉英采夫从君士坦丁堡发来消息，一边加紧调兵遣将。只要来自君士坦丁堡的消息一到，他就立即向瑞典宣战。然而，他等到的却是从坦波夫地区送来的密报。1700 年初夏，一些不满沙皇改革的宗教界僧侣，聚集到坦波夫主教区伊格拉吉依的所在地。他们摇唇鼓舌，历数彼得执政以来的"种种罪行"。伊格拉吉依"深有同感"。于是勾结当地有名的大贵族霍凡斯基公爵，秘密策划，准备在彼得率军同瑞典开战之前，将他刺死。彼得得此密报，下令普拉奥布拉任斯基政厅（专门审讯国家重大政治案件的机构）负责查办。结果，伊格拉吉依等几十名宗教僧侣被流放到遥远的西伯利亚；霍凡斯基公爵等人被关进监狱。

世界通史

最新整理图文珍藏版

彼得虽然对教会一向没有什么好感，但对它还是比较宽容的，没有采取过激行动。他认为，在俄国这样一个人口众多、笃信上帝，而又愚昧落后的国家，是不能没有宗教信仰的。宗教是慰藉人们心灵、安定社会的"良药"，因此，只要教会忠于皇权，不干涉世俗事务，就应该尊重它的地位。彼得相信上帝的存在，也常去教堂和修道院祷告。但是谈不上他究竟信仰哪种宗教。俄国居民中绝大多数信仰东正教，少部分人信仰伊斯兰教、犹太教和新教。除了东正教被尊为国教以外，其他宗教也允许存在。日耳曼村就是一个来自欧洲各国、信仰不同宗教的外国侨民杂居地。彼得在青少年时代常去那里，结识了许多外国朋友。列福尔特、戈登、廷麦尔曼、勃兰特等人都是新教教徒，但是，彼得并没有因信仰不同而排斥他们，相反，却予以充分尊重和信任。事实证明，这些人帮助彼得战胜索菲娅，推进俄国现代化的过程中，效尽了犬马之劳。还有，沙菲罗夫是犹太教信徒的儿子，彼得照样予以提拔、重用。至于对异教国家的政治制度、科技文化、风俗习惯，乃至服饰、饮食，彼得认为，只要有利于俄罗斯的文明进步，都应该学习、吸纳。

但是彼得又认为，"教会的使命仅限于在精神领域开展活动，绝不容许它干预政治"。"俄国的主人只有一个，即沙皇，而教会也必须听命于他"。坦波夫主教伊格拉吉依一案被揭露后，彼得决心乘此机会，对宗教"动一次大手术"，使它不再犯上作乱。

在彼得执政以前，俄国的君权与教权之争已十分激烈，最典型的事例发生在彼得的父亲、沙皇米哈伊尔·阿列克谢统治时期。米哈伊尔为了加强中央集权制，保证教会为专制君权服务，任命大主教尼康（1605～1685年）主持宗教改革。尼康出身于世袭大地主，曾任诺夫哥罗德教区主教，1652年，莫斯科大主教约瑟夫去世后，他继任其职位。尼康贪财、残酷、好要弄权术。在骗取了沙皇的信任，主持宗教改革时，他不仅丝毫不触动教会的权力，相反，却极力主张教权高于君权。他甚至把大主教的权力比作太阳，把沙皇的权力比作月亮，并且背着沙皇擅自处理内政、军务。这同沙皇改革宗教的初衷背道而驰。1666年，沙皇召开了全俄宗教会议，严厉谴责了尼康的倒行逆施，撤掉了他的大主教职务，将其流放到北方的一座修道院，当普通修道士。

这次皇权与教权之争，虽然皇权战胜了教权，但是并不意味着双方的斗争就此了结。实际上教会的势力仍然很大，它欲凌驾于君权之上、干预世俗事务的企图也未改变。17世纪末18世纪初，教会和修道院占有大片地产，拥有全国农业人口达1/5。它们逃避国家税收，制定自己的法律，买卖农奴，在修道院修筑防御工事，可谓国中之国。在彼得登基和挫败索菲娅政变时，虽然若尔辛大主教起了至关重要的作用，但是也反映了教会权力炙手可热。1690年，若尔辛大主教去世，由喀山教区主教阿德里安接任。为显示教权高于皇权，他又重弹尼康的老调："沙皇的权力仅限于地上的人间……宗教界的权力则触及人世又及天庭"。他甚至在任职仪式上要求沙皇给他骑的驴牵缰绳。彼得感到这是对他的莫大侮辱，是教会企图控制沙皇的阴谋，因而，当阿德里安身披华丽祭司长袍、趾高气扬骑在驴背上，等着彼得去为他牵缰绳时，彼得愤然退出了教堂。

以后，彼得出访欧洲，平息射击军叛乱、割胡剪袖、废黜皇后、改革历法等，阿得里安大主教总要站出来指手画脚，品头论足，进行干预。由此可见，1700年初夏发生的伊格拉吉依主教试图谋杀沙皇案，绝非偶然，实质上是教权至尊，还是皇权至上长期斗争的必然结果。彼得决心彻底改革宗教，也绝非出于他个人的意志和好恶，而是加强沙皇专制制度，促进俄国社会文明进步的客观需要。

彼得吸取了老沙皇教会改革的经验教训，在整治教会的过程中采取了"标本兼治"的措施：一是限制教会的财产；二是在体制上把教会完全置于国家的管辖之下；三是用法律手段规范教士的职责和行为；四是建立一套较完善的督察体系。

1700年12月，反对革新的大主教阿德里安去世。从此，彼得开始有计划、有步骤地对教会实行改革。阿得里安死后，他有意不指定大主教的继任人，而是任命梁赞教区的主教斯特凡·雅沃尔斯基为"圣座御前守护者"。这一职务仅限于负责处理日常宗教琐事，全俄修道院的重大事务均由修道院政厅负责人、特权贵族莫西纳—普希金决定。1701年，彼得发布一道敕令，指出，修道士是"吞食别人劳动成果"的蛀虫。敕令要求，政府部门立即对教会财产进行清理，所清理出来的大部分财产须上交国库；编制修道院人员的定额，裁减富余人员；禁止修道院人员自由流动；修道院必须安置伤残的士兵、年老病弱者和贫困者。凡企图分裂教会者将予以严厉制裁；除了向他们征收双倍的人头税，不许他们担任社会公职外，还要让他们穿上特制的僧服，以示区别。

由于当时俄瑞正处于交战状态，彼得的教会改革暂告一段落。在打败了瑞典后，即1721年，彼得对教会便进行了一次全面的改革。他首先设立了一个宗教事务管理局，任命思想开明，主张改革的普斯科夫教区主教费奥凡·普罗科维奇（1681～1736）为该局副局长，局长仍由老态老钟的代理大主教斯特凡担任（一年后去世）；同时，设立了一个由沙皇任命的、几名主教组成的"神圣教务委员会"，取代莫斯科大主教职位。费奥凡上任后，起草了一份内容详尽的《宗教事务管理条例》，经沙皇御批，尔后以敕令形式颁布。

《宗教事务管理条例》规定，

沙皇是东正教的"最高牧首"。宗教事务管理局的成员与世俗官员平等，也应向皇上宣誓：

"永远听命于我的天然和真正的国君，以及他根据不容置疑的权力而选定的崇高接班人，永远做他们的忠实仆从，并服从他们的意志。我承认国君是我们这个神圣组织的最高裁判官。"《条例》还规定，教士的职责仅限于精神领域，"不得借口插手中央和地方的世俗事务和仪式"。

1722年，彼得又发出一道敕令，其中规定：如遇有信徒忏悔的内容涉及反对皇上的阴谋，"教会便丧失为忏悔者严守机密的权利"；如获悉教徒中有"谋反罪的念头"，必须向地方当局报告；教士不得著书立说，不许抄书，"因为编写荒诞无用的书籍是最扰乱人们心灵安宁的"；那些"无所事事的修道院应该立即关闭"；禁止修道院购买和交换土地，修道院无权支配领地的收入，每个神职人员不论职位高低，一律只能"吃一份简单的口粮"。

1724年1月31日，彼得又下了一道补充敕令：教士和修女要抚养孤儿，看护伤员和病号，"每个僧尼要学会一门手艺"，"用自己的双手挣饭吃"。其中还特别规定，不学无术、愚昧无知的人不得做神职工作；"神甫和祭司的子弟，必须上希腊的拉丁文学校学习"，否则，不能接替父辈的职位。

16世纪沙皇俄国的扩张

彼得在整治教会过程中，虽然遭到了许多教士的顽强抵制，但是均被他一一制伏。通过接二连三对教会的整治、改革，基本上结束了俄国几个世纪以来教权与皇权之间的争斗，从思想和精神领域保证了彼得对外战争和其他各项改革事业的顺利进行。

沙俄的早期扩张

觊觎波罗的海

波罗的海位于欧洲北部，素以"北欧的地中海"著称，它的东端有芬兰湾和里加湾。波罗的海东岸矿产丰富，盛产粮食和木材。这里世世代代居住着芬兰人，爱沙人和利沃人。古罗斯国在其西部边界地区兴建了诺夫哥罗得、普斯科夫、波罗茨克等一批商业城市。它们距波罗的海较近，但并不相连。马克思指出："波罗的海海岸没有哪一部分实际归属过俄罗斯。"

1240年，罗斯舰队在亚历山大·涅夫斯基率领下，在涅瓦河沿岸打败瑞典军队，1242年又在楚德湖冰上打败日耳曼骑士，这才开始插足于波罗的海。1492年，伊凡三世在纳洛夫河岸建立伊凡哥罗得城，在芬兰湾沿岸地区进一步加强自己的势力。16世纪初，伊凡四世时期，俄国占领了白海沿岸地区。由于白海出海口不能全年通航，于是伊凡四世在1558年发动争夺波罗的海出海口的利沃尼亚战争，结果被瑞典、波兰和丹麦等国打败。根据1583年普柳萨停战协定，芬兰湾沿岸包括纳尔瓦、伊凡哥罗得等重要城市都划归瑞典。

从16世纪中期起，俄国为争夺波罗的海出海口，多次与瑞典兵戎相见。根据1617年斯托尔波沃和约，瑞典占领了芬兰湾沿岸的全部土地。1618～1648 年丹麦、瑞典、法国、西班牙等国进行的"30 年战争"结束后，瑞典根据威斯特伐利亚和约，占领了波罗的海东岸的全部土地和大部分南岸地区，成了波罗的海沿岸居于统治地位的大国。1656 年 5 月，俄国利用波、瑞交战之机，向芬兰湾沿岸地区发起进攻。6 月，占领诺特堡、捷尔普特、吉纳堡和科坎加乌兹。8 月，向里加逼近。这时，波兰突然调转枪口，准备收复乌克兰。俄国为避免两线作战，不得不于 1661 年同瑞典签订卡尔迪斯条约，把战争初期占领的芬兰湾沿岸的全部土地归还瑞典。直到 17 世纪末，波罗的海东岸一直由瑞典控制。

17 世纪末叶，农奴制在西欧一些国家走向崩溃，但在俄国却仍处于发展阶段。沙皇政府为巩固和扩大封建统治，迫切要求掠夺新的领土和劳动力。当时，西

俄国击败瑞典

欧国家资本主义发展需要从国外大批进口粮食，俄国作为农产品主要出口国，与西欧国家的贸易关系日益密切。当时的俄国仍是一个内陆国家，在南方，土耳其占据着黑海北岸及克里木半岛，封锁了俄国到黑海的出路；在西北方，瑞典控制着波罗的海沿岸的土地，堵住了俄国通向波罗的海的道路。随着新兴商人势力的增长，为加速发展对外贸易，俄国亟欲夺取西欧的出海口，彼得一世上台后声言，"水域——这就是俄国所需要的"。这一时期俄国政府奉行的对外政策完全是从俄国地主农奴主阶级和新兴商人势力的利益出发的。

彼得一世开始是沿着费多尔和索菲亚执政时的南下路线，企图夺取黑海出海口。1695～1696 年，彼得亲自率军，两次进攻由土耳其属国克里木汗国控制的亚速。1696 年，俄军虽一度占领亚速，并没有真正解决黑海出海口的问题。

为了占领刻赤海峡，夺取黑海出海口，1697 年 1 月，俄国政府同波兰、奥地利和威尼斯建立了反土耳其同盟。同年 3 月 9 日，俄国政府派"大使团"去西欧考察，彼得一世化名随同出访，企

图巩固和扩大反土耳其同盟。这时，西欧各国正忙于以争夺西班牙殖民地为目的的西班牙王位继承战争，对俄国纠集的反土同盟不感兴趣；各国对俄国也怀有戒心，担心俄国一旦取代土耳其将会对西欧造成更大的威胁。因此，俄国大使团同荷兰谈判时，荷兰政府拒绝支持俄国进行反土耳其战争。1698 年 5 月，奥地利和威尼斯又决定同土耳其媾和。反土耳其同盟名存实亡。这就为俄国争夺黑海出海口造成了困难。

与此同时，西欧出现了新的形势：一方面，波兰—萨克逊企图夺回利夫兰，丹麦企图夺回斯科尼亚，同瑞典的矛盾日益加剧。另一方面，瑞典的同盟国法、英、芬兰等国因忙于准备西班牙王位继承战争，在军事上和物资上不能帮助瑞典。这为彼得一世进攻瑞典，夺取波罗的海出海口提供了有利的条件。

彼得为夺取波罗的海出海口，从外交、军事两方面进行准备。在外交方面，1698 年 8 月 3 日彼得在拉瓦同波兰国王奥古斯持二世口头上达成共同反对瑞典的协议。1699 年 11 月 11 日，在莫斯科附近的普列奥布拉任斯基村，奥古斯特二世的代表卡尔洛维奇

和帕特古利同俄国签订了反瑞同盟条约。1699 年秋，俄国政府还在莫斯科同丹麦大使盖因斯进行了谈判，双方签订了反瑞同盟条约。这样，建立了俄、波、丹反对瑞典的北方同盟。为了麻痹瑞典，彼得接见瑞典使节，再次表示，俄国将遵守俄瑞卡尔迪斯条约，承认芬兰湾属于瑞典，维护俄瑞友好关系。

在军事方面，俄国实行了募兵制，建立俄国历史上第一支正规的陆、海军。1700 年，俄国野战军有 4 万人，丹麦有 2 万人，波兰有 2 万 5 千人。瑞典有 14 万陆军和一支强大的海军，在军事上占绝对优势。俄国为了集中兵力对付瑞典，避免两线作战，1700 年 7 月 14 日同土耳其签订了为期 30 年的君士坦丁堡和约。同年 8 月 9 日，俄土停战。彼得立即把军队调往波罗的海沿岸。8 月 30 日，俄国正式向瑞典宣战。

俄国争夺出海口的早期海战

17 世纪以前俄国实质上是一个内陆国家。它的北部领土虽面临海洋，但因这些海域每年有半年或更长的冰封期，当时还没有条件与温水海洋常年通航。伊凡四世时代（1533 ～ 1547 年莫斯科公国大公，1547 ～ 1584 年俄国沙

皇）曾发动立沃尼亚战争试图打开波罗的海的出海口，但没有达到目的。到17世纪，俄国要想打开出海口，就难免与西面的瑞典、南面的奥斯曼土耳其发生战争。

俄国把争夺出海口付诸行动开始于彼得一世（俄国人又称之为"彼得大帝"，1682～1725年）时期。当时俄国农奴制兴盛，社会制度落后。彼得作为一名青年担任沙皇，颇具奋发图强的精神。他厉行改革，兴办工厂，发展教育，加强外交，建立海军，为俄国社会的前进作出了重大的贡献。他为学习造船和航海技术，曾出国访问荷兰等国，还曾亲自化妆充当领航员，把外国船只领进俄国港口。

彼得最初于1695、1696年两次进攻黑海沿岸的亚速夫要塞，但新建的俄国海军为土耳其海军战败。1700年，俄国与丹麦、波兰结为北方同盟，于同年8月向瑞典宣战，史称北方战争。战争初期，北方同盟军一再受挫，16岁的瑞典国王在纳尔瓦大败俄军，俄守军几乎全军覆没。1702年，彼得亲自统率军队进攻芬兰湾沿岸，在芬兰湾东端建立了圣彼得堡，1704年攻下纳尔瓦。1714年7月，瑞典瓦特朗格上将率舰队在

汉科半岛一带截击俄国舰队，彼得指挥舰队越海进攻斯德哥尔摩的计划受阻。随后，彼得定计佯攻汉科半岛，摆出将战舰拖过半岛最窄处的架势。瓦特朗格中计，以一支舰队封锁汉科半岛最窄处的沿岸。实际上，彼得却以一支舰队绕远海西进，以吸引瑞典海军追击，另以一支舰队贴近汉科半岛浅水礁石地带前进，避开了瑞典舰队的阻击达到了西进的目的。彼得利用这次打到瑞典军队后路造成的优势，以进攻的接舷战大败瑞典海军，瑞典的一个分舰队投降。这是俄国海军史上的第一次大胜仗。汉科战役胜利后，彼得在感慨中留下了一段名言："任何君主，如果只有陆军，他就只有一只手。加上海军，他才是双臂齐全。"在战争过程中，彼得动用692万卢布，建造了一支包括141艘战列舰在内的舰队，同时建筑起彼得堡海军基地。1720年，俄军又在格良汉姆岛战胜瑞典海军。到此，瑞典战败，俄国得到了通过芬兰湾出波罗的海再通向大西洋的通道。此外，彼得还为在太平洋方面找到出海口作了努力。1725年1月，彼得任命维图斯·白令为负责人，令其率舰船勘探弄清俄国东端海域和美

洲的关系。白令（1681～1741年）原是丹麦人，1703年应聘到俄国，先后被授予少尉、大尉、上校等军衔。白令为俄国的海洋探察事业做出一系列贡献。1732年白令率领8个分队977人出发。此后，白令亲率77人到俄国东端担负最艰巨的任务。最后弄清了俄国东端与阿拉斯加之间海峡的概貌，后来以他的名字将这个海峡命名为白令海峡。白令的探航为俄国弄清从鄂霍次克海到太平洋的出海口打下了基础。

在彼得之后，沙皇叶卡捷琳娜二世（1762～1796年）时期实现了新的海上扩张。1768年，俄发动对土耳其的战争，1774年土战败订立《凯纳吉条约》，俄占领布格河与第聂斯特河之间的土地和刻赤要塞，土同意将博斯普鲁斯海峡和达达尼尔海峡向俄国商船开放。1783年，俄占领克里木。同年，俄建立黑海舰队，并在塞瓦斯托波尔建立黑海舰队的基地。1787年，俄发动第二次对土战争。在这次战争中，俄国出现了一名卓越的海军将领乌沙科夫上将。在1787～1791年的战争中，乌沙科夫数次指挥作战，取得了多次重大胜利。1791年7月31日是穆斯林的节日，以"海上雷神"著

称的土海军司令阿里巴沙在作好安排后给海军官兵放了假。当天风向是从陆上吹向大海，阿里巴沙命78艘战舰在黑海南部卡利阿克腊海角（位于今保加利亚巴尔奇克城郊）抛锚休息，岸上炮台面对大海，以保护舰队。如有舰船来攻必是逆风劣势。但乌沙科夫却在弄清敌情、深思熟虑后，认为这是一个发动攻击的特殊良机。当天下午，他亲率16艘战列舰及23艘其他舰船来此作突然袭击。俄军利用土军度假疏于戒备的状况，一开始就抢风而上，岸上虽能发炮但动作缓慢，炮火零乱。这样，乌沙科夫赢得了抢居上风位置的时间。跟着，乌沙科夫放弃一般横列侧舷发炮的战法，果断地将舰队分成三个纵列插入土军舰队，土军官兵为俄军的行动感到震惊和手足无措。俄舰两舷的炮火沉重地打击着敌舰，土舰的炮火却急切难以调整到对准俄舰。一些土舰断锚逃跑，更增加了混乱。最后土烟大败，阿里巴沙身负重伤，随船逃到伊斯坦布尔，用担架抬着前往宫廷请罪。此战后俄土签订《雅西条约》，克里木正式并入俄国，俄占领了黑海北岸的大片土地。1798年，沙皇保罗一世（1766～1801年）派

乌沙科夫率领舰队帮助土耳其与法国作战。乌沙科夫率领舰队突进到爱奥尼亚海，进而占领了科孚岛。1799年，俄土签订《俄土同盟条约》，其中秘密条款规定俄海军舰船可自由往返于黑海与地中海之间，同时禁止外国军舰进入黑海。这样，俄国和土耳其就共同占有了对黑海的霸权，俄国因此也取得了通过博斯普鲁斯海峡和达达尼尔海峡进入地中海的权利。

乌克兰哥萨克起义

俄国利用乌克兰哥萨克起义对波兰发动的兼并乌克兰的战争。

13世纪中叶，基辅罗斯被蒙古人建立的金帐汗国灭亡。东北罗斯，即后来的俄罗斯或大俄罗斯受其统治。西南罗斯，即后来的白俄罗斯和乌克兰（又称小俄罗斯）的王公投靠立陶宛大公国，寻求庇荫。1385年，立陶宛大公国和波兰王国，为了抵御日耳曼条顿骑士团的侵略，在克列沃签订条约，实行王朝联合，立陶宛大公雅盖洛成为波兰国王，乌克兰转归波兰。1569年，波兰王国和立陶宛大公国在卢布林议定，两国实行合并，建立统一的波兰共和国，以对付日益强大的俄罗斯国家。

从15世纪末起，在第聂伯下游草原，开始形成以捕鱼、狩猎、畜牧和农业为生的自由流民，号称哥萨克。他们是乌克兰、白俄罗斯和波兰的逃亡农民和城市贫民。16世纪末，他们在著名的险滩扎波罗热的托马科夫卡岛上安营扎寨，建立了哥萨克中心营地——谢契。为了防御土耳其和克里木鞑靼人的侵犯，他们建立了军事政治组织——团队，民主选举统领、管带和其他军事首领。由于他们骁勇善战，波兰国王斯蒂芬·巴托雷（1576～1586年）把他们登记入册，委以戍边的任务，发给固定的薪饷。波兰议会给上层哥萨克授予贵族称号。随着逃亡农奴人数的增加，哥萨克队伍激增。哥萨克不断要求增加在册人员的数目（16世纪末为500人，17世纪初扩大到1000人，1626年增加到6000人），波兰政府由于财政匮乏，无法满足要求，而且经常发不出在册哥萨克的薪饷。1591年，爆发了第一次哥萨克起义。此后，在1594年、1630年和1637年，又相继爆发了哥萨克起义。

1648年5月，爆发了波兰历史上规模最大的哥萨克起义。领导起义的是哥萨克文书鲍格丹·

最新整理图文珍藏版

赫麦尔尼茨基（1595～1657年）。他和波兰大贵族亚历山大·科涅茨波尔斯基的役吏达尼尔·恰普林斯基有个人恩怨。他在家乡契季林的庄园被霸占，年轻的妻子被抢走，幼儿被打死。在他向政府和国王申诉无效后聚众起义。他被扎波罗热哥萨克选为统领。哥萨克起义很快演变为有农民、市民和贵族参加的乌克兰民族大起义。

波兰政府派统帅米·波托茨基率骑兵前往扎波罗热镇压起义。赫麦尔尼茨基得到克里木汗5000骑兵的支援。1648年4月29日，战斗在黄水附近打响。哥萨克军占有有利地形，以逸待劳，取得全胜。5月16日，战斗结束。波军先头部队指挥斯·波托茨基（米·波托茨基之子）被俘。赫麦尔尼茨基乘胜追击，5月26日，在科尔松再败波军。米·波托茨基被俘。哥萨克军缴获了大批枪支、大炮和弹药。胜利的消息鼓舞了乌克兰农民。起义的浪潮席卷了乌克兰全境，起义的农民中涌现出一批坚定的领导者（如伊凡·鲍贡）。

1648年5月20日，波兰国王瓦迪斯瓦夫四世病故。国内在乌克兰问题上出现了主战派和主和派的斗争。以亚历山大·科涅茨波尔斯基为代表的东部大贵族主张采取坚决镇压的措施。以宰相耶日·奥索林斯基为代表的贵族，鉴于国内农民起义和财政匮乏，主张用妥协让步的方法解决乌克兰问题。主战派获胜。波兰议会决定再派军队镇压起义。9月初，4万波兰骑兵由大贵族亚·科涅茨波尔斯基、多·扎斯瓦夫斯基和米·奥斯特罗罗格率领进入沃伦。9月21～23日，波军和哥萨克军在庇拉夫策发生激战。波军又败；10月，赫麦尔尼茨基乘胜包围利沃夫；11月，进抵扎莫什奇。起义扩大到白俄罗斯。这时候，波兰议会选举已故国王的弟弟杨·卡什米日为新王（1648～1668年）。国王决定对哥萨克让步，派勃拉兹拉夫省督军阿·基什尔（东正教徒）同赫麦尔尼茨基谈判。双方于1649年8月8日在兹博罗夫签订了条约。波兰方面允许在基辅省、勃拉兹拉夫省和契尔尼哥夫省建立自治的统领国，波兰军队不得进入境内；在册哥萨克的数目由6000增至4万；恢复乌克兰的东正教会；被赶走的波兰地主可以回到自己的家园。兹博罗夫条约满足了哥萨克上层的要求，使广大农民继续受农奴

世界通史

最新整理图文珍藏版

制的压迫。

波兰把兹博罗夫条约当作重整旗鼓的休战协定。赫麦尔尼茨基却发表文告，要乌克兰人民遵守条约。对于赫麦尔尼茨基的这种行径，乌克兰人民极为愤慨，纷纷要找他算账。扎波罗热哥萨克甚至选举胡多列伊为新的统领。赫麦尔尼茨基对反抗他的哥萨克和农民进行了残酷的镇压，逮捕和处死了胡多列伊。

1651年春，波兰军队进入波多利亚，战争重新爆发。6月28日～30日，波兰国王杨·卡齐米日亲自指挥5.7万波军同10万哥萨克—鞑靼联军在沃伦的别列斯塔奇科举行会战。波军采取迂回前进、集中兵力、各个击破的战术，先打败鞑靼军队，迫使其撤离战场，然后集中力量打击哥萨克军，结果以少胜多，赢得会战的胜利。9月28日，双方在白教堂签订新的条约。乌克兰统领国缩小到基辅一个省，在册哥萨克减少到2万名。

赫麦尔尼茨基不甘失败，决定同波兰进行第三次战争。1652年6月2日，赫麦尔尼茨基的儿子齐莫什·赫麦尔尼茨基率哥萨克军在南布格河畔的巴托格击败波军，割下许多波兰战俘的头颅，

以发泄对白教堂条约的不满。1653年10月，赫麦尔尼茨基又率哥萨克鞑靼联军，袭击离卡缅涅茨—波多尔斯基不远的热瓦涅茨波军营地。由于杨·卡齐米日以重金收买了鞑靼人，使他们撤离乌克兰，哥萨克军遭惨败。12月15日，双方在兹博罗夫条约的基础上达成妥协。

佩列雅斯拉夫协定

经过六年的波兰—乌克兰战争，赫麦尔尼茨基已疲惫不堪，乃决定投靠俄国。早在1648年6月，他就致函沙皇阿列克塞·米哈依洛维奇（1645～1676年），请求保护。此后又一再呼吁沙皇给予保护。但是当时沙皇没有公开干预乌克兰问题并为此发动对波兰的战争。兼并乌克兰和白俄罗斯是伊凡三世（1462～1505年）提出"祖传遗产"论以来，历代俄国君主对外政策的重要目标，那么当乌克兰哥萨克起义爆发以后，俄国为什么按兵不动呢？这里有几个原因：首先，克里木汗国同乌克兰哥萨克结成同盟，不只威胁波兰，而且也威胁俄国；第二，在1648～1650年间，俄国阶级斗争十分尖锐，城市和农村起义此伏彼起，其中最大的是1648年6月的莫斯科起义和1650

年2月的普斯科夫起义。沙皇政府害怕乌克兰哥萨克起义同俄国南部库尔斯克、沃罗涅什起义汇合，威胁自己的统治；第三，希望在无嗣的波兰国王瓦迪斯瓦夫四世死后，使罗曼诺夫家族登上波兰王位；第四，对能否战胜波兰尚无把握，需要有一段观望和准备时期。

随着国内起义的平定和杨·卡齐米日当选波兰国王，俄国决定着手兼并乌克兰。1651年3月召开的缙绅会议，通过了合并乌克兰的决定。但是，乌克兰在1651年的战败延缓了俄国的兼并行动。直到1653年，波兰和乌克兰已经两败俱伤，俄国才采取行动。1653年7月，俄国政府通知赫麦尔尼茨基，沙皇已同意接受乌克兰加入俄国。同年10月11日，缙绅会议批准了政府关于接受乌克兰加入俄国的决定。

1654年1月8日，赫麦尔尼茨基在佩列雅斯拉夫召开哥萨克代表大会。由大贵族弗·布土尔林率领的俄国使团参加了大会。会前，俄乌双方签订了乌克兰加入俄国的协定。大会通过了乌克兰和俄国合并的决定，举行了向沙皇效忠的宣誓仪式。宣誓后，布土尔林代表沙皇向赫麦尔尼茨基赠送旗帜和权杖。3月，赫麦尔尼茨基派出使团赴莫斯科同沙皇政府就有关乌克兰内部体制及其与俄国关系问题达成了协议，订立了《三月条例》。《条例》规定，乌克兰对沙皇称臣，但仍享有自行选举统领、进行自治之权；统领除与莫斯科的对手——波兰和土耳其断绝来往之外，仍然保留与外国交往权。

俄波战争

俄国为了实现佩列雅斯拉夫大会的决定和兼并乌克兰，同波兰进行了十三年（1654～1667年）战争。战争分两阶段：1654～1656年为第一阶段，1658～1667为第二阶段。

第一阶段

1654年初，俄国动员了10万军队进攻波兰，当时俄国的总兵力约15万，而波兰只能动员6万军队来抵抗俄军的入侵。土耳其和克里木汗国害怕俄国吞并乌克兰，转而支持波兰，不断派出轻骑兵配合波军作战。

同年5月，俄军在北线分北中南三路向白俄罗斯和斯摩棱斯克地区的波军发动进攻。北路俄

世界通史

最新整理图文珍藏版

军从大卢基出发，连克涅维尔（6月1日）、波洛次克（7月17日）、维帖布斯克（9月17日）。中路俄军是主力，共有兵力4万，赫麦尔尼茨基还把伊凡·佐洛塔连科的2万哥萨克军编入俄军作战。俄军从维雅兹马出发，首先攻克多罗戈布日，继而包围了17世纪初被波军占领的斯摩棱斯克。经两个月的包围，俄军于9月23日攻克这个重要的战略城市。南路俄军从布良斯克出发沿罗斯拉夫里—姆斯季斯拉夫里—奥尔沙—鲍里索夫一线向明斯克推进。8月，在舍佩列维齐附近重创由统帅雅努什·拉吉维尔指挥的波兰—立陶宛军队。这年秋，俄军占领了莫吉廖夫、戈麦利等城市，进抵别列齐纳河。在1654年的战争中，俄军不只收复了俄罗斯西部的失地，而且占领了第聂伯河和西德维纳河之间的白俄罗斯地区和一部分立陶宛地区。

1654年底和1655年初，波兰—鞑靼联军在南线，即乌克兰发动反攻。在乌克兰，俄军只有2万人，先后由安·布土尔林和弗·舍列麦捷夫指挥。由统帅斯·波托茨基和斯·兰茨科龙茨基指挥的波军在波多利亚同伊凡·鲍贡指挥的哥萨克军发生激战。波

军在莫吉廖夫（德涅斯特河）获胜后，进抵布沙，直逼勃拉兹拉夫和乌曼。1月10日，波兰—鞑靼联军包围了乌曼。守卫乌曼的是伊凡·鲍贡。乌曼城有很高的围墙，墙外有深沟。鲍贡命令用水浇围墙，把它变成光滑的冰山，使波军无法攻城。1月22日，波军在奥赫马托夫战役中获胜。勃拉兹拉夫省受到严重破坏。俄罗斯—哥萨克联军朝白教堂方向败退。但是，波军的胜利未能使整个战局转败为胜。

在白俄罗斯—立陶宛战场，俄军在1655年夏进展顺利，连克明斯克（7月3日）和维尔诺（7月31日）以及考那斯和格罗德诺等重要城市。俄军占领维尔诺后，大肆屠杀洗劫，纵火烧城，烈火持续了两个星期。繁荣的立陶宛首都沦为废墟。白俄罗斯和立陶宛大部分土地被俄军占领。

在乌克兰战场，赫麦尔尼茨基积极准备反攻。他力图使克里木鞑靼人脱离同波兰的联盟，为此派使者同克里木汗谈判。谈判没有取得成功，因为克里木汗要求赫麦尔尼茨基中断同俄国的关系。1655年夏，俄罗斯—哥萨克联军在赫麦尔尼茨基指挥下开始反攻，向西乌克兰推进。9月，联

军包围利沃夫，北路俄军占领卢布林，直抵维斯瓦河畔的下卡齐米日和普瓦维。波兰首都华沙受到威胁。

战争进程表明，俄波两国力量已经发生根本变化。波兰已经丧失了 16 世纪和 17 世纪初占有的优势，而俄国则由劣势转为优势，咄咄逼人地向着兼并乌克兰和白俄罗斯的既定目标前进。

正当俄罗斯—可萨克联军伸入波兰本土作战的时候，4 万瑞典军队从波莫瑞和立沃尼亚两个方向发动了对波兰—立陶宛的进攻。瑞典国王查理·古斯塔夫为了夺取波罗的海地区的霸权，使波罗的海成为瑞典的内湖，企图以迅雷不及掩耳的速度灭亡波兰共和国。1655 年 9 月 8 日和 10 月 19 日，瑞军相继攻克华沙和克拉科夫。波兰国王杨·卡齐米日逃往西里西亚。

俄国政府鉴于波兰已经削弱，不再是危险的敌人，而且兼并乌克兰和白俄罗斯的任务已经基本实现，所以决定联合波兰，对付更加凶恶的敌人——瑞典。1656 年 11 月 3 日，俄波两国代表在维尔诺附近的涅米扎签订了停战协定，共同投入对瑞典的战争。俄波战争第一阶段结束。

第二阶段

1657 年 8 月 6 日，鲍·赫麦尔尼茨基病故。贵族出身的伊凡·维霍夫斯基当选为乌克兰哥萨克统领（1657～1659 年）。他奉行亲波兰政策，废弃了佩列雅斯拉夫协定，以图脱离俄国。他的主张引起了哥萨克上层的分裂。站在维霍夫斯基一边的有总法官鲍格丹诺维奇—扎鲁德尼、佩列雅斯拉夫团团长巴维尔·捷捷里亚等。反对维霍夫斯基的有波尔塔瓦团团长马尔丁·普什卡里和扎波罗热哥萨克统领雅科夫·巴拉巴什。1657 年底，他们在扎波罗热和左岸乌克兰南部发动反维霍夫斯基的起义，乌克兰陷入了内战。1658 年夏，起义被镇压。普什卡里在战斗中阵亡。巴拉巴什被俘后被处死。1658 年 6 月，维霍夫斯基派捷捷里亚赴华沙同波兰政府谈判。9 月 16 日，波乌双方代表在加佳奇签订了条约，乌克兰以自治的"罗斯公国"名义加入波兰—立陶宛国家。

加佳奇条约又引起一部分亲俄哥萨克上层和农民群众的反对。在乌克兰再一次爆发了反对维霍夫斯基的起义。起义由农民领袖伊凡·鲍贡和扎波罗热哥萨克统领伊凡·西尔科领导。这时候，土耳其及其藩属克里木汗国虎视眈眈地准备入侵乌克兰。俄国政府眼看到嘴的肥肉有被波兰或土耳其、克里木汗国重新夺走的可能，于是派督军格里戈里·罗莫达诺夫斯基率军入侵乌克兰。俄军及其支持下的哥萨克军向波军和维霍夫斯基的哥萨克军发动了进攻，俄波战争重新爆发。11月，俄国同瑞典在纳尔瓦附近的瓦利耶萨里，签订了停战协定。随后俄军在白俄罗斯和立陶宛向波兰—立陶宛军队，发起了进攻。

1858年底，由古谢夫斯基指挥的波兰—立陶宛军队战败，向涅曼河撤退。在乌克兰，俄军在1659年4月包围了波兰军队一部，但在6月间又被维霍夫斯基的哥萨克军和鞑靼军队打败。维霍夫斯基乘机收复第聂伯左岸乌克兰。8月，俄军主力从基辅出发，大败维霍夫斯基军队。维霍夫斯基逃往波兰。鲍·赫麦尔尼茨基的儿子尤里·赫麦尔尼茨基在佩列雅斯拉夫当选为乌克兰哥萨克统领（1659～1663年）。他恢复了佩列雅斯拉夫协定。但是俄国政府修改了《三月条例》，取消了乌克兰的自治地位。

波兰人民经过五年的浴血抗战，在斯蒂凡·查尔涅茨基统帅的领导下，运用游击战和消耗战的战略战术，终于把瑞典侵略者赶出国土。1660年5月3日，波瑞两国代表在格但斯克附近的奥利瓦签订了和约，恢复了两国原先的边界。奥利瓦和约使波兰得以全力以赴地反击俄军的进攻。

1660年6月25日，波军在统帅斯蒂凡·查尔涅茨基指挥下，在白俄罗斯的波隆卡打败俄军；10月8日，在恰乌瑟再败俄军。俄军被迫退到波洛次克和莫吉廖夫。1661年，波兰国王杨·卡齐米日亲临前线督战。同年12月，波兰—立陶宛军队相继收复维尔诺和格罗德诺。

在乌克兰战场，波兰—鞑靼联军在斯·波托茨基和耶·卢博米尔斯基的指挥下于1660年9月在楚德诺夫包围了由舍列麦捷夫指挥的俄军。11月3日，俄军由于弹尽粮绝被迫投降。波军还迫使尤·赫麦尔尼茨基宣布脱离俄国，效忠波兰国王杨·卡齐米日。这样，波军控制了右岸乌克兰。波军企图夺取由俄军坚守的基辅，但始终未能成功。第聂伯河左岸的哥萨克不承认尤·赫麦尔尼茨基为统领，选举伊凡·勃柳霍维茨基为新的哥萨克统领。尤·赫麦尔尼茨基反复无常，时而亲俄，时而亲波，不久丧失了波兰的信任。1663年初，第聂伯河右岸乌克兰的哥萨克选举巴维尔·捷捷里亚为新的统领。乌克兰由此分为两个部分。

1663年底和1664年初，波兰军队和捷捷里亚统率的哥萨克军在鞑靼军队的支援下，向左岸乌克兰进军。波兰国王杨·卡齐米日亲临乌克兰前线。俄波战争第二阶段进入最激烈的状态。1663年11月，波军绕过俄军坚守的基辅、佩列雅斯拉夫和涅任等城市向东推进。次年1月和2月，波兰—哥萨克联军同罗莫达诺夫斯基和勃柳霍维茨基指挥的俄罗斯—哥萨克联军先后在格卢霍夫和北诺矢哥罗德展开激战。波军战败，退回右岸。伊凡·鲍贡在战斗中阵亡。

1664～1665年，在右岸乌克兰爆发了一部分哥萨克和农民反对波兰和捷捷里亚的起义。捷捷里亚逃往波兰。彼得·多罗申科当选为右岸乌克兰的统领（1665～1676）。他继续效忠波兰国王并寻求土耳其和克里木汗国的保护。

安德鲁索沃停战协定

长期的战争耗尽了波兰的国库。波兰已无力恢复对全部乌克兰的统治。土耳其苏丹利用波俄两败俱伤的机会，准备从南部入侵，妄图鲸吞乌克兰。在这种形势下，俄波两国从1664年起开始停战谈判。俄方代表是大贵族阿塔纳西·奥丁·纳什绍金，波方代表是克日斯托夫·帕茨。1667年1月30日，俄波双方代表在斯摩棱斯克附近的安德鲁索沃村签订了停战协定。有效期13.5年，以便为签订"永久和约"作准备。停战协定规定：第聂伯河西岸乌克兰和包括波洛次克、维帖布斯克、德文斯克在内的白俄罗斯仍然归属波兰；第聂伯河东岸乌克兰和白俄罗斯的一部分以及斯摩棱斯克省、契尔尼哥夫—谢维尔斯克省归属俄国；基辅由俄国占领两年，实际上为永远占有。双方还确定，扎波罗热谢契由两国共管，但实际上也为俄国永远占有。两国还就共同对付土耳其和克里木汗国的侵略达成了专门协定。1686年，俄波两国在安德鲁索沃停战协定的基础上签订了"永久和约"。

俄波战争第二阶段和整个俄波战争至1667年结束。

北方战争

北方战争是俄国为争夺波罗的海出海口同瑞典进行的战争。这场战争从 1700 年开始，到 1721 年以俄国取胜结束。

北方战争的三个主要阶段：

从 1700 年 2 月到 1700 年 11 月，是北方战争的初期阶段，俄军在这一阶段惨遭失败。

北方同盟的俄、波、丹三国仅仅是互相利用，各有自己的打算。因此，在战略部署上，兵力分散，不能采取一致行动。1700 年 2 月，奥古斯特二世首先率领萨克逊军队偷袭里回，没有成功。同年 3 月，丹麦出兵进攻霍尔施坦，占领了一些要塞。随即，瑞典舰队炮轰丹麦首都哥本哈根。8 月，瑞典国王查理十二世率军 1.5

俄帝国的领土

万余名在丹麦的西兰岛登陆，包围哥本哈根。丹麦军队被迫投降，同瑞典签订了特拉文达利斯克和约，废除俄丹同盟，退出战争。

1700 年 9 月 16 日至 11 月 9 日，3.4 万名俄军包围了瑞典要塞纳尔瓦。瑞典驻军只有 8000 人。俄军数量虽多，但缺乏训练，武器质量低劣，辎重行进缓慢，弹药粮食供应不足，军官指挥不力。纳尔瓦迟迟不能攻克。

11 月 30 日，查理十二率 2.3 万名援军抵达纳尔瓦地区。瑞军在炮兵攻击的配合下，突破俄军防线。俄国贵族骑兵望风而逃，士兵溃不成军。彼得一世聘用的奥地利军官柯洛阿向瑞军投降。纳尔瓦一战，俄军损失 7000 多人和 145 门大炮。瑞军损失约 3000 人。

在胜利面前，查理十二错误地估计了形势。他认为，俄军已被彻底打败，于是，便调兵南下，进军波兰。然而，彼得一世认为，战争并没有结束，仅仅是开始。

彼得一世为了夺取战争的胜利，进行了军事、工业等各方面的改革。他为了铸造武器，发展军火工业，大力开发乌拉尔矿区，发展冶金工业，改变了生铁需从国外进口的局面。同时，还在莫斯科和其他地区开办各种类型的手工工场，生产军需品。1702 年，彼得一世开始建立造船厂，筹建波罗的海舰队。经过一年准备，俄军补充了 300 多门大炮，10 个龙骑兵团。在外交上，彼得一世千方百计地拉拢波兰奥古斯特二世，巩固俄、波同盟，避免孤军作战。1701 年 2 月，双方在库尔兰比尔伊镇会晤。彼得一世答应奥古斯特二世派 1.5 万~2 万名俄军到波兰境内作战；在三年内，每年给波兰 10 万卢布的贷款。双方划分了势力范围，商定战争胜利后，波兰占领利夫兰和爱斯特兰，俄国占领因格里亚和卡累利阿。

1701~1703 年，俄军向波罗的海东岸大举进攻，先后侵入利夫兰，攻占诺特堡、尼恩尚茨堡、亚马、科波利亚和马连堡。1703 年 5 月 10 日，彼得一世下令在涅瓦河口建立彼得——保罗要塞，奠定了彼得堡的基础，1704 年，俄军占领了纳尔瓦、伊凡哥罗得和捷尔普特。

1705 年，瑞军占领华沙和克拉科夫。在查理十二的压力下，波兰国会废黜亲俄的奥古斯特二世；另立亲瑞典的斯坦尼斯拉夫·列申斯基为波兰国王。但是，仍有一派贵族支持奥古斯特二世。俄国为了支持奥古斯特二世，决定派俄军进入波兰。同年 6 月，彼得一世率俄军占领波兰的波罗茨克和库尔兰。不久，俄将缅什科夫公爵等又率俄军进攻格罗的诺。1705 年底至 1706 年初，查理十二率瑞军包围了俄军。这时，已被废黜但仍有一定势力的奥古斯特二世同瑞典进行秘密谈判，决定放弃王位，退出反瑞同盟。至此，北方同盟正式瓦解。彼得知这一消息后，立即命令俄军从波兰撤回。

1707 年夏，查理十二率重兵远征俄国。1708 年春，瑞典主力部队进入当时波兰所属白俄罗斯境内，占领明斯克和莫吉廖夫。瑞军准备在这里同从里加出发的列文豪普特辎重部队会合，进军斯摩棱斯克和莫斯科。8 月 5 日，查理十二不等列文豪普特部队到来，便离开莫吉廖夫，渡过第聂伯河，直逼莫斯科西南重镇斯摩棱斯克。彼得一世根据谢列麦捷元帅的建议，采取了诱敌深入的策略，命令俄军向斯摩棱斯克方向撤退。当瑞军开到俄国边境线上的斯塔利什村时，查理十二才发现，眼前是一片焦土。村庄全被烧光了。瑞军濒临弹尽粮绝的境地，在这种形势下，查理十二被迫放弃进攻斯摩棱斯克和莫斯科的计划，率领军队返回乌克兰。

彼得一世决定截击列文豪普特辎重部队，1708年9月28日，俄军在白俄罗斯列斯纳亚村与列文豪普特辎重部队相遇。经过激战，俄军伤亡4000余人。瑞军伤亡8000余人，火炮和8000余车辎重全部被俄军缴获。列斯纳亚村战役为俄军夺取波尔塔瓦战役的胜利扫清了道路。

1709年4月25日，瑞典军队开始包围波尔塔瓦。战前，双方对这次战役都做了详尽的部署。彼得一世为置查理十二于孤立无援的境地，不惜重金收买波兰亲俄派阿达姆·谢尼西夫斯基支持俄国，又派戈利茨率领俄国围剿在波兰的克拉萨乌率领的瑞典军队，使查理十二得不到波王列申斯基的援助。与此同时，彼得还派出亚速海舰队，用武力威胁土耳其保持中立，防止土耳其出兵帮助瑞典。这次战役，俄国投入正规军4.2万人和72门大炮。彼得一世还在山峦起伏、森林茂密的地区构筑了6个多面堡。瑞军投入正规军3万人和4门大炮。

1709年6月27日凌晨2时，瑞军开始向俄军阵地发起进攻。

波尔塔瓦战役正式开始。

瑞典步兵分四路纵队，随后是六路骑兵，向俄军阵地猛扑过来。在缅什科夫率领的俄国骑兵攻击下，瑞典骑兵节节败退，步兵陷入了俄国多面堡的交叉火力之中。当天上午10点，双方进行了一场激烈的白刃战。瑞军企图正面突破，把俄军的左右两翼切断。彼得一世率领诺夫哥罗得军团猛烈还击。瑞军溃不成军。一颗炮弹打在受伤国王查理十二的担架上，国王从担架上掉下来，昏了过去。上午11点战斗结束，俄军获得全胜。俄军伤亡4600人，而瑞军有9234名官兵被打死，2874人被俘。俄军占领了查理十二的指挥部，缴获了200万萨克逊金币。

6月29日，撤离波尔塔瓦的瑞军开往第聂伯河彼列沃洛奇纳城。6月30日，缅什科夫率领9000人追赶逃跑的瑞军。瑞军疲惫不堪，陷入绝境。列文豪普特和克列伊茨特将军率1.5万余向俄军投降。查理十二和马泽普带领少数随从渡河逃往土耳其。波尔塔瓦战役是北方战争的转折点，它结束了瑞军的优势。

波尔塔瓦战役胜利后，丹麦向瑞典宣战，奥古斯特二世在俄国的支持下，又被拥为波兰国王，重新恢复了俄、波、丹同盟。不久，普鲁士也加入了这一同盟。

1710年，俄军先后占领里加、彼尔诺夫、埃兹耶利岛、列维里（塔林）、维堡和凯克斯果尔姆，进一步巩固和扩大了在波罗的海沿岸所占领的地区。这引起了英、法、荷等国的不安。查理十二也不甘心自己的失败，竭力鼓动土耳其反对俄国。1710年11月，土耳其在查理十二的怂恿和英、法的支持下，向俄国宣战。彼得一世不顾长期战争的消耗，开辟第二战场。1711年春，俄军开始进行普鲁特远征。双方在摩尔多瓦首府雅西附近的普鲁特河畔相遇。7月9日，土耳其军队向俄军阵地发起猛烈进攻。俄军几乎全军覆没。彼得一世为巩固已占领的波罗的海沿岸地区，迅速派副外交大臣沙菲洛夫去土耳其谈判求和。7月12日，双方签订普鲁特和约，规定俄国把亚速及其附近地区归还土耳其，拆除塔干洛格和第聂伯河上的要塞，让查理十二安全通过俄国回国。

俄土普鲁特和约签订后，俄军把主攻文向集中到了芬兰，企图逐步把战场推进到瑞典本土上去。在1712～1714年期间，俄军先后占领赫尔辛福斯（今赫尔辛基）、亚波、瓦扎和涅伊什洛特城堡，还占领了芬兰南部和波的尼亚湾的重要据点，夺得进攻瑞典的重要基地。瑞典军队被迫撤出芬兰。

1714年夏，俄国舰队由彼得堡驰向亚波，增援在芬兰湾沿岸的俄国地面部队。行至芬兰汉果乌得半岛东海岸，与瓦特兰格率领的瑞典舰队遭遇，开始了汉果乌得战役。在这次战役中，彼得一世利用瓦特兰格兵力分散的错误，充分发挥俄国帆桨快艇的优势，依靠划桨迅速接近瑞典舰队。瑞典大型舰队因无风而丧失了机动能力，遭到惨败。俄军在汉果乌得战役的胜利为其占领芬兰创造了有利条件。

汉果乌得战役后，彼得一世极力破坏法瑞同盟，以进一步置瑞典于困境。1717年8月，俄、法、普三国签订阿斯特丹条约，规定法国不再向瑞典提供军事和其他物资援助。这项条约使瑞典失去了同盟国法国。军事上的失利和外交上的孤立使瑞典被迫同意与俄国谈判。1718年5月，俄、瑞双方在阿兰群岛开始和谈，拟定了和约草案。同年年底，查理十二在挪威的腓特烈汉姆包围战

世界通史

最新整理图文珍藏版

中被人杀死，由他的妹妹耳里卡·埃累沃诺腊继承王位。新女王在英国的支持下拒绝和谈，俄瑞谈判中断。

俄国在波罗的海不断扩张势力，引起英国极大的不安。它希望波罗的海沿岸各国保持势力均衡，维护自己在波罗的海沿岸各国最高仲裁者的地位。1719 年 8 月和 1720 年 2 月，英国和瑞典签订条约，规定英国对瑞典进行经济和军事援助，帮助瑞典夺回被俄国占领的领土。1719～1721 年，英国分舰队由海军上将诺利斯率领，每年都到波罗的海向俄国施加压力。但由于商业上的利益，英国并没有采取坚决果断的措施，阻止俄国在波罗的海的扩张，也没有采取任何实际有效的军事行动帮助瑞典。俄国看出英国只是虚张声势，便得寸进尺，步步紧逼。1720 年 7 月，5000 名俄军在驻有英国分舰队的格林汗登陆，摧毁了瑞典沿岸设施。7 月 27 日，俄国舰队在克琅加姆岛又取得了一次重大胜利。缴获瑞军 4 艘三桅巡洋舰、104 门大炮，俘虏 407 名官兵。与此同时，俄国展开外交攻势，公开邀请瑞典王位最强有力的竞争者霍尔施坦公爵到彼得堡访问，答应把彼得一

世的妹妹嫁给他，以此影响瑞典的对俄政策。瑞典政府深感继续同英国"合作"，只能是拖延战争和丧失领土。而俄国的两个盟国——丹麦和波兰已先后同瑞典签订了和约，退出战争。这种国际形势，加上连年战争使俄瑞两国都筋疲力尽，于是两国重新恢复了几度中断的谈判。

尼斯塔德和约

1721 年 4 月至 8 月，俄瑞双方在芬兰尼斯塔德城举行和谈。和谈一开始，俄国就向瑞典施加军事压力，以迫使瑞典屈服，满足自己的领土要求。这年夏天，5000 名俄军在瑞典沿海登陆，摧毁工厂 13 座，缴获小船 40 只和大量军用物资，造成直逼斯德哥尔摩的态势。8 月 30 日，俄瑞两国签订尼斯塔德和约，宣告持续 21 年之久的北方战争结束。和约满足了俄国的领土要求：利夫兰、爱斯特兰、因格里亚、部分卡累利阿连同维堡区都划归俄国。和约规定，俄国在条约换文四周之内尽量提前从芬兰撤军，将芬兰归还给瑞典；"沙皇陛下及其后嗣对于所归还的芬兰大公国领土永远不再有任何权利，也不得以任何名义或借口提出任何要求"。俄国把芬兰归还瑞典的这项规定

最新整理图文珍藏版

完全是一纸空文。1809 年 9 月，涉皇政府撕毁条约，占领了芬兰的全部领土。

和约规定，保障利夫兰、爱斯特兰和厄塞尔岛上全体居民在瑞典统治时享有的各种特权、习俗和权利。在划归俄国土地内，对宗教信仰不作任何强制……但今后信仰东正教有同样的自由，不受任何干涉。事实上，沙皇政府为了对兼并的新地区加强统治，强制人们信奉东正教。此外，在和约中还规定，双方互换战俘，两国商人自由贸易等等。

尼斯塔德和约使俄国得以确保自由出入波罗的海，由一个内陆国家扩张成为一个濒临海洋的欧洲强国。巩固了俄国在波罗的海沿岸所占领的阵地。1721 年 10 月 22 日，参政院为表彰彼得在对外扩张中的所谓"赫赫战功"，尊奉彼得一世为皇帝，授予他"全俄罗斯大帝"和"祖国之父"的称号。从此，沙皇俄国正式改称为俄罗斯帝国。

北方战争的胜利是彼得一世对内剥削人民，对外武装侵略得来的。彼得一世曾说，"金钱是战争的动脉"。北方战争的全部重担都落在人民的肩上，在战争期间，各种苛捐杂税和人头税增加将近四倍。数以万计的青年农奴被征入伍，死于战场。战争期间，人民起义此伏彼起。仅在 1705～1708 年的三年间，就连续爆发了阿斯特拉罕、布拉文和巴什基尔人（巴什基里亚人）起义。

马克思在评价彼得一世发动北方战争时深刻指出："持续 21 年之久的对瑞典战争，几乎占据了彼得大帝的全部军事生涯。无论是从这次战争的目的、结局，还是从它的持续时间来考虑，我们都可以公正地把它称为'彼得大帝的战争'。他的全部事业都以征服波罗的海沿岸为转移。"彼得在北方战争中的胜利，使俄国跨进欧洲大国的行列。从此以后，沙皇俄国凭借其大国地位，不断地干预欧洲事务，进一步向外扩张。

黎塞留

焕然一新的法国

稳定国内局势、使社会发展纳入正轨后，亨利四世在法国政治、经济体制上倾注了精力。由于财政体制得当，法国国家财政在 1601 年做到了收支平衡，不仅偿清了因战争欠下的巨额债款，还使资金有了盈余。

"农耕和畜牧是滋养法兰西的双乳，是真正的宝藏。"法国的财政总监这样对亨利四世说。为了发展农业，提高农民的积极性，亨利四世下令降低人头税，豁免农民积欠的税款。禁止逼迫农民用牲畜和农具抵债的政策出台后，生产可持续发展有了保证。为了提高土地的收益，亨利四世还引进桑树，推广玉米和甜菜种植，并从荷兰请来水利专家为农民服务。

大力发展农业生产的同时，亨利四世没有忽视工商业。他设立"贸易委员会"，大力扶持手工工场，鼓励革新和发明。为了

亨利四世骑马像

保护本国的工商业利益，他还设立了关税壁垒，限制进口外国商品，同时发放手工工场津贴以保护民族工业。以丝织品为例，法国过去必须从意大利进口丝织品，亨利四世为了发展民族工业，鼓励种桑养蚕，并禁止蚕丝等原料出口，同时废除国内关卡以加强国内各地区的贸易往来，终于扶植了一批生产丝织品的民族工业，最后导致意大利丝织业濒于破产。

在基础设施建设上，亨利四世也是不遗余力。他成立了一个专门机构，负责河道疏通及公路、桥梁建设等。仅在巴黎一座城市，亨利四世就兴建了蓬纳夫大桥、圣·路易医院、罗瓦亚勒广场、圣日耳曼—昂莱官、拉弗莱什军事学校，使巴黎的面貌焕然一新。在亨利实施了一系列政策后，经受战争创伤的法国仅用十年时间就发展成了欧洲的经济强国。

贵族出身的红衣主教

1610 年 5 月 4 日，亨利四世遇刺身亡，年仅九岁的太子路易十三即位，暂由母后玛丽·美第奇摄政，但实际的权力却掌握在玛丽的宠臣意大利人康锡尼手中。康锡尼只知贪图享乐，不顾百姓死活，以至于国库枯竭，民怨沸

玛丽皇后在马赛港登陆布面油画

腾。天主教和胡格诺教派开始向王权发难，有势力的大贵族也趁机兴风作浪，国外敌对势力更是加紧了颠覆活动。法国内外交困的局面持续了很长时间，直到黎塞留执政后才得到改观。

黎塞留1585年9月9日出生于巴黎，他的父亲是波亚都的一个贵族，受信于亨利三世和亨利四世。黎塞留早年在军事学校学习军事，后在加尔维学院学习神学。1606年，才华出众的黎塞留被亨利四世任命为吕宋主教，后作为僧侣界的代表参加了1614年举行的三级会议。三级会议成了他官宦生涯的起点。

黎塞留在三级会议中表现出了对王权的支持，使他得到玛丽·美第奇的信任而留在巴黎。1616年，以善于和政府反对者谈判闻名的黎塞留被任命为国王的国务秘书。但黎塞留并不赞同政府制定的谈判政策，他认为应动用军队严厉打击反对派，而不是用土地财物换取和平。如果对反对贵族实行温和的政策，短暂的和解只会刺激他们更大的贪欲。在外交方面，黎塞留同样表现出了强硬的态度，他反对法国向西班牙屈服的政策，认为那样只会换来更大的欺凌。黎塞留的一系列主张让人看到了法国的希望，但路易十三的行动又让局势变得扑朔迷离。

1617年4月，路易十三在吕

黎塞留

世界通史

最新整理图文珍藏版

伊纳公爵的支持下发动政变，康锡尼被杀，玛丽·美第奇被放逐到布洛瓦，深得玛丽信任的黎塞留也被放逐到阿维农。在放逐期间，黎塞留写成了《保卫天主教信仰的主要原理》一书，他因此被教皇格里高利十五于1622年9月5日擢升为红衣主教。

铲除胡格诺教派

玛丽太后被放逐到布洛瓦后立即设法逃走，但其计划被路易十三掌握。路易十三不愿母亲逃走，也不愿采取过激手段，于是在1619年召回黎塞留，让他劝说玛丽太后。经黎塞留的劝解，玛丽同意移居昂热，并让黎塞留担任她的首席顾问。这年9月，路

路易十三

易十三与玛丽太后和解，黎塞留发挥了重要作用，因而又取得了路易十三的信任。

1624年，黎塞留进入路易十三的内阁，并于8月直接担任首相一职。黎塞留对于路易十三的重用感恩有加，在其著作《政治遗嘱》中声称："我的第一个目的是使国王崇高，我的第二个目的是使王国荣耀。"黎塞留提出了摧毁胡格诺教派和贵族反对势力以加强专制王权的对内政策，以及提高法国国际地位的对外政策。

在对内政策方面，黎塞留是坚持主张打击贵族敌对势力的，并决心彻底消灭胡格诺教派和叛乱贵族。早在1620年反动贵族准备联络胡格诺教派发动叛乱时，黎塞留就公开支持路易十三采取武装镇压政策。路易十三最后出兵镇压，于1621年4月西征，攻占了罗亚尔河两岸的许多胡格诺派城堡，给胡格诺派以沉重打击。1622年10月，路易十三与胡格诺派达成和议，胡格诺派信仰自由，但不得举行全国性的教徒会议。除拉·罗舍尔和蒙托邦两城之外，胡格诺派占据的其他城堡均收归中央。此战使胡格诺派元气大伤，短期内难以形成威胁。

但这并没有达到黎塞留的目

的，他要彻底消灭胡格诺派。1628年，胡格诺派的拉·罗舍尔城堡被政府军攻占。1629年8月29日，黎塞留攻占胡格诺派最后一个据点蒙托邦。虽然胡格诺教徒仍享有宗教信仰自由的权利，但一部分人纷纷改宗天主教，胡格诺派已名存实亡。

黎塞留的目标

瓦解胡格诺教派后，黎塞留专心对付贵族反动力量。1626年，国王兄弟奥尔良公爵加斯东的叛乱阴谋被揭穿。为了防止叛乱，新的法规于12月出台：没有政府法令，任何人不得筹集军火或向人民征税；只要拿起武器反抗就被剥夺一切职务，法国公民不得与外国使节往来，即使教皇的使

黎塞留的一组画像

节也不例外。

1630年，玛丽·美第奇因反对黎塞留被流放到康边。1631年，玛丽·美第奇逃到尼德兰，鼓动奥尔良公爵加斯东回国推翻黎塞留。1632年，反对黎塞留的势力被粉碎，许多贵族被牵连，法国各地的封建割据势力被大大削弱。

虽然黎塞留处理贵族叛乱时毫不留情，但他仍把贵族阶级看作专制王权的支柱。同时他还十分信赖资产阶级，支持法国商人组织贸易公司在海外与荷兰竞争，并运用外交手段为法国商人在土耳其、伊朗、俄国等地谋求利益。

黎塞留为了实现第一个目标"使国王崇高"，即加强王权，向每个省派遣一名钦差大臣以监督各地官员。这些钦差大臣只受中央节制，只对中央国务会议负责。

玛丽·美第奇

这个职位随时由中央任免，并不得世袭或买卖。

为了实现第二个目标"使王国荣耀"，即提高法国的国际地位，黎塞留对各国的新教采取了宽容态度，并不把各国新教看作主要敌人。虽然他本人是天主教的高级僧侣，但他却把信奉天主教的哈布斯堡王室列为了头号敌人，因为他们一直试图颠覆法国的政权。

法国的崛起

哈布斯堡王室势力十分强大，神圣罗马皇帝、西班牙国王都属于这个王室。17世纪初，神圣罗马皇帝在西班牙国王和教皇的支持下，发动了消灭新教诸侯的战争。黎塞留不愿坐视哈布斯堡王室一天天强大，就采取了各种方法以阻击其发展的势头。

在神圣罗马皇帝联合天主教诸侯发动消灭新教诸侯、统一德国的战争时，法国国内的局势还不稳定，内战频繁，中央政府疲于应付。于是，黎塞留决定展开外交攻势，以阻遏德国的统一进程。1625年，法国劝说丹麦、荷兰和英国结成反德同盟，并资助丹麦出兵德国，以增强新教诸侯反抗神圣罗马皇帝的力量。但丹麦于1626年战败，1629年退出了

战争，黎塞留只得另寻对付神圣罗马皇帝的势力。

1629年9月，黎塞留调停打得热火朝天的瑞典和波兰两国，并鼓动瑞典出兵扫除势力已经扩大到波罗的海的神圣罗马皇帝。1631年1月13日，黎塞留与瑞典签订巴瓦尔德条约，法国以每年100万里佛尔的资助换取了瑞典出兵德国。

1632年11月，瑞典军队与哈布斯堡王室的军队在吕岑展开激战。虽然瑞典军队取得小胜，但他们的国王阿道夫战死。哈布斯堡王室趁瑞典军队群龙无首时展开反击，于1634年在内德林根击溃瑞典军队。国内混乱的局势及战场上的失利，使瑞典萌生了退出战场的想法。黎塞留看到瑞典无法阻挡哈布斯堡王室称霸欧洲，于1635年4月与瑞典首相奥克森斯廷纳签订康边条约，要求双方

哈布斯堡宫廷

不得单独与敌人媾和，并于 5 月向西班牙宣战。

法军的参战使哈布斯堡王室遭到了重创。西班牙的鲁西荣、卡塔罗尼亚和意大利的都灵相继被法军攻战，荷兰海军也趁机歼灭了西班牙舰队，喘过气来的瑞典也连连取得大捷，哈布斯堡王室在黎塞留的全力打击下走向了衰落，而法国则在黎塞留的掌舵下迅速崛起。

英国议会制度

英国议会制度的演变

议会和国王的抗衡，在英国历史上绝不是一次两次。查理一世即位后，企图通过无议会制度加大手中的权力，此举招致了议会的强烈反抗，对峙最终导致了内战，在这场战役中议会大获全胜，查理一世则被送上了断头台。

随后保障议会权威的《权利法案》出台，限制了国王的权限。威廉三世当政后，为减少这种摩擦的产生，规定枢密院大臣必须由议会的多数党领袖担任。这项规定方便了国王和大臣之间的议事。他常把枢密院几个重量级的大臣召来议事，渐渐地内阁就形成了。内阁成员享有很高的议政权，国王不得否决内阁大臣的提议，这就意味着立法权已经被控制在了议会的手中。

等到乔治一世即位，情况又有了一些变化。这位公子哥从小生长在德国，并非土生土长的英国人，因而对英语一窍不通。他干脆就不再出席和主持内阁会议。内阁会议缺少主持人，不得不选出了一位内阁大臣来主持，这位大臣便是后来首相的雏形。罗伯特·沃尔波当时在内阁中声望颇高，众人便推举他主持内阁的工作。

1742 年，沃尔波领导的内阁失去了议会的信任，这时他不得不解散内阁，提出辞职。他的这

小威廉·皮特肖像

种做法，在以后成为了惯例。到了1783年首相小威廉·皮特组建内阁时，这种惯例又得到了新的补充。当小威廉·皮特开始组阁时，提交的内阁人员名单遭到了议会多数党的反对，他的做法不是辞去首相职位，而是解散议会，

罗伯特肖像

宣布重新进行选举。结果新选出的议会支持了皮特。

就这样，英国议会经过将近一个世纪的演变，到18世纪末，议会制度逐渐成熟和完善起来。

议会制度的本质

英国的议会分上、下两院，上院为贵族院，下院为平民院。贵族院议员由直接从国王那里领有土地的贵族担任，而平民院议员则由自由土地占有者投票选举产生。所谓议会的选举，就是下院的议员选举。

在相当长的一个时期，英国议会的选举制度一直沿袭着传统的选区划分不变。即每个选区都规定一定的议员席位，即使这个选区从繁华的城镇变成为荒无人烟的不毛之地，或从荒村变成了高楼林立的大都市，议员的席位也仍保持一成不变。

博塞尼原本是一处比较繁华的城镇，后来变成了只有三家农舍的小村子，但是这里的人却可以非常骄傲地在议会中拥有两个席位。还有老萨勒姆，也同博塞尼情况相似，但这小村子却有两个人在议会当议员。

这看似荒唐的选区划分，并非是议员们的懒惰和白痴，他们正是靠着这种方式来维持自己在

议会中的地位。因为在穷乡僻壤之地，有钱的贵族或大地主可以毫不费力垄断这里的选举。在一些新兴的工业城市，如曼彻斯特、伯明翰等地，尽管高楼林立，人满为患，在下院没有一个席位。

英国议会队列

议会对选民也有着很大的限制。在城市里选民只限于大商人之间，而在农村，选民则只有大地主或庄园主。被选举权则有更高的条件，规定各郡的被选举人

拿破仑的雄姿

年收入必须在 600 英镑以上，城市里的被选举人则要求年收入在 300 英镑以上。这项规定直接的结果就是导致了选举的贿赂成风，间接结果就是导致了贪污腐败。郡议员选举要贿赂选民，内阁保持地位要贿赂议员，而内阁大臣的行贿的钱从哪里来，只能靠贪污，靠加紧推行圈地运动，靠国债制度，如此就陷入了一个恶性循环的怪圈。

法兰西第一帝国

概况

1769 年，地中海上的第四大岛——科西嘉岛最终划入了法国版图。就在这一年，一个将在法国和欧洲政治舞台上叱咤风云的重要人物诞生于该岛。他就是大名鼎鼎的拿破仑·波拿巴。

1796 年 8 月 15 日，拿破仑·波拿巴生于科西嘉岛阿雅克修城的一个贵族家庭。他的父亲是一位律师，曾热衷于政治，并参加过法国的政党。

拿破仑首先是作为一个军人走上历史舞台的。在 15 岁时，为了让他长大以后适应法国各种环境，多了解法国的历史发展、文

化背景和现实社会，父母将拿破仑送入了巴黎陆军学校学习数学、军事和历史。或许对法语的特别陌生，或者兴趣全无，拿破仑的法语学得非常糟糕。以至于后来当了法兰西第一共和国的皇帝时，他的法语竟然说得很不流利！

拿破仑的帝国疆界（1812年）

此后，拿破仑进入炮兵军队服役，此时他一面研究作战方法，一面攻读卢梭、伏尔泰等启蒙思想家的作品，尤其是卢梭的作品，对他影响更大。应该说，就在此时，拿破仑接受了反对王权，建立资产阶级政权的民主思想。因此，拿破仑认为，要彻底打败、清除封建统治，建立一个自由、平等、和谐、幸福的人类新社会。这种叛逆思想，成了拿破仑奋斗、追求的指导原则，也成了他为之不懈努力的远大理想。

从巴黎陆军学校毕业后，拿破仑当上了一名少尉军官。1789年法国大革命发生以后，拿破仑坚定地站在革命营垒之中，对革命予以最大限度的支持。尤其是在革命遭受挫折时，不少贵族出身的军官纷纷叛离革命，逃到国外去过安逸自在的生活。在这时候，拿破仑却仍然留在革命营垒中毫不动摇，他对叛变革命的贵族军官们非常气愤。很快，拿破仑在粉碎保王党叛乱、击溃国际反法联盟的战斗中表现出色，从少尉直接提升为准将。

1795年，国民议会受到保王党人的包围。拿破仑被重用，任命为法国"内防军"司令。这年10月，拿破仑指挥6000名士兵，去对付将近三万人的保王党部队。这种情况对于年轻气盛的拿破仑来说，一点也不感到害怕，他反而认为，这是施展自己的抱负、表现自己才能的好机会。他认为，如果自己是3万兵力，而敌人只有6000人，那么，打胜了也不光荣。拿破仑率军英勇出击，在不到一天的时间内，就成功地镇压了全部敌人。拿破仑以少胜多，又取得了一个重大胜利。

1797年，拿破仑被任命为法国"意大利方面军"总司令，远征意大利以扩大革命成果，打击封建势力。1798 年，拿破仑率军前往埃及。但是在英国的支持下，受到入侵的埃及、叙利亚对法国军队给予了有力打击，最终导致拿破仑进退两难，难以立即做出决断。正当拿破仑陷入困境时，俄国军队在沙皇本人的带领下，组织欧洲其他反法各国，结成第二次反法同盟，向法国发起进攻，试图把法国革命彻底消灭。另外，法国国内保王党人此时也蠢蠢欲动，企图从内部推翻资产阶级统治。

但是此时法国热月党人建立的督政府已经无力应付内外局面。于是，1799 年 10 月，拿破仑抛下法国远征军，只率领少数随行人

拿破仑被新政府关押

员，偷偷地离开埃及，急匆匆星夜赶回巴黎。资产阶级如获"救星"，倍加欢迎。此后，拿破仑在大资产阶级的支持下，策划亲自执掌法国军政大权。

11 月 9 日，拿破仑开始行动。他的心腹西哀士布置在元老院的同谋者借口"共和国在危机中"，让元老院通过法令任命拿破仑为巴黎卫戍司令，接着，拿破仑被召到元老院宣誓效忠宪法。然后，拿破仑派军队控制了督政府，并接管了革命政府的一切事务。这一天是法国共和历的雾月十八日，所以历史上称拿破仑在这天发动的政变为"雾月十八日政变"。

第二天，拿破仑突然带兵出现在元老们正在开会的圣克鲁离

荣军院圆顶楼

世界通史

最新整理图文珍藏版

宫阿波罗厅。他大声责问元老们："我为你们缔造了一个光辉灿烂的法国，而你们把法国搞成什么样子？我为你们创立了和平局面，而我回来看到的是战争。我从意大利运来了百万黄金，而我回来看到的却是贫困。我为你们取得了胜利，但我回来看到的却是失败！"

此后，拿破仑把法国议会（元老院和500人院）全部解散，夺取了议会大权，并宣布成立执政府，自己出任临时三执政人之一。不久，拿破仑就被推选为第一执政。雾月政变后，法国开始了拿破仑的个人军事独裁统治。

1804年12月2日，拿破仑在巴黎圣母院大教堂加冕称拿破仑一世，建立了拿破仑帝国，这就是法兰西第一帝国。

拿破仑称帝之后，采取各种

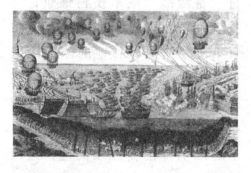

1803年法国入侵英格兰的设想，用不同的方式攻击英国鼓舞法国人的士气，而达到震慑英国的目的，这是一幅版画作品。

措施强化了中央集权统治，建立起了具有高度行政效能的国家机器。他把法国划分为88个省，省长由他直接任命，取消了大革命以来实行的地方自治；改组法院，取消陪审制度；建立了一支效忠于自己的近卫军和庞大的警察部队；实施严格的书刊检查制度，剥夺人民言论、集会和出版自由；在经济方面，拿破仑大力发展并保护工商业，取消强制公债，设立中央财政机构、创办"法兰西银行"，成立"民族工业奖励委员会"以领导和监督工商业的发展。

此外，拿破仑先后于1804年~1810年颁布了《法国民法典》、《民事诉讼法典》、《商业法典》、《刑事诉讼法典》、《刑法典》等五部法典，期望用法律的形式肯定法国大革命的成果，维护资产阶级社会经济秩序。

在这五部法典中，拿破仑最引以为豪的是《法国民法典》，他这样评价这部自己亲自主持编制的法典："我一生的真正光荣不在于打了40个胜仗，而是那不能被遗忘的、将万古长存的我的民法。"《法国民法典》后来改名为《拿破仑法典》，但在拿破仑下台后又恢复原名。

《法国民法典》是一部典型的

资产阶级法典，它包括 35 章，总计 2281 条，其核心思想是资本主义私有财产不可侵犯。《法典》首先确定了资产阶级所有权的原则，进一步固定了小农土地所有制，保障它不受封建复辟势力的侵犯；其次，《法典》确认了资本主义契约自由的原则，维护并保证资产阶级的自由买卖、等价交换和雇佣关系；第三，《法典》确认了资产阶级自由、平等的原则。

应该说，《拿破仑法典》是资产阶级国家最早的一部民法典，因此理所当然成为近代西方各国资产阶级法典的范本。正因为如此，在拿破仑帝国毁灭之后，该《法典》并没有被取消，其影响力也丝毫没有消除，而后经过一些修改，在法国长期施行直到现在。

对外战争是拿破仑政治生涯中的重要组成部分，法兰西第一帝国的历史始终和对外战争联系在一起。作为军人，拿破仑一直主张对外扩张，并与英国、俄国争霸。从 1799 年到 1815 年，拿破仑帝国经历了五次和反法同盟的战争。期间，拿破仑经历了无数次各种规模的战争。最终，拿破仑帝国达到了鼎盛时期，但是战争又最终导致了拿破仑帝国的灭亡。在拿破仑征战的过程中，最为关键的战争是奥斯特里茨之战。

拿破仑登位后，积极加强登陆英国本土的战备活动。惊慌失措的英国联络奥地利、俄国组成了第三次反法同盟。奥俄在东线向法国发起强大的攻势。面对这一形势，拿破仑放弃了登陆英国本土的计划，立即挥师东进，在乌尔姆要塞围歼了奥军主力。

1805 年 12 月，著名的"三皇大会战"拉开了帷幕，这就是著名的奥斯特里茨大战。在这场大会战中，拿破仑充分显示了自己杰出的军事才能。面对比自己强大的联军，他采取了以静制动、后发制人的战略。

战斗一开始，联军由于在数量上占优势，作战取得一定进展，法军右翼阵地相继被俄军攻取。拿破仑立即把右翼预备队调了上来，向俄军左翼进行反冲击。经过一番激战，俄军伤亡惨重，并被迫向戈尔德巴赫河方向退守。2 日上午，掩盖着谷地的浓雾刚刚散去，一轮红日喷薄而出，拿破仑从指挥所里看到俄军犯了放弃中央高地的严重错误。他命令自己的两个师前去占领高地，这两个师不费吹灰之力便完成了任务，从而将敌人切成两段。俄国皇帝、总司令库图佐夫以及司令部因而失去了对联军的控制。

在北段，法国军队成功地击退了俄军的攻击。当法军完全控制高地之后，拿破仑令其左翼向俄军发起全面进攻。虽然俄军作战十分英勇，但最终还是败下阵来。在南段，面对法军大炮的猛烈轰击，联军很快就被压缩到狄尔尼兹和察特卡尼之间半结冰的湖泊上。但是湖泊的冰块很快被法军炮火击碎，大量联军掉在湖里淹死了，其余的则当了俘虏。

奥皇和俄皇眼见全军覆没，慌忙逃窜。将近黄昏时，战斗结束。这一仗，俄奥联军死伤 1.5 万人，损失火炮 186 门，炮兵几乎全被消灭，余众四散逃命，俄奥联军事实上已不存在；而法军仅死亡 800 人，伤者 6000。

不久，奥皇提出休战，拿破仑当即同意，条件是要求所有的俄军撤出奥地利，退回波兰。12

法国军队强渡阿尔波恩河

月 6 日，法奥签订停战协定，奥地利割让占全国人口总数 1/6 的国土和每年 4000 万法郎的战争赔款。会战后，欧洲第三次反法联盟随即瓦解，中欧地区成立了受法国保护的莱茵邦联，奥皇被迫解散神圣罗马帝国。

奥斯特里茨会战是拿破仑的军事杰作。无论在军事方面还是在政治方面，这位法国皇帝显然都凌驾于奥俄二皇之上。

恩格斯曾这样评价奥斯特里茨会战和拿破仑的才能："奥斯特里茨被公正地认为是拿破仑最伟大的胜利之一，它最为有力地证明了拿破仑的无与伦比的军事天才。因为，尽管指挥失误无疑是同盟国失败的首要原因，但是他用以发现同盟国过失的洞察力、等待过失形成的忍耐力、实施歼严性打击的决断能力和迅速摆脱失败困境的应变能力——这一切是用任何赞美之词来形容都不为过的。奥斯特里茨是战

法国外交家塔列朗

略上的奇迹，只要还有战争存在，它就不会被忘记。"

1906年，普鲁士、俄国再次组成第四反战同盟，但是不久法军就大败普军，占领柏林而迫使普鲁士投降，其代价是丧失1/2的领土，赔款1亿法郎。1807年，俄国战败，法国和俄国签订《提尔西特条约》。1807年和1808年，法国侵占葡萄牙、西班牙。1809年，英国又与奥地利组成第五次反法联盟。在法军连续战败奥军后，迫使奥地利签订了《维也纳和约》，奥地利向法国割让大片土地，赔款8500万法郎。

到1810年，拿破仑帝国达到了其鼎盛时期，法国几乎控制了整个欧洲大陆，并在占领的国家和地区进行了一系列资产阶级改革，破坏封建基础，推广其《拿破仑法典》。

拿破仑建立的法兰西第一帝国，代表着大资产阶级和利益，是法国历史上最为强大的时期。在其顶峰时期，几乎控制了整个欧洲大陆国家。因此，拿破仑战争对资产阶级改革在欧洲的胜利起到了很大的作用。拿破仑主持编著的《拿破仑法典》，是资产阶级国家最早的一部民法典，成为近代西方各国资产阶级法典的范本。恩格斯曾这

样评价《法典》：《法国民法典》是"以法国大革命的社会成果为依据并把这些成果转为法律的唯一的现代民法典……成为世界各国编撰新法典时当作基础来使用的法典。"

拿破仑

拿破仑·波拿巴（1769～1821年）是法国历史上著名的资产阶级军事家和政治家，法兰西共和国的第一执政（1799～1804年），法兰西帝国的皇帝（1804～1814/1815年）。

拿破仑生于科西嘉岛阿雅克修城的地方贵族家庭，少年时便入巴黎军事学校学习。他读过伏

终身执政的拿破仑

拿破仑妻子约瑟芬

尔泰、孟德斯鸠、特别是卢梭的作品，深受资产阶级"启蒙运动"的影响。他对于法国的封建等级制特别不满。他是怀着对"自由"、"平等"的向往欢迎法国大革命的。1791 年到 1792 年间，他两次回到故乡，同当地保王党进行斗争。

在整个法国大革命时期，拿破仑是站在革命营垒一边，而且是雅各宾专政的支持者。在贵族出身的军官们纷纷叛离革命逃亡国外时，拿破仑则留在革命营垒里同敌人作战。法国革命军队在反击欧洲封建干涉战争中创造出来的新的战略战术，培育了这位二十四岁的炮兵上尉。1793 年末，拿破仑参加进攻南部王党的重要据点土伦，在他的实际指挥下，

革命军攻克土伦，这一功勋使拿破仑破格提升为少将。

在热月党——督政府时期，拿破仑由于和雅各宾派的紧密关系一度受到怀疑和迫害。有一个时期他完全不被当政者所注意，口袋中往往一文不名。但是，到 1795 年，他又重新被起用，任命为法国"内防军"司令，政府要他对付威胁政权的王党叛乱。拿破仑对于王党和封建欧洲是很仇视的，正像他在一封信中所表白的："从大革命开始起，……没有看见我作为军人不论在反对国内敌人还是反对外国人所进行的斗争吗？我抛弃了我的财产，我为共和国丧失了一切。"拿破仑的这种态度符合大资产阶级的意愿和急切需要。这年 10 月，拿破仑指挥 6000 士兵，在巴黎街头架起大炮，向 24000 多叛乱的王党猛烈轰击。王党分子还没有从这种空前

恢复帝制

的军事举动中省悟过来，就已经被击溃。1797年，拿破仑任法国"意大利方面军"总司令，同封建欧洲作战。当他得悉国内大批王党分子钻进立法议会，准备恢复封建君主制时，立即派回军队，清洗立法议会，处死160名王党分子，再次维护了资产阶级政权。用他自己的话说：只有"一切都告完结之后，我才会放刀入鞘"。

拿破仑在督政府时期已经转到大资产阶级的立场上，为大资产阶级的利益服务，他在北意大利战场取得胜利以后，就提出远征埃及，从埃及方向打击英国的计划。1798年，拿破仑率军远征埃及，但是遭到埃及、叙利亚人民的奋勇抗击。拿破仑军队陷在埃及，进退维谷。正在这时，沙皇亲自出马，组织第二次反法联盟，向法国猛扑，法国国内王党活动猖獗，政局动荡不稳，资产阶级认为督政府的统治软弱，要求产生一种新的统治形式，以战胜国内外敌人的进攻。拿破仑闻讯，于1799年年中率少数随员，秘密离开埃及，星夜赶回巴黎。资产阶级把他当作"救星"给以狂热欢迎。11月9日（共和历雾月18日），拿破仑发动政变，取消督政府，成立执政府，自任第

一执政，独揽大权，开始了拿破仑的军事独裁统治。恩格斯指出："恰巧拿破仑这个科西嘉岛人做了被战争弄得精疲力竭的法兰西共和国所需要的军事独裁者——这是个偶然现象。但是，假如不曾有拿破仑这个人，那么他的角色是会由另一个人来扮演的。"显然，拿破仑政权的产生，是18世纪末以来法国阶级斗争的结果。

拿破仑的统治，从表面上看是绝对的，他不受任何人的掣肘和干涉。他的为人，也表现出是一个善于权变、贪恋权势的人物，为达到目的不讲信义和不择手段。他曾得意地说："我有时是狐狸，有时是狮子。进行统治的全部秘密在于，要知道什么时候应当是前者，什么时候应当是后者。"实际上，拿破仑的意志和行动，归根到底是体现法国资产阶级的意志和愿望。拿破仑并不代表人民

1805年12月2日进行的奥斯特利茨战役是拿破仑引以为豪的战争，也是拿破仑开始统治整个欧洲大陆的里程碑。

世界通史

最新整理图文珍藏版

群众的利益，而仅仅代表大资产阶级的利益，为大资产阶级掌权。大资产阶级是要拿破仑成为他们的"双刃剑"，既能镇压王党的复辟活动，又能镇压人民的革命运动；既能打败欧洲反法联盟的干涉，又能占领欧洲的土地和市场。拿破仑的政策和活动，都明显地反映出这种两重性。

拿破仑上台的第一件事就是强化资产阶级的统治，确保他们在革命中获得的果实，拿破仑表现出杰出的军事与行政才能。1800年，拿破仑击溃意大利的奥军，进逼奥地利南部，迫使奥地利签订和约。1802年，粉碎了以沙俄为首的第二次反法联盟，解除了对法国的威胁。在国内，他一方面用武力征伐和分化瓦解的手段，镇压了王党的复辟活动，另一方面他取缔了言论、集会、出版等自由，对雅各宾派和工人组织进行残酷的迫害。他建立起一个庞大的中央集权的官僚机器进行统治，各郡郡守乃至城乡基层官吏都由中央委任，法国大革命以来实行的一切地方自治机构均被取消。

1804年，拿破仑加冕称帝，法兰西第一帝国产生。这个帝国仍然是大资产阶级的政权。它"不仅被用来压制革命，取消人民的一切自由权利，而且是法兰西革命的一种工具，用来对外攻击，用来为法国在大陆上建立大体与法国相仿佛的一些国家来代替封建王朝。"

拿破仑为争取天主教徒的支持，1802年与罗马教皇签订《协议书》，承认天主教为大多数法国人的宗教，教士由政府委派，经教皇批准；但教皇无权要求归还在革命时期没收的教产。

拿破仑在内政方面的主要成就，是1800～1804年由他主持编制的《民法》法典，这部史称《拿破仑法典》的《民法》，共2810条，详细规定了资本主义财产制度，保证私有财产不受侵犯；法典还固定了小农土地所有制，保证农民能够利用他们得到的小块土地，因此受到农民的欢迎。此后又陆续颁布了《刑法》和《商法》。法典依据法国大革命的社会成果，用法律形式巩固资产阶级专政，维护和巩固资本主义私有制和资产阶级的社会经济秩序。法典在破坏欧洲封建制度和促进欧洲资本主义发展上起过有影响的舆论与示范作用。

拿破仑的政治生涯是同对外战争紧紧联系在一起的。拿破仑从1799年上台到1815年止，历经

被剥夺的女性权利

了六次反对反法联盟的战争。拿破仑战争是大革命时期法国同欧洲战争的继续，拿破仑正是利用法国革命所爆发出来的民族力量，利用自由农民组成的军队，在欧洲陆战中几乎所向无敌，横扫欧洲。他击败了1805年由英俄奥组成的第三次反法联盟，又摧毁了1806年由俄、普为主的第四次反法联盟，迫使普鲁士投降。1807年，沙俄被迫同拿破仑签订梯尔西特和约，承认法国在欧洲的统治。法军所到之处，进行了一些资产阶级性质的改革：在意大利，推翻了小邦的封建王朝统治；在德国，废除了老朽的"德意志民族的神圣罗马帝国"（1806年），实行拿破仑法典，取消封建等级特权，消除关税障碍；在波兰，废除农奴制，宣布公民平等。拿破仑沉重地打击了欧洲封建制度，客观上有利于这些国家的资本主义的发展。

但是拿破仑战争还有另外一种性质：掠夺和争霸。拿破仑帝国的成立，特别是1807年梯尔西特和约的签订，标志着拿破仑统治的空前加强和巩固，法国大资产阶级对外侵略与扩张的欲望日益强烈，因此，拿破仑战争的性质发生了变化，资产阶级的掠夺和争霸成了战争的主要方面。拿破仑从占领的地区掠夺大量财富运回法国，大部分军费和军用物资都取自被压迫民族，居民被迫当炮灰，这就激化了同这些国家的民族矛盾。拿破仑为了同英国争霸，1806年在柏林宣布了所谓"大陆封锁令"，企图禁止英国货物输入欧洲大陆。1807年，拿破仑借口封锁英国，占领了葡萄牙和西班牙，激起西班牙人民起来打游击，反对拿破仑。拿破仑没有去消灭旧欧洲的一切痕迹，没有消灭普、奥的封建王朝，相反，1810年娶了奥皇女儿为妻，同反革命封建王朝结成同盟。1812年，拿破仑同沙俄争霸，爆发战争。9月，拿破仑进入莫斯科。拿破仑不采取解放俄国农奴的政策，反而掠夺和压迫俄国人民，激起俄国人民的反抗，他们开展游击战争，把拿破仑赶出俄国。

世界通史

最新整理图文珍藏版

欧洲各被压迫民族都起来反对拿破仑的统治，拿破仑帝国的瓦解已不可避免。在1813年的莱比锡战役中，拿破仑受到沉重打击，全线崩溃。1814年3月31日，第六次反法联军进入巴黎，拿破仑被迫退位，被囚在地中海的厄尔巴岛。被推翻的波旁王朝在法国复辟。1815年3月，拿破仑潜回法国，重新执政，欧洲各国又拼凑第七次反法联盟，六月再败拿破仑于滑铁卢，拿破仑二次退位，被流放大西洋的圣赫勒拿岛，1821年病逝。

拿破仑的一生所处的时代，正是法国和整个欧洲大陆从封建社会向资本主义社会大转变的时代，拿破仑的活动，也就和这个时代的特点紧紧联结在一起。他是逆这个历史时代潮流而动的呢？还是顺这个历史时代潮流而动的呢？应该说，拿破仑的活动基本上是顺历史潮流而动的。

耶拿城激战场面

意大利的一个村庄：废墟、农民和牛

拿破仑是法国大资产阶级的代表人物，因此在他身上也就鲜明地体现了资产阶级从一开始就具有的两面性：进步性、革命性和保守性、妥协性。拿破仑的一生大略可以分为三个阶段。早期他是法国大革命的支持者和参加者。1795～1804年这十年，他从元帅到第一执政到法兰西帝国的皇帝，他的活动主要表现为革命性：他无情地镇压了王党的复辟活动；粉碎了几次反法联盟的封建干涉；在欧洲推行一些资产阶级改革；巩固了法国资产阶级在国内的统治。当然，他侵略过埃及和叙利亚，镇压过国内的雅各宾派和人民运动，取消了国内的民主和自由，这些资产阶级的保守性和反人民性，比较起来，尚

最新整理图文珍藏版

居次要的地位。1805～1814年这十年，他作为法兰西皇帝和欧洲的实际统治者，他的活动主要表现为资产阶级的妥协性和掠夺性：在欧洲同英国和俄国争霸；侵略西班牙和葡萄牙；在欧洲诸国推行民族压迫和剥削政策；力图同欧洲封建王朝妥协，在欧洲帝王中间取得首屈一指的声誉，明显表现在娶奥国公主为妻，同奥国封建王朝联姻；他在称帝时，封了4个亲王，30个公爵，388个伯爵，1090个男爵，加上荣誉军团，形成一个新贵族阶层，追求享乐和苟安。当然，在这个时期，他进行的战争依然具有打击欧洲封建制度，促进法国资本主义发展的一面，但战争的性质主要却是争霸性的战争，掠夺性的战争，这种情况最后导致拿破仑帝国的崩溃。

总观拿破仑的一生，有功有过，但应该说，拿破仑是新兴资产阶级的军事家和政治家，他打击了国内外的封建反动势力，促进了欧洲人民的觉醒，保卫了法国革命的主要成果，巩固了资本主义的统治，这是他活动的主要方面，是他的主要功绩，也是历史发展的客观结论，因此，他的功大于过。

百日执政

拿破仑虽然已经加冕，当上了皇帝，但是他的戎马生涯，并没有就此结束，法兰西第一帝国的对外战争，仍在继续中。

1806年，他为了同英国争夺霸权，在柏林宣布了所谓"大陆封锁令"，企图用禁止英国商品输入欧洲大陆的办法，从经济上扼制英国。1807年，他借口封锁英国，占领了葡萄牙和西班牙；两国人民奋起反抗，掀起人民游击运动。1812年，他为了同沙俄争霸，而爆发了战争；这年5月，拿破仑搜罗了说着12种语言的50万军队，大举进攻沙皇俄国。他渡过涅曼河，夺取了通往莫斯科的要道斯摩棱斯克。9月初，俄法两军在莫斯科西南的博罗迪诺村发生激战，双方损失惨重。拿破仑丢掉了47名将军和几万士兵以后，14日，突入莫斯科，然而，这里留给他的仅仅是一座空城。法军的抢劫和种种暴行，激起俄国人民的反抗，他们纷纷拿起武器，开展游击活动，出其不意的打击法国入侵者。他们骚扰法军后路，弄得法军焦头烂额。当拿破仑逃到涅曼河的时候，他只剩下两万名残兵败将，从此一蹶不振。

这时一股反对拿破仑的浪潮，正在各国人民当中兴起，拿破仑帝国的瓦解已成定局。1813年，英、俄、普、西、葡、瑞典，后来还有奥地利，乘机组成新的反法同盟军，在柏林西南来比锡附近的平原上，进行了在拿破仑时代来说，最大的一场战争，这就是历史上著名的来比锡之战。战争初起，拿破仑投入了15.5万军队，同盟军是22万人，拿破仑军队的构成十分复杂，他们都是来自各国被迫当兵的人，其中除了法国人以外，还有波兰人、萨克逊人、荷兰人、意大利人、比利时人和莱茵同盟各国中的德意志人。10月18日，当战场上打得难解难分、战斗正在激烈进行的时

纳尔逊将军在他的战舰"胜利号"上受伤。1805年10月21日的海战中，英军统帅纳尔逊将军阵亡。

候，萨克逊军队突然倒戈，全部转向联军方面，并且马上掉转枪口，向法军开枪射击，萨克林军队的叛变，削弱了法军的战斗力，迫使拿破仑决定撤出战场。

凯旋门是为了庆祝1805年拿破仑·波拿巴的一系列战争胜利而在1806～1808年由皮埃尔·弗朗索瓦·封丹那和沙尔勒·拜尔西耶设计、建造的。

来比锡之战，前后历时四天，法军损失至少不下6.5万人，联军死伤也接近6万。战争虽然已经停止，但它给人们留下了一片可怕的记忆：尸体的腐烂使整个平原充满了难以忍受的恶臭，战场上伤而未死的士兵嚎叫声响遍了来比锡地区，一些伤兵死前的呻吟总是隐约地在这里回荡着。

11月14日，法国外交官圣埃里昂到了巴黎，带来了同盟国家要拿破仑放弃所有占领地区、停止战争、根据1801年吕内维尔和

约来确定法国疆界等的和谈建议。对此，拿破仑并未立即发表意见。近几天来，拿破仑一直不说话，总是在办公室里不停地走来走去，像是在思索着什么。他突然放慢了脚步，自言自语地说："等着瞧吧！你们很快就会知道我和我的士兵是怎么回事，我们还没有忘记我们的手艺！在易北河和莱茵河之间我们被打败了，由于叛变我们被打败了……但是，在莱茵河与巴黎之间不会有叛徒……"于是，和谈建议被搁置起来，每天都有新的部队开往东方，向莱茵河地区集结。

1814年3月，反法联军直指巴黎，法国首都一片恐怖。30日，被失败恐惧所吓倒的法国元帅马尔蒙，在塔列朗的影响下，于当天下午五点宣布投降。当拿破仑知道了这个消息以后果断地说："在目前……我的名字，我的形象，我的剑——所有这一切都引起恐惧。必须投降了……"4月6日，他几乎一夜没睡，一清早便召见了元帅们，并对他们说："先生们，放心吧，无论是你们或者军队都再也不用流血了，我同意退位。"拿破仑当即拿起一张文告，对着元帅们读了下面的一段话："由于同盟国家

宣布拿破仑皇帝是建立欧洲和平的唯一障碍，所以忠实于自己誓言的拿破仑皇帝宣称，他自己和他的后代都放弃法国和意大利的王位……"他随后签署了这个文告，并由科兰古和两位元帅把它立即送到巴黎。

俄国的亚历山大和反法联军，正在不安地等待着结局。他们看到退位文告以后，欢欣若狂。亚历山大当即宣布：厄尔巴岛将交给拿破仑完全支配，拿破仑的儿子罗马国王和他的王后玛丽亚·路易莎，将得到在意大利的独立领地。根据签订的条件，拿破仑被流放到厄尔巴岛，他除了享有年金之外，还可以保留一营卫队。

5月3日，拿破仑告别枫丹白露宫，来到厄尔巴岛，作为被囚禁者，享有这个小岛的全部支配权。

在巴黎，波旁王族在反法联军刺刀的庇护下，由路易十六的兄弟路易十八登上王位，波旁王朝实行了第一次复辟。

然而，告别枫丹白露，并不意味着拿破仑20年来史诗的终结，恰恰相反，在前进的历史长河中，注定他会溅起一些浪花。

拿破仑经过一段消沉之后，越

1812 年 9 月俄国人在撤退时焚烧莫斯科的情景

来越不甘沉默，他往往连续几个小时沉浸在深思之中。1814 年秋，特别是这一年的 11 月和 12 月，他非常注意搜集和听取有关法国国内和维也纳会议的一切情况报告。传来的消息都在表明，复辟的波旁王朝及其周围的一伙人，比原来预料的情况更加轻率、更荒唐得多。用塔列朗的话说："他们什么也没有忘记，什么也没有学会。"连亚历山大一世都曾经这样表示过："波旁王族没有改正，也是不能改正的。"这时候，极端保皇党人，不停地喊叫，他们在革命时期被没收的、拍卖给农民的和资产阶级的土地，应该全部归还给他们；僧侣们也出来帮腔，他们在教堂里宣扬说，购买过被没收土地的农民，将遭天怒，他们会像"耶沙威一样被狗吃掉"。从而，激怒了广大农民。军队还在眷恋着他们的领袖拿破仑，认为波旁王朝是强加在他们头上的祸害；

资产阶级本来指望着停止战争，振兴商业，但几个月过去了，连一点迹象也看不到。总之，从农村到城市，从军队到农民，整个法国人心浮动，人们正在向往着拿破仑和拿破仑时代。

拿破仑不仅知道国内人们的情绪，而且他也得到不少有关维也纳会议的消息。这些消息清楚地表明，与会的各国君主和外交家们，正在策划瓜分他的巨额财产，但不管怎样，却总是分不成。这群过去对付法国的同盟者，而今天已经变成了会议桌上的争吵家，他们尔虞我诈，相互攻击，要想让他们像进攻法国那样一致，看来已经是不可能了。

历史条件的变化，引起拿破仑的深思。他觉得厄尔巴岛无聊、寂寞。一天，他在波尔托费拉约自己宫殿附近散步的时候，喃喃地说："我不会永远这样继续下去的。"

1815 年 2 月，他决定逃离厄尔巴岛，回到法国，恢复他的国家。26 日，在做好一切准备之后，拿破仑带领一千多名士兵，登上几条小船，在晚间七点钟，乘夜雾迷漫，一路顺风，飘然北去。

3 月 1 日凌晨三点，小船队在法国南部的儒安登陆。广大群众像迎接"救世主"那样欢迎他，

海关卫兵看到拿破仑，脱帽大声致敬。士兵们毫不隐讳地高声说，我们决不和皇帝作战！农民们一程又一程的护送他，这一群农民把拿破仑交给另一群，农民们一直把他送到巴黎。19日。拿破仑带领他的前锋，进入枫丹白露，国王路易十八和他的全家，向比利时边界窜去。20日晚九点，拿破仑在随从人员和骑兵们的前呼后拥之下，进入巴黎。当他的马车到达杜伊勒里宫的时候，人们像发疯似的冲向他，打开马车，在经久不息的喊叫声中，把皇帝抬进二层楼的一个房间。拿破仑在19天之内，赤手空拳，不费一枪一弹，赶走波旁王朝，再度入主龙庭，完成了令人难以置信的、神话般的政治变革。

拿破仑到达巴黎之后，用煽动性的口吻声言说：我这次重返巴黎，主要是拯救农民摆脱来自波旁王朝的恢复封建制度的威胁，保证农民的土地不被回国的贵族所侵占；我也希望重新审查国家体制，使帝国成为立宪法君主国家，成为真正有议员参加管理的君主国。拿破仑的这番话，激起了广大农民和资产阶级对他的信赖和幻想。

拿破仑这次上台，前后百天左右，所以，历史上叫它"百日王朝"、"百日执政"。

1815年3月7日晚上，维也纳皇宫中正在举行舞会，招待欧洲的各国君主和代表，当狂欢达到高潮的时候，突然，在奥皇弗兰茨的周围，有些骚动，大臣们面色苍白，左右穿梭，音乐戛然而止。这些不寻常的现象，原来是拿破仑重返法国的消息传到奥国宫殿，吓得这些人们惊慌失措的结果。维也纳会议顿时停止了争吵，反法联盟各国，再次联合起来，共同对付拿破仑。他们宣布：拿破仑是世界和平的扰乱者和敌人，"不受法律保护"。3月25日，英、俄、普、奥、荷、比等国家，迅速结成第七次反法联盟，拒绝拿破仑的和谈要求，开始对法国用兵了。1815年6月，反法联盟集结了70万大军，准备从莱茵河、意大利等方面分头进攻巴黎，并约定6月20日左右共同行动。

当欧洲各国的反法君主们再次兴兵的时候，集结在拿破仑鹰旗之下的军队，最多不过18万人，在军事上完全处于不利的地位。拿破仑决定采取以攻为守的战法，争取主动，他把主要兵力集中在比利时方面，准备先行击溃英国和普鲁士的军队。6 月 12 日，法军 12 万多人，向比利时进发。16 日，同普军接战，拿破仑力图把英、普联军切开，然后各个击破。经过激战，普军防线全面崩溃。

这时候，拿破仑一面命令格鲁希尾追普军，一面带领主力向英军进攻，英军 6 万多人，在威灵顿的指挥下，布阵于比利时小村滑铁卢村南。18 日，拿破仑率军 7 万，追击英军，并在滑铁卢附近扎营，一场会战在这里展开。午后，当拿破仑正想猛攻英军中段的时候，突然，一部分普军在布吕歇尔带领下，增援英军，使法军处境急剧恶化。拿破仑为了挽救败局，急令格鲁希，火速向滑铁卢增援；结果，格鲁希不仅没有回师，反而始终坚持着原来的进攻方向。从而，战局急转直下，法军腹背受敌。19 日，法军全线崩溃，21 日，拿破仑败归巴黎。百万反法联军源源进入法国。7 月 7 日，联军进占巴黎。拿破仑宣布第二次退位，最后被放逐到大西洋的圣赫勒拿岛，"百日"终结了。

7 月 8 日，波旁王朝在反法联军的支持下，回到巴黎，实行第二次复辟。

1812 年的法俄战争

军事行动正式开始之前，双方首先展开了外交攻势。1812 年 2 月，拿破仑以威胁的手段强迫普鲁士与法国结盟。在即将到来的战争中，普鲁士须提供 2 万名士兵和 60 门大炮归拿破仑调遣。与此同时，俄国也四处活动，劝诱普鲁士投入俄国怀抱。法、俄都对奥地利积极进行拉拢。本来，奥地利是仇视法国革命的，慑于法国的强大，同意联姻，并在 1812 年 3 月同法国签订条约，结成联盟；然而在暗中却一直与俄国眉来眼去。拿破仑也想拉拢瑞典，但瑞典新王贝尔纳多特对拿破仑的行动十分反感，加上害怕英国的海军攻势，因此叛离了拿破仑转而与俄国结盟。对土耳其，

遭受严寒袭击的拿破仑军队

《拿破仑在贾法参观处于瘟疫中
的人们》 安东尼·让·格罗

莱比锡战役的战场

拿破仑答应恢复40年间所失去之疆土作为法土结盟之报酬；俄国则向土耳其表示让步，愿意从所占巴尔干两公国撤走军队，加上英国对土耳其进行威胁，如果它与法国结盟，英国就用海军攻击君士坦丁堡，这就促使土耳使与俄国结成了联盟。

法俄双方在军事上都作了充分的准备。为了对俄作战，拿破仑广泛收集有关俄国的情报。早在1810年，他就命令下属将有关俄国的历史和现状的资料拿给他看。他仔细研究俄国的经济状况，秘密派遣间谍潜入俄国，甚至把伪造的俄国纸币运进俄国，以此扰乱对方的金融市场。1810年底，

拿破仑根据特里亚农敕令和枫丹白露敕令，筹备了1.5亿法郎军费。1811年11月14日，拿破仑命令达乌元帅：一有信号就进入普鲁士，并迅速占领全境。

亚历山大一世也一直在积极备战。1811年初，俄国虽然财政拮据，赤字高达1亿卢布，纸币贬值5/6，但沙皇并不因此而削减军备开支；相反，加紧"厉兵秣马"，很快编成了两个方面军，共计20万人。双方磨刀霍霍，准备一战，以决雌雄。

进入1812年，战争已迫在眉睫。法国已经组成了总数达51万之众的远征大军。这支庞大的军队，有半数以上由其他附庸国家提供，包括波兰大公国、巴伐利亚、萨克逊、意大利等等。在多数外国军队中都有一个法国师作为支柱和核心。此时，俄国有两支主力军，一支由陆军大臣巴克

莱·德·托利将军率领，约15万人，集结在维也纳北边；另一支由巴格拉吉昂公爵率领，约5万人，驻扎在沃尔希尼亚省。

拿破仑为了确保对俄战争中的战略主动权，出其不意，对俄国不宣而战。他预先制定的战略方针是：以速决战的办法，在短期内取胜；通过一两次总决战把俄军击溃后，迅速占领莫斯科，逼迫亚历山大一世投降，订城下之盟。

1812年5月9日，法军经德意志各国向波兰前进，逐渐向维斯瓦河和涅曼河地区集中。5月16日，拿破仑在萨克逊国王的陪同下，进入德累斯顿。6月22日，拿破仑在涅曼河附近的维尔科韦息卡签署命令，号召军队"渡过涅曼河，把战争带到俄国领土上，"这个命令被认为是正式的宣战书。6月23日，拿破仑视察了骑兵和步兵驻地。为了不引起人们的注意，他改换了制服，仔细地察看了部队的部署，察看了架桥和进攻的准备。6月24日拂晓以前，拿破仑指挥军队迅速经过架设在涅曼河上的三座浮桥，进入帝俄领土，并一举占领了科夫诺。法俄战争开始。

俄国军队见法军来势汹汹，采取防御战术，由巴克莱率领第一军团向德里萨方向撤退，接着又退到斯摩棱斯克。法军没有遇到很大的抵抗，就迅速到达斯摩棱斯克城下。8月17日，拿破仑下令用火炮轰城，经过13个小时，全城夷为废墟。俄军拼死抵抗，顽强奋战，使法军付出了伤亡约一万两千人的代价。法军虽然伤亡较大，但在数量上明显占优势，巴克莱下令，放弃大火燃烧着的城市，与居民一道迅速撤退。巴克莱的撤退，在俄国统治阶层中引起了强烈不满。有人说巴克莱是叛徒。巴格拉吉昂认为，继续撤退是民族的奇耻大辱。他说，"陆军大臣是在将法军当作客人直接带往莫斯科"，因而坚决要求撤换巴克莱的职务。当时，出于民族感情，俄国士兵对退却也相当不满。在各种反对退却呼声

1807年6月14日弗瑞德兰战斗

的压力下，8 月 29 日，当俄军退到查列沃—扎米舍的时候，亚历山大一世终于下令撤换了巴克莱，任命老将库图佐夫为俄军总司令。

米哈伊尔·伊拉里奥诺维奇·库图佐夫是俄国杰出的统帅之一。他认为巴克莱的战略设想是可取的，法军劳师远征他邦，不可能在一个离开本土几千公里的、充满敌意的大国中进行长期战争。不熟悉俄国的地理，不习惯这里的气候，这一切对于拿破仑的军队来说是很不利的。但是，受命于危难之时的库图佐夫同时也知道，俄国宫廷决不会允许他不战而放弃莫斯科。他接替巴克莱以后，就率 11.2 万正规军，配备 640 门大炮，将阵地设在距莫斯科120 公里的波罗丁诺村。在这里待命抗击法军的，还有 7000 哥萨克

1815 年维也纳会议后的欧洲

和 1 万名莫斯科与斯摩棱斯克的义勇军。库图佐夫想通过波罗丁诺会战来提高俄军士气，并以此平息各方面舆论对战略退却的不满。

9 月 4 日，拿破仑的 13.5 万人的大军接近了波罗丁诺的俄军阵地，9 月 5 日，攻占了俄军前沿阵地谢瓦金诺多面堡。9 月 7 日，双方在波罗丁诺展开激战。法军拥有 587 门大炮，首先用炮火轰击俄军阵地。俄军也发起反攻，抵抗非常顽强，即使是一个较小的棱堡也经过多次争夺，几易其手。双方军队进退反复，展开残酷的肉搏战。争夺谢苗诺夫钝角堡的战斗尤为激烈。在这个地区集中了法军的 400 门大炮和俄军的 300 门大炮，双方混战成一团，伤亡惨重。在这次战斗中，巴格拉吉昂公爵受了重伤。拿破仑对拉耶夫斯基炮台进行了猛烈轰击。到下午 6 时左右，法军凭其优势的兵力，占领了炮台。俄军力图挽救战局，终因力量悬殊未能成功。激战一天，俄军炮台的守兵几乎全部牺牲。最后法军占领了波罗丁诺村。

这是一场极其激烈的血战。交战双方都以连续不断的炮火轰击对方，使双方都造成极大的伤亡。法

世界通史

最新整理图文珍藏版

军损失 2.8 万人，有 49 名将军死于这次战斗，俄军也损失 4 万人。波罗丁诺战役的结果，拿破仑未能全歼俄军，库图佐夫也不能给法军以致命打击。

9 月 13 日，库图佐夫在莫斯科近郊的费里村召开了军事会议。会上，将军们地继续与法军作战还是撤退的问题进行了激烈的争论。库图佐夫坚决主张撤离莫斯科，以保存有生力量。他说："失掉了莫斯科并不就是失掉了俄国。"最后决定撤退。9 月 14 日，俄军从莫斯科向科洛明和梁赞撤退。俄军实行了坚壁清野的政策，对军需品和生活用品能带走的带走，不能带走的销毁，居民和军队一起撤走。莫斯科变成了一座空城。

库图佐夫放弃莫斯科，把俄军集中在塔鲁丁诺村地区，切断了拿破仑军队向俄国南部地区前进的通路，为组织和准备对法军的反攻创造有利条件。库图佐夫还竭力扩大俄军的数量，用后备军补充正规军队。他也注意扩大和统一游击队的活动，并用正规军队加强游击队伍，为全面反击作准备。

9 月 15 日，法军进入莫斯科。全城静悄悄的空无行人，几乎像一座死城的可怕情景呈现在远离国土的法军面前。当天晚上，莫斯科突然起火，克里姆林宫的特洛伊茨塔也燃起火焰，熊熊大火一直烧了六天六夜。

法军历经长途跋涉和作战，早已十分疲惫，在大火之后的莫斯科，住处只能勉强解决，而口粮的供应则成了大问题。两个星期过去以后，士兵开始挨饿，尽管四处掠夺，也无济于事。拿破仑进驻克里姆林宫以后，面对这一严酷的现实，进退两难：滞留莫斯科，将军们是乐意的，但大部队长期离开法国十分危险；追击库图佐夫，又不知俄军去向，而法军中的马匹已死去大半，部队机动性和战斗力大不如前。

拿破仑反复权衡利害得失，决定与亚历山大一世缔约。莫斯科大火后不久，拿破仑派洛里斯顿将军，去俄国统帅部大本营求见亚历山大。拿破仑表示愿意让俄国在土耳其，包括君士坦丁堡

滑铁卢战斗场景

自由行事，并暗示波兰问题也可以按照沙皇的意图解决。但亚历山大一世发誓，只要还有一个法国兵留在俄国，他就决不能跟敌手谈判。

库图佐夫带领军队放弃莫斯科之后，不再继续向东撤退，而把兵力移到卡卢加，一方面保护有兵工厂的图位，另一方面可以控制法军的交通线。在这里，他改组和扩建了军队，兵力超过10万人。此时，已近冬季，占领莫斯科三十多天的拿破仑，看到同俄国缔约以谋求和平的设想已不可能实现，不得不下决心撤离莫斯科。他让莫蒂埃元帅率1万名法军留守莫斯科，10月19日，自己带领11.5万军队，沿着旧的卡卢加大道去追击库图佐夫。莫蒂埃在部分炸毁克里姆林宫之后，不久与大军会合。

10月24日，当法军抵达马洛雅罗斯拉维茨时，与俄军遭遇。战斗极为激烈，在一整天的血战中，马洛雅罗斯拉维茨八易其手。最后法军占领了马洛雅罗斯拉维茨，损失了五千多人。在第二天举行的军事会议上，拿破仑根据实际情况，决定变更计划，改向斯摩棱斯克方向撤退，争取在俄军没有截断第聂伯河和别列津纳河之前渡河。

此时俄军得到新的补充，人数达12万人。为避免消耗兵力，库图佐夫不想猛追"穷寇"。在马洛雅罗斯拉维茨之战以后，俄军有意让拿破仑军队撤退，不对其施加任何压力。对库图佐夫来说，全部问题在于如何使拿破仑迅速退出俄国；但对英国在俄军中的官方代表威尔逊和很多德国人以及流亡的法国人来说，拿破仑退出俄国，事情并没有结束，而是新的麻烦的开始。他们认为重要的是摆脱拿破仑的压迫。所以，他们对库图佐夫不满，责备他缺少魄力。然而为了俄国的利益，库图佐夫没有让步。

严冬的风雪开始席卷俄罗斯的大地。法军撤出斯摩棱斯克时，人马已经疲惫不堪。饥寒交迫的兵士跌倒在雪地就再也爬不起来了，道路上尸体纵横。离开莫斯科时，法军还有11.5万人；11月14日离开斯摩棱斯克时，只有3.5万人了。11月16日，法军后勤基地明斯克被奇恰果夫率领的俄军占领，大批粮食落到俄国人手里。11月20日，奇恰果夫的军队抢占了波里索夫的桥梁，并占领波里索夫城，赶走波兰守将东布罗夫斯基。波里索夫大桥是拿破仑的安全所系。法军乌迪诺元帅竭力争夺，未能夺回。拿破仑听到这个消息，大为震惊。大桥的失守，迫使拿破仑改变渡河地点，决定在北面的斯土江喀渡河。

为了迷惑俄军，拿破仑假装要从波里索夫渡河，让乌迪诺率领部分军队进攻波里索夫。他亲率大军悄悄渡过别列津纳河，往维尔纳后撤。11月26日开始渡河，27日，有一支近1.4万人的掉队法军，被一支哥萨克军追到河边。还没有渡河的维克多元帅，指挥部队把他们击退。哥萨克迅速将法军渡河的动向报告库图佐夫。库图佐夫立即通知奇恰果夫追击。奇恰果夫来迟了一步，拿破仑及其残部已到了右岸。

早在11月6日，拿破仑就获知马莱搞政变的消息。马莱是法国共和派分子，正当拿破仑在俄

威灵顿公爵

国激战时，他假造文告，说拿破仑已被俄军俘虏。拿破仑听到这一消息感到很懊恼，为了保住皇位，他不能不迅速回巴黎去。12月5日，拿破仑对他的元帅们说，他要离开部队，赶回巴黎再招30万名士兵，以迎击来犯的俄军。他把军队交给缪拉指挥。12月6日，拿破仑在科林库尔、杜洛克等伴随下，离开军队回国。

缪拉率残部于12月12日到达科夫诺。库图佐夫主力离维尔纳尚有几昼夜的路程，残存的法军才侥幸地渡过了结冻的涅曼河。

至此，1812年拿破仑远征俄国之战，以法军的失败，俄军的胜利而告终。后来拿破仑又组织军队试图卷土重来，终因莫斯科之战，法军元气大伤，国家财力消耗过大，拿破仑再也无法重振昔日威风。而沙皇亚历山大一世则以解放欧洲为幌子，拼凑反法联盟，组织大军步步紧逼巴黎。

拿破仑入侵葡萄牙和西班牙的战争

1807年11月，拿破仑派兵进攻葡萄牙，1个月内占领里斯本；次年3月，法军进入马德里，并

在西班牙抢占军事要地和交通干线；从此展开了延续六年多的半岛战争。拿破仑对葡西两国的入侵和对两国起义军民的镇压，是他战争经历中的肮脏之页。他为此丧失了道义，损失了军队，招致了劳民伤财的恶果，陷入了两线作战的泥潭。这场不得人心的侵略战争，是导致拿破仑在军事上最后遭到失败的一个方面和重要原因。

"大陆封锁令"的颁布与执行

1806年10月，法军歼灭普鲁士军队的辉煌胜利，进一步改变了欧洲政治势力的格局，再一次助长了拿破仑权威形象的神化，眼见普鲁士的实际消灭，拿破仑内心充满了无限的喜悦和扩张的宏愿。他似乎感到，整个世界看来可以成为他自我意志得以充分表演的场所。他曾自信地说过："我做的一切，是我应该做的，因为继承革命事业和巩固革命的地位，只有我才能做到，我就是一切。"的确，一连串的巨大胜利使他陶醉，使他自以为他的意志可以决定一切，而法国又赋予他实现自己意志的全权。然而，这个全权还是遇到了外部的严重挑战，并在他的心目中泛起一缕疑云，因为还有一个死对头没有征服。

这个死对头便是英国。1年以前，即1805年10月21日，英国舰队在西班牙沿海的特拉法尔加角全歼法国和西班牙联合舰队，使法国完全丧失了在海上同英国抗衡和竞争的能力。拿破仑深知，不彻底打败英国，法兰西帝国的统治地位，特别是在它的占领地区，就不会巩固，整个欧洲大陆也不会有真正的和平，他的霸业也将不断受到威胁。

怎样对付英国呢？拿破仑在军事胜利赫赫煌煌、内心深处洋洋得意的情势下，想出了立即从经济上打一场殊死战的独特办法。1806年11月22日，拿破仑进占柏林不久，就在那里颁布了一个"大陆封锁令"，也即是通常所称的"柏林敕令"。这个命令指责英国，说它"无视作为文明的产物的公正的观念和自由的情感"，滥施淫威，"妄图封锁海港"，为此宣布："大不列颠诸岛已被宣布为处于封锁状态中，所有与大不列颠诸岛的贸易和通信，概行禁止。"具体地说：禁止法国及其同盟国同英国有任何商业往来，禁止买卖英国及其殖民地的货物，禁止任何曾停靠大不列颠港口的船舶进入法国及其同盟国的港口，对任何串通违犯柏林敕令的船舶，都将作为合法的战利品加以扣留。很显明，颁布这个敕令的目的，是想用禁绝英国一切货物进出口的办法，从经济上彻底摧垮英国。

然而，当时正在实现技术革命、逐步"用机器来生产机器"的英国，由于拥有比法国强大得多的工业基础和海上兵力，又岂惧法国的经济封锁。更何况，漫长的欧洲海岸线和众多的港口，又何能用一纸命令就完全封锁住呢。对于"柏林敕令"，英国的报复办法首先是针锋相对，它于1807年1月7日颁布"英王诏令"，禁止中立国船只在法国及其盟国港口，或在执行"柏林敕令"的港口之间进行贸易，对违犯者将扣留没收其船货。这样，"柏林敕令"执行以后，法国虽曾暂时地、部分地控制了欧洲大陆的资源，但却奈何不得英国，因为它还能从美洲大陆和南亚次大陆的殖民地取得丰富的资源。英国的经济优势比法国的军事优势显得更加有力量和有作用。

"大陆封锁令"颁行以后，效果并不理想。由于各国利益不同，它们对于拿破仑的依附和驯服程度也不一样，对于大陆封锁政策的执行当然差别很大。拿破仑虽然已成霸主，但要把沿海所有国家都纳入"大陆封锁"的规范之内，实际上很难办到。一些国家对他阳奉阴违。特别是紧邻英国的葡萄牙和西班牙，尽管当时迫于无奈加入了"大陆封锁"，但基本上没有认真执行，政府默许与英国贸易的走私活动。更重要的是，英国始终严密地控制着葡萄牙，并不断利用它在西南欧与法国对抗。对此，拿破仑非常恼怒，但又感到鞭长莫及，以致惴惴不安。为了保障大陆封锁的有效实行，同英国争夺葡萄牙，同时，也为了满足法国大资产阶级早就对伊比利亚半岛垂涎欲滴的掠夺原望，在处理了普鲁士问题又与俄国秘密结盟以后，拿破仑终于定下决心，要彻底征服葡萄牙和西班牙，把整个伊比利亚半岛完全纳入自己的统治之下，于是便爆发了入侵葡萄牙和西班牙的战争。

拿破仑吞并葡西两国

拿破仑对葡萄牙和西班牙的侵占，是采取军事突袭与政治欺诈双管齐下的手段实现的。1807年秋，他命令朱诺将军在巴荣纳练兵备战，编组一支2.5万人的部队，准备随时出动。9月8日，写信给葡萄牙摄政王，强烈要求葡萄牙禁止英国货物进入葡国一切港口，并没收英国商人在葡境内的一切货物和财产，警告摄政王考虑同英国结盟的严重后果。在拿破仑的高压淫威下，葡摄政王不能不俯首听命，着手采取拿破仑提出的各项措施。但是，恫吓只是一个幌子。拿破仑进军葡萄牙的决心已经不可改变，而此时正运用一石二鸟的手段，假惺惺地同西班牙秘密商讨有关瓜分葡萄牙的协定。10月12日，拿破仑写信给西班牙国王，说："我预计朱诺将军的部队最晚11月1日将抵达布尔戈斯，与陛下的军队会合。然后，我们就能够用武力占领里斯本和整个葡萄牙。届时我当与陛下会商对该国的处置，但无论如何，宗主权是属于你的。"他所以采取这种外交手段，包含着麻痹敌人和分步克敌的阴谋，是要首先假道西班牙进攻葡国，同时获得进军西班牙的允诺，以便顺利地完成吞并半岛的第一步任务。

1807年10月22日，法国正式向葡萄牙宣战。27日，拿破仑签署了由他本人和西班牙国王商订的不可告人的《枫丹白露密约》。根据这一条约，葡萄牙及其殖民地将按拿破仑的意志瓜分，西班牙只享有名义上的宗主权，10月31日，拿破仑给朱诺下达了关于攻占葡萄牙的详细命令。朱诺随即出兵，横越西班牙领土，于11月30日进抵葡都里斯本。葡萄牙摄政王自知力不能敌，率领着王室成员和王国小朝廷，在英国海军的帮助下，于首都陷落前三天泛海出逃，后来将流亡政府迁到了巴西。葡萄牙落入法军手中，它作为一个独立国家在欧洲的地图上暂时地消失了。

葡萄牙既已到手，拿破仑紧接着便以武力进占西班牙。法西两国瓜分葡萄牙的秘密协定，从签署开始就成了废纸。拿破仑早在朱诺于11月初出兵之时，即在巴荣纳继续组编新的军队。由杜邦将军指挥的1个军约3万人，便是后来所谓"西班牙军团"的前锋部队，以支援朱诺的"葡萄牙军团"为名，很快进入西班牙境内。随后，由蒙赛元帅指挥的1个军约2.4万人，继杜邦军开入西境。12月，葡萄牙方面的战事已经暂时结束，而法国的两个军却不停地开进，到1808年1月底，分别抵达瓦里阿多里德和布尔戈斯。2月，由迪埃斯梅将军指挥的另1个军约3万人，竟从比利牛斯山靠地中海的一端进入西班牙，占领了加泰罗尼亚地区。贝西埃元帅指挥的近卫军3万余人，作为后援部队进至布尔戈斯，法军这种明目张胆深入践踏西班牙国土的行径，自然要引起西班牙政府和人民的警觉和反感。

到此时，拿破仑武装进占西班牙的部署基本完成。他随之也把假面具揭下来了。2月20日，他任命其妹夫缪拉元帅以皇帝副帅的身份统一指挥西班牙境内的全部法军（此时约为11万余人），在维多利亚开设司令部，率军进入马德里。3月9日，法外交大臣奉命向西班牙政府解释，说什么法军5万人将取道马德里去围攻直布罗陀。这样，拿破仑派兵进占西班牙的阴谋便完全暴露无遗。腐朽昏庸的西班牙王室，在强大的法军面前完全无能为力。他们没有组织对法军的抵抗，在民众开始暴动的情况下，国王查理四世被推翻，由他的长子阿斯图里亚亲王继位，称为费迪南七世。3月24日，费迪南七世登位刚刚几天，缪拉便率领着蒙赛和杜邦两个军进入了马德里城，同时在各处抢占军事要地和交通干线。

法军进占马德里后，西班牙政府实际上就不存在了。拿破仑并不准备承认刚即王位的费迪南七世。他以调解纠纷为名，把全体王室成员都召集到法国，先是强迫费迪南把王位还给他的父亲，进而威胁查理四世再次退位，并把他们分别软禁起来，而宣布自己的哥哥约瑟夫继任西班牙国王。这是一个骇人听闻的政治诈骗，它是在法军对马德里实行军事占领之后发生的。7月21日，约瑟夫到达马德里，开始法国波拿巴家族对西班牙的一段统治。西班牙国家和人民，由此陷入水深火热的武装斗争之中，被迫作出了巨大牺牲。进攻西班牙的大量法军，则长期跋涉于异国他乡，许多官兵为拿破仑的侵略战争献出了宝贵生命。

扑不灭的游击战烈火

法军赤裸裸的侵略行径，强盗式的军事占领，激起了西班牙人民的极大愤慨。他们不能接受法国佬的奴役和压迫，纷纷起来反抗。1808年5月2日，马德里的爱国者首先举起义旗，成千上万的群众拿起武器走上街头，同侵略者展开了英勇的搏斗。这次起义，尽管因为组织涣散和装备大缺而很快被镇压下去，但两千多平民的惨死却起到了唤醒人们觉悟的巨大作用。拿破仑废黜西班牙国王的消息传来，新任国王的随后到达，使得西班牙人民更加义愤填膺。各地人民纷纷拿起武器，到处掀起了反对法军占领的游击斗争。在人民英勇抗敌的感召下，忠于前国王的一些军队，以及各省的政务会（西班牙语称"洪达"），也大多参与了反法斗争的阵营，有的甚至起着组织抵抗的核心作用。随着事态的发展，各地的爱国者开始采取联合行动，相互配合打击敌人，从而不断发展着如火如荼的游击战争，使整个国家完全处于反抗法国侵略者的战争状态。

对于西班牙人民的愤怒和反抗，拿破仑是始料不及的，他原以为，属于波旁王朝世系的西班牙王官，早就腐朽不堪了。它的宫廷不睦，父子争权，宠臣弄术，已经把一个国家弄得混乱不堪。在这种情况下，他这个威震全欧洲的法国皇帝，只要略施小计，并派去十几万大军，一定可以轻而易举地把西班牙慑服。可是，他的算盘打错了，侵略政策和高压手段带来了严重的后果，在人民游击战争面前，向来号称不可战胜的法军，开始节节败退了。其中最突出的事例，是7月19日法军在拜兰地区的惨败。当时，杜邦率军南下，目标是想抢占西班牙南部地区，得手后再去攻取直布罗陀。西班牙的爱国将领卡斯特罗将军，率领2.5万余人，事先于安达卢西亚省占据希拉莫雷纳山隘等有利地形，在拜兰地

区发动了对杜邦军的围歼战。由于交通线已被切断，在弹尽粮绝、饥渴难耐的情况下，杜邦走投无路，率领1.9万人投降。这个深被拿破仑器重的将军缴械投降，轰动了整个欧洲。它第一次打破了法军不可战胜的神话，显示了民族解放战争的巨大威力。尽管法军在其他地区也取得不少胜利，但拜兰之战激发了西班牙人民的斗志。此后，西班牙爱国者在各地纷纷出击，迫使法军各路分兵，疲于奔波，时有挫折，穷于应付。在游击队力量的打击下，约瑟夫忧心忡忡，被迫于8月2日撤出马德里。西班牙战场的情况顿时变得非常严峻和复杂了。

面对这一形势，拿破仑不得不亲自出马。他为此作了详细筹划：首先，指示西班牙境内的法军采取缓兵之计，牢牢固守战略要地以待援军到达，并作好再战准备；其次，抓紧时间安排好欧洲中部事务，并邀请沙皇亚历山大到埃尔富特来会谈签约，决定共同对付奥地利的政策，以解后顾之忧；接着，重新部署兵力，除留下7.5万余人驻守莱茵地区之外，命令第一、第五、第六军和三个骑兵师从德意志地区撤出，以最快速度进军比利牛斯半岛，

世界通史

最新整理图文珍藏版

并在巴荣纳新编一个攻城纵队，尽快做好战斗准备。这样，到 11 月 5 日，拿破仑便率领一大批随从，浩浩荡荡地奔赴西班牙前线。此时，他仍然是志得意满的，手中握有 19 万余人的大军（包括原先进入西班牙的三个军在内），认为很快就能收复马德里，而后挥军出击，歼灭所有的反抗者，一劳永逸地收拾好西班牙战场的残局。

由于拿破仑的到来，也由于法军的强大实力，分散作战的西班牙部队，特别是零星的游击队伍，当然无力阻止敌人的开进。12 月 4 日，法军再次攻占了马德里。西班牙军民的抵抗力量在许多地方受挫和败逃。可是，挫折与失败并没有使西班牙人民气馁，广大民众仍然不屈不挠，团结奋战，坚持用游击战到处袭扰敌人，给法军以出其不意的打击。正如马克思所指出的那样，在西班牙土地上，"每一部分都洋溢着反抗力量。"

游击队的四处活动，使得法军不能派出信使，相互之间无法进行联络。拿破仑曾为此而发过哀叹，说"敌人游击队的活动实在难以捉摸"，说他们"突袭我的军事岗哨、辎重和信使的事件日益频繁"。正是西班牙人民这种灵活机动的游击战，把入侵的法军打得坐卧不宁。据说，当时在西班牙境内广泛地流传着一种《特殊问答》："你是谁？上帝恩赐的西班牙人。谁是你的敌人？拿破仑。他从哪里来？他从罪孽中来。法国人怎么样了？原来是基督教徒，现在成了异教徒。西班牙人为他们服务将会怎么样？那就是叛徒，应该一律处死。杀死法国人有罪吗？不，按上帝旨意，罪有应得。"这种公开的宣传攻势，震撼人心的喊话问答，曾使法军官兵闻之丧胆，大挫士气。法军兵力上的优势，在敌人游击战的海洋中，终于失去了以往同正规军作战所显示的作用。

西班牙人民的游击战火越烧越旺。拿破仑对于这一难题也已束手无策。然而，正当他苦心谋划下一阶段的进剿行动时，欧洲腹地传来了新的消息，奥地利开始集结军队，准备对法国进行报复。拿破仑有些困惑，又面临新的难题：可能要进行两线作战，而主要战场自然是在欧洲腹地。于是，他顾不得眼前战场的残局，在西班牙停留不到三个月，于 1809 年 1 月匆匆离开瓦利阿多里德，把作战指挥权交给贝尔蒂埃，自己快速度赶回巴黎。

没有拿破仑坐镇的西班牙战场，随之又失去了有权威的统一指挥，从此更加陷入无法摆脱的困境。西班牙人民愈战愈勇，作战规模和成果都不断发展着。游击队和原政府军日益强大，在英国远征军的援助和配合下，经过延续六年的艰苦搏斗，拖住了拿破仑的几十万精锐部队（最多时达到 30 万人），连续挫败了法国著名元帅马塞纳、内伊和苏尔特等人的威风，最后收复了首都马德里。1813 年末，所有侵西的法军，终于被全部赶出了国境。西班牙人民恢复了战前的王国，并把王位奉还给了费迪南七世。从 1807 年法军入侵开始的半岛战争，真正成了敌人以任何烧杀手段都不能摧毁人民抵抗精神的战争，是西葡两国人民运用游击战手段赢得最后胜利的民族解放战争。

英国获得进攻法国的基地

拿破仑对伊比利亚半岛发动进攻，还有一个重要目的是阻碍英国势力向半岛的扩张发展。然而事与愿违。法军进占葡萄牙和西班牙后，英国政府有了借口，因而于 1808 年 6 月作出决定，派遣一支远征军进入伊比利亚半岛。其任务：最初不过是阻止法军占领大西洋沿岸的重要港口，后来随着形势的发展，远征军深入到半岛内地，支援和配合葡西两国的武装力量，共同开展反对拿破仑的战争。8 月，英军中将阿瑟·韦尔斯利爵士受领远征军指挥职务，率军 1.7 万人，在葡萄牙的蒙德戈河口登陆，随后向里斯本进军。8 月 17 日和 21 日，韦尔斯利两次大败法国朱诺统率的葡萄牙军团，进入里斯本，签署协定，迫使朱诺率全部军队由海路撤回法国。远征军的初战胜利，鼓励了英国人对于支援半岛战争的信心和欲望。由于掌握着制海权，英国海军能够自由地向比斯开湾和大西洋各港口运送兵员和武器弹药等物资，用以维持英国远征军和葡西两国开展抵抗运动。于是，英国与葡西两国在半岛的军事合作得以不断发展。

英国远征军在半岛参与抗法作战的历程也是随着战事的发展而几经变迁的。进退攻守，胜败得失，在斗争中有过不少波折。1808 年秋，韦尔斯利获胜以后，英军迅速增加到了 3.5 万人。但是，他的指挥官职务被皇家近卫军老将约翰·摩尔爵士所取代。韦尔斯利返回本国继续担任他原先的行政职务。摩尔奉命进军西班牙，与前王国的政府军协同作战，抵抗法军的大举进剿。当年12月，英军3万余人顺利东进，在中旬连续占领萨拉曼卡、萨莫拉等地区，并在萨阿贡大败苏尔特军的骑兵部队。但由于拿破仑亲自率军支援，并切断其通往葡萄牙的退路，摩尔率军后撤，在拉科鲁尼境内作战时，不幸身负致命重伤。因此，英军对西班牙法军的第一次进击，最后遭到了失败。

1809年4月，韦尔斯利重新来到里斯本，接替亡故的摩尔担任英军指挥官。由于葡萄牙军很快与英军合编成旅，韦尔斯利实际上也成了葡军的司令。在以后的五年中，他多次领军出击西班牙，又多次退还葡萄牙休整，配合西班牙军队和人民进行了反抗法国侵略者的游击战争。1809年5~6月，韦尔斯利率领英葡军队出击，把苏尔特元帅率领的全部法军赶出了葡萄牙境内。7月，他同西班牙老将军库斯塔采取联合行动，取得了塔拉韦腊作战的巨大胜利。1810年，他挫败了马塞纳和内伊再次进攻里斯本的计划，使进攻的法军连遭失败而退。1811年，在弗温特斯德奥尼奥罗的战斗中，又一次打败马塞纳指

挥法军的进犯，同时有一部分联军在巴达霍斯地区挫败了苏尔特部队的进攻。1812年，由于法国侵俄战争爆发，西班牙境内的部分法军相继调走，韦尔斯利率军向西班牙境内出击，在萨拉曼卡附近大败马尔蒙，使这位接替马塞纳担任前线统帅的著名元帅身负重伤而逃。他乘胜追击，进占马德里，但考虑到当时的战场形势复杂，认为还不到同法军进行决战的时候，便又主动撤回葡萄牙。

1813年，随着欧洲战局的发展，拿破仑对西班牙的战事根本无力顾及，韦尔斯利制定了进攻西班牙法军的周密计划。他率领英葡军队出击，配合西班牙的政府军和游击队实行反攻。首先在维多利亚大败齐巴部队，迫使他们退向法国边境；而后在西法边境的比利牛斯山边区，连续重挫苏尔特部队，迫使法军全部退入法国本土。在此同时，他还协助前国王费迪南七世进行复辟，恢复了战前的西班牙王国。这样，由韦尔斯利率领的英国远征军，以同盟者的身份在西班牙王国境内同法军作战，同时也就获得了下一阶段直接进攻法国的可靠基地。1813年10月，威灵顿（韦尔

斯利此时因功晋升为威灵顿侯爵，不久又封为公爵，升为陆军元帅）从西班牙出发，率军北上，越过比利牛斯山，在法国境内作战，配合了第六次反法联盟对法国本土的进攻。

西班牙人民的游击战争，使法军遭受了重大的损失。当时流行着一种说法，法军在西班牙战场的不断损失，是长在法兰西帝国身上的一个"脓疮"，并终于化成一块"溃疡"。这块"溃疡"，不断地腐烂着，扩大着。它侵蚀了帝国的机体，消耗了大量的人力和物力，使得拿破仑的大量军队长期被困在伊比利亚半岛，使得拿破仑在尔后的年月里一直面临着两线作战的困境。法军所以失败，原因是多方面的，从总体上说，大体有以下几点。

一是侵略战争扑灭不了任何民族反抗压迫的革命怒火。拿破仑入侵葡西之战，采取了明火执仗的军事进攻和欺骗恫吓的政治讹诈手段，是一种赤裸裸的强盗行径。它公开违犯了国际公法和人类道义准则，从表面上看，似乎只是为了夺取王位和控制领地，为了某些经济利益，而实际上，却是对别国民族的生存权和自尊心的践踏，其最后结果，则是对别国广大人民群众的压迫和奴役。因此，它不能不引起被压迫民族和被掠夺人民的强烈反抗。半岛战争的事例表明，过去何等强大的法国军队，一旦师出无名，完全为了掠夺和压迫别的民族和人民去作战，结果也就丧失了以前那种无与伦比的作战能力。在这场侵略战争中，法军对于奋不顾身以求生存的反抗者，终究是砍杀不完，歼灭不了。他们面对四处蜂起、八方出击的游击队和游击斗争，最后也不免陷入困境，以致落得引火焚身。誓死反抗侵略和压迫的民族是永远不能用武力征服的，这是历史发展的逻辑。

二是英军的介入起了坚持抵抗的重大作用。在葡西人民反抗拿破仑入侵的战争中，英国远征军是一支重要的骨干力量。威灵顿率军进入半岛以后，对赶走葡萄牙境内的法国部队，加强和巩固葡萄牙的反侵略力量，曾起了决定性的作用。此后，他率军东进西班牙，对协助西班牙政府军和人民游击部队抗击法军的进剿，以及主动打击法国的驻防部队，也有不可磨灭的历史功绩。可以说，如果没有英军的介入，半岛战争的发展可能困难更大，战争胜利的到来也许要拖长一定的时间。事实表明，从 1809 年到 1813 年，在葡西境内打败法军进攻的大多数战斗中，差不多都有英军配合作战，有时还是他们起着主导作用。

三是法军缺乏坚强统一的领导，元帅们互不团结，不能协调一致地配合作战。半岛战争爆发以后，由于逐次增减兵力和调整部署，几经挫败和重新策划进攻，使得法军的领导体系和作战指挥屡经变易。开始时，以新任国王约瑟夫为名义上的总司令，茹尔当元帅当他的参谋长，两人都属平庸之辈，在法军中根本没有威信。独立指挥各军单独作战的元帅们，压根儿瞧不起他们。对于来自马德里的命令和指挥，元帅们往往置之不理而各行其是。后来，马塞纳、内伊、马尔蒙和苏尔特等元帅，相继担任过指挥前线作战的统帅。他们各有特长，但历来不相统属，只是对拿破仑个人负责，而且彼此之间有不少私人恩怨，互争短长，各不服气。这种关系妨碍了他们在作战中的合作与支援。另外，伊比利亚半岛的地理环境也对作战指挥带来了不利影响。那里的山脉与河流使作战地区分成多块，相互隔绝，不利于军队的协调行动，但却便

于各战区指挥官进行单独决策，各自为政。他们多从自己的方便出发采取作战行动，对于战场全局，以至整个战争的形势和利益，往往有所忽略。这样就造成了各区独立作战而缺少整体配合的局面。其所以如此，当然还是整个法军没有坚强统一的领导，是拿破仑军事领导体系中没有建立有效的机制，换句话说，只要拿破仑本人不在，他的军事机器就会发生故障。

第五次反法联盟与第四次法奥战争

1809 年 4 月，奥地利为报三次失败之仇，主动向法国发起进攻。已把大部分军队投入西班牙战场的拿破仑，被迫进行两线作战。法军匆匆集结和走上前线，在 4 月中下旬连续实行五次进攻战，又一次迫使奥军放弃进攻而转入退却。法军乘胜追击，于 5 月 13 日再占维也纳。5 月 21～22 日，双方争夺阿斯佩恩和艾斯林，法军首次败绩。拿破仑退守洛鲍岛，经过积极准备，复于 7 月 4 日夜巧渡多瑙河，随后赢得了 7 月 5、6 两日进行的瓦格拉姆会战。奥地利又一次战败投降。奥英两

国结成的第五次反法联盟也随之破灭。拿破仑在这次战争中的战略部署和指挥艺术，特别是对主动进攻之敌抢先攻击和败而不乱的再战决策，仍然在战争发展史上留下了有益的经验。

1809 年初的欧洲形势

1809 年初，欧洲大陆又出现了变幻莫测的政治局势，战争风云重新翻滚起来了。人们翘首望着法国和西班牙，半岛战争拖困着大量的法军。尽管拿破仑亲自在前线督战，而法军仍然不断遭受挫折。看来，那里的战事是一下子结束不了的。葡萄牙和西班牙军民英勇抗法斗争的榜样，激励着一切渴望制服拿破仑的旧日王公，特别是那些被拿破仑用苛刻条约所束缚的战败者。欧洲列强之中，俄国暂时维持着与拿破仑结盟的关系，普鲁士还被压迫得喘不过气来，因而带头活跃起来的，是资产阶级掌权的大不列颠王国和志在复仇的奥地利帝国。

当时，掌握着制海权的英国，已经基本上克服了拿破仑实行"大陆封锁"给它造成的困难，并在经济上又有新的发展，因而现在缓了过来，可以重新同法国争夺大陆的控制权。英国政府早在1808 年秋即作出决定，派出远征军同葡萄牙军民并肩作战。在援葡抗法的名义下，韦尔斯利中将率领远征军在葡萄牙登陆，打败法国入侵部队，收复了里斯本。到 1809 年初，英国远征军已增加到 4 万人左右，不仅协助葡萄牙的游击部队积极防卫着本土，而且奉命进军西班牙，协助西班牙军民开展抗法斗争。英国人参与半岛战争的决心和行动，特别是远征军打败朱诺部队的重大胜利，对欧洲大陆的封建王侯，以及不满于法国革命和拿破仑统治的人们，产生了巨大的鼓舞作用。

经过三年休养生息的奥地利人，完成了重新整训军队的工作，正在扩军备战，决心要报三次大败特别是奥斯特利茨惨败的深仇。他们眼看拿破仑的一只手已经在西班牙战场被绊住，认为良机已到，决心尽快发动进攻，要同拿破仑进行又一次重大较量。因此，革命后的法国同奥地利之间的第四次战争，也就随着奥地利军队作战计划的执行而提上了日程。

共同的敌人与相互借重才能得到的利益，又一次把英国和奥地利联合起来了。它们为了打败法国，制服拿破仑，于 1809 年 1月正式结成第五次反法联盟。英国提供若干财政援助，奥地利出兵打仗，以期重新改变欧洲的政治地图。

与此同时，法国内部的情况也在发生变化。本来，对于入侵葡西两国的战争，政府大臣中多有怀着不安情绪的。立法院主席戈塔内曾公开向拿破仑表示忧虑，说大家心里都"惶恐不安"。海军大臣德克雷在私下议论中，指说"皇帝疯了"，"他将自取灭亡，而我们所有的人都将跟他一起灭亡。"法军在伊比利亚半岛的失

路易十六被送上断头台，各国纷纷参加普奥联盟。

败，打击了拿破仑帝国的威望，加深了法国人对国家前途的担心。根据确切情报，整个一生"都在出卖那些收买了他的人"的前外交大臣塔列朗，和警务大臣富歇，正在联合起来，策划着如何出卖

拿破仑。法国政局的发展，似乎很难预料。

对于欧洲政局的动荡，战争风云的涌现，拿破仑当然是有觉察的，并开始筹划对策。他在到西班牙去之前，专门约请沙皇亚历山大来埃尔富特举行会谈，希望俄国保证，在法奥之间再次发生战争时亚历山大站到拿破仑方面。然而，这位盟友并未明确表示态度。作为回答，拿破仑也在普鲁士问题上没有对沙皇作出保证。沙皇的冷漠说明了法俄联盟的脆弱性。俄国同奥地利、普鲁士之间的秘密勾结，拿破仑是非常清楚的。他急于亲赴前线，就是要尽快收拾西班牙战争的残局，以便回头处理对付奥普俄的问题。

可是，到1809年初，欧洲形势的发展对拿破仑却更加不利了：半岛上的战争根本无法很快结束；英国远征军已由葡萄牙向西班牙境内开进；重新武装起来的奥地利正加快准备复仇；德意志境内开始发生反法骚乱；他的统治集团中也出现了惶恐情绪和叛离活动。总之，在整个大陆和法国内部，不安的因素在增长。拿破仑权衡利弊，下决心丢下半岛战争这个烂摊子，把作战指挥权交给西班牙国王约瑟夫，自己于1809

年1月24日匆匆赶回巴黎，以便安抚和整顿内部，并准备对付奥地利的战争。

奥法双方走上战场

拿破仑返回巴黎，通过情报获悉奥军动态的最新消息，确信又一场战争已经不可避免。于是，他立即颁发征兵令，提前征召1810年度的新兵10万人入伍。同时下令各附庸国为他提供10万人的部队，预计在3个月内集结兵力约30万人，用于对奥作战。为了这一目的，法军在2~3月间紧张地进行了新兵入伍、接收补充和连队培训等大量工作。到3月末，原来只剩7.5万人的"莱茵军团"，便基本上完成了扩充和改编任务。诚然，由于补充的新兵太多而久经战阵的老兵大减，同时还新增了来自附庸国家约7万人的外籍士兵，法军的战斗力如何，能不能承担未来的作战任务，人们是有过担心的。

根据拿破仑的指示，扩充了的莱茵军团首先编成了五个军：第二军，下辖三个步兵师，一个骑兵师、共4.6万人，由拉纳指挥；第三军，下辖四个步兵师、两个骑兵师，共5.1万人，由达乌指挥；第四军，下辖四个步兵师、一个骑兵师，共3.5万人，由马塞纳指挥；第七军（巴伐利亚军），下辖三个步兵师、一个骑兵师，共3.4万人，由勒费弗尔指挥；骑兵军，下辖四个骑兵师，共6000人，由贝西埃指挥。此外，皇帝已于3月24日下令，将近卫军（步兵1.8万人，骑兵4000人）从西班牙前线调回。为了保护后方交通线和翼侧的安全，巩固占领地区，牵制奥军的行动，还决定组建第八、第九和第十军，分别由奥热罗、贝尔纳多特和路易·波拿巴指挥。

这样，拿破仑预计，到4月中旬，可以用来对奥作战的兵力将有约20万人。据他判断，奥军发动进攻的日期，可能要在4月15日以后，因此决定将法军集结地区选在累赫河西岸与多瑙河北岸沿线，以斯特拉斯堡为主要补给基地，奥格斯堡和英戈尔施塔特为前进补给基地，利用多瑙河进行补给运输。当然，要完成新军的组建、调集和全部兵力的部署，任务非常艰巨，时间极为紧迫，还有敌情的变化未可预料。

事实上，局势的发展也确实出乎意料。法军还没有来得及按拿破仑的决心集中起来，奥地利军队就在卡尔大公的指挥下行动起来了。1809年4月9日，奥军不宣而战，首先发起进攻，走上了战场。

奥地利这次发动的对法战争，要比以往三次都得人心。这是因为，拿破仑的大陆封锁法令颁行以来，奥地利在商业和税收上遭到了巨大损失，商业资产阶级和全体消费者都产生了对拿破仑的不满情绪，因而一致拥护对法作战。同时，为了洗雪奥斯特利茨的耻辱，奥军在卡尔大公领导下进行了部分的军事改革。比如：军队设置了总司令部，把部队编成为军，建立了预备兵役制度，每个团的征兵区每年有接受三个星期义务训练的二个营，正式建立后备军，把分散的骑兵编成独立的师或团，把分散在步兵中的炮兵编成联队，组建了工兵团，改善了后方勤务，等等。经过改革的奥军，战斗力有很大提高。因此，它这次对法作战的准备是相当充分的，而且先于法军集中了兵力。

奥地利宣布对法战争时，全国共有兵力约50万人，除去预备队和各地守卫部队外，直接用于对法作战的兵力可达26万人，有火炮790门，编为九个军，由卡尔大公担任统帅。另有两个军约10万人作为预备队，分别驻守加利西亚和保卫维也纳。但后来真正参与对法作战的兵力则为19.5万人。当时，卡尔大公鉴于自己处于有利态势，决定采取先发制人的作战方针。他预计拿破仑不可能很快向多瑙河上游增加大量兵力，因而急速发兵，朝累赫河与多瑙河挺进，目的是把驻地分散的法军割裂开来，予以各个击破，争取在拿破仑赶到之前把法军打垮。为此，分兵两路：卡尔亲率主力约14万余人为左路，在帕骚与布劳瑙之间渡过因河，尔后向伊扎尔河开进，并分出一部开向慕尼黑；柯罗华特伯爵率5万余人为右路，沿多瑙河北岸向累根斯堡开进。

面对这种形势，法军的境况非常不利。拿破仑还在巴黎，军团的代理指挥官贝尔蒂埃也远在斯特拉斯堡。达乌的第三军正从纽伦堡向累根斯堡开进；拉纳的第二军在累赫河上的奥格斯堡；至于近卫军，则在从西班牙开来的途中。其他各军相距更远，有的连拿破仑关于迅速集中的命令都还没有收到。就这样，在4月9日奥军出击时，法军分散在约150公里的正面上，可用来作临战准备的时间非常有限，但是值得庆幸，志在先发制人的卡尔大公，却仍然没有改变过去那种彷徨犹豫、进军迟缓的老习惯。他的挥军挺进，只不过是缓缓地向西开拔而已。行军中不断地左顾右盼，既害怕法军很快集中，又担心防守维也纳的兵力薄弱。这样一来，他自己为拿破仑加速调动法军提供了宝贵的时间，同时又把自己的部队搞得非常疲惫。

法军初战获胜

奥军于4月9日而不是4月15日以后发动战争，对拿破仑来说是一次谋略上的失算，自然要给法军的作战部署带来颇大影响。但他作为战略家，仍然不失统帅风范，没有因为事出意外而惊慌失措，却又一次成功地利用了敌军指挥上的错误。尽管并未掌握敌军详情，拿破仑还是果断地下了决心，改变了原先在累赫河与多瑙河沿线组织防御的计划。他要变被动为主动，转守势为攻势，于是决定：以第三军与敌保持接触，缓缓地由累根斯堡撤退，沿多瑙河北岸退到诺伊施塔特，引诱敌人继续深入，在诺伊施塔特与第七军会合，尔后协同该军在正面抗击奥军的进攻；与此同时，以第二军和第四军分别从奥格斯堡出发，不顾连续行军的疲劳，迅速前出到伊扎尔河上的弗莱辛

与兰夏特之间，攻击奥军的侧后，切断其后方交通线，造成有利态势，力求在多瑙河与伊扎尔河之间与奥军主力进行决战。

拿破仑于4月13日离开巴黎，17日凌晨4时抵达多瑙沃尔特，上午10时，给各军分别发出了改变原来决心的命令。当天夜里，奥军的四个军在兰夏特与弗莱辛之间渡过了伊扎尔河。与此同时，法军马塞纳指挥的第四军和拉纳指挥的第二军，开始从奥格斯堡开出。随着第四、第二军开出后，拿破仑将大本营前移到英戈尔施塔特。由于双方相向开进，而且彼此交错，法奥两军的战斗，紧接着便全面展开了。4月19日～23日，双方在阿本斯贝格、泰根、兰次胡特、埃克缪尔和累根斯堡，连续进行了五次血战，结果都以法军的胜利而告终。奥军总计损失约5万人，被迫从进攻转入退却，而法军虽然也有颇大伤亡，但却扭转了被动局面，转入了全面进攻。

初战的胜利，有效地检验了法军的战斗力。他们虽然新兵成分较多，而顽强勇敢的战斗作风却仍由老兵保持并传给了年轻的士兵们。拿破仑及时改变决心，采用正面牵制与侧后迂回攻击相

结合的战术，对争夺胜利起了重大作用。这次被称之为"兰夏特行动"的大规模机动，同样是以部队不顾疲劳的急速行军和断敌退路为特点，是法军总体素质颇高的体现。还值得一提的是，在强攻累根斯堡时，拿破仑脚部负伤，但他深知统帅在关键时刻的作用，因而只作简单包扎，仍然继续指挥战斗，并严禁侍从人员向外泄露此一消息，以免扰乱军心。而在进入累根斯堡接受部下的欢呼时，他忍着伤口的剧痛，微笑着频频还礼。当然，这只不过是一件小事，但却反映了法国皇帝身居一线并以身作则的指挥作风。

法军初胜以后，立即乘胜追击。他们沿多瑙河而下，在艾别尔斯堡赶上了奥军的后卫部队，又取得一次胜利。但是，从奥军的作战行动可以看出，卡尔大公并不打算进行决战，因为他把维也纳城也主动放弃了。5月13日，法军没有经过激烈战斗便轻而易举地占领了奥地利首都。弗兰茨皇帝又像1805年的那样，带领王室成员和政府，随着军队的撤退而逃跑了。

争夺阿斯佩恩和艾斯林

但是事实表明，撤退的奥军并没有遭到致命的打击。在连续几次血战中，他们打得相当顽强和英勇，与马伦戈和奥斯特利茨作战的情况相比，应该说是大有进步。在卡尔大公的统率下，几次败退都是有秩序地撤走的。这一次，卡尔大公把部队从维也纳撤出，退到多瑙河左岸，其意图非常明显，那就是不愿意在首都附近决战，而有着新的预谋。卡尔深知，旷日持久对拿破仑不利，因而在撤退时毁掉了多瑙河上的所有桥梁，准备作持久的周旋。而拿破仑呢，他想再打一次奥斯特利茨式的会战，于是决心尽快渡河，寻求与奥军决战的机会。

在维也纳附近和下方，多瑙河被一些小岛分割了，形成几条支流。河中的岛子很多，其中最大的一个叫洛鲍岛。该岛与多瑙河左岸之间的河流比较狭窄。河的右岸这边是一层浅滩，河床平缓，并有两个小岛把大河分成为三条流速比较缓慢的支流。河对面，也即是左岸大约3公里的地方，一东一西地并列着两个小小的村庄，分别叫做阿斯佩恩和艾斯林。撤过多瑙河的奥军，就在这两个小村庄后方的高地上组织防御，其阵地正好俯瞰着附近一线的多瑙河沿岸。

拿破仑决心渡河，并选择了经由洛鲍岛过河的路线。这是因为，要想渡过河去，在维也纳大桥被炸毁以后，通过洛鲍岛南侧的三条支流，尔后再由洛鲍岛渡过另一条支流，是现地最可行的路线。为此，拿破仑动用了68条大船和9个大木筏，在洛鲍岛南面的三条支流上架设起伏桥。5月17日，法军安全地渡到了洛鲍岛，仅用四天时间就完成了渡河的第一步任务。随后，拿破仑命令在洛鲍岛北侧的多瑙河主流上架设轻便舟桥。由于缺乏制式材料，舟桥只能架成一座。21日清晨，法军开始从洛鲍岛渡河。拉纳的第二军奉命先行，其后是马塞纳的第四军。第二军渡过河后，即刻抢占阿斯佩恩和艾斯林，以掩护后续部队继续渡河。

法军第二阶段的架桥和渡河行动，完全是在对岸奥军的监视之下进行的。卡尔大公看到，法军在洛鲍岛与左岸之间这个水流湍急的多瑙河主流上，只架设了一座轻便浮桥，步兵渡过该桥尚且小心翼翼，骑兵和炮兵要通过它，其困难就不必多言了。据此，卡尔决定，先不忙于发起攻击，待到法军渡过一半兵力之后，再迅速毁掉桥梁，力求全歼已经渡过河来的大约一半法军。他随即下令，在河的上游准备好装上重物和纵火物的船只，以便在适当的时候由上游放下这些船只，一举冲毁法军的舟桥。为了不致暴露意图，他还命令主力注意荫蔽，暂时躲在阵地内，只以部分骑兵佯作抵抗，并逐次后退以引诱法军慢慢深入。

5月21日，中午12时左右，拉纳军的两个骑兵师和马塞纳的四个步兵师，共约3万多人，已经渡到了河的左岸。拿破仑本人就在第一批过来的部队当中。对于奥军的沉寂，他开始感到有些疑惑，但并不了解奥军主力是否就在附近，于是命令法军抢占阿斯佩恩和艾斯林，加紧构筑工事。直到下午2时左右，奥军才突然地采取行动。卡尔亲率奥军8万余人，对3万余名法军陡然发动进攻，其主要攻击方向，正是指向阿斯佩恩和艾斯林两个村庄，借着骑兵的掩护，奥军的火炮在阿斯佩恩和艾斯林之间占领了有利的阵地。这些阵地多是石质建筑物和有围墙的花园，便于以火力威胁正在坚守阿斯佩恩和艾斯林的法军，支援步兵和骑兵的冲击。这样，双方便围绕这两个居民地展开了激烈的争夺战，其攻击的猛烈程度和防御的顽强程度，在战史上几乎都是没有前例的。

在争夺过程中，两个居民地曾经几次易手。当时，奥军展开在居民地之间的火炮，给法军造成了很大伤亡。为此，拿破仑集中了已经过河的所有骑兵，决心搬掉这些火炮。经过几场拼搏，法军骑兵受挫，而奥军则进一步向河边压挤过来了。恰在这个时候，卡尔大公按其预定计划，利用阿尔卑斯山雪水融化而不断上涨的河水，从上游放下装有纵火物的船只，毁掉了法军与洛鲍岛之间唯一的一座舟桥，完全切断了法军后援、补给和撤退的道路。对于两个居民点的争夺，一直持续到夜幕降临。法军在左翼和中央的部队，都被奥军逼到了河边，只有右翼顶住子进攻，艾斯林仍然掌握在拉纳手中。待到天黑，双方只好暂停战斗。

拿破仑抓紧夜间时光，迅速组织力量修复舟桥，并把滞留在洛鲍岛上的法军调过河去，增强了北岸的部队。到天亮时，北岸的法军增到近 7 万人。5 月 22 日，双方继续争夺阿斯佩恩和艾斯林。战斗一开始，奥军攻克了法军控制的艾斯林，而法军则重新夺回了被奥军占去的阿斯佩恩，真是

巧妙的调换。尔后就展开了争夺这两个居民点的拉锯战，拼搏愈演愈烈，双方都用刺刀冲杀。最后，两个村庄都落到了奥军手中，奥军占领两个居民点后，立即将火炮机动上来，凭借有利地形，从左右两翼对法军进行交叉射击，迫使法军开始后撤。

可是，拿破仑并不甘心失败。他曾试图从中央突破，以求扭转被动局面，于是，集中了大约 2 万名步兵、200 门火炮和几乎全部骑兵，形成一个大纵队，命令拉纳率领，从战线中央部位实行孤注一掷的进攻。攻击开始时，眼见发展顺利，曾经在战线的中央打开一个缺口，并已推进到奥军纵深中的预备队阵地。法军似乎又有了转败为胜的希望。然而，卡尔大公这一次却表现得异常的冷静和沉着。他迅速地把预备队的掷弹兵和骑兵统统调了上来，很快就制止了法军向纵深和两翼的扩张。法军遭到了敌军预备队的反击，密集的纵队不得不停止前进。这时，奥军迅速而又充分地利用了对它有利的时机，集中炮火对法军的密集纵队进行集中射击，并以骑兵实施猛冲猛杀，终于迫使法军仓皇后退。奥军得势，乘胜追赶，并从法军右翼对

整个战线进行迂回，用炮火集中轰击法军通向洛鲍岛的舟桥，使得成群成群的法军士兵倒毙于桥头。

当奥军步步逼近、法军逐渐后撤的时候，又一个灾难性的消息冲击了法军。架设于洛鲍岛与多瑙河右岸三条支流上的浮桥，又被奥军乘洪水放下来的树木和装载重物的船只冲毁了。这样一来，法军由洛鲍岛到多瑙河南岸的道路，由维也纳提供补给物资的交通线，一下子被破坏了。看到部队惨重的伤亡和奥军愈来愈猛烈的攻势，听到浮桥被冲毁的消息，连久经战阵的将军们，也都感到不寒而栗。可是，如同在艾劳作战时一样，拿破仑却丝毫不以为意。他毫不气馁，沉着地指挥着战斗，又一次用自己钢铁般的意志稳定了部队。

退守洛鲍岛后的应变措施

然而，战局的发展毕竟对法军极为不利。眼见二天的作战已经付出重大代价，而且一时很难有取胜的把握，士兵们实在是疲劳不堪，加之有可能长时间失去与右岸的联系，拿破仑终于作出了艰难的抉择：后撤。5月22日下午2时左右，他命令马塞纳率部担任后卫，全军退往洛鲍岛。

马塞纳指挥的后卫战是打得非常顽强的，战斗一直延续到深夜，掩护最后一批法军撤上了洛鲍岛。

著名的阿斯佩恩艾斯林争夺战就此告一段落。在这次作战中，法军损失了大约3万人（一说4.4万人），奥军损失2万人左右（一说是3.5万人）。奥军这次在首都城下，而且几乎就在首都的视界以内所取得的胜利，是一次真正的胜利；敌人惨遭挫败，士气沮丧，被围在洛鲍岛那一小块地方。拿破仑自从统兵作战以来，这是第一次遭到真正的失败。

法军失败的消息立即在欧洲引起了强烈的反响，有人欣喜，有人担心，更多的人都在拭目以待，观察着事态的进一步发展。除了奥地利之外，普鲁士、意大利和德意志其他地区的一些农民，也都自发地组织起来了。他们分散地，但又是坚定地进行着反抗法国占领军的起义。霎时间，欧洲的政治局势泛起了波澜。拿破仑静观着事态的发展，并采取了谨慎对待、果断处理的政策。他深知，只有经过一次胜利的会战，彻底征服奥地利，才能挽回阿斯佩恩失败的影响，稳住整个欧洲大陆的政局。

为了应付当前形势，拿破仑

采取了各种紧急措施。首先，巩固和稳定欧洲大陆的秩序。他下令各地的法国占领军大力镇压农民起义。同时，颁布了所谓的"维也纳法令"，废黜并逮捕了罗马教皇，因为教皇庇护七世和他的红衣主教们借阿斯佩恩战斗大肆宣传，说什么上帝对拿破仑进行惩罚，说凌辱教会的暴君快要完蛋。拿破仑对他来了一个针锋相对，宣布把罗马城和教皇的一切领地完全并入法兰西帝国的版图，剥夺了教皇的一切特权。

其次，大力整顿战败的军队。为了鼓舞士气，提高官兵争取胜利的信心，拿破仑频繁地到各军去巡视，对士兵发表演说，使他们不仅从消沉的情绪中解脱出来，而且还焕发出积极求战的激情。他每到一处，都要特别询问部队的生活，力求使部队得到充分的休息和给养。当然，在那时的现实条件下，他最为操心，而且最为紧迫的任务，还是军队人员与装备的补充问题。于是，一个个的命令和指示从大本营中发出，不断地传送到欧洲的各个角落。随后，一批批的兵员、装备和给养物资，也源源不断地从各个附庸国和法国本土运上了前线。这样，在6月份，大约有2万名步兵、1万名骑兵、6000名近卫军和大量的火炮、弹药等，陆续补充到了部队。待到6月底，各军的损失已经全部得到了补充。

第三，调整指挥体系。法军得到补充以后，拿破仑对其编成和指挥官进行了适当调整。由于拉纳在阿斯佩恩战斗中阵亡，他任命乌迪诺接管第二军，而达乌和马塞纳仍然指挥第三军和第四军。新成立了骑兵军和第九军，分别任命贝西埃和贝尔纳多特担任指挥官。除了留下两个军驻防维也纳，以负责掩护主力、保障侧后的安全和后方交通线外，把欧仁·博阿尔内指挥的一个军、马尔蒙指挥的一个军以及巴伐利亚军等，统统调上前线。这样，法军将可用于直接进攻的总兵力，又达到18.7万人，火炮接近550门。有了这些兵力，拿破仑又可以寻求决战了。

双方重新选择战场

正当法军在洛鲍岛和多瑙河南岸积极备战的时候，卡尔大公也在重新筹划下一步的军事行动。由于阿斯佩恩和艾斯林地区离多瑙河岸太近，而且也太暴露，卡尔决定将奥军主力稍向后撤，选择一个有利阵地，以待法军再次来攻。这个阵地很快就被他找到了。原来，阿斯佩恩和艾斯林的东北部，就是一个叫做马尔赫法尔的平原。这个平原东西宽达60多公里，南北长约40公里，北端由一块自西向东而且成弧形的高地所环抱，其西端延伸到了多瑙河北岸。有一条叫做鲁斯巴赫的小河由北向南流来，从高地的中间穿过，又沿高地南缘流去，差不多是与多瑙河平行而转向东南方。在鲁斯巴赫河向东南转弯的地方，几乎是在弧形高地的顶点位置上，有一个居民地叫瓦格拉姆。

奥军主力从阿斯佩恩和艾斯林撤出后，来到了瓦格拉姆。卡尔大公看中了这块地方，立即命令部队停驻下来，就地组织防御。当时，卡尔选择这个防御阵地，也是费尽心机的。其左翼从瓦格拉姆伸展，向东南沿鲁斯巴赫河北岸部署，在大约7公里的地段上，配置了三个军和奥军的大部分骑兵。右翼也以瓦格拉姆作起点，沿高地向西南延伸，一直伸到多瑙河岸边，其正面约13公里；卡尔计划用四个军在这个地段组织防御，同时派出部分兵力前出到阿斯佩恩地区，占领前哨阵地。这样一来，瓦格拉姆便成了奥军左右两翼的结合部，实际

上是整个部署的要害所在。

卡尔大公作这样的部署，是有其明确目的的。他确实选择了有利地形，企图依托河流和高地，构成一个形同聚能罩式的弧形防线，等待法军主动来攻。他设想，待法军落入陷阱，并受到一定的消耗之后，即可挥动大军，从两翼向法军的侧后出击，将敌军全部歼灭。可是，这样的部署却产生了一个致命的弱点，那就是把手中所有大约13.6万人的兵力作了平均分配，因而留不出可供急用的预备队。卡尔是发现了这一缺点的，因而曾发出急令，向各处调兵，并限令他的弟弟约翰大公尽快赶到战场参加战斗。约翰大公率领着1.5万人，当时驻守在维也纳以东的布拉迪斯拉发，从那里开上战场约有三天行程。这一情况表明，奥军的部署一开始就隐藏着祸根。

卡尔大公的上述企图和部署还潜伏着另一种危险性，那就是以假设作为根据。据他设想，法军如果发起进攻，还像阿斯佩恩作战那样，从洛鲍岛上北渡多瑙河。因此卡尔确定的主要防御方向，仍然是阿斯佩恩这个方向。这个判断似乎颇有道理，因为上次的战斗就是在这里展开的，而

法军也对这里的地形与河床情况比较熟悉，并在这里架有浮桥。总之，卡尔对于法军的渡河地点和可能的进攻路线，单凭眼前的一点经验就作出了主观判断。

拿破仑会不会按卡尔大公的设想采取行动呢？这位杰出的统帅，久经战阵的老狐狸，在作战中早已形成了一条坚定不移的原则，那就是决不做敌人可能料到的事情。是的，法军要发起进攻。首先要克服多瑙河。障碍是要克服的，但不一定重蹈上次的老路，不必重复以前的做法。如何才能使十多万大军隐秘而迅速渡过河去，并在敌人预料不到的地点打击敌人，确实是使拿破仑费尽心机的问题。为了选定出敌不意的渡河地点，拿破仑和马塞纳元帅换上士官的服装，沿着洛鲍岛进行了仔细的勘察。他们亲自查看了多瑙河的河床、流速、沿岸地形，以及敌方部署等情况。根据现地勘察的资料，拿破仑决定：将渡河地点选在下游，即离上次渡河点约四公里的地方。具体地说，上一次的渡河点是在洛鲍岛的北端，这一次则移到了岛的南端。

根据这一决心，拿破仑制定了新的计划：以一部兵力在阿斯佩恩和艾斯林正面进行佯动，把奥军主力吸引到这个地段，而使主力在新选的渡场渡河。渡河利用夜色掩护，分三个波次进行。主力渡河以后，分出部分兵力实施正面攻击，其余兵力迂回奥军防御阵地的左翼，争取在那里首先达成突破，而后进行横扫敌阵的卷击。为此，拿破仑在随后发布的命令中，将渡河序列作了如下安排：第一波为达乌、乌迪诺和马塞纳的三个军；第二波为欧仁·博阿尔内、贝尔纳多特和马尔蒙的三个军，以及近卫军和巴伐利亚军；第三波为贝西埃指挥的骑兵部队。同时，拿破仑决定：以一个步兵师和大约一百门火炮留守洛鲍岛，充作预备队，一旦作战失利，则充当掩护部队。

法军渡河与奥军反击

1809 年 6 月 30 日黄昏，根据拿破仑的命令，马塞纳派出一个师在阿斯佩恩当面的浮桥旧址开始渡河，进行佯攻。佯攻行动进展顺利，法军没有遇到抵抗就轻松地渡过了多瑙河，随后在那里大张声势地架设浮桥，开辟渡场。驻守阿斯佩恩前哨阵地的奥军，没有进行骚扰，只是加固工事。这是因为，根据卡尔大公的计划，要把法军诱到高地面前，进到鲁斯巴赫河一线，使他们自行落入陷阱。奥军统帅的这一谋划，实际上对法军渡河起了间接的保护作用。卡尔万万没有想到，他判断上的失误竟促成了敌军佯动阴谋的实现，并使十几万法军随后在一夜之间便顺利地渡过了面前这条欧洲大河，而其渡河地点不在旧址，却对准着他的暴露翼侧，立即对他的左翼构成了严重威胁。

法军准备就绪，只是等待时机。有利的时刻终于来到。7月4日夜晚，电闪雷鸣，风雨交加。法军利用事先备好的渡河器材，在预定地点迅速架好了六座浮桥。按照拿破仑的命令，部队分成三波，向多瑙河北岸开进。与此同时，佯动部队在旧浮桥处架起火炮，对准阿斯佩恩附近的奥军阵地连续进行轰击，造成了法军将从旧址渡河的假象。7月5日拂晓，法军第一波的第三、第二和第四军全部到达多瑙河北岸，随即按照预定计划，逐次展开成扇形式的战斗队形，缓缓地向奥军阵地推进。下午3时左右，法军作战部队全部完成了渡河任务。

就在7月5日，在曙光升起的时候，奥军已发现了法军的大批渡河，情况与卡尔的预计已有明显的不同。这时，卡尔大公如能抓住战机立即发起反击，那么对立足未稳的法军来说，肯定会面临极严重的困难，甚至要遭受最重大的杀伤。可是，卡尔大公这一次显得异常的稳重，没有像阿斯佩恩作战那样积极进行反击，其原因是想诱使法军继续深入，以便将他们投进陷阱。但战斗的发展并不是按卡尔的设想进行的，激烈的战斗首先发生在法军的左翼，即在阿斯佩恩地区。法军的左翼主要是马塞纳第四军的一个师。该师从旧浮桥处渡过河后，进到阿斯佩恩附近，在那里同奥军前哨部队发生了激战。几经争夺，奥军被迫放弃阵地，撤回到了瓦格拉姆以西的右翼防线。

下午3时过后，法军开始全线推进。在右翼，按照渡河的三个波次，分成前后三线。当第一线部队逐渐展开，拉大间隔时，第二线部队随即进入第一线部队的展开位置。直到傍晚6时左右，右翼部队终于推进到了奥军防御阵地的前沿。有人向拿破仑建议，由于天色快黑，似应等待第二天再发起攻击。拿破仑考虑，约翰大公的1.5万名奥军，就在东面不远的布拉迪斯拉发地区，随时都可前来增援，因而应该不失时机地马上发起攻击。这样，尽管时间很晚，而且缺少详细的侦察和炮火支援，法军仍然于晚7时以密集队形对奥军长期准备的阵地发起了攻击。

按照预定计划，法军应集中兵力攻击瓦格拉姆以东的奥军左翼。可是，在作战过程中，法军的行动却没有按计划发展，进攻的部队未能有效地对奥军左翼进行迂回，基本上形成了正面攻击。达乌军、乌迪诺军和贝尔纳多特军反复实施攻击，都没有任何进展，三个军遭到了很大的损失。最后，贝尔纳多特军中的萨克逊师在损失面前坚持不住，开始向后溃退。由于该军位于三个军的中央，他们一撤退，达乌军和乌迪诺军的翼侧也就立即暴露了。此时，天色已经完全昏黑。拿破仑不得已下了停止攻击的命令。在第一天几个小时的战斗中，奥军顽强地坚守着阵地，而法军却受到了很大的损失。看来，拿破仑有可能重蹈阿斯佩恩作战的覆辙。卡尔大公心中窃喜，认为自己可以按预定计划打败法军。

法军把主要兵力都集中到了奥军的左翼方面，这就使得自己的左翼非常空虚。在阿斯佩恩附近，只有马塞纳军的一个师，其后面是多瑙河，纵深有限，回旋余地非常狭小。卡尔大公看到了这一弱点，决心加以利用。他以左翼继续抗击法军的进攻，而将四个军的兵力投向右翼，对法军空虚薄弱的左翼实施反击。反击的主要目标是阿斯佩恩，首先歼灭进到那里的法军，尔后由此向左卷击，即转过身来沿多瑙河河岸而下，切断南面法军主力与其后续部队的联系，从而包围在左翼当面实施进攻的法军主力部队，最后，只等约翰大公的援军从东面开到，即可共同歼灭被围的法军。

瓦格拉姆之战

1809年7月6日拂晓，卡尔大公下达了发起反攻的命令。奥军很快击退了阿斯佩恩以北及其以东的马塞纳军，将该军的四个师全部压退到了阿斯佩恩和艾斯林两个居民地地区。法军的左翼和侧后完全暴露在奥军面前了，马塞纳军处于极端危险的境地。

奥军突然发起反攻，使拿破仑大吃一惊。当时，进攻奥军左翼阵地的部队又一次败退下来了。形势变得非常严重。事情已很明显，摆在拿破仑面前的只有两条路：一是抽调预备队和右翼部分兵力去增援马塞纳军，抗住奥军优势兵力的突击；一是利用奥军集中兵力于右翼实施反击而左翼防线暴露，中央瓦格拉姆地段兵力薄弱之机，采取敌进我进的办法，大胆地向敌中央瓦格拉姆阵地进行攻击，进而席卷敌军整个防线。走第一条路，需要临时调动预备队，必须经过一段时间的机动和准备，待到军队进入战斗，不仅费时费力，而且成功的把握不大，或许可能暂时阻止敌人的进攻，但难以达成彻底击败敌人的目的。选择第二条路，当然要冒一定的风险，左翼一个军处在奥军优势兵力的进攻下，有可能被击溃，果然如此，则整个部队的后路也有可能被切断，但是，这个选择是积极的，一旦得手，就可能彻底改变战场的形势，动摇奥军的基础，从而有助于达到会战的目的。这是因为，瓦格拉姆是联结奥军左右两翼的枢纽部位，如果攻克这个中央阵地，不仅可以直捣奥军右翼反击部队的侧后，起到解救法军左翼的作用，而且可以向奥军的左翼实施卷击，并乘势向纵深发起进攻。

　　经过冷静思考，反复权衡，拿破仑终于果断地改变了原定决心，放弃以主力攻击奥军左翼的计划，立即把原定进攻左翼的全部兵力调向敌中央部位的瓦格拉姆。同时，命令马塞纳军不惜一切代价扼守阿斯佩恩和艾斯林地区，务必保持法军左翼的稳定，使主力可以放手发起进攻。为了保证法军右翼的安全，并使进攻瓦格拉姆的部队没有后顾之忧，拿破仑又命令原来负责监视约翰大公部队的达乌军，继续攻击奥军的左翼防线，首先担负牵制任务，如果有所进展，则从右侧向瓦格拉姆发起进攻，配合主力行动，对敌形成钳形攻击态势。

　　7月6日上午，法军进攻瓦格拉姆的号角吹响了。在长时间的炮火准备之后，见西埃率领骑兵首先发起冲击。随后，其他各军相继展开进攻。与此同时，达乌军也在右翼渡过了鲁斯巴赫河，突入敌人的阵地，并开始向瓦格拉姆方向突进。奥军打得相当顽强，表现出了在以前还从来没有过的战斗力。不过，法军的正面攻击非常猛烈，加上侧面的夹击来得突然，奥军开始支持不住，队伍中出现了混乱现象。当时，奥军在右翼进行反击的部队也面临了困难。他们的正面摆得过宽，以致兵力分散，攻击不能集中，而且缺少预备队，无法保持连续进攻的能力。与此相反，法军的马塞纳军则进行了顽强的阻击，他们退到阿斯佩恩和艾斯林地区以后，终于站住了脚跟，使得进攻的奥军最后停留在居民地前，再也无力前进。

经过多次的搏斗和反复的争夺，战场形势开始发生变化。法军逐步发展攻势；奥军被迫全线后退。到下午4时，卡尔大公得知，他所望眼欲穿的援军，即他弟弟约翰大公的那1.5万部队，还远在十多公里以外，根本不可能靠它来挽回危局。同时他也看到，法军的攻击异常猛烈，原定把法军包围歼灭的计划已无法实现。是的，他使法军钻进了渔网，但却拉不起网来，反而被敌军冲破了网底。这样，继续战斗下去不仅毫无意义，而且可能招致全军惨败。基于这个判断，他命令全军撤退。

7月6日房晚，奥军开始撤出战场，除了有些小部队溃逃之外，大部分军队都保持着原来的队形。它留给法军的战利品，只不过是火炮九门和军旗一面，仅有部分伤员被俘，没有负伤而当俘虏的人寥寥无几。在这场大搏斗中，法军胜利了，但付出的代价却是高昂的。拿破仑已经把所有的预备队都投入战斗，再也没有能力实施追击了。这一仗，奥军损失约2.6万人，法军损失在3万人以上。由于双方参战的火炮都在400门以上，死伤多半都是炮火造成的。

瓦格拉姆一战，完全打掉了卡尔大公战胜拿破仑的信心。他对战争的前途感到绝望。7月11日，奥皇弗兰茨二世派出使者，向拿破仑请求休战。拿破仑欣然表示同意，但提出了极为苛刻的条件。按照拿破仑的要求，凡是法军在休战时刻已经到达的地方，哪怕只有几名士兵到达，奥军都要撤走，但在最后签订和约之前，奥军却要留在那里作为人质。对此，奥皇不得不表示同意。

随后，双方在维也纳的申布伦宫开始订约谈判。拿破仑开出的条件是：奥地利必须割让一部分土地给法兰西帝国；割出另一部分土地分给巴伐利亚王国、华沙大公国和俄罗斯帝国；同时付出1.34亿金法郎作为战争赔款；将军队的人数限制在15万人以内；继续执行大陆封锁政策，同英国断绝一切关系；保证不干涉西班牙、葡萄牙和意大利各国的事务。尽管奥地利并没有完全战败，但拿破仑作为胜利者却毫不让步。经过多次协商，奥地利讨价还价，恳求放宽一点条件。拿破仑直到拖了三个月之后才故作姿态地表示一点宽容，同意将战争赔款减为8500万金法郎，而对于土地的割让只作一点象征性的让步。

1809年10月14日，法奥两国签订了《申布伦和约》，正式结束了第四次法奥战争。随着奥地利的失败与和约的签订，奥英两国的第五次反法联盟也就彻底瓦解了。奥地利想要摆脱拿破仑控制的战争尝试，又一次遭到了失败。

帝国的建立和《法国民法典》

国际、国内的形势，成为拿破仑登上帝位的阶梯。1804年5月18日，拿破仑公然授意元老院通过决议宣布拿破仑·波拿巴为法兰西人的皇帝。并且宣布实行国家元首的世袭制符合法国人民的最大利益。为提请全国公民投票批准世袭制，法国颁布了新宪法。11月，提倡世袭制的新宪法以绝对多数票通过，正式宣布法国为帝国，把共和国政府托付给一位世袭的皇帝，这就是法国历史上的"共和十二年宪法"。12月2日，拿破仑在巴黎圣母院举行加冕典礼，称拿破仑一世。从

此法兰西第一共和国被第一帝国所取代。

拿破仑为了巩固大资产阶级的统治，十分强调立法工作，努力使集权与严密的法制结合起来，他经过多年的准备，陆续颁布了五部法典：《法国民法典》（1804）、《民事诉讼法》（1806）、《商法典》（1807）、《刑事诉讼法典》（1808）、《刑法典》（1810）。拿破仑认为《民法典》是他对资产阶级的最大功劳。他曾经说过："我的真正光荣不在于我打了40个胜仗，不能被遗忘的，将万古长存的则是我的《民法典》。"这部《民法典》是在拿破仑亲自主持下制订的，1800年8月，他任命了特隆歇、波塔利斯、马尔维尔和比戈·德·普雷阿梅纳等四位著名法学家组成起草委员会，经过四个月的紧张工作提出了民法草案，由参政院立法专门委员会修改，交参政院全体会议逐条讨论修改，参政院先后召开了107次讨论会，其中拿破仑亲自主持了62次会议。拿破仑曾研究过古罗马法并阅读了大量法学书籍，因此，当讨论纠缠不清时，他就理出头绪，归纳出结论，并"提供大部分是正确、新颖、深刻的观念"。经过三年半的修改、讨

论，于 1804 年 3 月 15 日由立法院通过，3 月 21 日拿破仑签署法令，以《法国人的民法典》的名称正式颁布施行。1807 年这部《民法典》被命名为《拿破仑法典》，包括总则、三编（35 章），共 2281 条。

《民法典》内容丰富，其中最突出的有这样几个方面：第一，确认了资产阶级财产所有权的原则。几乎有 1/3 的条文，从不同的角度保护资本主义私有制的不可侵犯性，维护了大革命最根本的成果。例如第 537 条规定："私人得自由处分属于其所有的财产"。第 544 条规定："所有权是对于物有绝对无限制地使用、收益及处分的权利"。这就保证了绝对的个人私有制，激发了个人积极性，为资本主义自由发展提供了法律保证。

《民法典》明确肯定了新的土地关系。保障它不受封建复辟势力的侵犯。第 552 条规定："土地所有制并包含该地上空和地下的所有权"。"所有人得在地上从事其认为适当的种植或建筑"。

波拿巴又采用了软的一手。允许在革命期间逃亡在外的一些保王党和君主立宪派等反对派分子回国，以后又不断放宽条件。

到 1800 年 5 月，波拿巴宣布，凡是愿意宣誓忠于新政权者，既往不咎。这一作法大大缓和了矛盾，有利于拿破仑政权的巩固。

实行有利于资本主义经济发展的政策。波拿巴接手政权之时，法国财政一片混乱。为了迅速改变这一状况，执政府整顿和加强财政机构，由参政院派出专人监督各主要财政部门的工作。改革税收制度，由国家统一税收，健全货币制度，重建期票证券制度，改组证券交易所，支持商会的活动。采用十进位的公制，以统一国内市场，活跃经济。成立全国工业促进会，加强对工业的监督和领导，给私人企业提供补贴、厂房和机器设备，鼓励采用新技术。在农业方面实行保护小土地所有制的政策，扩大耕地面积，推广优良品种和新技术，从而促进了农业的恢复和发展。在对外贸易方面，实行保护关税制度，抵制英国商品的倾销，同时鼓励出口创汇。由于上述措施的实施，使执政府统治下的法国经济状况日趋好转，国库收入增加，财政收支逐渐平衡，从而为稳定国内局势和对外战争的胜利提供了物质保证。

调整和改变宗教政策，利用

宗教作为巩固政权的工具。波拿巴执政后，意识到天主教在法国的影响根深蒂固，同时也由于雅各宾派反宗教政策的教训，着手与罗马天主教廷和解。1801 年 7 月与罗马教皇签订教务专约，承认天主教是法国大多数人信仰的宗教，恢复天主教会在法国的合法地位和活动，但教会服从政府的法令，教会承认大革命时期被出卖的教产的合法性，不再恢复什一税，大主教和主教由国家任命和支付薪俸，由教皇授职。此后，天主教会成为波拿巴统治的又一重要基础。

在军事上，打破第二次反法同盟对法国的包围和威胁。1800 年 5 月，波拿巴率 4 万军队翻越阿尔卑斯山，突然出现在意大利。在意大利的奥地利军队对于法军的到来毫无准备。6 月 14 日，法奥两军在马伦哥平原决战，法军以 4 万对奥军 13 万之众，却以少胜多。12 月，由莫罗将军率领的法军在莱茵战线取得胜利，兵锋直逼奥地利首都维也纳。1801 年 5 月，奥地利与法国签订《吕内维尔条约》，法国依约占有意大利北部和中部，并获得比利时和卢森堡。次年 2 月，法国在意大利建立了属于法国的意大利共和国，波拿

巴兼任总统。第二次反法同盟遂瓦解。1802 年 3 月，英国与法国签订了《亚眠和约》，英国退还了原属法国的殖民地安德列斯群岛和印度的法属殖民地，并允诺从地中海的马耳他岛和埃及撤军。这样，法国暂时解除了外部的威胁。

滑铁卢战役

拿破仑是历史上最负盛名的资产阶级军事家，一位身经百战的军事统帅。虽然他后来在圣赫勒拿岛流放时回忆说，"我真正的光荣并非打了 40 次胜仗，滑铁卢之战抹去了关于这一胜利的回忆"，但是事实上，他的胜利记录和军事成就，盖过了以往历史上所有著名的军事统帅，并给以后的军事统帅们以深刻的影响。

滑铁卢战役是拿破仑一世同英、俄、普、奥等组成的第七次反法联盟之间的一次大规模会战，战争发生于 1815 年，战场在今天比利时境内的布鲁塞尔南边小村滑铁卢。这是拿破仑指挥的最后一次大会战，这一战，法军失败，终结了拿破仑的政治生命。

这次战争是这样打起来的：1815 年初，被放逐于厄尔巴岛的

世界通史

最新整理图文珍藏版

拿破仑，得悉在维也纳开会的反法联盟各国之间由于分赃不均而闹得剑拔弩张，几乎决裂，而法国国内人民对波旁王朝的封建复辟和反攻倒算十分不满，便决定乘机再起。2月26日，拿破仑率旧部1050名官兵，分乘6艘小船，逃离厄尔巴岛，顺风飘然北去。3月1日抵达法国南岸，在儒昂湾登陆，开始向巴黎进军。沿途所到，守军和派来阻击的军队，大多是拿破仑的旧部，他们不是倒戈相向，就是欢呼归附。从枫丹白露到巴黎的大路上，成群结队的农民夹道欢迎，都想看一看这个穿灰大衣的人，3月20日，拿破仑未放一枪，进入巴黎。路易十八及其朝廷仓皇离京，向比利时方向遁逃。

拿破仑指挥法军大胜土耳其军队

拿破仑东山再起的消息使维也纳宫中的与会者惊得目瞪口呆，争吵停止下来。反法联盟各国的全权代表拟草了共同宣言，把拿破仑称为世界和平的扰乱者和敌人，"不受法律保护"。他们千方百计要在拿破仑集中全部力量之前就把他打倒。3月25日，英、俄、普、奥、荷、比等国结成第七次反法联盟，拒绝拿破仑和谈的要求，开始用兵。

反法联盟迅速集结70万重兵，准备分头进攻巴黎。集结在莱茵河方面的17万俄军和25万奥军，在巴克雷指挥下，向洛林和亚尔萨斯推进；在意大利方面，奥一撒丁联军6万，由弗里蒙特指挥，在法意边境集结；普鲁士布吕歇尔元帅率12万普军、大炮300门集结于沙勒罗瓦与列日之间；英国的威灵顿将军统率一支由英、德、荷、比人组成的混合部队约10万人，炮200余门，驻扎在布鲁塞尔与蒙斯之间。此外，联盟军还有预备队30万人。英军和普军在6月中旬集结完毕。联盟军约定在6月20日左右开始共同行动。拿破仑方面，军队以惊人的速度进行集结，到6月上旬末，约有18万训练有素的军队集结在皇帝的鹰旗之下。拿破仑希望 6 月底能有 50 万战士可以上阵。

这次战争，从联盟国方面来说，是不义的、侵略性的战争，但是反法联盟继续打着欧洲各民族反拿破仑压迫的旗号煽动这种民族情绪；从法国方面看，是防御性的卫国战争，但是拿破仑却背着欧洲各民族的压迫者这个历史包袱，无法甩脱。拿破仑想唤起法国人民在大革命初期的爱国热情，但又不敢放手让民众起来。拿破仑只能用不到 20 万的兵力去对付百万联盟军，军事上处于不利地位。在这种情况下，拿破仑决定采取以攻为守的战法，争取主动。拿破仑认为当时威胁最大的是比利时方面的英、普军队，因此，在莱茵河、意大利方面，布署一部分兵力取守势，实行牵制；在西班牙方面，派少量兵力扼守要塞；主要兵力集中于比利时方面。拿破仑计划在联盟军尚未会齐的时机，先击溃英普军。

6 月 12 日，12.5 万法军（包括近卫军 2.8 万人）；炮 300 余门，向比利时方向进发。拿破仑先用 5 万兵力牵制英军，主力 7 万余人于 6 月 16 日在林尼附近同普军主力 8 万人接战，拿破仑力图把英普联盟军切开，然后各个击破。这一仗从下午 2 时起，一直

处在激战状态，当时乌云密布，暴雨倾盆，只有闪闪电光才照亮硝烟弥漫的战场。当雷雨过后，在落日的余晖下布吕歇尔才发现了。普军防线已被突破，普军被切成两段，要想集结已经来不及了。普军全线崩溃，布吕歇尔也被摔伤。拿破仑以为普军已被击溃，命令法军休息一日，才令格鲁希元帅率 3 万余军尾追普军。自率主力转攻英军。正因如此，普军得以收拾溃散之众，向瓦弗方面重新集结。

威灵顿率兵六万余人，大炮一百五十六门，布阵于滑铁卢村南。这个阵地后方有圣让山作依托，阵地前地势低洼，右侧有坚固的乌古蒙堡垒，中央有圣拉埃村。左侧有莫斯安、拉埃、帕佩罗特等小村及沼地和灌木林。山冈背后有一条低陷的横路，预备队和骑兵荫蔽在这里。号称"铁公爵"的威灵顿，长于防守而短于进击，特别是他同拿破仑这样的对手交锋，加倍谨慎，着重防守。他正确估计到，只要挫败拿破仑的进攻，就能争取到胜利。因为拿破仑不可能再有后援。

6 月 18 日，拿破仑率军 7 万，炮 246 门，追击英军，在滑铁卢附近扎营。拿破仑将总预备队位

于中央后方。司令部设在李格芬村。对于英方阵地，拿破仑侦察得不够清楚，但他正确判断，英军阵地的弱点在中段。他决定佯攻英军右翼，重点攻中段。上午11时，法军开台攻击英军右翼乌古蒙，形成对峙。午后1时，拿破仑正想主力猛攻中段，但飞马来报，布吕歇尔集结的普军一部来援，这位具有"屡败屡战"顽强精神的布吕歇尔，迫使拿破仑从总预备队中抽出两骑兵师迎击这部普军，阻滞其行动。拿破仑火速传令，让追击遇普军的格鲁希元帅立即率部来滑铁卢增援，然后法军以密集队形猛攻英军中部阵地。英军顽强抵抗，双方反复争夺，伤亡都很大。到下午6时许，在拿破仑的不惜一切代价的命令下，终于突破英军中部防线，占领了圣拉埃，但是由于法军突击队经过长时间冲锋，伤亡很大，无力扩张战果。

英军开始难以支持，而法军也难以扩展战果，双方对于援军的盼望达到了顶点。英军认为普军必将赶到，法军认为格鲁希部一定会来，这种焦急的盼望，使滑铁卢战役在战争史上独具特色。然而，最终盼来的军队还是普军，格鲁希部音讯杳然。格鲁希为什

么不来？据说是拿破仑给他的指令不明确，格鲁希误以为拿破仑要他前往另一个目标瓦弗，而不是向拿破仑靠拢。尽管西边炮声隆隆，格鲁希还是坚持向瓦弗进攻，实在奇怪。格鲁希究竟是存心背弃拿破仑，还是真的误解了命令，也就成为历史上的一个"谜"。布吕歇尔把普军合在一起，共三万余人，投入战斗，狂攻法军右翼。拿破仑不得不孤注一掷，命令近卫军投入战斗，对英军作最后攻击，但也未能奏效。英军在普军的支援下，发起反攻，拿破仑腹背受敌，战局急转直下，最后大败。19日，普军骑兵袭击李格芬村法军司令部，拿破仑乘马逃出战场，法军全线崩溃。1815年6月21日，拿破仑败归巴黎，百万反法联军也源源进入法境。7月7日，联军进入巴黎，拿破仑宣布退位，结束了"百日执政"。拿破仑被放逐到大西洋中的圣赫勒拿岛，直至去世。

恩格斯认为，拿破仑指挥的滑铁卢战役是"要完全防御性的战局中进行进攻战和不断攻击的最出色的例子"，"这位完全为了保卫遭到敌人侵犯的国家而战的统帅，在一切地点有机会就向敌人进行攻击；虽然整个说来兵力

始终比入侵的敌人少得多，但是他每次在攻击的地点都能够造成优势，而且通常都获得胜利"。滑铁卢战役之所以失败，并不是计划本身或计划执行上的原因，而是政治方面和战略方面的，"其中主要的原因就是同盟国方面在兵力上占有巨大优势，一个在四分之一的世纪内连年战争因而力量消耗殆尽的国家，已不可能单独抵抗整个武装起来的世界对它的进攻。"

决定胜负的一分钟

命运总是迎着强有力的人物和不可一世者走去。多少年来，命运总是使自己屈从于这样的个人：恺撒、亚历山大、拿破仑，因为命运喜欢这些像自己那样不可捉摸的强权人物。

但是有时候，当然，这在任何时代都是极为罕见的，命运也会出于一种奇怪的心情，把自己抛到一个平庸之辈的手中。有时候——这是世界历史上最令人惊奇的时刻——命运之线在瞬息时间内是掌握在一个窝囊废手中。英雄们的世界游戏像一阵风暴似的也把那些平庸之辈卷了进来。但是当重任突然临到他们身上时，与其说他们感到庆幸，毋宁说他们更感到害怕。他们几乎都是把抛过来的命运又哆哆嗦嗦从自己手里失落。一个平庸之辈能抓住机缘使自己平步青云，这是很难得的。因为伟大的事业降临到渺小人物的身上，仅仅是短暂的瞬间。谁错过了这一瞬间，它决不会再恩赐第二遍。

格鲁希

维也纳会议正在举行。在交际舞会、调情嬉笑、玩弄权术和互相争吵之中，象一枚嗖嗖的炮弹飞来这样的消息：拿破仑，这头被困的雄狮自己从厄尔巴岛的牢笼中闯出来了。紧接着，其他的信使也骑着马飞奔而来：拿破仑占领了里昂；他赶走了国王；军队又都狂热地举着旗帜投奔到他那一边；他回到了巴黎；他住进了杜伊勒里王宫。——莱比锡大会战和20年屠杀生灵的战争全都白费了。好像被一只利爪攫住，那些刚刚还在互相抱怨和争吵的大臣们又都聚集在一起。急急忙忙抽调出一支英国军队、一支普鲁士军队、一支奥地利军队、一支俄国军队。他们现在要再次联合起来，彻底击败这个篡权者。欧洲合法的皇帝和国王们从未这样惊恐万状过。威灵顿开始从北边向法国进军，一支由布吕歇尔统率的普鲁士军，作为他的增援部队从另一方向前进。施瓦尔岑贝格在莱茵河畔整装待发；而作为后备军的俄国军团，正带着全部辎重，缓慢地穿过德国。

拿破仑站在一个制高点观看着这场难料胜负的战斗

　　拿破仑一下子就看清了这种致命的危险。他知道，在这些猎犬集结成群之前绝不能袖手等待。他必须在普鲁士人、英国人、奥地利人联合成为一支欧洲盟军和自己的帝国没落以前就将他们分而攻之，各个击破。他必须行动迅速，不然的话，国内就会怨声

四起。他必须在共和分子重整旗鼓并同王党分子联合起来以前就取得胜利。他必须在富歇——这个奸诈多变的两面派与其一丘之貉塔列兰结成同盟并从背后捅他一刀以前就班师凯旋。他必须充分利用自己军队的高涨热情，一鼓作气就把自己的敌人统统解决掉。每一天都是损失，每一小时都是危险。于是，他就匆匆忙忙把赌注压在欧洲流血最多的战场——比利时上面。6月15日凌晨3时，拿破仑大军（现在也是仅有的一支军队）的先头部队越过边界，进入比利时。16日，他们在林尼与普鲁士军遭遇，并将普军击败。这是这头雄狮闯出牢笼之后的第一次猛击，这一击非常厉害，然而却不致命。被击败而并未被消灭的普军向布鲁塞尔撤退。

　　现在，拿破仑准备第二次猛击，即向威灵顿的部队进攻。他不允许自己喘息，也不允许对方喘息，因为每拖延一天，就意味着给对方增添力量。而胜利的捷报将会像烈性烧酒一样，使自己身后的祖国和流尽了鲜血、不安的法国人民如醉若狂。17日，拿破仑率领全军到达四臂村高地前，威灵顿，这个头脑冷静、意志坚强的对手已在高地上筑好工事，

严阵以待。而拿破仑的一切部署也从未有像这一天那样的细致周到。他的军令也从未有像这一天那样的清楚明白。他不仅反复斟酌了进攻的方案，而且也充分估计到自己面临的各种危险，即布吕歇尔的军队仅仅是被击败，而并未被消灭。这支军队随时可能与威灵顿的军队会合。为了防止这种可能性，他抽调出一部分部队去跟踪追击普鲁士军，以阻止他们与英军会合。

他把这支追击部队交给了格鲁希元帅指挥。格鲁希，一个气度中庸的男子，老实可靠，兢兢业业，当他任骑兵队长时，常常被证明是称职的。然而他也仅仅是一位骑兵队长而已。他既没有缪拉那样的胆识魄力，也没有圣西尔和贝尔蒂埃那样的足智多谋，更缺乏内伊那样的英雄气概。关于他，没有神话般的传说，也没有谁把他描绘成威风凛凛的勇士。在拿破仑的英雄传奇中，他没有显著的业绩使他赢得荣誉和地位。使他闻名于世的，仅仅是他的不幸和厄运。他从戎 20 年，参加过从西班牙到俄国、从尼德兰到意大利的各种战役。他是缓慢地、一级一级地升到元帅的军衔。不能说他没有成绩，但却无特殊的

贡献。是奥地利人的子弹、埃及的烈日、阿拉伯人的匕首、俄国的严寒，使他的前任相继丧命（德塞在马伦哥，克莱贝尔在列罗，拉纳在瓦格拉姆），从而为他腾出了空位，他不是青云直上登坐最高军衔的职位，而是经过 20 年战争的煎熬，水到渠成。

拿破仑大概也知道，格鲁希既不是气吞山河的英雄，也不进运筹帷幄的谋士，他只不过是一个老实可靠、循规蹈矩的人，但是他自己的元帅，一半已在黄泉之下，而其余几位已对这种没完没了的风餐露宿的戎马生活十厌倦，正快快不乐地呆在自己的庄园里呢。所以，拿破仑是出于无奈才对这个中庸的男子委以重任的。

6 月 7 日，林尼一仗胜利后的第一天，也是滑铁卢战役的前一天，上午 11 时，拿破仑第一次把独立指挥权交给格鲁希元帅。就在这一天，在这短暂的瞬间，唯唯诺诺的格鲁希跳出一味服从的军人习气，自己走进世界历史的行列。这不过是短暂的一瞬间，然而又是怎样的一瞬间呵！拿破仑的命令是清楚的：当他自己向英军进攻时，格鲁希务必率领交给他三分之一兵力去追击普鲁士

军。这似乎是一项简单的任务，因为它既不曲折也不复杂。然而即便是一柄剑，也是柔韧可弯，两边双刃嘛！因为在向要格鲁希交代追击任务的同时，还交代清楚：他必须始终和主力部队保持联系。

格鲁希元帅踌躇地接受了这项命令。他不习惯独立行事。只是当他看到皇帝的天才目光，他才感到心里踏实，不假思索地应承下来。此外，他好像从自己手下将军们的背后感觉出他们的不满。当然，也许还有命运的翅膀在暗中拨弄他呢。总之，使他放心的是，大本营就在附近。只需三小时的急行军，他的部队便可和皇帝的部队会合。

格鲁希的部队在瓢泼大雨中出发。士兵们在软滑的泥泞地上缓慢地向普军运动。或者至少可以说，他们是朝着布吕歇尔部队所在地的方向前进。

卡右的夜里

北方的暴雨下个不停。拿破仑的师团步履艰难地在黑暗中前进。个个浑身湿透。每个人的靴底上至少有两磅烂泥。没有任何蔽身之处，没有人家，没有房屋。连麦秆稻草也都是水淋淋的，无法在上面躺一下。于是只好让10

个或12个士兵互相背靠背地坐在地上，直着身子在滂沱大雨中睡觉。皇帝自己也没有休息。他心焦如焚，坐卧不安，因为在这什么也看不见的天气中，无法进行侦察。侦察兵的报告很含含糊糊。况且，他还不知道威灵顿是否会迎战；从格鲁希那里又没有任何关于普军的消息传来。半夜1点钟，拿破仑不顾簌簌的骤雨一直走到英军炮火射程之内的阵地前沿。在雾蒙蒙中，隐现出英军阵地上的稀薄灯光。拿破仑一边走着一连考虑进攻方案。拂晓，他才回到卡右的小屋子里，这就是他的极其简陋的统帅部。他在这里看到了格鲁希送来的第一批报告。报告中关于普军撤退去向的消息含含糊糊，尽是一些为了使人宽慰的承诺：正在继续追击普军。雨渐渐地停了，皇帝在房间里焦虑地走来走去，不时凝望着黄色的地平线，看看远处的一切是否最终能显现清楚，从而好使自己下决心。

清晨5点钟，雨全停了，妨碍下决心的胸中迷雾似乎也消散了，皇帝终于下达了如下的命令：全军务必在9点钟作好总攻准备。传令兵向各方出发。不久就响起了集合的鼓声。这时，皇帝才在自己的行军床上躺下，睡两小时。

滑铁卢的上午

时间已是上午 9 点。但部队尚未全部到齐。下了三天的雨，地上又湿又软，行路困难，妨碍了炮兵的转移。到这时候，太阳才渐渐地从阴云中露出来，照耀着大地。空中刮着大风。今天的太阳可不像当年奥斯特里茨的太阳那样金光灿烂，预兆着吉祥。今天的太阳只散射出淡黄色的微光，显得阴郁无力。这是北方的阳光。部队终于准备就绪，处于待命状态。战役打响以前，拿破仑又一次骑着自己的白色牝马，沿着前线，从头至尾检阅一番。在呼啸的寒风里，旗手们举起战旗，骑兵们英武地挥动战刀，步兵们用刺刀尖挑起自己的熊皮军帽，向皇帝致意。所有的战鼓狂热地敲响，所有的军号都对着自己的统帅快乐地吹出清亮的号音。但是，盖过一切响彻四方声音的，却是雷鸣般的欢呼声，它从各个师团滚滚而来。这是从 7 万士兵的喉咙里发出来的、低沉而又洪亮的欢呼声："皇帝万岁！"

20 年来，拿破仑进行过无数次检阅，从未有像他这最后一次检阅这样壮观、热烈。欢呼声刚一消失，11 点钟——比预定时间晚了两小时，而这恰恰是致命的两小时！——炮手们接到命令；用榴弹炮轰击山头上的身穿红衣的英国士兵，接着，内伊——这位"雄中之杰"，率领步兵发起冲锋。决定拿破仑命运的时刻开始了。关于这次战役，曾经有过无数的描述。但人们似乎从不厌倦去阅读关于它的各种各样激动人心的记载，一会儿去读司各特写的鸿篇巨制，一会儿去读司汤达写的片断插曲。这次战役，无论是从远看，还是从近看，无论是从统帅的山头上看，还是从盔甲骑兵的马鞍上看，它都是伟大的，具有多方面的意义。它是一部扣人心弦的富于戏剧性的艺术杰作：一会儿陷入畏惧，一会儿又充满希望，两者不停地变换着位置，最后这种变换突然成了一场灭顶之灾。这次战役是真正悲剧的典型，因为欧洲的命运全系在拿破仑这一个人的命运上，拿破仑的存在，犹如节日迷人的焰火。它像爆竹一样，在倏然坠地、永远熄灭之前，又再次冲上云霄。

从上午 11 点至下午 1 点，法军师团向高地进攻，一度占领了村庄和阵地，但又被击退下来，继而又发起进攻。在空旷、泥泞的山坡上已覆盖着 1 万具尸体。

可是除了大量的消耗以外，什么也没有达到。双方的军队都已疲惫不堪，双方的统帅都焦虑不安。双方都知道，谁先得到增援，谁就是胜利者。威灵顿等待着布吕歇尔；拿破仑盼望着格鲁希。拿破仑心情焦灼，不时端起望远镜；接二连三地派传令兵到格鲁希那里去；一旦他的这位元帅及时赶到，那么奥斯特里茨的太阳将会重新在法兰西上空照耀。

格鲁希的错误

但是，格鲁希并未意识到拿破仑的命运掌握在他手中，他只是遵照命令于6月17日晚间出发，按预计方向去追击普鲁士军。雨已经停止。那些昨天才第一次尝到火药味的年轻连队士兵，在无忧无虑地、慢腾腾地行走着，好像是在一个和平的国度里，因为敌人始终没有出现，被击溃的普军撤退的踪迹也始终没有找到。

正当格鲁希元帅在一户农民家时急急忙忙进早餐时，他脚底下的地面突然微微震动起来，所有的人都悉心细听。从远处一再传来沉闷的、渐渐消失的声音：这是大炮的声音，是远处炮兵正在开炮的声音，不过并不太远，至多只有三小时的路程。几个军官用印第安人的姿势伏在地上，

试图进一步听清方向。从远处传来的沉闷回声依然不停地隆隆滚来。这是圣让山上的炮火声，是滑铁卢战役开始的声音。格鲁希征求意见。副司令热拉尔急切地要求：“立即向开炮的方向前进！”第二个发言的军官也赞同说：赶紧向开炮的方向转移，只是要快！所有的人都毫不怀疑：皇帝已经向英军发起攻击了，一次重大的战役已经开始。可是格鲁希却拿不定主意。他习惯于唯命是从，他胆小怕事地死抱着在纸上的条文——皇帝的命令：追击撤退的普军。热拉尔看到他如此犹豫不决，便激动起来，急冲冲地说：“赶快向开炮的地方前进！”这位副司令当着20名军官和平民的面提出这样的要求，说话的口气简直像是在下命令，而不是在请求。这使格鲁希非常不快。他用更为严厉和生硬的语气说，在皇帝撤回成命以前，他决不偏离自己的责任。军官绝望了，而隆隆的大炮声却在这时不祥地沉默下来。

热拉尔只能尽最后的努力。他恳切地请求；至少能让他率领自己的一师部队和若干骑兵到那战场上去。他说他能保证及时赶到。格鲁希考虑了一下。他只考虑了一秒钟。

决定世界历史的一瞬间

然而格鲁希考虑的这1秒钟却决定了他自己的命运、拿破仑的命运和世界的命运。在瓦尔海姆的一家农舍里逝去的这一秒钟决定了整个19世纪。而这1秒钟全取决于这个迂腐庸人的一张嘴巴。这1秒钟全掌握在这双神经质地揉皱皇帝命令的手中。——这是多么的不幸！倘若格鲁希在这刹那之间有勇气、有魄力、不拘泥于皇帝的命令，而是相信自己、相信显而易见的信号，那么法国也就得救了。可惜这个毫无主见的家伙只会始终听命于写在纸上的条文，而从不会听从命运的召唤。

格鲁希使劲地摇了摇手。他说，把这样一支小部队再分散兵力是不负责任的，他的任务是追击普军，而不是其他。就这样，他拒绝了这一违背皇帝命令的行动。军官们闷闷不乐地沉默了。在他周围鸦雀无声。而决定性的一秒钟就在这一片静默之中消逝了，它一去不复返，以后，无论用怎样的言辞和行动都无法弥补这一秒钟。——威灵顿胜利了。

格鲁希的部队继续往前走。热拉尔和旺达姆愤怒地紧握着拳头。不久，格鲁希自己也不安起来，随着一小时一小时的过去，他越来越没有把握，因为令人奇怪的是，普军始终没有出现。显然，他们离开了退往布鲁塞尔去的方向。接着，情报人员报告了种种可疑的迹象，说明普军在撤退过程中已分几路转移到了正在激战的战场。如果这时候格鲁希赶紧率领队伍去增援皇帝，还是来得及的。但他只是怀着愈来愈不安的心情，依然等待着消息，等待着皇帝要他返回的命令，可是没有消息来。只有低沉的隆隆炮声颤着大地，炮声却愈来愈远。孤注一掷的滑铁卢搏斗正在进行，炮弹便是投下来的铁骰子。

滑铁卢的下午

时间已经到了下午1点钟。拿破仑的四次进攻虽然被击退下来，但威灵顿主阵地的防线显然也出现了空隙。拿破仑正准备发起一次决定性的攻击。他加强了对英军阵地的炮击。在炮火的硝烟象屏幕似的挡住山头以前，拿破仑向战场最后看了一遍。

这时，他发现东北方向有一股黑魆魆的人群迎面奔来，像是从树林里窜出来的，一支新的部队！所有的望远镜都立刻对准着这个方向。难道是格鲁希大胆地违背命令，奇迹般地及时赶到了？

可是不！一个带上来的俘虏报告说，这是布吕歇尔将军的前卫部队，是普鲁士军队。此刻，皇帝第一次预感到，那支被击溃的普军为了抢先与英军会合，已摆脱了追击；而他——拿破仑自己却用了三分之一的兵力在空地上作毫无用处、失去目标的运动。他立即给格鲁希写了一封信，命令他不惜一切代价赶紧与自己靠拢，并阻止普军向威灵顿的战场集结。

与此同时，内伊元帅又接到了进攻的命令。必须在普军到达以前歼灭威灵顿部队。获胜的机会突然之间大大减少了，此时此刻，不管下多大的赌注，都不能算是冒险。整个下午，向威灵顿的高地发起了一次又一次的冲锋。战斗一次比一次残酷，投入的步兵一次比一次多。他们几次冲进被炮弹炸毁的村庄，又几次被击退出来，随后又擎着飘扬的旗帜向着已被击散的方阵蜂拥而上。但是威灵顿依旧岿然不动，而格鲁希那边却始终没有消息来。当拿破仑看到普军的前卫正在渐渐逼近时，他心神不安地喃喃低语：“格鲁希在哪里？他究竟呆在什么地方呢？”他手下的指挥官们也都变得急不可耐。内伊元帅已决定把全部队伍都拉上去，决一死战

（他的乘骑已有三匹被击毙）——他是那样的鲁莽勇敢，而格鲁希又是那样的优柔寡断。内伊把全部骑兵投入战斗。于是，一万名殊死一战的盔甲骑兵和步骑兵踩烂了英军的方阵，砍死了英军的炮手，冲破了英军的最初几道防线。虽然他们自己再次被迫撤退，但英军的战斗力已濒于殆尽。山头上像箍桶似的严密防线开始松散了，当受到重大的伤亡的法军骑兵被炮火击退下来时，拿破仑的最后预备队——老近卫军正步履艰难地向山头进攻。欧洲的命运全系在能否攻占这一山头上。

决战

自上午以来，双方的 400 门大炮不停地轰击着。前线响彻骑兵队向开火的方阵冲杀的铁蹄声。从四面八方传来的咚咚战鼓声，震耳欲聋，整个平原都在颤动！但是在双方的山头上，双方的统帅似乎都听不见这嘈杂的人声。他们只是倾听着更为微弱的声音。

两只表在双方的统帅手中，像小鸟的心脏似的在嘀嗒嘀嗒地响。这轻轻的钟表声超过所有震天的吼叫声。拿破仑和威灵顿各自拿着自己的计时器，数着每一小时，每一分钟，计算着还有多少时间，最后的决定性的增援部

拿破仑的部下缪拉

队就该到达了。威灵顿知道布吕歇尔就在附近。而拿破仑则希望格鲁希也在附近。现在双方都已没有后备部队了。谁的增援部队先到，谁就赢得了这次战役的胜利。两位统师都在用望远镜观察着树林边缘。现在，普军的先头部队像一阵烟似的开始在那里出现了。难道这仅仅是一些被格鲁希追击的散兵？还是被追击的普军主力？这会儿，英军只能作最后的抵抗了，而法国部队也已精疲力竭，就像两个气喘吁吁的摔跤对手，双臂都已瘫软，在进行最后一次较量前，喘着一口气：决定性的最后一个回合已经来到。

普军的侧翼终于响起了枪击声。难道发生了遭遇战？只听见

轻火器的声音！拿破仑深深地吸了一口气，"格鲁希终于来了！"他以为自己的侧翼现在已有了保护，于是集中了最后剩下的全部兵力，向威灵顿的主阵地再次发起攻击。这主阵地就是布鲁塞尔的门闩，必须将它摧毁，这主阵地就是欧洲的大门，必须将它冲破。

然而刚才那一阵枪声仅仅是一场误会。由于汉诺威兵团穿着别样的军装，前来的普军向汉诺威士兵开了枪，但这场误会的遭遇战很快就停止了。现在，普军的大批人马毫无阻挡地、浩浩荡荡地从树林里穿出来。——迎面而来的根本不是格鲁希率领的部队，而是布吕歇尔的普军，厄运就此降临了，这一消息飞快地在拿破仑的部队中传开。部队开始退却，但还有一定的秩序。而威灵顿却抓住这一关键时刻，骑着马，走到坚守住的山头前沿，脱

法军惨败

下帽子，在头上向着退却的敌人挥动。他的士兵立刻明白了这一预示着胜利的手势。所有剩下的英军一下子全都跃身而起，向着溃退的敌人冲去。与此同时，普鲁士骑兵也从侧面向仓皇逃窜、疲于奔命的法军冲杀过去，只听得一片惊恐的尖叫声："各自逃命吧！"仅仅几分钟的工夫，这支赫赫军威的部队变成了一股被人驱赶的抱头鼠窜、惊慌失措的人流。它卷走了一切，也卷走了拿破仑本人，策鞭追赶的骑兵对待这股迅速向后奔跑的人流，就像对待毫无抵抗、毫无感觉的流水，猛击猛打。在一片惊恐的混乱叫喊声中，他们轻而易举地捕获了拿破仑的御用马车和全军的贵重财物，俘虏了全部炮兵。只是由于黑夜的降临，才拯救了拿破仑的性命和自由。一直到半夜，满身污垢、头昏目眩的拿破仑才在一家低矮的乡村客店里，疲倦地躺坐在扶手软椅上，这时，他已不再是个皇帝了。他的帝国、他的王朝、他的命运全完了。一个微不足道的小人物的怯懦毁坏了他这个最有胆识、最有远见的人物在20年里所建立起来的全部英雄业绩。

回到平凡之中

当英军的进攻刚刚击溃拿破仑的部队，就有一个当时几乎名不见经传的人，乘着一辆特快的四轮马车向布鲁塞尔急驶而去，然后又从布鲁塞尔驶到海边。一艘船只正在那里等着他。他扬帆过海，以便赶在政府信使之前先到达伦敦。由于当时大家还不知道拿破仑已经失败的消息，他立刻进行了大宗的证券投机买卖。此人就是罗茨舍尔德。他以这突如其来的机敏之举建立了另一个帝国，另一个新王朝。第二天，英国获悉自己的胜利的消息；同时，巴黎的富歇——这个一贯依靠出卖发迹的家伙也知道了拿破仑的失败。这时，布鲁塞尔和德国都已响起了胜利的钟声。

到了第二天，只有一个还丝毫不知滑铁卢发生的事，尽管他离这个决定命运的地方只有四小时的路程。他，就是造成全部不幸的格鲁希。他还一直死抱着那追击普军的命令。奇怪的是，他始终没有找到普军。这使他忐忑不安。近处传来的炮声越来越响，好像它们在大声呼救似的。大地震颤着。每一炮都像是打进自己的心里。现在人人都已明白这绝不是什么小小的遭遇战，而是一次巨大的战役，一次决定性的战役已经打响。

格鲁希骑着马，在自己的军官们中间惶惶惑惑地行走。军官们都避免同他商谈，因为他们先前的建议完全被他置之不理。

当他们在瓦弗附近遇到一支孤立的普军——布吕歇尔的后卫部队时，全都以为挽救的机会到了，于是发狂似地向普军的防御工事冲去。热拉尔一马当先，好像被一种不祥的预感所驱使，去找死似的。一颗子弹随即把他打倒在地。这个最喜欢提意见的人现在一声不吭了。随着黑夜的降临，格鲁希的部队攻占了村庄，但他们似乎感到，对这支小小的后卫部队所取得的胜利，已不再有任何意义。因为在那边的战场上突然变得一片寂静。这是一种令人不安的寂静，可怕的和平，一种阴森森、死一般的沉默。所有的人都觉得，与其是这种咬啮神经的惘然沉默，倒不如听见隆隆的大炮声更好。格鲁希现在才终于收到那张拿破仑写来的要他到滑铁卢紧急增援的便条（可惜为时太晚了）。滑铁卢一仗想必是一次决定性的战役，可是谁赢得了这次巨大战役的胜利呢？格鲁希的部队又等了整整一夜，完全

是白等！从滑铁卢那边再也没有消息来。好像这支伟大的军队已经将他们遗忘。他们毫无意义地站立在伸手不见五指的黑夜中，周围空空荡荡。清晨，他们拆除营地，继续行军。他们个个累得要死，并且早已意识到，他们的一切行军和运动完全是漫无目的的，上午 10 点钟，总参谋部的一个军官终于骑着马奔驰而来。他们把他扶下马，向他提出一大堆问题，可是他却满脸惊慌的神色，两鬓头发湿漉漉的，由于过度紧张，全身颤抖着。至于他结结巴巴说出来的话，尽是他们听不明白的，或者说，是他们无法明白和不愿意明白的。他说，再也没有皇帝了，再也没有皇帝的军队！法兰西失败了……这时，所有的人都把他当成疯子，当成醉汉。然而他们终于渐渐地从他嘴里弄清了全部真相，听完了他的令人沮丧颓唐、甚至使人瘫痪的报告。格鲁希面色苍白，全身颤抖，用军刀支撑着自己的身体。他知道自己殉难成仁的时刻来临了。他决心承担起力不从心的任务，以弥补自己的全部过失。这个唯命是从、畏首畏尾的拿破仑部下，在那关键的一秒中没有看到决定性的战机，而现在，眼看危险迫

世界通史

最新整理图文珍藏版

在眉睫，却又成了一个男子汉，甚至像是一个英雄似的。他立刻召集起所有的军官，发表了一通简短的讲话——眼眶里噙着愤怒和悲伤的泪水。他在讲话中既为自己的优柔寡断辩解，同时又自责自怨，那些昨天还怨恨他的军官们，此刻都默不作声地听他讲。本来，现在谁都可以责怪他，谁都可以自夸自己当时意见的正确。但是没有一个人敢这样做，也不愿意这样做。他们只是沉默，沉默。突如其来的悲哀使他们都成了哑巴。

错过了那一秒钟的格鲁希，在现在这一小时内又表现出了军人的全部力量——可惜太晚了！当他重新恢复了自信而不再拘泥于成文的命令之后，他的全部崇高美德——审慎、干练、周密、责任心，都表现得清清楚楚。他虽然被五倍于自己的敌军包围，却能率领自己的部队突围归来，而不损失一兵一卒，不丢失一门大炮——堪称卓绝的指挥。他要去拯救法兰西，去解救拿破仑帝国的最后一支军队。可是当他回到那里时，皇帝已经不在了。没有人向他表示感激，在他面前也不再有任何敌人，他来得太晚了！永远是太晚了！尽管从表面看，格鲁希以后又继续升迁，他被任

命为总司令、法国贵族院议员，而且在每个职位上都表现出具有魄力和能干。可是这些都无法替他赎回被他贻误的那一瞬间。那一瞬间原可以使他成为命运的主人，而他却错过了机缘。

那关键的一秒钟就是这样进行了可怕的报复。在尘世的生活中，这样的一瞬间是很少降临的，当它无意之中降临到一个人身上时，他却不知如何利用它。在命运降临的伟大瞬间，市民的一切美德——小心、顺从、勤勉、谨慎，都无济于事，它始终只要求天才人物，并且将他造就成不朽的形象，命运鄙视地把畏首畏尾的人拒之门外。命运——这世上的另一位神，只愿意用热烈的双臂把勇敢者高高举起，送上英雄们的天堂。

三次瓜分波兰

1764 年 4 月，叶卡捷琳娜二世和弗里德里希二世签订了"友好"同盟条约，其中明文规定要"维护"波兰的现存制度，必要时向波兰进驻俄普军队。同年，当波兰举行国会选举时，俄国立即派出 5 万重兵开抵俄波边境，施

加压力。结果，叶卡捷琳娜二世的情夫斯坦尼斯瓦夫·奥古斯特·波尼亚托夫斯基当选为波兰国王。波尼亚托夫斯基登上王位后，站在俄国一边，结成反土耳其的"波俄联盟"，并允许东正教徒出任公职。

第一次瓜分前的波兰，如同一个垂危的病人，没有多大力量抵抗外国的侵略。普鲁士国王弗里德里希二世担心，如果让俄国独吞波兰，便不能实现自己对波兰早就怀有的领土野心。因此，普鲁士首先提出与俄奥两国共同瓜分波兰的主张。

1768年，弗里德里希二世打算带着自己草拟的瓜分波兰的计划，首先前往奥地利与奥国皇太子约瑟夫进行密商。奥地利惧怕俄国的扩张威胁自己的安全和利益，有与普结盟共抗俄国的愿望。但是，这次密商由于奥皇玛丽亚·特莱西娅的反对而未能成行。玛·特莱西娅之所以反对普奥接近，因为弗里德里希二世是她的死敌。次年8月下旬，约瑟夫背着母亲前往西里西亚与弗里德里希二世会见。这次会见未达成协议，但使普奥两国关系有所改善。1770年9月上旬，约瑟夫和首相考尼兹前往当时属于普鲁士的摩拉维亚再次与弗里德里希二世会晤，双方达成了瓜分波兰的默契。

弗里德里希二世懂得，如果没有俄国的参加，瓜分波兰是不能成功的。1770年末，他派遣自己的弟弟亨利亲王前往彼得堡。在叶卡捷琳娜二世的同意下，亨利亲王开始草拟瓜分波兰的条文。沙皇俄国早有独吞波兰的野心，只是由于它在俄土战争（1768～1774年）中陷入困境，暂时放弃这个打算，同意俄普奥三国瓜分波兰。在俄普代表彼得堡密商的同时，普鲁士抢占了波兰西部大波兰的一部分，并对格但斯克地区虎视眈眈；奥地利也突然侵入波兰南部克拉科夫附近的山区。

1768～1795年的波兰

1771年6月，俄普就瓜分波兰进行正式谈判。翌年2月，俄普两国同意奥地利参加瓜分波兰，1772年5月，俄普奥三国在彼得堡举行谈判，并于8月5日签署了第一次瓜分波兰的条约。

根据条约规定，普鲁士占领除格但斯克（但泽）以外的波莫瑞地区、除托伦市以外的海鸟姆诺省、马耳博克省和瓦尔米亚省等波兰的波罗的海沿岸地区、一部分大波兰地区以及库雅维地区，共计面积3.6万平方公里，人口58万。俄国占领德维纳河、德鲁齐河和第聂伯河之间的大部分白俄罗斯地区，包括里夫兰省、波沃茨克省的北部、维捷布斯克省、姆什切斯拉夫省和明斯克省的东南部，以及拉脱维亚的一部分地区，面积共达9.2万平方公里，

波兰最后一个国王斯坦尼罗·波尼亚托夫斯基的画像

人口130万。奥地利占领维斯瓦河和桑河之间的地区（包括克拉科夫省、桑多米什省南部），加里西亚的大部分（包括利沃夫、波多利亚和沃伦的一部分），共计面积8.3万平方公里，人口265万。

普鲁士在划定边界时又从波兰夺取了华沙西北的戈普沃地区和库雅维的另一部分。奥地利除了条约规定外，也夺取了波兰的维也伯热和布格河之间的地区。

1772年9月18日，叶卡捷琳娜二世以俄普奥三国瓜分者的名义发表宣言，声称瓜分是为了"恢复波兰的和平与秩序"。俄普奥三国在条约签订后的第二年，即1773年4月中旬，逼迫波兰国王波尼亚托夫斯基批准这个瓜分条约。

波兰实行的是议会制度，在国王批准条约之前必须先经国会讨论通过。在俄普奥的胁迫下，1773年5月在华沙召开了波兰国会。为了防范波兰人民的反抗，在国会召开之前，俄普奥三国分别派重兵开进波兰。国会开会那天，三国军队层层包围了国会大厦。俄国驻波兰大使率领普奥两国大使傲慢地进入会场，以霸主姿态监视国会进行。开会之前，俄国大使代表三国对会议进行威

胁说，如果有人胆敢反对瓜分条约，那么三国政府将进行报复。会议宣布开始后，全场鸦雀无声，没有一个议员上台发言。这时，由俄普奥三国收买的几名议员提议推举臭名昭著的波奸波宁斯基为议长。还没有等到有人附议，波宁斯基就自动走上了议长席。这时一位来自立陶宛的爱国议员雷腾愤怒地高喊："议长必须由大会选举产生，岂能一人提名就登上议长席！"会场里顿时哗然。"驱逐外国恶魔！""应忠于波兰民族！"的呼叫声此伏彼起。波宁斯基一看情况不妙，急忙退出会场，溜之大吉。这一天的国会没有作出任何决定就散会了。

第二天，国会继续开会。警戒更加森严，会场入口处站满了荷枪实弹的俄国士兵。非议员一律不准入内，拒绝所有公众旁听。俄普奥三国代表强令到会的议员们表态支持瓜分条约。不少议员退出会场，以示抗议。以雷腾为首的爱国志士喊出了"头可断，血可流，波兰领土不可丢"的庄严口号。在这种情况下，俄普奥三国把国会撇在一边，直接逼迫波兰国王批准了瓜分条约。波兰爱国志士听到这一不幸消息，无不悲愤欲绝。雷腾不忍目睹祖国的灭亡，拔刀自刎。

波兰第一次被瓜分，总共失去了约35%的领土和33%的人口。

祖国被瓜分的严酷现实唤起了仁人志士的爱国热情。为了收复失地，洗雪国耻，维护民族独立，1776年，一些爱国议员向国会提出了革除弊政、富国强兵的改革建议。波兰国王波尼亚托夫斯基在领土被瓜分、强敌压境、国事日非的严重形势下，不得不接受大多数议员的改革要求，议员们一致拥护并推选爱国志士安德烈·扎莫伊斯基负责起草改革方案。扎莫伊斯基查阅古今法政文献，参照西欧各国宪法，草拟了改革方案。其主要内容是：废除"自由选王制"，改行"世袭国王制"；废除"自由否决权"，改行"多数表决制"；废除"农奴制"，改行"自由农民制"；废除贵族特权制度，允许市民参加政权；发展工商业，奖励国际贸易，等等。就这个改革方案的内容来看，基本上适应了中小贵族和新兴资产阶级的需要，有利于加强中央集权、维护民族独立、削弱大贵族的特权。由于部分波兰大贵族的反对和俄普奥三国的暗中煽动，1780年，波兰国会否决了扎莫伊斯基的改革方案。

1787年，俄国与土耳其又发生战争；同时，普、英、荷、瑞等国准备对俄奥开战。俄普奥三国忙于战争，彼此之间又有矛盾，因而给了波兰一个喘息之机。在西欧，特别是法国启蒙运动的影响下，1788年9月，在华沙召开了旨在改革的波兰国会。1789年法国资产阶级革命的惊雷，震撼了波兰大地。以著名爱国思想家和社会活动家胡果·科翁泰、斯坦尼斯瓦夫、斯塔希茨为首的波兰中小贵族和新兴资产阶级联合起来，建立了"爱国主义党"他们提出要改善农民的地位，变农奴为自由民，使农民的权利得到法律的保护，实行货币地租制，取消劳役制；提高市民阶层和中小贵族的地位。显然，爱国主义党企图通过改革运动来削弱国内封建贵族的权力，争取民族独立和解放，从而为发展资本主义扫清道路。

在"四年国会"期间，广大爱国志士在国会内外，为维护祖国的独立和领土完整，反对俄普奥的侵略和奴役而斗争。法国革命的胜利，不仅鼓舞了波兰人民的斗争精神，也为波兰的改革提供了借鉴。在广大爱国志士的积极活动下，国会终于通过于1776

年扎莫伊斯基的宪法改革方案，拒绝了沙皇俄国要波兰出兵土耳其为俄国助战的要求，并把波兰的国防军增加到10万人。波兰政府还照会各国驻华沙大使，要求俄国尽快从波兰撤军。对此，俄国大使蛮横地回答："决无意从波兰撤军！"

1790年3月，普鲁士与波兰订立所谓《波普同盟条约》。普鲁士当局"指责"俄国军队赖在波兰不撤走，却只字不提普军的撤离问题。同年年底，普鲁士以所谓补偿普鲁士的关税损失为借口，向波兰提出了割让托伦和格但斯克的要求。在广大爱国志士和人民的强大压力下，波兰政府拒绝了普鲁士的要求。波兰国会于1791年初通过一项《国土完整议案》，表示"今后波兰领土寸土不割"。

同年5月3日，波兰国会经过激烈的辩论，不顾俄普奥的武力威胁，通过了胡果·科翁泰等起草的著名的《五·三宪法》。《五·三宪法》的主要内容是：给各城市选举议员的权利；宣布农奴为自由农民；以天主教为国教，但其他各教派也有传教自由；废除"自由选王制"，实行"王位世袭制"；废除"自由否决权"，改行"多数表决制"，实行三权分立，即立法权归两院组成的国会，行政权归国王及其任命的内阁，司法权归法院；没有国会的同意，国王不得制定法律或与外国缔结条约，但有权指挥全国军队及任命文武大臣。《五·三宪法》的产生，是爱国主义党力图限制大贵族的特权以加强中央集权的一种尝试，它为以后波兰资本主义的发展创造了条件。

《五·三宪法》的通过得到波兰全国人民的热烈拥护，引起了俄普奥三国政府的强烈不满。1791年，叶卡捷琳娜二世声称："波兰之政制行之百十年而无弊端，今反更张，实属谬举。"沙皇俄国一方面打击改良派，说他们与"法国的雅各宾党人无异"，"其目的无非是夺取政权"；另一方面则用重金收买反对新宪法的波兰大贵族。1792年4月27日，在沙皇政府的策划和庇护下，一小撮大贵族在波俄边境城市塔尔果维采拼凑了一个"塔尔果维采同盟"，发动反对波兰中央政权的叛乱。同年5月，这个同盟认贼作父，引狼入室，以维护国内"秩序"、"保障和平"为名，把俄国的10万大军"请来"，对波兰进行公开的武装干涉。曾与波兰订立同盟的普鲁士，不仅拒绝援助，也乘机出兵侵略波兰。

波兰军民奋起抵抗俄普侵略军。开始，他们取得了一些胜利。由于波兰尚未来得及根据《五·三宪法》的决定组织起强大的武装力量，加之俄普军队两边夹击，波兰的武装力量最后还是遭到了失败。

1792年俄普把波兰人民的改革和反抗镇压下去以后，着手策划对波兰进行新的瓜分。当时奥地利已卷入反法战争，无暇东顾，未参加第二次对波兰的瓜分。

1793年1月23日，即第一次瓜分波兰20年以后，俄普两国以防止所谓"雅各宾瘟疫"在波兰扩散为名，在彼得堡签订了第二次瓜分波兰的协定。根据这个新的协定，普鲁士攫取了格但斯克、托伦两市，以及琴斯托霍瓦——索哈切夫——佳乌多沃一线以西

威尼斯画家卡纳莱托的威尼斯风景画《圣马克广场的风光》

的大波兰地区的几个省，腊维奇省的一部分和玛佐夫舍的一部分，共计面积58300平方公里，人口110万。俄国抢占了德鲁亚——平斯克——兹布鲁齐一线以西的乌克兰、白俄罗斯地区（包括明斯克）和立陶宛的一部分，共计面积25万多平方公里，人口300万。

如同第一次瓜分时一样，在沙皇政府的策划下，1793年6月17日在远离改革运动中心华沙的格罗德诺召开波兰国会，以"批准"瓜分条约。俄国大使希维尔斯亲临格罗德诺，一面用金钱收买国会议员，一面派兵包围会场，并威胁道："在议员未投票承认条约之前，军队不放他们离开会场。"沙俄当局的威胁，激起了议员们的极大愤慨，拒绝投票。双方僵持了一个多月。9月23日，俄国大使派兵冲进会场，逮捕了四名议员。这一暴行更激起了波兰国会议员的愤怒。他们质问俄国大使，凭什么理由非法冲进会场逮捕议员。这位大使蛮横地回答："逮捕即逮捕，何须理由！"会场鸦雀无声，议员们静坐不语，以示抗议。最后俄国大使竟说，诸位沉默，我政府即认为你们已承认条约。亲俄派议长毕亚林斯基马上随声附和，说什么"沉默

即表示同意"。宣布全体一致通过条约，国会散会。就这样，在敌人刺刀下的"哑巴会议"，在法律上承认了第二次瓜分波兰条约。这已是9月24日拂晓的事。

波兰第二次瓜分后，国家面临着灭亡的命运。在民族危亡之际，一部分进步的小贵族和新兴资产阶级分子开展活动，准备起义。爱国主义的鼓动在城乡劳动人民中得到了广泛而热烈的响应。起义的火焰首先在波兰古都—克拉科夫城点燃了。

领导克拉科夫起义的是波兰民族英雄塔代乌什·科希秋什科（1746～1817年）。科希秋什科出生于一个乡村小贵族家庭。1776年他参加了美国独立战争，并以其杰出的军事和组织才能立下赫赫战功，深受美国人民敬佩。1792年，他以将军的身份参加波兰军队的反俄战争，后流亡国外。1794年2月末，科希秋什科从巴黎秘密回到克拉科夫。3月24日，他率领4200多名波兰骑兵和步兵，在克拉科夫广场庄严宣布举行民族起义，进行"不胜则亡"的宣誓。科希秋什科号召波兰军民奋起驱逐外国占领者，严惩卖国贼，恢复1772年波兰被瓜分前的疆界，为祖国的独立和民族的

解放而斗争。他强调指出，波兰社会各阶层"在祖国面前，不论其职业、出身如何，也不论是贵族、僧侣、市民、农民，还是犹太人，一律平等。人人都要为祖国效劳"。

科希秋什科率领起义军向华沙进击，沿途人民纷纷参加，起义队伍不断壮大，达四千多人。4月4日，起义军与优势的俄军在克拉科夫以北的腊茨瓦维采附近初次交锋。参加起义的农民志愿军——"镰刀军"奋勇作战，经过五个小时的激战，总计歼敌3000人，夺得大炮12门，击毙了俄军指挥官，取得了这次战役的胜利。首战告捷，威震敌胆，鼓舞了人民的斗志，打击了俄军的气焰。

起义军胜利的消息很快传遍全国，起义风暴席卷维斯瓦河两岸。同年4月17日，首都华沙的手工业者和城市平民在鞋匠扬·基林斯基以及梅耶尔的领导下，发动了声势浩大的起义。经过两天激战，打败了占优势的俄军，华沙宣告解放。

1794年夏，科希秋什科领导的起义开始衰落。其时，除俄军外，普军也从西里西亚向起义军进攻。6月6日，起义军一部在西部城市科齐内被俄普联军打败。6月13日，俄普军队采取一致行动，包围华沙。在腹背受敌、敌我力量悬殊的情况下，科希秋什科率领首都军民展开了英勇的保卫战。10月10日，在华沙省的玛契约维采附近的战役中，起义军陷入俄军的重围。浑身血污、多次负伤的科希秋什科率部突围，不幸坠马被俘。11月6日，俄军攻入华沙。八个多月的波兰人民起义失败了。

科希秋什科领导的爱国起义被镇压下去以后，波兰第三次被瓜分临近了。在瓜分前夕，普鲁士抢占了克拉科夫；奥地利抢占了桑多米什、卢布林省和海乌姆诺地区以及沃沦地区；沙皇俄国则把涅漫河和布格河流域的波兰领土划入自己的版图。1795年1月，俄国为拉拢奥地利作为自己反对土耳其的盟国，同时也由于奥地利是俄国的宿敌——资产阶级法国的敌人，俄奥背着普鲁士缔结密约，把克拉科夫划给奥地利。

1795年10月24日，俄普奥三国经过谈判签订了第三次瓜分波兰的协定。根据协定，奥地利获得了直至维斯瓦河和布格河交点以南的领土：包括克拉科夫、

世界通史

最新整理图文珍藏版

卢布林在内的全部小波兰地区，乌克兰的西部和玛佐夫舍的一部分，共计 47500 平方公里，人口50 万。俄国把上次瓜分前处于波兰疆界内的立陶宛、库尔兰、西白俄罗斯、乌克兰、沃伦西部即直到涅曼河和布格河一线为止的领土，共计 12 万平方公里并入了自己的版图，人口 120 万。普鲁士夺取了其余的西部领土：波莫瑞西部地区、格但斯克地区、瓦尔米亚、大波兰地区的剩余部分、玛佐夫舍的其余部分和华沙，共计 5.5 万平方公里，人口 100 万。

波兰被俄普奥三国瓜分完毕，它作为一个独立国家灭亡了。从此以后，波兰人民分别置于俄普奥三国侵略者的铁蹄之下，长达一百多年，直至 1918 年赢得民族独立。在波兰灭亡之后，亡国之君波尼亚托夫斯基于 1795 年被押送到彼得堡，依靠俄普奥三国的年金，过着被软禁的生活。1796年 11 月，叶卡捷琳娜二世死去，波尼亚托夫斯基被遣送回波兰的格罗德诺。不久，他又回到彼得堡，1798 年 2 月 12 日，他在那里去世，终年六十六岁。

在 1772、1793 和 1795 年三次瓜分波兰中，沙皇俄国夺取波兰的土地共 46.2 万多平方公里，约占原波兰国土的 62%；普鲁士夺取 14 万多平方公里，约占 20%；奥地利夺取 13 万平方公里，约占18%。就夺取的土地面积而言，沙俄最多。在瓜分波兰的过程中，沙皇俄国起了决定性作用，是瓜分波兰的罪魁。有的历史学家说"奥地利和普鲁士是瓜分波兰的倡议者和主要负责者"，这不符合历史事实。

英国工业革命

充足的劳动力

18 世纪英国小说家哥尔德斯密斯，在他的诗歌《荒村》中有

《荒村》里描述的场面

这样一段描写："曾多少次，我在你那甜美迷人的景色前停留……这片土地正在遭遇厄运，它是来势凶猛的灾难……财富在积累，人口在凋零……"这就是当时英国"圈地运动"的一个缩影。

这场轰轰烈烈的"圈地运动"，后来被人们称之为"羊吃人运动"。由于养羊需要很多的土地，贵族和地主们这时纷纷行动起来，手持刀剑、木棒，气势汹汹地挥鞭驱赶那些租种他们土地的农民，将他们全家赶走，强行拆掉他们的房屋，挖沟围墙，扎篱设栅，所有可以养羊的土地被贵族和地主们利用了起来。一时

哥尔德斯密斯

间，在英国全国的乡村到处都可以看到被贵族和地主们大片分割的土地，到处可以听到咩咩的羊叫声。

随着农民大量流入城市，城市变得不堪重负。为了使失去土地的农民在城市里安置下来，国王曾颁布法令限制城市流浪者，规定他们如果不在规定的时间里找到工作，轻者鞭打，重则处以死刑。成为城市无产者的农民要想生活下去，不得不进入手工作坊或工厂，去当廉价的劳动力。

英国圈地运动共持续三百多年，直到19世纪中叶才最后完成，它为工业革命提供了大批"自由"劳动力。而大批"自由"劳动力的存在，正是工业革命所必需的。

原始积累的完成

为了保护本国的安全及取得更多的海外利益，英国开始打造世界上一流的海军舰队。他们装备精良，武器先进，很快成了海上霸主，英国"日不落帝国"的名声就是靠海军血腥征伐才名扬天下的。英国的经济贸易在精良强大的海军保护下，在世界上畅通无阻。

英国在海上的货物运输、商品交易，都是靠着强大的海军做

后盾。他们从世界贸易中，特别是从贩卖奴隶贸易中，获得的利润是惊人的。18世纪末，他们通过贩卖奴隶每年给国内赚取30万英镑的收入。

在海军的掩护下，英国还加大了殖民地的扩张，甚至把黑手伸向了东方，比如他们入侵中国的西藏，在炮火声中踏上了印度孟加拉省等。他们一面扩充殖民地，一面加大了对殖民地的抢劫。英军占领印度孟加拉省后，洗劫了国库，将数亿元的资产卷入国内。在半个世纪中，英国从印度掠夺了10多亿英镑的资产。这些资产通过海上贸易，使英国赚得盆满钵盈，最后都成为了他们本土化的资本。

在英国国内，政府通过发行国债来补充战争的费用，国债利息为8厘。这些国债让大商人和大银行家们看到了发财的捷径，

英国海军的战舰

很多人大量的购入，坐享其成。这个时期的英国，因为对外频频发动战争，需要不断地加大国债来补充战争费用。奥地利王位继承权问题引发战争时，英国的国债为7581多万英镑。到近八年的战争结束时，国债竟达到了12679多万英镑。那些大量购买国债券的资本家们因此大发其财。

乡村轰轰烈烈的圈地运动，给英国带来了不计其数的无产者；而殖民地的无情掠夺，海外贸易、国债制度，又使大量的财富流入到了少数人的手中。这一切都为英国的工业革命创造了条件。

纺织革命

飞梭的发明

约翰·凯伊是英国兰开夏郡一个农民，由于英国乡村的圈地运动，他变成了一个无产者和自由者。为了生活下去，他当上了纺织工人。工人纺织是用手纺机纺布，将线梭从一只手上抛到另一只手里，再用脚踏一下纺车。虽然这是个简单的重复动作，但一天工作下来，仍累得人腰酸腿疼，而且工作效率也不高。由于人的两手距离的宽度有限，也很

约翰·凯伊

难织出宽幅面的布匹来。

凯伊总想改变这种又苦又累的工作环境，他常常想，如果发明一种不用人动手的飞梭，纺织工人的工作就变得轻松多了。在这种想法的支持下，他在工作之余开始研究飞梭。1733 年，他终于成功地研制出了飞梭。他在平常的梭子上安装了小轮，然后把梭子装在一种滑槽上，又在左右两边装上两个木槌，吊在横杆上，用一根细绳把这两个木槌紧紧连在一个柄上，织工只要拉动这个柄就能使梭子来回跑动，故称之为"飞梭"。这种飞梭把工作效率整整提高了一倍。

但不幸的是，开始这项发明并没有引起重视，反而遭到很多纺织工人的强烈反对，因为它的出现，使许多工人失去了饭碗。气愤的工人多次袭击凯伊的住所，他差不多成了人人喊打的过街老鼠。凯伊在英国实在呆不下去了，就藏在羊毛袋子里随轮船逃往法国，最后客死在法国。后来他的儿子继承父志，对飞梭进行了改进，发明了上下梭箱，最终使飞梭这种发明在英国纺织业中得到了广泛的普及。

哈格里夫斯的功绩

哈格里夫斯生活在英国的一个小镇上，他既是一个纺工又是一个木匠。他们一家是在圈地运动中流入到城镇的。妻子用手工摇纺车纺线，而他则是用飞梭织布机织布。这样就造成了纺与织之间速度上的差距，妻子纺出来

正在使用飞梭的工人

的线远远不能满足他织布所用。这不仅是他们一家的情况，也是整个英国的困局：飞梭的发明大大提高了织布水平，一架织机织布，五六架纺车纺纱还供应不上，全国出现了"纱荒"的局面。

珍妮多轴纺纱机

哈格里夫斯诞生地

为了改变这种不对称状态，英国政府曾出高价悬赏：凡是能发明一部只需一人照管、且能纺六根棉线、亚麻线或黄麻线者，奖励50英镑。在这种背景下，哈格里夫斯对发明纺纱机产生了浓厚的兴趣。他根据做木匠的经验，对现有手工纺纱车进行了反复改造。有一天，眉头不展的哈格里夫斯正在思考如何改造纺车，不小心把身边的纺车碰翻了，纺车仰面朝天倒在地上，轮子却空转个不停。这时他猛然醒悟：把锭子竖起来，在一个车上就可以并

排放两三个，效率不就提高了吗？

作为一个木匠，完成这样的想法并不困难。他很快就制出了这样一架纺车：在上面垂直竖立八个纱锭，旁边装了一个木轮。试验的结果和预想的一样，纺纱效率果然提高了很多倍。他用女儿的名字命名这项发明，叫它

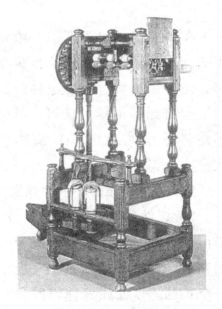

阿克莱特发明的水力纺纱机

"珍妮纺纱机"。在这个纺纱车的基础上，他又进行了不断改进，最终将纱锭加到80个，纺纱效率提高到了近一百倍。

克朗普顿

在多轴纺纱机发明后，哈格里夫斯申请了专利，开始批量生产，向市场出售。他的这种纺纱机很快得到了市场的认可，英国的纺纱业由此迈出了空前的一大步。

纺纱技术的革命——"骡机"

"珍妮纺纱机"用人力转动，纺出的纱细且易断。如何改变纱的断线、提高纱的质量，又成了一个难题。理发匠兼钟表匠阿克莱特在别人的帮助下，开始研究水力转动的纺纱机。他经常从早晨5点工作到晚上9点，终年累月地琢磨着他的发明。在1769年，他终于成功的发明了水力转动纺纱机。这种纺纱机在珍妮纺纱机的基础上，进行了大幅度地改进。两年后，他在罗姆德福选取了河水流量大而急、有暖流注入、冬季不结冰的河段，建造了第一座水力纺纱厂，工厂有几千个纱锭却只雇佣了300个工人。

水力纺纱机纺出的纱虽然不断线，但纱线比较粗，质量不太好。另一个同样生活在兰开夏郡的工匠克朗普顿，开始研究如何将"珍妮机"和水力纺纱机巧妙地结合起来，让纱线既细又均匀。他用了整整五年的时间，对这两种机器进行整合。他在纺纱机上安装了一个滑动架，然后在滑动架上安装旋转的锭子，滑动架可以前后移动，把纺织的纱线绷直，以蒸汽和水力做动力，可以推动300～400个纱锭，纺出的纱线细致而又牢固。他把这种机器命名为"骡机"，因为"骡子"是马和驴的混种，"骡机"的意思是指它吸取了水力纺纱机和珍妮纺纱机各种的优点组合而成的。

克朗普顿的"骡机"很快在全国得到了普遍推广，到了1812

年，英国已安装了 400 万个锭子的克朗普顿精纺机来生产棉纱，其工作效率相当于 400 万个妇女用 400 万台手纺车不停地纺纱。

动人的篇章

由于"骡机"的发明，纺纱的生产效率提高了近百倍，而织布机却在约翰·凯伊发明飞梭织布机后停滞不前，大量的纺纱涌入市场，却找不到足够的工人来纺织。牛津大学的文学博士卡特莱特在一次偶然的集会中，发现了纺与织的极端不平衡，这种不平衡让他下定了发明一种新型织布机的决心。

卡特莱特是个非常有事业心的人，在他产生了发明新型织布机的决心后，马上就投入到了这

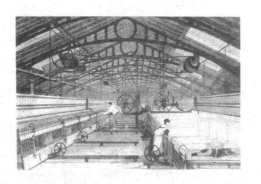
工人正在使用骡机工作

卡特莱特

项工作中。他在自己家里一次次地进行试验。因为他只是个文学博士，对机械的原理懂得不多，于是就找来了一些木匠和铁匠，向他们提出自己的问题，征求他们的意见。经过几年时间的努力，他终于制造出了一台用水车带动织布机的样品。他把这台样品投入到实际应用当中，但很快就发现这台织布机存在着许多的缺陷。经过反复的探索和改进，织布机的工序变得简单而且非常容易操作了。卡特莱特在他发明的织布机上颇费心思，如这种织布机只要对一些零件稍作改动，还可以根据生产需要来织各种不同类型的纺织品。而且这种织机还有着许多的优点，比如在织布时如果出现断线的情况，织布机就会停下来，这样大大方便了工人们的操作。这种织布机很快就取代了飞梭织布机，在全国推广开来，

工人使用卡特莱特发明的动力织布
机工作的场面

埃斯娜神庙"多柱厅"的面貌

它的工作效率比飞梭织布机整整
提高了 40 倍。

卡特莱特在织机发明成功后，
并没有停止改进的步伐。1803 年，
他又对织布机进行了改进，制造出
了世界上第一台铁制织布机。纺纱
机和织布机经过多人的改进后，使
英国的纺织工业出现了空前的繁荣
景象。

美国独立战争

华盛顿与美国独立

公元 1774 年 8 月 1 日，弗吉
尼亚殖民地的地方会议举行紧急
会议，商讨动摇波士顿人民的办
法。在这次会议上，有一个身穿
上校制服，一向沉默寡言的议员
走上讲台，激昂慷慨地说道："我
要自己出钱招募一千名壮士，并

亲自带领这支队伍去救援波士
顿！"说这话的，便是后来领导美
国独立战争，接着又当选为美国
第一任总统的乔治·华盛顿。

华盛顿原为弗吉尼亚的一个
大种植园主。他在不到十岁的孩
童时候，一次和一群孩子在后园
里玩耍，把他父亲最心爱的一棵

独立战争形势图

世界通史

最新整理图文珍藏版

大树给砍倒了。他父亲发现后，气恨恨地追问那棵大树是谁砍的。在场的家里人，都吓得不敢说话，华盛顿不遮不掩地说是他砍的。对此，他父亲不但没责怪他，还夸他日后会很有出息。

后来，华盛顿当过测量员，在西部新开辟的俄亥俄河流域做过土地投机生意。当时在北美洲，英国殖民者与法国殖民者经常发生边境冲突。就在这些边境冲突中，华盛顿初次崭露头角，当上了弗吉尼亚地方武装的指挥官。在"七年战争"（1756～1763年）期间，华盛顿率领弗吉尼亚地方武装配合英国正规军，在北美大陆上与法军作战，把法军殖民者的势力赶出了北美大陆。他在这次战斗中，积累了一些军事经验，成为北美殖民地著名的人物之一。

尽管如此，像华盛顿这样有钱有势的大庄园主，也和英国殖民当局有矛盾。"七年战争"结束后，北美殖民地人民原以为可以向西扩散来获得土地，但英国政府却把阿巴拉契亚山脉以西的土地当做王室的私产，阻止北美殖民地人民向那边移动。公元1774年初，英国政府颁布《魁北克法案》，把俄亥俄河以北的大片土地划归加拿大的魁北克省管辖。这一项法案，使华盛顿丧失了几万英亩土地的所有权。所以，当北美殖民地人民反英斗争风起云涌之际，华盛顿站在大种植园主、大资产阶级的立场上，也参加了反英斗争的行列。

公元1774年9月，北美13个殖民地，为了商讨共同对付英国的办法，各自派遣代表到费城开会，这就是历史上所说的第一次"大陆会议"。华盛顿作为弗吉尼亚殖民地的代表之一，出席了这次会议。

这次会议之后，列克星敦战斗的消息，像闪电一样激发了北美殖民地人民的爱国热情。各地

华盛顿像

人民同仇敌忾，斗志昂扬。他们纷纷自备武器，自带口粮，组成民兵队伍，举着大旗，擂着战鼓，雄赳赳、气昂昂地来支持波士顿人民。几天之内，汇集在波士顿城外的民兵队伍就有两万多人。公元1775年6月27日，有2000名民兵在波士顿港北面的班克山与英军进行了一场血战，他们显示了惊人的战斗力和革命的英雄气概，使英军为之丧胆，打破了关于民兵不能与正规军作战的神话。

这时，华盛顿正代表弗吉尼亚殖民地出席于1775年5月10日在费城开幕的第二届大陆会议。在革命人民的推动下，第二届大陆会议成了北美殖民地人民

华盛顿当选为美国第一任总统

最高的革命政权机关。它下令募集志愿军，发行纸币，向国外购买军火，并把汇集在波士顿附近的各地民兵整编为"大陆军"。华盛顿被大会一致推选为大陆军总司令。

北美独立战争的序幕

公元1775年7月3日，华盛顿骑马来到波士顿附近的剑桥，就任大陆军总司令。他把他的坐骑拴在一棵大榆树下，举起剑来接受军官们和兵士们的敬礼。当时大陆军根本没有统一的服装，武器也都参差不齐，用华盛顿自己的话来说："营地上全是武装起来的老百姓，而不像是一支军队。"华盛顿徘徊观望，没有立即向英军发动进攻。只是当民兵游击队在南、北卡罗来纳打退了企图在南方登陆的英军之后，华盛顿才以大军包围波士顿，切断了英军陆上供应线，使之成了一个死港。在这种恐怖下，英将豪乌才被迫于1776年3月17日率军撤

离波士顿。从此，英军在北美殖民最重要的一个据点便转到人民的手中了。

不过直到这时，大陆会议都仍旧是畏首畏尾，不敢与英国公开决裂，不敢宣布独立。华盛顿还把他统率下的大陆军，叫做"英王的部队"，意思是说，他只反对英国殖民当局在北美的暴政，仍拥戴英王。只是人民群众热火朝天的革命斗争，才把美国独立战争推向高潮。

公元 1776 年 7 月 4 日，在人民群众的压力下，第二届大陆会议通过了由托马斯·杰斐逊起草的《独立宣言》。《独立宣言》第一次用纲领的形式表达了资产阶级的政治要求，并向全世界宣告：北美 13 个"联合起来的殖民地从此成为而且理应成为自由独立的合众国"。接着，纽约城的人民打破英王乔治三世的铜像，用以制造子弹。

《独立宣言》的通过和发表，标志着美国的诞生。原先的英属北美 13 个殖民地，这时成了美利坚合众国最早的 13 个州，而 7 月 4 日这一天，后来就定为美国的国庆日。

当美国宣布独立之际，英将豪乌在英国海军配合下，卷土重来，用 35000 人的兵力攻打纽约城。华盛顿率军 18000 人进行抵御。经过几次激烈的战斗，美军损失惨重，最后不得不撤离纽约。当华盛顿于 1776 年 12 月 8 日渡过特拉华河向西撤退时，身边的部队只剩下 5000 人了。然而，美国人民要求独立的坚强决心，使华盛顿和人民一起连续作战。公元 1776 年圣诞节（12 月 25 日）华盛顿在渔民的帮助下，回兵重渡浮着冰块的特拉华河，以迅雷不及掩耳之势向英军反攻，取得了特伦顿之战的胜利。接着，在 1777 年 1 月 3 日，他又用夜间突袭的战术，在普林斯顿地方，打败了英军。这两次胜利挽回了美军的颓势。

公元 1777 年 9 月，英军占领了当时美国的首都费城，气势汹汹，嚣张一时。华盛顿率兵在费城附近抵抗了几阵，连遭失败，不得不退往伏基谷以度寒冬。在伏基谷，华盛顿和他的军队处境极为困难。然而，就在这时，美国民兵在北部战场上赢得了大捷。1777 年 10 月，民兵把一支从加拿大南下的英军包围在纽约州北部的萨腊托加城。经过激战，迫使这支英军的残余部队 5600 余人缴械投降。萨腊托加大捷，大大提高了美国人民必胜的信心，并且扭转了整个战局。

在独立战争的后一阶段，战事的重心已移到英国的南方，1780年5月，英军倾巢出动，在美国南方发动强大攻势，企图以此来挽回败局。南方各地人民奋起自卫，他们自发地组织起民兵游击队，用机动灵活的游击战术来对付敌人。在1780年10月的王山战役中，南方的民兵游击队，歼灭了英军一支主力部队。这一胜利使英军在南方无法立足，最后被迫退往弗吉尼亚州的约克顿。

这时，战争形势已经起了根本性变化，英军由优势变为劣势，美军由劣势变为优势，决战的时刻终于到来了。

1789年在纽约举行的华盛顿总统授权仪式

在英军退入约克顿后，华盛顿调动一切可以调动的兵力，加上法国派来支援的海陆军，一齐到约克顿来合围。英将康华里在经过一番挣扎之后，势突力竭，于1781年10月10日率部众8000人投降。

约克顿战役之后，美国独立战争基本上胜利结束了。公元1783年9月3日，英国与美国签订《巴黎和约》，正式承认美国独立。

美国独立战争是美国人民为了摆脱英国的殖民压迫而进行的民族解放战争，实际上是一次资产阶级革命。华盛顿作为美国独立战争的领导人，在历史上起了一定的进步作用。

美国独立战争后，华盛顿代表大种植园主，大资产阶级的利益，主持制定了1787年的《美国宪法》。1789年4月，华盛顿当选为美国第一任总统。

华盛顿任过两任总统，卸任后回到他在弗吉尼亚州的那座地主庄园——维尔农山庄，乔治·华盛顿于1799年12月14日病逝。

杰斐逊和《独立宣言》

1776年7月4日，从大西洋沿岸到阿巴拉契亚山，从波士顿到萨凡纳，整个北美殖民地沉浸在一片欢庆之中。在费城，教堂钟声齐鸣，兵士列队，鸣枪致贺，全城沸腾。人们举行集会，把英

向约克镇进军

纽约市民冲向广场，捣毁乔治三世的塑像

个中等种植园主，经营烟草种植，他早年也作过土地测量员，还是弗吉尼亚的第一任治安法官。

国国王乔治三世的画像，焚烧在熊熊烈火之中，他们高兴地说："我们甚至连那个不配治理自由人民的国王的影子也给销毁了……"在其他一些小城镇，人们也是奔走相告，连呼万岁。这一天，北美殖民地的广大人民，正在以高度热情迎接着《独立宣言》的通过和宣读。《独立宣言》为什么会有如此巨大的魔力、牵动着北美的几百万颗心呢？历史的原委，都是跟杰斐逊这个伟大的名字联系在一起的。

杰斐逊出生于 1743 年，北美殖民地时期南部的革命中心弗吉尼亚的阿尔贝马郡沙得韦尔乡村。他的祖辈是英国威尔士人，后来移居到了北美。据说母亲祖先出身高贵，是苏格兰贵族。父亲是

1760 年，杰斐逊进入南部著名的高等学府，威廉——玛丽学院，在这里，他广泛地接触哲学、历史、自然科学和文艺作品，深受启蒙思想，特别是洛克的"天赋权利"论的影响。杰斐逊在校期间，一直是一个以勤奋好学、

《独立宣言》起草者杰斐逊

勇于探索、视野开阔而著称的人物。1762年毕业以后，他又专门学了五年法律，当了七年律师，使他更加熟悉了当时的法规和条例。

杰斐逊在政治上初露头角，是1769年。这一年，他当选为弗吉尼亚议会议员。在议会里，他坚决主张释放黑人奴隶，并且积极领导抵制英货的运动。

到70年代，随着北美殖民地经济的发展，和英国对殖民地压迫政策的加强，两者之间的矛盾日趋激化。在这个革命风暴孕育的日子里，杰斐逊成为当时的左翼领袖和鼓吹美国资产阶级民主革命的号手。1774年，他发表了《英属美洲权利概述》一文，淋

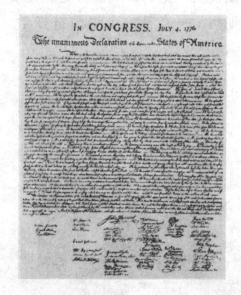

《独立宣言》文本

漓尽致地揭露了英国殖民者的高压政策，否定了他们的殖民权利，号召广大人民群众起来，制止英国的侵略活动。这篇文章引起极大地反响，一些同情殖民地抗英斗争的英国人士，把它大量翻印，装订成册，在伦敦广为传播。此外，它的词句和论述，还常常被当时的英国议员大量引用，作为他们的理论炸弹，用来抨击本国政府的高压政策，往往弄得英国政府处境尴尬。所以，伦敦当局一直把杰斐逊看成是个危险人物，把他列入了"黑名单"。

1775年4月，莱克星顿和康科德的广大人民，对英国殖民军，进行了武装反抗，打响了美国独立战争的第一枪。革命烈火锤炼了杰斐逊，使他更加成熟起来。这年5月，33岁的杰斐逊坐着敞蓬四轮马车，带着两名黑人奴仆，经过长途跋涉，来到费城，代表弗吉尼亚出席第二届大陆会议。当时，他下榻的地方，是一幢新建的三层楼住宅，他占用了整个二楼的卧室和客厅，在这里起草了美国《独立宣言》。

当时，北美殖民地群情鼎沸，纷纷要求摆脱英国而独立。特别是弗吉尼亚，率先作出决定，断绝同英国的联系。为了适应这种

世界通史

最新整理图文珍藏版

形势的新发展，6月11日，大陆会议指定杰斐逊、富兰克林、约翰·亚当姆斯、谢尔曼和李文斯敦等五人，组成一个委员会，准备起草一个北美独立的宣言。经过商定，委员会把这项宣言的起草工作，委托给年富力强的杰斐逊。

杰斐逊长于写作，他以高度的政治热情，接受了这个起草工作。从6月11日到6月28日，他独自躲在下榻的二层楼上，写出了《独立宣言》初稿，并提交大会讨论。经过两天半的讨论和修改，1776年7月4日，最后通过。这时候，与会代表互致祝贺，全场一片欢腾。

《独立宣言》以磅礴的气势，流畅的笔调，概括了英法民主主义思想家提出的政治理论和革命原则，它庄严地向世界宣布："人人生而平等，他们都从他们的'造物主'那边赋予了某些不可转

波士顿倾茶事件

让的权利。为了保障这些权利，所以才在人们中间成立政府。而政府的正当权力，则系得自被统治者的同意。如果遇有任何一种形式的政府变成是损害这些目的的，那么，人民就有权利来改变它或废除它，以建立新的政府。这新的政府，必须是建立在这样的原则的基础之上，并且是按照这样的方式来组织它的权力机关，庶几就人民看来那是最能够促进他们的安全和幸福的。"宣言阐发了"天赋人权"和"权利在民"的学说；论述了人民有权废除旧政府，建立新国家，以保护人民权利的思想。从而，给北美独立提供了理论武器。

《独立宣言》控诉了英王的种种暴行，它指出："现今大不列颠国王的历史，就是一部怙恶不悛，倒行逆施的历史。"接着，它列举了1763年以来，英国政府的种种虐政，从而，综述了迫使美国人民争取独立的种种原因。

《独立宣言》最后以美利坚合众国人民的名义庄严宣告："这些联合殖民地从此成为、而且名正言顺地应当成为自由独立的合众国，它们解除对于英王的一切隶属关系，而它们与大不列颠王国之间的一切政治联系亦应从此完

全废止。"《独立宣言》以豪迈的语言，宣告了美利坚合众国的成立。

《独立宣言》是宣告美国建成独立国家的正式文件。它在人类历史上第一次以政治纲领的形式，宣告了人民主权的原则；同时，它也是资产阶级上升时期人民要求民主主权的宣言书。《独立宣言》在历史上曾经起到过积极进步作用，它动员广大人民群众为争取民族独立、人民主权而斗争；成为当时美国人民反抗英国殖民奴役、进行革命的有力武器。所以，马克思在写给美国总统林肯的信里，把它称为"第一个人权宣言"；其历史作用由此可以窥见一斑。

然而，杰斐逊的这篇杰作，虽然热情洋溢，反映了资产阶级在上升时期的精神面貌，但它毕竟跳不出当时的历史漩涡，而带有着那个时代的烙印。它所宣扬的"自由、平等、追求幸福"等等，充其量不过是资产阶级和种植园奴隶主们独立享用的东西，对于政治上无权、经济上遭受剥削的劳苦人民来说，这只能是一句虚幻的空话；温饱尚且难保，又有什么自由、平等、幸福可言呢？

《独立宣言》初稿中，本来写进了一段非常难能可贵的、谴责和痛斥英王乔治三世开创非洲黑奴贸易，煽动黑人与白人之间种族战争的文字，但在讨论修改过程中，被南方奴隶主和北方的大奴隶贩子，认为言词过激，特别是在南卡罗来纳和佐治亚代表的反对下，而最后被删掉了。

杰斐逊虽然是一位重要的启蒙思想家，美国民主传统的奠基人，但他却不具备军事才能。1779年，他当选为战时州长。当时，英军控制海面，随时都有袭击弗吉尼亚领土、掠夺食物和武器的危险。弗吉尼亚不仅财政匮缺，就连兵员也要仰仗别人支援，作为州长的杰斐逊，困难重重。1780年，英军向弗吉尼亚进攻，尽管这位州长恪尽职守，但由于他不懂军事，而使他束手无策。眼看着议会横遭破坏，而无能为力，以致招致各方面的指责、诋毁和埋怨。在他实在维系不下去时候，1781年，辞去州长职务，回到弗吉尼亚，在这里进行了仔细考察，最后将调查手稿，辑录为《弗吉尼亚纪事》一书。《纪事》驳斥了欧洲优势论，充分表达了对自己家乡的热爱和民族自尊感。

美国独立以后，杰斐逊成为当时政治舞台上的活跃人物。1784 年 5 月，他协助富兰克林和约翰·亚当姆斯到法国，同法国签订商约。第二年，他出任美国驻法全权公使；当他驻节巴黎的时候，正是法国资产阶级革命的伟大时代，这时，他不仅冷静地观察各国的动向，而且以极大的兴趣和满腔热情关注着革命的进程。1789 年，联邦政府成立以后，他被任命为美国国务卿。1800 年当选为美国第三届总统。

杰斐逊的晚年是值得一提的。当他年逾六旬，回到家乡的时候，他把自己的晚年，全部献给了美国的教育事业。他制订了大、中、小三级教育制度，确立了美国国民教育的规范。他主张用教育手段，培养德才兼备的"自然贵族"，用以区别于"人为的贵族"。

蒙加尔穆侯将军之死

1818 年，他虽然已是七十几岁高龄的老人，但他仍然意气风发，为创建弗吉尼亚大学而贡献着自己最后几年的精力。他骑着马亲自到兰岭勘察校址，从整个校舍设计、施工，到招生开学、聘请学者，他都付出了巨大的劳动；弗吉尼亚大学终于在他辞世的前一年建成。

杰斐逊生活俭朴，在他担任总统期间，白宫每天早晨开放，任来访者自由出入。他认为只有这样，才能不远离群众，保持民主作风。

1826 年 7 月 4 日，正当《独立宣言》发表五十周年的时候，杰斐逊逝世，享年八十三岁。杰斐逊一生的事业，完全可以用他自己生前写好的墓碑碑文来概括：

在这下面埋葬的是
托马斯·杰斐逊
著有
《独立宣言》
《弗吉尼亚宗教自由法规》
他还是
弗吉尼亚大学之父

"列克星敦的枪声"

在第一届大陆会议闭幕后，马塞诸塞人民立即行动起来。当托马斯·盖奇（Thomas Gage）将军及其英军控制波士顿时，马塞诸塞议会改组为地方大会，并任命了以约翰·汉考克为首的安全委员会，在离波士顿32公里的康科德举行会议，制定抵抗计划，不失时机地储藏枪支弹药。1775年4月初，盖奇企图先发制人，派兵前往列克星敦，企图逮捕约翰·汉考克和塞缪尔·亚当斯，摧毁康科德的军械库。4月19日5时左右，英军遭到列克星敦的民兵阻拦，英军突然开火，民兵猝不及防，死伤十多人。英军在返回波士顿的路上，又不断遭到民兵的袭击。"列克星敦的枪声"和康科德的战斗揭开了独立战争的序幕。

1775年5月，即列克星敦和康科德战斗后一个月，第二届大陆会议在费城召开。在这次会议上，激进派人数增多。富兰克林

英属北美殖民地人民在邦可尔山打响了独立战争的第一枪

和杰斐逊出席了会议。第二届大陆会议仍希望避免同英国最后决裂。7月5日，会议通过了致英王乔治三世的请愿书——"橄榄枝请愿书"，表示仍忠诚于英王，向他保证"我们无意结束我们之间长期地和幸福地存在的联合。"但同时，谴责了英国议会，要求英王同意殖民地摆脱英国议会不称职的管理。大陆会议一手执着橄榄枝，一手握着利剑。大陆会议发布了《关于拿起武器的原因的公告》，宣称"我们为我们的敌人所迫而拿起武器，我们要不顾一切危险，使用武器来维护我们的自由，一致决定宁可作为自由人而死，不作为奴隶而生。"会议采取了断然行动，成立了大陆军，任命乔治·华盛顿为总司令。W·乔治·华盛顿（1732～1799）生于弗吉尼亚一个大种植园主家庭，1752年继承家业，成为大农场主。曾在英国军队服役。华盛顿之被任命，不仅是由于他在弗吉尼亚议会和大陆会议上表现出的政治才能和在"对法国人和印第安人战争"中担任中校所具有的军事经验，也是为了争取南部殖民地支持以新英格兰为首的反抗运动。

随着战争的爆发，各殖民地的皇家总督大多逃跑或被驱逐，

世界通史

最新整理图文珍藏版

英国在殖民地的统治权力迅速瓦解。到1774年年底，大多数殖民地建立了地方议会。康涅狄格和罗得岛是自治殖民地，政府是民选的，因此未进行改组。佐治亚和纽约两殖民地因保守势力强大，未能建立地方议会。自1776年3月始，各殖民地陆续宣布独立：3月26日，南卡罗米纳地方议会通过宪法，宣布独立，并通过选举建立了自己的政权。不久，新罕布什尔、新泽西宣布独立。弗吉尼亚宣布独立影响最大。5月15日，弗吉尼亚地方议会通过独立决议，并通过两项决定，其一是责成出席第二届大陆会议的弗吉尼亚代表向大陆会议建议"宣布这些联合的殖民地为自由的和独立的邦，解除同大不列颠国王或议会的一切隶属或依附关系。"其二是起草弗吉尼亚的《权利宣言》。6月12日，弗吉尼亚的《权利法案》公布，规定了公民的言

英军在波士顿登陆

论自由、出版自由、由陪审团参加审判等基本权利。6月29日，又通过了《弗吉尼亚宪法》，建立了弗吉尼亚共和体。特拉华和康涅狄格于6月14日、新罕布什尔于6月15日、马里兰于6月23日相继宣布成立共和体。各殖民地相继宣布独立，推动了《独立宣言》的诞生。

《独立宣言》

随着战争的继续进行和英国的不妥协态度，越来越多的人支持宣布独立。有几个因素推动宣布独立：其一是英王决定镇压起义，派遣二万官兵到北美，并宣布大陆会议的所有成员均为叛国者，若被捕，当被绞死。这迫使出席大陆会议的保守派分子也必须采取新的立场；其二是1976年1月，卓越的民主主义者托马斯·佩恩的《常识》出版，佩恩摒弃了以往依靠法律辩论方法，以通俗激昂的文字阐述了殖民地独立的主张；他谴责英王乔治三世为"皇族野兽"，号召废除王权，建立共和制政府；他主张取消选民财产资格和建立一院制议会的代议机构，经常进行选举，以便经常在选民和被选者之间进行交流，建立共同的利益；他坚信在摆脱欧洲的控制以后，新建立的国家

将会强大起来。佩恩的《常识》发行10万多册，广泛传播，在动员殖民地人民同英国实行彻底决裂方面起了巨大作用；其三是华盛顿坚持了对波士顿的包围，于3月迫使威廉·豪的英军由海路撤往哈利法克斯。攻克波士顿增强了殖民地人民争取独立的信心。但英军的撤退，只不过为了等待增援，以准备夏季发动新攻势；其四是大陆会议已派赛拉斯·迪恩向法国谋求援助。6个月后，富兰克林和阿瑟·李也去巴黎协助谈判。宣布独立将有助于取得法国的援助。

1775年欧洲国家在北美的殖民地

1776年7月4日，大陆会议通过了杰斐逊起草的《独立宣言》。《独立宣言》第一部分以简明庄重的文字总结了启蒙运动的政治哲学，特别是关于自然权利的理论："我们认为下面这些真理不言而喻，即：人类生而平等，造物者赋予他们若干不能出让的权利，其中如生命、自由和对幸福的追求。为了保障这些权利，人类才在他们之间建立政府，而政府之正当权利是经被统治者的同意而产生的。任何政府破坏这些目的，人民便有权力把它改变或废除，以建立一个新的政府。"在这里，杰斐逊对洛克的自然权利作了修改，没有提财产权，而是提"追求幸福"的权利。他企图以一个更为广泛但又避开社会内容的口号来说明了美国革命的正当性。宣言的第二部分列举了殖民地的怨情。杰斐逊只谴责英王乔治三世，未提及英国议会。这样做不仅是一种策略，以博得欧洲人民的同情，因为欧洲人可能同情反对暴君的起义，而不反对选举产生的议会。而且，不提及英国议会，等于否定了英国议会与殖民地的法律联系。宣言的第三部分是实质性部分，宣布13个殖民地独立，"我们这些联合一致的殖民地从此是，并依照公理，也应该是自由的和独立的国家。"取消对英国王室效忠的义务，全部断绝同英国的一切政治关系，以自由独立国家的地位，有权宣战、缔和、结盟、通商和采取独立国家有权采取的一切行动。

独立若要得到英国的承认，就必须将战争进行到赢得胜利为止。《独立宣言》不仅激发了美国人民的自豪感，而且进一步巩固了全民抗战的决心和自信。

杰斐逊起草的《独立宣言》初稿中曾谴责奴隶制是"海盗战争"的结果。但由于南卡罗来纳和佐治亚代表的反对，在最后的定稿中将这一段原文删去了。在美国人抱怨遭到英国的奴役的同时，却在北美保留了奴役别人的制度。

《独立宣言》在庄严宣布人的自然权利的时候，杰斐逊却认为"城市劳动者是恶的体现者和推翻一个国家自由的工具。"宣言漠视印第安人、黑奴的权利。宣言谴责英王煽动奴隶暴动和印第安人袭击白人："他在我们中间煽动国内的叛乱，尽力引诱无情的印第安野蛮人袭击我们边疆的居民。"宣言所宣布的"人生而平等"的原则也不包括妇女，宣言只是把生命、自由和追求幸福的权利限于白人男子。宣言同样漠视了当时社会上存在的财产上的不平等。所以，在《独立宣言》宣布的时候，富人可以出钱由他人代替入伍出征，而穷人必须入伍当兵。《独立宣言》所宣布的自然权利实质上是有产者的权利。

《独立宣言》鼓舞了大陆军队和民兵的战斗意志。7月9日，华盛顿在纽约向部队宣读《独立宣言》时说："这一重要文件将进一步推动每一位军官和士兵以忠贞和勇气来行动，领悟到现在在上帝的统辖下，他的国家的和平和安全只有赖于我们的武器的胜利。"

萨拉托加大捷

独立战争开始时，英国是一个头号的资本主义工业强国，有雄厚的经济基础及富源，并且拥有世界上最强大的海军及武器精良的陆军。此外，它还拥有广大的殖民地，有取之不尽用之不竭的人力物力。相反地，北美殖民地的工商业都比英国落后，在物力财力方面，与英国相比，都是望尘莫及的。北美人民就是在敌我力量相差悬殊的情况下与英国侵略军战斗的。

在华盛顿受命为总司令的时

总统华盛顿接受美国宪法

候，斗志昂扬的北美民兵队伍已经把波士顿围得铁桶似的。困守波士顿的英军终于不支，到1776年3月退出该城，同时遗弃了两百门以上的大炮、数千支枪和大量军事物资。

1775年秋，美军在围攻波士顿的同时，开始了对加拿大的远征。这次远征的目的是为了防止英军利用魁北克为基地夺取哈得逊河流域；也是为了煽动加拿大的法国人起来举行反英起义。1775年9月，美军分两支北上，一支在蒙哥马利率领下越过张伯伦湖，进入加拿大，11月拿下了蒙特利尔。另一支由阿诺德率领，12月底两军会师，联合进攻魁北克。蒙哥马利战死，阿诺德继续督军攻打。由于英国军舰开到，也由于军中流行疫病，在进攻魁北克的战役中美军遭到惨败，损失五千多人。到1776年6月，美

军完全撤出加拿大。这次远征虽然失败了，但在此后两年内英方不得不驻屯重兵于加拿大，这就相应地削弱了英军在其他战场上的兵力。

1776年7月，英军占领了纽约附近的斯他登岛。华盛顿乃把军队从波士顿调到纽约附近，结果与英军发生战斗，美军大败，9月纽约落到英军手中。华盛顿的部队退到德拉瓦河的彼岸——宾夕法尼亚境内。12月25日，华盛顿部队突然转入攻势，又渡过德拉瓦河，出其不意地袭击了驻在特灵顿的英军，俘获敌人上千名。美军乘胜前进，又在1777年1月于普林斯顿一带大破英军，迫使英军退到柏灵顿。

1777年初，英国统帅部制定了一个战略计划：以纽约和加拿大为根据地，夺取哈得逊河流域，以便切断美国北部与中部南部之间的联系。按照这个计划，英国当局决定派出三支纵队最后在欧尔巴尼会师：第一支由柏高英将军率领从加拿大出发经过张伯伦湖；第二支在巴利·圣·列格尔中校率领下也从加拿大出发经过安大略湖和摩瓦克河；第三支由克林顿将军统率，从纽约城启程，溯哈得逊河北上。这个计划从战

略上来看，有严重的缺点：第一，英国兵力分成三路，使得美方有可能集中兵力予以各个击破。第二，两支纵队从加拿大出发到目的地，路途遥远，必然要出现运输及供应上的困难，加之长途跋涉，势必造成士兵的疲惫不堪，这就使得美军有可能"以逸待劳"，从容不迫地歼灭敌人。而且，这个计划在执行过程中，彼此配合得很不好。在时间上，柏高英的队伍出发过早，没有等待另外两支纵队同时行动。而且，克林顿将军在离开纽约北上之前，曾要求英军最高统帅豪埃将军派增援部队，但是豪埃将军拒绝了这个要求。

1777年6月，柏高英的部队首先自加拿大出发，7月攻占了提康得洛加，然后继续前进。但是在队伍抵达距哈得逊河32公里的地方时，遭到附近美军的一系列袭击，以致行动受到牵制。结果英军费了三个星期的时日才攻下爱德华要塞。但这时英军在供应上又出了问题，于是柏高英便派出军队到附近大肆掠劫。当地农民在美军军官约翰·斯塔克的号召下，纷纷起来抵抗，弄得英军狼狈不堪。

圣·列格尔的队伍出发较晚，当进军到摩瓦克河附近时，在当地居民的狙击下，无法继续前进，因而这支纵队只好退回加拿大。

当柏高英队伍在爱德华要塞一带因供应不足而无计可施和圣·列格尔在摩瓦克河沿岸不断挨打的时候，克林顿才最后领兵出动。在他的队伍到达距欧尔巴尼96公里的地方之前，柏高英部队就退到萨拉托加了。当英军来到萨拉托加尚未来得及安营扎寨，新英格兰的农民就个个手持武器从四面八方赶到萨拉托加，把英军围得水泄不通。武装农民越聚越多，数量为英军之四倍。弹尽粮绝的英军已经无路可走，于是不得不于1777年10月17日俯首请降。投降的英军为数5000人，在答应以后不再拿起武器之后，被放回本国去了。

美军的萨拉托加大捷，意味着英军夺取哈得逊流域的计划破产，而英军如果不控制这个流域，它是无法征服美国的。同时，这次大捷也促成法国以美国盟友的资格参战。因而，这个大捷实在是独立战争中美军转败为胜的重大转折点。

最后的胜利

战争爆发伊始，美国革命领袖就认识到：要想赢得战争的胜

美国独立战争中一次海战场面

利，就必须争取外国援助。他们深知法国、西班牙和荷兰等国过去在争夺海上霸权及殖民地的斗争中，都败于英国之手，都吃了很大的亏，所以时时刻刻想寻找机会恢复过去被英国夺去的殖民地及海上贸易地位。因此，他们决定利用这些国家与英国之间的矛盾，以促进革命战争的胜利。

早在1776年3月，大陆会议就派西拉斯·狄安去法国商谈援助事宜。同年9月，即宣布独立后，又派赫赫有名的学者富兰克林和杰出思想家杰斐逊为特使，去协助狄安。不过，杰斐逊未能成行，他的任务由当时正在伦敦的阿瑟·李代替。大陆会议训令他们抵法后竭力争取法国正式承认美国独立及与美国订立商约。

1776年12月，富兰克林到达巴黎。他的人格和外交辞令具有很大的魅力。他表示美国人决心战胜英国，这在法国军官中引起了共鸣，因为法国军官都迫不及待地想报七年战争之仇。但是，富兰克林的努力成就不大，美军在战场上的初期失利，使得法国政府不相信美国的实力，不敢正式承认美国独立，也不敢与美国缔结商约。当时，法国执行两面的外交政策：一方面秘密以金钱及武器援助美国，另一方面在英国面前表示严守中立。但是法国对美国的援助还是很可观的。到1776年10月以前，狄安已经从法国交涉到2万人的服装、3万人的武器及大量弹药。法国还在其他方面支援美国，比如掩护美国的私掠船，在法国船坞里为美国制造军舰等等。

1777年萨拉托加大捷扭转了法国的态度。1778年2月6日法国终于与美国缔结法美同盟条约及通商友好条约，承认美国独立，承担了军事援助的义务，并且约定：一方不得到另一方的同意，不得与英国讲和。

1778年6月17日，法国战舰与英国战舰在欧洲沿海发生战斗，于是英法不宣而战。1779年，西班牙在法国的劝诱下参战，荷兰到1780年也参加了战争。

法国参战后，英国便在海上任意搜索中立国的船只，这就引起了普鲁士的抗议，于是普鲁士就怂恿俄国在 1780 年组成武装中立同盟，以抵制英国对于中立国船舶的侵犯。不久，丹麦、瑞典及奥地利也加入了这个武装中立同盟。

这样，到 1780 年美英战争扩大为国际性的战争。对于法、西、荷等国来说，这是争夺商业殖民霸权的战争，对于英国来说，这是反革命的战争，惟有对于美国来说，这是正义的解放战争。在这场战争中，英国完全陷于孤立。

法、西、荷参战后，战争便从北美扩大到西印度、东印度及欧洲去了。法国开始派军队到印度去，企图驱逐英国在印度的势力。西班牙开始攻打直布罗陀。法国又把大批军舰及军队派到北美大陆及西印度去。西班牙军队也在北美登陆。英国海军到处受到法、西、荷诸国海军的攻击，从而丧失了海上优势，这在很大程度上决定了战争的结局。

美国领袖们不但寻求外国官方援助，而且也向欧洲各国进步人士及广大人民呼吁。有时通过私人通信，有时派人去进行宣传，也时常由官方向欧洲各国人民发表呼吁书，如大陆会议就曾向爱尔兰人民发出过这样的呼吁书。结果，同情美国人民争取解放斗争的欧洲先进人士争先恐后地组织志愿军，奔赴北美，参加独立战争。在这些志士中间有法国的拉法耶特侯爵、洛艾利侯爵及未来的空想社会主义者圣西门。还有波兰的普拉斯基伯爵和克修斯古等人。当时，拉法耶特年方 19 岁，他自己出钱购买一艘船，满载了军事供应品，并且携带十几个军官，不顾政府的反对，远渡重洋来到北美。他参加了华盛顿的部队，担任少将职务，在战场上指挥作战，屡立战功。但是他拒绝领取薪金报酬，因而博得了美国人民的敬佩和感激。洛艾利侯爵也是一位年轻的、富裕的贵族，他来北美之前，放弃了贵族头衔，并且慷慨变卖自己的财产，用得来的钱装备骑兵。普拉斯基是波兰的一位革命家，美国独立战争爆发时，他正侨居巴黎，在狄安和富兰克林的帮助下，前来北美参加革命军队。但是，他不幸在一次战役中壮烈牺牲。克修斯古是小贵族出身的波兰革命家，在萨拉托加战役中作出了很大的贡献。

还有一些欧洲的职业军官也

最新整理图文珍藏版

在美军中服务。比如，普鲁士军官斯徒本男爵就曾帮助华盛顿训练军队，他还在 1779 年为美军草拟了"纪律章程"。

国际援助使战局愈来愈有利于美国。法国及西班牙之参战，迫使英国把大部分舰队从北美海岸调往地中海、非洲、印度及加勒比海去，这样一来不但削弱了英国对于北美海岸的封锁，而且也使英国在北美沿海一带往来调动军队更加困难了。

1777 年以后，英军完全放弃了夺取哈得逊河流域的战略计划，决定把军事行动的重心移向美国南部。在 1778 年底以前，英军进入佐治亚，并且占领了萨凡纳。在巩固了自己的阵地后，它便北上侵入南卡罗来纳，包围了查理斯顿。1780 年 5 月，英军终于占领了查理斯顿，接着继续北上，同年 8 月在坎姆登附近大破美军。

当英军在卡罗来纳等地不断挨打之际，另一支英军在康瓦利斯的指挥下，于 1781 年 5 月侵入弗吉尼亚。入侵的英军所向披靡，并且在沿海一带地方肆意蹂躏。1781 年 8 月，当康瓦利斯的部队攻下约克镇，准备在这里巩固阵地的时候，华盛顿率军从北方赶到，在约克镇附近，和拉法耶特

的部队会合，包围了英军。当时英军本想与英国舰队取得联系，但是被法国派来的两支强大的舰队切断了这个联系。陷入重围并且失去外援的 7000 英军，在康瓦利斯将军的带领下于 1781 年 10 月间，向美军投降。康瓦利斯部队的投降，意味着英军主力在整个北美大陆上的瓦解。

1783 年 9 月 3 日，美、英两国在巴黎订立和约，英国承认美国独立，并且把阿巴拉契亚山脉以西、密西西比河以东的土地割让给美国。

独立战争初期的军事政治（1775 年 4 月～1777 年 10 月）

当大陆会议对进行武力反抗犹豫不决的时候，美国人民趁英国政府和殖民地当局尚未作好镇压起义的准备工作之前就行动起来了。新英格兰人民纷纷组织民团，并在某些地方贮藏军火武器。马塞诸塞总督托马斯·盖奇闻讯后，即于 1775 年 4 月 18 日派遣 800 名英军前往康科德和列克星敦搜索。这个消息为技工组织的情报队获悉，银匠保罗·雷维尔和工人威廉·德维斯骑马向当地爱国者报信。翌日黎明，英军路经列克星敦和抵达康科德时，都遭到民兵和农民伏击。英军在返回

波士顿途中，万余民兵从四面八方对准英军射击，英军溃退。列克星敦和康科德的战斗，发出了"声闻全世界的枪声"，揭开了美国独立战争的序幕。

反英的枪声既打响，蕴藏在人民中间的反英力量迸发出来，战争的烈火到处燃烧。一支号称"绿山少年"的84人志愿部队由佛蒙特北上，向加拿大进军，夺得了香普冷湖附近提康德罗加英军炮台，控制哈得逊河北段。在志愿部队胜利的基础上，一支陆上远征队北上向加拿大境内出击，虽然最后失利，1776年初被迫撤退，但英军不得不以半数留驻在加拿大，因而加拿大的出击，在一定程度上起了削弱英军战斗力的作用。

列克星敦战斗后，英军退到波士顿城内。为了夺回波士顿，1200名大陆军和民兵在普雷斯科特上校率领下，于1775年6月16日夜偷袭驻在波士顿的查理士顿区内的英兵。美军占领了波士顿附近的般克山高地，在布里德山顶修筑了工事。次日，新英格兰民兵一日之内打退英军三次向布里德山顶冲锋。只是最后在英军炮火猛烈威胁下，美军才撤退，这就是著名的般克山战斗。美方伤亡400余人。英方虽保住了山头，但伤亡达1000余人，极大地消耗了有生力量。般克山战斗后，民兵包围了波士顿。

在人民反英武装斗争的推动下，1775年5月10日，第二届大陆会议召开。它在1781年联邦政府组成以前，一直执行着国家政权的职能。代表共66人，都是富有的上层人物，新当选的代表有本杰明·富兰克林和托马斯·杰斐逊。在独立问题上，保守派和进步派展开了激烈的斗争。为调和两派矛盾，7月6日大陆会议委托杰斐逊（进步派）和迪金逊（保守派）共同起草了一份《关于拿起武器的原因和必要性的公告》，措辞激动人心。与此同时，在保守派的坚持下，大陆会议呈递给英王一份和平请愿书（7月8日）。8月遭英王拒绝，英王并宣布殖民地进行公开的叛乱。保守派的指望落空了。

由于前线军情紧急，1775年6月初，第二届大会议通过决议组织大陆军，任命乔治·华盛顿为大陆军总司令，接管包围波士顿的民兵，改组为大陆军。华盛顿是弗吉尼亚的大种植园主，1754~1758年曾参加对法战争，因而具有军事指挥才能。他在独立战争中作出了重大贡献。6月23日，华盛顿赴前线途中，即得知般克山战绩。7月3日就职后，奉命率新军对波士顿英军要取包围态势。1776年3月，夺取了波士顿南面的道尔切斯特高地，设置大炮以控制波士顿全城。3月17日，英军被迫撤离波士顿。

1776年1月，托马斯·潘恩代表殖民地人民要求独立的呼声，写出《常识》这一小册子，用通俗的语言，指控英王乔治三世对殖民地的种种暴行，揭露英国君主制的腐败。它还深入浅出地阐述天赋人权的哲理，鼓吹独立的迫切性和同英国作彻底分裂的必要性，号召人民起来建立民主共和国。这篇革命檄文，是进行独立战争的响亮号角。

1776年6月，英军在南卡罗来纳建立基地的计划未能得逞。在北部，英舰队司令豪率舰驶回哈利法克斯进行增援。由于美国人民组成游击队，此出彼没地到处打击和牵制英军，迫使驻美英军无力发动新攻势。在这大好革命形势下，7月4日第二届大陆会议通过《独立宣言》。独立宣言第一部分阐述和发展了天赋人权和社会契约说，宣称人人有生存权、自由权和追求幸福权，人民有变

更或废除旧政府、建立新政府的权利，这是资产阶级的革命原则和理论的依据。第二部分历数英王27条罪状，痛斥英王对殖民地的暴政，说明殖民地人民被迫行使天赋权利进行反抗的理由，向全世界庄严宣告北美13个殖民地脱离英国独立。马克思认为它是世界上"第一个人权宣言"。独立宣言起草人是资产阶级民主派托马斯·杰斐逊。约翰·亚当斯和富兰克林参加了起草委员会。独立宣言的发表是对英国高压政策的总答复，这显示了美国各阶层人民要求独立自主的决心和信心。

由于英军实力强大，1776、1777年大陆军在军事上面临严峻的态势，但国际环境对美国是有利的。首先，法国是英国的劲敌，七年战争结束后，法国势力全部被逐出北美，两国关系更加恶化。其次，英国夺取了西班牙的佛罗里达和直布罗陀，英西关系也很紧张。英荷商业竞争从17世纪就很激烈。这些国际间对英的矛盾，都是对美潜在的有利因素。但法国仍垂涎北美广大市场，西班牙占有美国西部广大领土与墨西哥，也是虎视眈眈地观察着北美形势的变化。

从军事力量对比来说，当时

敌对双方的力量十分悬殊。英国本土有750万人，经历了资产阶级革命，并开始向工业革命迈进，拥有一支训练有素的陆军和海上无敌的强大舰队，装备优良，海陆军配合，可以先发制人。它在亚洲、非洲、美洲都占有殖民地，是当时最强大的殖民帝国。英国在美侵略军约3万余人。而北美13州资本主义经济尚处于萌芽阶段，财政困难，没有正规军，也无舰队，兵力薄弱，武器落后，弹药缺乏，处于劣势。美大陆军在1776年长岛战役前为1.8万人，1776年底曾降到5000人。但英军劳师远征，不谙地理情况，利于速战速决，不能旷日持久。而美国人民在自己本土上作战，熟悉地形，利于开展广泛的游击战，不断袭击英军，消耗其有生力量。只要美军能坚持作战，就可以逐渐变劣势为优势，取得最后胜利。

在反英战争过程中，美国人民不仅要同强大的英军作战，还要同效忠派作斗争。效忠派是指那些在经济上、政治上、思想上与英王室有千丝万缕联系，丧失民族立场，在强敌压境时甘心充当奸细进行反革命活动的人。也有暗藏的效忠派，伪装爱国者，进行反革命阴谋活动。效忠派除

在纽约、宾夕法尼亚和南卡罗来纳占多数外，在其他各州人数较少。从1775年马塞诸塞议会成立安全委员会以后，各州、各城镇都设立了安全委员会，没收"效忠派"的财产，限制他们的言论、出版权利。在13州宣布独立后，效忠派活动日益猖獗，自己组织武装，残杀本国人民或协同英军作战。由于资产阶级和奴隶主通过大陆会议掌握着领导权，未能放手发动群众起来制止效忠派的反革命活动，致使安全委员会没有充分发挥对效忠派实行专政的职能。对效忠派的镇压不力，妨碍了殖民地内部革命秩序的稳定，影响着美军作战的顺利进行。这对独立战争走向胜利来说，是一个消极因素。

1776年3、4月，英军自波士顿和纽约撤退，即赴加拿大境内哈利法克斯补充人员、给养，不久又发动强大的海陆军攻势，入侵纽约。1776年7月占领纽约的斯塔坦岛作为英军大本营。华盛顿驻在长岛的布鲁克林高地上。8月27日，英军在长岛登陆。9月15日占领纽约城，直到1782年为止。11月，美军又失去哈得逊流域的两个要塞。华盛顿的军队不得已向新泽西退却。当时英军利

最新整理图文珍藏版

用效忠派进行骚扰，美军险象环生。华盛顿率领的大陆军只剩下5000人。华盛顿军向新泽西退却时，士气低落。文化战士潘恩随军前进，为了激励士气，写出了《美国危机》，以鼓舞士兵斗志。华盛顿军成功地躲过英军康华理主力军的攻击，12月，在渔民的帮助下，偷渡特拉华河，袭击特伦顿英国黑森雇佣军一千余人；次年1月3日，向普林斯顿进军，华盛顿先遣部队的默塞尔将军被杀。华盛顿重整旗鼓，以少数士兵钳制附近敌军，突袭击驻扎在普林斯顿的英军三个团5000人。突袭的胜利挽回了一些颓势。1777年9月26日，费城又陷落于英军之手。华盛顿被迫率领大陆军撤退到费城西北的福吉谷过冬。

英国政府被上述胜利冲昏了头脑，从渴望尽快结束战争的意图出发，采取了一个笨拙的冒进计划——三路大军进攻奥尔巴尼。第一路军由柏高英率领驻香普冷湖畔及哈得逊河畔的英军南下；第二路军由巴里·圣莱杰率领的杂牌军向安大略湖南下；第三路军由豪将军自纽约北上支援。但豪将军未配合行动，圣莱杰中途遭民兵击溃，退回加拿大，致使英国政府企图以钳形攻势切断新英格兰与其他各州的联系的计划落空。三路大军中只有柏高英率部孤军深入。他派驻佛蒙特的一支1000人的分遣队，在本宁顿被民兵英雄约翰·斯塔克率领的佛蒙特绿山少年义勇军全部歼灭。新英格兰民兵四起，柏高英军队陷入重重包围之中。1777年10月7日，他在萨拉托加率6000名英军向美国投降，萨拉托加大捷是美国独立战争的转折点，大大增加了北美13州人民抗英必胜的信念，也促进了国际形势向有利于美国的面转化。

美法同盟和美国独立战争的胜利

萨拉托加大捷，促成美法于1778年2月订立美法国盟条约，这是独立战争中的一件大事。早在独立宣言发表前，1775年底第二届大陆会议秘密通讯委员会，曾通过法国著名剧作家博马舍取得了法国政府的一些援助。大陆会议1776年3月曾派遣锡拉斯·狄安，9月又派遣特使本杰明·富兰克林出使法国，争取与法国签订同盟条约。富兰克林是美国著名的政治家、科学家和外交家，他卓有成效地利用当时英法之间的矛盾进行外交活动。法国舆论主张援助美国，但法国专制王朝

华盛顿带领美军开进纽约城

顾虑援助美国人民反英战争，将刺激本国人民的革命运动，举棋不定，仅暗地里供给美国一些军火。萨拉托加大捷顿使美国战事全局改观，胜利在望，这时法国政府才下决心和美国缔结同盟条约。

根据美法同盟条约，法国参加反英战争，其舰队开往西印度群岛和美国海岸，支援美国人民作战。1779年法西缔结联盟，西班牙以法国同盟者身份在海上参加反英战争。荷兰于1780年也参加反英战争。北欧的丹麦、瑞典在俄国和普鲁士倡导下发起"武装中立"。欧洲一些国家陆续参加，抗拒英国拦截中立国船只的行为，进一步孤立了英国，并且大大分散了英国的兵力。同时，美国还从法、西、荷诸国取得了大量的经济援助。自1777年到1783年，美国获得法国贷款635

万美元，向西班牙借款17万美元，向荷兰贷款130万美元。美国革命的领导者善于利用国际矛盾，推行正确的外交政策，取得了大量的国际援助，也是美国对英作战终能取得胜利的原因之一。

由于美国人民进行的是反侵略的民族解放战争，是进步的正义战争，美国得到了欧洲进步人士的支持。他们共筹集了200万镑来支援美国人民的斗争。欧洲有七千余名志愿军参加了美国独立战争。法国的空想社会主义者圣西门，法国革命者拉法耶特，波兰志士科希秋什科和普拉斯基都同情美国革命，到美国参加了独立战争。普拉斯基于1779年10月9日光荣地牺牲在保卫查尔斯顿（在南卡罗来纳）的战斗中。当时来美参战的还有法国罗尚博伯爵和德国军官斯徒本等人。罗尚博曾率领5500名志士到美国参战，斯徒本为美国训练了大陆军，使之正规化。国际友人的援助，在美国独立战争中起了一定作用。

1778～1781年是美军由挫败转向胜利的岁月。1778年豪将军奉召回国，由柯宁顿继任，驻扎在弗列得费亚城。1778年6月，第一批法国军舰驶抵美国的特拉华河口，打破了英国的海上封锁，

最新整理图文珍藏版

形成对英军的威胁。英军担心法国舰队封锁特拉华河,切断英军退路,于是撤出费城,退守纽约。华盛顿军队乘机截击英军于马默思,未获胜利,驻扎在白平原,与英军形成对峙局势。1778 年 7 月,英舰击败法舰于新港(在罗德岛西南);11 月法舰撤到西印度群岛。

这一年,英国海军大部分转移到地中海、加勒比海、非洲和印度沿岸对法、西舰队作战,英军用以封锁美国海岸和在北美作战的兵力锐减。美国私掠船频繁出动,击沉英舰。英军在北方战场已无力发动新攻势,即采取骚扰政策,洗劫马塞诸塞、罗德岛、康涅狄格沿岸城市,将主攻方向转向南方战场。1778 年 12 月 29 日,英军占领佐治亚重要沿海城市萨凡纳,蹂躏佐治亚大部地区,并建立了亲英政权。萨凡纳易帜

时,美军 5 千人被杀,这是美军最严重的损失。这时美大陆军处于困难时期,只有游击队在南方战场英勇苦战,袭击英军。

1780 年 5 月,英军海陆联合远征,攻陷南卡罗来纳沿海重要城市查尔斯顿(占领到 1782 年 12 月 14 日为止)。英军总司令柯宁顿错误地认为南方战场胜利局势已定,令部下康华理防守查尔斯顿,自己率部队返回纽约。大陆会议先派霍雷肖·盖茨指挥南方大陆军。盖茨大败于坎登。大陆军副总司令纳撒内尔·格林将军接替盖茨。格林系铁匠出生,亲自指挥南方战线,他重新组织、调配南部军队。在他的正确领导下,游击队十分活跃,灵活机智地打击敌军。美军在南方从劣势变为优势。1780 年 8 月,托马斯·萨木特在南卡罗来纳北部石山及悬岩,以游击战术击溃英军与

英军在约克镇投降

世界通史

最新整理图文珍藏版

1334

效忠派的联军，截获英军的供应，并切断了康华理的交通线。10月7日，游击队在绰号"沼泽狐"马润的领导下，在王山（位于石山及悬岩的西北部）地区重创英侵略军和效忠派。1781年1月17日，劳动人民出身的丹尼尔·摩根将军在王山附近考彭斯苦战英军，诱敌深入，取得辉煌胜利。摩根急行军，与格林将军汇合于北卡罗来纳西北部吉尔福特法院，同英军恶战，美军伤亡很重。但康华理远离英军补给线，未敢恋战，撤退到最近的港口威明顿（在南卡罗来纳境内）。经过吉尔福特战斗，北卡罗来纳境内英军全部撤出。

游击战的辉煌胜利，使美军转入优势，利于进行战略反攻。英军至此已失去锐气，士气不振。而康华理主观盲目，于1781年4月贸然北上，8月占领弗吉尼亚的约克敦，自以为得计，实际上已龟缩一地，陷于被动。果然，最后决战的时刻到来。格林将军回师南卡罗来纳，与南方各游击兵团配合，收复广大腹地，利用熟悉地理和群众拥护的有利条件，从南方对康华理军进行战略包围。华盛顿率领大陆军，与罗尚博和圣西门率领的法军组成美法联军

挥师南下，直捣弗吉尼亚，包围约克敦。拉特耶特也参加包围约克敦的战役。法国海军司令格拉斯伯爵率领28艘法国战舰，由西印度群岛驶来接应，进入切萨皮克湾，切断康华理由海上逃跑的退路。战斗于10月17日开始，康华理突围失败，走投无路，于10月19日投降，8000人放下武器。1782年，在美国本土上，只有西部还有战争。弗吉尼亚人克拉克早在1778年向西部进军，进入英军占领地俄亥俄地区，肃清了当地的英军，占领了文森斯。他在与英国作战中，肆意焚烧印第安人村庄，屠杀印第安人，使这次正义战争蒙上了灰尘。

1782年10月，美国、英国、法国、西班牙代表在巴黎谈判议和。由于法国和西班牙索酬太奢，美国单独与英国议和，签订巴黎和约草案。次年换文，英国正式承认美国的独立，划定美国国界，同意美国占有密西西比河以东的土地等。持续八年之久的独立战争到此胜利结束。

大陆会议是独立战争的领导机构。大陆会议于1777年11月15日通过了《邦联和永久联合条例》，简称《邦联条例》。1781年大陆会议根据《邦联条例》，组成

华盛顿接受英军的投降

面增加了 10 项修正案，在美国政治史上，以"人权法案"著称。补充了人权法案之后的美国宪法，在当时是一个进步的政治文献。从此美国进入了资本主义的发展阶段。

了邦联政府。它集中行使的权力极为有限，实际是一个松散的州际联盟。1786 年，马塞诸塞州发生了由独立战争退伍老兵丹尼尔·谢司领导的农民起义，起义虽然被镇压下去，但资产阶级和奴隶主对此心有余悸，决心强化中央政权。

1787 年，以修改邦联条款为名，召开了费城制宪会议，自 1787 年 5 月 25 日到 9 月 17 日，秘密地进行讨论。资产阶级和奴隶主在蓄奴制问题上作了妥协，使奴隶制延续下来；大小州的矛盾也得到调和。会议制定了联邦宪法。根据新宪法，1789 年美国建立了实行三权分立的联邦制共和国，正式接管了邦联政府。广大人民群众对宪法不附载保障人民权利的任何条款表示不满，掀起抗议运动。结果，宪法正文后

美英战争

美国在独立战争中打败英国赢得了独立，但仅仅过了三十年左右的时间，两国又大动干戈，1812 年爆发了"美英战争"（又叫"第二次独立战争"或"经济独立战争"）。这场战争对美国的经济发展及美英两国的关系均具有特殊的意义。

这场战争具有深刻的历史背景，它是独立战争后美英两国关系发展的必然产物。

独立战争以后，英国一直耿耿于怀，不甘心失败，时刻想使美国重新沦为英国的殖民地。因此，从 1783 年以来，英国一直采取敌视美国的政策，八年不派驻美大使，并对美施加政治、经济和军事压力。在军事上，英国仍占据着同美国接壤的西北边境地区的七个据点，迟迟不按《巴黎和约》的规定撤出。1793 年英国

首相声称：英国打算永远占领西北地区。英国之所以保留几个据点，其目的是想控制皮毛贸易及西北地区的印第安人，并且染指路易斯安那。英国还在加拿大集中军队威胁美国的安全。战后美国政府曾多次要求英军撤军均遭拒绝。直到 1796 年两国签署了《杰伊条约》，英军才全部撤走。但是英国仍在挑拨策动印第安人不断地袭扰美国的西部边境。

在经济上，英国通过不平等的贸易关系使美国在经济上依赖英国，成了英国的"经济殖民地"。美国出口商品的3/4输往英国，主要是原料。英国商品则控制了美国市场。1790 年美国共输入 1500 万元的货物，其中有 1200 万元是英国产品，1789 年英国自称对美出口已达到独立战争前的规模，出口比 1772 年还高。

在欧洲，美国的中立国地位受到英法两国的藐视和破坏。两国任意搜查、扣留美国商船，征用美国水手，没收船上的货物，使美国蒙受了巨大损失。19 世纪初以前，美国主要同法国的关系紧张，对英国则试图通过外交途径解决问题。华盛顿说过："我的目标是防止一场战争。"后来英国造成的损失越来越严重。在整个拿破仑战争期间，英国共捕获美国船只 1700 余艘。1807 年 6 月 22 日，英国军舰无端攻击美国"切萨皮克"号军舰，使美方伤亡 21 人，引起美国朝野的震惊，向英国提出了强烈的抗议，两国关系日趋紧张。但英国视美国的克制为软弱可欺，继续变本加厉地打击美国的航运业，强逼美方船只向英国纳税，强征美国水手在英船服务。"切萨皮克事件"以后的三年中，英国征用美国海员的事件达 6057 起。英国的海盗行径沉重打击了美国的经济。

战争的另一个重要原因，是美国资产阶级和奴隶主集团早就对富饶广袤的加拿大和西部地区垂涎三尺。他们想通过战争把英国人赶走，把这两个地区并入美国，同时顺手牵羊夺取佛罗里达。美国国会中的好战派"战鹰"集团为扩张领土而鼓噪。众议员哈尔柏声称："造物主已经确定了我们的疆界：南边是墨西哥湾，北边是永世冰盖的地方，"宣战前，参议院还提出一项法案，要求授权总统占领佛罗里达、加拿大等地，但未获通过。1812 年 6 月 18 日，国会批准麦迪逊的咨文，正式对英宣战，"第二次独立战争"爆发了。

战争爆发时，美英双方的力量对比仍然是悬殊的。美国第四位总统麦迪逊（1809～1813年）上台时，美国的军事力量远远不能满足国防的需要：1809年仅有正规军3000人。这时正值美英关系日趋紧张，麦迪逊便加紧进行军事准备。1810年他要求国会再征召2万名志愿兵，国会没有批准，后经他再三努力，国会才同意扩军。到1812年6月，美国已有陆军1.1744万人（内有5000人是当年招募的补充部队）。陆军指挥系统进行了改组。原来陆军后勤供应归国会掌管，由财政部的公共供应承办局负责与厂商签订合同订购，由陆军部的军事仓库管理局负责储存和分配。这种制度效率不高，花费也大。为此，1812年3月设立军需部取代了上述机构。陆军部中还设立了采购军粮局，受陆军部长领导。经过改组，后勤供应从文官领导转归军队直接控制之下。国会则成立了军械部，负责军事装备的研制和生产。扩建了工兵、炮兵等技术兵种，新设立了坑道工兵和地雷工兵，扩充了西点军校，并囤积了大批军火。海防建设这时也初具规模。经二十多年建设，沿大西洋岸已修建要塞24个，计划

配置750门大炮，但战前仅配置了不到一半。在海军方面，有了新型快速战舰6艘，还有十几艘较小的军舰和150艘快艇，以及318艘私掠船。

宣战后，美国国会授权把陆军增至13个团2.5万人，再征5万民兵服现役；还拨款建造4艘战列舰，6艘重型快速战舰。但是这些战舰还未等建成投入战斗，战争便结束了。

在战争中美国动员的部队为：1812年年底，正规军1.5万人，志愿兵近5万，总数6.5万人。1814年，正规军3.8万人（国会批准了6.2万人）。这是美国迄今为止动员的最大规模的军力。

这次战争同独立战争不同的是：经过几十年的和平时期，美国经济实力已今非昔比：全国人口770万，土地面积扩大四倍，工业革命正拉开序幕。因此，能够动员更多的人力物力从事战争。

在英国方面，有人口1800万，工业革命正在深入展开，经济实力世界第一。陆军总兵力近10万人，海军有15万水兵，800艘军舰，其中有230艘超过了美国最大的军舰，英国军舰总数甚至比美国军舰的大炮总数还要多。但是，英国当时正同法国在欧洲

世界通史

最新整理图文珍藏版

打得难分难解，能够投入这场战争的兵力并不多。战争期间，加拿大人口才50万，驻加英军仅有7000人，民兵1万人。战争开始时海军在北美海域也仅有1艘战列舰和7舰快速战舰。战争期间，英军最高兵力1.65万人，另得到800名加拿大民兵和2500名印第安人支持。所以，以双方力量对比来看，英国兵力处于劣势，美国在人力方面占绝对优势，并拥有天时地利人和等有利因素。

英国的有利条件是：海军占有绝对优势。战争开始不久，英国便调来大批海军掌握了制海权，全面封锁了美国海岸。在海军提供的掩护和运输支援下，英军可以随心所欲地调动部队，选择美军防线上的薄弱环节进行袭击，取得了战略主动权。此外，英军的训练和装备均高出美军一筹，指挥人员富有经验，部队战斗力强。而美国民兵虽多，但是装备差，素质低。如纽约州7.6万民兵总共只有3.9万支枪；弗吉尼亚州6万民兵，共有枪1.4万支。美军指挥人员腐败无能，没有战斗经验。陆军少将迪尔博恩60多岁了，从未指挥过团以上的部队。陆军部长尤斯蒂斯是文官，毫无军事知识。因此在战争中，美军遭到许多不应有的挫折。

第二次美英战争从1812年6月起到1815年1月止，共打了二年半。战争从四个方向展开：美加边境、大西洋沿岸、墨西哥湾沿岸和海上。以美加边境为重点。战争过程可分为三个阶段：

美国进攻阶段（1812年6月～1813年）

在此阶段，北美的英军兵力空虚，仅在加拿大驻军4500人，形势十分有利。早在1812年年初，美国陆军部便拟定了战略计划。美国的战略目标只有一个：夺取加拿大，但具体作战计划却十分混乱。陆军部计划：攻占加拿大，要动员四五万兵员。分三路进攻：东路沿传统的老路进攻加拿大首府蒙特利尔；中路从安大略湖两侧北进；西路从伊利湖以西的底特律向加拿大进攻。但开战后，边境各州不愿参战，消极对抗，使征兵数额一直未达到额定的4万人，计划被迫改变。麦迪逊总统决定沿传统路线进攻蒙特利尔，新英格兰各州怕把战火引到自己身边，坚决反对开战。西部地区则力主从大湖区进攻。最后，美放弃了三路同时进攻的计划，选择先向西部地区进攻的计划。这样，美国战略计划一开始就埋下隐患：它不是抓住"树干"——圣劳伦斯河——进攻蒙特利尔，把加拿大一分为二，最后截断"树根"——通向大西洋的海路，迫加拿大英军投降。而是舍本逐末，进攻"树枝"——圣劳伦斯河支流及五大湖区，从而酿成败局。而英军一开始毫无准备，采取被动防御战略，偶尔反击。

这一阶段的战略集中在美加边境的西北部。美军从西路发动攻势，企图入侵加拿大。英将布罗克指挥军队在民兵和印第安人支援下，于7、8两月击退了美军进攻，并攻占了美国西部几个重要的堡垒。8月15日，迪尔本堡美国守军35人在撤退途中遭印第安人伏击，被全歼。8月16日，密执安准州州长威廉、赫尔在防守底特律时，一枪未发，竟率领2500名守军向700名英军缴械投降。接着，英军转移到中路。10月12日晚，在尼亚加拉河以1000人击退了3000名美军的进攻。在这次战斗中，美正规军还未同敌人交火便四散溃逃，而纽约民兵则按兵不动。东路，美军11月份向蒙特利尔进发，但因民兵拒绝进入加拿大，美军只前进了20公里便班师回营。美军三路攻势均

告失败，西北地区的印第安人开始纷纷参加英军对美军作战。美军在战略上处于劣势。

在海战方面，美海军全面出击，战舰和私掠船神出鬼没，遍及大西洋。美舰在同英舰的交锋中屡占上风，仅在战争的头几个月，美海军便击沉英舰3艘，俘获英舰船500艘以上，使海上霸王英国大为震惊。当英舰"战斗"号被击沉之后，英国《泰晤士报》称："阴郁的气氛笼罩了全城，要对此作出评价都是一件痛苦的事。"由于海军的胜利抵消了陆地上的惨败，以致许多美国人都认为战争已经打赢了。

纵观这一阶段战事，美军陆败海胜。陆败原因是：陆军指挥人员无能。麦迪逊总统缺乏军事才能，陆军部长尤斯蒂斯指挥也不得力，如宣战的当天让赫尔赶到底特律却不告他战争已经开始，结果使他措手不及而失败。当迪尔博恩任西北战区司令时，却认为底特律不在他的辖区，对赫尔不管不问。尤斯蒂斯对此几周内不去纠正。更令人难以置信的是这位迪尔博恩年已六十岁还从未指挥过1个团以上的军队。此外，美军还缺乏训练，部队纪律涣散。民兵本位思想严重，只想守家卫

世界通史

最新整理图文珍藏版

土，不愿支援正规军作战。同时，1812年改建的后勤供应系统效率低下，部队时常得不到及时的供应，大大影响了战斗力。哈利逊率军在西北地区作战时，就主要靠老百姓制造子弹和衣服来支援战斗。结果，美军丧失了赢得胜利的大好时机。

英军转守为攻，夺取主动权
(1813年~1814年)

进入1813年，英军抽调大批海军赶到北美，掌握了制海权，从而夺取了战略上的主动权。只是陆军还难以从欧洲抽出更多的兵力，无法扩大战果。

美国吸取了前一阶段的经验教训，迅速改组了指挥机构。由约翰·阿姆斯特朗取代了尤斯蒂斯任陆军部长。国会设立了总参谋部，协助陆军部长指挥部队。总参谋部下设：军械部、军需部、采购部、军法署、军医署、副官、监察长、测绘部队、军需部队、牧师、西点军校和九大军区。这一改组，大大提高了部队的指挥能力和作战效率。

这一阶段美国的作战计划是：收复底特律，加强五大湖区的水上力量，越过安大略湖进攻加拿大。作战范围扩大到东海岸和墨西哥湾沿岸，主战场是五大湖区。

在底特律方向，1813年初，美军在哈利逊指挥下，兵分三路进攻底特律。布罗克指挥英军，不等三路美军会师，便将其中二路击溃。美军有900人被俘，受到印第安人的屠杀。尔后战事便转到五大湖区。

五大湖区是通往加拿大的门户，五个大湖彼此贯通，以安大略湖最为重要。1813年4月美军在安大略湖海军的支援下，攻占了上加拿大首府约克（今多伦多），焚毁此城后撤出。为争夺对五大湖的控制，双方开展了造舰竞赛。9月10日，美军司令佩利率领由9艘舰艇组成的小舰队，同英舰队在伊利湖的普特因湾激战，迫使拥有6艘军舰的英国舰队扯起白旗，这是英国海军史上唯一的一次整个舰队投降的事件。美军控制了伊利湖，打开了通往安大略湖的门户，切断了英军的后勤供应线，迫使英军撤出底特律。美军哈利逊部3500人乘机追击，10月5日在泰晤士河畔的莫拉维安镇追上了英国与印第安人联军约1600人，将其击败。英军被歼500多人，被俘600余人，印第安人著名领袖特库姆塞被杀。美军残酷地将特库姆塞的尸体肢解，将皮剥下制成了剃刀皮带。

这一仗是 1813 年在陆战中美军取得的唯一一次胜利。此役具有重大意义：它使英印联盟瓦解，加强了美国对西北地区的控制。10 月，美军兵分两路，共 1.3 万人向蒙特利尔发起钳形攻势，但在离蒙特利尔 70 英里处被 2000 名英印联军击退。到了年底，英军举行反攻，把美军赶出乔治堡。在"比伏坦之战"中，印第安人歼灭了一支美军小部队。不久，英军又攻占了尼亚加拉，确立了对美加边境的控制。

在其他战场上，英军占尽上风。在东海岸，1813 年春天，英国海军对从缅因到弗吉尼亚的整个东海岸炮击、骚扰，烧毁了一些工厂和村庄。沿岸军民进行了顽强抵抗。如 6 月 22 日诺福克保卫战，美军以寡敌众，击退了敌军 2000 人的海陆攻击，使英军伤亡 81 人，美军毫无伤亡。在墨西哥湾沿岸地区，美军主要是在佛罗里达同受英国煽动的克里克印第安人激战。在米克斯堡之战中，克里克人击败美军，美军 400 多人被击毙，500 人被俘。

在海战方面，英国增派大量舰艇封锁了美国海岸，迫使美国舰船于港内，其中一部分舰只在以后的战争中再没敢露面。英国还加强了对商船的护航，有效地防止了美国私掠船的攻击。仅在 1813 年，英海军便捕获美国船只 200 艘，使新英格兰地区的美国船只几近绝迹。仅有个别美国军舰敢于突破英国封锁到外海作战，如"厄塞克斯"号战舰曾绕过南美洲合恩角进入太平洋，6 个月捕获了价值 2500 万元的大批英船。"大黄蜂"号也曾俘获英国"孔雀"号战舰，而美国的"切萨皮克"号战舰则为英军俘获。

这一阶段的战局同上一阶段正好相反。美国在陆战中占优，海战中处于劣势。陆战的改观是领导机构改组的结果，海战失利则是敌我力量发生逆转所致。总的来讲：英国掌握了战略主动权。

美军打破英军进攻（1814 年~1815 年 1 月）

美军鉴于上一阶段的战况，进一步实行军事改组，大胆启用年轻军官以取代老朽无能的将领。如提升立有军功的雅各布·布朗为少将，指挥尼亚加拉前线的部队；提升 39 岁的乔治·伊泽比为尚普兰湖前线的司令，还提升了斯科特、安德鲁·杰克逊等六名立有战功的指挥官为准将军衔。经过改组，高级指挥人员的年龄平均从 60 岁降至 36 岁，进一步提高了指挥效率和活力。此外，美军还加紧对部队进行军事训练，以提高部队战斗力。其中以北部战区副司令斯科特的做法最有代表性。斯科特认为：战胜英国，唯一有效的补救方法就是军训。军区司令布朗授权他组建一个训练营，他便从1814年3月至6月培训了3000名官兵。他以斯图本为榜样，用教范严格进行训练。他还亲自给军官讲课，教授步枪、刺刀的战术应用，再由军官回去教士兵。他每天要求进行十小时的操练。为严明军纪，还处决了四个逃兵。经过短期紧张的军训，美军的战术能力有了很大提高。

这期间，英国脱身于欧洲战火。开始大举增兵北美和封锁美国的东海岸。英国掌握了战略优势，一方面在东部沿海地区选择美军防线的空隙，发起了一系列攻击；一方面计划从尼亚加拉、尚普兰湖和新奥尔良三个方向南

美军登上英舰与英军展开肉搏战

北夹击，并进袭切萨皮克湾。美国一度处于困境：由于英国的海上封锁，出口大幅度下降，从1807年的1.083亿美元降到1814年的1000万美元，沿海的航运和渔业几乎全部中断。当时的报纸曾哀叹："我们的海港被人封锁，我们的船只腐烂生锈，只有青草欣欣向荣，蔓生在公用码头。"美国海军龟缩于港口内，很少出海作战。英国的海上封锁一直持续到战争结束。

在陆战方面，双方展开了更为激烈的拉锯战。在大湖区，双方竞相建造更大的战舰，以夺取主动权。在尼亚加拉方向，7月3日，美军攻占重镇伊利堡。7月5日，双方在奇普瓦一线展开激战。4000名美军经斯科特训练后，战术素质有了很大的提高，第一次与2400名英军面对面交锋，展开白刃格斗，击退了英军。英军为美军战斗力的提高十分震惊，大叫："啊，这是正规军！"此次交战美军伤亡335人，英军伤亡604人。7月25日，美军在隆迪斯兰与英军激战后撤出，2000名美军中伤亡了853人，英军也伤亡了878人。奇普瓦之战和隆迪斯兰之战显示美军的战斗力有了很大提高。1814年8月中旬，普雷沃斯

特率英军准备沿传统的尚普兰湖——哈得逊河一线入侵美国。9月11日，麦克多诺指挥美14艘军舰与两倍于己的英国舰队英勇奋战，击退了英军的进攻，击毙英舰四队司令，并俘获英舰四艘，迫英军退回加拿大。"麦克多诺大捷"（又叫"普拉茨堡战役"）解除了英军从加拿大入侵纽约和佛蒙特的威胁，并对双方正在比利时的根特举行的会谈起了重大影响，迫使英国放弃了强硬立场。

在东海岸，8月19日罗斯率领4000英军在切萨皮克湾沿岸登陆，其中2000人直驱华盛顿。美军集中正规军和民兵共7000人阻击，但在300名英军面前却溃不成军。麦迪逊总统及政府成员仓皇逃往弗吉尼亚山区。8月24～25日英军占领华盛顿，为报复美军年前对约克镇和纽瓦克的破坏，放火焚毁了白宫、国会大厦以及除专利局以外的所有政府建筑物。由于华盛顿的失守，阿姆斯特朗引咎辞职，由门罗接任。9月12日至14日，英军从海陆两方面进攻巴尔的摩。美正规军和民兵奋力抗击，击毙了英军司令罗斯将军。在麦克亨利堡要塞，美军冒着枪林弹雨英勇战斗，律师弗朗西斯·斯科特·基在英军集中营

中，看到堡垒上空迎风招展的星条旗，激动万分，谱写传世之曲《星条旗永不落》，这首歌后来成了美国国歌。在华盛顿地区的战斗中，英军伤亡294人，美军伤亡200余人。

在墨西哥湾沿线，杰克逊率2500人及印第安军从1813年11月至1814年4月向克里克人发动六次攻势。经过六次战斗，最后在亚拉巴马州的马蹄湾打败了克里克人，屠杀了557名克里克印第安人，迫使克里克人割地求和。杰克逊军损失不到50人。1814年8月，英军又唆使克里克人挑起战端。杰克逊又率军于11月7日攻陷了彭萨科拉，打败了克里克人，粉碎了英军的牵制企图，并使英国失去了克里克人这个强有力的同盟者，美国控制了亚拉巴马的绝大部分。1814年12月，英国50多艘战舰和7500名士兵企图攻占美国南方的战略重镇新奥尔良，进而夺取墨西哥湾沿岸地区，以便作为和谈中讨价还价的筹码，同时英国还企图使路易斯安那与美国分离。当时防守新奥尔良的美军只有6000人，其中3/4是民兵，海军仅有2艘小军舰及几只炮艇。美军城防司令杰克逊下令构筑坚固工事，精心严密地组织

防御。1815 年 1 月 8 日，帕克南爵士指挥 5300 名英军向新奥尔良发起进攻。早已森严壁垒的美军以坚决猛烈的炮火打退了英军。英军伤亡被俘达 2000 人左右，帕克南也在此役毙命，美军仅伤亡 71 人。这是这场战争中的最后一仗，美军取得了辉煌胜利。此战对战争结局并无多大影响，因为《根特和约》早在半个月之前就已签字了，由于通讯设备落后，这一消息姗姗来迟。但"新奥尔良大捷"仍作为美国赢得第二次美英之战的重要标志而载入史册。

西进运动

美国最初 13 州位于大西洋沿岸，1776 年宣布脱离英国独立，建立新兴的"美利坚合众国"。通过革命战争（1775～1783 年），美国从英国手中夺取了阿巴拉契亚

西部铁路干线开通

山脉和密西西比河之间的土地，美国领土由此扩大一倍。接着，它在 1803 年以 1500 万美元的代价，从法国手中购买了"路易斯安那"，这使美国的领土再次增加一倍。19 世纪四五十年代，美国先后以武力和外交等手段兼并得克萨斯和新墨西哥，夺取俄勒冈和加利福尼亚。如果加上 1867 年购入的阿拉斯加，美国的领土便第三次增加一倍。据统计，到 1872 年，美国的面积达 350 多万平方英里。这样，美国就把它的边界线推进到太平洋，成为一个地跨两大洋的大国。

阿巴拉契亚山以西，原来也是印第安人世代生息的地方。如同整个美洲一样，自 16 世纪以来，这里也成了欧洲殖民者角逐的舞台，参加争夺的主要有西班牙和法国。这两个殖民帝国的占领，多半停留于"政治的占领"，并未大规模地进行移民和开发。直到美国独立时，阿巴拉契亚山以西绝大部分地方仍是沉睡的处女地。甚至直到 1840 年以前，密西西比河以西地区也只有几千美国人。散布于"大沙漠"和太平洋沿岸的人口，只占美国人口总数的 1%。美国人向西部推进的过程，是一个逐步开拓处女地的过

程。这片富饶和辽阔土地的开拓，对美国历史的发展产生了巨大影响。

英属北美殖民地人越过阿巴拉契亚山向西部渗透的活动，早在殖民时代就已开始。1673 年春，亚伯拉罕·伍德上尉曾派遣两个"边疆人"，即詹姆斯·尼达姆和加布里埃尔·亚瑟，考察彼德蒙特南部地区，以寻找新的贸易机会。这两位冒险者到达过今天田纳西东部的法兰西布罗德河。这是历史上美国人到西部去的最早记载之一。然而，在整个 17 世纪内，英属北美殖民地人向西部的推进并未取得多大进展。

18 世纪初，英国商人开始通过易洛魁人同西部进行皮货贸易。不久，皮货商就深入到俄亥俄河流域，以及阿利根尼山以西的许多地方。与此同时，土地投机活动在殖民地发展起来，并在 18 世纪中叶采取了大规模的形式，其突出的表现，就是以"俄亥俄公司"为代表的一批土地投机公司的形成。这些公司专门从事土地投机买卖，并以此作为资本积累的主要来源。土地投机者们把目光盯着俄亥俄河流域的大片土地。此外，在殖民地出现了封建义务复活并加强的过程。土地贵族利

用特权力图获取最大的利益，对拖欠地租的土地持有者实行最严厉的惩罚，肆意扩大地租的范围，致使一些地区的地租成倍增加。有的地方地租收入在几十年内，甚至增加 100 倍。土地兼并和集中不断扩大，大土地所有制在新的非封建的基础上形成。许多小农不是丧失土地，就是承受过重的租税，因而纷纷要求到西部去。这样，在 18 世纪中叶，向西部的推进更出现了扩大的趋势。

这股向西部扩展的潮流，很快为英法七年战争（1756～1763 年）所打断。战争中，英国从法国手中夺得了阿巴拉契亚山和密西西比河之间的土地，本应为殖民地人向西部的推进开创一个好条件，但随着英、法矛盾的解决，殖民地与宗主国的矛盾突出起来。为了加强对北美殖民地人民的控制，英王于 1763 年颁布了所谓"宣告令"，禁止其臣民到西部去"定居和购地"，殖民地人到西部去成为"非法"的活动。结果，到 1775 年独立战争爆发时，西部只建立了三块较大的定居地：田纳西的瓦陶加，1768 年为弗吉尼亚一批"占地者"所建；俄亥俄河的福克斯，1769 年由宾夕法尼亚人所建立；绿蔷薇河和新河一

世界通史

最新整理图文珍藏版

带，1769年～1770年由弗吉尼亚另一批移民建立。据统计，独立战争结束时，阿利根尼高地大约有2.5万到3万定居者。尽管受到限制，"西进"的序幕毕竟是揭开了。

美国独立后，面临的形势是十分严峻的，它虽然在政治上取得了独立，在经济上"仍然是欧洲的殖民地"。如果不建立强大的民族经济，政治上的独立就不会巩固，发展资本主义和民族经济，成了这个独立国家的主要任务。它必须把"向深度"的发展即开展工业革命，同"向广度"的发展即向西部扩张结合起来。美国革命为此创造了一切必要的条件：西部大片既肥沃又便宜的土地，对美国人及潮水般涌入美国的欧洲移民具有极大的吸引力；推翻了英国在北美的殖民统治，拆除了英王给美国人设置的屏障，打开了通向西部的道路；在交通方面，除了过去修建的一些军事路线而外，1775年由丹尼尔·布恩开辟的"荒野之路"，在1796年成为通往内地的正式公路，以后又修建了更多的公路和运河。所有这一切，把各种各样的人，土地投机者、农场主、工人、职员都引向西部，造成了近代历史上一个大规模的群众性的移民运动。

阿巴拉契亚山和密西西比河之间的土地，自1763年以来一直是英属北美殖民地的一部分。独立战争结束后，它被正式划归美国所有，成了联邦政府的公共土地储备。不过，这大片土地当时并未完全掌握在美国手中。西班牙人控制着河口重镇新奥尔良。英国继续占领着西北奥斯威戈、尼亚加拉、底特律和麦基诺等要塞。为了有效占领这些地区，解决国家的财政困难，1784、1785和1787年国会先后提出了三个有关西部土地的法令和条例，决定在西部设立"领地"制度，并向移民出售公共土地。这些法令，尤其是1785年土地法和1787年"西北条例"，为西部的开拓翻开了新的一页。

1787和1790年，"西北领地"、"西南领地"相继建立。来自新英格兰、中部各州和南部的一些人首先涌入西南领地，在那里建立起田纳西州（1796年）。到1800年，大约有30万人在西南领地内定居。他们主要从事玉米栽培和烟草种植。与此同时，更多的新英格兰和中部各州的拓荒者，源源不断地移往俄亥俄河以北。1787至1788年，俄亥俄公司派遣的移民在马里塔建立了西北领地上的第一个定居点。另一些人则在土地投机者约翰·赛密斯带领下，沿俄亥俄河而下在辛辛那提落户。在伊利湖岸，康涅狄格土地公司建立了克利夫兰村，向拓荒者开放了该公司所有的土地。五年后，整个西北领地已有1300名定居者，他们大部分住在伊利湖南岸的村庄里。1803年，在西北领地上建立了第一个州，这就是俄亥俄州。

由于移民不断增加，西北领地几次重组。1800年，在该领地内建立了印第安纳领地。1805年，又从印第安纳领地的北部分裂出密歇根领地。它的西部1809年又建立了伊利诺斯领地。到1812年，印第安纳领地的人口达到2.5万，伊利诺斯领地的人口达到1.3万。总之，在1812～1814年第二次美英战争结束时，美国的移民区就像一个巨大的三角形，它的底边在东部的大西洋沿岸，而顶部刚好在俄亥俄河和密西西比河的交汇处。这个三角形的北部为大湖平原，南部为海湾平原，二者都是在1812年战争以后约三十年内，在"大迁徙"中被移民占领完毕的。

对于农场主来说，大湖平原是一个很有吸引力的地方。第二次美英战争结束后，美国政府设立了"保密地"制度，有计划地把印第安人移入某些禁区之内。1830年，政府颁布了交换土地的法令，把东部各州印第安人的土地与从密西西比河西岸各印第安部落那里弄来的土地交换。结果，住在密西西比河以东的印第安人几乎全部被赶出家园。他们在军队的押解下进入"印第安纳购买地"克洛契人拒绝放弃他们居住的阿利根尼山地，进行了长达十年之久的斗争。最后在1838～1839年冬，整个部落被迫迁居保留地，路上死了1/4人口。仅"黑鹰战争"后五年，印第安人割让的土地就达200万英亩。

在西部拓荒者的压力下，国会通过了1800年、1804年和1820年土地法。根据1800年土地法，拓荒者可以2美元一英亩的价格购买土地，但一次购买的最低数额为320英亩，在40天内先支付买价的1/4，四年内全部付清。根据1804年土地法，地价为每英亩1.64美元，一次购买数额为160英亩。到1820年土地法通过时，联邦的公地政策进一步放席和改进，地价降低为每亩1.25美元，一次购买的最小数额为80英亩。

1815～1830 年间，来自肯塔基或田纳西的受种植园扩张威胁的移民，大量涌入五大湖的南部。到1830 年，移民区已伸展到印第安纳波利斯，并占了伊利诺斯 1/3 的南部地区。1820 年后的八年间，还有近一万名矿工进入伊利诺斯西北部和威斯康星西南部，成为该地铅矿的最早开采人。

1825 年联结哈得逊河、大西洋与五大湖的伊利运河通航，东北部开始显出"农业衰退"现象。加上其他方面的原因，成千上万新英格兰的农场主，以及中部各州的拓荒者放弃或出卖他们的土地，移居西部。其中，大多数到了印第安纳和伊利诺斯的北部，密歇根和威斯康星的南部。少数人穿过密西西比河，开始了征服衣阿华大草原的历程，密歇根是这股移民潮流的主要接受者。1831 年，大批新来者涌入底特律。之后，一些拓荒者沿该领地的道路到芝加哥去寻求好地。另一些人向北转到了萨克诺河和格兰德河流域。当 1837 年密歇根建州时，移民已穿过了这两条河流到了它的北部。

19 世纪 40 年代初，印第安纳州成千上万英亩土地为股票经纪人取得。他们以每英亩 5 至 10 美元的高价转卖，移民拒绝付这样高的地价，该州的拓殖运动发展缓慢。不过，伊利诺斯和威斯康星却很快被占领。1823 年，芝加哥还是一个小村，两年后已大大扩张。许多拓荒者为了寻找更好的土地，向北移居威斯康星。在那里，他们与从米尔沃基上岸的另一个东部来的移民潮流汇合。不久，许多德国人和斯堪的纳维亚人加入了新英格兰移民的队伍。当 1848 年威斯康星建州时，30.5 万居民中，几乎 1/3 是外国出生的。

1832 年，在威斯康星和伊利诺斯，以黑鹰为首的印第安人，受到了美国民团的无情进攻，大批妇女和儿童惨遭屠杀。对"黑鹰战争"的胜利，夺取了大湖平原印第安人的最后一部分土地。1833 年衣阿华对移民开放，进入该地区的移民潮流随即开始。在这里，"占地者"和土地投机家进行了激烈的斗争。为了获得"自由土地"，占地者们组织了许多"新垦地权益保护协会"。1846 年，当衣阿华建州时，该州有近百个这样的组织。大湖平原的最后一块处女地即明尼苏达，是 1837 年开始向移民开放的，到 1858 年该领地已具备了建州的条

最新整理图文珍藏版

件。至此，大湖平原的开拓已走过了决定性的阶段。整个大湖平原，成为美国最重要的农业基地，即玉米和小麦产地。这里有"小麦王国"之称。

1793年惠特尼轧棉机发明后，对棉花种植地的要求迅速增长。约翰·昆西·亚当斯总统决定进一步夺取印第安人的土地，以解决种植园扩张带来的土地问题。于是，总统的代理人同佐治亚以西的克瑞克人签订条约，迫使该部落放弃他们的打猎地，而以他们获得俄克拉荷马部分地区作为交换。契洛克是一个文明程度较高的印第安部落，他们有自己的文字和宪章，在1829年杰克逊当选总统后被赶到了西部。佛罗里达的西密诺尔人一直战斗到1842年，才迁到俄克拉荷马的印第安领地。印第安人的被迫西迁，为海湾平原的开拓扫清了道路。所以，在1815年后，当新英格兰人、南方人和德国人占领密西西比河上游时，这些地区的另一支移民大军也开始源源不断地涌入墨西哥湾平原，迅速地占领了今天的亚拉巴马和密西西比一带。

走在大种植园主前头的是小农。尽管有"亚拉巴马热病"流行，他们还是蜂拥而至。1819年，这里已出售土地2278045英亩，价格高达每英亩30美元。当时海湾平原已有20万定居者，他们生产的棉花等于全国的1/2。1817年和1819年，亚拉巴马和密西西比先后成了联邦的成员。由于1819年开始的经济危机，二十年代移民运动的进程减慢。但30年代的繁荣又使这一运动迅速发展，到1840年，"棉花王国"的边疆已推进到密西西比河。阿肯色由于大量移民到来，于1819年获得了领地的地位。到1835年，该领地人口已过7万。

海湾平原的社会制度，是建立在奴隶劳动基础上的。大种植园主从来不到白人人口的3%，却决定着南部的社会和政治生活。20%的人口是小种植园主，他们一般只有几个奴隶。还有一些人是自由的农场主、没有奴隶的自由农民和贫穷白人，包括奴隶在内，占当地人口总数的77%。

旧西南部同旧西北部的社会制度上的区别和对立，在拓荒过程中已显露出来，最终导致了南北战争（1861～1865年）的爆发。俄亥俄河以北的移民，以东北部来的自由居民为主，实行自由劳动制度。而俄亥俄河以南的移民队伍中有许多来自南方，他们是带着奴隶进入这个地区的。那里的气候适宜棉花的种植，这促进了种植园制度的发展。

当 19 世纪 20 和 30 年代，密西西比河以东被农场主和种植园主占领完毕时，越来越多的不安定的边疆人开始越过"大草原"进入远西部，即落基山脉及其以西的地区。这里有丰富的皮货和矿产资源。所以每一批到这里来的移民，并不是从农业区来的寻求土地的小农，而是充满了浪漫色彩的冒险者、皮毛商、捕兽者和探矿人。1803 年，美国购买了路易斯安那，第二年，杰斐逊便派克拉克和刘易斯等人到西部去考察。他们从圣路易城出发，沿密苏里河及哥伦比亚河前进，最后到达太平洋。由杰斐逊派往西部的另一批考察者以朗为首，则从另一个方面到了红河。他们是美国人大规模开发远西部的先驱者。

在开发远西部的过程中，密苏里州起了特殊的作用。该州是在 1764 年建立的圣路易斯城的基础上发展起来的。1803 年杰斐逊购买路易斯安那时，密苏里地区已有 1 万人，其中包括 1500 名黑人。此后这里的居民逐渐增加，到 1840 年已有白人 5.6 万、奴隶

1 万和自由黑人 375 人。第二年，它被联邦正式接纳为州，成为密西西比河以西除路易斯安那州以外最早加入联邦的州，因此圣路易斯很自然地成了"通往远西部的门户"。也就是在 1820 年左右，美国便有了"旧西部"和"新西部"的说法。

"圣菲贸易之父"是密苏里州的富商威廉·贝克里尔。1822 年 5 月 25 日，他率领一支由 81 人和 25 辆大车组成的商队，带着价值约 3 万美元的货物启程，于 7 月 28 日抵达圣菲。当他在 10 月 24 日返回密苏里时，带回了 18 万美元的金银及价值 1 万美元的皮货，此后每年夏天，都有一两个商队从密苏里到圣菲去。1830 年，到圣菲的美国商队增加到 120 人。1831 年增加到 200 人。由此，开拓了通向远西部的贸易联系。墨西哥的金银也源源不断地经圣菲流入美国商人的腰包。据估计，1857 年运往新墨西哥的货物的价值（包括运费）达 100 万美元，其纯利由 10% 到 40% 不等。

对于未来的定居者来说，比打开圣菲贸易更重要的还是捕兽者的活动。早在刘易斯和克拉克从远西部返回的消息传开后，捕兽者就开始侵入落基山脉北部，

最初主要是在密苏里河的上游。1823 年，在中密斯指挥下，由阿什利雇佣的一些捕兽者，穿过落基山脉的南山口，到了格棱河。之后，一批又一批捕兽者便沿着他们走过的道路进入落基山脉，形成了用捕机捕捉河狸的狂潮，其足迹遍及那里的大小山脉和沙漠地区。这些捕兽者，每年七月在各个指定地点即"集合地"汇合，在那里补充从圣路易斯运来的咖啡、白糖和枪支等。呆一两个星期后，他们便离开集合地再次进入森林。久而久之，昔日的商人和捕兽者便成了后来的"山区人"，而他们的集合地便成了山区人和美国文明的交接处。然而，山区人的时代是短暂的，由于各皮货公司的竞争，引起对河狸的狂捕滥捉，到四十年代，这种皮货来源几乎绝迹。那些自称为山区人的美国商人便完成了他们的历史使命：为成千上万拓荒者的到来开辟道路。

在商人进入落基山的同时，少数美国移民开始进入得克萨斯。1821 年，密苏里人奥斯丁获得墨西哥政府允许带领 300 名移民到那个地区。然而他还未履行自己的计划就死去了，他的儿子斯蒂芬带着 150 个随从于当年年底到

来，并在科罗拉多和希腊索斯河之间的肥沃的土地上定居。1823 年，墨西哥官方批准授予每个新来者 9 平方英里土地，每英亩只收价 12.5 分。于是一个移民浪潮便开始了。据说一年之内就有 2000 名美国移民到达奥斯丁的殖民地。这一成功，促使墨西哥进一步开放得克萨斯的处女地。1824 年和 1825 年的法律规定将整个地区向土地代理人开放，由这些人介绍和帮助移居该地区的每个家庭获得 9 平方英里农地和牧地；而土地代理人每移入 100～800 户还将获得 2.5 万英亩土地的奖赏。这样，几个月之内，得克萨斯的经济和人口地图就发生了变化，到 1830 年，那里的美国人已增加到 1 万。这些人后来成为美国分裂墨西哥领土，兼并得克萨斯的先锋。

美国在得克萨斯所干的事情，很快在加利福尼亚和俄勒冈重演。当 1837 年经济危机袭击整个密西西比流域时，占领落基山以西的想法就流行起来。在 19 世纪 40 年代，整个中西部掀起了"俄勒冈热"和"加利福尼亚热"。人们出卖了他们的所有物和生活资料，转移到"太阳落土"的地方去。1841 年春，69 名男人、女人和儿

童集合于密苏里的独立城准备到西部去。但他们所有的资金，加在一起还不到 100 美元。其领导者先是约翰·巴特利逊，后是约翰·比德威尔。这批人越过南山口，穿过格棱河，沿着普拉特河向西前进，然后向北转到了贝尔河流域。在这里，他们分成两部分：一部分到了哈得逊湾公司的霍尔要塞，并继续向西；另一部分在比德威尔率领下穿过内华达北部，经亨博尔特河和内华达山脉，到了圣华金河的下游。这就开拓了有名的"加利福尼亚和俄勒冈小道"。通向远西部的道路为新一代美国移民进一步打开了。

向西移民的潮流在以后五年逐渐扩大。1842 年，在传教士伊莱贾·怀特等人领导下，一批人来到了俄勒冈。1843 年春，有不少于 1000 人的移民队伍带着 1.8 万只家畜，从独立城出发到达俄勒冈。据记载：1844 年有五批不大的移民队伍走上去加利福尼亚和俄勒冈的小道；1845 年有五批移民到了加利福尼亚，三批移民到了俄勒冈；1846 年有 300 人到了加利福尼亚，1350 人到了俄勒冈。横贯大陆的迁徙是很艰苦的。据说有一支由唐纳兄弟组织的 89 名伊利诺斯移民，行径南山口和

大盐湖南的 80 英里沙漠，最后到达加利福尼亚时，只剩下了 45 人。到 19 世纪 40 年代中叶，约有 5000 名美国人定居于俄勒冈，近 1 千名美国人定居于加利福尼亚。英、美两国为了控制俄勒冈，曾在 1818 年签订了一个共同占领俄勒冈的条约，同意该地区向两国商人和移民开放。但后来的实际情况是，英国皮货商人统治了哥伦比亚河以北的地区，加利福尼亚谷地却成了美国移民的天下。这就为以后争夺加利福尼亚的战争埋下了伏笔。

1846 年～1865 年是美国征服远西部的时期。波尔克以完成美国人的"天定命运"作为自己的竞选纲领，所以当美国人在 1844 年把他推上总统宝座的时候，只不过是为美国的扩张投了一票。1845 年兼并得克萨斯成为整个扩张的第一个突破口。1846 年初，泰勒将军奉波尔克总统之命占领格兰德河左岸。5 月，美国军队正式发动了对墨西哥的战争。9 月，美国军队进入墨西哥城。与此同时，在加利福尼亚的美国移民发动了"白熊旗起义"（1864 年 6 月 14 日），宣布脱离墨西哥而独立。到 1846 年底，加利福尼亚落入美国之手，美国夺得了密西西

比河以西的全部大陆。墨西哥战争刚结束，1848年便在萨克拉门托的萨特锯木厂发现金矿。一个淘金热随之而起，七年之内该地区人口由1.5猛增至30万。它的吸引力是如此之大，以致世界各国的寻金者均闻讯而至。也正是在这时，华工开始进入美国的远西部。据记载，1848年有3名中国劳工到达加利福尼亚，1849年有54人，1850年有4000人，1851年有2.5万人到达该地区。这些华工或者在矿区做工，或者当佣人，后来许多人转为拓荒者或筑路工人，为该地区的开发做出了不可磨灭的贡献。当淘金热渐渐平息下来之后，一部分淘金者转而从事农业，从而为加利福尼亚农业区的建立奠定了基础；另一部分淘金者则"倒流"回来，成为最后征服落基山脉和大草原的动力。

内战后的30年，是美国最后占领整个大草原，并大规模开发这些处女的时期。到内战结束时，整个大西部只有堪萨斯城和落基山之间的广大地区尚未被占领。这是一片辽阔无垠的大草原，年降雨量大约只有20英寸，远远不能满足正常农业的需要。因此，在过去几代人的时间里，移民们不得不越过这片大草原，向草原以西的地方迁徙。然而，内战后大陆移民运动来的如此之猛，以致大草原也最终被移民的潮流所占领。引起这一变化的根本原因在于，边疆人为大草原的开拓提供了两大技术：一是找到了适用于该自然环境的经营方式——旱地农业耕作法，二是发明和改进了能克服该地区自然障碍的各种农机具。

早在19世纪50年代，美国政府已认识到改善横贯大陆的交通的必要。但直到南北战争爆发之前，一条铁路也未修成。1862年，国会决定成立联合太平洋铁路公司和中太平洋铁路公司负责修筑横贯大陆的铁路。前者从奥马哈向西，后者从萨克拉门托向东，于1869年5月10日在犹他州的仆罗特利城接轨。与此同时，还修筑了从堪萨斯到丹佛城的铁路。这条铁路在夏延与联合太平洋铁路相接。托皮卡至圣菲的铁路于1879年建成，一年后又被批准把路线延伸到加利福尼亚。北太平洋铁路于1864年得到批准建筑，到1883年才全面竣工。它把苏必利尔湖畔的德卢思和波特兰连接了起来。1890年，阿巴拉契亚山脉以西，铁路总长度达到122534

英里。

由打开横贯大陆的小道开始，而以各铁路的建筑达到顶峰的交通运输革命，促使联邦政府进一步加强了掠夺印第安人土地的政策。在1851年，大草原上的游牧部落被召集到拉腊米，并被迫签订了一系列的所谓条约，答应迁居到政府指定的牧场上去。此后那些年中，一些部落离开了他们在堪萨斯和内布拉斯加的土地，转移到北部或南部其他地方。但他们决不甘心失去自己的家园，到处都爆发了他们与白人之间的战斗和冲突。印第安人的失败为边疆人打开了大草原。

首先利用这一机会的是牧牛人。这些人很快认识到，这块广阔的土地非常适合他们特殊的经济形式。在这里，土地可以自由获取，牧草丰美无垠，没有树木和栅栏和障碍，牛群可在牧区之间随意转移。

所以在接近东部市场的地方，畜牧业很快兴旺起来，数年之内就变成了当时世界上最大的"牧牛王国"。最初饲养的牛是从东部带来的"土牛"，被人们戏称为"移民牛"。有时牧人们也捕捉草原上的野牛来饲养。后来饲养的牛，主要是"移民牛"和长角牛杂交后的新品种，即所谓"牧区牛"，这种牛较为适合于开阔平原上的生活。

牧牛王国的中心在得克萨斯。这里的长角牛是早年由西班牙人引进的，后来数量成倍增长。到1865年，该地区约有牛500万头。最初由于缺乏市场，人们并未发现这些牛有什么价值。然而，当第一条铁路穿过密苏里河和堪萨斯河时，这些长角牛就逐渐显示了它的重要性。精明的得克萨斯人知道，这种牛在芝加哥和堪萨斯城每头可卖30至40美元。那么，为何不捕捉它几群赶往北部，或用船只把它们运往其他市场获利？于是便有了"长途驱赶"这一形式的出现，并在这个牧牛王国的历史上写下了最富色彩的篇章。第一批赶往北部的牛于1866年3月启程，每群牛大约1000头，目标是密苏里太平洋铁路线上的锡达利亚。当农业边疆由东向西推移时，牧牛业的边疆也逐步西移。于是，长途驱赶的终点站，便先后由锡达利亚移到阿比林、埃尔斯沃思、道奇。据统计，通过这些小道赶往北部的牛在400万头以上。长途驱赶虽然是浪漫的，在经济上却是不可靠的，这种商业活动不久便开始衰落了。

与此同时，大牧场代替以往的敞放制在大草原迅速扩大。得克萨斯西部和帕汉都地区首先分成了许多牧场，然后在堪萨斯、内布拉斯加和科罗拉多也兴起了牧场。在19世纪60年代末，牧牛边疆已进入怀俄明和蒙大拿，几年之后又侵入了达科他。到1880年，牧牛场已遍及从格兰德河到加拿大边界的整个草原，从密西西比河流域的农场到落基山的斜坡。牛的卖价迅速上涨，一头得克萨斯牛在1879年卖8美元，三年后卖价提高到35美元，如果到怀俄明还可转卖60美元。结果，1880～1885年大草原上边缘和半边缘的土地都变成了牧场，这是牧牛王国的极盛时期。此后随着农业地域的扩大和自然灾害等原因，这个王国就再也不像以前那样发达了。

自内战结束以来，边疆农机具的改进和发明不断取得进展。风车的改进对提取家畜和灌溉用水带来好处，到1879年西部市场上每架风车售价达100美元。多铧犁、中耕机、各类条播机，在19世纪70年代中均投入使用。1878年发明的打捆机，又加速了农作物的收获。90年代，一个农场主就能下种、管理和收获135英亩小麦，而在这些发明之前，最多只能耕种7英亩。除此之外，《宅地法》所作出的给每个定居者免费提供160英亩土地的决定，以及70和80年代对远西部的大事宣传，给许多无地或少地的人带来希望和幻想。所有这些造成了边疆历史上最大规模的移民运动。1870～1890年，大草原上移民区已扩展到落基山脉。

拓荒者们由于发明了旱地农业耕作法，每年使一半的土地休耕以积蓄水分，就能把两年的水用在一年的庄稼上，从而使大草原的开拓形势发生根本变化。在这20年中，有4.3亿英亩土地被拨用，其中2.25亿英亩被用于农耕。到1880年，堪萨斯和内布拉斯加已被移民住满，堪萨斯有99万名拓荒者，内布拉斯加有45万名拓荒者。同时，移民浪潮也进入达科他领地，这里在1868～1873年、1878～1885年形成两次移民高潮。到1885年，整个达科他领地由55万人占领。同年，怀俄明的人口为6.2万，蒙大拿的人口为13.2万。达科他、蒙大拿、华盛顿、怀俄明和爱达荷，都是在1889至1890年间正式加入联邦的。

占领西部领土的最后的戏剧

世界通史

最新整理图文珍藏版

性的一幕，是在"印第安领地"即今天的俄克拉荷马州拉开的。俄克拉荷马是当时仅存的印第安人的永久领地，那里住着 22 个印第安部落，都是过去从密西西比河以东被迫迁来的。一些不法的边疆人决定夺取印第安领地，因为该领地的中部有 200 万英亩的三角地带未归任何部落所有。早在 80 年代初，以俩恩为首的一批"抢先者"开始袭击这个地区，从各方面向该地区移动。在这些人的努力下，国会按照《宅地法》决定开放这一地区，并于 1889 年 3 月 23 日得到总统批准。一个月后，即 1889 年 4 月 22 日，发生了边疆历史上最野蛮的移民运动。这一天，大约有十万人拥挤在该地区的边界上，几个小时内就将它占领完毕。其后不久（1890年），美国人口调查局宣布："现在未开发的土地大都已被各个独自为政的定居者所占领，所以不能说有边境地带了。"美国历史学家特纳认为："这一简略的官方说明，表示历史上一个伟大的运动已告结束。"

自西进运动兴起的一百多年来，西部发生了翻天覆地的变化。由于千千万万人移往西部，美国的人口中心逐渐西移。昔日的荒地被大片大片地开垦出来，到 1900 年，西部已建立起 409 万个农场。为了满足工业生产的需要，大量的煤、铁、铜、锡、金、银等矿藏得到开采。在交通运输业不断改进和发展的情况下，19 世纪中叶西部的农业逐渐商品化。一个个新的工商业中心，如克利夫兰、辛辛那提、芝加哥、圣路易斯等城市拔地而起，象征着新西部的诞生。在这个过程中，美国完成了由商业资本主义向工业资本主义的过渡，并迅速地向现代美国迈进。总之，随着西部的开拓，美国挤进了世界强国之林。

拉丁美洲的独立运动

拉丁美洲是指北格兰德河以南的美洲地区，包括北美洲的南端、中美洲、南美洲以及西印度群岛，面积大约 2100 万平方公里。1492 年，哥伦布发现新大陆后，当时的海上霸王西班牙人和葡萄牙人相继侵入拉丁美洲。

由于当时的西班牙和葡萄牙还都处于封建统治时期，因此它们对拉丁美洲同样采取了封建统治。西、葡把拉丁美洲作为殖民地之后，控制着大量的土地，封

地图标注：
加拉加斯
委内瑞拉1811年
圭亚那
哥伦比亚1819年
巴西（葡萄牙的殖民地）1822年
利马
秘鲁1821年
玻利维亚1825年
蒂卡布利
马拉维1828年
马伊清
阿根廷1816年
智利1818年

南美的西班牙控制区

建大地主制成为殖民统治的基础。他们在那里主要采取"监护制"，支持当地的贵族、官吏和天主教霸占了大量的土地，并有奴役当地印第安人的特权。

印第安人在此种制度下，大量沦为农奴。加上拉丁美洲拥有丰富的矿藏资源，西班牙人就强迫印第安人到金矿、银矿中充当苦工，为他们挖掘金银。由于采矿条件的恶劣，加上殖民统治者疯狂的虐待，导致拉丁美洲的印第安人大量灭绝。就这样，在西属殖民地就有1000多万印第安人遭到虐杀，西印度群岛上原有的

印第安人几乎全部灭绝。与此同时，西班牙、葡萄牙从拉丁美洲掠走了大约250万公斤黄金和1亿公斤白银。光是西班牙，就从巴西运走了价值6亿美元的黄金和3亿美元的金刚石。

虽然殖民主义者对拉丁美洲实行经济专制的垄断政策，尽力阻止当地经济的发展，但是到18世纪后半叶，当地某些地区的手工业还是逐步发展起来。墨西哥的呢绒业、巴拿马和布宜诺斯艾利斯等地的造船业等都有了一定程度的发展。美洲出生的欧洲人和新兴资产阶级开始公开反抗西班牙和葡萄牙的殖民统治，并日益成为其中的支配力量。

18世纪末到19世纪初，法国等西欧国家和美国的资产阶级革命，以及发生在法国的启蒙运动，大大促进了拉丁美洲人民民族意识的增长。美国的《独立宣言》、卢梭和伏尔泰等启蒙思想家的著作等相继传入拉丁美洲。在很多大城市，知识青年组织了各种秘密社团，进行争取独立的舆论准备和秘密活动。

拉丁美洲的独立解放战争，首先在海地爆发。1789年法国资产阶级革命的成功促使海地革命的爆发。1791年，法国大革命成

功的消息传到海地后，圣多明各岛海地人举行武装起义，大批黑人奴隶和当地白人加入斗争。领导起义的人是奴隶出身的杜桑·卢维杜尔。起义者的口号迅速吸引了大量的奴隶加入起义军，队伍很快从最初的 400 人扩大到 4000 人。

从 1791 年开始，海地人民以不超过两万人的武装力量，先后打败了法国、西班牙和英国的四次军事进攻。1803 年 10 月，海地黑人完全击溃了法国侵略军，法国先后派遣来的 6 万远征军全部被打败。1804 年 1 月 1 日，海地宣布独立，成为拉丁美洲第一个黑人独立的共和国。应该说，海地革命的成功为拉丁美洲的独立

斗争树立了榜样，动摇了长达 300 年的殖民统治，揭开了拉丁美洲独立战争的序幕。

海地革命推动了整个拉丁美洲的独立解放运动。1810 年，西班牙的美洲殖民地绝大部分都掀起了革命。整个拉丁美洲独立运动的中心在委内瑞拉。

玻利瓦尔

巴西人民饱受西方殖民者的奴役

委内瑞拉首府加拉加斯人民在听到法国拿破仑的军队占领了西班牙之后，就开始暴动起义。1810 年 4 月，首都市民赶走了西班牙官吏。接着委内瑞拉其他地区，例如新格拉纳达等地都爆发了革命。次年，在召开了革命大会后，革命者宣布成立革命政府，

并宣布委内瑞拉为一个独立的共和国。

当时领导革命的是米兰达。但是由于一场地震袭击了革命者所控制的省份，导致两万人死亡。加上法国军队的打击，革命军队受到了很大挫折，米兰达也被捕入狱。此后，委内瑞拉革命斗争就留给了米兰达的朋友西蒙·玻利瓦尔来完成。

玻利瓦尔大胜西班牙军的战争场面

西蒙·玻利瓦尔于 1783 年 7 月出生于委内瑞拉加拉加斯一个当地贵族家庭，从小受过良好教育。玻利瓦尔在 14 岁就进入皇家士官兵团学习军事，并在 16 岁升为陆军少尉，从此开始了军旅

生涯。

1803 年开始，玻利瓦尔游学欧洲，阅读了伏尔泰、卢梭等人的著作，受到启蒙思想家们的巨大影响。此后，玻利瓦尔开始对政治非常感兴趣，并且抛弃了他原先的奢华生活。1804 年，他在法国巴黎圣母院观看了拿破仑加冕时的情形，认识到：结束国家遭受奴役统治是可以做到的。

在米兰达发动革命之后，玻利瓦尔马上动身从汉堡返回到委内瑞拉，并且加入了米兰达领导的独立斗争，很快成为领导者之一。在米兰达被捕并被杀害之后，玻利瓦尔前往新格拉纳达，并在那里成立了一支爱国队伍，攻克殖民军队占据的很多城镇，解放了哥伦比亚大部分地区。1813 年，玻利瓦尔打回委内瑞拉，迅速解放了西部地区，并且很快解放了加拉加斯，建立了委内瑞拉第二共和国。

次年，拿破仑帝国垮台后，西班牙国王复辟，并迅速派遣军队疯狂镇压各地起义。他们在新格拉纳达、委内瑞拉等地到处残酷镇压独立运动。由于玻利瓦尔没有很好动员和团结全国的爱国力量，在敌我力量悬殊的情况下，第二共和国再次被摧毁。此后，

世界通史

最新整理图文珍藏版

玻利瓦尔流亡海外，先后到牙买加和海地避难。

玻利瓦尔在国外总结了拉美革命暂时失败的原因，呼吁应该将委内瑞拉、新格拉纳达、厄瓜多尔等合并成一个"大哥伦比亚"，建立南美大联邦。海地革命的经验给了玻利瓦尔很大的启示，并接受了海地总统的建议，在斗争中废除奴隶制来发动群众的参与。

1817年，玻利瓦尔带着海地总统佩蒂翁送给他的7艘船舰、大批武器弹药和一支在海地组织的爱国志士远征军。次年，玻利瓦尔率军在委内瑞拉登陆，远征军首先在奥里诺克河畔建立了军事基地，并且想方设法扩充队伍。然后，远征军与当地游击队会合，宣布解放奴隶和独立后向他们分

玻利瓦尔受到群众的热烈欢迎

发土地。

1818年，玻利瓦尔决定翻过安第斯山脉，直捣殖民军的心脏地区——新格拉纳达，然后回师委内瑞拉。次年5月，玻利瓦尔越过安第斯山脉，并给予殖民军队以毁灭性打击。玻利瓦尔避开西班牙侵略军主力驻扎的加拉加斯，首先攻打圭亚那省，然后占领了安格斯图拉。

南美的解放者

此后，玻利瓦尔的军队同西班牙殖民军在波也加展开了激烈战斗，并最终取得了胜利，然后挥师直捣波哥大。波哥大解放后，殖民统治在新格拉纳达全区的统治土崩瓦解。12月17日，他解散了委内瑞拉共和国议会，成立了包括委内瑞拉和新格拉纳达在内

的哥伦比亚共和国，即第三共和国。玻利瓦尔被推选为共和国的总统和最高军事统帅。

1821 年初，玻利瓦尔利用西班牙国内政局动荡的有利形势，再次越过安第斯山脉，进军委内瑞拉北部，在卡拉沃波和效忠于西班牙的保皇军大战。这场战斗，最终以革命军取得决定性胜利而结束，并重新解放了加拉加斯。之后，玻利瓦尔的部下在皮前查战役中获得了胜利，最终使得厄瓜多尔全部解放。不久，玻利瓦尔说服厄瓜多尔的革命者，与委内瑞拉、哥伦比亚一起合并，成立一个大哥伦比亚共和国。

1822 年以后，玻利瓦尔和拉美独立运动的另一名著名将领苏克雷一起转战秘鲁各地。在 8 月和 12 月的两次大规模战争中，玻利瓦尔使西班牙的精锐部队惨遭失败。在此后的阿亚库巧高地的战斗中，玻利瓦尔的军队俘虏了秘鲁总督、四个元帅和十个将军，并且俘虏了几千名士兵。此战役最终结束了西班牙在南美洲长达三百多年的统治，南美洲独立战争取得了最后胜利。马克思和恩格斯高度评价了这场战斗，说这场战斗是"一次最终保证了西属南美洲独立的会战"。

1825 年 5 月，上秘鲁宣布独立，为了纪念玻利瓦尔对南美洲的伟大功绩，上秘鲁取名为玻利维亚。

除了玻利瓦尔领导的委内瑞拉独立战争外，南美洲还有两个独立战争中心，一个是以墨西哥为中心的北美和中美，另一个为拉普拉塔为中心的南美南部。

1810 年 9 月，另一个革命领导者伊达尔哥在墨西哥中部的多洛雷斯村领导数千名印第安人，掀开了反对西班牙统治者的斗争。

伊达尔哥原是一名下层牧师，从小受到法国启蒙思想的影响。由于他领导群众在教区进行行政和教育改革，而受到殖民统治者的迫害和驱逐。16 日，伊达尔哥领导了著名的"多洛雷斯呼声"。伊达尔哥宣布："对于我们，国王也好，捐税也好，再也不存在了。这些可恶的赋税，是残暴和奴役的象征，压迫了我们三个世纪。你们愿意自由吗？300 年前，可恨的西班牙人夺去了我们祖先的土地，你们愿意全力以赴夺回吗？"群众的情绪高涨，回答道："绞死这些殖民强盗！独立万岁！"

起初伊达尔哥的起义军势如破竹，攻占了墨西哥中部的一些城市，但由于起义军缺乏军事经验，错失掉了很多战机。1811年初，起义军遭受了很多失败，同时由于没有发动群众而得不到更多的支持。此后，伊达尔哥被叛徒出卖而英勇牺牲。伊达尔哥的学生莫雷洛斯吸取了他的失败经验，加强和群众的接触并得到了他们的支持。但是1815年，莫雷洛斯也被捕入狱，最后壮烈牺牲。墨西哥的独立战争，暂时处于低潮。

1820年，墨西哥上层分子、握有军权的野心家伊托彼得借着"独立"口号而赶走了西班牙总督，宣布墨西哥独立。但是他在上台后执行一套独裁统治，维护大庄园主的利益，实行恐怖统治，并宣布自己为皇帝。1823年，墨西哥人民推翻了伊托彼得的统治，1824年建立了墨西哥共和国。

在以拉普拉塔为中心的南美南部地区，1811年，巴拉圭白人独立派发动起义，逮捕了西班牙人省长，成立了临时政府。五年后，拉普拉塔联合省大会正式宣布脱离西班牙而独立。但由于各省区之间在经济、政治利益上矛盾重重，联合各省建立统一国家的努力并没有成功。

此后，拉普拉塔独立斗争的任务交给了圣马丁。圣马丁出生于克列奥一个富裕的船主家庭。1814年，他被布宜诺斯艾利斯革命政府任命为北方军总指挥。1820年，圣马丁在智利组建了秘鲁解放军，并建立了舰队。9月，解放军在秘鲁登陆，并于次年攻下秘鲁首都利马。7月28日，秘鲁宣布独立，圣马丁被选为"护国主"。

在墨西哥、委内瑞拉等地的革命影响下，包括危地马拉、尼加拉瓜、洪都拉斯、哥斯达黎加和萨尔瓦多在内的中美五省于1821年在危地马拉召开会议，宣布独立。1822年，巴西脱离葡萄牙获得了独立。1823年，中美联盟正式宣布独立。1826年1月，西班牙在卡亚俄港的最后一批守军向玻利瓦尔投降。至此，西班牙在拉丁美洲的殖民统治彻底崩溃，南美洲各个地区大部分都得到了解放。

从1804年海地革命开始，到1826年西班牙殖民军彻底投降，拉丁美洲独立运动持续了22年，并且席卷了整个拉丁美洲大陆。拉美各国争取独立之后，资本主义开始在当地萌芽，并迅速得到了发展。应该说，拉丁美洲这次独立战争的胜利，彻底结束了西班牙、葡萄牙等国对南美大陆长达三百多年的殖民统治，并为现在南美洲的政治格局奠定了基础。

西属南美洲殖民地的独立战争

西班牙南美洲殖民地包括秘鲁、新格拉纳达和拉普拉塔三个总督区以及委内瑞拉和智利两个都督区。1810 年，殖民地人民爆发了反抗西班牙统治的独立战争。殖民地人民浴血奋战 15 年，于 1826 年初赢得最后胜利。

门罗像

18 世纪 70 年代，美国人民推翻英国殖民统治，赢得了独立。80 年代末，法国爆发了资产阶级革命。90 年代，海地人民起义，赶走法国、英国和西班牙的殖民势力，建立了独立国家。这些国家人民的胜利斗争，为西班牙南美洲殖民地人民树立了榜样，指明了前进的方向。18 世纪末，一些出身于土生白人地主和商业资产阶级家庭的知识分子，在欧美资产阶级革命和民族独立运动的影响下，在本地区积极传播欧洲启蒙运动思想和资产阶级革命思想，批判西班牙殖民制度。1794 年，新格拉纳达的安东尼奥·纳里尼奥在波哥大翻译、出版了法国的《人权宣言》。1810 年，拉普拉塔地区出版了西班牙文版的法国启蒙思想家卢梭的名著《社会契约论》。这本书和美国启蒙思想家托马斯·潘恩的《常识》在委内瑞拉广为流传。马里亚诺·莫雷诺1802 年撰写《论普遍实行的印第安人私人徭役制》一文，批判了强迫印第安人服劳役的制度，要求"正义和自由"。委内瑞拉的米格尔·何塞·桑斯撰文强烈批判了西班牙在殖民地推行的以经院哲学为主要教学内容的教育制度，强调实践和实验的重要性。

与此同时，反抗殖民统治、争取独立的武装斗争此伏彼起。影响比较大的是：1780～1781 年

欧洲殖民者对拉丁美洲的掠夺（15～16世纪）

秘鲁的图帕克·阿马鲁发动的印第安人大起义，反对西班牙殖民奴役，要求恢复印加政权；1781年新格拉纳达索科罗地区的"平民派"起义，反对殖民当局的横征暴敛；1806年委内瑞拉人弗朗西斯科·米兰达率领数百名武装人员，从美国出发征战委内瑞拉；1809年拉普拉塔总督区的丘基萨卡和拉巴斯两市人民起义以及基多市的土生白人起义。这些武装斗争虽然被殖民当局一一镇压了，但它们却唤起了殖民地人民的觉醒。

1808年3月23日，法军侵占西班牙首都马德里。拿破仑废黜西班牙国王费尔南多七世，将其软禁在法国，并派自己的哥哥约瑟夫·波拿巴到西班牙当国王。西班牙人民纷纷拿起武器，开展抗法斗争。各地区相继成立"执政委员会"，即洪达，行使地方权力。9月25日，在阿朗胡埃斯组成"中央执政委员会"，以费尔南多七世的名义执政，统一领导全国抗战。1810年初，法军差不多侵占了西班牙全部国土。"中央执政委员会"宣布解散，将权力移交给一"摄政委员会"。

西班牙国内事态的发展，直接触发了南美洲殖民地的独立战争。战争分别在两大战区进行：北部战区，包括委内瑞拉都督区和新格拉纳达总督区；南部战区，包括拉普拉塔总督区、智利都督

19世纪上半叶刚刚获得独立的智利

最新整理图文珍藏版

区和秘鲁总督区。

在北部战区，西班牙"中央执政委员会"解散的消息，首先传到委内瑞拉都督区首府加拉加斯。1810年4月19日，以土生白人地主和商人为主体的加拉加斯市政会召开公开会议，声明不承认"摄政委员会"，决定自行成立"最高执政委员会"，以西班牙国王费尔南多七世的名方执政。各省爱国力量纷纷夺取地方政权、宣布支持"最高执政委员会"。只有科罗、马拉开波和瓜亚纳地区在殖民势力控制下，声明只承认西班牙"摄政委员会"。

1811年3月2日，委内瑞拉首届国民代表会议在加拉加斯开幕。在以米兰达和西蒙·玻利瓦尔等为首的爱国力量敦促下，代表会议于7月5日通过《独立宣言》，宣告委内瑞拉共和国诞生，史称第一共和国。

1812年初，西班牙海军军官多明戈·蒙特维尔德奉西班牙摄政委员会之命，率领二百余人乘船从波多黎各出发，到委内瑞拉的科罗登陆。他纠集科罗、马拉开波和瓜亚纳地区的殖民势力，向加拉加斯进犯。4月23日，共和国政府授权米兰达统掌军政大权。米兰达调集4000人马，到巴伦西亚地区迎战敌军，在作战中连遭失败。迫于形势，他决定同敌人议和。7月25日，双方签署"协议书"，米兰达同意放下武器；蒙特维尔德保证不伤害爱国者，并允许他们自由离境。30日，米兰达同一批爱国军军官撤离加拉加斯。第一共和国被扼杀。

就在米兰达一行离开加拉加斯的当天，蒙特维尔德即撕毁协议，下令逮捕爱国者。31日，米兰达在拉瓜伊拉落入敌手，被解往西班牙监禁，1816年7月14日死于加的斯狱中。

1812年8月初，玻利瓦尔同一批战友逃离委内瑞拉。于10月间辗转在新格拉纳达的卡塔赫纳，同当地的爱国力量联合起来，打击殖民势力。这时新格拉纳达的爱国力量早于1810年7月下旬推

贝纳尔多·奥希格斯将军

南美的西班牙控制区

翻了当地西班牙殖民政权，并正在抗击来自波多黎各和秘鲁的殖民势力的反扑。

12月15日，玻利瓦尔发表致新格拉纳达公民的公开信，即历史上著名的"卡塔赫纳宣言"。他在信中分析了委内瑞拉第一共和国失败的原因，首先是由于"采取了联邦形式"，"各省我行我素"全国陷入无政府状态；其次是未能建设一支正规军；第三是新政权"挥霍公共收入"，滥发纸币，引起人民群众的强烈不满。他呼吁新格拉纳达爱国力量支持他收复加拉加斯。新格拉纳达国民代表会议立即声明，支持他进军委

内瑞拉，并宣布他为新格拉纳达公民，授予准将军衔。

1813年3月初，玻利瓦尔率领一千余人，从库库塔打进委内瑞拉。在委内瑞拉爱国力量的配合下，8月7日收复加拉加斯。玻利瓦尔召开市政会，宣布成立委内瑞拉第二共和国。市政会任命玻利瓦尔为爱国武装总司令，掌管军政大权，并授予他"解放者"称号。1813年底，爱国军解放了东部地区。

一批逃至奥里诺科河沿岸草原地区的西班牙殖民军，纠合在军官何塞·托马斯·博维斯周围，利用草原牧民与土生白人地主之间的矛盾，以给牧民分配土地作诱饵，组织了八千余人的"保王军"。1814年6月15日，保王军在拉普埃尔塔击败玻利瓦尔指挥的爱国军。7月6日，玻利瓦尔撤出加拉斯，转战东部地区。9月3日，他离境前往新格拉纳达。委内瑞拉第二共和国失败。

1814年3月，西班牙国王费尔南多七世回国复位。他力图使用武力恢复西班牙在殖民地的统治。1815年2月18日，他指令巴勃罗·莫里略率领1.6万人的"远征军"，前往南美洲。4月初，远征军抵委内瑞拉。7月12日，

莫里略指挥八千余人开赴新格拉纳达，向那里的爱国力量反扑。

当时正在牙买加从事救国活动的玻利瓦尔，在9月6日给当地友人写的信，即著名的"牙买加之信"中指出了当时的形势，他写道："帷幕已经拉开，我们已见到光明；但还有人想使我们回到黑暗中去。镣铐已经砸碎，我们已经自由；但我们的敌人企图重新奴役我们。因此，美洲在作殊死的战斗。而殊死的战斗没有不赢得胜利的。"12月下旬，玻利瓦尔获悉西班牙远征军已攻占卡塔赫纳城，立即前往海地。海地总统阿莱杭德罗·佩蒂翁热情支持委内瑞拉的独立事业，向玻利瓦尔提供了7条船和可以装备5000人的武器弹药。1816年3月30日，玻利瓦尔率领250人回委内瑞拉。6月中旬被殖民军打败。玻利瓦尔返回海地，重新组织力量。

为独立而战

12月21日，再次打回委内瑞拉。他总结了以往战斗的经验教训，决定改变战略，让开加拉加斯等大城市，深入奥里诺科河流域农村地区，与在那儿坚持战斗的爱国力量会合。他宣告废除奴隶制，声明胜利后给参加独立战争的人分配土地。大批黑人和混血种人积极参加爱国军。1817年7月16日，爱国军解放重镇安戈斯图拉（今玻利瓦尔城）。

玻利瓦尔将总部设在安戈斯图拉，筹备召开国民代表会议。1819年2月15日，国民代表会议召开，成立委内瑞拉第三共和国。玻利瓦尔当选为共和国总统和爱国武装最高统帅。3月中旬，他率军前往阿普雷草原地区，与安东尼奥·帕埃斯指挥的"草原牧民军"共同作战。4月2日，爱国军在拉斯格塞拉斯击溃殖民军，歼敌四百余，迫使莫里略率残部撤出中部地区。

中部地区解放后，玻利瓦尔决定进军新格拉纳达。1819年6月初，他率领一支二千余人的"解放军"出征。解放军冒雨穿过新格拉纳达东部地区沼泽地带，翻越险峻难行的安第斯山脉，7月6日到达通哈省的索查村。

8月7日，解放军与西班牙殖

世界通史

最新整理图文珍藏版

民军 3000 人在波亚卡河一线交战，全歼敌军，俘虏敌军正副司令、全部校、尉级军官和 1600 名士兵。玻利瓦尔乘胜挥师南下，8 月 10 日收复波哥大。新格拉纳达的爱国力量配合解放军，战斗 65 天，解放了大部领土。

12 月 11 日，玻利瓦尔在安戈斯图拉国民代表会议上提议委内瑞拉与新格拉纳达合并，成立哥伦比亚共和国。17 日，代表会议一致通过他的提议，并选举他为共和国总统，选举费朗西斯科·德·帕乌拉·桑坦德尔为负责新格拉纳达军政事务的副总统。

1820 年 1 月 1 日，集结在加的斯港准备开赴南美洲的一支西班牙远征军起义，反对费尔南多七世的暴政，拒绝到南美洲作战，要求实行 1812 年"自由宪法"。费尔南多七世被迫指示莫里略同玻利瓦尔和谈。11 月 25 日，双方代表在特鲁希略城达成停战半年的协议。

停战协议给了爱国军一个休整的机会。玻利瓦尔派人到美国、安的列斯群岛等地购买武器弹药，准备决战。1821 年 6 月 24 日，玻利瓦尔指挥 6500 多人马，在卡拉博博与殖民军司令米格尔·拉托雷率领的 5500 名殖民军会战。不

及一个小时，殖民军败阵溃散。29 日，加拉加斯光复。8 月 1 日，玻利瓦尔离开加拉加斯，前往新格拉纳达，指挥爱国军攻打盘踞在基多地区的殖民军。

1822 年 5 月 24 日，玻利瓦尔部将安东尼奥·何塞·德·苏克雷指挥 2000 爱国军，在基多市北皮钦查山重创敌军。敌军司令阿伊梅奇宣布无条件投降，基多解放。6 月 16 日，玻利瓦尔抵基多市。至此，哥伦比亚共和国的国土全部解放。

在南部战区，1810 年 5 月 18 日，西班牙中央执政委员会解散的消息传到拉普拉塔总督区首府布宜诺斯艾利斯。当天，以莫雷诺、马努埃尔·贝尔格拉诺为首的爱国者集会，要求西班牙殖民总督巴尔塔萨尔·西斯内罗斯立即召开市政会公开会议，讨论总督区组成新政府的问题。他们的

反对帝制建立共和

要求得到以科尔内利奥·萨维德拉为代表的爱国军官的支持。5月24日，市政会在殖民官员、大商人、大地主和反动主教的把持下，决定成立以西斯内罗斯为首的执政委员会。这引起了爱国者的强烈不满。25日，他们带领市民涌向市政会，要求罢免西斯内罗斯，成立由爱国者组成的新政府。市政会在人民群众的压力下，改组执政委员会，成立"拉普拉塔临时执政委员会"，由萨维德拉任主席，贝尔格拉诺等六人为委员，莫雷诺和帕索任秘书。

拉普拉塔临时执政委员会仍以费尔南多七世的名义执政，各省纷纷宣布支持新政权。只有巴拉圭、东岸地区（今乌拉圭）、上秘鲁和科尔多瓦控制在殖民势力手中，与新政权为敌。

7月中旬，拉普拉塔临时执政委员会派出150人的"解放军"，以弗朗西斯科·奥尔蒂斯·德·奥坎波和安东尼奥·贡萨莱斯·巴尔卡塞为正副司令，征讨科尔多瓦和上秘鲁。前殖民总督利尼埃尔和一批殖民官吏从科尔多瓦向上秘鲁逃跑时，被解放军俘获。8月26日，利尼埃尔等人被处决。

8月末，解放军向上秘鲁进发。上秘鲁各地爱国力量配合解放军打击敌人。11月7日，解放军在苏伊帕查与殖民军会战，全歼敌军，俘获并处决了敌军司令科尔多瓦、殖民省长尼埃托及其他主要殖民官吏。解放军乘胜推进到拉普拉塔总督区和秘鲁总督区的界河德萨瓜德罗河左岸，与秘鲁总督派来的援军隔河对峙，1811年5月16日，卡斯特利与殖民军司令戈叶内切达成停战40天的协议。

与此同时，巴拉圭的爱国力量在何塞·加斯帕尔，托马斯，罗德里格斯，弗朗西亚的领导下，推翻当地殖民政权，于6月19日宣告独立。以何塞·阿蒂加斯为首的东岸地区爱国力量，于1811年四五月间解放大部分领土，敌人龟缩于蒙得维的亚城负隅顽抗。

6月20日，戈叶内切撕毁停战协议，在瓦基突然袭击解放军。解放军向南撤退，撤出上秘鲁。军事失利引起爱国力量对拉普拉塔临时执政委员会的不满。9月23日，"三人执政府"成立，取代临时执政委员会。

三人执政府委任贝尔格拉诺为"北方军"司令。1812年9月24日，北方军1500在图库曼城外与3000敌人交战，大获全胜，毙敌450人，俘虏700人。图库曼大捷后，三人执政府改组，成立第二届三人执政府。

1813 年 2 月 20 日，北方军收复被殖民军占领的萨尔塔城。4月，贝尔格拉诺率领 5000 人进军上秘鲁。10 至 11 月间，在与敌军作战中连遭失败。贝尔格拉诺指挥剩下的 1000 人撤出上秘鲁，退至图库曼。

1813 年底，三人执政府任命圣马丁为北方军司令，接替贝尔格拉诺。圣马丁抵图库曼后，提出新的战略方案，主张训练一支人数不多、纪律严明的部队，从门多萨出征智利，消灭盘跨于那里的殖民军，然后经海路，攻克利马。布宜诺斯艾利斯政府同意他的主张。8 月 10 日，调他任库约省省长。该省与智利接壤，是圣马丁筹备实施其战略方案的理想场所。

1810 年 9 月 18 日，智利爱国

墨西哥驻加利福尼亚的最后一任总督东皮奥皮克和他的妻子、侄女在一起

力量赶走殖民总督，成立执政委员会，组成以贝尔纳多·奥希金斯为总司令的爱国军，扫荡境内的殖民势力。1814 年 10 月初，智利爱国军战败，西班牙殖民势力在智利复辟。奥希金斯率领仅剩的 500 名官兵，翻过安第斯山，进入库约省，与圣马丁会合。

1816 年 3 月 24 日，拉普拉塔地区国民代表会议在图库曼召开。会议在圣马丁、贝尔格拉诺等人的敦促下，7 月 9 日通过决议，宣告正式独立。会议推选胡安·马丁·德·普埃雷东为最高执政官。

以普埃雷东为首的政府全力支持圣马丁的战略方案的实施，将圣马丁组织起来的部队命名为"安第斯山军"，任命圣马丁为总司令。1816 年底，安第斯山军发展到了 5500 人，其中大多是英勇善战的黑人和混血种人。圣马丁对安第斯山军进行严格的政治和军事训练。

1817 年 1 月中旬，圣马丁指挥安第斯山军分四路先后攀越高达四千多公里的安第斯山，向智利南部、北部和中部同时进击。圣马丁和奥希金斯率主力直插圣地亚哥城。殖民都督马科·德尔·庞特慌忙抽调 2000 兵力在查卡

布科山布阵。2月21日黎明时分，两军交锋。激战至中午，西班牙殖民军溃散。庞特在潜逃途中被爱国军捕获。14日，圣马丁和奥希金斯率军进入圣地亚哥城。16日，召开市政会公开会议，奥希金斯被推选为智利最高执政官。1818年2月12日，奥希金斯在塔尔卡宣布智利正式独立，4月5日，圣马丁和奥希金斯指挥5000人，在圣地亚哥城南17公里处的迈普平原与5000敌军决战。爱国军获胜，俘虏敌军官兵3000余人。

迈普战役胜利后，爱国军向南推进，解放了大部分领土。圣马丁在阿根廷政府和智利政府的支持下，花了两年时间，组织、训练了一支4500人的"秘鲁解放军"；还建设了一支1600人的海军，拥有8艘战舰、16艘运输船。圣马丁自己担任总司令兼陆军司令，雇聘英国海军军官科克兰为海军司令。

1820年8月20日，圣马丁挥师经海路北上，征战秘鲁。行前，他晓谕将士："这次出征的目的是将秘鲁从西班牙的奴役下拯救出来，使其成为一个自由的主权国家，从而完成南美大陆独立的伟大事业。"9月8日，圣马丁率领解放军在秘鲁南部海港帕拉卡斯登陆，迅速占领了附近的皮斯科镇。他指令舰队封锁沿海港口，防止敌人从海上得到增援；同时派遣1000余人的部队插入内陆山区，发动群众，切断利马与内地的联系。他本人率领主力乘船北上，到秘鲁北部地区作战。1820年底，北部地区全部解放。殖民总督于1821年7月6日率部撤离利马，退往内地山区。12日，圣马丁率军进入利马。28日，他正式宣告秘鲁独立，出任护国公，成立新政府。

然而，殖民总督尚有2万余兵力盘踞在秘鲁内陆山区，时刻威胁着新生政权。

1822年5月24日，基多解放。圣马丁立即与玻利瓦尔联系，约定在瓜亚基尔会晤，共商解放秘鲁，实现西班牙南美洲殖民地完全独立的大计。7月26、27日，他俩进行单独会谈。讨论了瓜亚基尔的归属、南美洲各国独立后实行何种政体以及联合作战等问题。圣马丁要求将瓜亚基尔划给秘鲁，主张君主制，建议两支部队联合作战，玻利瓦尔任总指挥。玻利瓦尔则认为瓜亚基尔是哥伦比亚共和国的领土，主张共和制，不同意两支部队联合作战，只愿派 1070 人支援圣马丁。会谈没有达成任何协议。27 日晚，圣马丁悄然离开瓜亚基尔。

圣马丁回到利马后，立即筹备召开国民代表会议。9 月 22 日，代表会议开幕。圣马丁在会上发表了辞职演说，向代表会议移交军政大权。当晚，他在安孔港只身登舟离开秘鲁，经智利回阿根廷。不久即前往欧洲，寄居法国。1850 年 8 月 17 日，在法国布洛涅城病逝。

圣马丁辞职后，秘鲁政府敦请玻利瓦尔出兵。玻利瓦尔指令苏克雷率 3000 人先期进军秘鲁。他本人于 9 月 1 日抵秘鲁沿海重镇卡亚俄。秘鲁国民代表会议授予他全权，处理军政事务。

玻利瓦尔从哥伦比亚共和国调来军队，与圣马丁的旧部汇合，组成约 1 万人的"解放联军"。1824 年 7 月初，他挥师进剿盘踞在内地山区的殖民军。8 月 6 日，在胡宁与殖民军 8000 余人会战，歼敌千余。殖民军败走库斯科，沿途逃散 3000 多人。

10 月底，殖民总督在库斯科调集 9000 余人，扑向解放联军。玻利瓦尔指令苏克雷率领 5000 余名官兵迎战敌军。12 月 9 日，两军在阿亚库乔谷地开战。厮杀半日，殖民军全军覆没，死伤 2000 多，被俘 3000 多人，其中有殖民总督、14 名将军、16 名上校、68 名中校、284 名少校以及大批下级军官。殖民总督被迫签署投降书，命令所有尚在秘鲁和上秘鲁顽抗的殖民军缴械投降。马克思、恩格斯高度评价阿亚库乔战役，称之为一次最终保证了西属南美洲独立的会战。

独立战争爆发后一直在坚持战斗的上秘鲁游击队，在阿亚库乔大捷的鼓舞下，向殖民势力发起最后攻击。1825 年 1 月底～2 月初，接连收复拉巴斯、圣克鲁斯、科恰班巴等重要城市。2 月 7 日，苏克雷奉玻利瓦尔之命，指挥解放联军进军上秘鲁，支援游击队清剿残敌。4 月初，上秘鲁全境解放。

7 月 6 日，上秘鲁国民代表会议在丘基萨卡开幕。8 月 6 日，上秘鲁宣告独立，成立共和国。为了纪念玻利瓦尔的功绩，定国名为"玻利瓦尔共和国"，不久改称玻利维亚共和国。

1826 年 1 月 23 日，秘鲁爱国军攻克西班牙殖民势力盘踞的最后一个据点卡亚俄。西班牙南美洲殖民地全部解放。

巴西独立运动

巴西是 1500 年 4 月 22 日由葡萄牙航海家卡布拉尔发现后沦为葡萄牙殖民地的。葡萄牙人奴役和掠夺巴西三百多年，巴西人民反奴役、反掠夺的斗争也进行了三百多年。1822 年 9 月 9 日，巴西宣布与葡萄牙脱离关系，独立成为巴西帝国。

巴西独立运动的完成，经历了整整 100 年的时间和一条曲折的道路，是有其特点的。它可分三个阶段。

第一个阶段是武装斗争阶段。这个阶段从 1789 年米纳斯密谋开始，经过 1798 年的巴伊亚密谋和 1817 年的伯南布哥革命等伟大事件而正式展开。这些事件都具有资产阶级革命的色彩，有较明确的民族独立思想，要求与葡萄牙殖民者决裂，主张建立共和国和废除奴隶制度。

米纳斯密谋是由蒂拉登特斯组织的。米纳斯吉拉斯是巴西黄金热的中心，新兴资产阶级与自由矿工都在成长，一批批奴隶也集中到这里来。到 1785 年，黄金矿源日见枯竭。王室下令全力挖采，同时垄断冶炼过程，毁掉原有私人设立的手工冶炼工场，但仍按原来的税额向居民征税。这激起了新兴资产阶级和居民的强烈不满。1789 年，米纳斯总督巴巴塞纳子爵决定向居民追索过去积欠的全部税款，总计有黄金 596 阿罗瓦，合 8940 公斤。这引起了人们的愤慨。

骑兵中尉若阿金·若泽·达·席尔瓦·沙维尔（即拔牙师"蒂拉登特斯"）和从欧洲回来不久的若泽·阿尔瓦雷斯·马西埃尔，以及一批进步的作家、诗人、医生、律师、神甫和军官等，秘密策划推翻葡萄牙殖民统治的武装起义。他们的纲领是：同葡萄牙决裂，建立共和国；组织新的民团，实行义务兵役制；开办各类工厂，允许自由贸易，废除对黄金、钻石开采的垄断；设立大学，发展教育；奖励生育，救济贫民；选定内地的圣若昂·德雷伊为首都。他们还酝酿提出废除奴隶制的主张，也设计了新生共和国的国旗。他们决定在殖民当局正式追收旧税的当天发难，计划首先击溃总督卫队，活捉巴巴塞纳。蒂拉登特斯主动承担了最危险的角色和最艰巨的任务。

由于密谋的参与者白人军官

雷伊斯告密，起义失败了。蒂拉登特斯被捕下狱，后被杀害。这次革命烈火虽在点燃阶段就被扑灭，但它是巴西历史上第一次对全国有影响的、带有资产阶级革命性质的独立斗争，是巴西独立运动的开端。

1798年的巴伊亚密谋也是一次夭折的起义。它反映了巴西独立运动地深入，说明独立和自由、民主的思想已在巴西中下层人民中传播与生根。密谋的负责人是两名黑白混血种的缝衣工人和两名士兵。参加者一为受了欧洲资产阶级革命思想影响的知识分子，二为裁缝、木工、石工、士兵、奴隶等，也有少数中下级军官。其中不少有色人种，也有妇女。他们的纲领比米纳斯密谋的纲领更激进、鲜明：主张建立独立的民主政府，解放奴隶，发展生产，增加士兵薪饷，与各国开展自由贸易，并对那些反对革命的人处以死刑等。

1798年8月12日，他们秘密地在巴伊亚散发传单，张贴标语，准备在第革尔广场举行暴动。由于叛徒告密，就在暴动的当天，殖民当局突然进行大包围大逮捕。起义被镇压下去了，四个领导人被处以绞刑。这次起义进一步鼓舞了巴西人民要求独立的斗志。

1817年伯南布哥的革命烈火，不仅燃烧起来，而且蔓延开了。伯南布哥是一个富有反殖民统治传统的地区。驻军中葡籍高级军官与巴西籍的中下级军官、士兵的矛盾比较尖锐。一批受欧洲资产阶级革命思想影响的先进人物，早就组织了酝酿独立的秘密团体。1817年3月6日，殖民地当局下令在伯南布哥首府累西腓逮捕几个密谋起义的嫌疑分子。有一位下级军官拒捕，并刺死了一个前来逮捕他的少将，就此点燃了起义的导火线。起义者手持长矛利箭，走上街头，高呼"独立万岁！""自由万岁！"攻入炮台，逮捕了躲进炮台的省长。起义者组织了共和国临时政府，由商业、军队、神父、农民和法律等五个方面的代表人物中各推一人担任政府成员；还组织了以知识界为主的"协商委员会"。

临时政府发布了致伯南布哥与全体巴西人民的宣言，号召永远结束王权暴政，建立自由独立的巴西共和国；宣布取消苛捐杂税，废除贸易垄断，禁止葡萄牙船只出港；提高士兵薪饷，建立海军；鼓励世俗教育；废除等级特权制等。对解放奴隶问题，宣言中只是说政府希望"解放奴隶的工作能以正义与合法的方式来逐步实现"。

临时政府派出代表前往美国、英国和阿根廷等国，争取得到支持。

革命的烽火蔓延到帕拉伊巴州、北里约格朗德州、阿拉戈阿州与塞阿腊州。一时在东北地区出现了高涨的革命形势。

若奥六世得知伯南布哥起义的消息，立即派兵镇压。他用海军封锁累西腓港，以陆军进攻伯南布哥。经过激烈的战斗，终因敌我力量悬殊，起义军被迫退出累西腓，停止抵抗。这次起义从3月6日发动到5月20日失败，不到三个月，起义领袖多遭杀戮，被捕的起义群众达两千多人。

这次起义，无论方式、纲领和规模，都比前几次前进了一大步。它动摇了殖民统治的基础，使若奥六世感到命运岌岌可危而开始认真策划退路。

第二个阶段是巴西宣布独立，与葡萄牙仍然藕断丝连，实际上带有分立性质的阶段。

1814年葡萄牙本土赶走拿破仑后，由于若奥亲王委托摄政的英国贝雷斯福德元帅的专横统治，激起人民对摄政王和在巴西的葡王室的反感。若奥六世不得不思考对策，处心积虑谋求把巴西独立运动扭到自己安排的轨道上来。

早在1813年，若奥亲王的顾问费雷拉就曾建议：把葡王国摄政的权力交给贝拉王子（即佩德罗一世），由若奥亲王任独立的巴西皇帝，以防止一场民众的革命。若奥亲王不敢贸然从事。1815年，在英国建议下，将葡萄牙国名改为"葡萄牙—巴西—阿尔加维联合王国"，表示葡萄牙与巴西"平等"，藉此缓和巴西人民的革命情绪。这个骗局很快就被巴西更多的人识破，于是1817年爆发了伯南布哥革命。

1820年8月24日，葡萄牙本土发生资产阶级革命，这对巴西产生了巨大影响。巴伊亚州和巴拉西州的军队建立了新的政权，各个州先后成立洪达，米纳斯吉拉斯州更为动荡，里约热内卢的驻军和人民也在骚动。1821年2月26日，里约热内卢的圣安娜广场上聚集了许多葡萄牙军队，要求国王向葡萄牙的资产阶级宪法宣誓。若奥六世派王子佩德罗去现场观察，佩德罗被迫承诺了一些改革，缓和了形势。但葡萄牙国内的局势仍很紧张，新议会要求王室返回晨斯本，皇后逼若奥六世回去，英国也坚持要他回去，若奥六世于4月中旬决定将王室带回葡萄牙。

4月21日，若奥六世在行前任命佩德罗王子为巴西摄政王。没想到就在他下达任命的三天内，巴西一些州的洪达却宣布与佩德罗政府脱离关系，有些地区还提出了独立的口号。这给若奥六世当头一棒。王室船队将要启碇返葡时，里约热内卢海口的炮台看守所要求留下全部国库多银。若奥六世虽对这些"叛乱"进行了镇压，也意识到巴西独立已是一股不可阻挡的历史潮流。他在4月26日率王室3000人返葡前夕，对佩德罗面授机宜："如果巴西发生了坏得不能再坏的情况，硬要独立，你就自己来宣布独立，把王冠带在自己的头上"。他还说，"如果巴西独立，最好是为你而独立，因为你还尊重我，王冠比落在冒险家的头上好得多"。这是若奥六世为保持布拉甘沙王朝在巴西的统治而留下的一个改牌换记的锦囊妙计，巴西著名史学家卡洛热拉斯说："这样做，巴西就可以在布拉甘沙王朝庇荫下，作为一个更大的葡萄牙投影而和平地继续其君主制的演变。"

佩德罗从担任摄政王到宣布"独立"，经过了观望、拖延和激动三个历程，最后演出了独立喜剧。从1821年4月21日担任摄政王到1822年1月9日宣布"我留下"的八个多月，佩德罗处于矛盾、犹豫和观望之中。他和他的支持者——巴西的大庄园主、大商人和继续留在巴西的葡萄牙贵族的基本要求是保持与葡萄牙的平等地位，建立葡萄牙与巴西的联合王国。以土生白人、著名的自然科学家若译·博尼法西奥教授为首的支持者，开展要求他留下的运动，成立"抗命俱乐部"。但巴西人民群众，包括一部分庄园主、土生白人中的商人以及新兴手工工场主、手工业者和城乡居民，尤其是有革命传统的米纳斯吉拉斯州和伯南布哥州的人民却希望与葡萄牙决裂而建立独立的共和国。可是葡议会咄咄逼人，认为佩德罗的想法大逆不道，先后通过了两个命令，规定巴西分割为若干省，每个省直接受里斯本管辖，巴西的一切政务均由里斯本指挥；同时撤销摄政王的机构，命令摄政王立即返葡"以便完成政治上的教育"。

若奥六世也不理解他儿子的用心，怀疑他会背叛布拉甘沙王朝。因此，佩德罗给他父亲写了一封信。他说："独立运动只是愿意保护我以及我们的军队"，"我自己的荣誉比整个巴西的荣誉还重要。""我向陛下宣誓：永不违背信义"，"用血写下誓言：我立誓永远忠于陛下，忠于国家及忠于葡萄牙宪章"。他仍迟迟没有公开作出抉择，担心正在高涨的独立与共和的浪潮会将他淹没。他尤其担心米纳斯吉拉斯州以及在国内有巨大政治、经济影响的圣保罗州不支持他而使他陷入绝境。后来，他派人到圣保罗州和米纳斯吉拉斯州去收集要求他留下的"请愿书"。由当时担任圣保罗州洪达副主席的若泽·博尼法西奥教授草拟了一个所谓圣保罗州民众的请愿书，征集了八千多人的签名。1821年12月29日，博尼法西奥等把请愿书呈送到王室参议院，请挽留佩德罗。1822年1月9日，举行了上书仪式，由圣保罗州洪达的主席发表了"劝留"演说。佩德罗在这种"正合孤意"的场面上，表示"暂且留在巴西"，"等他们（指葡议会和若奥六世）对巴西情况完全了解后"，"再作去留"。群众表示不满，他才断然表示："为了大家的利益和民族的幸福……请告诉人民，我留下。"

此后七个月，佩德罗采取了拖延政策，不与葡萄牙彻底决裂。1月16日，佩德罗任命了博尼法西奥教授领导的内阁。内阁在佩德罗同意下制定了一系列抵制葡萄牙的法令，如里斯本来的任何命令若未得到佩德罗的同意都不得在巴西执行；禁止任何葡萄牙军队在巴西登陆；命令驻里约热内卢的葡军返回里斯本等。内阁号召各州都承认亲王政权是全国最高权力机构，组成为建立制宪会议作准备的全国各州代表会议，颁布了召开制宪会议的法令。但是，佩德罗表示忠于对父王的誓言，仍以葡萄牙在巴西的摄政王身份活动。他的目的就是建立一个延续布拉甘沙王朝法统的立宪帝国，与葡萄牙平等联合。

巴西的独立派不满佩德罗的拖延态度，对他施加压力。5月13日若奥六世生日那天，里约热内卢的议会代表团再向佩德罗上书，声明"巴西再也不能附属于一个小小的、遥远的、既保卫不了更征服不了它的国家"。佩德罗接受了代表团敬献的"巴西的永久保护者"的称号。他一方面有限度地放任独立派人士进行各种要求独立的活动，另一方面始终不愿流露出与葡萄牙决裂的意向。

8月28日，巴西收到葡萄牙议会新的命令，指出佩德罗只是巴西行政机构的临时首脑，应立即返回欧洲；巴西内阁的大臣只能由里斯本任命；各州代表委员会和制宪会议都是非法的；博尼法西奥和现任的巴西内阁其他大臣以及拥护独立的人，必须受法律追究，等等。若奥六世在葡议会的压力下也写信给儿子，要他服从葡萄牙的法令，回到葡萄牙来。佩德罗正在圣保罗州的伊皮兰加河畔巡视。面对这个紧急局势，在里约热内卢的临时摄政王、王后娜利奥波尔迪娜主持了内阁会议，会上一致决议迅速派人把情况告知佩德罗。王后和博尼法西奥都写信力劝佩德罗与葡萄牙断然决裂。博尼法西奥的信中还说："王子必须在两条道路中仔细地选择一条，要么立即回到葡萄牙去，从而使自己成为葡萄牙的阶下囚，就像若奥六世目前的处境一样；要么留下来，并宣布独立，成为巴西的皇帝或国王"。王子的另一位亲信也写信告诉他："在葡萄牙，已有一帮人公开讲要剥夺佩德罗的王位继承权，而拥护王叔米格尔作王位继承人。"

9月7日，佩德罗收到信使送来的信后，激动得挥剑跺脚，摔掉葡萄牙发来的指令，并对他的神父说："从今天起，我们同葡萄牙的关系结束了，我不再需要从葡萄牙政府那里来的任何东西。我宣布：巴西永远从葡萄牙分离出来了。"接着，佩德罗向警卫部队高声喊道："巴西人，从今以后，我们的口号是：要么独立要么死亡！"1822年10月12日，佩德罗在博尼法西奥等君主派代表人物拥护下，被尊为立宪皇帝，称佩德罗一世。12月1日，又采用葡萄牙的传统仪式举行了加冕典礼。

在巴西独立过程中也有过战争。当佩德罗宣布"我留下"时，驻在里约热内卢的两千名葡军就曾企图逼他回国，但被当地一万多名人民武装逐出首都，勒令回葡。在巴伊亚的葡军将领马德拉曾率万余军队与巴西人民战斗，后来投降了。西斯普纳蒂纳省（今乌拉圭，当时在巴西统治下）蒙得维的亚的葡军抵抗了17个月，被赶走了。其他一些地方的葡军企图作乱，都没有成功。这些战争在整个独立运动中并没有产生直接的影响。

巴西宣布独立后，1824年，美国承认了它。1825年，英国和葡萄牙也承认了它。这是巴西人民斗争的胜利。然而，巴西的独立带有分离和分立的性质。葡、巴各立门户，彼此之间仍有血缘关系，在政治、经济、文化等方面交织着分割不开的网络：

巴西帝国由葡萄牙布拉甘沙王朝的嫡系继承人、葡萄牙王子统治，巴西帝国宫廷的大权几乎原封不动地由葡萄牙贵族掌握。1823年底，佩德罗一世解散制宪会议，任命自己的葡籍王室亲信组织新政府，大量葡萄牙出生的人担任州长和地方部队司令官。在独立时为佩德罗出过大力的土生白人博尼法西奥，也两度被排挤出内阁。巴西军队中的大多数军官是葡萄牙人。在巴伊亚战斗中被俘的葡籍官兵都被编入巴西军队。这些说明葡萄牙的法统依然在巴西延续。

1825年，葡萄牙王室承认巴西帝国的《葡巴条约》序言中，说此约是"为调整关于两国分离的所有基本问题而接受英王陛下的调停"而订立的。条约规定"巴西皇帝陛下为感谢他的尊敬的父亲和君主唐·若奥六世的关心与慈爱，同意最忠诚的国王陛下亲自承担巴西皇帝的称号"。这就是说，葡萄牙的国王同时也就是巴西的皇帝。在条约其他部分提

及两国关系时，有的地方也用"分离"的词语。

1826年，葡萄牙国王若奥六世去世。葡王室作出决定，由佩德罗继任国王。佩德罗接受了继承权，兼任葡萄牙国王，并为葡萄牙制订了一部宪法，宣布大赦等。后因兼顾不及，才逊位给自己的幼女格格丽亚。1828年，他的弟弟米格尔篡夺王位，他又进行干预。这时，巴西人民"认为皇帝对葡萄牙和他女儿的王冠比对巴西更感兴趣"。佩德罗遭到巴西人民的反对，更加"依靠原籍葡萄牙的臣民，而把巴西人排斥在他的密友和顾问圈子之外，甚至巴西人连一个大臣的职位都保不住。"

巴西帝国独立后社会性质未变，奴隶制、大庄园制、君主制都一仍旧贯。葡萄牙人的特殊地位也未变。·

墨西哥独立战争

墨西哥独立战争的直接原因是法国对西班牙的占领。1808年初，拿破仑的军队越过比利牛斯山侵入西班牙。5月，西班牙国王费尔南多七世被迫退位，由拿破

仑的哥哥约瑟夫·波拿巴就任西班牙国王。

消息传到墨西哥，人们立刻骚动起来。土生白人兴奋地谈论着宗主国的事变，感到独立的时机已经到来。早就鼓吹脱离西班牙的教士塔拉曼斯特、墨西哥城市议会议员阿斯卡拉特、律师韦尔达德等人积极活动，要求召开国民大会，宣布墨西哥独立。土生白人控制的墨西哥城市议会认为，既然宗主国已处于无政府状态，墨西哥理应"还主权于民"，由市议会接管权力。然而，被半岛人控制的检审法庭却坚决反对任何脱离宗主国的企图。总督伊图里加来在双方的斗争中态度暧昧，他支持召开国民大会，又不赞成独立。9月15日，势力强大

西班牙殖民统治下的墨西哥

的半岛人发动政变，逮捕了总督，塔拉曼斯特等人都被关进监狱。这一行动，使首都爱国者的力量遭到了镇压。独立活动不得不以其他方式开始，这就是以武装斗争的形式在远离首都的乡镇首先发难。

墨西哥城西北瓜那华托州的多洛雷斯教区，有个土生白人神甫叫伊达尔戈。他1753年5月8日生于该州巴利阿多利德（今莫雷利亚）一个大农庄总管的家庭。1767年在该市一所耶稣会学校上学，后转到圣尼古拉斯神学院读书。1773年神学院毕业后，担任过教师、司库和院长。1793年任圣·费利佩教区神甫。伊达尔戈学识渊博，认真研究过古希腊、罗马的历史和法国大革命的历史，阅读了许多"禁书"，深受欧洲启蒙思想的熏陶。他在自己的教区宣传"人生来就是平等的"和"主权在民"的思想，揭露殖民当局的残暴和腐败。他在家里经常召开各阶层的人都可以参加的集会和舞会，使圣费利佩充满了自由的空气，被称为"小法兰西"。1803年，伊达尔戈来到了印第安人集中的多洛雷斯教区。他经常深入群众，了解人们的疾苦，传授农业知识，帮助印第安人种植

殖民当局禁止的橄榄、桑树和葡萄，教他们养蜂、酿酒、鞣革、制陶等，深受人民的爱戴。

1808年首都爱国者的独立活动失败后，伊达尔戈和圣米格尔镇的民团上尉阿连德、军官阿尔塔马、郡守多明格斯等爱国者建立了联系。他们常常秘密集会，分析宗主国和墨西哥的形势，还到墨西哥城、韦腊克鲁斯等地了解情况，酝酿独立。1809年，米却肯州首府巴利阿多利德发生了争取独立的密谋，由于计划败露，没有成功。1810年，在阿连德的介绍下，伊达尔戈参加了旨在推翻西班牙人统治的秘密团体"文学和社交会"。他和阿连德等人一起制定了在全国发动起义的计划，准备于当年10月1日起义。

1810年9月中旬，密谋被告发，殖民当局立刻派兵搜捕起义者。15日，郡守多明格斯被捕。阿尔塔马获悉，星夜赶到多洛雷斯告诉伊达尔戈。伊达尔戈当即决定，与其束手就擒，不如提前起事。这时，天已黎明，伊达尔戈下令释放监狱里的囚犯，逮捕镇上的西班牙人。然后，像平常一样敲响教堂的大钟。当远近数千名印第安人到齐，伊达尔戈登上讲坛，把发生的事情告诉人们。

他以坚毅的目光看着大家，激动地说："孩子们，你们愿意成为自由人吗？300年前，可恨的西班牙人从我们祖先手里夺走的土地，你们愿意夺回来吗？"顿时，长期蕴藏在人们心中对殖民者的怒火迸发了。人群振臂高呼："绞死卡丘平！""打倒坏政府！""美洲万岁！"这就是墨西哥历史上著名的"多洛雷斯呼声"。这一响亮的呼声宣告了墨西哥独立战争的开始。

在伊达尔戈的号召下，印第安人拿起棍棒、斧头、砍刀、投石器等，很快就形成了一支几千人的队伍。起义军由多洛雷斯出发，一路上捣毁庄园，焚烧契约，严惩殖民者。广大被奴役的印第安人、债役农和矿工纷纷投奔起义军。9月，起义军攻克瓜那华托城。10月下旬，当起义军逼近首都时，人数达到七八万人。

当时，西班牙军队的主力远在北方的圣路易斯波托西，墨西哥城的守军只有3000人，在特鲁希略上校的指挥下，布防在城郊拉斯克鲁斯山口一带。战斗开始后，起义军前赴后继，经过九小时激战，大败殖民军。特鲁希略损兵折将，只剩2000人左右退回城里。通向首都的道路打通了。此时，起义军本可一鼓作气拿下首都。但是，伊达尔戈认为起义军缺乏训练和弹药，不可能占领首都；即使占领了，也无法抵挡西班牙军主力的反攻。于是，不顾阿连德等人的反对，先打算与总督谈判，后决定撤退。这一决定错过了攻占首都的良机，挫伤了起义军的锐气。不少人开始退出革命队伍。

撤退途中，起义军在阿库尔科与卡耶哈统率的殖民军主力突然遭遇。卡耶哈率领7000人，其中5000人是骑兵，装备精良，训练有素。伊达尔戈的队伍大部分是毫无军事知识的印第安人，许多人甚至拉家带口跟着队伍前进，所以很快就被击溃。起义军撤退到塞拉亚，决定分兵两路：主力部队由阿连德率领去西北部的瓜那华托；另一支为数不多的队伍由伊达尔戈率领回到南方的巴利阿多利德。

伊达尔戈起义的同时，革命之火迅速在全国蔓延。圣路易斯波托西、瓜达拉哈拉等地都发生了争取独立的战斗。广大农民、矿工、手工业者、城市贫民和中小资产阶级分子都踊跃参加革命。根据形势的变化，伊达尔戈决定改变原计划，率部前往瓜达拉哈拉，与当地起义者汇合。

11月26日，伊达尔戈的队伍进入瓜达拉哈拉。他采取了一系列壮大革命力量的措施。他在解放了的地区组织行政管理机构和统一的革命政府，出版发行二千多份的革命报纸《美洲觉醒者报》，颁布带有社会改革性质的革命法令。11月29日的法令宣布废除奴隶制，十天内必须解放奴隶，违令者处以死刑；取消人头税及对生产的垄断和烟草、火药、酒的专卖权等。12月5日的法令要求把抢夺印第安人的土地归还原主，立即取消印第安人必须以地租偿还的债务，停止向印第安人公地征税等。伊达尔戈还十分注意团结所有土生白人一起战斗。1810年11月15日，他发表《告全国同胞书》，号召尚在为殖民当局效劳的土生白人转到革命者一边来。他声明，革命者的目的仅仅在于"剥夺欧洲人的权力"。这些措施得到了人民的拥护，革命队伍又开始发展了。

起义军的主力在阿连德的带领下到达瓜那华托不久，就遭到了敌人的进攻。卡耶哈亲率几千名殖民军，分两路向阿连德猛扑。由于起义军的武器奇缺，又得不到支援，抵抗六个多小时后退出了该城。12月中，阿连德率残部

1383

来到瓜达拉哈拉，与伊达尔戈重新汇合在一起。

1811年1月中，卡耶哈带着八千多殖民军到瓜达拉哈拉镇压起义者。阿连德主张采取游击战术与敌人周旋。伊达尔戈却相信已有七八万人的起义军可以战胜敌人，主张出城迎敌。战斗于1月17日在瓜达拉哈拉城东南的卡尔德龙桥地区展开。起义军战斗很英勇，两次击败了殖民军的进攻。卡耶哈孤注一掷，调十门大炮向起义军阵地猛轰，一发炮弹击中了起义军的弹药库，引起混乱。卡耶哈乘势反扑，起义军失败了，数以千计的战士牺牲了。

卡尔德龙桥失败后，一部分人把失败的责任归咎于伊达尔戈。伊达尔戈被撤去了最高统帅的职务，由阿连德统领全军。阿连德决定向北方撤退，与那里的起义者汇合，同时求助于美国。由于叛徒出卖，起义军在萨尔提略北面的巴杭矿场中敌埋伏，伊达尔戈、阿连德等革命领袖全部被俘并陆续遇难。7月30日，伊达尔戈被害。他的首级被送到瓜那华托，放在铁笼子里示众达十年之久。

1811年8月29日，伊达尔戈的余部在腊伊昂的组织下，于西

塔库阿罗建立了新的革命领导机构"美洲最高民族委员会"。其他地区的革命者也以游击战的形式继续活动。南方的莫雷洛斯力量逐渐壮大，成了继伊达尔戈之后独立运动中最杰出的领袖。

何塞·马利亚·莫雷洛斯是印欧混血种人，1765年9月30日生于巴利阿多利德一个穷木匠的家庭。父亲早亡，他从小就在村里务农，当过马伕。1790年考入伊达尔戈担任院长的圣尼古拉斯神学院。1798年任乡村神甫。由于出身低微，莫雷洛斯接近下层人民群众，对印第安人的悲惨处境有切身的了解。在法国启蒙思想家的影响下，他很早就确立了反抗殖民统治的志向。

伊达尔戈起义后，莫雷洛斯立即投奔起义军，被伊达尔戈派往南方卡拉库阿罗地区发动革命。莫雷洛斯坚定勇敢，有卓越的组织才能，几个月的功夫就组成了一支两三千人的队伍，在南部山区开展活跃的游击战。伊达尔戈牺牲后，莫雷洛斯决定继承他的遗志，完成独立大业。

莫雷洛斯吸取了伊达尔戈失败的教训，非常重视起义军的军事训练，重视革命队伍的组织性、纪律性。他以灵活多变的战略战

术多次打败政府军，先后解放了奇尔潘兴戈、库阿乌特拉、特华坎等地。1811年底，墨西哥南部除首都和一些大城市外，几乎都被莫雷洛斯领导的起义军所控制。

1812年2月，殖民军攻占了西塔库阿罗，把腊伊昂领导的"最高民族委员会"逐出该城。接着，卡耶哈又率5000名殖民军来到库阿乌特拉，企图消灭莫雷洛斯领导的起义军。莫雷洛斯指挥部队沉着迎战，尽管敌人炮火猛烈，攻势很凶，甚至几次攻入城内，都顽强抵抗，将敌人击溃。后来，卡耶哈改为围困。守城军民坚持了72天，水尽粮绝，5月2日凌晨被迫撤退。拿破仑十分赞赏莫雷洛斯的军事才能。他得知莫雷洛斯指挥军队胜利突围后，曾惊叹道："我要是有五个莫雷洛斯，就可以征服全世界。"

1812年8月，莫雷洛斯的部队经过休整又转入进攻。起义者很快就收复了库阿乌特拉、奥里萨巴，不久攻占特华坎和瓦哈卡，次年4月拿下重要海港阿卡普尔科。南方又被起义者控制了。

1813年9月14日，在军事斗争节节胜利的形势下，莫雷洛斯在奇尔潘兴戈召开了"美洲最高民族代表大会"（实际上它是个相当于议会的常设机构）。会上通过了莫雷洛斯起草的名为《民族意识》的重要文件。文件宣布："美洲是自由、独立的美洲，她不隶属于西班牙和其他任何民族、政府或王朝"，号召"赶走西班牙强盗"，"摧毁专制政权并代之以自由政府"，"按照人民的意志"建立主权来自人民的、三权分立的国家。文件还要求"永远废除奴隶制和血统差别"，"缩小贫富悬殊"，"废除徭役、贡赋、捐税等无数重课"，对外主张和平外交，尊重民族主权，反对侵略行动。这一文件表明，在莫雷洛斯的心目中，独立战争决不仅是争取国家的独立，而是有着更为深刻的政治内容。

莫雷洛斯同一时期签署的其他文件还宣布：所有的高官显贵都是"民族的敌人"，"暴政的随从"，革命军应没收其土地和财产；消灭大地产，发展小土地所有制，"每个劳动者都应得到一块足以谋生的土地"。这些切中时弊的主张深刻地触及了社会的阶级矛盾。比起伊达尔戈来，莫雷洛斯的思想前进了一步。会上，代表们拥戴莫雷洛斯为革命军的最高统帅，赋予他全权处理行政事务的大权。

奇尔潘兴戈议会作出的另一贡献，是通过了《墨西哥独立宣言》。当时，革命队伍中相当一部分人对宣布独立是不赞成的，他们想继续打着费尔南多七世的旗号活动。由于莫雷洛斯的坚决斗争，1813年11月6日，大会通过了《墨西哥独立宣言》，宣布：墨西哥不再受西班牙的控制，已从殖民地变为一个独立的主权国家。

奇尔潘兴戈大会后，莫雷洛斯决定进攻敌人的战略重地巴利阿多利德，把革命向北方推进。但是，莫雷洛斯由于忙于组织会议，忽视了军队的训练。殖民当局乘机加强了反革命力量，组织了专门对付莫雷洛斯的北方军。1813年12月22日，莫雷洛斯率6000人，带30门大炮来到巴利阿多利德城郊。守城敌军只有1000多人，本不是起义者的对手。不料，正在激战时，卡耶哈的北方军赶到。起义军腹背受敌，不得不撤出战斗，后又被敌人偷袭，遭到严重损失。莫雷洛斯的亲密战友、著名的游击队领袖马塔莫罗斯等被杀害。军事上的失利使革命队伍内部以腊伊昂为首的反对派抬头。他们撤销了莫雷洛斯的最高行政权，只让他指挥作战。这一决定削弱了革命队伍的战斗力。

1814年，欧洲和宗主国的形势也发生了不利于墨西哥革命的变化。3月拿破仑战败，5月费尔南多七世在"神圣同盟"的支持下复位。顿时，反动势力又猖獗起来。墨西哥的殖民当局得到宗主国的增援，加强了对革命的镇压。他们恢复了旧的司法制度和宗教裁判所，重新强迫印第安人缴纳人头税，宣布对所有参与反政府活动的人处以死刑，还用拉拢收买土生白人的办法分化革命队伍。一时，上层土生白人纷纷投奔殖民当局。

为了重申革命纲领，回击反动势力的反扑，1814年10月22日，奇尔潘兴戈议会在米却肯州的阿帕辛坎颁布了墨西哥历史上的第一部宪法——《墨西哥美洲自由制宪法》。宪法宣布：墨西哥将确立共和政体，人民有权随时更换政府，行政、立法、司法三权分立；议会由每两年一次的三级选举产生，最高行政权由议会任命三人掌握，每年更换一人；总统抽签产生，每四月一次。它还规定了普选权、言论自由、人人平等、发展教育等民主措施。这部宪法是以1812年西班牙的进步宪法为蓝本，并参照美国、法国宪法制定的，远没有象《民族意识》那样表达下层人民群众的意愿，其繁琐的条文也不可能执行。但是，它宣布墨西哥为独立国家和确立共和政体反映了时代的潮流。

1815年，南方的游击队除瓜达卢佩·维多利亚、腊伊昂、盖雷罗等仍在坚持斗争外，几乎全被镇压了。为了躲开敌人的追击，建立新的根据地，9月底，奇尔潘兴戈议会决定迁往北方的特华坎。代表们要求莫雷洛斯担任护送任务。中途，由于走漏消息，11月5日，队伍在特斯马拉卡一带遭到数倍于己的敌人的袭击。莫雷洛斯不顾个人安危，毅然留下狙击敌人。他们打败敌人的几次冲锋，最后因叛徒出卖而被俘。关押期间，莫雷洛斯坚贞不屈，1815年12月22日壮烈牺牲。

伊达尔戈和莫雷洛斯领导的独立战争是下层民众广泛参加的革命运动。它不仅反映了殖民地被压迫人民的独立愿望，而且反映了广大人民对社会改革的要求，因而带有社会革命的性质。伊达尔戈和莫雷洛斯被害后，下层民众的革命力量遭受了很大损失，独立运动的领导权开始转到上层土生白人手中。这个阶层的代表就是奥古斯丁·伊图尔维德。

奥古斯丁·德·伊图尔维德1783年9月生于巴利阿多利德一个白人大庄园主之家。15岁便辍学当了地方民团的军官。伊图尔维德是个虔诚的天主教徒。1808年首都的半岛人发动政变时，他的一家都站在西班牙人一边。莫雷洛斯起义后，由于伊达尔戈和他曾在圣尼古拉斯神学院相识，便邀他参加革命，并答应任命他为少将。伊图尔维德害怕人民革命危及他的财产和地位，认为群众造反"会把全国夷为平地，破坏财富，激化欧洲人和美洲人的矛盾，牺牲数以千计的生命"，因而拒绝伊达尔戈的邀请，投奔了政府军。以后，他残酷镇压革命运动，野蛮屠杀起义者，甚至连他们的家属也不放过。他因为对起义军作战有功，由上尉擢升为上校。

伊图尔维德代表着上层土生白人的利益。这个阶层从殖民统治中获得了巨大的财富和较多的特权，虽然不满半岛人的歧视和压制，但更惧怕人民群众的反抗。独立战争初期，这个阶层和殖民当局一起极力扑灭革命的烈火。当各地的人民起义被镇压后，他们与宗主国的矛盾又尖锐起来。

最新整理图文珍藏版

摆脱西班牙控制的渴望，南美各国纷纷独立的榜样，使他们感到：墨西哥独立的果实已经成熟，是该采摘的时候了。

1820年3月，西班牙发生了革命。费尔南多七世被迫恢复1812年带有自由主义色彩的加的斯宪法。消息传来，墨西哥人民也要求颁布和执行这部宪法。这一形势，使上层土生白人开始担心宗主国革命的火焰蔓延到墨西哥，同样会威胁到他们的利益。于是，他们决定出来领导独立运动，使之按照自己的需要发展。这样，伊图尔维德就成了他们的理想人物。

1820年11月，在以墨西哥前宗教裁判所所长蒙特阿古多、宗教裁判所成员提腊多和检审法庭庭长巴塔耶尔为首的上层土生白人的支持下，伊图尔维德被任命为南部梅斯卡拉河地区军队司令，专门对付反抗殖民统治的由盖雷罗领导的游击队。开始，伊图尔维德企图消灭起义者，屡遭败绩，于是改为联合盖雷罗。

1821年2月24日，伊图尔维德在伊瓜拉城公布了他的独立纲领——"伊瓜拉计划"。其主要内容是：墨西哥摆脱西班牙和其他一切国家而独立；建立以费尔南多七世或波旁王朝其他代表为首的君主立宪政体；管理制度和行政机构维持现状；天主教为国教；保护教会特权，不侵犯教会财产；一切种族必须团结；全体居民都有参政权。这是一个充满对统治阶级妥协、退让，极力保护旧制度的极不彻底的独立纲领。它和伊达尔戈、莫雷洛斯的独立思想是根本不能相比的。但是，在大规模的人民起义遭到镇压的情况下，这一纲领毕竟反映了广大民众要求独立的愿望。它逐渐被广泛接受了。6月，瓜达拉哈拉公布了伊瓜拉计划，接着其他城市也纷纷仿效，宣布脱离殖民当局、拥护伊瓜拉计划。许多游击队领袖，如盖雷罗、尼科拉斯·布拉沃、瓜达卢佩·维多利亚等，都参加到伊图尔维德的队伍中来。

伊图尔维德声称要保证实现以"宗教、团结、独立"三原则为基础的伊瓜拉计划，建立所谓"三保证军"。不到半年，三保证军扩大到四万余人，攻占了瓜那华托、巴利阿多利德等城市，7月初逼近首都，总督阿波达卡被迫辞职。

7月30日，新总督奥诺多胡抵达韦腊克鲁斯。当时，西班牙军队不足6000人，只控制着首都等几个孤立的大城市。墨西哥殖民制度的废除只是时间问题。奥诺多胡感到，阻挡殖民地的独立已不可能，继续战斗下去只会使宗主国遭到更大的损失。西班牙的革命形势也不允许调集援军到殖民地来。奥诺多胡决定同伊图尔维德谈判。1821年8月24日，双方在科尔多瓦城达成协议，承认了伊瓜拉计划。9月27日，三保证军进入墨西哥城。28日，临时委员会宣布墨西哥脱离西班牙而独立，组成以伊图尔维德为首的摄政会议。

墨西哥独立了。代表上层土生白人利益的伊图尔维德窃取了革命的果实。1822年5月，曾支持伊图尔维德上台的旧势力又一次策动军队叛乱，公然恢复帝制。7月25日，伊图尔维德加冕，称为墨西哥皇帝奥古斯丁一世。但是，这一违背时代潮流的倒行逆施是不得人心的。同年12月，韦腊克鲁斯守军军官圣塔安那发动起义。不久便波及全国。1823年3月19日，伊图尔维德被迫退位，流亡欧洲。11月7日，制宪大会开幕。1824年1月31日正式批准了国家的独立和共和政体。墨西哥人民的斗争终于取得了胜利。

墨西哥南部的中美洲，殖民地时期是新西班牙总督区管辖的一个独立单位。墨西哥独立战争开始后，这里也发生了土生白人领导的起义。1821年9月15日，中美洲地区宣布独立；1822年1月25日，合并于墨西哥。伊图尔维德帝国瓦解后，1823年7月，中美洲脱离墨西哥，组成中美洲共和国联邦，首府设在危地马拉城。1838年，中美洲共和国联邦解体，危地马拉、洪都拉斯、萨尔瓦多、尼加拉瓜和哥斯达黎加先后成了独立的主权国家。

墨西哥华雷斯总统推行改革运动

贝尼托·华雷斯（又译胡亚雷斯，1806年~1872年）是世界上第一位当总统的印第安人，墨西哥国家统一的奠基人之一，也是在拉美国家中有很大影响的改革家。他原是个印第安孤儿，来到瓦哈卡州府时连西班牙语都不会讲。后来，他到一位神父开的书籍装订作坊里当学徒，并认那神父为教父。神父觉得他的性格很适于做传道士，便送他去念书，学习神学。

文化和书籍打开了这沉默寡言的印第安少年的视野，他开始注意这座城市、这个国家以至全世界所发生的一切。华雷斯首先感受到墨西哥教会的腐败及其干预政治的弊端。当时这方面的情况正如墨西哥著名历史学家胡斯托·谢拉所描写的："受俸教士及其代理人用道袍遮盖一切。它的阴影投向哪里，哪里的一切腐败、滥用职权行为甚至罪行，都得到纵容和包庇。……家家香火袅袅，户户都成为挂满圣像的祭坛，多明我会教士到处做弥撒，宗教节日一个接着一个。……在所有的宗教节日（约占全年的一半）以及每个星期一，大家都喝得烂醉，"教会是最大的地主，拥有全国一半左右的不动产，享有征收名目繁多的捐税及司法等特权，还垄断教育，并掌管许多在现代国家是由政府民政部门管理的社会事务。正由于华雷斯看到了这些现象，他毅然地向教父表示没有"侍奉上帝"的志趣，并且在心头萌生了以后从事改革的念头。

独立战争使墨西哥摆脱了西班牙的统治，但并未改变殖民地社会的各种旧体制。不仅如此，战火还使军人势力膨胀起来，大小军阀横行，把持各级政权。他们之间纷争不已，政局长期动荡。墨西哥人民在军阀的铁蹄下过着鸡犬不宁的生活。华雷斯对这种无法无天的混乱局面十分不满，立志安邦定国，于是，转而学法律，考入墨西哥第一所自由主义的高等学府——科学与艺术学院学习。

趁着墨西哥政治混乱、经济衰弱、文化落后，欧洲资本主义列强一个个争先恐后地把魔爪伸进墨西哥。美国则想方设法侵吞墨西哥领土，甚至在 1846 年～1848 年公然发动侵略战争，直到强占了它一半领土。西班牙也不甘心自己的失败，总是伺机卷土重来；1829 年，曾派遣远征军在红角登陆，向墨西哥内地侵犯。

在这种内忧外患的现实面前，华雷斯深深感到国家必须大胆地实行改革，应以法治代替"神治"和"枪治"。

1833 年华雷斯当选瓦哈卡州议会议员；后来又一度担任州政府秘书长；1846 年被选为国会议员；1847 年夏出任瓦哈卡州州长。

在就任州长这年的独立纪念日（9 月 16 日），华雷斯发表演说指出："西班牙奴役墨西哥奉行的是弱肉强食的原则。……他们轻视科学技术，好逸恶劳，游手好闲；他们滥用职权，榨取人民血汗……。所有这些弊病，作为西班牙殖民政府的遗产都还存在。……我们必须把它们从我们的社会制度中清除出去。"

从此，华雷斯走上了改革的道路。

在这条路上，每走一步都可能遇到险阻。华雷斯从一开始就是位坚定的改革者，当然遭到过无数次反对、威胁以至迫害。

华雷斯就任州长时，瓦哈卡州政府债台高筑，濒临破产；而到他离任时，这些债务已基本偿清。他在本州建立了50所新学校，其中不少就设在印第安人村庄里。此外，他还兴修了一条通往海边的公路。华雷斯的成绩得到全国自由派和广大人民的称赞，却惹恼了保守派及反动军阀和教会。

大军阀安东尼奥·洛佩斯·德·圣安纳是墨西哥建国三十几年间最著名的军事独裁者。1833年～1855年，他曾以不同名义先后六次执政。史学家赫罗纳·加西亚评论说："作为执政者，圣安纳从来不遵循任何政治准则；他施展罕见的两面手法和极不道德的行为，他只服从于自己丑恶的个人利益，……最终成为'墨西哥历史上最可恨的暴君'。"华雷斯一向反对这个暴君，因而遭到他的疯狂迫害。

1853年5月27日，瓦哈卡州政府秉承圣安纳的指令，逮捕了华雷斯，并把他押解到特华坎村，管制起来。一个多月过去了，华雷斯没有得到任何解释，也没有受到审讯。于是他写信给圣安纳，要求撤销这种不明不白的处分。圣安纳不仅拒绝了他的要求，而且还把他送到维拉克鲁斯的圣胡安德乌卢阿堡监禁起来，后来又决定把他驱逐出境。就这样，华雷斯于当年10月9日乘坐一条英国邮船到达哈瓦那。在那里，他得到当地自由派人士的帮助，转赴新奥尔良。

在新奥尔良，他联络其他被独裁者驱逐出境的墨西哥志士，创立了一个革命委员会。他们起草、印刷小册子、宣言和传单，并出版了一种报纸，而且还把这些东西秘密运回祖国。他们每天夜晚凑在一起，开会、写作，白天又各自去为生计而奔波。华雷斯到处找活儿干，最后总算找到了一个卷雪茄烟的工作。

1854年3月1日，国内以胡安·阿尔瓦雷斯和伊格纳西奥·科蒙福特为首的自由派，宣布阿尤特拉计划，举行起义。流亡者纷纷回到祖国，投入斗争浪潮。华雷斯担任了阿尔瓦雷斯的秘书。1855年8月，圣安纳辞职，逃离首都。同年10月，阿尔瓦雷斯就任总统，华雷斯出任司法部长。11月22日，新政府颁布了它的第一个改革法令，即华雷斯制定的《华雷斯法》，规定对司法制度进行改革，取消军人和教士的司法特权，并提出解散军队。

《华雷斯法》引起教会和保守派军队的极大不满，军队发动叛乱，胁迫阿尔瓦雷斯将政权交给科蒙福特。不久，华雷斯也回到瓦哈卡州，重新做了一年的州长。科蒙福特是所谓温和派，即自由派右翼。在他的支持下，制宪议会于1856年2月开幕，自由派左翼在议会中略占优势。经过整整一年的争吵，新宪法终于1857年2月5日通过。华雷斯被选为最高法院院长。按照新宪法，这一职位相当于副总统，总统出缺应由他接替。

1857年宪法在当时看来很激进，温和派试图对其进行修改。为此，科蒙福特不惜勾结保守派发动政变，逮捕了华雷斯等自由派领袖。然而，政变者内部发生了分歧，保守派的军阀们声言要废黜科蒙福特。后者辞职前，在盛怒之下释放了华雷斯等人。

华雷斯在国家宫最高一层的一间小屋里被关了几个星期。一天凌晨，有人把他带出房间，并命令他赶快逃走。他于是避开热闹去处，夜行晓宿，沿途向牧人讨些吃食，最后到达克雷塔罗城。在这里，他会同其他自由派领袖，建立宪法政府，并宣布根据宪法接任总统。此举震惊了全国，更激怒了正在首都组织非法政权的保守派将军们。于是，一场历时三年的内战（改革战争）爆发了。

战争初期，形势对宪法政府很不利。华雷斯被迫于1858年2月率政府迁往瓜达拉哈拉。3月13日夜，该城守军兰达中校所部哗变。攻打州府大厦，大厦卫队随之倒戈，逮捕了华雷斯和他的部长们。两位自由派上校率部前来营救，包围了州府大厦。正当战斗激烈进行的时候，忽有消息说：自由派将军帕罗蒂率领两千余名战士和14门大炮赶来营救总统了。叛军闻讯大惊；兰达企图胁迫华雷斯下令停火，作为保全华雷斯性命的条件。华雷斯对之根本不屑一顾。后来，还是著名哲学家、国防部长梅尔乔·奥坎波建议停战几小时，以便谈判，华雷斯才同意了。然而，正当谈判进行的时候，自由派军官突然偷袭大厦，试图抢出总统。大厦中一片惊慌。一名叛军军官在忙乱中命令立即枪决华雷斯。一群士兵闯进华雷斯的房间，枪口对准他的胸膛。在这千钧一发之际，财政部长、著名的人民诗人吉列尔莫·普里埃托冲上来，用身体挡住总统，叫道："把枪放下！如果你们是真正的墨西哥人，就该尊重共和国，尊重宪法，尊重这位代表共和国和宪法的人！"总统的泰然和诗人的凛然慑服了狂乱的士兵，使他们惭愧地退了出去。三天以后，华雷斯等人终于脱离险境，转赴维拉克鲁斯城。

华雷斯一行几经周折，直到1858年5月4日才抵达维拉克鲁斯。在这里，他领导宪法政府，一面坚持同保守派反动军队作斗争，一面制定、颁发了一系列改革法令。1860年底，自由派军队打了几个具有决定意义的胜仗，12月25日占领了首都。1861年1月12日，华雷斯政府凯旋墨西哥城。

华雷斯领导的改革有两条要旨。其一是实行政教分离，削弱教会势力，取消教士特权，加强国家政权；其二是建立法制，取消军人特权，裁减军队，结束长期动乱的局面，使国家走上和平发展的道路。华雷斯第一次就任总统时发表声明指出："墨西哥人

民的命运今后再也不取决于某个人的专断意志，不取决于随心所欲的叛乱集团……宪法……所表达的集体意志，是墨西哥公民为在良好的和平环境中谋求自身幸福所应遵循的唯一准则。"

华雷斯改革主要通过立法活动实现，用他自己的话说："法律历来是我的剑与盾"。在这些"改革法"中，除1857年宪法外，较重要的还有1856年6月颁布的、旨在剥夺教会及一切宗教或世俗团体不动产的《莱尔多法》，以及华雷斯政府在1859年~1861年间颁布的一系列法令：7月7日《改革宣言》；7月12日关于政教分离、解散修道院的法令和关于将教会财产收归国有的法令；23日关于实行世俗婚姻的法令；28日关于实行国家户籍登记的法令；31日关于墓地归俗的法令；8月3日关于撤除墨西哥驻罗马教廷公使馆的法令；1860年12月4日关于宗教自由的法令；1861年2月2日关于出版自由的法令；3月15日关于统一币制及使用十进位制的法令；4月15日关于建立公立学堂、实施国民教育，并对私立学校实行监督和资助的法令等。

华雷斯十分注意人才的使用，他说："我特别留意把公认有才

最新整理图文珍藏版

干、诚实、积极的人才，安置到政府各部门"，"只有这样，那一群无功受禄、非分地依靠国库为生的讨厌的求职者才会消失"。

华雷斯特别重视教育。他在瓦哈卡州执政不久就开始推行教育改革。此后几十年中他一直没有忽视这个问题，甚至可以认为，他最重视的就是教育。在他看来，"教育是民族繁荣的根本"。他说："我永远不会忘记我是人民的儿子。我要尽力使我的同胞受到教育，使他们因有文化而变得高尚并且相信未来。"他同时也关心妇女的教育，主张提高她们的地位。他写道："教育妇女使之具备其崇高使命所要求的各种条件，就是培育了社会革新和进步的幼芽。因此我们应该特别留意妇女的教育问题。我们永远不应忽略这个原则，因为它在很大程度上关系到妇女的幸福和我国人民的改造。妇女是我们的同伴，决不能被当作奴隶。"

1856年1月，华雷斯回瓦哈卡任临时州长。当时，墨西哥无论哪个州州长上任，都首先要在全体官员的陪同下去教堂作弥撒，这是惯例。然而这一次，教士们却公然向州长挑战，拒绝为华雷斯做弥撒，因为他是《华雷斯法》

的制定者。华雷斯说："他们打算拒我于教堂门外，企图迫使我动用警察，去打开教堂大门，拘捕神父，使我以一个暴力事件作为就职的开始，被捕的神父将以殉教者的姿态出现，如果群众起来保护他们，说不定会发生暴乱。"可是，教士们的打算落空了。华雷斯根本没有在就职时举行任何宗教仪式。他认为，"世俗社会的执政者不应以官方身份出席任何宗教仪式……国民政府不应有宗教信仰，因为其职责是公正地保护人民所享有的信仰宗教的自由。"从此，执政者参加甚至举办各种宗教仪式的陈规被打破了。另外，还有许多被华雷斯称为"不良习俗"的传统做法，如官邸设武装门岗，在公众集会上穿戴特制的服装和帽子等等，都被他革除了。他甚至连军队仪式都不使用。

1859年，华雷斯在维拉克鲁斯城添了一个小女儿，取名赫洛妮玛。当时，恰逢政府颁布法令，实行世俗的户籍登记制度。在此之前，人们在教堂给孩子施洗、命名、注册已成习惯，并认为这关系到死后荣辱。这种旧传统是推行新制度的很大阻力。于是，华雷斯便把自己心爱的小女儿送来，做了墨西哥历史上在世俗户籍登记簿上注册的第一个人。世俗户籍的新制度由此实行了起来。

改革者的道路有时是终身坎坷曲折的。三年改革战争结束后，保守派在各地仍很嚣张。在1861年6月一个月内，他们就杀害了奥坎波等三位著名的自由派领袖。同时，他们又去欧洲四处活动，不择手段地挑拨、诱使法皇拿破仑三世组织新的"神圣同盟"，远征墨西哥。从1862年1月到1867年3月，法国对墨西哥进行了长达五年的武装干涉，扶植了傀儡皇帝。这期间，华雷斯乘坐着他的黑色马车，辗转边陲，坚持领导墨西哥人民进行抗法战争（一称"第二次独立战争"），最后终于取得胜利。

抗法战争胜利后，华雷斯仍然坚持改革方针。他一面领导人民医治战争创伤，恢复国家经济；一面削减军队编制和开支，整顿政府，厉行节约，并推行教育改革；同时还要平静一些新的地方叛乱。

1872年7月18日，华雷斯因心脏病溘然与世长辞。他一生从政四十年，担任过许多重要职务，从1858年起连选连任共和国总统：他胜利地领导了墨西哥第二次独立战争，比较成功地实行了政教分离等社会改革，在墨西哥初步建立了法制（至少是树立起法制的观念），使墨西哥真正步入了近代民族国家之列。贝尼托·华雷斯是墨西哥和美洲历史上最杰出最受尊敬的人物之一。

里昂工人起义

1831 年起义

"不能劳动而生，毋宁战斗而死！"是1831年法国里昂织工起义时的豪言壮语，写在起义旗帜上的战斗口号。法国里昂的织工们为什么起义、其情节怎样？现在让我们先从法国三十年代的社会状况谈起。

我们知道，拿破仑帝国垮台以后，法国经历了一个波旁王朝的复辟时期。1830年七月革命，把奥尔良公爵路易·菲利浦推上了王位，史称"七月王朝"。"七月王朝"是法国大资产阶级的银行家、大矿主、大地产主和铁路大王们的金融贵族的专政。路易·菲利浦作为这个集团的总头目，人送外号"钱袋子"。

"七月王朝"代表了法国金融贵族利益，一切听命于银行老板

最新整理图文珍藏版

法国人民起来推翻了波旁王朝

和交易所大王。它颁布的 1830 年宪法，不仅剥夺了广大工农群众的选举权，就连中小资产阶级，也被排斥在选民之外；它保留了旧的国家机器，继续镇压工人运动；对外侵略阿尔及利亚，并在它的统治期间，完成了对这个非洲国家的全面征服。实质上，"七月王朝"不过是一个剥削法国国民财富的股份公司。

但是，"七月王朝"时期，却也是法国工业革命向前迈进、资本主义生产迅速发展的历史时代。统计资料告诉我们，当时法国工商业的总投资，急速猛增，从 1830 年的 300 亿法郎，增加到 1848 年的 450 亿法郎。工业生产中使用的蒸汽机，也在急剧增加，1830 年是 625 台，到 1847 年，已经上升到 4853 台。随着工业生产

的发展，原料消耗量也在大幅度增加，如：棉花需要量 1831 年为 2800 万公斤，1845 年则增加到 6400 万公斤；工业用煤从 1830 年的 170 万吨，猛增到 1847 年的 555 万多吨。这时候，铁路运输业也跟着发展起来，1831 年，法国共有铁路 38 公里，到 1847 年初，已经通车的铁路，就达 1535 公里，短短十几年，铁路长度增加近四十倍！

法国资本主义生产的急剧增长，给人们的社会生活带来了巨大变化。首先，它空前加强了新兴工业资产阶级的实力，使这些人日益不满足自己在政治上的无权地位，要求扩大民主，以便在政治舞台上同金融贵族分庭抗礼，平分秋色，同时，也加深了工人、农民和小资产阶级的贫困化，其中工人尤其严重。资本家大量雇佣童工和女工，甚至强迫 8 岁的童工上夜班，而且极力压低工资，对工人进行残酷剥削。加以大批人员失业，工人生活更加困苦不堪。1831 年，一位富有洞察力的工人奥居斯特·柯伦，在报纸上曾经大声疾呼："我们摆脱了世袭贵族的束缚，却沦于金融贵族的压迫之下；我们赶走了有称号的暴君，却遭受着百万之富的暴君

的统治。"这表明，工人们已经产生了阶级意识、哪怕是初步的阶级意识、处于萌芽状态的东西。工人们忍无可忍，1831年和1834年，一场反对压迫和剥削的斗争风浪，先后在里昂、巴黎等地翻滚起来。

工人起义的风暴为什么首先在里昂掀起呢？这绝不是偶然的。说起里昂，人们自然会联想到它的古老和在生产上的地位。里昂是法国中南部的重要工业城市，丝织业中心，著名的丝绸之城。早在十六世纪，这里出产的丝织品，已经畅销欧洲，深受各国封建王公和贵族的喜爱和欢迎。到十九世纪，这里简直是两个世界。两重天地。市中心大街整洁，店铺林立，行人络绎不绝，穿戴十分考究。工业区却完全相反，街道狭窄，遍地垃圾，房屋低矮破旧，工人面色苍白。在这里挣扎着的3万织工，每天劳动15到18小时，而工资所得却只能买到一磅面包，下班后还得要走到郊区住处，生活穷苦，简直无以复加。

1831年，里昂的织工们，为了反对资本家任意压低工资，派出代表，向资本家提出订立标准工资的要求。在6000名织工罢工和示威游行的压力下，资本家实行了缓兵之计，当夜同工人代表达成了标准工资协议。消息传出以后，整个工人区沉浸在一片欢乐之中。

资本家的退兵阴谋得逞之后，凶相毕露。他们首先哭哭啼啼地向内阁总理告状，请求政府给他们掌腰。于是，法国政府根据制造商们的要求，一面否决标准工资协议，一面准备动用武力，进行镇压。罗盖将军更口出狂言，公开叫嚷："如果工人敢于起来，那就叫他们的肚皮开花。"制造商们有了罗盖这把匕首之后，态度立即蛮横起来，马上撕毁协议，背弃诺言；三个星期过去以后，工人们的工资依然照旧！工人们愤怒到极点，他们立即行动起来了。

1831年11月21日晨，里昂的织工们离开作坊，开始罢工，一支约2000人的游行队伍，四人一排，手挽着手，踏着坚定的步伐，高唱着"前进，前进，冲向敌人的枪口，冲过枪林弹雨，奔赴胜利"的歌声行进。他们发表《里昂工人宣言书》，提出"里昂应当有我们自己选出的政权代表"。并号召政府军队站到工人一边，参加这场英雄的战斗。他们高举"不能劳动而生，毋宁战斗而死"的旗帜，手持长矛、腰刀、棍棒和步枪，从工人区出发，直奔市中心。这时候，里昂的每一个城门，都设有重兵把守。军队荷枪实弹，杀气腾腾。

当起义者来到城门口，突然遭到枪口的阻拦。一个军官粗声粗气地命令说："回去！你们都给我回到工人区去！"气氛顿时紧张起来。突然，一位年轻人从起义队伍中跑出来，冲向城门，举着拳头高喊："弟兄们！冲啊！跟我一起冲过去！"

守卫的士兵立即开枪射击；他倒在血泊中……工人们愤怒已极，他们毫不迟疑，筑起街垒，同政府军展开拼杀。当枪声传到工人区以后，这里的人们行动起来了，他们闯进军械铺，抢夺枪支弹药和刀剑，一齐赶到城门口，加强了起义者的力量。起义的人群立即向政府军发动猛攻，突破城门防线，像潮水一样地涌向市中心，一场残酷的巷战在里昂街头展开了。起义者们掀起铺路石，刨倒街灯杆，推翻运货车辆，搬来木板、家具，筑成一座座街垒；拆下机器上的铅质零件，熔铸成小铅块，用来顶替子弹，打击敌人。他们就这样同政府军进行着艰苦、激烈的战斗！在巷战中，

儿童和妇女表现得相当出色。孩子们运送弹药、送水送饭、侦察敌情，有的甚至直接拿起武器。妇女们烧水做饭，护理伤员，为革命贡献了力量。起义者们在广大群众的支持下，团结战斗，越战越勇，攻占了一条条街道，夺取了一处处街区，从四面八方，向市政厅推进。入夜以后，起义队伍不断扩大，政府军再也招架不住，纷纷向市政厅撤退、龟缩。

第二天，罗盖准备反扑，但他手下可以上阵的兵士已经不多，失败的报告，却一个接一个地向他传来。这天深夜，"牛皮将军"罗盖，实在招架不住了，便带领一批残兵败将，溜出里昂，逃之夭夭。11月23日，起义军逮捕省长，完全占领了里昂城，工人们成了里昂的新主人。

巷战结束以后，武装起义司令部，立即派出哨兵和巡逻队，组织恢复社会秩序。他们建立了工人委员会，宣布废除苛捐杂税，实行标准工资；发布告市民书，宣布自己的政治主张；要求实行民主选举，把自己的代表选进政府机构。

起义者们尽管做了前人没有做过的事情，但可悲的是，他们还没有彻底摧毁资产阶级政权，

他们没能把里昂的抗击力量，进一步组织起来，建立自己的统治。那些旧官吏还在发号施令，管理市政，甚至起义者还邀请警察局局长参加他们的辩论，对敌人如此丧失警惕，这就不能不给起义的悲剧埋下祸根。

到12月初，资产阶级经过一段喘息之后，利用起义者的麻痹大意和过分疏忽，开始组织反攻了。他们从巴黎调来6万大军和50门大炮，包围里昂城。12月3日，完全处于被动的起义军，遭到残暴的镇压和屠杀，起义失败了。

1831年的里昂织工起义，没能改变工人们的处境。他们的生活条件毫无改善。但可喜的是，经过这次战斗洗礼，工人们的阶级意识有了进一步提高，他们开始认识到："劳动者只有组织起来，兄弟般地团结在一起，才能改善他们的命运。"

1834年4月，里昂工人再次揭竿而起，发动第二次起义。起义者们不仅要求提高工资，而且号召推翻富人统治，建立民主共和国。这就使起义带有了明显的政治性质。起义者们修筑街垒，高举红旗，同敌人进行了六天激战，最后失败。

里昂织工起义的战斗号角，唤醒了苦难的法国工人。从巴黎到马赛，许多城市都纷纷起来响应，罢工和起义，像一团烈火烧遍法国大地。里昂起义，已经不再是旧式的手工业者的斗争，而是在同一社会里有产阶级与无产阶级之间的一场冲突，是近代工人的武装起义。

里昂织工起义向我们表明，在法国，无产阶级已经成为一支独立的政治力量开始登上历史舞台，从这个时候起，无产阶级同资产阶级的斗争，在比较发达的欧洲国家，已经被推到社会斗争的前列。总之，"不能劳动而生，毋宁战斗而死"这个口号，将作为里昂织工的光荣而载入法国史册！

1834 年起义

1831年11月的起义失败了。里昂工人热切盼望的最低工价标准成为泡影，生活丝毫没有改善。但是，工人的血没有白流，战斗锻炼和教育了他们。他们提高了觉悟，增强了团结。自1832年起，互助社组织逐步扩大，吸引了更多的工人，领导体系也较过去完善。每小组（20人以下）选出两名代表，若干组的代表组成中心组，各中心组的组长联席会

最新整理图文珍藏版

议是全社的最高领导机关。1834年初，中心组长联席会议改称执行委员会。在互助社的领导下，为保障就业，提高工资，经常向包买商进行多种形式的斗争。

在此期间，资产阶级和小资产阶级的共和派的活动也日趋活跃。各种团体日益增多，如"人权社"、"进步社"、"独立者社"、"自由人社"等等。其中影响最大的是"人权社"，"互助社"的许多成员同时也是"人权社"的成员。"进步社"的领导人拉格朗热十分同情工人，在工人中享有一定的威望。

七月王朝对工人和共和派的结社活动十分恼火，于1834年2月向议会提出新的法案，在刑法禁止20人以上结社的基础上进一步规定，20人以下的结社活动也在被禁之列。这项法案虽然尚未通过，但各地均已获悉，人民普遍表示愤慨。里昂的互助社本来是以经济斗争为主要目标的工人团体，而共和派的各个团体则致力于政治斗争，所以往常彼此虽有影响，却并无紧密的联系。现在，反对禁止结社法的斗争把它们团结起来了。

1834年初，里昂的包买商将每一欧那长毛绒的工价降低了25

生丁。这个数字并不大，受到直接影响的工人也只有一千二百余人。但工人的觉悟已经提高，他们开始认识到工人的命运是彼此相连的，对包买商的斗争是全体工人的事。在互助社的号召下，里昂的全体丝织工人从2月12日起实行罢工。17日，数百名工人在泰罗广场集合，准备向市政厅进发。当局派军队鸣枪示警，集会被冲散。包买商在当局支持下拒不让步。部分工人因罢工期间生活来源断绝而十分困难。互助社的执行委员会遂下令于2月22日复工，结束了这次为期十天的罢工。这次罢工虽未取得积极成果，但对包买商和当局无疑是一次严重的警告。

狡黠的反动当局在罢工高潮中借口不插手劳资纠纷，表面上袖手旁观，实际上支持包买商的强硬态度。罢工结束后，反动当局凶相毕露，悍然逮捕了六名工人。工人们被当局的卑劣行径所激怒，一场新的斗争已在酝酿之中。正在此时，3月25日传来消息，扩大禁止结社范围的新法案已在议会通过。根据这项法案，工人不仅不能组织新的团体，原有的团体也将被迫解散。导火线就这样被点燃了。互助社与人权社等共和派团体共同组成一个总委员会，具体领导工人的斗争。当局定于4月5日开始审讯六名被捕工人，总委员会决定在那一天举行大规模的示威。不难看出，1831年，起义工人争取的主要是经济目标，而1834年，工人争取的不再只是经济目标，主要的已是政治目标。这说明，工人运动在向前发展。

4月5日，工人在法庭所在地圣约翰广场示威时，一名工人被枪杀。次日，八千余名工人举行抬尸游行，在全市引起巨大反响。法庭不得不宣布将审讯推迟到4月9日。4月8日夜间，总委员会举行会议，对情况作了分析，估计反动当局次日可能使用武力，遂决定以"结社、抵抗和勇敢"为口号，坚决给反动当局的暴力镇压以反击，但不主动挑起武装冲突。会议任命拉格朗热等人为总指挥。

形势日趋紧张，一场恶斗即将爆发。法院院长担心酿成流血事件，向当局提议移地审讯，以免触发冲突。当局未予采纳。1831年11月的工人起义把政府打了个措手不及，当局事后在里昂全力加强戒备，修筑了许多碉堡和据点，配置了许多火炮，警卫部队的数量也大大增加。当局凭借这些镇压手段，企图伺机进行暴力镇压，扑灭里昂的工人运动。所以，4月8日夜间当局在部署兵力时，并未采取任何避免发生冲突的预防性措施。恰恰相反，包括步兵、骑兵、炮兵和工兵在内的一万余人控制了全市所有战略要点。当局还派便衣警察混在工人当中进行煽动。很显然，反动当局蓄意要血洗里昂。

4月9日，大批工人拥向法庭，有的进入院内，有的留在广场上。审讯正在进行时，军队突然向工人开枪。工人立即奔向工人居住点和市中心，修筑街垒，进行抵抗。大多数工人没有武器，而且事先虽预计到发生冲突，却缺乏周详的准备，所以不能组织有效的反击。最初的混乱过去后，全市形成了六个起义中心，其中最重要的是市中心的哥德利埃教堂。拉格朗热在这里指挥。他冒着炮火，往返于各个街垒之间，赢得了工人们的信任和赞赏。各行各业的工人纷纷前来支援，有的在街垒中与反动军队作战，有的赶制弹药，用织机上的零件熔制子弹，有的抢救照看伤员，工人们举起写着"不共和毋宁死"的红旗，把斗争的矛头直指反动

的七月王朝政府。当局命令军队
"街上见人格杀勿论"。军队以火
炮轰击起义工人的街垒，放火焚
烧工人的住房，并闯入民宅虐杀
无辜平民，连病人和妇孺老弱也
不放过。战斗是在双方力量对比
悬殊条件下进行的，到 10 日夜
间，当局已明显占了上风，但起
义工人们仍顽强抵抗。据路易·
勃朗后来分析，这时如要结束战
斗，对当局来说并不困难，但当
局蓄意拖延，为的是在战火中杀
害更多的起义工人。4 月 13 日，
最后一批街垒被军队攻陷，最后
一批起义工人在哥德利埃教堂前
英勇献身，为工人的事业流尽最
后一滴鲜血。1834 年里昂工人起
义在火海血泊中失败了。

"七年战争"中，英法在北美激烈争夺。

七年战争

　　战争的直接原因是普鲁士王
国和奥地利帝国之间矛盾的进一
步激化和发展。18 世纪中叶，分
裂混乱的德意志境内形成了普鲁
士与奥地利互相对峙，互争雄长
的局面。普鲁士在弗里德然二
世统治期间（1740～1786 年），军
事、政治力量进一步增长。弗里
德里希二世是启蒙时代的专制君

主，又是 18 世纪一个突出的军事
家。他对内励精图治，对外积极
进行扩张。1701～1714 年西班牙
王位继承战之后，除英、法之间
的矛盾进一步加剧之外，普鲁士
和奥地利在中欧展开了激烈的竞
争。法、普拒绝承认玛丽亚·特
莱西娅的奥地利帝位继承权，并
要分割广大的哈布斯堡王朝的领
地，1740 年爆发了奥地利帝位继
承战（1740～1748 年）。战争结
果，虽然玛丽亚·特莱西娅的权
利得到承认，而获利最大的却是
弗里德里希二世。他依靠军事力
量和狡诈的外交手段，从奥地利
夺走了富饶的西里西亚，获得 1.6
万平方公里的土地和 100 万人口。
奥地利并不甘心蒙此屈辱。玛丽
亚·特莱西娅宣称：不久就会物
归原主，"即使为此要我卖掉最后
一条裙子都行"。从此，普、奥争

世界通史

最新整理图文珍藏版

夺西里西亚和整个德意志主导地位的斗争更加激烈，双方都在准备新的战争。

七年战争更广泛更深刻的原因和背景是英、法之间争夺殖民地和海上霸权的斗争。早在16、17世纪，英、法继葡萄牙和西班牙之后开始了广泛的殖民活动，展开了竞争。英国曾先后战胜西班牙和葡萄牙，逐渐取得海上优势。从17世纪后半期起，它便集中力量对付法国。18世纪是英、法之间争夺殖民地和海上霸权的决斗时期，也是创造巨大的不列颠殖民帝国时期。七年战争正是这场决斗的高潮。

西班牙王位继承战争实际也是英、法之间的第一次大冲突，结果英国开始取得优势。18世纪中叶，法国决心加紧殖民活动，想从英国手中夺走海上霸权。为此，法国加紧赶造战舰，充实军火。到1756年，法国舰队几乎已和英国舰队势均力敌。在北美和印度，双方则一直在进行不宣而战的战争。

1749年，英国北美弗吉尼亚殖民当局向阿巴拉契亚山以西的俄亥俄河流域殖民。法国驻加拿大总督杜肯发表文告，声称阿巴拉契亚山以西为法国所有，并在俄亥俄河上游建一城堡，取名杜肯堡。1754年，弗吉尼亚总督派出一支小部队开往俄亥俄河，对法国人进行骚扰，被击退。1755年，北美英军总司令亲自率军2000进攻杜肯堡，大败。双方武装冲突频频发生，不断升级。

在印度，1748年后，双方即在德干高原的海德拉巴和东南沿海的卡纳蒂克发生激烈冲突。开始，法国占领了卡纳蒂克首府阿尔科特，向英国人发动全面进攻。但1751年春，当时尚为英国"东印度公司"一名职员的罗伯特·克莱武率领一支500人的部队，乘虚突击夺下阿尔科特。法国调集一万人的兵力围攻阿尔科特长达53天，终未攻下。1754年，双方缔结和约，暂时维持均势。但和约尚未获得国内批准，七年战争的枪声便已打响，更大的战争开始了。

七年战争前的逆转联盟

七年战争前夕，由于普鲁士的迅速崛起和英国的收买政策，欧洲各主要国家之间，发生了一次戏剧性的重新组合，出现了一个所谓"逆转联盟"（或称之为"外交革命"，"同盟政策的革命"）。

普鲁士的崛起首先威胁到奥

地利，也使俄国和法国深感不安，从而使整个欧洲局势复杂化，迫使各国重新考虑自己的对策，调整各自关系。

英国为了维持其海上优势，建立殖民大帝国，在欧洲大陆采取了假他人之手，孤立和打击法国的策略。奥地利帝位继承战之后，英国便刻意组织一个奥、俄、普为主的反法大联盟。英国首先想要利用奥俄同盟，并着重想要抓住俄国。英王室在欧洲大陆有一块领地——汉诺威。英国如要拉拢某个国家反对自己的敌人，便以保卫汉诺威为名，用提供补助金的办法，"雇佣"该国出兵。1747 年，英国即与俄国签订了所谓"补助金协定"，英国付给俄国补助金，俄国提供一个军团来保卫汉诺威。1750 年，英国加入了早已存在的俄奥防御同盟。1755 年，英国为了孤立和牵制法国，与俄国签订了更广泛的新的"补助金协定"。据此，俄国提供 8 万军队反对英国在大陆上的敌人，为此而得到一次 50 万镑和每年 10 万镑的补助金。俄国不仅想以此防范法国，更想借此对付日益强大的普鲁士。

当弗里德里希二世得知俄国与英国有秘密协定后，担心陷于既与奥地利对抗又与俄国作战的可怕境地，便也积极行动起来。他想加入英、俄一边，以避免来自俄国的攻击，因而也向英国提出保证汉诺威安全的建议。这正符合英国彻底孤立法国的意愿。双方遂于 1756 年 1 月 16 日签订威斯敏斯特协定。该协定规定：双方负责维持德意志境内和平，用武力对付侵犯德意志领土完整的任何国家。至此英国外交似乎已取得巨大胜利，反法大联盟即将告成。哪知英、普协定不仅使法国，也使奥地利和俄国大吃一惊，都为各自昔日盟友的背叛行径所激怒，便立即向过去的敌人靠拢。

首先是奥地利的哈布斯堡王室与法国的波旁王室放弃了长期互相仇视和对抗的政策，两个世仇变成了盟友。奥地利帝位继承战争之后，奥地利即已开始拉拢法国，以此对抗普鲁士。1751 年，奥地利卓越的外交家温策尔·考尼茨亲王任奥地利驻巴黎大使，促使奥、法接近。当法国国王路易十五确实搞清弗里德里希二世已经背叛，便下定决心与奥联合。1756 年 5 月 1 日，奥地利与法国签订相互保证的第一次凡尔赛条约，缔约双方保证各自提供 2.4

万人的军队，援助另一方反击任何侵略者。在此之前，俄国实际上废弃了英、俄协定，于1756年3月25日与奥地利缔结攻守同盟，规定：俄国应提供8万人的军队援助奥地利进攻弗里德里希二世，一旦战胜弗里德里希二世，奥地利取得西里西亚，俄国取得东普鲁士。一个反对普鲁士的联盟初步形成。

七年战争爆发后，法、奥、俄进一步调整关系。1757年初，俄国也参加了凡尔赛条约，法、俄之间取得谅解。1757年2月2日签订俄、奥条约，除重申上次条约各款外，规定奥地利每年要向俄国提供100万卢布的补助金。1757年5月1日，法、奥签订第二次凡尔赛条约。条约规定，双方准备调整各自的势力范围，法国在整个德意志境内提供10.5万人部队，增加向奥地利派出的分遣队，并给予奥地利以一定数目的年补助金。法、奥、俄反普联盟最终形成。随后，瑞典、波兰、萨克逊及德意志各邦的大部分相继加入反对普鲁士联盟一边。

七年战争的各个参加国各有自己的打算和目的：奥地利想夺回西里西亚；法国想占领汉诺威；俄国力图削弱普鲁士，占领东普鲁士，扩大自己的西部边界；瑞典则要占领普属波美拉尼亚，普鲁士不仅要继续占有西里西亚，还想占领萨克逊，扩张自己在波兰的势力；英国主要目的在于削弱和打击法国，扩大殖民地，建立海上霸权。

普鲁士不宣而战：七年战争爆发

当弗里德里希二世获悉俄国已经备战的消息后，便决定先发制人，于1756年8月29日率军7万人，不宣而战入侵萨克逊。七年战争正式爆发。弗里德里希二世全部占领萨克逊后，于1757年4月进入波希米亚，围攻布拉格；5月击败遭遇的奥地利军队。普军一面围攻布拉格，一面向南进军。6月18日在科林地区，弗里德里希二世轻率向奥军发动进攻，遭到惨败，3.3万人的兵力损失1.3万人，只得放弃布拉格，撤回萨克逊。

奥地利军队在科林的胜利使联盟各国受到鼓舞，决定协调行动，筹划39万军队从各个方面围剿弗里德里希二世。随后，法军占领汉诺威，法奥联军从西面，俄军从东面威胁柏林。普鲁士处于相当危险的境地。

弗里德里希二世频频调动军

队以应付险恶形势，并于 1757 年 11 月 5 日在波恩以东的罗斯巴赫村附近与法奥联军会战。联军共约 6.4 万人。法军指挥苏比兹元帅判断失误，把普军迅速机灵的运动误认为是撤退，失掉战机。弗里德里希二世采用他首创的"斜形战斗队形"，以其机动性和突击性，仅一小时便击败了双倍于己的联军，取得辉煌胜利。结果联军死伤 3000，被俘 5000，其中包括 8 名将官和 300 名军官，并损失了 67 门大炮、7 面国旗、15 面军旗，而普军仅死 165 人，伤 376 人。

这一战役拯救了普鲁士，也标志着一度强大的法国陆军的衰落。此次战役后，法国的国际地位立即下降，而弗里德里希二世和普鲁士的军队却马上身价倍增。英国国会在罗斯巴赫胜利鼓舞下通过决议，把给弗里德里希二世的补助金从 1757 年的 16.4 万镑增加到 120 万镑。

罗斯巴赫会战后，弗里德里希二世稍事休整，便在 15 天内行军 170 英里进入西里西亚的布雷斯劳附近。1757 年 12 月 5 日，普、奥两军会战于洛伊滕。普军约有 3.6 万人，其中 2.4 万为步兵，1.2 万为骑兵，共有火炮 167 门。奥军约为 6 ~ 8 万人，火炮 210 门。奥军虽然占数量优势，阵地颇为坚固，但战线过长，两个侧翼之间相距 5.5 英里，兵力分散。弗里德里希二世先用骑兵佯攻奥军右翼，后用"斜形战斗队形"攻敌左翼，席卷其全线，最后骑兵冲锋，再次取得重大胜利。结果，普军死伤 6000 人，奥军死伤约 1 万人，被俘 2 万人。普军再次夺回西里西亚。洛伊滕会战在军事史上占有重要地位，拿破仑曾说：洛伊滕战役是"机动和决心的杰作"，单是这一战役就足以使弗里德里希二世跻身于伟大将领之林。

七年战争第一阶段的主要战场在欧洲大陆。弗里德里希二世充分利用反普鲁士各国政治、军事上的弱点和错误，先发制人，取得巨大胜利。英、法在北美和印度战场上双方互有胜负，尚未决出高低。英国辉格党中有一部分人不愿继续战争，而以皮特为首的另一部分人坚持扩大战争，统治集团内部意见分歧，致使英国在经济方面和海上具有的一定优势无法充分发挥出来，以取得决定性的胜利。

1757 年 3 月，克莱武（此时已为正式军官）攻占了法国在孟加拉的殖民地金德纳格尔。法国受此打击后，与孟加拉的"纳瓦布"（相当于总督，臣属于莫卧儿帝国）结盟，共同对付英国。1757年6月23日，在加尔各答以北三十余公里处的普拉西村附近，发生决战。克莱武因事先收买印军内奸，以极小代价取得胜利。孟加拉落入英国手中。但在北美，英国暂时失利，法国占得上风。1756年夏，法军攻占英国在安大略湖畔的要塞沃斯威果。1757年，它又占领英国在乔治湖畔的威廉·亨利要塞。在地中海，英国海军于1757年5月20日遭到一次严重失败，丢掉了地中海西部的战略要地梅诺卡岛。

英国海上成功：七年战争的第二阶段

1759年，战争进入第二阶段。在欧洲大陆，普鲁士因兵源枯竭，反普鲁士各国军队又在吸取经验教训，从而使普鲁士遭受一连串失败。俄军占领了奥得河畔的法兰克福东部的库勒尔斯多夫，对析林造成很大威胁。弗里德里希二世企图攻击俄军的后方。1759年8月12日，俄奥联军与普军在此进行了一次决战。有4.1万俄军和1.8万奥军投入这次战役，俄军统帅是萨尔季科夫。普军投

入的兵力是4.8万人。这是弗里德里希二世所遭受的一次最惨重失败，仅在六个小时内损失1.9万人，其中48%是他的老兵。溃退中，又有许多士兵逃跑，最后只剩下3000人。俄奥联军损失1.5万人。

1760年11月13日，在萨克逊的托尔高，普、奥发生决战。参战的普军为4.4万人，奥军为6.5万人。这次可算是弗里德里希二世所取得的最后一次胜利，但代价甚高，双方伤亡比例接近1：1。普军已成强弩之末。同年，俄军一度占领柏林。至1761年，弗里德里希二世穷于应付，疲于奔命。将近10万奥、俄军队驻扎在西里西亚，弗里德里希二世被赶出波兰，丧失一半西里西亚。奥、俄军队并不断在萨克逊取得进展。

至1762年上半年，弗里德里希二世的处境十分险恶。敌军大量入境，内部兵源枯竭。1761年10月皮特去职，接任的彪特首相改行亲法政策，普鲁士又失去英镑支持。弗里德里希二世在给他的兄弟亨利亲王的一封信中写道："如果和我们的愿望相违，谁也不来帮助我们，那么我直截了当地对你讲，我看不出有任何拖延或

者防止我们的灭亡的可能性。"

反普鲁士联盟各国的矛盾，特别是俄国的突然变化挽救了弗里德里希二世。1762 年 1 月 5 日，俄国女皇叶丽萨维塔·彼得罗芙娜逝世，彼得·费多罗维奇继位，称彼得三世。彼得三世是弗里德里希二世的热烈崇拜者，因而在 5 月 5 日普、俄即签订和约。彼得还表示愿意援助弗里德里希二世，部分俄军奉命与普军联合，共同对付奥地利。经彼得调停撮合，5 月 22 日瑞典与普鲁士签订和约。1762 年 6 月，彼得三世被废，新继位的女皇叶卡捷琳娜二世虽停止了极端亲普鲁士的作法，也未向弗里德里希二世重新开战。实际上，俄国退出了战争，普鲁士的东方战线安全了。对此，弗里德里希二世高兴地喊道："谢天谢地，我们的后方自由了!"弗里德里希二世利用这种有利形势，把奥军赶出了西里西亚和萨克逊。

战争爆发后不久，威廉·皮特任英国陆军大臣，在整个战争期间几乎成为政府的实际领袖。他建立个人权威，集中财权、军权和政权于一身。他在军队中打破惯例，蔑视胆小无能的布雷多克将军、舰队司令宾，大胆重用有才干、勇敢无畏的阿墨斯特和

沃尔夫将军，豪和福布斯勋爵，桑德斯和罗德尼等将领。他把英国的强盛和海上霸权看得高于一切，决心与法国进行第一次世界性较量。他充分发挥了英国在经济方面和海上的潜在优势。利用补助金雇佣弗里德里希二世缠住法国，让英国尽量摆脱欧洲大陆上的战争。他充分利用法国主要力量陷于欧洲大陆战场的有利时机，集中力量于海上和殖民地，特别是北美，力争消灭法国海上实力和夺取殖民地。皮特的战略思想和果断措施为英国赢得了胜利。

1759 年，法国曾计划从海上入侵英国。为此，法国地中海舰队奉命去与法国西海岸布勒斯特处的大西洋舰队汇合。在北上途中，于 8 月 19 日在葡萄牙海岸外的拉古什被英海军击溃。11 月 20 日，法国的大西洋舰队从布勒斯特出海，在法国西海岸的奎伯隆湾遭英国舰队毁灭性打击。法国海军主力丧失，对法国在北美和印度的战争产生了极为不利的影响。

从 1758 年起，皮特即开始调兵遣将，集中力量于北美，以夺取法属加拿大和路易斯安那。英军增加到 5 万，法军只 1 万人。是

年 7 月，英军攻占路易斯堡，不久又攻下了杜肯堡，并以威廉·皮特的名字改名为匹兹堡，打开了从陆上进军加拿大的通路。1759 年 6 月，英国一支陆军和一支强大舰队开始围攻魁北克。英、法军队在此进行了三个月的拉锯战。法国守军在不能获得母国支援的情况下，只好采取防御战略，在正面部署较强炮火。9 月 12 日夜，英军在其主将沃尔夫率领下，在弗仑湾（今已改名为沃尔夫湾）大胆偷袭成功，进入魁北克后方亚伯拉罕平原，迫使法军决战。9 月 13 日，英、法两军决战于亚伯拉罕平原。法军终因军令不统一，战术错误而失败。9 月 17 日，英军占领魁北克。后经一年多的争夺战，加拿大全境皆为英军所占。

在印度，1760 年英、法军队在马德拉斯与本地治里之间的温德瓦西发生激战。结果法军战败，退守本地治里。英军从海、陆两面进行封锁，法军孤立无援，被迫投降。到 1761 年，英军在印度亦处于绝对优势。至此，英国在殖民地和海上的决定性胜利已成定局。

1762 年，西班牙和葡萄牙曾分别站在法国和英国方面参战，但并未对战争的进程和结局产生任何重大影响。

《巴黎和约》

1759 年，英法之间已开始试探和平谈判。因英国条件过于苛刻和双方盟友的强烈反对，谈判归于失败。这次和谈暴露和加深了各国盟国之间的矛盾。到 1762 年下半年，战争双方均发生重大变化。英国已基本达到削弱法国、扩大自己殖民地的目的。皮特辞职后，英国便抛弃了普鲁士。法国已无力挽回败局。俄国事实上已退出战争。俄国的背叛动摇了奥地利的信心。交战各国都已出现从战争转向和平的倾向。英、法于 1762 年下半年重开和谈。10 月 23 日，普鲁士与法国签订初步和约。11 月 11 日，英法促成了普奥之间停战。经过谈判，签订了两个和约，全面结束战争。1763 年 2 月 10 日，以英国、葡萄牙为一方，以法国、西班牙为另一方签订巴黎和约。1763 年 2 月 15 日，以普鲁士为一方，以奥地利、萨克逊为另一方签订胡贝尔茨堡和约。

根据胡贝尔茨堡和约，普鲁士重新获得西里西亚。根据巴黎和约，英国从法国手里夺取了加拿大、密西西比河以东的路易斯安那（新奥尔良除外）和俄亥俄河流域的全部土地；法国仅保留大西洋东岸的两个岛屿，即圣皮埃尔岛和密克隆岛，且只准作捕鱼基地，不得设防。法国在西印度群岛中的几个岛屿割给英国。英国则同意把战时夺取的瓜德罗普岛归还法国。英国还把战时夺取的哈瓦那和马尼拉归还西班牙，由西班牙把佛罗里达让给英国。为了补偿西班牙，法国又把密西西比河以西之路易斯安那和包括新奥尔良在内的密西西比河三角洲割给自己盟友，并付给它一笔赔偿金。在非洲，法国把塞内加尔给了英国。在印度，法国几乎丧失了它的全部领地，仅保留本地治里、开利开尔、亚南、昌德纳戈尔及马埃五个城市，并且只准作通商之用，不得设防，要拆除一切城防设施。

七年战争和《巴黎和约》对欧洲历史进程产生了重大影响。

法国在战争中不仅一无所获，而且大伤元气。它失去了大片殖民地和海上优势。英、法之间近百年争夺海上霸权的斗争以法国失败告终。法国在战争中的失败使其国际地位大大下降。从而结束了三十年战争以来法国的欧洲霸主的地位。七年战争及其后果也加剧了国内阶级矛盾和专制制

度的危机。

奥地利在战争中被削弱，国际地位亦下降，随后在国内不得不进行改革。

普鲁士虽遭到重大损失，并未被各国打垮，并且保住了西里西亚。普鲁士地位提高了，已跻身于欧洲强国之列。这为普鲁士统一德意志奠定了初步基础，也使整个欧洲形势进一步复杂化。

俄国在战争中并未遭受重大损失。在欧洲大陆主要国家力量减弱的情况下，俄国力量却相对有所增强。这就为今后俄国进一步干涉欧洲事务提供了条件。

在整个欧洲大陆，由于法国霸权的衰落，又出现了新的均势。一方面，在中欧和东欧，俄普奥三国开始取代法国的影响和地位。七年战争结束后不久，1772年瓜分波兰就是在没有法国参加下发生的。另一方面，则是俄国开始建立中欧和东欧这一地区的霸权。首先是普鲁士为了对抗奥地利，不得不更多地依靠俄国，"它愈多地摆脱德意志帝国的从属关系，则愈牢靠地陷入对俄国的从属地位"。

英国从战争中获得了巨大好处。当巴黎和约刚刚缔结时，当时的英国枢密院长约翰·卡特芮

特就说："这是英格兰亘古未有的最光荣的战争和最光荣的和平。"从此，英国夺得了海上霸权和更多的殖民地。"正是那个时候，才奠定了现时的这个东方不列颠帝国的基础。"殖民地的财富，特别是印度的财富源源流向英国。海上霸权和殖民地的财富加速了英国的工业革命，使它成了 19 世纪最强大的工业国和"世界工场。"

大盐平八郎起义

大盐平八郎起义是日本 19 世纪 30 年代最大的一次市民反封建武装起义。这次起义发生在"天下（日本）财政中心"的大阪市，由幕府官吏发动和领导，对统治阶级震动很大。它沉重地打击了德川幕府的封建统治，加深了德川幕府的政治危机，影响深远，在日本历史上占有重要地位。

大盐平八郎 1793 年（宽政五年）正月 22 日出生在日本大阪市天满区的一个下级武士家庭。他七岁丧父，八岁丧母，由祖父大盐成余抚养成人。其祖父是大阪市东"町奉行"所的"与力"，大盐平八郎十四岁继承祖父之业，做大阪东"町奉行"所的见习"与力"。开始了他的警官生涯。

大盐平八郎任警职期间，忠于职守，秉公断案。他为维护封建秩序，巩固封建统治，曾不畏风险地处理过三大重要案件，即 1827 年逮捕天主教徒案；1829 年惩办贪赃枉法的衙役案；1830 年惩处伤风败俗的僧侣案，建立了被封建统治阶级称颂的所谓"大盐三大功绩"。这样一个忠实维护封建统治的卫道士，之所以发动和领导大阪市民进行反封建武装起义，有其深刻的社会历史背景。

大盐平八郎所处的时代，是日本历史上最后一个封建政权——德川幕府统治的晚期。当时，社会矛盾复杂尖锐，德川幕府政治、经济危机四伏，主要表现在以下三个方面：

1. 商人聚集财富，幕府财政恐慌。

日本进入 18 世纪后，商品货币经济获得了前所未有的发展。随着商品经济的发展，社会阶级结构逐步发生变化，出现了一个靠经营手工业工场、放高利贷或出租土地发财致富的豪农豪商阶层。到 18 世纪中叶，全国百万富翁就有 70 家。国家的主要财富集中在大商人手里。有"大阪富豪一怒，天下诸侯惊惧"的说法。

2. 封建等级制度紊乱，中下级武士对幕府和商人日益不满。

日本封建统治阶级把社会划分为士（武士）、农（农民）、工（手工业者）、商（商人）四个等级，规定占人口不到10%的"士"为"四民之首"。士属于统治阶级，一般说来是包括将军、大名直至士卒的，但通常所说的武士，则仅指将军、大名之下的士。农、工、商是被统治阶级。士这一当权的封建领主阶级内部，又以幕府将军为首，划分许多等级。将军之下有诸侯。诸侯称为"大名"，割据一方，其领地称"藩国"。幕府末期日本约有260～270个大名。大名之下有家臣藩士，家臣之下又有家臣，直到士卒。德川幕府以它规定的土地收获量来计算领地的多寡。在幕府末期，中级武士年平均收入为100石，大致相当于一个富农的收入；全体武士的平均收入，则在35石以下，与一般农民的生活水平差不多；下级武士的经济收入，往往比一般农民还不如。随着幕府和各藩的财政经济恐慌不断加剧，大名不得不大量削减武士的俸禄。中下级武士的生活，费用不断增加，而其俸禄却有减无增，日子越来越不好过。为了弄到钱，武

士们经常向商人借债，甚至典当武器，出卖武士身份，或采取通婚、当养子等方式与商人拉关系、攀亲戚。武士对商人的依赖，如当时人所记载："今世诸侯无论大小皆垂首强求于商人，依靠江户、京都、大阪以及其他各地的富商，以其资济来维持生活。"对农民、手工业者和商人具有"格杀勿论"特权的武士，现在竟沦为依靠商人资济来度日，并且每况愈下，不断破产，这使他们对幕府和商人十分不满，甚至达到"恨主如仇"的程度。

3. 国内阶级矛盾空前尖锐，人民反封建斗争此伏彼起。

德川幕府对农民的统治是十分残酷的。认为"农民和芝麻一样，越榨越出油"，甚至公然说"把农民弄得不死不活，是政治的秘诀"。特别是随着幕府财政困难日益加深，而变本加厉地压榨广

日本京都浴堂洗澡画面

古代日本人制作的辟邪物

大农民，使农民负担越来越重。农民生活的状况正如地主田中邱偶在《民间省要》中所描写的那样："所谓农民，是和牛马一样的，他们受着荷重赋税的压迫……以致丧失财产出卖妻子，或受辱而死者不可胜数。"日本人民的悲惨处境，使他们与封建统治阶级的矛盾日趋激化，反抗斗争此伏彼起，逐年增加，据统计，1830年日本全国共发生农民起义23起，而到了大盐平八郎起义前一年，即1836年，农民起义多达98起。不仅农民与幕府的矛盾十分尖锐，幕府与商人、武士及各藩的矛盾也越来越大。国内阶级矛盾激化，为大盐平八郎发动人民，进行反封建武装起义提供了有利条件。

导致大盐平八郎起义的直接原因，是发生在天保年间（1830~1844年）的大饥馑和引起米价飞涨的幕府暴政。

大盐平八郎于1830年辞去警官职务，专事教育与著述。从1816年起大盐平八郎就在家开设私塾，教同僚子弟文武两道。1825年他将家塾命名为"洗心洞"，向门生弟子们讲授"阳明理学"。阳明学派，是中国明代王阳明创立的学派，以"致良知"和"知行合一"为主旨。明末清初，阳明理学传到日本，发展成日本的一个重要学派。大盐平八郎发挥了阳明学中的"知行合一"观，他比阳明学的主张更重视实行，不仅要重视自己的道德修养，而且还要把这种道德修养加以推行，使自己和社会上的人们都来执行。他的这些理论和思想，从积极方面说，使他不断追求自身的道德完善，因而富有同情心。有一次新年时节，当他身着新衣，享用佳肴时，不禁想起挣扎在冻饿死亡线上的穷苦百姓，写下了"着得新衣祝新年，羹饼味浓易下咽。忽思城中多菜色，一身温饱愧于天"的诗句。对穷苦百姓的同情和要用行动改变贫苦百姓的悲惨处境的决心，为此后大盐平八郎发动和领导市民起义奠定了思想基础。而黑暗的政治和残酷的现实，更加速了他的思想转变。

大盐平八郎富有正义感，任警官时又能广泛接触到日本社会各个阶层。统治阶级的穷奢极欲和劳动人民的悲惨处境形成的鲜明对照，使他思想感情逐渐发生变化，对封建统治阶级失去信心，对被压迫人民深表同情。他曾多次走访过农村，写下不少同情农民的诗文。"苹花蒲剑战风开，可知依然租税催。蚕虫鸣草声尤切，似诉农人荒耗哀。"有一次当他看到因暴雨所致，作物腐坏，哀声遍村，而统治阶级对此却不闻不问时，愤然写道："田混池沟稻腐坏，村村拱手只空哀。莲虽君子无情甚，出水红颜一笑开。"

1830 年，开始了天保大饥馑。据统计，在整个德川时代，共发生灾荒 130 次，大饥馑 21 次，其中著名的特大饥馑共有 3 次。天保大饥馑就发生在大盐平八郎辞职后的 1830 ~ 1836 年。灾荒年间，粮食收成锐减，1836 年收获量只相当于一般年景的 42%。1836 ~ 1837 年的两年间，饿死人达 5.6 万之多，甚至出现人吃人的现象。据史料记载：当时如作半日之旅，则见路旁死骸，官吏不加收埋，犬鸟争食，臭气刺鼻。大阪也同全国一样，惨不忍睹："今日在大阪求生者，稍有不顺，沦为乞丐者，一日达 40 ~ 400 人之多。特别是隆冬季节，寒气袭人，虽至春日，每遇寒雪袭击，冻饿而亡者，每日达 30 ~ 40 人。自去冬至正月，死亡之人约四五千人。"整个饥馑年间饿死人数不计其数，仅津轻藩（现青森县）据说就饿死 4.5 万人以上。人民挣扎在死亡线上。

为帮助处于饥饿之中的穷人度过灾年，大盐平八郎四处奔走，向大阪的官商借钱救济灾民，均遭拒绝。富商们却趁荒年之机，囤积居奇，哄抬米价，牟取暴利。官府不仅不加制止，反而与奸商勾结，从中渔利，人民痛苦不堪。这使大盐平八郎进一步认识到，要解救饥民，就必须用武力推翻恶政，惩治奸商。他在起义檄文中说，"事至于此，忍无可忍，不得已敢以天下为己任，冒灭族之祸患"，遂决定进行武装起义。

大盐平八郎决定起义之后，便积极着手各项准备工作。1836 年 9 月，他开始在洗心洞教授炮术，购买硫黄、铅等军用材料，赶制火药、炮弹、大炮、炮车等武器弹药。除自制一门木制"百目筒"大炮外，还向东町警官由比万之助的父亲彦之进等，借了几门铁制百目筒大炮，并准备了起义时用的旗帜、灯笼和草鞋等用品。

1837 年 1 月 8 日，大盐平八郎在洗心洞举行"义盟血誓"，正式成立了起义领导核心。参加义盟血誓的共有 60 人，其中下级武士 24 人，农民 17 人。起义领导者除大盐平八郎外，也有农村中的上层分子，如摄津国（现大阪府和兵库县一部分）东成郡般若寺村的村长桥本忠兵卫和摄津国守口村的富农兼典当业者白井孝右卫门等。他们参加策划起义，在经费上给予大力资助。

为了救济饥民和扩大起义队伍，1837 年 2 月 1 日，大盐平八郎以雇用工人填平宅内水池为名，将约定参加起义的四十余人聚集家中。同月，他还将自己珍藏的 5 万册书籍全部变卖，换金六百余两，并在 6 日至 8 日三天之内，按每户一朱，全部分给 1 万户穷苦百姓。分配范围主要是摄津国东成郡的 19 个村和河内茨田郡的 9 个村镇，总计约 54 个村镇。大盐平八郎此举的目的有二：其一是这些村镇多是大阪市的近郊农村，受大阪市贪官奸商们的欺压和盘剥厉害，生活尤为痛苦，较之偏远地区的农民更加痛恨大阪的贪官奸商；其二是这些地方距大阪市较近，起义一旦爆发，他们能迅速参加。

大盐平八郎的卖书费是由大阪的四家书店帮助散发的。大盐让他们散发时务必向领钱人说，如果你们一旦看见大阪天满区起火，便请速来大盐先生处，参加起义。可见，起义领导者对广泛动员群众参加起义是十分重视的。

为动员更多的人参加起义，大盐平八郎还印制了大量起义檄文。该檄文是大盐平八郎起义的纲领，也是号召人民参加起义的动员书。

起义檄文用汉文体日文写成，木版印刷。为了保密，在制版时，把原稿横行切断为五或六字一组，印刷时再重新组排，以防木刻匠人得知其内容。檄文印出后，装入中央写有"天降"字样的精制绢袋内，派人分头送往各地。檄文全文约 1800 字，其主要内容有以下几个方面：

1. 反对幕府统治。檄文开头明确指出：当今"四海穷困，天禄永终；小人治国，灾害并至；此盖往圣之深诚于后世人君人臣者也"。"天皇自足利家以来，如同隐居，久失赏罚之柄。"而今

"我等兴师问罪，不同于乱民之骚扰；既欲减轻各处年贡诸役，并欲中兴神武天皇之政道"。这里主张恢复天皇政权的目的是为了反对幕府统治。

2. 揭露贪官污吏腐败无能，鱼肉人民。檄文说："达官要人之间，贿赂公行，交相增纳。甚至不顾道德仁义，以内室裙带之缘，奔走钻营，得膺重任；于是，专求一人一家之私肥，课领内百姓以重金。"

3. 揭露贪官奸商相互勾结，趁荒年之机，哄抬米价，牟取暴利，不管人民之死活，过着荒淫无度的糜烂生活："职掌当地政务之府尹暨诸官吏，竟复与之（奸商）相互勾结；朝夕蝟聚堂岛，计议米价行情，而置下民于不顾。"在今连年灾荒，"际此民生艰难时节，彼辈依然锦衣玉食，游乐于优伶娟妓之间，一如往昔""或则山珍海味，妻妾围侍，或则……饮宴无度，一掷千金"。

4. 檄文以"奉天命，行天罚"为口号，号召人们不要坐忍此世道，应"起而诛戮此辈殃民官吏，并于骄奢已久之大阪富商，亦将一并加以诛戮"。

5. 要求各村民在起义时，应把村中记录年贡租役之账册全部烧毁。

6. 要求各村穷苦百姓，不问其路途远近，凡闻及大阪城中骚动一起，即火速前来参加起义，共分官商之金银财米。

檄文还要求人们："此文应即传达于各村，为使多数百姓皆能见及，应将此文张贴于热闹大村之神殿"，并告诫说："檄文在向各村传达时，如被往来于大阪间官吏所悉，在他们欲报告大阪奸人之时，应马上予以斩杀。"

大盐平八郎起义檄文是当时日本历次起义、暴动中，最明确、最具体地提出反对幕府暴政，诛杀贪官奸商，救济穷苦百姓的文件，也是目前仅存的研究大盐平八郎起义最有价值的史料。

大盐平八郎把起义时间定在1837年2月19日晚举行。他之所以将起义的时间定于该日，是因为他考虑到2月19日，大阪东町奉行迹部山城守良弼和新任的西町奉行堀伊贺守利坚将共同巡视大阪市，是发动起义的绝好机会。可是，在起义之前，内部出了叛徒。2月17日夜，大盐平八郎的弟子平山助次郎向东町奉行告密，由于大盐平八郎曾为维护封建秩序出过不少力，此经历使町奉行上下均不相信告密者的话，未采取行动。翌日，参加过起义准备工作，详知起义计划的吉见九郎右卫门又叛变，并让其子英太郎和河合八十次郎向西町奉行告密。由于告密者还提供了起义檄文为证据，官府立即着手逮捕起义人员。2月19日凌晨，险些被捕的濑田济之助逃至洗心洞，向大盐平八郎报告了起义计划已被叛徒告密。大盐平八郎深知情况紧急，刻不容缓，决定立即举行起义。

19日上午8时左右，大盐平八郎稍做部署之后，便下达了起义命令。起义军首先火烧大盐平八郎住宅，以此向四周发出起义信号，并表示百折不回，血战到底的决心。

起义军打着写有"救民"字样的旗帜，兵分三路向前挺进。第一路为中军，由大盐平八郎亲自统率；第二路为前锋，由其养子大盐格之助同大井正一郎统率；第三路为后队，由濑田济之助率领。300名起义者猛烈进攻，中午时，在大阪市民的积极支持下顺利地渡过难波桥，进入船场。船场是大阪最热闹的经济中心，众多贪官奸商居住于此，是起义军攻击的主要目标。

起义军到达船场时，大阪近郊区的般若寺村、守口町、贝胁村、三番村、北寺方村、稗岛村、善源寺村和上江村等地的农民，纷纷前来参加，起义队伍不断壮大。此时，大盐平八郎把起义军改分为两队，一队仍由他指挥，向高丽桥街方向进攻；另一队由大盐格之助指挥，向今桥街进攻。起义者在进军途中，或发炮，或放火，袭击富豪，捣毁米店，将所得财物、米谷分发给贫苦民众。沿途也有农民、市民甚至"贱民"参加。

起义军的猛烈攻击，使大阪贪官奸商胆战心惊。他们急忙四处调兵遣将，前来镇压起义队伍。下午两点多，起义军遭到幕府军的袭击，东西两町奉行的兵力亦出动，起义者陷入困境。到下午四点左右，起义者虽经浴血奋战，终因寡不敌众而溃败，大盐平八郎被迫隐藏起来。在油挂町美吉屋五郎兵卫家潜伏时，因有人告密，于3月27日遭到官军包围。他与大盐格之助不甘被捕受辱，引火自焚而死。

大盐平八郎起义虽然在当天即被镇压下去了，但它沉重地打击了贪官奸商。加起义者仅从巨商鸿池屋庄兵卫一家就夺取黄金

4万两。起义军除用枪、炮等武器进攻外，还采取了火攻的方式。火烧范围，在天满区方面，从川崎至堰川；在船场、上町方面，从东边的弓町至西边的中桥，从北边的大川至南边的内本町，均成为一片火海。烧毁房屋总计3389所，其中库房230处。火烧街道总计112条，占当时街道总数近1/5。熊熊大火一直燃烧到20日晚才被扑灭。

英缅战争

19世纪20至80年代之间，英国殖民统治者在印度站稳了脚跟之后，便把继续侵略扩张的矛头指向缅甸，公然发动了三次侵缅战争，第三次是1824年~1826年，第二次是1852年，第三次是

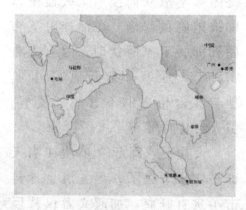

安定的据点

1885年，把整个缅甸变为自己的殖民地。

缅甸是中南半岛上最大的国家，其领土面积约为67万平方公里。缅甸的地势是南低北高，伊洛瓦底江贯通其境内南北，其下游地区则是土质肥沃的冲积平原，盛产粮食。其中游以蒲甘、曼德勒为中心的地区，自蒲甘王朝以来就一直是古代缅甸的政治中心。它的西部，南北纵行的阿拉干山脉，把阿拉干地区与缅甸中部地区相隔开。北部大部分地区绵亘着山岭和高原。东北部是呈三角状的广阔的掸邦高原（因大多居民为掸族而得名）。

缅甸国土上，不仅动植物种类繁多，而且其矿产资源丰富，地下蕴藏着大量的金、银、铜、锡、铅、锌和宝石等。其森林资源中，尤以柚木最为珍贵，英缅第三次战争的导火线就是由英国商人逃税偷运缅甸的柚木而引起的所谓"柚木案"。

英国殖民者入侵之前，缅甸人口约400万。其中，缅族是该国家的主体民族，少数民族主要有掸族、若开族、克伦族、克钦族、钦族和孟族等。

1782~1819年，正值缅甸雍籍牙王朝封建专制统治盛极之时，

其对外战争不断升级，曾先后多次出兵侵略暹罗（今泰国）和老挝等国。当时，缅甸西北部和北部边界已扩展到今天印度的曼尼坡，东部及其东北部与中国接壤，东南部与暹罗交界。

从17世纪40年代起，英国与荷兰殖民者在缅甸沿海地区就已经开始进行激烈的争夺。1756～1763年间，英、法两国经过七年战争，英国最后战胜法国。根据1763年的巴黎和约，英国取得了对北美殖民地和印度的控制权，巩固了自己的海上霸权地位。1773年，英国在加尔各答任命了印度总督，以加强对印度的殖民统治，并把印度变为它扩大对亚洲国家侵略的基地。

英军捣毁仰光的一个主要监狱

1785年，缅甸国王孟陨（1782～1819年）把独立的阿拉干王国并入缅甸版图。这样，缅甸与英属印度之间有了共同的边界。

1794年以后，许多阿拉干人陆续逃往英属印度领地。英国殖民者抓住这一机会，唆使这些移民以英属印度为基地，不断对阿拉干进行武装袭击。当缅甸军队追击入侵的敌人之时，英国殖民者又应允其退守英属印度领地。使缅甸与英印边境关系恶化。

自1795～1814年间，英国通过东印度公司六次派遣使者前往缅甸，企图使缅甸统治者签订不平等条约。结果，都未能如愿以偿，但是，这些使者也并非一无所获，空手而归。他们利用出使缅甸之机，深入了解缅甸社会各方面的情况，积极为英国对缅甸的殖民扩张出谋划策。1795年，曾出使过缅甸的使者迈克尔·西姆施向英国殖民当局提出："缅甸帝国内被称为'勃固'的地区（今缅甸的南部）对英属印度的重要性是与三个明确的目标相联系的。"这三个目标就是：一、取得缅甸的柚木供应，用以造船，如果没有柚木，在印度的英国海军只能以很有限的规模存在；二、把英国的产品大量输入缅甸；三、防止英国以外的国家控制缅甸。

1815年，英国在欧洲的地位

随着拿破仑战争的结束而得以进一步的加强与巩固。英国可以集中精力扩大并巩固其在亚洲的侵略与统治。1819 年，英国殖民者侵占了新加坡。1824 年，英、荷两国签订了他们在东南亚划分势力范围的协定。英国占领了马六甲，取得了对马来西亚的控制权。

英国在侵略征服南亚以及东南亚地区的同时，早已经把缅甸作为其向外扩张的目标。其主要的原因在于缅甸的重要战略地位。缅甸位于中印两国之间，又横亘于英属印度和马来半岛的英属殖民地中间。这对英国来说，控制了缅甸，不但对其巩固英属印度有利，而且还可以把英国在东部地区的殖民地联系起来，甚至还可以打开入侵中国的门户。就是在这样的历史背景下，爆发了英缅战争。

第一次英缅战争

英国殖民者在诱使缅甸缔结不平等条约的幻想破灭后，不但没有放弃其对缅甸进行殖民扩张的野心，而是加紧步伐，继续在阿拉干、曼尼坡和阿萨姆等地区制造事端，恶化边境形势，为侵略战争做准备。1814 年，阿萨姆发生内乱，阿萨姆一些大臣向缅甸政府求援，缅军应邀于 1819 年进入阿萨姆，帮助原王公恢复了权力。随后，不少阿萨姆人逃往英属印度领地，英国殖民者便唆使他们进攻阿萨姆。1822 年，缅甸政府派班都拉将军率领军队进入阿萨姆地区，抵御来自英属印度的入侵。1813 年，缅甸军队乘曼尼坡发生王位之争，应王子马其新之求援，出兵曼尼坡，立马其新为王。1819 年，缅甸政府以马其新没出席缅王孟既（1819～1837 年）的登基典礼为由出兵进入曼尼坡。马其新被迫率数千人逃到邻邦卡恰尔，与缅军作战。卡恰尔国王则逃到英属印度，向英国政府求援，英国乘机公开宣布卡恰尔为自己的保护国。缅甸政府对其声明不予理睬，1824 年 1 月，英、缅军队在卡恰尔附近发生了直接冲突。1823 年 2 月，英国殖民当局派出军队占领了有争议的内夫河口的刷浦黎岛，竖起英国国旗。该年的 9 月 23 日午夜，缅甸出动一千余人的兵力，出其不意地进行反攻，夺回该岛。不久，缅军撤回，英军再次占领该岛。

1824 年 3 月 5 日，英印殖民当局以缅甸威胁英属印度的安全为借口，声称，由于缅甸方面"进攻和杀害我们在刷浦黎的守军"，"实际上使两国已经处于交战状态"，对缅甸发动了第一次侵略战争。

1824 年 3 月 5 日，英军兵分三路，全面入侵缅甸。第一路沿布拉马普得拉河进入北方的阿萨姆地区，第二路进攻西南部的阿拉干地区，第三路从海上进攻缅甸南部。

战争首先在阿萨姆打响。3 月 13 日，英国军队沿着布拉马普得拉河进犯阿萨姆，沿途散发了"致阿萨姆人宣言"，把入侵阿萨姆的行径说成是对阿萨姆人的"援助"，目的是要把"缅甸人驱逐出去，建立一个符合阿萨姆人需要的，促进各阶级幸福的政府"。缅甸军队则以阿萨姆首府朗普尔为基地，顽强地抵抗英军的入侵。1825 年 1 月，经过充分的准备，英军对朗普尔发起了猛烈的攻击。缅军在条件极其不利的形势下，顽强抵抗，浴血奋战，击毙众多英军，并伤英军将领理查兹。英军付出沉重代价后，攻占了朗普尔，控制了阿萨姆，取得了这一战场上的胜利。

在阿拉干战场上，缅甸军队在班都拉将军的指挥下，主动出击入侵的敌人。1824 年 5 月初，班都拉率兵渡过缅印边境的内夫河，一举攻下英印吉大港地区的重镇，港口城市拉特纳帕兰。缅军乘胜出击，又攻占了距拉特纳帕兰以北二十多公里的重镇拉穆。

缅军攻占拉特纳帕兰和拉穆引起了孟加拉英国殖民当局的震惊，也引起加尔各答的震动，一些商人则携带家属和财产离开该城。于是，英印当局惟恐缅甸军队乘胜进攻吉大港，遂火速调集军队前去增援。但是，由于 5 月间，从海路进攻缅甸的英国军队攻占了仰光。班都拉的军队还未能进军吉大港就于 7 月间奉命赶往伊洛瓦底江流域抗击英军。

这样，阿拉干战场上的军事形势向着有利于英军的方面发展，于是，英军开始由守势转入进攻。1825 年 3 月，英军攻占了阿拉干首府末罗汉，随后占领了阿拉干全境。英军虽然在阿拉干取得了胜利，但是，由于遭到缅甸军民的顽强抵抗，加之水土不服，疾病流行，结果损失惨重，伤亡多达数千人。

第一次英缅战争的主战场在伊洛瓦底江流域。

1824 年 5 月 9 日，英国殖民者组建了一支由 66 艘战舰，运载着 1.1 万多名士兵的庞大海军舰队离开了安达曼群岛驶向缅甸南部沿海。当时，由于缅甸军队的主力集中在西部和西北部边界地区，南部沿海地区兵力空虚。这给英军以可乘之机。5月11日，英军将领坎贝尔指挥从安达曼群岛开来的英军在仰光登陆。但是，英军登陆之后，当即遇到了困难。他们发现仰光当地的居民撤离时已经带走了全部的粮食、牲畜等。留给敌人一座空城。结果正如一位英国史学家所描述的那样，英军这次登陆，"断粮绝饷，失却联络，不久雨季开始，英军自陷泥足，困守仰光，日间不能进攻，入晚又须防御缅军之偷袭，枕戈待旦，苦不堪言"，处境狼狈。由于缅甸军民奋起反抗侵略者，加上疫病流行，又值雨季，英国军队损伤惨重，一万多人中，能够参战者只有4000人，其中3/4的人是印度兵，能作战的英军官兵仅有一千多人。

英国侵略军占领了仰光、勃固、马都八等海岸城市，可以沿伊洛瓦底江而上，从南面直接威胁着缅甸的中心地区。缅甸政府急忙在调集首都阿瓦的兵力围攻仰光的英军同时，下令班都拉率主力部队回师南下。班都拉接到命令，立刻率领6万大军，冒着大雨与酷热，翻越阿拉干山脉，

于1824年11月赶回到仰光前线。

12月1日，班都拉率领缅军向驻守在仰光瑞大光宝塔附近的英军发起总攻。由于英、缅双方军事装备的差异：英军武器精良，缅军武器装备落后，当时所使用的最好的武器也只不过是18世纪的滑膛枪。英军以逸待劳，缅军则长途跋涉，疲惫不堪。另外，英国增援部队陆续抵达缅甸南部地区。因此，缅军几次发起进攻均为英军所败，伤亡较大，造成军事上的失利。仰光之役，缅军伤亡人数5000多人。而英军只损失了不到400人。激战一周后，班都拉率领7000多名士兵撤往仰光西北方的达柳漂，掘壕固守。

1825年3月，英国主力军队沿着伊洛瓦底江大举北上，准备进攻达柳漂。班都拉将军亲临前线指挥作战，曾在班瓦战役中击退入侵的英军。英军将领科顿写信给班都拉，要他率兵投降。班都拉在回信中义正辞严地说："你会看到，我将坚定地保卫我的祖国。如果你作为朋友而来，我让你参观达柳漂；但是，如果你作为敌人而来，那就来吧！"

科顿劝降失败后，当即率部向缅军驻守的塔豫堡发起进攻，结果被缅军击败，损伤惨重。3月

25 日，英国将领坎贝尔率增援部队赶到，稍加修整后，于 4 月 1 日向缅军驻地发起大规模的进攻，班都拉在战斗中中弹身亡，使缅军受到很大的损失。缅军失去总指挥，犹如群龙无首，陷入混乱之中，英军随即击溃缅军，占领达柳漂，并继续北上，于 4 月 3 日攻占卑谬。因雨季来临，才使英军未能继续北上。

班都拉之死以及英国侵略势力继续向缅甸腹地渗透，极大地震撼了缅甸封建王朝。然而，上层统治集团内部并没有形成统一的意见：一些官员主张同英军战斗到底，一些官员则主张同英军议和。缅王接受了议和派的建议，于 1825 年 9 月派代表同英方谈判，谈判中，英国提出要缅甸割让阿拉干等地，赔款 200 万英镑的苛刻条件。缅甸拒绝了英方提出的条件。由于谈判失败，缅甸政府在 10 月，重新组织了一万多人的部队向集结在卑谬的英军展开猛烈的反攻，开始曾给敌军以有力的打击，但是，随后，英国大批援军赶到，英军力量得以加强，缅军反攻失败。

1826 年 2 月，英军长驱直入，占领了蒲甘，推进到距缅甸首都阿瓦不远的延达波。缅甸封建王朝在英国入侵的紧要关头，丧失了继续抵抗英军的勇气与信心，又一次派出代表前往延达波与英国人进行谈判，无条件地接受了英国提出的所有要求，于 1826 年 2 月 24 日正式签订了《延达波条约》。

《延达波条约》共有 11 款。其主要内容是：1. 缅甸政府放弃对阿萨姆及其邻国的要求，今后不得干预他们的事务；承认曼尼坡原来统治者的地位。2. 缅甸国王要把阿拉干和丹那沙林割让给英国。3. 缅甸政府向英国赔款 1000 万卢比，分四次还清。4. 英国政府可以派出使臣驻缅甸首都；使臣可以拥有一支 50 人的卫队。5. 英国船只可以自由进入缅甸港口，商船免税。

延达波条约的签订，标志着长达两年之久的第一次英缅战争的结束。这次战争是英国殖民当局在缅甸威胁英属印度的安全的借口下发动的侵略战争。他们虽然取得了胜利，但是，在缅甸人民的打击下，伤亡惨重。侵缅的 4 万余英国官兵中，约有 1.5 万人葬身于战场，军费开支多达 1300 万英镑。战争给缅甸各族人民带来了巨大的灾难与不幸，因为战争是以英属印度为基地展开的，也给印度人民增加下沉重的负担。

第一次英缅战争对缅甸的社会历史发展产生了巨大的影响。首先，这场战争中断了缅甸封建专制王朝独立发展的进程。其次，把独立的缅甸变成了半殖民地半封建的社会。再次，缅甸领土的割让不但使得缅甸的领土与主权受到侵害，而且给英国以进一步扩大殖民领地奠定了基础。第四，英国船只可以自由进入缅甸港口，带来了大量西方商品，商品经济的渗透使缅甸自给自足的封建经济直接受到资本主义的冲击。第五，缅甸王朝为了支付巨额赔款，加重了对人民的盘剥，从而使缅甸国内阶级矛盾加深。

第二次英缅战争

第一次英缅战争结束后，英国殖民当局，贪得无厌，得寸进尺，不但没有满足于割地和赔款，而且是企图获得更大的权益。

1826年9月，英印殖民当局派特使约翰·克劳福德前往缅甸首府阿瓦进行有关商约缔结的谈判。谈判期间，双方至少进行了13次会谈，共三个月，但是，没有得到实质性的进展。英国并没有动摇缅王对外贸易的垄断权。

1830年，英印总督本迪克（1828～1835年）派亨利·伯尼出任驻缅使节。他来到缅都阿瓦后，继续就有关商约缔结问题同缅甸政府进行会谈，无果而终，1837年回到印度。

伯尼在驻缅期间虽然在商约缔结方面无所获，但是，在此期间，他在缅甸上层社会中积极活动，1830年就取得了与缅甸政府官员一起去宫廷出席缅王早朝的权利。他正是利用这一特殊的身份和有利的条件，暗中了解和掌握了缅甸统治集团上层的大量情况。组织间谍活动。这些为英国殖民主义势力进一步在缅甸扩张提供了各方面的情报。

英国的入侵，激起缅甸各族人民的反抗。1830～1836年期间，丹那沙林、阿拉干等地都爆发了人民反抗英国侵略的起义。英国殖民者以丹那沙林为基地、不断向勃固地区渗透，也激起缅甸政府中爱国官员的强烈不满。在广大缅甸人民反抗英国人统治的思想情绪的影响下，缅王孟坑（1837～1846年）继位之后，宣布延达波条约无效，拒绝就缔结新的商约同英印殖民当局进行谈判。

1840年，英国东印度公司驻缅都代表理查德·本逊离开缅甸。他回到加尔各答后，叫嚣只有诉诸武力才能使缅甸政府屈从。但

世界通史

最新整理图文珍藏版

是，英国当时正在进行侵略阿富汗的战争，同沙俄进行争夺，又发动侵略中国的鸦片战争，一时尚无力对缅甸发动新的侵略。

1846年，缅王蒲甘（1846～1853年）继位后，任命吴屋为仰光总督。吴屋面对英国商人在仰光港口肆无忌惮，无视缅甸的规章制度，进行各种违法活动，遂采取措施，治理港口混乱不堪的局面。正当英国殖民者对缅甸虎视眈眈时，仰光港口接连发生几起事件，成为英国殖民者发动第二次英缅战争的借口。

1851年6月，英国船只"君主号"船长谢泼德在仰光港把一名引水员抛入大海淹死。8月，英国船只"挑战者号"的船长又在港口杀死一名船员。仰光总督吴屋按照缅甸的习惯法逮捕了他们，并处以罚款，他们拒绝交付罚金，被监禁起来，在被迫交纳了100英镑后，才获得释放。另一方面，当时的英国已在其本土上完成了产业革命，基本上完成了对印度殖民地的控制。在这种形势下，英国政府借口缅甸"虐待英商"发动了第二次侵缅战争。

1851年11月17日，印度总督大贺胥派遣东印度公司代理海军总司令兰伯特准将率六艘战舰开赴缅甸，要求缅甸政府撤换仰光总督吴屋，并向受罚的二位英国船长赔礼道歉，还要赔款1000英镑，并承担兰伯特舰队从印度到仰光所耗费用。屈于英国这种压力，缅甸政府同意撤换总督吴屋的职务，任命吴蒙为新总督。接受了赔款的要求，以平息事端。然而，兰伯特蓄意制造事端，使事态扩大，他公然派出军人和牧师，不顾外交礼仪及缅甸当时的制度，骑马擅自闯入总督吴蒙的私人住宅，并同总督的警卫人员发生争执。在这种情况下，总督吴蒙避而不见英方人员。于是，英国殖民者又借口缅甸人侮辱英方谈判代表。采取蛮横的行动，劫走了停靠在仰光港口的缅甸王船"水吕号"，并炮击仰光，对仰光实行海上封锁。

1852年2月18日，大贺胥向缅甸国王发出最后通牒。要求缅甸通过国王的大臣向闯入吴蒙宅邸的英国官员表示歉意；缅甸向英方赔款100万卢比，以赔偿英方因备战所耗资财；撤掉仰光总督吴蒙的职务，并限定缅甸政府于4月1日前做出答复。缅甸政府最后还是拒绝了英国殖民者的无理要求，但是，政府并没有像第一次英缅战争中那样，积极备战以抗击英国侵略者。4月1日，英国将领戈德温率军从丹那沙林向缅甸发起进攻。英军仅用了八个月的时间，侵占了下缅甸地区。随后，英国单方面宣布已吞并了下缅甸，宣称"勃固省现在已经成为，将来也永远是大英帝国在东方的领土的一部分。"事实上，侵略者在下缅甸的统治尚未稳固，不堪忍受英国殖民统治的缅甸各族人民，一方面反对缅甸封建王朝对英国侵略者抱有的幻想与妥协，另一方面同英国殖民者展开了顽强的斗争。斗争此起彼伏，英国殖民主义者用了五年的时间才控制了这一地区。1862年，英国殖民者在镇压下缅甸人民抗英斗争后，把阿拉干、丹那沙林、勃固三个地区合并起来，组成"英属缅甸"，加强对下缅甸地区的殖民统治。

第二次英缅战争与第一次英缅战争的不同之处在于：1. 英国殖民者在这次战争中毫不掩饰地暴露出他们贪婪，野蛮的本来面目。他们明明杀了缅甸的船员，还要缅甸政府向英国人赔礼道歉，交付罚款；他们不顾外交礼仪擅闯私人住宅，却说缅甸人侮辱其谈判代表……2. 缅甸封建统治者表现得十分软弱无力，未能组织

较大规模的抵抗，而始终对英国殖民主义者抱有幻想并一再妥协。这已表明了缅甸封建王朝已完全丧失能力，领导各族人民反抗外来入侵者的斗争。

第三次英缅战争

第二次英缅战争刚刚结束，马克思就指出，"没有尽头的缅甸战争的第三次爆发，看来有不可避免之势。"

英国殖民者并没有以取得下缅甸为满足。他们企图以下缅甸为基地，逐渐向上缅甸地区渗透，最后将上缅甸也纳入其殖民地范围。其真正的用意还不仅如此。一方面，英国殖民当局要实现对缅甸的全面控制，掠夺缅甸丰富的资源。另一方面，要通过上缅甸逐渐渗入中国的西南地区，打通侵略中国云南的通道。

因此，为了首先打开更加广阔的市场，1855年，英印政府派驻缅甸的总督亚瑟·潘尔曾亲自率领代表团访问上缅甸。代表团的成员各自肩负着特殊的使命。他们在上缅甸逗留长达两个月之久。虽然他们与缅甸政府没达成任何协议，但是，他们收集到了大量有关缅甸政府的政治、经济、交通、物产资源、气候等重要的情报。

缅甸政府自曼同（1853～1878年）登基时起就一直对英印殖民当局抱有幻想，指望通过谈判实现收回勃固等地的目的。缅王之弟加囊亲王在克里木战争期间曾建议趁机收复失地。曼同则拒绝出兵，甚至表示，"我不能在朋友的背后放暗箭"。1857年，因印度爆发了人民大起义，大批驻缅英军赶赴印度去镇压起义。有人再度提出乘机收复失地，曼同仍然拒绝出兵，并且说，"我不能乘人之危伤害朋友"。

1866年8月2日，因争夺王位，曼同的两个儿子在曼德勒发动政变，杀死了王储曼囊亲王，曼同也险些丧命。为了巩固其统治地位，曼同王急欲购进武器。驻下缅甸的英国殖民当局乘机表示，缅王可以通过他们购进武器，条件是必须先签订英缅贸易协定。缅王被迫与英方于1867年签订商约。商约规定，进一步降低过境商品税。税率为货物总值的5%左右。缅甸政府同意英国代表进驻八莫，为英国人通过八莫进入中国云南开展贸易提供方便。同时缅王还放弃了对柚木、石油和红宝石以外的所有商品的贸易垄断权。缅甸同意在缅甸的英国人有治外法权。英国方面答应，在英

国驻下缅甸总督事先同意的情况下，缅王可以获得所需的枪支、弹药。此后，英国政府经常插手缅甸内部事务，挑拨离间，制造是非，引起缅甸各族人民之间的隔阂与矛盾，从中渔利。甚至还煽动掸、克伦、克钦等族闹独立。曼同一直采取妥协让步的政策，但是，由于英国殖民者贪得无厌、言而无信，千方百计阻挠曼同王获得武器，因此，1875年后，英缅关系又趋紧张。

当时，正值世界上主要资本主义国家开始从自由资本主义向帝国主义过渡的时期。帝国列强都竭尽全力为扩大商品市场和工业原料产地而争夺殖民地和势力范围。

1883年，缅甸政府为了求得援助，派使者访问西欧诸国。当英国获悉缅甸使者在巴黎同法国代表谈判时，害怕法国势力渗透到缅甸，进行了公开的干涉。英国驻巴黎大使向法国声明："由于缅甸邻近英属印度及其与大英帝国的关系，缅甸同女王陛下政府的关系占有一个特殊的地位。有关缅甸的一切问题，女王陛下的政府都给予特别的关注。"英国驻法国大使还要求法国政府保证缅法协定只具有商业性质，英国殖

民主义者把缅甸视为它的势力范围，绝对不允许法国插手缅甸事务。这也是英国殖民者发动第三次英缅战争的主要原因之一。1885 年，发生的所谓"柚木案"成为英国发动这次战争的借口。

1885 年，英国刚结束对阿富汗战争，镇压了非洲祖鲁人的反抗。法国则正进行着侵略印度支那的战争。英国抓住这一有利的时机。借口缅甸政府对"柚木案"的判决是迫害英国商人，决定再次发动战争。原来，缅甸的柚木出口贸易一直垄断在缅王手中，英国公司要想从上缅甸运走柚木，必须依照有关规定向缅甸政府交纳一定的税款。然而，驻上缅甸专门从事柚木开采、转运业务的英资孟买缅甸贸易公司，为了牟取暴利，肆意进行偷税漏税活动。缅甸政府发现，这个公司在两年之内从上缅甸运出柚木共 8 万根，但是，该公司只申报 3 万根。于是，1885 年 8 月 20 日，缅甸政府作出向这家公司罚款 230 万卢比的决定，孟买缅甸公司不服判决，英属缅甸专员要求把这一案件交付印度总督仲裁。缅甸政府对这一无理要求予以拒绝。于是，英国殖民当局于 10 月 22 日正式向缅甸政府发出最后通牒，限定缅甸政府必须在 11 月 10 日之前作出明确的答复。通牒的主要内容是：1. 缅甸政府接受英印总督派遣特使裁决柚木案；2. 英国特使可以带一支由 1000 名士兵和 1 艘武装汽船组成的卫队进驻曼德勒；3. 缅甸政府必须为英国在缅甸领土上打开同中国的贸易提供方便；4. 缅甸的外交活动必须接受英印总督的监督。

1885 年 11 月 9 日，缅甸政府对英印当局的通牒作出答复：反对英方派遣特使来裁决"柚木案"，拒绝英国控制缅甸的外交。其他条件可以接受。实际上，英国政府并不在乎缅甸政府对最后通牒答复的好坏。他们已经做好了充分的侵略准备。所以，11 月 11 日，英印当局命普伦德加斯特将军率军向曼德勒进军，发动了第三次英缅战争。

缅甸政府既无实际能力抗击英国的入侵，也没有必要的思想与军事上的准备。11 月 14 日，装备精良的英军，共一万多人开始进入上缅甸。英军有备而来，他们入侵之前，已经绘制了伊洛瓦底江沿岸的要塞分布和地形图，侵略军对缅甸的军事部署情况了如指掌。因此侵略者在军事上比第二次英缅战争时占有更大的优势。对比之下，缅甸政府非但对英军入侵没有足够的心理与军事上的准备，而且，统治集团内部更缺乏统一的认识。正值英军大举北上之时，缅王锡袍却像往常一样与王后在宫中寻欢作乐，置国家安危于不顾。他的两个主要大臣金蕴敏纪和泰达敏纪，一个主战，一个主和，主和派金蕴敏纪暗中下令各地缅军不得抵抗英军。而主战的一方，并未采取任何实际行动，依然幻想英国侵略军只是试图以武力相胁，以迫使缅甸政府接受其最后通牒而已，不会大动干戈。

战争共进行了 14 天，英军未曾遇到多大的抵抗。缅甸以失败而告终。1886 年 1 月 1 日，印度总督达弗林宣布，上缅甸为英国的殖民地。

英国殖民者凭借强大的军事力量吞并了缅甸。他们的侵略，激起了缅甸各族人民的强烈反抗。英国殖民者陷入孤立的境地。从 1886 年到 1896 年，缅甸各族人民抗击英国的游击战争此起彼伏，规模浩大，给英国侵略者以有力的打击。缅甸人民的抗英斗争，牵制了大量的英军兵力。英国占领曼德勒后，曾调四万多兵力，耗用大量军费，花了十年的时间，

才把缅甸各族人民的反抗斗争镇压下去。缅甸各族人民规模浩大的反英斗争虽然缺乏统一而坚强的领导而最终失败，但是，它充分地表现了缅甸人民的高度爱国热情和英勇奋战的精神，显示出人民群众的巨大力量。

中国人民曾协助缅甸人民抗击英国侵略者。在第三次英缅战争中，云南地方官员曾派腾越都司、副将李文秀到缅甸了解战况。后来李文秀率部五百余人去缅甸参加抗英斗争，最后战死疆场。

缅甸人民经过几十年的艰苦斗争，直到 1948 年才最后摆脱英国的殖民统治，宣布独立。

克里木战争

克里木战争发生于 1853 ～ 1856 年，战争的一方是沙皇俄国，另一方是英国、法国、土耳其、撒丁王国组成的同盟。这次战争是由于沙皇俄国在争霸世界的道路上想鲸吞土耳其，同英法资产阶级的利益发生严重冲突而引起的。因其主要战场在克里木，所以又叫克里木战争。

1848 ～ 1849 年的欧洲革命，最终是被沙皇几十万军队的刺刀

镇压下去的。沙俄不仅是国际反动势力的主要堡垒，而且牢固地保持了世界宪兵的"荣誉"。沙皇尼古拉感到自己比以往任何时候都强大，他不仅是欧洲的主人，而且应当是世界的主人。他决定利用当前的地位和时机，实现他建立世界帝国的野心。在争霸世界的斗争中，沙俄一直把南下征服土耳其帝国、夺取近东和巴尔干作为头等战略目标。沙皇梦寐以求，要把土耳其首都君士坦丁堡变为"沙皇格勒"，打通黑海海峡，进而控制地中海。沙皇还力图通过对外战争来转移国内日益增强的不满。正如恩格斯所指出的："为了在国内实行专制统治，沙皇政府在国外应该是绝对不可战胜的；它必须不断地赢得胜利，它应该善于用沙文主义的胜利狂热，用征服愈来愈多的地方来奖赏自己臣民的无条件的忠顺。"（恩格斯：《俄国沙皇政府的对外政策》，《马克思恩格斯全集》第22卷，第44页）

英国和法国在中近东也有着巨大的殖民利益，特别对英国来说，这一地区是不列颠通往东方的枢纽，决不能容忍俄国控制黑海和地中海。还在1844年，沙皇亲去伦敦，企图就瓜分土耳其同英国达成协议，没有得到英国的支持。

50年代初，沙皇决定利用"圣地"问题的争执对土耳其采取行动。长期以来，天主教会和东正教会之间就耶路撒冷的基督圣地的管辖权问题发生争执。由于每个教派后面都掩藏着某种政治力量，这种"神圣的争吵"不过是列强之间争夺近东霸权的"卑鄙的战争"。（马克思：《宣战。——关于东方问题产生的历史》，《马克思恩格斯全集》等10卷，第187页）1852年8月，土耳其政府在法国政府的压力下，保证天主教徒对圣地的管辖权。沙皇以此为口实，指责土耳其政府迫害东正教徒，要土耳其政府把土境内所有信奉东正教的臣民交他"保护"。土耳其苏丹政府拒绝沙皇的要求。1853年7月，俄国军队强渡普鲁特河，侵占了处在土耳其素丹宗主权下的多瑙河两公国：摩尔多瓦和瓦拉几亚。10月4日，土耳其向沙俄宣战，俄土战争爆发。

在多瑙河上开始的俄土战争，俄国是侵略战争，土耳其则是反侵略的保卫战。（参看恩格斯：《神圣的战争》，《马克思恩格斯全集》第9卷，第486页）战争在

世界通史

最新整理图文珍藏版

多瑙河、高加索和黑海沿岸同时进行。土耳其第一仗就把俄军打败。但是英、法、普、奥等国则压土耳其同沙俄"谈判""解决争端"，致使土耳其行动犹豫，贻误战机。沙俄重新集结大量军队。11月18日，沙俄舰队向停泊在西诺普港口的一支土耳其舰队突然袭击，土舰队被歼灭，俄国控制了黑海的制海权。君士坦丁堡岌岌可危了。

沙俄不顾一切地鲸吞土耳其的行动，震动了整个欧洲。沙俄的行动从根本上损害了西方列强的殖民利益。1854年3月，英法对俄正式宣战，撒丁王国加入英法一方；此外，奥地利在巴尔干的利益同俄国的扩张势不相容，它派出了两个军团进入多瑙河阵地，要俄国退出多瑙河两公国。普鲁士也表示"中立"。沙俄孤立了。土耳其军队再度对多瑙河和南高加索展开进攻。

战争扩大并且复杂化了。英、法的统治集团，只想使沙俄退出近东阵地，恢复战前状况，而不想全面削弱作为世界宪兵的沙俄的力量。英法联军联合舰队虽在波罗的海、白海和堪察加半岛东岸对俄军进行攻击，但他们力求把军事行动主要限于黑海沿岸地

区，而不进攻沙俄的中心要害地区。直到1854年8月，英法联军舰队的进攻都是软弱的，只是以远距离炮轰一些港口和据点来夸耀自己的胜利。当时只有土耳其人建立了显赫的战功，他们在多瑙河畔的锡利斯特拉保卫战中消灭俄军五万多人，迫使俄军退回多瑙河北岸。俄军陷入严重的困境。1854年9月，在奥地利的最后通牒下，俄军退出多瑙河两公国：摩尔多瓦和瓦拉几亚。在这种形势下，英法联军才开始真正的进攻，战事集中在黑海北岸的克里木半岛。军事技术落后的俄国帆船舰队无法对抗英国的汽船舰队，制海权被英法所掌握。俄军舰队被封锁在塞瓦斯托波尔。英法联军指挥官犯了战略性的错误，他们不采取强攻，宁愿围攻，于是出现了持续十一个月的著名的塞瓦斯托波尔的围攻战，双方争夺十分激烈。直到1855年9月8日法军攻占南区制高点马拉霍夫冈，联军才最后攻占塞瓦斯托波尔。俄军被迫撤退，残存的黑海舰队凿沉和烧毁在大湾里。

战争已使俄国52万人伤亡，耗费五亿卢布，俄国财政已陷入崩溃状态，担负战争全部重担的农奴到处起义，沙俄败局已定。

最新整理图文珍藏版

沙皇尼古拉一世在塞瓦斯托波尔陷落前夕服毒自杀。他的后继者亚历山大二世只得停战求和。

1856年2月签订了停战协定。3月30日，由法、英、奥、撒丁和土耳其代表为一方，俄国代表为另一方，签订了巴黎和约。根据和约，俄国让出多瑙河三角洲和比萨拉比亚南部的三个县归还摩尔多瓦，放弃对多瑙河两公国的保护权和对土耳其东正教臣民的保护权；规定黑海中立化，禁止外国军舰通过海峡，俄国和土耳其在黑海不得有海军军械库和舰队——这是巴黎和约的主要条款；此外俄国把卡尔斯归还土耳其，换回联军在克里木所占的城市。

克里木战争是沙俄争夺世界霸权道路上的重大挫折，动摇了它在欧洲大陆上的霸主地位。但是克里木战争并未给沙俄以决定性的打击，巴黎和约也未使沙俄的领土有多大的损失，相反，俄国利用西方列强之间的矛盾，拉拢法国，从中取利。克里木战争后，沙皇俄国和拿破仑三世的法国结成了欧洲的反动轴心。沙俄开始大规模的军事改革。在1858年到1864年间，沙俄从中国割去了150万平方公里的领土。沙俄继续在世界各地扩张领土，镇压波兰起义破坏欧洲各国的民族民主运动。沙俄依然是世界宪兵。

克里木战争的战局演变

克里木战争有三个重要战场：巴尔干半岛、克里木半岛和高加索，其中决定性的为克里木战场，故称克里木战争。此外，在波罗的海、白海和远东也曾发生零星战斗。

法、英、土为一方与俄国为另一方的这场战争可分为前后两个时期。前期主要为俄土在巴尔干半岛作战；后期主要是法、英、土、撒丁与俄国在克里木半岛作战。

战争前期，或称巴尔干时期。1853年5月俄土断交以后，7月3日，米·德·戈恰科夫率领8万俄军渡过普鲁特河，侵入摩尔多瓦和瓦拉几亚。此两公国当时仍属奥斯曼帝国版图。俄国入侵表明沙皇政府对奥斯曼帝国不宣而战。战火首先由沙皇俄国点燃，"东方危机"演变成为"东方战争"。此后局势迅速变化。9月末，英、法舰队应素丹要求，由达达尼尔海峡到达君士坦丁堡。

土耳其政府在英、法支持下，要求俄军于18天之内撤出侵占地区。俄国不予理睬。10月4日，土耳其向俄国宣战。11月1日，俄国对土耳其宣战。不久，土军15万人到达维丁和沃耳特尼察等地，迎击多瑙河对岸的俄军，其中1万人渡过多瑙河与俄军作战。此时，俄土军队之间仅仅发生小规模战斗，双方隔河对峙。俄军侵占两公国的局面未有变化。与此同时，土、俄双方在高加索也开始战斗。

11月30日，继俄军越过普鲁特河之后，纳希莫夫率领的俄国黑海舰队袭击了停泊于锡诺普港湾的土耳其黑海舰队。土耳其舰队仓促应战，交锋数小时，结果几乎全部覆没，舰队司令奥斯曼帕夏受伤被俘。停泊在博斯普鲁斯海峡的英、法舰队受到公开挑战。

锡诺普海战终于促使英国内阁决心反对俄国，也激怒了法国政府。1854年1月4日，英、法舰队进入黑海。俄国于2月21日向英、法宣战。27日，英、法向俄国发出最后通牒。3月初，英、法、土三国缔结军事防守同盟，"决心保卫奥斯曼帝国在欧洲和亚洲的领土"。3月23日，俄军5万人渡过多瑙河，向土军发起攻击。27日，英、法政府对俄国宣战。至此，主要参战的国家已经卷入战局。

1854年夏天在克里木战争的前期具有重要意义。5月，俄军围攻多瑙河右岸的锡利斯特拉，土军顽强防守。俄军被歼五万多人。锡利斯特拉之战引起了奥地利的干预与法、英军队登陆瓦尔纳。

奥地利十分关注战局。俄军侵占两公国与控制多瑙河口，使它与该地区的贸易大受损失。奥地利帝国对于巴尔干半岛早已怀有野心。现在，面临俄国威胁，它派遣8万大军云集东部边界，准备攻击俄军后方。奥国于6月3日发出最后通牒，强烈要求俄军撤出两公国。法、英看到巴尔干战局不利于土耳其，便派遣两国联合舰队运送5万英、法军队于6月24日在瓦尔纳登陆，并向多布罗加进兵，企图从侧翼打击俄军。土军的坚持抵抗，英、法军队的侧翼包围和奥军的背后威胁，使俄军陷入困境。6月末，俄军开始撤退，9月，撤回普鲁特河左岸，放弃了一度占领的两公国。俄军掠夺了当地金库。奥地利根据与土耳其的协定，出兵占领两公国。

俄国进攻与土耳其防守是当时战事的主要态势。但是，巴尔干初期交锋的结果对俄国颇为不利，锡利斯特拉之战使俄国遭受惨重损失。它未能实现占领两公国的企图，却促成了国际局势于己不利的演变。

战争后期，或称克里木时期。俄军撤走后，法、英两国政府并不满足，它们充分了解俄军实力犹在，企图给俄国以真正打击。法、英在瓦尔纳召开军事会议，决定攻打克里木半岛。它们的作战方案，在于夺取塞瓦斯托波尔，占领克里木半岛等地，以求消灭俄国黑海舰队，切断俄国与黑海的联系，从而阻止它的南下势头。

1854年9月13日早晨，俄国海军上将科尔尼洛夫与中将纳希莫夫在塞瓦斯托波尔最高点——海军图书馆阁楼上用望远镜瞭望。他们大为吃惊地发现海面天际驶来一群敌舰。14日，三百多艘舰船运载的6.2万名法、英、土联军在该城北方的耶夫帕托里亚登陆。

法、英军队经过周密考虑，不曾直接进攻塞瓦斯托波尔。塞瓦斯托波尔是俄国在黑海的要塞、舰队的基地。法、英军队在克里木半岛登陆，战火烧到俄国。战争进入关键阶段。

登陆军队未曾遇到抵抗。当时，沙俄宫廷正调集大军密切注视西部边界，等待敌人进攻首都

彼得堡。它仅仅派遣缅希科夫率军三万余名防守克里木半岛。缅希科夫昏庸无能而狂妄自大，对敌军来犯毫无估计，半岛设防不严。

在海上，英国舰队是主力。在陆地，法军从人数到战斗力皆超过英军。土军人数较少。法军司令是圣阿尔诺元帅，英军司令为拉格兰勋爵。

法、英联军登陆后，于9月19日发兵南下，指向塞瓦斯托波尔城。20日，法、英联军在阿尔马河遇到俄军，双方发生激烈战斗。法军博斯凯的骑兵师猛攻俄国左翼，英军攻其右翼，俄军败走。缅希科夫被人们称为"伊兹缅希科夫"，即叛徒之意。他率领俄国野战军队通往塞瓦斯托波尔东北的巴赫奇萨拉依。科尔尼洛夫和纳希莫夫奉命负责塞瓦斯托波尔的城防，守军约为2万水兵。法、英联军在此重要关头未曾充分利用俄军城防甚差并在阿尔马战败之机，立即挥戈南下直取塞瓦斯托波尔。此种犹疑迟缓举动令当时国际舆论吃惊，也使后世史学家与军事家费解。俄军得到喘息机会后，加固城防，准备坚守。

塞瓦斯托波尔守军凿穿数艘

军舰，沉入港内，封锁了港口。俄国水兵和部分居民在城外修建了由多层工事组成的保护圈。守军自感力量不足，盼望缅希科夫所部野战军队的支援。阿尔马战后，由康罗贝尔将军接替病重的法军司令圣阿尔诺。法、英联军数日后开始南下，包围了塞瓦斯托波尔城。克里木战争的高潮塞瓦斯托波尔争夺战从此开始，并延续了349天。

俄国野战军队得到增援，10月末在巴拉克拉瓦进攻并取胜。11月，法、英军队在英克曼之战中以少击众，俄军损失1/3。远在约2000公里之外的彼得堡宫廷，无视俄军在克里木半岛的困境。沙皇尼古拉一世于1855年2月下令进攻，以求切断法、英联军的供应线。战斗发生于耶夫帕托里亚，俄军再次惨败。沙皇政府认为缅希科夫无能，令其"因病"辞职，改由米·德·戈恰科夫担任克里木半岛俄军司令。司令官的更替也未改变俄军处境。8月，乔尔纳亚列奇卡一战，俄军的进攻又以失败告终。俄国野战军队从此无力解救围城。塞瓦斯托波尔只得任凭法、英军队攻击。

自从1854年9月末开始围攻以来，法、英联军不断加强攻城力量。土耳其也从多瑙河调来援军3.5万人。同时，法、英积极争取盟友。它们于1855年1月与撒丁王国结盟。撒丁王国立即派遣1.5万军队参加战斗。军事力量的增加使法、英处于十分有利地位。盟军达到12万之众，且装备精良、弹药充足、供应良好。守卫在克里木半岛和塞瓦斯托波尔城的俄军共有五万多人，后又派来增援军队，共计为十数万人。

1854年10月，法、英联军初次炮轰塞瓦斯托波尔。俄方死伤千余人，海军上将科尔尼洛夫被击毙。1855年4、5、6与8月，法、英联军接连炮轰塞瓦斯托波尔，守军大片工事被摧毁，兵员伤亡惨重。8月炮轰时，俄方每日平均被击毙近三千人。海军中将纳希莫夫于6月巡视工事时遭敌军枪击，重伤而死。数月围攻，几番炮轰，使得俄军损兵折将，伤亡惨重，外壕丢失，抵抗减弱，濒临绝境。

法军司令康罗贝尔将军与英军司令拉格朗不和，只得于1855年5月辞职，改由别利西埃将军继任。拉格朗于6月因病去世，由辛普森继任司令。法、英联军加紧争夺护城工事，不断收缩包围圈。

9月5日，700门大炮猛轰塞瓦斯托波尔。三日之内弹雨纷纷，血肉横飞，俄军工事大量被毁。这是法、英第六次，也是最后一次炮轰。8日，法、英军队发起总攻击，经过激烈厮杀，法军终于夺下马拉霍夫冈高地。这是俯瞰全城的制高点。它的丧失使该城无法继续防守。残留的守军被迫经由事先架设的便桥撤到北岸。塞瓦斯托波尔落入法、英联军手中。克里木战争基本结束。此后，其他地区仍有一些战斗，但已无关大局，不能改变俄国战败的事实。

在此前后，法、英联军在舰队支持下，曾占领刻赤、阿纳帕、金希恩等黑海沿岸城镇，并在亚速海沿岸毁坏俄军粮食储备和焚烧若干小城。法、英军队在克里木获得大胜之后，未曾出师北征，侵入俄罗斯帝国内地。看来，拿破仑一世的惨痛教训，人们仍然记忆犹新。

除了巴尔干和克里木之外，高加索、波罗的海、白海与远东也先后发生过战争。高加索战场尤为重要，波罗的海战场也别具特色。

俄、土之间对高加索地区的争夺由来已久。在克里木战争中，高加索的战斗开始于1853年10月27日土军进攻圣尼古拉哨所，结束于1855年11月卡尔斯投降。它与巴尔干和克里木战事同时进行。

1853年10月至11月，10万土军发动进攻，目标为第比利斯。俄军此时约为3万之众，他们于12月在巴施卡迪克拉尔重创土军。冬季，大雪封山，道路阻塞，双方停战，1854年5月，12万土耳其军队重新发动进攻，但6月至7月俄军又取得胜利。8月，俄军再次击败土军主力于丘柳克——达拉，它本身也受到重大损失。冬季到来，双方转入休战状态。1855年春，俄军主动出击，不久开始围攻卡尔斯要塞。此城易守难攻。土军坚守五个月之久，终于在11月28日被迫投降。卡尔斯的胜利只是稍微改善了俄国的处境，不能改变俄国的败局。

1854年7月，由52艘军舰组成的英、法舰队在波罗的海对俄国要塞喀朗施塔德进行封锁，并企图在汉科、阿多和埃克涅斯等地登陆。8月16日，英、法舰队攻占阿兰群岛的博马松德俄军要塞。但波罗的海受冰封等自然条件所限，一年之内仅有部分时间可以作战。英、法舰队后来离开波罗的海。1855年，英、法舰队仍以封锁海岸为主，并曾炮轰塞阿堡等沿岸城市。英、法舰队虽然攻克博马松德要塞，但未能夺取喀朗施塔德这一预定目标。波罗的海战斗就此结束。

1854～1855年，英、法舰队曾在白海向俄国发动进攻。他们从海上炮轰科拉等地，并试图进攻阿尔汉格尔斯克。1854年8～9月，英、法舰队在堪察加半岛的彼得罗巴甫洛夫斯克登陆。1855年，它们又企图在鞑靼海峡的德卡斯特里登陆，在这些战斗中，英、法未曾动用强大兵力，因而战果不大。

克里木战争的基本进程表明，俄军山前期的进攻转为后期的防守，法、英、土军队则由被动变成主动并取得最后胜利。从战事本身来看，前期战斗较为缓和，后期，尤其塞瓦斯托波尔之战空前激烈。这是拿破仑一世之后数十年来欧洲未曾见到的一场恶战。仅仅塞瓦斯托波尔的争夺，俄军死伤就达十余万人。

塞瓦斯托波尔围攻战

多瑙河战事结束后，战争主要就集中到黑海北岸的克里木半岛了。这个俄罗斯帝国欧陆南疆的桥头堡，像一只有力的拳头，插入那波涛滚滚的黑海。它东临俄国的内海亚速海，西北濒卡尔基尼特湾，战略地位十分重要。半岛南端的塞瓦斯托波尔，是俄国黑海舰队的主要基地。如今，港内停泊着十四艘战列舰、六艘巡航舰和六艘蒸汽舰，它们受到英法联合舰队的封锁和监视。然而，联军要夺取眼前的这个要塞也非易事。在这里，俄舰既有可靠的隐蔽地点，又有强大的海岸炮台火力作掩护。只有在陆军的支持下，联军舰队才能发动有效的进攻。

1854年9月初，英、法、土62000陆军士兵，携火炮112门，从瓦尔纳出发，开始了大吹大擂的克里木远征。从这时起，克里木半岛成了主要战场；早就想使战争局限在一定范围内的英、法，开始了比较坚决的进攻。而克里木战争也就以其主要战场所在地而得名。

9月14～18日，这支由300艘运输船、89艘舰艇运送和掩护的远征部队，在克里木半岛耶夫帕托里亚附近顺利登陆，并开始向南推进。俄国处于无所作为的被动状态，没有进行阻击。面对优势敌人的进攻，克里木俄军陆海军总司令，1853年出使君士坦丁堡时骄横无礼的缅希科夫公爵，惊慌失措，下令退却。9 月 19 日，联军进抵阿尔马河。这是半岛南部的一条重要河流，它自东向西横卧其间，成为从北面进攻塞瓦斯托波尔的一道天然障碍。缅希科夫指挥的 35000 俄军，携 84 门火炮，退据河的南岸。这里地势较高，多悬崖峭壁，俄军企图凭险固守。9 月 20 日，克里木英军总司令腊格伦将军所部居左，克里木法军总司令圣阿尔诺元帅所部居右，对俄军阵地展开进攻。联军与俄军的第一次陆战——阿尔马河会战开始了。这天清晨，法军一个师沿海岸前进，来到河口，在舰只炮火的支援下，抢渡阿尔马河成功。登上南岸的法军。迂回于俄军左翼后方。接着，联军从正面进击。他们缓慢而稳步地通过崎岖难行的地段后，首先攻取俄军在北岸的前哨据点。俄军在退却时烧毁其中一个据点，火光冲天。联军趁势强行渡河，冲向高地。战斗在葡萄园及断崖与鹿砦之间展开。俄军无法抵挡，只好沿山坡向后撤退，退向塞瓦斯托波尔。这次会战，俄军损失 5700 人，连缅希科夫的马车也落入法军之手；联军损失 4300 人，也付出很大代价，加上地形不熟，因而没有发起追击。

随后，联军进逼塞瓦斯托波尔北区。这里可以俯视整个城市，当时俄军防守薄弱，是打开塞瓦斯托波尔要塞的钥匙。但联军不敢乘胜从北部正面强攻，而是在要塞东面作长距离迂回，越过因克尔芒向巴拉克拉瓦进军，从南面展开进攻，实际上是放弃了一次胜利在握的战斗而另觅他途。

从阿尔马河败阵的缅希科夫，退到塞瓦斯托波尔。但他没有在这里停留多久，就把保卫要塞的指挥权交给俄国黑海舰队参谋长科尔尼洛夫，而自己则率部分军队前往巴赫奇萨莱，去防卫联系俄国内地的交通线。

9 月 25 日，联军向塞瓦斯托波尔南区推进。同日，俄军宣布该城戒严。从此，开始了旷日持久的塞瓦斯托波尔围攻战。26 日，联军攻占巴拉克拉瓦，以此为作战基地和军需补给站。

塞瓦斯托波尔的城防司令、海军上将科尔尼洛夫和他的主要助手纳希莫夫，不失时机地采取紧急措施，加强防御。在要塞临海一面已有强大的海岸火力（13 座炮台，611 门火炮）的条件下，仍作出决定：将五艘旧战列舰和两艘巡航舰横向沉没在北湾入口处；其余舰只随时待命，以便有效地阻止联军的蒸汽舰突进港内停泊场。

10月17日，联军开始炮击塞瓦斯托波尔。1460门火炮（其中舰炮1340门）从陆上和海上同时猛轰。要塞的许多碉堡被炸毁，大炮被打坏，俄军死伤15000人，科尔尼洛夫阵亡，纳希莫夫接任其遗职，指挥城防。当时，塞瓦斯托波尔附近联军有67000人，同守城俄军相比占有巨大的优势。腊格伦将军和新任克里木法军总司令康罗贝尔将军，曾指望在炮击摧毁要塞工事之后，以突击的方式一举夺取该城。但是俄军炮火的有力还击，迫使他们推迟进攻。

此后，缅希科夫多次在敌后发动攻势，试图解塞瓦斯托尔之围，但都没有成功。

10月25日，缅希科夫率军进攻巴拉克拉瓦的联军阵地。这个港口的陆上第一道防线由土军防守的四个多面堡组成。其中第一个多面堡构筑非常坚固，俄军先施炮击，然后以三个营的兵力强攻；土军拼死抵抗，死伤170人，堡垒终于失守。接着，俄军几乎未经战斗便占领了其余仓促构筑的三个多面堡。联军的第一道防线完全被击破了。俄军骑兵追歼

土军。防守第二道防线的部分英军前往支援。两军相遇，俄国骑兵攻击英军一个步兵团，七八百名英国骑兵冲上去同数量上比自己多一倍的敌骑兵厮杀，英国步兵则在距敌50步的地方举枪齐射，俄国骑兵败走。随后，双方援军开到，战斗又起。英军轻骑兵旅驱马向前，遭到俄军火炮和步枪的射击。骑兵旅发起冲锋，砍倒敌方炮手，击溃敌一支骑兵。但是，当他们开始折回时，另一支俄国骑兵突然从旁边冲出，其势迅猛。人困马乏的英国轻骑兵旅抵挡不住，结果几乎全部被歼灭。这一仗英军骑兵损失惨重，但俄军并未能夺回巴拉克拉瓦，联军失去的只是第一道防线，英军仍在坚守并积极加强第二道防线。

在巴拉克拉瓦会战以后，缅希科夫获得增援，准备同联军决战，并选择塞瓦斯托波尔以东、黑河河口附近的因克尔芒为战场。俄军占领了因克尔芒高地的有利阵地，于11月5日向联军发动进攻。他们排成密集的纵队猛扑英军据守的各个山头。英军的炮兵首先开炮轰击，而散开卧倒的英军步兵接着一阵齐射，俄军死伤累累。当进攻者勉强爬上山顶时，

其队形已被破坏。英军步兵又一阵齐射，随即展开白刃战；俄军抵敌不住，被赶下山去。但是，俄军依仗优势兵力，反复冲击。两军一次又一次短兵相接，战斗十分激烈。正当英军苦战之际，法军一个师及时赶到，给了英军以有力的支援。俄军败退。就这样，14000人的联军，终于战胜了3万人的俄军。但双方都为此付出很高代价：联军损失三分之一的兵力；俄军损失更大，达一万余人。

因克尔芒会战后，交战双方处于相持状态。1855年1月，撒丁王国与法国缔结同盟条约，参加对俄作战。15000撒丁军被派赴克里木战场，从事修筑工事和后勤支援等工作。撒丁参战是法国和英国所需要的；塞瓦斯托波尔围攻战拖得愈久，联军就愈是需要新的同盟者。虽然撒丁在这个战争舞台上不过是一个配角，但大批撒丁军的到来多少增强了联军的力量。同时，沙俄在国际上也显得更加孤立了。撒丁国王维克多·艾曼努尔二世（1849～1861年在位）及其首相加富尔伯爵有自己的打算。当时，意大利仍然四分五裂，北部的伦巴底、威尼斯被奥地利长期占领。撒丁

的统治者旨在以参战来取悦英、法（特别是法国），谋求拿破仑三世帮助他们取得奥占意大利领土，支持由撒丁完成意大利国家的统一。

1855年春，激烈的战斗重新展开。彼得堡宫廷急于要打破联军对塞瓦斯托波尔的包围，要求缅希科夫主动出击。2月，这位不受广大士兵欢迎的将领，命令俄军19000人向耶夫帕托里亚推进。该城南临黑海，东邻萨塞克湖，是联军登陆部队的前进基地。2月17日，俄军自唯一易受攻击的西北面接近耶夫帕托里亚，先是发动全线炮击，接着步兵借助墓碑和树木的掩护展开进攻。奥美尔帕夏统率的土耳其驻军给了俄军以沉重的打击，并迫使其后退。耶夫帕托里亚会战失败后，尼古拉一世不得不借口缅希科夫"有病"，免去其克里木俄军统帅一职，改由多瑙河上的败将哥尔查科夫继任。

形势对沙俄越来越不利了。3月2日，尼古拉一世于绝望中猝然死去。其长子继承皇位，称亚历山大二世（1855～1881年在位）。

在整个战局中，亚速海是俄军向克里木运送粮食和其他补给

品的主要孔道。5月，接替康罗贝尔出任克里木法军总司令的佩利西埃将军，决定截断俄军在亚速海上的粮道。为此，联军发动了向几亚速海的远征。主要由英法两国舰队的轻型军舰组成的分舰队，运载英、法、土军15000人，开往这个俄国内海。5月下旬，联军占领了控制刻赤海峡的刻赤城。这里贮藏着可供10万人食用近四个月之久的军粮，俄国损失惨重。而正是在刻赤附近，联军截获了哥尔查科夫给当地部队长官的信件。信中埋怨对塞瓦斯托波尔的粮食供应不足，坚决要求火速派出新的运粮队。然而，为时已晚。联合舰队正在亚速海上横冲直撞，追歼俄国的运输帆船，摧毁沿岸的重要据点，严重破坏了俄军的供应线。

从6月中旬起，联军加强了对塞瓦斯托波尔的攻势，6月18日，英军在左，法军在右，对军港区俄军防线发起强攻，试图夺取大凸角堡和马拉霍夫冈。这一天，正是40年前滑铁卢会战的日子。路易·波拿巴（拿破仑一世的侄儿）曾经在巴黎贵族院宣布，为滑铁卢会战雪耻是他的特殊使命。显然，佩利西埃一定接到了来自巴黎的命令：必须隆重纪念

滑铁卢会战日。佩利西埃曾同克里木英军统帅腊格伦勋爵协调作战行动。原定6月18日拂晓恢复炮击，在数小时全力轰击之后，联军七个纵队同时突然展开强攻。后来改变计划，撤销炮击，确定凌晨三时发动强攻，信号当空三发信号弹。可是，在规定的时间前半小时，部分法军忽地开始进攻，打乱了整个作战部署。其原因，据佩利西埃称，是那些人把爆炸弹看成信号弹了。于是，这位克里木法国统帅只好提前发出进攻信号。联军的行动处于一片混乱之中。据守阵地的俄军以猛烈的炮火迎击敌人，联军损失惨重。佩利西埃赶忙下令退却。法军对马拉霍夫冈和英军对大凸角堡的强攻都失败了。据法国官方公布的显然缩小了的数字，联军伤亡约五千人。佩利西埃只好自我安慰一番，说是这次退却进行得"颇为体面"。而俄国人于得胜之余，免不了沾沾自喜。6月19日休战时，一位俄国军官得意地问英国军官："昨天你们的将军们在指挥强攻时，该不是喝醉了酒吧？"

然而，6月18日防御战的胜利并不能扭转俄军的颓势。塞瓦斯托波尔要塞的被围者每天都要

1441

损失 500 至 700 人。保卫要塞的主要领导者纳希莫夫，7 月 10 日在马拉霍夫冈巡视阵地时身负重伤，两天后去世。

在经历了 7 月的相对沉寂以后，到 8 月战事又趋激烈。8 月 16 日，俄军为吸引围攻塞瓦斯托波尔的敌人，发动了黑河战役。这一天拂晓前，在哥尔查科夫亲自指挥下，从梅肯集高地开来的俄军于黑河边占据了一些山冈。这里，黑河水自东南往西北流去，对岸就是联军的阵地。那里有两群小山冈，分别由法军和撒丁军把守。联军阵地的前沿有两道障碍：第一道是黑河，只有浅水地段才能徒涉；第二道是水渠，几乎均从陡峭的山岩中开出。在山顶上，联军构筑了若干胸墙，有效地加强了防御。俄军趁着清晨大雾迷漫，发动突然袭击。他们首先夺取了联军在东岸的桥头堡，继而在争夺桥梁的战斗中又击败了法国守军。俄军士气高昂，迅速跨过黑河，越过水渠，爬上陡坡，冲向山顶。这时，胸墙后面的法军以逸待劳，迎头齐射，并分兵从俄军侧翼展开猛攻。俄军败下山去，退回河东。接着，俄军发起第二次攻击。他们一部分从桥上过去，另一部分从桥的两侧蹚水过河，猛冲法军阵地。法军炮兵从正面轰击，撒丁军从侧面轰击，炮火十分猛烈。俄军不顾一切，再次冲上高地。坚守阵地的法军立即全力齐射，并从正面和侧翼发起冲锋。俄军抵挡不住，混乱地退回黑河对岸。哥尔查科夫不甘心失败，随即发动第三次攻击。俄军渡过黑河，但还没有登上山顶，就遭到联军炮兵交叉火力的严重杀伤。俄军又一次被赶了回去。这次黑河会战俄军损失了 5000 人；联军损失较少，约为 1500 人。

此后，联军获得大量增援，不仅加强了围攻力量，而且增加了防备力量。它有足够强大的兵力，排除东面来自因克尔芒高地的俄军进攻的威胁，保证南面对塞瓦斯托波尔最后发动总攻的胜利。

到 9 月，塞瓦斯托波尔围攻战进入了决定性的阶段。从 9 月 5 日开始，联军对要塞进行了最后一次、也是最猛烈一次的炮击。700 门大炮持续不断地发出隆隆巨响，向俄军阵地倾泻了数以 10 万计的炮弹。要塞各处工事都遭到破坏，马拉霍夫冈上的工事几乎全被摧毁了，俄军每天伤亡 2000 至 3000 人。9 月 8 日，联国 13 个师和一个旅共约六万人，发起了规模空前的总攻。守军四万人拼死抵抗，战斗呈白热化。在马拉霍夫冈这个关键阵地，法军的进攻纵队同俄军展开了一场恶战。山冈斜坡上遗尸枕藉，血流满地。俄军终于败退了，法军攻占了马拉霍夫冈。在其他地段，联军的进攻则被击退了。

塞瓦斯托波尔南区的马拉霍夫冈是一个制高点。它高耸于城市之上，成为军港区和市区的屏障。法军在冈上架起大炮，使残存的俄军舰船再也找不到一个安全的停泊场了；而通往北区的浮桥，随时都可能被法军的炮火击毁。俄军士气低落，粮食匮乏，坚守已经无望了。哥尔查科夫不得不下令撤退。入夜，军港区和市区守军沿横跨大湾的浮桥转移到北区。在此之前，俄军烧毁了建筑物，炸毁了弹药库，沉没了尚存的舰只。四处浓烟烈火，断垣残壁，用佩利西埃的话说：俄军使整个地区变成了一座烈火熊熊的大火炉。9月9日，法军开进俄军弃守的要塞，发现这里已成了一片废墟，便又返回自己的兵营。转移到北区的俄军，随后即与克里木半岛上的其余俄国部队会合。长达十一个月的塞瓦斯托

波尔围攻战，就这样以俄军的最后失败而告结束。在整个围攻战中，联军伤亡约 7.3 万人，俄军伤亡高达 10.2 万人。

克里木战争中的外交斗争

围绕克里木战争所进行的外交斗争，从某种程度看来，甚至比战事本身更为复杂。外交斗争与军事行动相配合。1853 年上半年，缅希科夫出使君士坦丁堡期间，各国外交活动十分活跃，战事之初，即 1858 年下半年，外交活动处于沉寂状态，军事活动暂时压倒外交斗争。不外，外交家重新展开活动，奥地利进行多次调停，法、英与撒丁建立同盟。塞瓦斯托波尔陷落后，寻求出路为当时外交的特征。巴黎和会以外交途径结束了这一场战争。

俄国从 1844 年之后企图与英国结盟，但英国在经济和政治上与俄国争夺中近东，矛盾重重。英国著名政治家帕麦斯顿指出："欧洲沉睡良久，此刻正在苏醒，以便消除沙皇在其辽阔国土四周采取的进攻体制。"消除俄国影响是当时英国政府的明确主张。

与此同时，俄国政府先后与丹麦、瑞典和波斯进行谈判，以求壮大自己力量。丹麦不愿保持中立。瑞典不肯支持俄国。波斯

最新整理图文珍藏版

拒绝参加反对土耳其的战争。俄国陷于孤立，独自与欧洲数强较量。

1853 年，法、英正在逐步走向联合。俄国过高估计了法、英之间的矛盾。当时，法国外交部长德鲁安·德·吕伊斯指出："拿破仑三世的目的是为了打破 1815 年之后的欧洲联盟"。法国的矛头必然指向当时欧洲大陆的霸主——俄国。拿破仑三世奉行联英抗俄政策。经济上在中近东排挤俄国与政治上限制俄国对外扩张，成为法英联盟的基础。

1853 年 3 月至 5 日，法英合作外交的初步表现为协同反对缅希科夫使团。法、英驻君士坦丁堡大使德·拉库尔与斯特拉福共同采取灵活策略，支持素丹与缅希科夫周旋。他们公开表示相信缅希科夫的声明，即为协商圣地问题与黑山国事件而来，他们进而证明，素丹准备就圣地问题进行尽可能的让步，而且土耳其军队镇压黑山国反抗的战斗在奥地利压力下已经停止，土军即将撤回。他们造成俄国使团已经"完成了"公开任务的局面，逼迫缅希科夫或启程回国或另提苛刻要求，从而为英法干预提供充分理由。尼古拉一世中了外交圈套，

匆忙对素丹发出最后通牒。法、英外交获得初步成果。

锡诺普海战消除了英法的一切疑虑，促使它们决心建立联盟。1854 年 1 月 4 日英、法舰队进入黑海，军事与外交密切配合，回答俄国的挑战。1 月 29 日法国《通报》发表拿破仑三世致尼古拉一世的公开信，宣布俄国应负战争责任，代表法、英两国抗议俄国在锡诺普的罪行，要求俄国从多瑙河两公国撤军。拿破仑三世以法、英代表姿态对俄方施加了巨大的外交压力。

尼古拉一世于 2 月 9 日在《圣彼得堡报》也以公开信形式回复，宣称"1854 年的俄国将和 1812 年一样显示自己的力量"。21 日，俄国向法、英两国宣战，显然决心将战争政策推行到底。

法、英外交在 1854 年 2 月底至 6 月采取了一系列活动。2 月 27 日法、英对俄发出最后通牒。3 月 12 日，英、法、土三国结盟，声明"决心保卫奥斯曼帝国在欧洲和亚洲的领土"。27 日，法、英对俄国宣战。4 月 10 日，法、英签订正式盟约。至此，克里木战争的力量结构基本形成。法、英联军在瓦尔纳登陆，迫使俄军撤回普鲁特河左岸。4 月拿破仑三世访

问英国与 9 月维多利亚女王访问法国促进两国的团结。1854 年 8 月 8 日，法、英与奥地利从维也纳向俄国发出"四项条件"的照会：法、英、奥、普、俄共同保护两公国。它们暂由奥军占领；五国共同保护素丹所属基督臣民；五国共同监督多瑙河口；重审 1841 年有关达达尼尔与博斯普鲁斯两海峡的条约。四项条件为将来和平之基础。但俄国不作答复，它坚持继续作战。9 月中，法、英军队在克里木半岛登陆，战争进入决胜阶段，外交活动处于低潮。

塞瓦斯托波尔的长期对峙为法、英外交提供了新的机会。两国外交官员寻求新的盟友参战。1855 年 1 月 10 日，法、英与撒丁王国结盟。法、英协同外交为其军队在克里木战场上增添了新的盟军。

1855 年 3 月 2 日，尼古拉一世服毒自杀。长子即位为亚历山大二世。此年春夏，俄军在塞瓦斯托波尔日益面临危机，俄国全国陷入困境。9 月，塞瓦斯托波尔终于失守。外交家们投入了频繁的活动之中。亚历山大二世即位之初曾希望结束战争，通过谈判解救危难。

法、英亦面临是否继续进行战争的问题。法英两国皆曾主张继续战争，摧毁俄国。为此，1855 年秋法国与瑞典进行谈判，希望从陆地进攻俄国主要地区。但瑞典国王奥斯卡一世要求英法派遣 5 万联军协助他占领芬兰，并永久拥有此地。英国不愿出兵，瑞典拒绝合作。法国政府看到与英国的分歧和瑞典的拒绝，因而主张停战，乘有利时机实现和平。英国、撒丁与土耳其希望依靠法国陆军占领克里木，深入俄国腹地，控制波罗的海与高加索等地。法国由于与英国有分歧，且国内局势不安，便与俄国开始秘密谈判。但是，法、俄私下谈判未能终止战争。只是由于奥地利的干预，俄国才决心和平。

克里木战争期间，奥地利帝国的外交作用远远超过了它的军事作用。1853 年 7 月，俄军入侵多瑙河两公国后，奥地利主要运用外交手段反对俄国威胁，不愿直接卷入战事。7 月 24 日，布奥尔在维也纳召集法、英、俄、普四国大使协商，但俄国拒不参加，锡诺普海战之后，奥地利再次出面斡旋。12 月 5 日召开奥、英、法、普四国代表维也纳会议，决议保护奥斯曼帝国的完整，要求素丹保证基督教臣民之命运。俄国再次拒绝出席，调停重遭挫折。

1854年春天，俄国对英、法宣战，法、英对俄国宣战，局势大为恶化。4月9日，奥、法、英、普从维也纳发出照会，要求俄国从巴尔干撤军，保证奥斯曼帝国完整等等。法英两国力争奥地利出兵参战，奥地利外交活动余地减少。同时，俄军于5月围攻锡利斯特拉，威胁猛增。奥地利只得于6月3日向俄国发出最后通牒。

法、英、土逐渐占据优势，俄国日益变为劣势，促使奥地利不断倾向英、法一方。1854年8月8日，它与英、法一起对俄国发出四项条件的照会，支持英法立场。俄国拒不作复。普鲁士对四项条件也持反对态度。9月，法、英在克里木半岛登陆后，接连打败俄军，促使普鲁士逐渐改变态度。12月2日，奥地利与法、英订立条约：如1855年1月1日前俄国仍不接受四项条件，奥将在法、英一边参战。奥地利此举仅仅是给自己的调停外交增添若干军事色彩，并不准备出兵克里木。

英国宪章运动

1837年夏天的一个夜晚，点燃着的火炬把英国伦敦的肯星顿

19世纪中期英国的"宪章运动"

广场照得一片通明。在这里举行集会的成千上万的群众，正在聆听着台上的演讲。这时候，讲演者情绪激昂、语调铿锵，他不时的举起拳头或者张开双臂，有力地抨击着人类社会的不平等现象。正当人们目不转睛地倾听着他的讲话的时候，他突然放大了喉咙，提高了嗓音，高声地号召：让我们"武装起来，武装起来，武装起来！拚向那罪恶深重的世界！"他把声音转向平稳以后接着说："争取普选权，已经成为人们关心的问题，说穿了，普选权问题归结起来就是刀子和叉子问题，面包和奶酪问题。"他短短几句话说得大家连连点头；说得人们交头接耳，低声议论道：道理讲得很对，我们应该做些什么呢？

19 世纪 30 年代末期，大规模的群众性的政治运动，正以排山倒海之势，冲击着英国的各个角落。成千上万人的集会，慷慨激昂的演说，以及那鼓舞人心的号召，到处都可以听见，到处都可以看到。英伦三岛，简直要颠簸起来！

英国的这场革命风暴，历史上叫它"宪章运动。"宪章运动是由于英国无产阶级把自己当时的经济和政治要求，用法案形式予以公布，并命名为《人民宪章》而得名。

宪章运动之所以发生在这个时候，是因为当时英国资本主义的发展，使无产阶级陷于经济上的贫困和政治上的无权造成的。这时候，英国工业革命已经基本完成，机器生产代替了手工操作，工业产品急剧增长，资产阶级的财富，成倍的增加。工业革命给无产阶级带来的不是什么福音，而是赤贫和灾难。劳动时间每天延长到 16 至 18 小时，而工资极度压低，特别是童工和女工的大量使用，把成年男工排挤出劳动队伍，使他们面临着更加困苦的处境。工人们的生活条件更是不堪言状，以住房为例，肮脏、低矮、潮湿和破烂以及多种传染病的流行，构成当时工人住宅区的显著特点。一个英国政府巡视员，在描写格拉斯哥城工人住宅区时写道："每间小屋里挤住着 15 到 20 个工人，躺在地板上，他们的被子是一束半腐烂的麦秸混着破布条。"这种"房屋肮脏、潮湿破陋到马都不能拴在里边。"

工人生活福利的被破坏，引起广大无产阶级的强烈反抗。从 20 年代以来，英国工人开始组织工会，组织罢工斗争。从 30 年代中期开始，他们更掀起了以争取普选权为中心的英国宪章运动。1835年，英国爆发了要求改革选举制度的群众性工人运动。第二年，一部分工人和手工业者，在哈尼和木匠威廉·洛维特的领导下，创建"伦敦工人协会"。1837年，这个协会为了争取普选权和其他民主改革，他们拟定了一个纲领性文件，准备提交国会，并于5月8日，以法案形式予以公布，命名为《人民宪章》。《人民宪章》提出了六点要求：凡年满二十一岁的成年男子都有选举权；选举采取秘密投票方式；各选区一律平等；取消议员候选人的财产资格限制，议会每年选举一次；当选议员支给薪金。《人民宪章》的中心是普选权问题，但在实际斗争中，工人们的要求早已超出了这个范围。

宪章运动像雪球一样，越滚越大，从伦敦迅速扩展到全国各地。不管是北部还是西北部的工业城市，群众集会越来越多，参加人数从几万人到十几万人。他们白天抽不出时间开会，往往在夜间举行。

宪章运动一经开始，就在斗争策略上发生了根本性分歧。以威廉·洛维特为首的一派，由于洛维特本人是欧文的忠实信徒，所以他认为宣传教育是伦敦工人协会的重要任务。他主张同资产阶级合作，用合法手段、"道义力量"，像举行集会、请愿游行等方式，去争取政治权利和实现各阶级的平等。这一派被称为"道义派"，实质上是宪章运动中的"右派"。

同上述观点相反，以奥康瑙尔和哈尼为代表的一派，则主张采用革命手段，去实现"人民宪章"，他们被称为"暴力派"，是宪章运动中的左派。实际上，奥康瑙尔和哈尼，不论是他们的阶级立场还是思想主张，也不完全一致，甚至可以说是格格不入。这位身材魁梧、精通拳击的爱尔兰律师兼新闻记者的奥康瑙尔，曾经创办过《北极星报》，组织过"北方大同盟"，在运动中占据着极其显要的位置。然而，他并不是一个社会主义者，充其量也只是一个小资产阶级的激进派、口头上的"暴力派"。他的口号是"工人回到土地上去"。他主张，为了避免工人们的贫困，最理想的途径和办法，就是工人们集资购买土地，把工人变成小土地的所有者，这样就不会愁吃愁喝了。他在报纸上曾经这样鼓吹说："我

世界通史

最新整理图文珍藏版

希望有座小房，每年收入不必超过一百镑；在茵绿的小牧场上，牧人赶着牛羊，在那里放牧。"看，奥康瑶尔不是要把正在壮大着的英国工人队伍，引向倒退到小农经济的时代吗？

朱利安·哈尼，出身于海员家庭，曾经就读于格林威治皇家海军学校，在印刷厂当过学徒，也当过书店售书员。1838年，他同洛维特分裂以后，建立"伦敦民主协会"，这个协会有三千多名会员，主要是由穷苦的码头工人和纺织工人组成。他们要求在英国建立一个由工人阶级掌权的民主共和国，主张土地、矿山国有，禁止使用童工，实行八小时工作制，消除社会不平等现象。哈尼热情奔放，口才流畅，擅长演讲。他不仅信奉巴贝夫学说，而且是马拉共和主义的崇拜者。哈尼认为，无产阶级要想得到权力，只有使用武力。所以，他在民主协会的会员证上就曾经印有这样一句发人深省的话："凡是没有剑的人，都应该卖了衣服去买剑。"他在谈到如何实现《人民宪章》的问题时指出："只有一个方法能实现宪章，这便是起义。"1843年，哈尼结识了恩格斯，从此之后受到恩格斯的影响，后来，他参加

了历史上的第一个国际无产阶级的政党组织"共产主义者同盟"，这就更使他接近了马克思和恩格斯。"伦敦民主协会"和哈尼的活动，大大加强了宪章运动的积极性，"促进了宪章运动中的共产主义因素的增长。"

宪章运动在历史上出现过三次高潮。

1839年2月，第一届宪章派代表大会在伦敦举行。会议决定在5月5日，采取和平请愿方法，向议会呈递请愿书。哈尼等人提出，如果议会拒绝请愿书，就采取武装行动。从而使宪章运动走向第一次高潮。这次运动经历了极其充分的准备，有125万人在请愿书上签了名，请愿书重达三百公斤，人们把它放在长担架上，装饰着彩旗，一直抬送到议会，向议会提出请愿。7月12日，议会否决了请愿书；人们纷纷举行抗议集会，伦敦当局出动了大批军警进行弹压。这时候，控制着宪章派公会的那些"道义派"的人们，在暴力镇压面前，软了下来。他们擅自取消了总罢工的决定，并在9月间自行解散。轰轰烈烈的宪章运动的第一次高潮，终于在各地相继失败，运动开始转入低潮时期。

1842 年，宪章运动进入第二次高潮。

19 世纪 40 年代初，由于经济危机的爆发和农业歉收而引起的英国饥荒日趋严重。从而英国工人运动重新走向高潮，宪章运动的第二个高潮到来了。1840 年，宪章派在曼彻斯特举行新的代表大会，成立"全国宪章派协会"。这个协会是宪章派工人的政党组织，到 1842 年，它的会员人数已经发展到五万多人。这一年 2 月，宪章派提出了新的请愿书。除原有的六点之外，它还陈述了劳动人民的苦难，谴责政府的暴政，支持爱尔兰人民的独立斗争。在这份请愿书上签名的约有三百万人。宪章运动第二次高潮的一个明显特点就在于：它是清一色的工人运动，资产阶级激进派已经从运动当中分离出去了。

这次请愿的结局同上次一样，又一次被否决。为了抗议英国当局的暴政，各地掀起了一系列罢工，形成了八月罢工浪潮。9 月，罢工运动遭到残酷镇压，宪章运动的领导人和活动分子纷纷遭到逮捕，被投入监狱。

宪章运动最后一次高潮发生在 1848 年。

1847 年，资本主义经济新危机和法国革命的兴起，都给宪章运动带来了新的刺激。1848 年 4 月，宪章派再度举行代表大会，决定递交请愿书。在这个请愿书里，进一步提出了建立民主共和国的要求。10 月，广大工人举行集会，准备向议会进发，形势顿时紧张起来。英国政府在极度慌恐之下，开始动用武力来对付广大工人群众了。他们调集了大批军队进入伦敦，宣布伦敦戒严。他们还武装起十五万资产阶级子弟，组成志愿兵，用以对付手无寸铁的无辜工人。在两个阶级对阵的紧急时刻，口头暴力论者奥康瑙尔原形毕露，他不仅不敢发布起义信号，反而痛哭流涕地劝告和央求广大工人解散回家。从而，第三次请愿遭到否决。宪章运动从此一蹶不振，进入低落时期。

震动世界的宪章运动，为什么最后的结局会是失败的呢？这并非偶然。40 年代，英国工人阶级在政治上还不够成熟，它还不可能建立一个用正确理论武装起来的政党，而且在宪章派成员当中，占居统治地位的、广泛流行的观点，还是改良主义的幻想。宪章派的这种不成熟状况，又怎么能把运动引向胜利呢？再就组织而言，薄弱和涣散一直是宪章派最致命的两个弱点，在十几年的历程中，这个弱点始终没有多少改变，而且也是无法改变的。

宪章运动尽管失败了，但它毕竟是"世界上第一次广泛的、真正群众性的、政治性的无产阶级革命运动"。它实际上并没有解决"面包和奶酪问题"。

1848 年欧洲革命

从 18 世纪开始的欧洲工业革命，彻底改变了那些国家的经济发展形势，并且开始形成了资本家和无产阶级的对抗。1848 年欧洲革命，就是工业革命在欧洲胜利发展的情况下产生的。那时候，欧洲各地相继出现了农业歉收和资本主义经济危机，工人和农民的生活状况恶化，导致阶级矛盾

1848 年的欧洲革命

激化，社会动荡加剧。此后，从意大利的巴勒莫到法国巴黎、再到德国柏林和匈牙利布达佩斯，都爆发了革命。

1848 年欧洲革命首先是从意大利西西里岛的巴勒莫开始的，并且马上蔓延到整个意大利地区。在此革命发生之前，意大利包括八个分裂的封建专制小王国，直接或者间接受到奥地利王国的控制。早在 1848 年以前，意大利有些革命分子就开始了推翻外族压迫、实现民族独立，并且消灭各城邦封建专制统治的努力。1809年，革命青年成立了"烧炭党"，1831 年，马志尼成立了"青年意大利党"。

巴勒摩革命后，教皇领地、托丝卡纳等地都相继卷入了革命运动，撒丁国王和卡丝卡纳大公

1848 年，在柏林示威游行的人们与警察发生冲突

还被迫宣布实行宪法统治。但是1848年意大利革命最终被封建君主勾结法国和奥地利的军队而被镇压。此后，欧洲发生了著名的二月革命和德国革命，奥地利也获得了独立。

从1830年以后，代表资产阶级金融贵族利益的"七月王朝"统治着法国。由于当时法国社会贪污成风，赋税繁重，加上1845年和1846年连续的马铃薯病虫害导致农业歉收，因此工业资产阶级、小资产阶级以及广大工人、农民都非常不满王朝的反动统治，最终导致"二月革命"的爆发。

在广大民众的反抗声中，反动当局为了加强自己在政府中的地位和权力，发起了所谓的"宴会运动"，以宴会为名，组织群众性的政治集会，宣传改革选举制度。但是1848年2月22日的宴会，成为二月革命的导火索。

该日，国王路易·菲利普命令基佐政府拒绝民众提出的任何改革要求，并且禁止一切政治集会和游行活动。巴黎工人、学生和广大市民见此，马上开始举行游行示威，反对当局统治，并且遭到军警镇压。23日，示威群众在举行罢工的同时和政府军队开展激烈的巷战，次日发展成声势浩大的武装起义，并且很快占领了巴黎所有的兵营和武器库。

24日傍晚，资产阶级临时政府宣告成立。国王看到自己大势已去，仓皇逃往英国。起义军占领王宫后，把国王的宝座搬到了巴士底广场的烈士纪念碑前烧毁，法国的奥尔良王朝彻底崩溃。25日，临时政府宣布实行普选制，并且建立法兰西第二共和国。二月革命获得胜利。

二月革命是一场资产阶级民主革命，无产阶级在这次革命中起到了主要作用，但是资产阶级在此后组建的政府中占据了重要位置。在二月革命刚刚结束的时候，资产阶级考虑到工人手中还保留有武器，因此临时政府被迫答应了保障工人劳动权，设立收容失业工人的"国家正厂"。与此同时，临时政府组织并调动了大量军队，准备解除工人武装。

6月23日，巴黎工人再次举行起义，发表宣言，要求解散制宪会议，把议员交付法庭审判。但是起义遭到当局的残酷镇压，此后，一万多名起义军被屠杀，25000人被捕，其中大部分被流放到国外。巴黎工人的"六月起义"也以失败而告终。但是六月起义被马克思誉为"现代社会中两大

德皇弗里德里希·威廉谋求军方的支持，妄图将扑面而来的民主浪潮拒之门外。

对立阶级间的第一次伟大革命，这是为保存或者消灭资产阶级制度而进行的战斗"。应该说，它是世界历史上第一次真正触犯资产阶级旧秩序的伟大斗争。

除法国外，还有两个地方的工人革命发展比较迅速。第一个是德国柏林，第二个是匈牙利。

革命前的德国是一个四分五裂的国家，它包括38个大小不等的邦国和4个自由市，各邦自由为政，独霸一方。19世纪初，德国一些地区开始出现资产阶级萌芽，并且得到了迅速发展。由于受到封建制度的压迫，资产阶级要求成立一个由资产阶级领导的统一德国，以便发展资本主义。

1848年德国革命是从与法国相邻的南德各邦开始的。受法国革命的影响，德国巴伐利亚等邦在3月份先后开始革命。3月初，柏林各个阶层向国王提出"政治自由、实行大赦、全体公民在法律面前人人平等、实行人民代议制"的要求。4日，慕尼黑的工人、手工业者和大学生占领了军械库，夺取武器。革命迅速发展到整个德国，普鲁士首都柏林成为革命的中心。

6日，柏林的工人、大学生也举行示威，到13日，游行队伍和军警发生冲突并演变为武装起义。经过一天一夜的战斗，起义军队把国王威廉四世的队伍打得落花流水，政府军队不得不撤出柏林。此后，国王被迫同意召开国民会议以制定宪法，改组政府。柏林的三月革命取得了胜利。

29日，威廉四世任命资产阶级自由派康普豪森和汉泽曼组织新政府，并于5月22日召开国民议会。新政府害怕工人斗争会继续发展，调回了原来的军队，并不支持农民的反封建斗争。此时，威廉四世在背地里秘密积蓄力量，在10月初重新指定内阁，并于次月下令解散了国民议会。

5月18日，全德国会在法兰克福开幕。绝大多数议员拥护君主立宪制的资产阶级自由派和贵族的代表。但是他们在统一德国的问题上产生了分歧："大德意志派"认为，应该建立一个包括奥地利并由它领导的统一德国："小德意志派"主张应该将奥地利排除在德国之外，由普鲁士领导德国统一。

经过一年多的讨论，议会终于通过了《德意志帝国宪法》。宪法确定德意志将是一个资产阶级君主立宪国家，普鲁士国王是帝国的皇帝，保留各邦君主的统治地位，中央设立一个议会，帝国中央统一掌握各种对外政策、关税立法等权力。显然，这部宪法向封建势力做了很大妥协。

但是各邦君主拒绝同意这部宪法的通过，并且准备以武力推翻法兰克福议会。当法兰克福议会将准备的皇冠送给推选的普鲁士国王时，国王却嘲笑并拒绝带上这皇冠，并且说："这不是皇冠，而是奴隶所戴的铁项圈，戴上它之后，国王就会变为革命的奴隶。"因此，全德掀起了保护帝国宪法的运动。

1849 年 5 月 4 日，民众首先占领了萨克逊首府德累斯顿，成立了临时政府。马上，莱茵区也爆发了大规模起义，成立临时政府。但是到了 7 月，全德的护宪运动先后遭到镇压。至此，1848

年的德国革命以最终失败而告终。

巴黎二月革命和柏林三月革命的消息很快传到了奥地利。在奥地利的维也纳，资产阶级和广大人民也拿起武器，准备结束封建制度的统治。

19 世纪前半期的奥地利，是大地主、金融资本家和官僚统治的帝国。封建王朝哈布斯堡在匈牙利所实行的政策完全践踏了匈牙利的主权，使匈牙利在政治、经济、军事和文化上完全依从于奥地利。

3 月 12 日，匈牙利首都布达佩斯的大学生们以最后通牒的方式要求恢复教学自由，并取消报刊检查制度。次日，学生、工人和市民举行了大规模的反政府游行示威。15 日，在匈牙利民族博物馆前面，匈牙利民族主义革命者、著名诗人裴多菲冒雨向集中在广场上的一万多名起义者高声朗读了他创作的《民族之歌》。由此揭开了 1848 年匈牙利民族民主革命的序幕。

在通过了资产阶级改革的政治纲领《十二条》后，武装起义部队控制了整个首都。当政府调集军队实行镇压时，起义者迅速筑起街垒，进行武装反击。在起义军的威胁下，国王费迪南一世

世界通史

最新整理图文珍藏版

被迫罢免了原首相，宣布改组内阁，同意召开国民议会，制定宪法，并且在军事、财政上独立自主，废除农奴制。匈牙利三月革命初步取得了成功。

欧洲 1848 年革命

在国王被迫同意起义者的最先要求时，调集军队准备镇压起义。9 月 11 日，奥地利皇帝派遣的军队向匈牙利大举进犯。此后不久，奥地利首都维也纳为反对奥军武装侵入匈牙利而举行了支持匈牙利革命的武装起义。但是奥军马上采取果断措施镇压了此次起义。

12 月中旬，奥军又出动十多万军队从四面八方向匈牙利发起进攻。匈牙利军队在重兵打击之下，暂时失利，并被迫退到布达佩斯，多瑙河西边地区相继沦陷。1849 年 1 月，布达佩斯也陷落。

但是很快，匈牙利军队就开始了大规模的反攻，并且连续攻破了奥地利军队的防线。14 日，匈牙利议会通过了国家独立宣言，宣布推翻哈布斯堡王朝统治，并且选举科苏特为国家元首。此外，匈牙利军队在其领导人的领导下，大举进攻奥地利军队的阵地，并且消灭了奥军主力。5 月下旬，匈牙利军队攻下了布达佩斯。但是由于原先没有彻底消灭奥地利的军队，给了他们重整军队的好时机。

已经无力镇压匈牙利革命的奥皇急忙向沙皇请求援助。1848 年巴黎二月革命的消息传到俄国后，沙皇尼古拉一世为了阻止革命烈火的蔓延，立即在国内实行紧急军事动员，在西部边境陈兵达到 40 万。同年 5 月 27 日，沙皇调动 14 万俄军分两路进攻匈牙利。在此后的两个月中，匈牙利军队在科马罗姆同俄国军队展开了大会战，但是遭到惨败，在吉格尔什瓦尔的战役中，匈牙利军队彻底被打败，裴多菲也在此战役中牺牲。

此后，俄军占领了匈牙利的东部和东北部地区后，开始向首都布达佩斯推进。匈牙利军队总指挥戈尔盖在维拉格什向俄军缴械投降，出卖了匈牙利的革命事业，致使革命被俄军彻底镇压。

在匈牙利遭到俄国残酷镇压的同时，俄国还对罗马尼亚诸公国的革命进行了镇压。1848 年 6 月，俄国为了维护自己在摩尔多瓦的利益，出兵占领了雅西，使得刚刚兴起的摩尔多瓦三月革命遭到了彻底失败。同年 9 月，俄军侵入瓦拉几亚，镇压了瓦拉几亚革命；次年 6 月，俄军和奥地利军队侵入特兰西瓦尼亚，镇压了当地的革命。

1848 年欧洲革命遍及了除俄国外的欧洲大陆大部分国家。虽然这次革命最终被镇压，但是它进一步打击了欧洲的残余封建势力，促使一些国家的民族独立。革命失败后，许多革命志士逃往美国，给美国的社会改革和政治生活增加了强劲活力。1848 年革命的经验，使马克思、恩格斯进一步完善了《共产党宣言》中提出的无产阶级革命和无产阶级专政的思想。马克思在总结其经验时，第一次提出了无产阶级专政这个概念，为以后俄国、中国等社会主义革命的开展提供了重要思想保证。

应该说，这次革命加快了整个欧洲的资产阶级革命进程，到 19 世纪末，资产阶级的政治和经济秩序最终在欧洲确立，使欧洲进入了资本主义全面发展的时期。

法国二月革命

1848 年法国二月革命是由于七月王朝的反动统治严重阻碍了法国资本主义的进一步发展，导致了法国政治、经济的全面危机，并由此引起社会各阶级的强烈不满与反抗的结果，而两个普遍性的重大经济事件：马铃薯病虫害和农业歉收，工商业总危机的发生，加速了革命的爆发。

二月革命是一次由资产阶级领导的，广大人民群众，特别是

奥地利皇帝费迪南一世逃亡

世界通史

最新整理图文珍藏版

梅特涅外逃

工人群众参加的资产阶级民主革命。它的任务是推翻金融贵族的统治，建立资产阶级共和国，为资本主义的进一步发展扫清道路。在这次革命中，由于广大人民群众的英勇战斗，特别是无产阶级的积极参加，并在革命中创造了街垒战的武装斗争新形式，从而推翻了七月王朝的统治，取得了革命的胜利，建立了资产阶级共和国。

2月23日早晨，街垒战斗开始了。政府派国民自卫军镇压起义者。国民自卫军是由民兵队，一般亦称"公民——民兵"发展而来。后来它成为一支名副其实的有产者自卫军。路易·菲利浦

统治时期，它是七月王朝的自卫军。但是在二月革命中，一部分国民自卫军同情革命，主张改革。所以当政府派国民自卫军镇压起义人民时，他们的情绪十分低落。在巴黎郊区，大部分国民自卫军没有按照命令到达守卫据点，而那些到达据点的也不愿同起义者作战。国民自卫军中有一个军团竟向议会递交要求基佐辞职的请愿书。

国民自卫军同情起义人民的消息传到王宫以后，路易·菲利浦十分惊慌。他决定牺牲基佐，免除他的一切职务，以缓和当时的紧张局势。基佐垮台后，路易·菲利浦授权莫尔组阁，希望自由派中这个享有声望的人物能够帮助他平息资产阶级的不满情绪。基佐垮台和莫尔组阁的消息传出后，资产阶级反对派欢欣鼓舞，张灯结彩，以示庆祝。许多资产阶级的代表人物四出活动，劝说人民停止战斗。一位国民自卫军的军官向圣马丁郊区的居民说："一切都取得了良好的结果！"但是，巴黎无产阶级和人民群众再也不愿意听这些老爷们的说教了。起义者响亮地回答说："无论莫尔或者基佐，这对我们来说都是一样。"起义人民仍手持武器，守卫

街垒。

2月23日晚，在卡普茨林阴大道上发生的流血事件对战斗进程有着很大的影响。当部分国民自卫军与起义人民共同向基佐住宅推进时，受到步兵营的阻拦，他们把守着通向基佐住宅的所有入口和街道。示威游行者便派代表与营长谈判。但在谈判时，士兵向群众开了枪，当场六人被打死，几十人受伤。这一挑衅性的事件立即传遍全城。手持火炬的人群护送着装载尸体的大车，沿着巴黎工人住宅区缓缓地前进。队伍中发出了响彻云霄的呼喊声："拿起武器！他们杀死了我们的兄弟！"于是成千上万的工人、手工业者、大学生和其他劳动人民满怀仇恨，向七月王朝发动了进攻。由布朗基及共和派左翼秘密协会所领导的四千多工人，都积极地

革命群众捣毁了杜伊勒利宫，艺术品并没有遭到破坏。

参加了这次战斗。工人住宅区的妇女和儿童不停地制造子弹，男人们修筑新的街垒。一夜间他们就筑起了一千五百多个街垒。起义者勇猛地攻下了科学院和工业部的哨所，并将其焚烧。土伊勒里宫附近的兵营也被焚烧了。

当起义形势急剧发展时，国王路易·菲利浦任命1834年4月血腥屠杀特兰斯诺南街居民而著称的"英雄"比若元帅指挥军队。同时决定对资产阶级反对派作出一些让步，以稳定资产阶级和国民自卫军的情绪。他任命曾两次任内阁首相（1836，1839～1840年）的梯也尔与王朝反对派的领袖奥迪隆·巴罗共同组织新内阁。2月24日凌晨2时，国王将梯也尔召进宫内，向他解释了急于组成新内阁的原因，国王说道："我需要你们的声望。"

资产阶级君主派的领袖们完全同意参与这一反人民的阴谋，并且扮演了国王所希望他们扮演的可耻角色。梯也尔和巴罗到市区宣布了国王作出的新的让步，试图说服起义者停止战斗。但比若却乘机迅速地制定了战斗计划，他命令塞巴斯吉昂和贝多将军指挥的五支军队从四面八方向城市的中心据点同时发动进攻，拆除

道路上的街垒，消灭其守卫者。比若要求士兵"不要吝惜火药和铅弹。"并且宣称："我终于有机会射击这些恶棍了。"

从2月24日开始，起义人民对政府的各个主要据点：市政厅、兵营、广场和哨所等，发动了猛烈的进攻。

这时，巴黎的城郊已被起义者占领了。一些郊区的居民占领了哨所，阻拦从外省调来支援政府的军队。在巴黎城内，政府的据点越来越少了。从2月24日早晨起，市政厅附近兵营周围的大部分地区已被起义者占领。政府军队开始撤出巴士底狱广场和文森城堡。上午11时，起义者又占领了格列夫广场。塞巴斯吉昂将

路易·波拿巴

军的纵队非常困难地打开了通向市政厅的道路，而贝多将军的纵队则被圣杰尼大街上的街垒所堵截，受到起义者的沉重打击。各军队之间的联系被切断，军队的士气越来越低落，比若的作战计划变成了泡影。

当梯也尔—巴罗新内阁组成的消息传出后，《改革报》的编辑部声明说："公民们，路易·菲利浦像查理十世一样地杀害我们，我们也让他像查理十世那样地被推翻吧！"

在这种情况下，比若的司令部开始动摇了。一些资本家，如大商人法维尔·杰利亚巴尔劝说比若放弃自己的计划，不要再使形势继续恶化。比若看见大势已去，便同意了他的建议，命令贝多将军停止战斗并退却。

在军队已失去作用，七月王朝覆灭在即的时刻，梯也尔慌慌忙忙地跑进王宫，企图说服国王路易·菲利浦再作出一些让步。路易·菲利浦只好根据梯也尔的建议，任命以自由主义而著称的拉莫里埃尔将军指挥国民自卫军。当拉莫里埃尔和巴罗又试图说服起义人民停止战斗时，街垒战士表示坚决反对。革命群众以高昂的"打倒梯也尔！打倒巴罗！打

倒路易·菲利浦！”的口号声回答了国王的再次让步。被群众的怒吼声吓破了胆的拉莫里埃尔和巴罗躲进了深宅大院。

革命形势的发展，时时威胁着宫廷的安全。梯也尔又偷偷地溜进王宫，建议国王将军队、政府和议会从巴黎撤到外省，然后，利用外省的军队包围并炮击巴黎。路易·菲利浦拒绝了这一建议。因为路易·菲利浦还指望能鼓起军队的士气，以扭转危险的形势。为此，国王决定在卡卢谢尔广场阅兵。但在检阅队伍时，路易·菲利浦听到在喊“国王万岁”的欢呼声中还夹杂着“改革万岁”的口号声，特别是当他检阅国民自卫军的队伍时，“改革万岁”的口号声更大了。这时，路易·菲利浦吓得面色如土，不知所措，情不自禁地小声说：“我已经同意改革，已经同意了！”阅兵式刚结束，惊魂未定的国王便迫不及待地回到了王宫。

起义人民同军队的联合加速了战斗的进程：市政厅被占领，官吏被清洗，并且开始了对王宫——土伊勒里宫的进攻。国民自卫军中的资产阶级分子和巴黎郊区市政机关官员竭力劝阻起义人民进攻土伊勒里宫。但是，秘密的共和社会主义团体“四季社”的领导人巴尔贝斯对起义人民的行动给予了有力的支持。他们在林阴大道上散发传单，告诫起义人民，不要忘记过去革命的经验教训。传单写道：“公民们！你们又一次以自己的英雄行为战胜了专制制度。但是，你们在1789年7月14日、1792年8月10日、1830年7月29日都战胜过它，可是，你们每一次的胜利成果都被窃取了……让这些例子作为你们的教训吧！……迅速地采取果断的决定。立即进攻土伊勒里宫，夺取它……要特别小心，不要相信那些骗子，不要相信那些胆小如鼠、平庸无能的人……拿起武器，进攻土伊勒里宫！”

进攻土伊勒里宫的战斗开始

站在革命的最前线的法国

世界通史

最新整理图文珍藏版

后，路易·菲利浦已完全丧失了自己的意志。资产阶级记者埃米尔·日拉尔德向路易·菲利浦建议，拯救王朝的唯一办法是他自己宣布退位，立其年幼的孙子巴黎伯爵为国王，其母亲奥尔良公爵夫人为摄政王。事情决定后，国王及其家族当天便乘坐马车，在骑兵连的保护下，逃出巴黎，不久流亡到英国。

起义人民占领了土伊勒里宫后，他们把路易·菲利浦的半身铜像抛到窗外，撕毁比若的相片，并把国王的宝座搬到巴士底广场上的烈士纪念柱前焚烧了。国王宝座的被焚烧象征着君主制度的被埋葬。接着，起义人民高呼"共和国万岁"的口号到达议会所在地波旁宫。起义人民立即冲进会议厅。起义者登上讲台，高呼"打倒议会""共和国万岁！"的口号，他们庄严宣布："既不要国王，也不要摄政王。共和国万岁！"然后驱散了立法会议，粉碎了资产阶级保留君主制的阴谋。起义人民取得了二月革命的胜利。

正当巴黎无产阶级和革命群众在焚烧王座、驱散立法会议的时候，资产阶级趁机窃取了革命果实。2月24日晚临时政府在市政厅大厦宣布成立。临时政府由

杜邦·德·累尔、拉马丁、阿拉戈、马利、克莱米约、加尔涅·帕热、马拉斯特、赖德律－洛兰、弗洛孔、路易·勃朗和阿尔贝11人组成，其中2人为王朝反对派，5人为资产阶级共和派，2人为小资产阶级民主派，工人代表2人，即路易·勃朗和阿尔贝。马克思指出：在二月街垒战中产生出来的临时政府，按其构成成分必然是分享胜利果实的各个不同党派的反映。它只能是各个不同阶级间的妥协，这些阶级曾共同努力推翻了七月王朝，但他们的利益是互相敌对的。临时政府中绝大多数是资产阶级的代表。重要的职位都被资产阶级所窃取。

1848 年 6 月巴黎工人起义

经过两个多月的较量，资产阶级已经占了优势。此后，资产阶级对工人的进攻越来越公开了。

5月15日事件后，国家工场成为攻击的主要目标。执行委员会成立后接替马利任公共工程部长的特雷拉说："现在的问题只是要劳动回复原有的状态。"5月17日，君主派的《国民议会报》写道："危险不断地在威胁我们，当

最新整理图文珍藏版

国家用钱赡养10万人只是为了教会他们叛乱时，又怎能不担心混乱呢？谁不知道国家工场是无政府主义和掠夺的支柱？"

4月底，临时政府曾拟定一个法律草案，由国家强行向私人企业赎买铁路。5月17日，财政部长迪克勒尔克向制宪议会提出，由国家赎买铁路，让无工可做的人去铁路劳动以解决国家工场问题。制宪议会中不少人从维护金融寡头和企业主的利益出发，反对铁路国有，反对保存国家工场，铁路国有化问题便和国家工场问题交织在一起了。

5月20日起，制宪议会开始讨论国家工场问题。23日，特雷拉向托马下达了执行委员会的决定：（1）号召18～25岁的未婚男工志愿参军，凡拒绝者立即从国家工场工人名单中除名；（2）巴黎工人立即重新登记，凡不能证明自己5月24日之前已在巴黎居住六个月者，将被除名，不能领取工资和补助金；（3）把工人名单提交给企业主，企业主有权选择他所需要的工人，工人如拒绝接受雇佣，将立即从国家工场的总名单中除名；（4）未被除名者或暂时留在国家工场中者，按计件工资计算；（5）尽早组织工人

生产小队开往外省从事巨大的国家工程。国家工场主任托马同情工人，反对这种做法。5月26日晚，执行委员会将他解职。

在执行委员会和制宪议会之间存在着一定的矛盾。制宪议会视执行委员会成员为二月革命的人物，对之怀有一定疑虑。执行委员会则想暂时利用一下二月革命时的同盟者巴黎工人以对抗制宪议会。特雷拉原想立即取消国家工场，现改变主意，采用逐渐取消的办法。制宪议会则对执行委员会施加压力，责令它尽早解散国家工场以挽救铁路方面的私人财产。

5月25日，君主派分子法卢在制宪议会下设的劳动委员会上发言说："假使工人要反抗，难道我们没有国民自卫军，没有正派工人，没有企业家？"5月29日，法卢代表该委员会向制宪议会报告，提出以计件工资代替计日工资，把外地来巴黎的工人遣回原地。法卢对国家工场的评价是："从工业的观点看，国家工场不是别的，而是一种持续性的罢工，是每天花费17万法郎，亦即每年花费4500万法郎组织的罢工；从政治观点看，它是具有威胁性骚动的积极策源地；从财政观点看，

它是一种经常性的、毋庸置疑的浪费；从道德观点看，它是对工人的光荣纯洁的品格的腐蚀。"法卢并建议对工业提供一笔款项。5月30日，制宪议会根据法卢报告通过法令，改组国家工场，以计件工资代替计日工资，在塞纳省居住不满三个月的工人遣送外省，向私人和省市企业拨款以恢复生产。

6月3日，该法令公布，巴黎工人深为不满。制宪议会为防止工人示威，于6月7日通过反对街头示威游行的法令，规定只要人群中有一人携带武器，便视为武装游行，参加者受严惩，监禁两周至十年不等。对夜间集会的参加者，惩处更严。政府加紧军事防范，卡芬雅克命令充实别动队人员，频频从外省调军队来巴黎。6月13日，卡芬雅克命令里尔"立即将杜埃和阿腊斯的全部干粮储备运往巴黎"。

6月15日，议会委任了一个专门委员会，研究解散国家工场问题。委员会全部由保王党人和温和共和派组成，主席是古德肖，报告人为法卢。古德肖在议会发言说："应该在巴黎和外省立即消灭国家工场。"

6月18日，工人在巴黎张贴传单，对古德肖的发言作出回答。传单说，工人热切盼望有益的、与他们的职业相适应的劳动。"11万工人每日等待着从国家工场领取一点微薄的工资来维持自己和全家的生活，您想立即消灭国家工场，您这是想干什么？难道您想让工人忍饥挨饿和绝望？……您的使命是建设社会大厦，组织、教育、改善国家工场的道德，而不是去消灭它。"

6月21日，议会决定，凡18~25岁的单身男子立即从军，其余工人开往索伦做工。索伦是一个沼泽地带，常有霍乱流行。22日，报上颁布了此项决定，当天便有一列运载工人的火车开往索伦。巴黎工人闻讯后，十分愤怒。他们表示："宁可战死巴黎，也不远离家人到索伦死于霍乱。"

6月22日上午9时，约有1200~1500名国家工场和一些行业的工人，打着旗子，前往卢森堡宫抗议关于国家工场的法令。执行委员会成员马利接见了以佩若尔中尉为首的国家工场的五名工人代表。他威胁说："假使工人们不去外省，我们要用暴力强迫他们去，你们听见没有？要有暴力！"马利的蛮横态度激怒了工人。22日，巴黎街头工人的游行

最新整理图文珍藏版

队伍络绎不绝。"打倒拉马丁！打倒马利！打倒制宪议会！"的呼声四起。晚间6时，有4000～5000工人在先贤祠广场集合。他们渡过塞纳河，来到圣安东郊区，沿途队伍不断扩大。一路上工人们高呼："劳动和面包！"晚10时，他们返回先贤祠广场。佩若尔号召示威者拿起武器，工人们宣誓永不退却，决定翌日晨再次集合。

6月23日晨，集合在先贤祠广场上的3000名工人随身携带了一些步枪和破旧手枪，但无起义的打算。他们由先贤祠向圣安东郊区走去。当队伍行至圣德尼时，一位领头人高喊："拿起武器，筑起街垒！"工人们纷纷响应。10时半，第一个街垒在邦努弗尔林阴大道建成，第二、第三个街垒接踵而起。街垒上竖着国家工场的三色旗、红旗、也有少数黑旗，有的旗子上写着"面包或死亡！"中午11时，由南往北，以圣雅克街、圣德尼街、圣德尼郊区街稍偏西一线为界，整个巴黎一分为二。东部劳动人民居住地区，处于起义者掌握之中。塞纳河南岸的先贤祠广场，塞纳河北岸的市政厅广场和巴士底狱广场是起义的三个中心点。在圣雅克街、圣德尼街、圣德尼郊区街、圣马尔坦街、圣马尔坦郊区街、唐普尔街、唐普尔郊区街、圣安东郊区街、梅尼尔蒙唐街等处都筑起了街垒。关于街垒总数说法不一，有的统计为414个，有的认为有600多个。街垒高大而坚固，圣安东郊区街的一个街垒有五层楼高。在先贤祠广场有四个街垒，守卫者达8000～1万人。

参加起义的总人数为4万至4.5万人，主要是国家工场的工人。一些激进的知识分子、铁路工人、部分私人企业中的工人、失业工人也参加了起义。国家工场中的工人是按半军事编制组织的，他们仍按这种编制参加起义，由下士和中尉带领，因而较有组织性。这是这次起义出色的地方。起义前工人中没有一个统一的政治组织，起义带有很大的自发性，各地区的街垒领导人各自领导该地区，相互之间并无联系，因而在起义中未能形成一个领导中心。

5月15日事件后，布朗基等在工人中享有威信、具有丰富斗争经验的领袖身陷囹圄，对起义来说，是一个不小的损失。但在斗争烈火之中，又涌现出不少杰出的领袖人物。例如：机械师、"工人——平等派协会"的成员拉卡里，《组织劳动》报的编辑、圣安东郊区的最大的俱乐部之一"圣安东区人"的主席拉科隆热，金属雕刻匠勒热尼塞尔，光学仪器技工德弗尔等等。

30年代共和运动中秘密协会的杰出活动家、"人权社"行动委员会主席盖尔索济制定了一个军事行动计划，将起义力量分成四个纵队，每个纵队以工人居住区为根据地，向市政厅分进合击，另组织小型游击队在纵队的侧翼和纵队之间独立行动，支持纵队和保持纵队之间的联系。恩格斯十分赞赏这个计划，赞美盖尔索济"以第一个街垒战指挥者而名垂史册"。同时，恩格斯也指出，这个计划的不足之处在于作战初期完全没有注意到巴黎西郊，没有尽快突入巴黎中心区。由于起义缺少统一的领导中心，此计划当然无法实行。

起义者没有公布过统一的共同要求。6月24日，在第八区和圣安东郊区各颁布过一份告示，其他地区的起义者也提出过要求，内容大体相同：要求成立民主社会共和国，颁布劳动权法令，在国家支持下实行自由劳动协作，由人民自己制定宪法，逮捕执行委员会成员，把制宪议会议员和部长送交法庭，军队撤离巴黎，

释放万森狱中的革命者等等。这些要求主要属民主主义范畴，社会主义性质不十分明显，但其意义不容低估。他们提出的建立民主社会共和国的要求虽然比较含糊，未触及国家的阶级实质，但这种要求的政治性质极为突出，工人们已开始意识到要利用国家政权来谋取自身利益，比以前历次工人起义高出一筹，在争取工人政治解放的道路上向前迈进了一大步。

6月23日起义开始后，执行委员会进行镇压，军事部长卡芬雅克将军指挥全部武装力量。他的战略计划是待起义充分发动后，一举歼灭之。他对待起义不是像警察采取治安行动那样，而是在部署一次战役。卡芬雅克将军把兵力分成三路。第一路由拉莫里西埃将军指挥，进攻圣德尼，阻止巴黎东北部的起义者向市政厅进发。第二路由伯多将军指挥，任务是加强市政厅的防卫。第三路由达梅斯姆将军指挥，清除塞纳河左岸的起义者，包围巴黎东南部向市政厅进发的起义群众。

23日中午，激战开始，工人们奋不顾身，向敌人频频攻击，市政厅广场和先贤祠广场的战斗尤烈。执行委员会成员阿拉戈带

领龙骑兵连、两队步兵、两门炮和一队国民自卫军来到先贤祠广场，命令工人们放下武器。起义者反驳他说："您本人在1832年就和我们一起在街垒战斗过"，"您无权责备我们，您从未挨过饿，您不知道什么叫贫困"。

在圣德尼，一名起义的领头人举着旗子指挥战斗。他受伤后，身旁一位衣着雅致的姑娘高举旗帜，屹立在街垒上。当她中弹倒下后，另一名妇女一手抱着战友的身躯，一手拣起石块向敌人掷去。这位妇女也牺牲了。那个时代的人们认为：首都的整个工人阶级不是用双手，而是用整个心参加战斗。

街垒战士们前仆后继与敌人浴血奋战。拉莫里西埃、伯多、达梅斯姆分别指挥的三路军队，都很吃紧，纷纷向卡芬雅克要求增援。伯多受伤，由迪维维埃将军代替。拉莫里西埃向卡芬雅克报告，他指挥的别动队已损失1/3，大概难以坚持到晚上。卡芬雅克亲自率兵增援，到巴黎东北部圣莫尔指挥反击起义者。他组织了几次进攻，投入自己的全部七营兵力，但毫无用处。卡芬雅克原是来增援拉莫里西埃的，现在却又反过来向拉莫里西埃求援。

从23日中午起直至24日凌晨，优势在起义者一边。

议会中部分议员认为执行委员会软弱无力，主张由一个铁腕人物取而代之，卡芬雅克是他们看中的对象。他们派三名代表去试探卡芬雅克。卡芬雅克表示，如果推翻执行委员会，他就接受政权。24日上午8时，议会开会。温和共和派议员帕斯卡尔·迪普拉特向议会建议宣布戒严，把全部政权交给卡芬雅克。议会通过了宣布戒严的提案。茹尔·法弗尔提出对"执行委员会立即停止行使职权"的议案进行表决。大多数议员犹豫不决。10时半，执行委员会全体成员宣布集体辞职。议会授予卡芬雅克独裁权。

卡芬雅克获得独裁全权后，颁布了三份文告：致工人书、致国民自卫军书和致军队书。在致工人书中，卡芬雅克要求工人放下武器，相信政府。在致国民自卫军书中，卡芬雅克要求国民自卫军不顾一切地去残酷镇压起义，还说什么"没有痛苦和牺牲，什么也不会建立和巩固起来。"卡芬雅克打电报给下塞纳省军分区和第二、第三师的指挥官，命令他们立即带领他们所指挥的全部步兵开赴巴黎。他又派总部军官到外省调兵，让阿尔卑斯军向巴黎开拔。24日晨，卡芬雅克掌握的军队总数超过十万人。24日晚，军队又增了一半；25日，卡芬雅克再得到二三万援军而起义者总数最多为4.5万人左右，不及卡芬雅克军队的1/4。

24日黎明，战斗开始后，起义者占领了第八区政府。卡芬雅克对起义者发动强攻。到24日晚，卡芬雅克在圣雅克和先贤祠摧毁了起义者的抵抗，铲除了塞纳河南岸的街垒。25日晚间，城内各区的街垒都已经被攻破。起义者只掌握圣安东郊区、唐普尔郊区的一部分以及其他一些小的地区。

圣安东郊区是最坚固的阵地，在通往这个郊区的许多要冲处都构筑了很巧妙的工事，街垒彼此形成三角形，可以互相掩护。卡芬雅克看到这些街垒难以攻下，提出谈判。起义者提出：解散制宪议会，军队撤出巴黎，释放关闭在万森监狱的革命者，人民自己制定宪法，等等。在谈判过程中，这些要求又改变为保存国家工场，颁布劳动权法令。当要求遭拒绝后，谈判中断。卡芬雅克命佩罗将军从唐普尔近郊，拉莫里西埃从巴士底狱广场同时向圣安东郊区的街垒开火。卡芬雅克又调来五门重炮。密集的炮火摧毁了街垒。26日上午11时，一部分起义者投降，另一部分起义者撤离圣安东郊区。

26日下午2时，卡芬雅克以急电通知各省，政府军已经攻下了起义者反抗的最后据点圣安东郊区。实际上，巴黎东郊的斗争仍在继续，起义者的最后阵地梅尼尔蒙唐、贝尔维尔、拉维莱在下午，部分地区在晚上才被军队占领。

28日，卡芬雅克把全权交还给制宪议会。制宪议会又无限期地把政权授予卡芬雅克。制宪议会通过决议，感谢卡芬雅克将军为祖国立下功勋。

资产阶级和无产阶级之间这次交锋，虽然只有短短的四天，只局限于巴黎东部半个城市，但是资产阶级动用了约20万兵力、10多名将军。尽管他们都是沙场老将，但由于起义工人英勇作战，拼死抵抗，致使布尔贡、达芒、勒诺、迪维维埃、内格里埃、布勒阿六名将军战死，伯多、弗朗苏瓦、科尔特、拉丰唐、富谢、库尔蒂吉六名将军受伤，7月3日，卡芬雅克在议会宣布，官方死伤703人。政府军向起义者射出 210 万发子弹，3000 颗炮弹。起义者在战斗中牺牲的人数至今无确切的数字，有的著作认为死数千人，有的认为战死五百多人。有一个比例数能说明一定问题：在圣路易医院中，军队和起义者死伤比例为：军队是 1：15，起义者是 1：6。

卡芬雅克是资产阶级共和主义者，曾反对过复辟王朝，但当工人起来向资产阶级争取自身的权利时，他竟与自己的旧敌联合，镇压工人起义，其残酷程度超过了七月王朝对里昂工人起义的镇压。由此可见，在对待工人方面，共和派和保王派并无本质区别。

镇压起义之后，卡芬雅克又采取残酷的迫害措施。到 7 月 4 日止，巴黎查获没收枪支 10 万支，

匈牙利革命的著述家兼法律专家科苏特

后来又搜寻到不少长枪、大刀、手枪等，巴黎工人被解除了武装。政府逮捕 2.5 万人。1500 人未经审判被枪决，1.1 万人被判监禁或流放。他们大多数是工人或手工业者，其中泥水匠 572 人，打短工者 553 人，细木工 505 人，皮靴匠 418 人，钳工 301 人，机械工人 248 人，旋工 185 人。

巴黎工人的斗争不是孤立无援的，第戎举行了示威游行，高呼："不能劳动生活，毋宁战斗而死！"亚眠工人宣称，巴黎的斗争是主人和工人之间的战争。他们表示要去巴黎帮助工人反对主人。其他一些城市的工人也公开行动，声援巴黎工人。铁路工人想方设法阻止运载军队的列车开往巴黎。法国历史学家多特里认为，全法国都有阶级战争，而在巴黎，这个战争是用枪炮进行的。

1848 年匈牙利佩斯三月革命

1848 年的欧洲，资产阶级革命风起云涌。2 月 23 日，首先在法国巴黎爆发了革命，迫使国王路易·菲利浦退位，成立了资产阶级共和派领导的临时政府。这一消息于 3 月 1 日传到匈牙利首府

波若尼。科苏特预感到革命的到来，他情不自禁地高呼："欧洲的上空出现了我们不能忽视的信号。"他立即抓住这一大好时机，于3月3日向议会提交了一份全面的政治纲领草案，重申反对党历来关于资产阶级改革的主张，呼吁制订一个全哈布斯堡帝国的宪法，成立匈牙利责任内阁，以便独立地处理解放农奴和建立民主制等方面的问题。这些要求后来成了青年匈牙利小组在3月9日起草的革命纲领《十二条》的基础。

紧接着，奥地利首都维也纳于3月13日爆发了革命，奥皇被迫免去梅特涅的首相职务，并答应制订宪法。消息在当天晚上传到匈牙利，引起极大的反响。3月14日晚，以裴多菲为首的革命青年聚集在比尔瓦克斯咖啡馆里，积极筹备第二天的群众游行活动。裴多菲热情洋溢地朗读了他那扣人心弦的诗篇《民族之歌》：

　　起来，匈牙利人，
　祖国正在召唤！

　　是时候了，现在干，
　还不算太晚！

　　愿意做自由人，还
　是做奴隶？

　　你们选择吧，就是
　这个问题！

　　我们向上帝宣誓，

　　我们宣誓：我们不
　再做奴隶！

　　……

与会者一致通过了《十二条》。

翌日清晨，群情激昂的青年在裴多菲等的带领下向兰德列尔印刷所行进，第一次不经书报检查印刷了《民歌之歌》和《十二条》。这震撼当时欧洲的《十二条》全文如下：

　　匈牙利民族希望什么？

　　和平、自由和团结。

　　1. 要求出版自由，取消书报检查

　　2. 在布达佩斯成立责任内阁

　　3. 每年在佩斯召开议会

　　4. 法律面前人人平等

　　5. 建立民族自卫军

　　6. 在平等代表权的基础上共同负担捐税

　　7. 废除农奴劳役制

　　8. 设立有陪审团的审判制度

　　9. 组织国家银行

　　10. 军队忠于宪法，

奥地利军在库斯托萨战役中发起进攻

不许把匈牙利军队派往国外，撤走外国在匈牙利的驻军

11. 释放政治犯

12. 埃尔代伊归并匈牙利，成立联邦。

平等，自由，博爱！

《十二条》在当时成了团结、动员和组织劳动大众共同打击敌人的战斗思想武器，但是它没有明确提到匈牙利应摆脱奥地利而独立，没有提到平分土地等主张。

3月15日下午3时，上万群众在民族博物馆冒雨举行大会。由裴多菲带领庄严宣誓："我们不再继续做奴隶！"尔后，整队前往市政厅，市长被迫接受了《十二条》。接着，起义者在市政厅大楼

组成治安委员会。由城市资产者、农民、工人和知识分子组成的治安委员会是当时最权威的政权机构，由它负责领导这次革命，并立即通过决议废除书报检查制度和组建地方国民自卫军；同时还决定，第二天派代表团去波若尼，要求召开议会通过批准《十二条》，立即迁都佩斯。然后两万多群众高举大旗涌向总督公署，迫使总督撤销书报检查和释放政治犯。一年前被关进监狱的坦契奇在群众的欢呼声中回到佩斯。

事后，裴多菲在日记中记述了这一激动人心的事件："总督大人吓得面色苍白，直打哆嗦。只经过五分钟的协商就达成了协议。"佩斯的革命在外地引起强烈的反响，各地相继成立了治安委员会。革命在全国各地轰轰烈烈地开展起来。

与此同时，在波若尼议会以科苏特为首的反对党也采取了行动。14日晚，下议院通过了科苏特3月3日向议会递交的建议书，并决定派出100人的大型代表团携带纲领草案前去的维也纳，要求奥皇批准。科苏特一行受到沉浸在革命胜利欢乐中的维也纳人民的热情欢迎。慑于革命压力，朝廷被迫让步，接受了匈牙利议

会的要求，同意成立匈牙利责任内阁。

3月17日，奥皇斐迪南一世授权主张与哈布斯堡王朝妥协的温和派鲍詹尼·劳约什组阁。科苏特任财政部长，塞切尼任交通与劳动部长。政府的成员大都是中等贵族和同情革命的出身大贵族的人。由于自身的利益和传统，他们极力保护现存的财产状况，并对少数民族进行镇压，阻止革命继续发展。因此，这个政府不能完全代表劳动人民的意志。

在强大的革命洪流冲击下，以科苏特为代表的一部分自由贵族反映了激进民主派的要求。3月18日深夜，议会排除各种障碍相继通过了35条法令，统称为1848年法令。这些法令是匈牙利国家独立和资本主义改造的基本保证。

法令从奥地利殖民者手中夺回了立法和行政权。法令规定，成立匈牙利责任内阁，成立代议制的国会，由选举出来的国会取代旧的封建等级议会。具有少量财产的农民和手工业者也可以参加选举。匈牙利责任内阁独立于维也纳政府，它只对匈牙利国会负责。

法令宣布废除农奴制，取消专门镇压农奴的地方自治会，废除劳役制和什一税，把农奴耕种的地块变为农民的私有财产，农奴有人身自由；同特兰西瓦尼亚联合，出版自由和在法律面前人人平等；平等的课税，废除贵族的免税特权和特权继承法；建立国民自卫军，保卫国家安全，等等。

1848年法令的重要历史意义在于：它宣布几百万农奴的解放，成立匈牙利独立的民族内阁，废除了几个世纪以来的劳役制和什一税。因此，它为消灭封建制度，向资本主义发展开辟了道路。

1848年法令还有它的局限性。它还保留奥皇的皇位继承法，凡未经奥皇批准的法令，不能生效。废除徭役和什一税，却又付给地主高额的赎金。选举权还受财产的限制。少数民族有关区域自治和民主权利的要求未置一词，等等。

面对匈牙利革命的燎原之势，奥皇斐迪南一世如坐针毡。3月28日，他给匈牙利国会下了一道敕令，竭力阻拦执行解放农奴的法令，拒不批准取消劳役制和什一税的法令，坚持独揽匈牙利的财政和军事大权。消息传来，佩斯人民义愤填膺，同仇敌忾，3月28～31日连续四天举行大规模的示威游行，人们高呼："维也纳欺骗了我们！""共和国万岁！"在这些日子里，裴多菲写下了光辉的诗篇《大海在咆哮》，形象地描述了人民是这场波澜壮阔的革命运动的主人翁：

> 一个永远的真理。
>
> 用浪花写在天空：
>
> 虽然船在上面，
>
> 水在下面，
>
> 然而水仍是主人翁！

当时奥皇正集中力量镇压意大利人民的自由斗争和维也纳人民的起义，捉襟见肘，穷于应付，不得不对匈牙利革命做出某些让步。斐迪南一世于4月11日假惺惺地在匈牙利1848年法令上画了押，宣布解散匈牙利最后一届封建制度的等级议会。他暗地里却撺掇克罗地亚这个少数民族地区的边防军中校叶拉契奇向匈牙利进攻。1848年3月23日，奥皇任命叶拉契奇为克罗地亚总督，给他钱和武器，企图利用少数民族来扼杀匈牙利革命。仅6月24日奥地利政府一次就拨给叶拉契奇价值15万福林的军事装备。

是保卫1848年法令，将革命进行到底，还是妥协倒退，使革命半途夭折，鲍詹尼政府必须做出抉择。

这个由奥皇慑于革命威力而匆忙拼凑起来的匈牙利政府，内部一直存在着两种不同的政治主张，一派是以鲍詹尼为首的温和派，一派是以科苏特为首的激进派。广大的工人、农民、小手工业者以及中小贵族为保卫革命成果而进行了英勇的斗争，却遭到鲍詹尼政府的阻拦和镇压，以致使头几个月内革命处于停滞不前的困境。

按照1848年法令，只把原农奴耕种的地块变为耕者所有。这样，充其量也只有20%的土地分到占全国人口72%的贫农手里，其余大部分土地仍为地主占有，广大农民对此是不满的。早在4月份，一些地区的农民就自发地平分土地，抢占牧场和森林，自动破除地主的狩猎权、捕鱼权、出售酒类和屠宰牧畜的垄断权，并以低廉的价格出售自己的产品。这是对1848年法令中限制平分土地的某种反抗。

农民的革命举动遭到鲍詹尼政府的武力镇压。仅4~6月间就有十多人被指控为"危及国家安全及社会治安"而判处死刑。这说明极为软弱的资产阶级化的贵族同封建势力有着千丝万缕的联系，他们是不可能把解放农奴的斗争进行到底的。

在1848年革命中，工人阶级初次登上了政治舞台。早在3月15日，在裴多菲等激进青年的影响下，工人们就上街游行，支持资产阶级的民主要求，如《十二条》。但他们很快就发现，这次革命的领导力量，并不代表工人阶级的利益。于是，他们也要为改善自身的条件而斗争。3月底4月初，部分工人提出缩短工作日和提高工资的要求。4月17日，佩斯8000名行会工人举行示威游行，要求把工作日从13～15小时缩短到10.5～12小时，要求立即取消有害的行会，并当众焚烧行会章程。鲍詹尼政府不得不于6月9日颁布了《行会章程修改条例》，日工作时间改为11小时，童工改为9小时，在提高工资及其他民主权利方面也做了某些让步。

三月革命中各少数民族大都支持匈牙利革命。但是由于领导这次运动的自由贵族自身的局限性，没有处理好同少数民族的关系。就连科苏特对民族问题的重要性也很不理解，他在三月革命时期曾经对一个塞尔维亚政治家说过："那么让我们用剑来见分晓吧！"不满的少数民族被维也纳宫廷所利用。1848年夏初，发生了塞尔维亚人反政府的流血冲突。有奥皇撑腰的克罗地亚总督叶拉契奇认为有机可乘，更加桀骜不驯。4月25日，他发表声明，宣布脱离匈牙利政府的管辖。5月，抢占了克罗地亚的钱库，擅自任命州长，不经国会同意于6月5日召开克罗地亚州会。

按照1848年法令，6月初在佩斯开始选举第一届国民代表会议的代表。由于选举受到财产的限制，广大的工人和贫农被排除在外。选举结果，在国会450个议员中，大地主贵族的代表占72%，小手工业者和农民的代表只占2%。激进民主派的裴多菲未能进入国会。农民代表中只有坦契奇当选。激进派鼎力拥护科苏特担任首相职务，结果也未能如愿，由鲍詹尼连任首相。

在裴多菲和另一位激进派领袖马达拉斯的倡议下，几个左派小组织于7月初联合成统一的政党——平等社，很快就发展了一千多名成员。后来坦契奇也参加进来。他通过自己创办的《工人报》发表文章，要求取消葡萄什一税，坚决主张不付任何赔偿解放农奴，要求把被地主非法夺去的土地归还农民。他写道："我们租种的土地本来就应该是我们的，因为是我们在耕种，而只有通过劳动才能证明财产的所有权。"他还要求把反革命的财产全部分给农民。在他们的影响下，工人和农民运动又有新的发展。9月15日，众议院通过决议废除葡萄什一税。

科苏特为首的激进派清楚地看到，为了对付反革命的进攻，必须迅速组织国防军，在7月11日第一届国民代表会议上，科苏特呼吁"拯救祖国"，要求招募20万新兵和拨4200万福林军费。全体代表报以热烈的掌声予以通过。科苏特热泪盈眶地说："我要为我们伟大的民族鞠躬尽瘁！"他满怀信心地宣告："即使匈牙利处在地狱的门口也决不会被征服！"

维也纳革命

从三月革命开始，维也纳存在着两种武装力量，一种是集中到首都驻防的政府军，另一种是与之对立的革命军，其中包括资产阶级国民自卫军的各支部队和大学生军团。5月10日，革命军的各支队伍派代表组成了国民自卫军中央政治委员会，成员达到200人，其中有自由派费什戈夫、

激进派霍尔特马克、大学生军团成员维尔涅尔等人。中央政治委员会是一个庞杂的集体，其右翼主张保存4月25日宪法，左翼要求宪法民主化。由于左派逐渐占居优势，中央政治委员会成为反对反动宪法和选举法的重要机构。奥地利政府决定先拿它来开刀。

5月14日，政府发布了解散中央政治委员会的通令，引起了广大群众的强烈反对。5月15日清晨，中央政治委员会派出几个代表团，要求政府撤销该通令，并把军队调出维也纳，由国民自卫军维护社会秩序。政府的答复是：动员军队，准备镇压。

维也纳人民准备以武装来捍卫革命。大学生举行集会向工人求援。工人们用各种工具武装起来，迅速赶到维也纳市中心。傍晚，开始了大规模示威游行，人民群众向皇宫霍夫堡宫进发。政府军守卫在连接皇宫广场的各区段。近二千名手执斧头、铁锹、铁棒等工具的工人已经到达市中心。有些地方构筑了街垒。

街垒的构筑使政府意识到形势的危险。起初让中央政治委员会代表团等了七个小时的政府，急忙在晚上10时召开部长会议，发布了撤销解散中央政治委员会

的命令。政府还被迫宣布同意群众的下列要求：以一院制代替两院制，取消选举资格限制和实行民主选举。

1848 年 10 月维也纳被起义军包围时的情景

在 5 月 15 日革命事件中，民主派和人民取得了胜利。反动阵营出现惊慌。人民群众准备为推翻君主制度而斗争。但是，中央政治委员会的一些领导人害怕群众运动的发展，通过了自行解散的决议。反革命势力则利用资产阶级自由派的动摇，伺机反扑。5月 17 日，斐迪南一世及其亲信、随从逃出维也纳，19 日到了落后的教区提罗尔的首府因斯布鲁克。那儿很快成了反革命阴谋的中心。

皇帝和宫廷亲信的出逃在维也纳引起了很大的震动：忠于皇室的人感到愤慨和侮辱；陶醉在前几天胜利之中的维也纳人民清醒了，意识到这是反革命势力的宣战；资产阶级感到恐慌，觉得失去了皇帝的"保护"，那些靠宫廷和贵族订货的维也纳工商业者还遭受了经济损失。

5 月 26 日，政府下令解散大学生军团，让它与国民自卫军合并，凡不愿参加国民自卫军的大学生均须在 24 小时内交出武器。政府调动了军队要用武力执行这一命令。大学生的革命立场比资产阶级自由派坚定。

被激怒的大学生和工人联合在一起，准备进行新的战斗。5 月26 日，当政府军在霍夫堡宫前，在一些广场上摆开阵势的时候，工人和国民自卫军战士也迅速布满了首都的街道和广场。许多地方出现了街垒，有的街垒上空飘扬着德国、匈牙利、捷克的旗帜，象征着各民族的团结。维也纳大学的周围筑起了十道石头壁垒。在郊区通往市中心的各城门处，都发生了工人与政府军的冲突。有的地方工人把政府军赶走了，约有五千多工人冲进了市中心。政府在维也纳的军队不到 1 万人。由于各地风潮汹涌，它无法再增调军队进首都。政府又一次被迫退让，取消了解散大学生军团的命令。

五月战斗以后，政府中挑起5月26日事变的肇事者被逮捕，12门大炮交给了国民自卫军和大学生军团。政府被迫把行政权交给资产阶级新建立的、以费什戈夫为首的社会安全委员会，并宣布立法权属于未来的帝国议会。

6月19日至21日，举行了帝国议会的选举。选举是由社会安全委员会建立的选举委员会领导的。选出的议会代表共383名。其中贵族42人，农民97人，资产阶级及知识分子占绝大多数。

帝国议会于7月22日在维也纳开幕。讨论的中心问题是奥地利的国家结构以及与之相关的问题：奥地利成为各民族平等的自由国家，还是成为某些民族（奥地利人、匈牙利人和波兰人）统治其他民族的国家。一接触到这些问题，好像撞在暗礁上一样，一切达成协议的努力都粉碎了。而与民族问题没有直接关系的法律，虽然经过长时间的讨论，总还是能够通过，如关于资产阶级权利和自由的法律被通过了。议会对农民问题争论十分激烈，为讨论此问题议会召开了38次会议。最后决定，废除农民的封建义务，凡由于农民的个人依附和地主的法定权利而应尽的义务，

在取消时是无偿的；而所有其余的义务，如租税、徭役等，在取消时是有偿的。关于赎金，法律规定由国家负担1/3，农民负担1/3，地主放弃其余的1/3。议会通过法律后，政府声明农民解放须要由皇帝明令批准，议会表示同意。皇帝在9月7日批准了废除农民封建义务的法律。农民被告知，他们的解放是皇帝的恩典，至于赎金问题，责任在议会身上，由于皇帝玩弄了这样的手法，使农民在革命的紧要关头，即10月间没有奋起捍卫维也纳，但是，农民解放毕竟是奥地利革命的重大成果。

奥地利资产阶级自由派取得政权后，对革命表现出明显的动摇。在3月13日、5月15日、5月26日宫廷连续遭到三次失败之后，他们以为皇党已不再是个可怕的敌人，因此对革命愈来愈冷漠而要求秩序。7月间帝国议会的召开被当作革命时代的终结而受到热烈欢迎。8月12日斐迪南一世回到维也纳也受到同样的欢迎。

奥皇利用了革命阵营中的分裂，于8月19日检阅了资产阶级的武装力量国民自卫军，表示"关怀"，以便在未来的反革命活动中利用它为自己服务。

三月革命发生以来，工人和手工业者的状况没有得到改善。奥地利的金融状况不断恶化，纸币一再贬值。工人大量失业，政府不得不雇用他们在土木建筑等公共工程中做工。但是工人的工资很低，经常被克扣，在6月，工人的不满几乎酿成一次公开的斗争。8月终于发生了流血冲突。8月19日，劳动部长什瓦采尔颁布了降低土建工人工资的通令。8月21日，工人派出代表团，要求撤销这一决定。工人们，其中多半是妇女，拿着旗帜，前往市中心，遭到了国民自卫军骑兵队的马刀砍杀，许多人受伤。8月23日，又有8000工人参加了示威游行。这是一次特殊的送葬形式的游行。群众抬着担架，上面躺着一个象征劳动部长什瓦采尔的草人，他因削减工人工资、吞食钱币而噎死了。国民自卫军以齐射的枪声对付赤手空拳的示威者。镇压行动延续了四小时，工人伤亡达三百多人。在八月流血冲突中，由于资产阶级的叛变，小资产阶级的观望，大学生军团的"中立"，工人的斗争很快被镇压下去。反革命势力的进攻终于得势。

8月24日，政府发布命令，国民自卫军听从内政部长的指挥。社会安全委员会在八月流血冲突中无所作为，于8月23日宣布自动解散。

英阿战争

第一次战争

阿富汗位于中亚的西南部，是一个面积仅有65万平方公里的山地内陆国家。山地和高原占全国面积的4/5。阿富汗是一个多民族国家，阿富汗人占全国人口的一半以上，另有塔吉克人、乌兹别克人、土库曼人、哈萨克人等二十多个少数民族。伊斯兰教是其国教。普什图语和达利语为官方语言。

阿富汗人将大炮拉到高地以便于炮轰英国军营

阿富汗因其特殊的战略位置而历来为兵家必争之地。它处于地中海和里海通往印度洋的枢纽地区，是西亚通向印度的门户，为中亚交通要冲。马其顿皇帝、亚历山大大帝和波斯土纳第尔·汗对印度进行军事远征时，都以阿富汗为跳板。自19世纪初开始，英国殖民者为了建立从北非到印度的势力范围带，把侵略矛头指向阿富汗。而野心勃勃的沙皇俄国为南下印度洋，夺取暖洋出海口，也对阿富汗垂涎三尺。南下的沙俄与北进的英国在阿富汗不断发生碰撞，阿富汗由此成为英、俄争夺的主要目标之一。

18世纪40年代，阿富汗杜兰尼部落酋长阿赫马德乘波斯帝国衰败之机，建立了独立的阿富汗国，阿富汗形成了统一的国家。但阿赫马德死后不久，阿富汗陷入了旷日持久的内战之中。直到19世纪30年代，多斯特·穆罕默德先后打败各地封建主，以喀布尔为基地统一全国，阿富汗才结束封建割据的局面。就在这个时候，控制了大半个印度的英国殖民者加快了其侵略步伐。

1. 殖民军入侵与阿富汗人民奋起抗战

早在19世纪20年代，英国就不断向阿富汗派遣军事情报人员从事间谍活动。英国间谍阿尔杜尔·昆诺里、亚历山大·白恩士先后潜入阿富汗收集情报，观察阿富汗的政治形势，试图把阿富汗拉入英国的军事同盟。1835年，英印政府正式任命白恩士为驻阿使节。与此同时，沙俄特使维特凯维奇在喀布尔积极活动，骗取了多斯特·穆罕默德的信任，使其倒向沙俄一方。在这种情况下，白恩士被迫离开喀布尔。

沙俄虽然在争取阿富汗的外交斗争中取得了胜利，但当时它与阿富汗之间还隔着广大地区，直接出兵阿富汗的可能性极小。英国巧妙地打着"俄国威胁"的幌子，决心出兵阿富汗，推翻亲俄的多斯特·穆罕默德政府，扶植傀儡政权。为此，英国殖民者利用二十多年前流亡印度的阿富汗前国王舒加·沙，加紧招募和集结军队，准备入侵阿富汗。

入侵阿富汗的英军由1个孟加拉师、1个孟买师以及舒加·沙和华德上校招募的若干雇佣兵组成。孟加拉师在印度河上游的费罗兹普尔集结，计划沿印度河而上，在苏库尔附近渡河。1838年12月，英军司令约翰·基因爵士率领孟买师在印度河口登陆。次年2月得到一支后备队的增援后攻占加尔各答。舒加·沙的雇佣兵包括6个步兵营、2个非正规的骑兵团和1支马驮炮兵队，共6000人，随同英军主力开进。1839年4月，英军经长途行军，先后抵达基达，然后从霍贾克山口突入阿富汗境内。与此同时，华德上校在白沙瓦招募一支军队，企图从开伯尔山口侵入阿富汗，配合英军主力的进攻。

从双方力量对比看，英国占有绝对优势。英国是当时的头号殖民强国，号称"日不落"帝国。侵阿英军共三万余人，训练有素，装备先进，而且可以以大半个印度为依托。而阿富汗政府军仅有1.5万人，装备落后，纪律松弛，指挥混乱，不堪一击。

英军侵入阿富汗，如入无人之境。4月25日，舒加·沙率部进入阿富汗南方重镇坎大哈。7月英军攻占中部大城加兹尼，8月初兵临喀布尔城下。与此同时，华德上校指挥的另一路英军强行穿越开伯尔山口，向阿克·马什吉德要塞发起进攻。由于阿军主力已撤退，英军很快攻占该要塞。

多斯特·穆罕默德被迫向俄国求援，但俄国使节维特凯维奇表示，路途遥远，俄国难能相助。多斯特·穆罕默德手拿古兰经，呼吁驻扎在乌尔冈达的部队进行抵抗。他要求弟兄们记住他们都是穆斯林，要么与侵略者一战，要么就死亡。但整个部队斗志全无，一哄而散。多斯特·穆罕默德的营地也被他的家仆强占了。他被逼无奈，只好携妻挈子，先跑到巴尔赫，后又逃到布哈拉乌兹别克人的宫廷避难。

舒加·沙被英国殖民者扶上王位，在喀布尔建立了傀儡政权。英军对阿富汗实行了军事占领：第十三轻步兵团、第三十五步兵团和第六轻野炮队，共5000人驻防喀布尔，由陆军少将威罗贝·卡通爵士指挥；第四十八步兵团、第四旅和第二骑兵团驻扎在贾拉拉巴德；加兹尼则由第十六步兵团、一个骑兵大队和舒加·沙的一些雇佣兵驻防；第四十二、第四十三步兵团、一个炮兵连、二个骑兵大队和舒加·沙的若干雇佣兵，共5000人扼守坎大哈，由陆军少将诺特指挥。英国公使麦克诺顿成为阿富汗的太上皇。殖民者向各地派出官员，强征重税，大肆掠夺。英国人终于以武力排挤了沙俄的势力，在阿富汗第一次建立了殖民统治。

阿富汗人民素有酷爱自由和反抗外敌压迫的光荣传统。他们对英国殖民者及其扶植的傀儡恨之入骨。侵略者一踏上阿富汗的领土，尤其是对阿富汗实行军事占领后，抗击殖民者侵略的游击战就在全国各地展开了。马卢夫地区的查尔查依部族首先揭竿而起，开始了反英游击战。至1840年4月，起义军发展到二千多人。他们利用有利的地形条件，神出鬼没，切断了英军从坎大哈到喀布尔的交通线，灵活机动地打击敌人，使其陷入顾此失彼的境地。麦克诺顿被迫以每年3000英镑的补助金收买部族领袖，才暂时保证了交通线的畅通。

此外，其他部族的游击队也十分活跃。俾路支游击队打败了英国克列尔中尉指挥的殖民军，收复了卡拉特城，并处决了英国政治专员洛夫台。另外一支游击队收复了交通枢纽维特。

逃到布哈拉的多斯特·穆罕默德积极从事反英活动，组织武装力量，试图东山再起。1840年9月初，他离开布哈拉，在库尔姆地区的乌兹别克人中召集了一支6000人的军队，并向巴米安开进。附近起义军不断加入，加之舒加·沙的军队纷纷倒戈，抗英力量逐步壮大。多斯特·穆罕默德的部队先后在巴吉贾和赛干打败殖民军，歼灭大量印度骑兵。此后，

转战于库希斯坦地区，直接威胁喀布尔。11月，又在帕尔汪达腊击败英将谢尔指挥的一个旅，使殖民者大为震动。但是，多斯特·穆罕默德对战胜殖民者缺乏信心，想以几次胜利为资本来换取殖民者的让步，结果在殖民者的诱惑下投降，随后被押往印度，软禁在加尔各答。

1841年上半年，阿富汗抗英斗争的规模更加扩大，在东部和东南部地区尤为激烈。卡拉特附近的抗英游击队重创瓦依迈尔少校指挥的侵略军。杜兰尼部族的游击队在多斯特·穆罕默德之子阿喀杜尔·汗领导下主动出击，给英军以沉重打击后又撤回山区，积极准备进攻坎大哈。英军在起义军民打击下士气低落，惶惶不可终日。驻坎大哈的一位英国军官在一封信中写道："全国的反抗事件与日俱增。海别尔人、吉尔吉依人和杜兰尼人都拿起武器，向我们的军事据点进攻，我们的士兵就在自己的眼皮下被他们杀死。我们真该撤军了。"

同年10月，东部吉尔查依部族爆发了全面的抗英起义。起义军攻占了东部重镇贾拉拉巴德，切断了英军从白沙瓦到喀布尔的交通线。英军将领赛奉命率一个

世界通史

最新整理图文珍藏版

旅的兵力打通交通线，一路不断受到起义军的袭扰，损失了大量兵力兵器，最后才于11月13日占领贾拉拉巴德。在库希斯坦，游击队攻占了恰里卡尔哨所，英国政治专员朴鼎查身负重伤，侥幸逃脱。在中部，游击队袭击了加兹尼附近的谢卡巴德哨所，全歼哨所内的殖民军。

2. 喀布尔人民起义，殖民军全军覆没

英军占领喀布尔后，俨然以主人自居，在阿富汗首都为所欲为。不少殖民军军官和士兵把妻室接到喀布尔，过着花天酒地、穷奢极欲的生活。喀布尔人民对这帮侵略者早就深恶痛绝，一场大规模的起义已经酝酿成熟。

1841年9月，二十多个部落领袖在喀布尔附近集会，讨论具体的行动计划。会上通过了阿米杜拉·汗·罗加里提出的行动方案。具体内容是：首先向市内麦克诺顿的助手白恩士的官邸进攻，夺占喀布尔，随后出城消灭麦克诺顿及英国殖民军。此次会议表明抗英斗争开始从分散的游击战走向联合的反攻。

11月2日凌晨，怒不可遏的喀布尔市民，手执各种各样的原始武器，向事先约定的目标白恩士官邸冲击。起义军势不可挡，迅即攻占官邸，当场击毙白恩士。舒加·沙闻讯后，急调一个团的雇佣兵前往解围。但这个团刚一出动，就被起义军包围起来，团长康释尔被打死，兵力损失大半。只是在英军的掩护下，才得以突围。当晚，起义军占领喀布尔全城。

11月3日起，起义军开始向城外英军据点进攻。首先攻占了军火库和英军行政中心，喀布尔周围的游击队，纷纷同喀布尔起义军联合行动。英国殖民军总司令埃尔菲尔顿将军（1840年秋任职）惊呼："阿富汗全国居民都拿起武器来反对我们了。"至9月，起义军攻占了喀布尔城至巴拉·喜萨尔要塞之间的所有英军据点，英军大本营巴拉·喜萨尔要塞也陷入起义军的包围之中。

正当喀布尔起义取得胜利之际，阿克巴·汗率领一支抗英武装力量冲破英军的封锁，从北部开来。他的到来受到喀布尔起义者的热烈欢迎，并被一致推举为抗英武装力量领袖。

阿克巴·汗是多斯特·穆罕默德的儿子。他从一开始就坚决主张抗战，并指挥部队多次抗击英军入侵。他足智多谋，英勇善

战，眼光远大，被阿富汗史学家誉为"阿富汗的幸福与光荣之星"。多斯特·穆罕默德投降后，他断然率部退入山区，坚持战斗。

麦克诺顿企图用金钱和高官来收买这位年轻的抗英领袖。阿克巴·汗决定将计就计，拟定了智擒麦克诺顿的行动方案。1841年12月23日，麦克诺顿带少数随从来到起义军营地，商谈起义军"投降"的条件。会上，阿克巴·汗当众揭穿了麦克诺顿的阴谋。麦克诺顿企图反抗，结果被当场击毙。代替其职务的朴鼎查见收买计划破产，被迫在起义者提出的五条要求上签字，同意从喀布尔撤军。

1842年1月6日，占领喀布尔达两年零四个月的英国侵略军在阿富汗人民的打击下，被迫向130英里外的贾拉拉巴德撤退。这支军队及其随行人员共1.65万人，其中战斗人员4500人（包括690名欧洲兵，2840名印度雇佣兵和970名骑兵），随营人员和家属共1.2万人。他们士气低落，军心涣散，毫无斗志。口粮、运输工具和刍秣又极为缺乏。他们在英军总司令埃尔菲尔顿指挥下缓慢地撤退。

从喀布尔到贾拉拉巴德，山峦起伏，山峰陡峭，巍峨的群山和险峻的关隘令人望而生畏。时值严冬，天气奇寒，白雪皑皑，寒风刺骨。恶劣的气候和复杂的地形使急于逃命的侵略者如惊弓之鸟。但对阿富汗军民来说，却提供了设伏歼敌的良机。侵略军撤至胡尔德·喀布尔山口时，已经在严寒中风餐露宿两天两夜的游击队中很多人的手脚冻伤。在这里，侵略军遭到游击队的伏击，死亡三千余人。接着在扎格达克山口再造伏击，伤亡惨重。最后又在甘达马克和伏切巴德要塞遭到毁灭性打击。在庞大的英国占领军中，只有身受重伤的布莱顿军医一个人死里逃生，逃回贾拉拉巴德，报告英军全军覆没的消息。

此后，其他各地殖民军也受到抗英武装力量的围攻，处处陷入被动。抗英武装包围了贾拉拉巴德和坎大哈。他们还收复了加兹尼，消灭了帕麦团长指挥的英国占领军。在喀布尔，傀儡政权迅即垮台，舒加·沙被杀，阿克巴·汗实际上已掌握了阿富汗的全国政权。

3. 阿富汗终获独立

英国殖民者不甘心自己的失败，增调援军，先解贾拉拉巴德和坎大哈之围，尔后从东、南两个方向大举进攻喀布尔。1842年8月，以凶残闻名的英国将领波洛克指挥英军从贾拉拉巴德出发，向喀布尔推进。阿克巴·汗指挥阿富汗军队进行了英勇的抵抗。9月，在德辛山谷同侵略军展开血战，终因力量相差悬殊，主动撤出战斗。

1842年9月15日，英军重占喀布尔。英国将军诺特率领的另一支侵略军从坎大哈出发，在果爱因地区受到阿富汗军队的包围和袭击，损失惨重。英军卷土重来后，进行了疯狂的报复。

殖民军把舒加·沙的儿子法什·贾思扶上王位，并在喀布尔城内大肆抢掠，枪杀数千名阿富汗爱国者。但阿富汗人民并没有屈服，相反抗英斗争更加广泛和高涨。在南部，乌尔岗德山区的游击队活动十分频繁。阿克巴·汗的部队集结于库希斯坦地区，随时准备出击。从喀布尔到贾拉拉巴德的广大山区，吉尔吉依部落的游击队也极为活跃。

波洛克、诺特等英国将领对麦克诺顿等人的下场记忆犹新，他们在解救了英国人质之后，慌忙于10月12日撤回印度。英军还吸取上次撤军的教训，部队行动迅速。尽管如此，其后卫部队还是遭到了游击队的沉重打击。傀儡法什·贾思及其家属也跟随英军逃跑了。

最后，英印政府被迫答应阿富汗人民的要求，释放了软禁中的多斯特·穆罕默德。

历时三年半的阿富汗抗英战争使英国殖民者损失三万余人，耗资1.5亿英镑，其结果以阿富汗人民的胜利而告终。在阿富汗人民抗英斗争的有力打击下，英国殖民者在此后数十年内没有再向阿富汗发动武装侵略。

第二次战争

第一次英阿战争结束后，阿富汗边境相对平静了三十多年。英国殖民军转而把矛头指向印度最后一个独立国家旁遮普国。1846年出兵侵占克什米尔，1849年最终打败剽悍的锡克人，吞并旁遮普国。1859年英国扩张到阿富汗南部接壤地区，1876年占领阿富汗东南边陲重镇昆塔。这样，阿富汗从东部到西南部的整个地区都同英印帝国直接接壤。英国殖民者对阿富汗形成一个新月形的包围圈。

在阿富汗北面，沙俄加快了在中亚的侵略步伐。19世纪60～70年代，它先后侵占了塔什干、布哈拉、撒马尔罕和浩罕汗国，一直将其边境推进到阿富汗边界，对阿富汗构成新的威胁。

英、俄对阿富汗的争夺更加激烈。这反映了世界资本主义从自由资本主义向垄断资本主义过渡的新特点。双方首先在外交上展开了争取阿富汗国王希尔·阿里·汗的活动。1869 年 3 月，英国同阿富汗签订了《翁巴拉条约》。英国殖民者企图以金钱和武器援助换取希尔·阿里·汗的信任。但不久，希尔·阿里·汗认识到英国殖民者不过是企图以此控制阿富汗，而并不是真心实意地支持他，尤其是看到英国占领昆塔后，对阿富汗构成了直接威胁，于是决心断绝与英国的结盟关系。

1878 年，希尔·阿里·汗转而接受了沙俄使团团长斯托莱伊托夫提出的包括出兵援助阿富汗在内的十条条约草案。与此同时，他拒绝了英国派来的以尼维尔·张伯伦为代表的英国使团。英国政府不能容忍阿富汗与俄国结盟，下决心以使团遭拒为借口，出兵阿富汗。

1. 殖民军三路入侵，喀布尔人民再次起义

1878 年 11 月，英国殖民军（3.5 万人）兵分三路侵入阿富汗，挑起战端。英军计划以南（克维塔地区）、中（塔尔地区）和北（开伯尔山口）三路大军经库腊姆河谷和哈伊巴尔大道进军，一举攻占坎大哈和喀布尔，推翻亲俄政权，扶植傀儡政府。希尔·阿里·汗一心指望俄国援助，采取了不抵抗政策。他有意将 5 万人的军队分散在全国各地，企图让英军深入国境，迫使沙俄出兵援助，实践它帮助阿富汗的承诺。由于实行这一指导思想，使得一些战略要地的防守力量十分薄弱。例如，在开伯尔山口的阿克·马什吉德要塞只有五个营的兵力，而入侵英军的兵力则超过其五倍，而另一重要关口巴兰山口，则处于无人防守状态。

唐纳德斯图华特爵士率领的南路英军从印度河向坎大哈方向推进，一路没有遇到抵抗，于 1879 年 1 月 8 日轻取坎大哈。弗雷德里克·罗伯兹爵士指挥的中路英军在庇瓦尔受到占据有利地形的阿军的阻击。1878 年 12 月 2 日，英军采用迂回战术，以一部从山间小路迂回到阿军侧后，威胁其退路，迫使阿军撤退。然后，英军沿喀布尔大道向要塞城市阿里·基尔进发。萨姆·布朗尼指挥的

北路军（1.6万人）向开伯尔山口推进，但在阿克·马什吉德要塞受到阿军炮火的猛烈轰击而受阻，但当夜阿军奉命撤退，英军因而未受到抵抗顺利地推进到贾拉拉巴德，不过，其运输队受到了阿富汗各部族人民的袭击。

阿富汗因执行不抵抗政策而招致大片国土沦陷。虽然有些部队拒绝执行不抵抗的命令，与英国侵略军进行了英勇的战斗，但这些部队处于孤立无援的境地，难以阻止优势英军的推进。希尔·阿里·汗被迫逃往毗邻俄国的北部小镇巴尔赫，请求俄国出兵支援。但沙俄的战略重点在欧洲，不愿在阿富汗与英国摊牌，因而拒绝出兵。希尔·阿里·汗被搞得众叛亲离，又被沙俄出卖，最后忧愤成疾，在孤独和痛苦中死去。

希尔·阿里·汗出逃后，他的儿子亚库布·汗执掌大权。此时英军已推进至甘达马克。亚库布·汗不是领导人民起来进行抗英斗争，而是宁愿向侵略者投降。1879年5月26日，他与英国代表路易·卡瓦纳格里签订了丧权辱国的《甘达马克条约》。条约规定，阿富汗不得同其他国家直接交往，并把库腊姆、比辛和西北等地区交由英国管理；英国保留对开伯尔山口和米契尼山口的控制权，支付阿富汗国王及其继承人的补助金，并以金钱、武器和军队援助阿富汗。英国在喀布尔将派驻一个由卫队保护的使团，以监督条约的执行。

7月24日，卡瓦纳格里以英国使节的身份率领一支卫队进入喀布尔。他就像当年的麦克诺顿一样，驻在喀布尔的巴拉·普萨尔宫，俨然阿富汗的太上皇，控制着阿富汗的内政和外交。以卡瓦纳格里为首的殖民者任意克扣军饷，扣发公职人员的薪金，横行霸道，激起喀布尔人民的义愤。一些爱国僧侣不断在军队和群众中进行反英宣传，武装反英斗争的条件逐渐成熟。

9月3日，几个月都没有领到薪饷的喀布尔卫成部队的士兵们，愤怒地向巴拉·普萨尔宫冲去。沿途不断有市民加入。他们包围了殖民者的官邸，要求立即发给军饷。但卡瓦纳格里拒绝了士兵们的要求，而且带头向士兵代表开枪。

广大士兵和群众的忍耐已达到极限，他们立即用石头、砖块回击侵略者，最后放火烧毁了官邸。卡瓦纳格里及其随从全部葬身火海。

这次起义缺乏组织和领导，是群众自发的行动。起义者胜利后，就自动解散了，没有能够建立抗英政权。但是，喀布尔的人民起义点燃了全国的抗英烈火，一场全国范围的抗英战争迅即爆发了。

2. 两军激战喀布尔

《甘达马克条约》签订后，英军主力撤回印度。喀布尔起义点燃的抗英烈火，在全国各地熊熊燃烧。许多部族组织了抗英游击队。当时只有坎大哈一个城市处于英军控制之下。罗伯兹率领的7500名援军正在驰援途中。整个形势对阿富汗抗英斗争十分有利。但亚库布·汗甘愿当奴才，于1879年9月底逃到了英国军营，喀布尔的王公显贵竞相效尤，纷纷投入殖民者的怀抱，从而削弱了抗英力量，助长了侵略者的嚣张气焰。

但是，英勇的喀布尔人民立即组织抗英军，奋起抵抗侵略者。在喀布尔郊区恰拉西布村和切赫苏顿村的战斗中，喀布尔人民，包括不少农村妇女，都拿起铁锨、斧头、马刀、长剑等原始武器与侵略者激战，迫使侵略者每前进一步都付出惨重代价。经激战，抗英军主力主动后撤，英军进占喀布尔城北的要塞施尔浦尔。

1879年10月12日，罗伯兹率领英军占领喀布尔。殖民者对喀布尔市民课以巨额罚款，逮捕和屠杀爱国者，并因亚库布·汗镇压起义者不力而废除其王位。

喀布尔爱国者为了回击英国殖民者的迫害，烧毁了当地英军的两个军火库，严惩了卖国贼。由喀布尔战斗中撤退的抗英军主力，最初向加兹尼撤退，在撤退途中突然转向返回，向驻扎在舒图卡尔丹保护喀布尔与印度之间交通线的英军发起突袭，给其以重创，并切断了英军交通线。直至10月底，英军才重新打通这条交通线。

阿富汗中部的抗英武装以加兹尼为基地，联合周围地区的抗英游击队，形成对喀布尔的包围态势。他们转战于喀布尔周围地区，到处灵活机动地打击敌人，使其疲于应付。

罗伯兹决定主动进攻，派部将马希和马克费尔斯各率领一支部队进攻加兹尼。12月1日，前阿富汗炮兵军官穆罕默德·詹指挥的抗英军向马希部发起两次攻击，一举攻占了英军炮兵阵地，并包围了马希的部队。马克费尔斯企图为马希解围，率部从侧后攻击抗英军，结果一无所获。抗英军乘胜发展攻势，包围了马克费尔斯的部队，切断了其与喀布尔的联系。两支英军陷入重围，最后被全歼。罗伯兹鉴于形势不利，被迫放弃喀布尔和巴拉·普萨尔宫，将部队集结于施尔浦尔要塞。

此次战斗，加兹尼抗英军在周围游击队的配合和支援下，歼灭英军千余人，并将罗伯兹指挥的 5000 英军包围在施尔浦尔要塞中。抗英军积极备战，准备强攻要塞，歼灭该敌。但英国殖民者用金钱收买了抗英军领导人帕恰·汗和穆罕默德·沙·汗·索哈布，严重削弱了抗英力量。

12 月 23 日拂晓，抗英军战士在举行了隆重的宗教仪式后，以密集队形向施尔浦尔要塞发起总攻。但两个叛变的抗英军领导人故意将部队暴露于英军火力射击之下，使抗英军遭受重大损失。罗伯兹指挥英军乘势反扑，英援军从抗英军侧后发起攻击。抗英军腹背受敌，被迫撤出喀布尔。

1880 年 4 月，斯图华特率领英军（7000～8000 人）从坎大哈向加兹尼推进，沿途不断遭到游击队的袭扰。英军进至阿赫美德

·基耳时，突然遭到主要由吉尔吉依人和杜兰尼人组成的游击队（共 1.5 万人）的袭击。游击队凭借有利地形，向英军左翼和后方发起猛烈攻击。他们手持原始武器，冒着敌人大炮和步枪的密集火力，勇猛冲杀，一度使英军陷入绝境。只是由于英援军及时赶赴战场，以重炮轰击游击队阵地，才使斯图华特的部队得以幸存。罗伯兹派兵前来迎接斯图华特，使该部英军于 5 月 2 日顺利抵达喀布尔。

3. 英军被迫撤出阿富汗

当抗英军主力正在喀布尔和加兹尼地域同英军展开激烈的争夺战之际，抗英游击队在库希斯坦、落哈尔河流域、扎依木特卡以及其他地区展开了积极活动。英国占领军实际上仅占据了从白沙瓦到喀布尔公路的一条狭长地带，处境十分被动。英军司令罗伯兹决定采取"以阿治阿"的手段，拉拢喀布尔的阿卜杜尔·拉赫曼·汗（多斯特·穆罕默德的孙子、阿弗扎尔·汗的儿子），来对付赫拉特的阿尤布·汗（亚库布·汗的兄弟），以此达到控制阿富汗的目的。

在英国殖民者分化瓦解和挑拨离间下，到 1880 年 6～7 月，阿

富汗实际上分裂为三大部分：阿卜杜尔·拉赫曼·汗统治下的喀布尔、阿尤布·汗控制的赫拉特和英国殖民者掌握的坎大哈。阿卜杜尔·拉赫曼·汗为了夺取王位和领取180万卢比的年俸，同意由英国控制阿富汗的外交，占领坎大哈及在喀布尔驻军。7月22日，英国正式承认阿卜杜尔·拉赫曼·汗为阿富汗埃米尔。

阿尤布·汗在赫拉特组织起一支强大的武装力量，积极备战，决心进攻坎大哈。他的部队进至喀布尔附近，得到当地抗英游击队的支持。7月27日，阿尤布·汗统率的抗英军主力在迈万德与英将布尔洛斯指挥的殖民军相遇，打响了著名的迈万德会战。

从参战双方的兵力兵器来看，阿方占有绝对优势，阿尤布·汗的正规部队有9个团，共4000人；骑兵约为3000人，有4个野战炮队和1个马驮炮队，共30门火炮，其中有6门系阿姆斯特朗来复线滑膛炮，射程和火力均优于英军。抗英军还得到附近游击队的支援，总兵力达到2.5万人。他们士气高昂，决心与英军血战到底。英军只有1个旅的兵力，共2000人，火炮12门，其中6门是由仅受过初步训练的炮手操作的6磅滑膛炮，而且弹药供应不足。

抗英军选择有利地形布置了一个半圆形阵地。前沿阵地是离主阵地约600码距离的一道深达15~20英尺的干渠，由步兵防守；主阵地由精锐的正规部队扼守，两翼配置了骑兵和炮兵。

双方首先以炮战开始。英军步兵和骑兵在炮火支援下发起冲击。抗英军的火炮立即反击，集中轰击英军两翼的炮兵和骑兵，压制了敌方火力。抗英军步兵在干渠的掩护下不断向英军步兵射击，击退了英军的进攻，骑兵乘机出击，攻击英军两翼，迫其后撤。

抗英军利用炮火优势，把火炮推进至距英军阵地500码内，实施近距离射击，给英军以重大杀伤。隐蔽在干渠里的步兵乘势冲杀出来，配合正规军和两翼骑兵对英军实施三面包围。英军因失去炮火支援，溃不成军。布尔洛斯下令骑兵实施反冲击，但部队已乱成一团，争相逃命。溃散的英军分成两支分别向吉格和马赫穆德阿巴德撤退。逃到吉格的英军第六十六团仅剩下百余人，在一个筑有围墙的果园里负隅顽强，最后仅11人冲出果园，随后又被抗英军包围，11人全部战死，逃到马赫穆穗阿巴德的英军经布尔洛斯的整顿，得到英国援军的增援，免遭全歼。

此役，阿富汗抗英军歼灭英军大半，沉重打击了殖民者的嚣张气焰，鼓舞了全国各地的抗英斗争。

阿尤布·汗率抗英军主力乘胜向坎大哈进军。8月5日，其前锋部队抵达坎大哈城下，主力在该城西南旧城占领了阵地。守城英军共3000人，企图依托坚固的厚泥城墙和有棱堡掩护的城门固守，以待增援。8月15日，英军主动出击，出城向底黑、科贾村发起进攻，结果损失惨重，布鲁克准将被击毙。但抗英军没有乘胜实施强攻，坐失了攻占坎大哈的良机。

由于阿卜杜尔·拉赫曼·汗同英军达成妥协，支持英军进攻抗英军，使英军得以腾出手来向坎大哈增援。8月8日，罗伯兹率领一支强大部队从喀布尔南下向坎大哈进发。8月24日，抗英军获悉英国援军即将到来，遂撤至巴巴·瓦里·科塔尔部署阵地，准备迎击罗伯兹指挥的英援军。

8月31日，罗伯兹指挥优势的英军（英国人3800人、印度人1.2万人、火炮36门）向抗英军发起强大进攻。英军以一部佯攻抗英军右翼和中央，牵制抗英军主力，然后以主力向抗英军的左翼皮尔·帕马尔村发起猛攻，取得重大进展。抗英军终因力量相差悬殊，伤亡千余人，被迫撤退。尽管如此，抗英军还是凭借英勇气概和顽强精神进行了坚决抵抗，同四倍于己的敌人血战数小时，歼敌近三百人。

英军虽然打败了阿尤布·汗统率的抗英军主力，但迫于阿富汗人民前仆后继、英勇不屈的反抗斗争，最终还是于1881年4月全部撤出阿富汗。阿富汗人民的英勇抗战粉碎了英国殖民者控制或分裂阿富汗的企图。尽管阿卜杜尔·拉赫曼·汗承认由英国控制其外交，但他在内政上基本上保持了独立性。

第三次战争

第二次英阿战争结束后，阿富汗赢得了一段比较安定的时期。国家统一，经济复苏，国内贸易迅速增长，农业生产专业化的扩大和城市手工业的发展，使阿富汗国内市场初步形成，民族商业资本主义开始萌芽。1905年，进步的知识分子、商人和官吏组织了青年阿富汗党，其代表人物是哈比卜拉专科学校的教师阿卜杜尔，甘尼博士和著名的翻译家马赫穆德·贝格·塔尔齐。他们主张对外争取独立，对内实行改革，并在全国广泛开展宣传运动，对上层统治者产生了一定的影响。

第一次世界大战后，国际国内形势对阿富汗摆脱英国外交控制，争取彻底独立十分有利。印度形成了民族解放运动的高潮，同阿富汗毗邻的西北部斗争尤为激烈，有力地牵制了英军的力量。北方的沙俄被推翻，建立了无产阶级专政的苏俄，这方面的威胁已不复存在。1919年2月，亲英的国王哈比卜拉被刺杀，他的儿子，改革派代表人物之一的阿马努拉控制了政权。他任用青年阿富汗党人组阁，实施了一系列进步的改革，赢得了全国人民的支持。

阿马努拉对外政策的主要目标是摆脱英国控制，他在加冕公告中郑重宣布，"从现在起，阿富汗是一个自由独立的国家，它不承认任何外国的特权。"为此，他采取了联合苏俄对抗英国的政策。英国殖民者拒不放弃它在阿富汗享有的特权，并在边境地区集结军队，准备发动新的侵略战争。

1919年4月，印度西北边省的普什图族人民爆发了反英起义，促使阿富汗决心出兵抗战。同年5月3日，英军袭击阿富汗开伯尔山口的边防军，终于挑起战端。

1. 殖民军大兵压境与阿富汗三路迎击

战前，英军除在边境地带的奇特拉尔、麦拉干德和托齐河谷派驻非正规部队外，其主力部队（正规军）部署在从白沙瓦到基达的狭长地带，主要集中在四个地区。从北到南，分别为白沙瓦－拉瓦尔品第、科哈特－库腊姆、伐济里斯坦和基达－奏布地区。

英军在白沙瓦—拉瓦尔品第地区部署有26个步兵营，6个骑兵团，116挺机枪，80门火炮，9辆装甲车，另有大量的工兵、民兵等辅助部队。该地区英军的任务是经开伯尔山口进攻贾拉拉巴德，切断阿富汗军队与普什图部族起义人民的联系，伺机向喀布尔进攻。

在科哈特－库腊姆地区，英军有4个步兵营，1个骑兵团驻守，另有若干民兵和工兵支援，配有马驮炮6门，装甲车3辆。在伐济里斯坦地区，英军部署有7个步兵营，2个骑兵团，12门火炮，9辆装甲车，并有大量民兵部队支援。这两地构成英军防线的中央地区，力量比较薄弱，基本上持守势。

英军在基达－奏布地区部署有 12 个步兵营，4 个半骑兵团，24 门火炮，34 挺机枪，另有工兵部队支援。该地英军的任务是在战争打响后，立即强攻阿富汗边境的斯平－巴尔达克要塞，并向防守薄弱的坎大哈进军。

总之，战争爆发时，印度河以西、以北的英印军队总兵力多达 34 万人。部队训练有素，装备先进，除了装备大量的机枪、装甲车外，还有少量作战飞机。虽然英军作战飞机不多，但其实战和心理打击力却很大。

阿富汗为抗击英军，决定以主力部队兵分三路迎击。第一路（14 个步兵营，1 个工兵营，1 个半骑兵团，火炮 44 门，旧炮 4 门）部署在宁格拉哈尔地区，由总司令赛里·穆罕默德指挥，开赴达卡，抵抗来自白沙瓦方面的英军。第二路（16 个步兵营，2 个工兵营，4 个骑兵团，火炮 60 门，旧炮 6 门）部署在和斯特的加兹尼地域，由纳第尔·汗指挥，进攻力量薄弱的英军中央地区。第三路（13 个步兵营，3 个骑兵团，火炮 60 门，旧炮 62 门）驻防坎大哈，由阿布杜勒·库达斯指挥，迎击来自基达方向的英军。

阿富汗的总预备队（11 个步兵营，5 个半骑兵团，火炮 40 门，旧炮 6 门）留守喀布尔，随时准备支援主力部队的抗战，此外，在东北部的库纳尔地区部署少量兵力（6 个步兵营，火炮 8 门，旧炮 12 门），用以对付驻防奇特拉尔的英军（1 个步兵营，若干侦察兵和工兵，马驮炮 2 门）。

阿富汗军队的总兵力计有步兵 3.8 万人，骑兵 8000 人和炮兵 4000 人。他们训练很差，装备落后，刀、剑是主要武器，为数不多的枪炮都极为陈旧，而且弹药供应不足。喀布尔附近仅有的一家兵工厂，提供的装备和弹药少得可怜。尽管如此，但阿富汗军民为正义事业而战，作战勇敢，士气高昂，而且得到印、阿边境地区少数民族起义军的大力支援，所以攻势迅猛，战况激烈。

2. 从开伯尔交锋到塔尔城决胜

双方首先在开伯尔山口接战。4 月底，阿富汗正规军开抵达卡。5 月 6 日，以三个步兵营在两门火炮的支援下攻占了巴格要塞和朗迪·科塔尔要塞北面的制高点。另一支约 350 人的步兵分队扼守郎迪·科塔尔以北大约五英里的两座山。与此同时，周围的辛瓦里人和谟赫曼德人已行动起来，与阿富汗正规军会合。

当时，朗迪·科塔尔要塞的驻军仅有两个印度步兵营和500名"开伯尔来福枪兵"，形势对阿军十分有利。但阿军司令赛里·穆罕默德没有下令强攻要塞，坐失良机。5月7日，英国援军乘卡车赶到，次日第一步兵旅赶到要塞，拯救了朗迪·科塔尔要塞。5月9日，英军准将克罗克尔下令进攻阿什·基耳山脊，夺取了水源和一个阵地。

英军大批援军赶到后，于5月11日向巴格要塞实施强攻，并以空军对阿军扫射，攻占该要塞。第二天，皇家空军猛烈轰炸达卡的阿军营地，地面部队乘势发起进攻。阿军经顽强抵抗后，主动撤出达卡。5月16日，阿军实施反击，迫使从达卡出发的英军退回原出发地。

5月17日拂晓，克罗克尔率部向库尔德哈伊巴尔关隘发起进攻，但遭到阿军顽强抵抗，被迫暂停攻击。一小时后，由英国将军安德鲁·史克思爵士率领的大批援兵赶赴战场，突然从阿军右翼发起进攻，迫使阿军撤退。此战，阿军虽损失了五门火炮，但给英军以重大杀伤，主力强队损失甚微。

随后，英军集中轰炸了贾拉拉巴德。虽然飞机质量低劣，但还是炸毁了大多军事设施，而且在阿富汗军民中引起了恐慌和混乱。阿军军官带头逃跑，使部队陷入群龙无首的状态。5月24日，英军又轰炸了喀布尔，尤其是轰炸了埃米尔的王宫和喀布尔工厂，在喀布尔市民中引起混乱。但当英军正准备向贾拉拉巴德推进时，得悉中央地区局势严峻，被迫分兵增援。

在英军防线的中央地区，阿富汗第二路大军进展神速。5月19日，纳第尔·汗率部抵达和斯特的中心城市马敦，处于极其有利的地位。他在这里既可以向塔尔或托齐河谷进攻，又可以切断英军从科哈特到帕拉钦纳尔的交通线，使敌军不明其进攻方向。5月23日，据守斯平瓦姆之敌闻风而逃，阿军轻易占领该要塞。

与此同时，英军因担心马苏德人和伐济尔人的进攻，决定撤出托齐河谷和瓦纳要塞。部队在罗希少校指挥下，以急行军撤回奏布河，但在途中不断遭到边境部族人民的袭击，逃队者日益增多。英军中的卡卡尔人、曼多·基尔人和谢伦尼人都开了小差。

罗希率部撤至散德曼要塞时，人员损失大半，该要塞旋即又被蜂拥而至的边境部族人民包围。后来，英国大批援军赶到后，才解散德曼之围，并对边境部族人民进行了报复性打击。

纳第尔·汗选择一条只能靠大家和骡子驮着大炮通过的山间小路行军，于5月26日突然出现在塔尔城下，给英军以极大的震动。阿军主力（3000人，火炮7门）在周围部族武装的支援下迅速包围要塞，并打开了通往印度河谷的道路，直接威胁设在科哈特的英军大本营。

阿军以猛烈的炮火轰击塔尔城，5月28日摧毁了要塞的汽油库、粮库、弹药库和无线电台。但由于阿军步兵和炮兵协调不够，未能一举攻占要塞。英军出动两架飞机猛轰阿军炮兵阵地，使要塞守军获得喘息之机。6月1日，由杜叶准将指挥的援军抵达塔尔，立即向阿军实施强大反攻，夺取了要塞南面的阿军阵地。次日，英军正准备向要塞西北面的阿军主阵地进攻时，纳第尔·汗已经巧妙地指挥部队撤退，从而保存了实力。

此战，纳第尔·汗主动出击，出其不意地打击敌人，虽然没有

攻占塔尔城，但却打乱了英军的进攻计划，迫使英军分兵增援，阻止了英军向贾拉拉巴德的推进。

在南方战线，阿军采取守势。5月29日，英军中将华卜谢尔以优势兵力包围了斯平－巴尔达克要塞，并以猛烈的炮火炸毁要塞外墙。阿军守城部队进行了英勇的抵抗，并与英军展开白刃战。最后，守军几乎全部阵亡或被俘，要塞陷落，但他们给英军以重大杀伤，迫使其停止推进。

3. 阿富汗抗英战争的最后胜利

阿富汗军民的英勇抗战给侵略者以沉重打击，但也暴露了自身的弱点。阿军兵力分散，缺乏统一有力的指挥。部队战备不足，武器装备落后，士兵纪律松弛，步炮协同不力。各部族抗英武装自行其是，与正规军缺乏配合。阿马努拉认识到战争继续下去与己不利，因而主动提议媾和。

英印政府也乐于接受和谈建议。阿富汗军民的英勇抵抗，边境部族人民如火如荼的起义，印度风起云涌的民族独立运动以及苏俄对阿富汗的声援等等，都使英印政府无力继续扩大战争。而且，英国国内反战运动不断高涨，驻印英军普遍厌战，士气低落，

也促使英国接受和谈。

1919 年 6 月 3 日起，双方停止军事行动，随后在谈判桌上展开了激烈的外交斗争。双方先后在拉瓦尔品第、穆苏里和喀布尔举行三次谈判。1919 年 8 月 8 日，两国草签和约。和约规定，自签字之日起，双方恢复和平；阿富汗同印度边界维持现状。1921 年 11 月 22 日，双方正式签订和约。英国承认阿富汗完全独立，两国建立正常的外交关系和贸易关系。至此，阿富汗抗英战争终于取得最后的胜利。

马克思主义诞生

在 20 世纪快要结束的时候，英国《泰晤士报》举行了一个测验，目的是看看到底在几千年的人类历史中，哪些人影响了世界历史的发展。测验的结果，作为无产阶级革命导师的马克思以绝对多数排在首位。

马克思的早期活动

卡尔·马克思，1815 年 5 月 5 日出生于德国一个风景如画的小城特利尔城。他的父亲是犹太人，一个非常有名的律师，这对于马克思丰富的思维、严密的逻辑和

卡尔·马克思像

雄辩的演说才能影响很大。在马克思的家里，有较为富裕的条件和充满文化气氛的环境。他的母亲是荷兰人，贤淑善良，善于持家，对马克思父亲的工作帮助很大。

1835 年夏天，马克思即将中学毕业，他的一篇作文引起了老师的注意，这篇文章的题目是"青年在选择职业时的考虑"。文中有几段这样写道："如果人只是为了自己而劳动，他也许能成为有名的学者、绝顶聪明的人、出色的诗人，但他决不能成为真正的完人和伟人。""如果我们选择了最能为人类福利而劳动的职业，我们就不会为它的重负所压倒，因为这是为全人类所做的牺牲，那时，我们感到的将不是一点点

自私而可怜的欢乐，我们的幸福将属于千万人，我们的事业并不会显赫一时，但将永远存在。"文章中深刻的思想内容为教师们所惊叹，给他们留下了深刻的印象。

1836年，马克思转入柏林大学学习。马克思在柏林大学学习过程中，加入了"青年黑格尔派"，积极参与他们的活动，这使他更多地吸收了该派的民主思想成分，加强了对世界的认识，增强了改造世界的信心，为他以后的思想发展、理论建树奠定了基础。

1841年，马克思大学毕业之际，认真完成了一篇哲学论文，他试图以哲学来改造世界，论文系统完整地反映了马克思此时的哲学观点、理论建树和思想内涵。在论文中，他引用了希腊神话中

马克思一生都在坚持不断地学习和实践

普罗米修斯为了人类而宁愿牺牲自己的话语，表现了自己决心为改造人类世界而进行坚持不懈的斗争。大学毕业后，马克思被聘用为《莱茵报》主编。他借助《莱茵报》来宣传革命思想，所以这份报纸成了马克思毕业后进行革命工作的第一步。

1843年深秋，马克思离开了德国，来到了法国巴黎。为了更好地宣传自己的理论，马克思不断地加强与工人的联系，以便了解工人阶级的愿望，把自己的理论思想与工人阶级的实际思想结合起来。因此，他不断到工人家去了解工人生活、思想、要求，还经常参加工人组织的秘密会议。

由于认真地、长时间地参与工人的活动，马克思越来越清晰地看到，要使工人阶级翻身解放，成为社会的主人，就必须消灭私有制，全面提高全人类的思想觉悟和文化水平，进而建立一种更完善、更理想、人人平等、没有剥削、没有压迫的新型社会——共产主义社会。只有在这个社会里，才能够实现人类大同。

同时他又认识到，要实现共产主义社会，光靠抽象的理论是不行的，还必须付诸实际的行动。这个行动，就是打碎旧的国家机

第三编 世界近代史

最新整理图文珍藏版

器，推翻资产阶级专政。要做到这一点，还必须依靠广大的工人、农民等无产者联合起来，共同奋斗。

第一国际的《成立宣言》和《临时章程》

圣马丁堂大会后，中央委员会面临的迫切任务是尽快确定新组织的名称、性质、形式，制定其纲领原则。

1864年10月5日，中央委员会在伦敦苏荷区格里克街18号举行第一次会议。奥哲尔和克里默当选为中央委员会的主席与书记。会议选举九人组成一个专门起草纲领原则的小委员会。成员有：韦斯顿、惠特洛克、马克思、吕贝、沃尔弗、霍尔托普、皮琴、奥哲尔和克里默。韦斯顿表示准备把他起草的"原则宣言"的初稿提交小委员会讨论。沃尔弗向小委员会极力推荐马志尼起草的意大利工人团体章程。

马克思出席了这次会议，但在推选小委员会之前离开了会场，因而不知道自己入选。后又因病或没有及时接到通知，未能参加小委员会10月8日和15日的两次会议及中央委员会10月11日的会议。

10月8日，小委员会开会，首先讨论了韦斯顿起草的内容混乱、文字冗长的"原则宣言"，决定："请韦斯顿先生精简和修改他的草案，而后由小委员会将它提交中央委员会作为协会的纲领。"接着讨论由沃尔弗译成英文的意大利工人团体章程。意大利资产阶级民主革命家马志尼及其追随者从六十年代开始在工人中进行宣传，他们在促进意大利工人运动摆脱资产阶级温和派的影响，积极参加民族统一运动方面起过进步作用。但是马志尼主义者宣扬通过劳资合作，通过建立合作社，使工人受教育的途径达到劳动群众的社会解放。这种改良主义倾向阻碍了意大利工人运动的健康发展。沃尔弗是马志尼的秘书。章程引言部分把工人运动的

马克思纪念章

目的归结为争取工人在道德、智力和经济三个方面的进步；把实现这些目的的途径归结为"通过合法的手段告诉自己的政府关于自己的生存条件、希望和要求"。章程条例部分"是本着中央集权的密谋即赋予中央机关以独断权力的精神起草的"。这个章程受到会议的"高度赞赏"，小委员会决定把它"推荐给中央委员会采用"。

中央委员会于10月11日召开会议，讨论了新组织的名称问题。威勒尔和利诺提出把工人国际组织与受资产阶级控制的国际性工人慈善文化团体——"世界劳动阶级福利同盟"合并。惠特洛克和埃卡留斯反对这一主张，建议把新组织定名为"国际工人协会"（以下简称国际）。这个建议以16：14票被通过。这一名称鲜明地

英国工人在大生产化工厂里劳动

表达了第一国际的性质和特点，表明它成立伊始就与资产阶级民主派划清了界限。这次会议还讨论了韦斯顿的"原则宣言"和沃尔弗提出的章程，决定将它们"还给小委员会再行修改"。

10月8日的小委员会会议和10月11日中央委员会会议表明，在刚刚成立的国际工人组织中，资产阶级思想和改良主义的影响很严重。10月12日，埃卡留斯写信向马克思汇报了这些情况，恳切要求马克思参与制定纲领文件。他写道："你无疑应该在欧洲工人组织新生婴儿身上打上内容丰富、言简意赅的印记。"他告诉马克思，10月11日会议后，"克里默在一次私人谈话中说，不能再让韦斯顿参与此事，拟制文件的工作应该交给一个不超过三人的小组，他们能够使用和酌情处理已有的材料。"他还转述了克里默、奥哲尔等人的意见："此项工作最合适的人选无疑是马克思博士。"

10月11日会后，沃尔弗前往那不勒斯参加意大利工人协会代表大会，韦斯顿实际已经不再参加这项工作。克里默说的三人小组也没有建立。"修订"工作一时落到吕贝身上。他抛开了韦斯顿的草案，参考了成立大会上的三

个文件，以沃尔弗提出的章程草案为基础，起草了"原则宣言"和章程。经小委员会10月15日会议讨论后，提交中央委员会会议讨论。

10月18日，马克思出席了中央委员会会议。当吕贝宣读他修改的草案后，马克思意识到它根本不合时宜。他后来在致恩格斯的信中追述道："当我听到好心的勒·吕贝宣读妄想当做原则宣言的一个空话连篇、写得很坏而且极不成熟的引言时，我的确吃了一惊，引言到处都带有马志尼的色彩，而且披着法国社会主义的轮廓不清的破烂外衣。"但出于团结的愿望和策略的考虑，他对其只是"温和地加以反对"。经过长时间的讨论，会议通过决议："大体采纳这个纲领"，"委托小委员会对引言和章程定稿"。

10月20日，小委员会在马克思家里开会。除马克思外，出席会议的还有克里默、吕贝和方塔纳（暂替沃尔弗的意大利代表）。关于这次会议的情况，马克思后来写道："我手头一直没有这两个文件（沃尔弗和勒·吕贝的），所以无法预先做准备……为了赢得时间，我提议我们在'修订'引言之前，先'讨论'一下章程。

结果照这样做了。四十条章程的第一条通过时已经到了夜里一点钟。克里默说（这正是我所要争取的）：'我们向原定于10月25日开会的委员会提不出什么东西。我们必须把会议延期到11月1日举行。而小委员会可以在10月27日开会，并且争取获得肯定的结果。'这个建议被采纳了，'文件'就'留下来'给我看。"

由此，马克思取得了制定国际纲领性文件的主动权。他认为："成立国际是为了用真正的工人阶级的战斗组织来代替那些社会主义的或半社会主义的宗派。"但考虑到由于各国历史条件的差别和各国工人运动发展水平的参差不齐，为了向广大工人群众敞开大门，马克思采取了"实质上坚决，形式上温和"的策略，把科学社会主义原则用当时工人运动所能接受的形式表述出来，制定一个各流派都能承认的广泛的纲领。他成功地做到了这一点，在一周内彻底修改了章程，在重新起草的《协会临时章程》的引言中，精炼地表达了国际工人协会的基本纲领性原则，并把章程的条目从40条缩减为10条。他还起草了一个新的文件——《国际工人协会成立宣言》。

《成立宣言》指出，在1848到1864年间，资本主义工业的发展和贸易的增长都是"史无前例的"，然而，工人群众的贫困并没有减轻，资本主义社会的阶级对抗日益加剧。它评述了自1848年以来，欧洲工人阶级所取得的两大成就：第一，英国工人阶级争得了十小时工作日法案的通过，对工人阶级来说，"不仅是一个重大的实际的成功，而且是一个原则的胜利"。用立法手段限制工时，表明"资产阶级政治经济学第一次在工人阶级政治经济学面前公开投降了"。第二，工人合作社运动普遍展开。当时建立生产合作社和消费合作社的思想在英、法、德等国工人中相当普遍。马克思强调，合作社运动的主要意义在于，"工人们不是在口头上，而是用事实证明：大规模的生产，并且是按照现代科学要求进行的生产，在没有利用雇佣工人阶级劳动的雇主阶级参加的条件下是能够进行的"；从这个意义上讲，合作运动是"劳动的政治经济学对财产的政治经济学"的"一个更大的胜利"。同时马克思认为，不应该过高估计合作劳动的意义。1848年以来的经验证明，"要解放劳动群众，合作劳动必须在全国

范围内发展"，所以"夺取政权已成为工人阶级的伟大使命"。

《成立宣言》还指出："工人们已经具备了作为成功因素之一的人数；但是只有当群众组织起来并为知识所指导时，人数才能起决定胜负的作用。"这里包含了无产阶级要完成夺取政权的使命，必须组织自己的政党的思想。《成立宣言》还强调了无产阶级国际主义的伟大意义，并以"全世界无产者，联合起来！"的号召作为结语。

《临时章程》指出，"工人阶级的解放应该由工人阶级自己去争取"，而这个任务只有在消灭现存社会的经济基础，即实现工人阶级在经济上的解放才能完成，因此，"工人阶级的经济解放是一切政治运动都应该作为手段服从于它的伟大目标"。《临时章程》强调工人解放的国际性质和实现无产阶级国际主义原则的重要性，它指出："劳动的解放既不是一个地方的问题，也不是一个民族的问题，而是涉及存在有现代社会的一切国家的社会问题，它的解决有赖于最先进各国在实践上和理论上的合作。"《临时章程》宣布："本协会设立的目的，是要成为追求共同目标即追求工人阶级

的保护、发展和彻底解放的各国工人团体进行联络和合作的中心。"

《临时章程》初步规定了包含有民主集中制思想的组织原则：全协会的代表大会每年举行一次，它有决定国际的章程、指导国际的活动、选举中央委员会的权力。中央委员会设有主席、总书记、财务书记、各国通讯书记，会址设在伦敦；其任务是负责调查研究各国工人运动的状况，筹备代表大会并向大会报告工作；它有权加聘新委员，在必要时有权提前召开代表大会。国际的地方组织是各国的工人团体，它们加入国际后仍可以保持原有的组织；任何独立的工人团体不受限制，可以与中央委员会发生直接联系。

《成立宣言》和《临时章程》于1864年10月27日为小委员会通过，11月1日被中央委员会批准，11月5日发表在工联的机关报《蜂房报》上，11月底被印成小册子出版。在1866年日内瓦大会上，以《临时章程》为基础，正式制定了《国际工人协会共同章程》，并通过一个组织条例作为其补充文件。

第一国际纲领的问世，是马克思主义的一次重大胜利，表明

国际已拥有一条正确的政治路线和组织路线，"从此以后马克思就稳固地取得了对国际的领导"。

随后，中央委员会积极进行宣传国际工人协会的思想和组织各国支部的工作。《成立宣言》和《临时章程》被译成法、德、意等国文字，散发到各国工人中去。仅1865年在德意志各邦中就散发了5万份。各国工人组织的报刊也刊登了宣言和章程。

反对资本主义斗争

中央委员会通过派遣各种代表团访问英国的工人团体、参加各国工人代表大会等形式争取会员。1865年3月，由克里默、埃卡留斯组成的代表团参加了拥有5000名会员的英国全国鞋匠工会的代表会议，该会当场表示加入第一国际。国际的第一批支部也很快建立了起来。1864年10月，日内瓦支部成立，随后又成立了汝拉山区支部；12月，巴黎支部成立，1865年发展到500人；1865年3月里昂支部成立。不久，法国的鲁昂、南特、埃耳伯夫、卡昂等地也建立支部。1865年9月，德国佐林根支部成立，1866年1月柏林支部成立。同年马格德堡、科伦、亚琛、科布伦次、特里尔等地也建立了支部。1865

年 2 月，拥有 4000 名工人的英国泥水工人联合协会第一个正式加入国际。砌砖工人联合会、鞋匠联合会也先后集体参加国际。到 1865 年底，英国已有 1.9 万名国际会员了。

国际通过各国支部和会员积极领导各国工人展开反对资本主义的斗争。60 年代中期，国际总委员会积极参加了英国工人群众和资产阶级激进阶层进行的选举法民主改革运动，在组织改革同盟（其常设执行委员会的 12 名委员中有 5 名国际总委员会委员），争取广大工人群众的支持，促进工联与改革同盟的合作，反对资产阶级改良主义者的妥协政策等方面都起了重要作用，坚决捍卫了工人阶级普选权的要求，最终

恩格斯像

迫使托利党政府作出让步。1867 年英国工人开展了争取工联完全合法化的运动，以反抗政府对工联的迫害。国际总委员会公开支持工联合法化的要求，并抵制了工联领袖的改良主义倾向。1869 年 3 月，政府不得不公开承认工联有合法存在的权利。国际的法国会员积极参加了本国的工人合作运动。巴黎支部负责人瓦尔兰等人在开办消费合作社和合作工场等方面进行了大量的组织工作。

国际特别重视各国工人的罢工斗争。从 1865 年起，它通过发表宣言、呼吁书、檄文、组织募捐和阻挠雇主进口廉价劳力等措施，卓有成效地支持了 1865 年 3 月莱比锡印刷工人的罢工、1866 年春伦敦和爱丁堡缝纫工人的罢工、伦敦制筛工人的罢工、1867 年 2～3 月巴黎铜器工人、成衣工人和比利时马尔希矿工的罢工、1868 年 3 月日内瓦建筑工人的罢工等许多次罢工。由于国际的援助，大多数罢工都取得了胜利，著名的巴黎铜器工人罢工最终迫使 120 家企业主屈服，工人的工资提高了 25%。

在国际的带动下，欧洲掀起了反对资本主义剥削的声势浩大的罢工浪潮，极大地打击了各国

资产阶级的反动气焰。它促进了各国工人之间的联系和团结，使广大工人群众通过阶级斗争的实践，冲破了反对无产阶级革命和罢工运动的蒲鲁东主义、拉萨尔主义的羁绊。1866年4月，伦敦缝纫工人罢工胜利后，保护缝纫工人协会集体加入了国际。对政治运动淡漠的英国工联在选举改革运动和罢工运动后，于1866年7月的设菲尔德代表会议上公开号召工人参加国际。1866年9月，英国工联已有2.5万名工人加入国际。

到1866年9月的日内瓦代表大会召开时，第一国际已拥有独立的纲领、章程和完整的组织机构以及自己的机关报，具有一定的组织规模，基本上完成了自身的创建过程。

《共产党宣言》的出版——马克思主义的诞生

随着工业革命的深入，资本主义迅速发展，资本主义制度的各种弊端也日益暴露。一方面，自1825年英国爆发第一次资本主义经济危机以后，差不多每隔十年左右，资本主义国家就发生一次经济危机，使经济遭到严重破坏。这是生产社会化和生产资料私人占有之间的矛盾造成的结果，

马克思像

资本主义制度无法克服这一矛盾。另一方面，广大工人对恶劣的劳动条件和生活状况越来越不满，为了改善自身的处境，同资本家展开了各种形式的斗争，工人运动逐渐兴起，并日趋成熟。

19世纪30～40年代，欧洲爆发了三次大规模的工人运动。1831年和1834年的法国里昂工人起义、1836年开始的英国宪章运动和1844年的德意志西里西亚织工起义。这三次工人运动虽然最后都失败了，但是，它们表明，无产阶级已经觉醒，并作为一支独立的力量登上了政治舞台。工人运动的实践使越来越多的人感到无产阶级革命迫切需要科学理论的指导，同时也为科学理论的

创立提供了必要的条件。

在长期的革命实践和理论研究中，马克思、恩格斯一方面深入工人群众，揭露并分析资本主义制度；另一方面广泛汲取人类优秀文化成果，特别是对当时出现的德意志古典哲学、英国古典政治经济学和英法的空想社会主义学说加以批判继承，创立了马克思主义理论。

德意志古典哲学的主要代表是黑格尔和费尔巴哈。黑格尔的主要贡献是辩证法，他认为，世界处于不断运动、变化和发展之中，矛盾是发展的内在根源。但是，在黑格尔看来，辩证运动的主体不是客观存在的物质，而是"绝对精神"，从而陷入了唯心主义。费尔巴哈发展了唯物主义，但他的唯物主义很机械，而且仅仅局限于解释自然现象，在说明社会历史问题时，他又成为唯心论者。马克思、恩格斯批判地吸收了黑格尔的辩证法思想和费尔巴哈唯物主义思想的合理部分，建立了辩证唯物主义和历史唯物主义。

英国古典政治经济学的代表人物有亚当·斯密和大卫·李嘉图等，他们的主要贡献是奠定了劳动价值论的基础。马克思、恩格斯在继承其劳动创造财富思想的基础上，批判了他们关于资本家和工人共同创造财富的观点，提出了剩余价值学说，确立了马克思主义的政治经济学。同时，马克思和恩格斯还借鉴了圣西门、傅立叶、欧文等空想社会主义者对资本主义社会的批判和对社会发展方面的一些天才设想，创立了科学社会主义。

1847年11月底至12月初，共产主义者同盟在伦敦召开第二次代表大会。马克思和恩格斯都出席了会议。这次大会的主要任务，是通过新的《章程》和制订纲领。大会共开了十天。早在两个月前，同盟中央委员会曾用一种问答的形式写成了纲领草案：《共产主义信条的象征》，同盟把它分发给全体成员讨论。因为这份纲领还具有不少空想成分，如把共产主义看成是思想家的发现。为此，恩格斯又草拟了一份纲领，也是用问答体，名为《共产主义原理》。新章程的讨论比较顺利，但在讨论纲领时，第二次代表大会产生了激烈的争论。于是，马克思和恩格斯耐心地做了宣传和解释工作。渐渐地使代表们的意见趋向一致。最后，大会同意了马克思和恩格斯的观点，并且决定委托马克思和恩格斯起草一个宣言，作为共产主义同盟的行动纲领。同时，也作为同盟的重要文件，向全世界公开发表。

他们吸收了《共产主义原理》中的基本观点，在大会结束以后，马克思和恩格斯积极投入新宣言的写作。不久，《共产党宣言》顺利完成，并于1848年2月在伦敦正式出版发行。《共产党宣言》是科学社会主义的第一个纲领性文件，它系统地阐述了共产主义理论，成为全世界无产阶级斗争的总纲领。它着重阐明了资产阶级的灭亡和无产阶级的胜利都是不可避免的这一客观规律，明确规定了无产阶级革命的任务和目的，提出了无产阶级革命的策略思想。

《共产党宣言》的结尾，马克思、恩格斯豪迈地宣称：让统治阶级在共产主义革命面前发抖吧！无产者在这个革命中失去的只是锁链，他们获得的将是整个世界！最后，以"全世界无产者，联合起来！"作为《宣言》庄严的结语。

《共产党宣言》的发表，是世界历史上划时代的大事，它标志着马克思主义的诞生，标志着人类思想史上一次伟大的革命。无产阶级革命者从此可以用崭新的世界观来观察世界和改造世界。

无产阶级的圣经——《资本论》

1848年欧洲大革命失败以后，马克思和恩格斯到了巴黎，他们认真地总结了革命失败的经验教训，认识到要建立无产阶级政权，必须打碎旧的国家机器，建立无产阶级领导的工农联盟。这对于指导今后的工人运动具有重要意义。

由于受到驱逐，马克思只好前往英国。这年的12月，马克思领到了一张英国博物馆的阅览证，从此，阅览室成了他的半个家。马克思在这里写成了揭露资本主义罪恶的皇皇巨著《资本论》。他每天所摘录的大量资料，都是在为写作《资本论》做准备的。其实，早在1843年，马克思就开始研究政治经济学了，只不过到这时，他把主要精力集中运用到了这部书上。据有人统计，在世界一流的伦敦博物馆所藏图书中，马克思阅读过的书籍有一千五百多种，他所摘的内容和整理的笔记有一百余本！

1867年，《资本论》第一卷出版了。马克思怀着无比兴奋的心情紧紧地捧住了这部刚刚出版的著作。《资本论》的出版，是国际共产主义运动史上的一件重要大事，它迎来了无产阶级的新的斗争历程。

在这部书中，马克思通过大量事实，详细而深刻地分析了资本主义的发展历史，揭穿了资本主义迅速发展的"秘密"，暴露了资本主义残酷剥削工人阶级的丑恶本质，也指出了工人阶级之所以极其贫困的原因。

书中一个重要的理论，就是"剩余价值"学说，马克思指出，干活付钱，这是错误的认识，就是说工人干活，资本家付给他钱，看来这并没有什么不对，但是实际上，这不是"等价交换"，工人为资本家劳动所创造的财富远远大于自己所得的报酬，如一个工人一天劳动所得为 8 元钱，而他在一天之内为资本家所创造的利润远远不止 8 元，可能是 16 元，也可能是 24 元，还可能更高。这怎么能是"等价交换"呢？那么这多余的部分，即这个工人工资之外的 8 元、16 元或更高的数额，就是"剩余价值"，被资本家无偿地剥削走了。马克思把这个"账"算清以后，资本家剥削工人的本质、手段、诀窍就给暴露出来了，这使广大工人阶级更认清了资本家的剥削方法，从而为自己争取更高的待遇准备了充足条件。

马克思在《资本论》中断然指出，资本主义必然灭亡和无产阶级的必然胜利都是不可改变的，是历史发展的必然趋势，这就为无产阶级的革命斗争提供了理论武器，增强了无产阶级革命斗争的决心和信心。

马克思无疑是世界历史上最伟大的革命理论家和思想家，正如达尔文发现生物界的发展规律一样，马克思发现了人类历史的发展规律，而且不止于此，马克思还发现了现代资本主义生产方式，以及由它所产生的资产阶级社会的特殊运动规律。可以说，马克思、恩格斯完成了社会主义学说的第一次飞跃。马克思创立的科学社会主义学说，成为全世界无产阶级革命的圣经，马克思去世以后，一场无与伦比的无产阶级革命运动就揭开了序幕。

马克思恩格斯与科学社会主义

科学社会主义，从广义上理解，就是作为完整的无产阶级世界观的马克思主义。从狭义上理解，是指马克思主义哲学、政治经济学并列的马克思主义的三个组成部分之一。本文涉及的是前者。

科学社会主义诞生于 19 世纪 40 年代。正像任何一种社会思想或理论的产生必须具备一定的社会条件一样，科学社会主义是资本主义的物质生产、阶级斗争和科学文化发展到一定水平的产物。它的创始人是无产阶级的革命导师马克思和恩格斯。

卡尔·马克思 1818 年诞生在普鲁士莱茵省特里尔城，父亲是个自由主义的开明律师。两年以后，弗里德利希·恩格斯在莱茵省巴门市（即现今伍佩尔塔尔市）诞生，父亲是个保守的工厂主，莱茵区是当时德国经济最发达、政治生活最活跃的地区。1835 年，马克思中学毕业后，进入波恩中学，一年后转入柏林大学，在柏林期间，他加入了激进的青年黑格尔派行列。1838 年，恩格斯中学还未毕业，就被父亲送到不来梅一家商号去当办事员，1841 到柏林服兵役时也成为青年黑格尔派分子。他们从黑格尔哲学辩证思维的宝库中吸取营养，以德国古典哲学发展的高峰为起点，为自己的前进开辟道路。这时，在哲学上他们基本上是唯心主义者，在政治上是革命民主主义者。

马克思大学毕业后，立即投入了反对封建专制和争取民主的政治斗争。1842 年 10 月～1843 年春，担任自由主义反对派创办的《莱茵报》的主编，这使他有机会接触到下层人民的贫苦生活，切身体验到普鲁士国家制度和法律的虚伪性。他在报上发表了许多论文，例如，《关于林木盗窃法的辩论》、《摩塞尔记者的辩护》等，维护劳动人民的利益，无情地揭露普鲁士封建专制制度的反动本质。尽管这时马克思还没有摆脱唯心主义的影响，但他通过研究政治、经济和社会问题，已经开始认识到靠纯理论的批判不能消除资本主义社会的弊端，他对黑格尔关于法律、历史以及国家与市民社会之间关系的唯心主义观点产生了怀疑，而对费尔巴哈的唯物主义及其对黑格尔哲学的批判表示赞同。

正当马克思以《莱茵报》为阵地向普鲁士专制制度展开斗争的时候，1842 年 10 月，恩格斯服役期满，来到当时资本主义大工业和工人运动最发达的英国，并立即投身到工人斗争的洪流中去，他"抛弃了社交活动和宴会，抛弃了资产阶级的葡萄牙红葡萄酒和香槟酒，把自己的空闲时间几乎都用来和普通的工人交往，并同宪章运动领导人和其他工人组织建立了联系。"

随着马克思、恩格斯转向实

世界通史

最新整理图文珍藏版

际生活，他们同青年黑格尔派之间的分歧越来越大。青年黑格尔派反对哲学同社会实际相结合，马克思、恩格斯却主张哲学应当从纯思辨的天国里走向广阔的社会舞台。正是经过实际生活的检验，他们认识了黑格尔唯心主义社会观和国家观的缺陷。他们同青年黑格尔派分道扬镳已经不可避免了。

1843 年 3 月，马克思退出《莱茵报》编辑部，从社会舞台重新回到书房。当时马克思正处在从唯心主义转向唯物主义，从革命民主主义转向共产主义的过程中，黑格尔哲学不能回答社会现实提出的问题，费尔巴哈"过多地强调自然而过少的强调政治"，他的唯物主义与现实也是完全脱离的。为了探求"此岸世界的真理"，马克思在深入钻研哲学的同时，大量阅读经济学、历史学和空想社会主义者的著作。他集中精力批判黑格尔关于国家和法的唯心主义理论，写了《黑格尔法哲学批判》，得出了不是国家决定市民社会，而是市民社会决定国家的唯物主义结论。同年 10 月，马克思为筹办《德法年鉴》迁居到政治生活沸腾的巴黎。在那里，他一面积极参加工人运动，与法

国工人运动领袖和正义者同盟领导人建立联系，结识流亡在法国的各国革命者，一面继续为创立科学的理论而辛勤探索。

1844 年 2 月，《德法年鉴》刊登了马克思的《论犹太人问题》和《〈黑格尔法哲学批判〉导言》两篇文章。文章指出，"政治解放本身还不是人类解放"；实现人类解放的"头脑"是哲学，"它的心脏是无产阶级"，"哲学把无产阶级当做自己的物质武器，同样地，无产阶级也把哲学当做自己的精神武器"。"批判的武器当然不能代替武器的批判，物质力量只能用物质力量来摧毁；但是理论一经掌握群众，也会变成物质力量。"这些精辟的论断不仅把科学理论对人类解放的极端重要性阐述得一清二楚，而且提出了无产阶级伟大历史使命和无产阶级必须与科学理论相结合的思想，标志着马克思转向唯物主义和共产主义。

为了创立科学理论，马克思从 1843 年底至 1844 年 3 月集中全力研究英、法等国历史，特别是法国大革命的历史。法国复辟时期历史学家基佐、梯叶里、米涅、梯也尔等人著作中关于阶级斗争的观点，以及阶级关系与财产关

系相联系的观点给他很大启发。通过对不同国家历史发展的对比，有助于马克思从历史发展的一般规律中探寻国家和社会的本质，以及二者之间的关系。但是，这还不能揭示决定历史发展的最终根源。经济学的丰富知识使马克思意识到，"对市民社会的解剖应该到政治经济学中去寻求"。于是从1844年4月起，他又集中力量钻研政治经济学著作。

英国古典经济学家从财富的分配角度对阶级的产生进行了分析，提出劳动是财富的源泉的观点。马克思认为，"这样一来，在政治经济学中，历史斗争和历史发展过程的根源被抓住了，并且被揭示出来了。"但是古典经济学家不了解生产劳动过程所体现的人与人之间的社会关系。马克思吸取了古典政治经济学的积极成果，深入研究生产劳动背后的人与人的关系。他的研究成果集中反映在《1844年经济学哲学手稿》中。他不仅通过对资本主义社会财富分配的三种主要形式——工资、利润、地租——的研究，揭示了工人、资本家、土地所有者对立的经济根源，更重要的是，他通过分析资本主义的生产、分配、交换、消费各个环节，得出了如下结论："私有财产的运动——生产和消费——是以往全部生产的运动的感性表现，也就是说，是人的实现或现实。宗教、家庭、国家、法、道德、科学、艺术等等，都不过是生产的一些特殊的方式，并且受生产的普遍规律的支配。"马克思认识到私有制是生产运动一定阶段的产物，物质生产是整个社会的基础。当马克思获得了这个唯物主义历史观的基本观点之后，继续深入地开辟理论发展的道路。他纯熟地应用辩证法研究生产运动的过程，得出了"对于世俗基础本身首先应当从它的矛盾中去理解"的结论。经过艰苦的劳动，马克思吸取了整个欧洲哲学、经济学和历史学的最高成果，终于迈出了通向唯物主义历史观的决定性一步，他宣布："按照我们的观点，一切历史冲突都根源于生产力和交往形式之间的矛盾。"

如果说马克思是从对黑格尔哲学的批判入手转向唯物主义和共产主义，那么恩格斯则是从研究英国社会状况和对资产阶级政治经济学的批判完成这一转变的。恩格斯来到英国的曼彻斯特后，在深入工人运动的同时，钻研了英国古典政治经济学家和英、法空想社会主义者的著作，为宪章运动的机关报《北极星报》和马克思主编的《莱茵报》撰稿。"在数不胜数的准社会主义思潮和派别当中，恩格斯终于给自己打开了一条通向无产阶级社会主义的道路"。1844年3月，他在《德法年鉴》上发表的《政治经济学批判大纲》中，从社会主义观点出发，批判了资产阶级政治经济学的基本范畴，剖析了资本主义经济制度的矛盾，论证了消灭私有制的必要性。在《英国状况：评托马斯·卡莱尔的"过去和现在"》一文中，恩格斯批判了英国唯心主义历史学家卡莱尔鼓吹的"英雄崇拜"、"天才崇拜"的唯心主义历史观。这些著作表明，恩格斯已经转向了唯物主义和共产主义。

1844年8月，马克思和恩格斯在巴黎会见，他们倾心交谈了各自的政治理论观点，取得了完全一致的见解，从此开始了他们创立科学的世界观的伟大合作。同年，合著了《神圣家族》。这部著作批判了黑格尔唯心主义，第一次提出"历史活动是群众的事业"这个唯物主义历史观的重要原理，论证了无产阶级解放人类的历史使命。

1845年，恩格斯发表了《英国工人阶级状况》。这部著作根据大量调查材料，论证无产阶级所处的经济地位将不可遏制地推动它为推翻资本主义而斗争，并提出了工人运动必须同社会主义相结合的原理。

随着马克思、恩格斯唯物主义历史观的逐渐形成，清算费尔巴哈的人本主义影响就成为唯物主义历史观进一步完善的必然要求，费尔巴哈把人作为他的哲学的核心，脱离实践，脱离社会，把人的自然属性看作是人的本质，用这种观点解释社会现象只能得出唯心主义的结论，不能正确认识社会生活的本质。1845年春，马克思写了《关于费尔巴哈的提纲》，着重阐明了实践在社会生活和人的认识中的作用，指出全部社会生活在本质上是实践的，实践是检验人的思维的真理性的标准。恩格斯说，这个提纲是"包含着新世界观的天才萌芽的第一个文件"。

1846年，马克思和恩格斯合著了《德意志意识形态》。这部著作第一次系统地阐述了唯物主义历史观的基本原理。"这种历史观就在于：从直接生活的物质生产出发来考察现实的生产过程，并把与该生产方式相联系的、它所产生的交往形式，即各个不同阶段上的市民社会，理解为整个历史的基础；然后必须在国家生活的范围内描述市民社会的活动，同时从市民社会出发来阐明各种不同的理论产物和意识形态，如宗教、哲学、道德等等，并在这个基础上追溯它们产生的过程。"至此，决定人类历史发展最终根源的千古之谜终于被揭破了。

唯物主义历史观的发现并未使马克思、恩格斯的理论探索就此止步。他们又从历史发展的一般再深入到历史发展的个别，具体剖析资本主义的经济制度，探索资本主义剥削的秘密，产生了剩余价值学说的萌芽。

在1844年，当马克思钻研古典政治经济学时，对古典学派的劳动价值论还没有深刻理解，而是用流行于哲学界的"异化"理论来分析工人和资本家之间的矛盾。他指出，在资本主义社会中，劳动产品作为一种物化劳动脱离了劳动者，成了劳动者的异己的敌对力量。劳动者生产得越多，他本人所能消费的越少；他创造的价值越多，他自己的价值就越被贬低。这种异化不仅反映在生产结果与劳动者的关系上，而且还反映在生产活动中，其明显表现就是，劳动像是一种自我牺牲，自我折磨，如果没有强制，"人们就会像逃避鼠疫那样逃避劳动"。劳动者同劳动产品的异化，正是他同生产活动相异化的结果。而占据劳动者的成果，支配他们劳动的正是资本家。这就清楚地表明，劳动及劳动产品的异化，实质上是无产阶级与资产阶级对立的产物，其根源在于资本主义私有制。马克思运用异化理论分析资本主义的社会生产，成为通向科学的剩余价值学说的起点。

如前所述，马克思、恩格斯对政治经济学的研究促进了唯物主义历史观的形成；而40年代中期，他们在唯物主义历史观方面取得的成就又为他们在政治经济学领域的革命奠定了世界观和方法论的基础。1847年马克思写的《哲学的贫困》和《雇佣劳动与资本》，已不再用"异化"理论来分析资本主义经济关系，而是把古典经济学家的劳动价值论作为剖析资本主义经济制度的理论出发点。他指出，工人以自己的劳动换取生活资料，资本家则用属于他所有的生产资料换取工人的劳动。这种劳动不仅补偿了工人所消耗的部分，而且还使积累起来的劳动具有比以前更大的价值。在这里，马克思虽然还没有明确提出"剩余价值"的概念，但他已十分明确，在工人劳动所创造的价值同他由于劳动而从资本家手中取得的价值之间存在一个差额，这个差额成为资本家财富的来源。

同时，马克思运用唯物主义历史观揭示出资本主义经济的内在的基本联系，指出资本主义生产关系是人类社会一定历史阶段的产物。资本、利润等经济范畴、不过是资本主义生产关系的抽象。古典经济学家所说的"积累起来的劳动"，只是在资本主义生产关系下才成为资本，工人的劳动也只是在资本主义制度下才成为商品，整个资本主义社会就是建立在"劳动商品"的基础之上的。由此可见，尽管这时马克思的经济思想还不像他的哲学思想那样得到完整而系统的阐述，还没有明确区分"劳动"和"劳动力"这两个对于确立剩余价值学说具有关键意义的基本概念，还没有最终形成他的剩余价值理论，但某些具有决定意义的观点已经提了出来，马克思主义政治经济学的科学基础已被奠定。

无产阶级的伟大导师

19世纪50年代，大英博物馆阅览室D行第二号书桌上，每天都堆放着很多书。一次，图书管理员好奇地对那座位上的中年读者问道：

"博士先生一次可以研究好五十种科学吗？我们的教授通常只能攻读一种专业！"

对于这意外的问题，博士先生风趣地说："亲爱的朋友，所以也有很多教授戴着遮眼罩呀。人们如果要认识世界和改造世界，就不能只在一块草原上赏花啊！"

管理员听了很佩服，这位博士先生就是当年流亡伦敦的革命领袖卡尔·马克思。

1818年5月5日，马克思出生于普鲁士莱茵省的特利尔城，父亲是著名的犹太律师，学识渊博，略带自由主义色彩。马克思从小接受父亲的启蒙教育，这样的家庭条件，被学校认为是"得天独厚"，并希望他获得应有的美好前程。马克思在中学毕业时写的一篇题为《青年在选择职业时的考虑》一文中写道："如果我们选择了最能为人类服务的职业，我们就不会被任何沉重负担所压倒，因为这是为全人类作出的牺牲；那时我们得到的将不是一点

最新整理图文珍藏版

点可怜的自私的欢乐。我们的幸福将属于亿万人，我们的事业虽然并不显赫一时，但将永远存在。当我们离开人世之后，高尚的人们将在我们的骨灰上洒下热泪。"

《伟大的无产阶级领袖们》宣传画

这篇气度非凡的作文，被校长赞为"相当好。此文以思想丰富和结构严谨而引人注目。"

1835年秋天，马克思遵从父命，考入波恩大学法律系。在校期间，教授们对他的评语大都是"勤勉"和"用心"，但在1836年8月签发的学业证书上，校方在"附注"中写道："据告发，该生曾将查禁的武器携至科伦。"事实真相如何，至今仍不清楚。马克思的父亲早在一个月以前就曾向校方写了一份申请书，表示同意儿子转到柏林大学读书。

柏林大学是黑格尔哲学的研究中心，马克思入学不久便参加了青年黑格尔派的活动，成了他们组织的"博士俱乐部"的后起之秀。一年以后，他在家信中写道："没有哲学就不能前进。"父亲当时重病在身，半年以后就与世长辞了。渐渐地，法学已经被列为他研究哲学的辅助学科。1841年春，马克思完成了他的博士论文——《德谟克利特的自然哲学与伊壁鸠鲁的自然哲学的差别》，表现出他"反对一切天上和地下的神灵"的倾向，开始摆脱黑格尔主义的影响。论文本身获得的评语是"不但思想丰富，很有洞察力，而且兼备渊博的知识。"1841年4月，马克思取得了哲学博士的学位。

大学毕业后，马克思便回乡看望已经订婚五年的未婚妻燕妮。他把自己的《博士论文》献给"敬爱的父亲般的朋友"威斯特华伦男爵，也就是他未来的岳父大人。

1842年10月，马克思被聘为《莱茵报》主编。他以战斗的精神，无懈可击的逻辑，撰文抨击普鲁士封建专制制度。一度因鼓励市民拿起武器反抗政府的税收而被捕，由于他据理反驳，终于无罪获释。

1843年3月，《莱茵报》被查封。半年以后，马克思偕同新婚的妻子迁居巴黎。1844 年初，与卢格（1802～1880 年）合办《德法年鉴》，发表了《〈黑格尔法哲学批判〉导言》等文章，第一次指出了无产阶级的历史使命，表明他的世界观已经从唯心主义转向唯物主义，从革命民主主义转向共产主义。不久，马克思便被法国政府驱逐到比利时的布鲁塞尔；1848 年被比利时政府驱逐回国；1849 年 6 月又被普鲁士反动当局驱逐到巴黎；同年 8 月又被驱逐到伦敦。近四十年间，燕妮陪伴马克思过着颠沛流离的生活。"紧密相连，互相支持"，他们的小女儿爱琳娜写道："我毫不夸大地说，如果没有燕妮·冯·威斯特华伦，卡尔·马克思永远不会成为当代的马克思。"

由于贫困的折磨，马克思夫妇在昏暗的异国他乡，悲痛地埋下了四个孩子。当妻子积劳成疾，马克思为了照顾家务不得不暂时停笔，因而影响《资本论》的写作进度时，他曾说过"最大的愚蠢莫过于结婚"。但是，在他们家中，烦恼总是暂时的，每当他和燕妮的目光彼此相遇时，往往忍不住会立即大笑起来。在爱琳娜的记忆中，她的双亲"总是快乐的一对"。

燕妮五十岁时，马克思回乡看望母亲，他在给妻子的信中写道："每天我都去瞻仰威斯特华伦家的旧居（在罗马人大街），它比所有的罗马古迹都更吸引我，因为它使我回忆起最幸福的青年时代，它曾收藏过我最珍爱的瑰宝。此外，每天总有人向我问起从前'特利尔最美丽的姑娘'和'舞会上的皇后'。当丈夫的知道他的妻子在全城人的心目中仍然是个'迷人的公主'时，真有说不出的惬意。"燕妮病逝时，马克思伤心地说："如果不承认我的思想大部分沉浸在对我的妻子——她同我生命中最美好的一切是分不开的——的怀念之中，那是骗人的。"

马克思认为"在这个尘世上，友谊是私人生活中唯一具有重要意义的东西。"在被利己主义的冰水浸透的资本主义社会里，马克思特别珍视他和恩格斯在并肩战斗中结下的深厚友谊。在流亡伦敦的岁月里，他们几乎每天都有信件往来。有一次，恩格斯隔了几天没写信来，马克思便在信中风趣地说："亲爱的恩格斯：你是在哭泣还是在欢笑？你睡着了还是醒着？"马克思一生都非常感激恩格斯的无私援助，不到万不得已，决不把自己的困难告诉恩格斯。有一次天气非常寒冷，由于缺煤，大白天一家人不得不呆在床上，燕妮噙着泪水央求说："还是写封信给恩格斯吧！"马克思在给恩格斯的信中说："我与其写这封信给你，还不如砍掉自己的大拇指。半辈子依靠别人，每当想起这一点，简直使人感到绝望。这时唯一能使我挺起身来的，就是我意识到我们两人从事着一项合伙的事业……"

在伦敦街头，孩子们称呼他"马克思老伯"，为了逗引孩子们，马克思休息时常爱在水盆里玩海战游戏，直到把纸船舰队全部烧毁为止。马克思还和孩子们玩过一种叫"自白"的问答游戏。在问到他的特点是什么时，马克思的答案是"目标始终如一"。马克思终生信守"为人类工作"的道德准则而鄙薄私利，特别是确立了共产主义世界观以后，更是历尽艰辛，把自己的一切献给革命，最后病逝在工作台前，年仅65岁。

共产主义者同盟的诞生

共产主义者同盟是世界上第一个无产阶级政党。它是马克思和恩格斯根据无产阶级的革命需要，在对"正义者同盟"进行革命改造的基础上建立的，是科学

在共产国际的成立大会上，列宁、斯大林与大会代表在一起。

社会主义与工人运动相结合的产物。

19世纪30至40年代，英、法等西欧国家，在完成资产阶级革命之后，实现了或正在实现着工业革命。工业革命的直接结果，不仅促进了资本主义经济的迅猛发展，而且引起了社会关系方面的深刻变化，形成了现代资产阶级和现代无产阶级。无产阶级从产生的时候起，就开始进行反对资产阶级的斗争。随着斗争的逐步深入，无产阶级认识水平的提高，终于爆发了著名的西欧早期三大工人运动：1831和1834年法国里昂工人两次起义，三四十年代英国宪章运动和1844年德国西里西亚织工武装暴动。当时，先进的工人虽然建立了一些组织，但由于缺乏革命理论的指导，不可能领导无产阶级去夺取胜利。

世界通史

最新整理图文珍藏版

因此，建立一个以革命理论为指导的无产阶级政党，领导无产阶级进行革命斗争，就成了国际工人运动的迫切需要。

伟大的无产阶级革命导师马克思和恩格斯，适应时代斗争的需要，在创立科学社会主义理论的时候，努力使自己的理论同工人运动结合起来，为创建这样的党进行了大量的工作。马克思、恩格斯1845和1846年在布鲁塞尔曾先后建立共产主义小组和共产主义通讯委员会。与此同时，在改造正义者同盟的基础上，于1847年正式成立了共产主义者同盟。

正义者同盟的前身是"德国流亡者同盟"。19世纪30年代初，德国的经济还很落后，但也开始从手工工场向机器大工业过渡，从而造成了手工业的瓦解和手工工匠的过剩。严重的封建割据状态和容克地主的残暴统治，使得为争取民主自由而斗争的革命者，受到残酷的迫害。这样，约有50万名失业的手工业者和革命者迁居或流亡到法国、英国、瑞士和美国。

侨居在法国巴黎的德国流亡者，由于受到当时流行的革命民主主义和各种社会主义思想的影响，产生了建立革命组织的要求。1833年，他们组织了"德国人民同盟"，成员百人左右，宗旨是在流亡者中间宣传谋求德国统一的思想。1834年，以此为基础建立起流亡者同盟，成员数百人，斗争目标是推翻德意志各国的君主制度，建立统一的德意志共和国。同盟内部是以对上级盟员绝对服从为原则组织起来的，基层组织的盟员只知道自己的直接领导人，所有盟员不能享受同样的权利。因此，大多数盟员很不满意这种等级森严的制度和密谋的组织结构。1836年，同盟内部发生分裂，一部分革命分子组成了新的革命团体——正义者同盟。

正义者同盟较之以前的组织民主多了。它由5至10人组成基层支部，几个支部联合为区部，整个同盟由人民委员会领导。但它仍然深受神秘主义和密谋活动的严重影响，具有半宣传、半密谋的性质。它的宗旨是要求财产公有制，口号是"人人皆兄弟"，组织上同布朗基领导的"四季社"有密切联系。1839年，同盟参加了四季社发动的5月12日巴黎起义。起义失败后，同盟遭到破坏，其领导人卡尔·沙佩尔、亨利希·鲍威尔被驱逐。他们到达伦敦又把同盟恢复起来，并在巴黎、瑞士和德国建立支部。这样，同盟的活动中心就由巴黎移到伦敦。

同盟的领导人从巴黎起义的失败教训中，对密谋性策略感到失望，并在群众性的英国宪章运动的影响下，开始抛弃手工业者的狭隘性，广泛吸收各国革命者参加同盟。由德国人的组织逐渐变成有法、英、波兰和瑞士等国工人参加的国际性组织，这是比当时其他任何工人组织都优越的地方。但是，同盟的指导思想还是相当混乱的，各种非科学的社会主义流派对它的影响已十分严重，有的甚至还占统治地位。因此，要把正义者同盟改造成为真正的无产阶级政党，不仅有一个组织建设问题，更重要的是要进行思想建设。

马克思、恩格斯与同盟的领导人早有接触，但在很长时间内，没有加入他们的组织。1843年，恩格斯在伦敦初次会晤同盟领导人，沙佩尔曾邀请恩格斯入盟。1845年7至8月，马克思和恩格斯在英国考察期间，在伦敦又一次会晤了同盟领导人，并出席了同盟的有关集会。马克思、恩格斯认为，在同盟接受科学社会主义理论之前，还不能参加这个组织。否则，不仅不能改变他们的指导思想，还要承受同盟组织上的约束。马克思、恩格斯与同盟的领导人保持良好的关系，目的在于尽可能地影响其思想的转变。

为了肃清各种非科学社会主义流派对工人运动的影响，马克思和恩格斯除了亲自向包括同盟的领导人在内的革命者进行理论教育，讲授关于雇佣劳动及波兰等问题外，还通过布鲁塞尔的共产主义小组和共产主义通讯委员会，同各国社会主义团体和个人建立联系。马克思和恩格斯本想借助共产主义通讯委员会，把真正的革命者团结起来，使它成为联合各地分散的共产主义者的纽带，以便在此基础上建立统一的共产主义政党。但是，当时各地共产主义组织，在事实上还没有建立起来，布鲁塞尔共产主义通讯委员会最终未能导致成立一个世界范围的共产主义政党。然而，马克思和恩格斯通过这个组织，开展对于当时影响最大的三个社会主义流派，即魏特林的空想共产主义，克利盖、格律恩的"真正的社会主义"以及蒲鲁东主义的批判，取得了重大的胜利。这对提高同盟成员的思想认识，彻底改造同盟，促进科学社会主义同工人运动的结合，起了决定性的作用。

威廉·魏特林是德国人，出身贫苦，职业裁缝。1837年，他在法国加入正义者同盟。魏特林在他的《和谐与自由的保证》等著作中，无情地揭露了资本主义制度，主张一切人一律平等，建立"共有共享的社会制度"，对启发工人觉悟起过进步作用。但他忽视无产阶级的力量和建立无产阶级政党的必要性，企图依靠小手工业者和流氓无产者的暴动以及小型实验来建立新社会。马克思本想帮助他成为一名真正的共产主义者，但魏特林拒不接受批评和帮助，坚持自己的错误观点。马克思不得不在1846年同他决裂。魏特林就此脱离了工人运动，他对同盟的思想影响也逐步消失。

海·克利盖原来是威斯特伐利亚的大学生，后当记者，1845年秋在纽约创办《人民论坛报》，宣传"真正的社会主义"的观点。他抹杀阶级矛盾和阶级斗争，鼓吹不分阶级的爱，反对政治斗争和暴力革命，企图依靠各个阶层，特别是依靠上层统治者的资助，在不触动资本主义制度的情况下来消除贫困，保存小生产者的地位。1846年5月，共产主义通讯委员会召开了特别会议，讨论并通过了马克思和恩格斯起草的《反克利盖的通告》，痛斥了克利盖的论点，揭露了它的性质，指出了它的危害，使克利盖在同盟和工人运动中的影响很快就消失了。

"真正的社会主义"另一代表、德国小资产阶级政治家卡尔·格律恩钻入正义者同盟巴黎支部。格律恩反对暴力革命，鼓吹"为人类谋幸福"的博爱思想，宣扬蒲鲁东主义的经济改良。为了肃清格律恩在法国的影响，1846年8月，恩格斯亲自去巴黎参加同盟的活动，与格律恩的信徒展开了激烈的辩论。在辩论中，恩格斯不仅揭露了"真正的社会主义"的实质，指出其危害，而且阐明了科学共产主义的基本原则，即维护无产阶级的利益、消灭私有制、通过暴力革命来建立新社会。最后，参加会的15人中有13人同意恩格斯的观点。

比埃尔·约瑟夫·蒲鲁东是法国人，出身于农民兼手工业者家庭，曾当过雇工和印刷工人。1840年发表了《什么是财产》一书，用小资产阶级的观点抨击了资本主义私有制，提出了"财产就是盗窃"的观点。1846年，他又发表《贫困的哲学》一书，系统地阐述了他的改良主义的理论。蒲鲁东宣扬唯心论先验论和英雄史观；维护小私有制，主张建立以个人所有为基础的互助制社会；反对任何国家和权威，鼓吹无政府主义；反对无产阶级革命，宣扬阶级调和，把建立"交换银行"看作是无产阶级解放的根本途径。这些思想给国际工人运动造成了极大的危害。为了彻底清算蒲鲁东主义，1847年，马克思撰写了《哲学的贫困》一书，全面批判了蒲鲁东主义，进一步阐述了马克思主义三个组成部分的基本内容。这对提高同盟领导人和先进工人的认识起了积极作用。

通过马克思和恩格斯的宣传和斗争，同盟中越来越多的成员和领导者开始接受马克思和恩格斯的理论。这样，同盟经过多年的摸索，终于找到了马克思主义真理，而马克思和恩格斯则经过耐心而大量的工作，促进了无产阶级革命理论和工人运动的结合。

1847年1月20日，同盟的伦敦总部委派约瑟夫·莫尔先到布鲁塞尔会见马克思，然后去巴黎会见恩格斯，并邀请他们参加正义者同盟，表示确信马克思和恩格斯的观点正确，接受马克思和

恩格斯关于改组同盟的意见。在这种情况下，马克思、恩格斯接受邀请参加同盟。接着，同盟中央发出了"应该实行全面改组"的通告，宣布即将召开同盟的改组大会。马克思和恩格斯为此做了大量的准备工作。

1847年6月2日至8日（或9日），正义者同盟在伦敦秘密召开了第一次代表大会。马克思因经济困难未能出席，恩格斯作为巴黎支部的代表参加大会。大会由沙佩尔任主席，威·沃尔弗任秘书。根据马克思和恩格斯的提议，大会决定把正义者同盟改名为共产主义者同盟。因此，这次大会实际上也是共产主义者同盟的第一次代表大会。

大会的中心议题是讨论通过由恩格斯和沃尔弗起草的新章程草案。这个章程改变了同盟的名称和口号，用"共产主义者同盟"的新名称代替了"正义者同盟"的旧名称，用"全世界无产者，联合起来！"的新口号代替了"人人皆兄弟"的旧口号。这一改变，不仅在概念上更加合乎科学要求，而且还表明了改组后的同盟已作为新的共产主义政党出现了。章程规定的同盟目的是：通过传播财产公有的理论并尽快地求其实

现，使人类得到解放。章程还规定同盟的各级组织应由选举产生和有一定的任期，并可随时撤换。这体现了民主集中制的组织原则，堵塞了任何要求独裁的密谋狂的道路。

大会还讨论了由恩格斯草拟的《共产主义信条草案》，作为有待进一步讨论和修改的文件。最后，大会选出了以沙佩尔为主席的中央委员会，选定伦敦作为中央委员会所在地，决定创办中央机关刊物《共产主义杂志》，委任沃尔弗为主编。大会还作出了开除魏特林分子出盟的决定。上述情况表明，经过马克思和恩格斯的艰苦努力，同盟已由原来带密谋性的工人组织，开始改组成为以科学社会主义为指导的、按民主集中制原则组织起来的无产阶级革命政党。

为了使刚刚建立的共产主义者同盟得到巩固，马克思恩格斯主张积极发展同盟组织。8 月 5 日，根据马克思提议，共产主义者同盟在布鲁塞尔成立了第一批支部和区部。马克思当选为支部主席和区部委员会委员。在马克思领导下，布鲁塞尔支部和区部，在开展工人运动和民主主义运动，建立德意志工人协会和国际布鲁

塞尔民主协会等方面，取得了显著的成就，在广大盟员和先进工人中赢得崇高的威望。

当时在同盟的不少支部中，特别是在瑞士和德国，宗派主义分子还很活跃，他们反对同盟中央的纲领。所以，同盟中央把巩固和发展第一次代表大会所取得的成果的工作，寄希望于布鲁塞尔区部。10 月 18 日，同盟中央为了开好第二次代表大会，专函给布鲁塞尔区部，迫切希望他们派遣代表，尤其是希望马克思能够参加，认为这是战胜各种错误思潮，从思想上和组织上彻底完成改组同盟的重要保证。

1847 年 11 月 29 日至 12 月 8 日，共产主义者同盟第二次代表大会如期召开。马克思和恩格斯准时出席。沙佩尔选为大会主席，恩格斯任大会秘书。

大会的主要任务是通过新章程和制定新纲领。大会经过热烈的讨论，批准了同盟的章程。这个章程对草案中的有关条文作了重大修改。主要是把同盟的目的修改为推翻资产阶级政权，建立无产阶级统治，消灭旧的以阶级对抗为基础的资产阶级社会和建立没有阶级、没有私有制的新社会。讨论纲领时，代表们经过长

时间激烈的争论，进一步接受了马克思和恩格斯的观点，并委托他们起草一个宣言，即"起草一个准备公布的周详的理论和实践的党纲"。这就表明，共产主义者同盟的创建工作最终完成，从此共产主义者同盟作为第一个无产阶级革命政党登上历史舞台，率领无产阶级和人民群众为推翻旧世界而英勇奋斗。

美国废奴运动

美国的商品奴隶制经济几乎和英属北美殖民地同步形成。早在美国独立初期，富有远见的美国政治家就曾主张废除奴隶制，但由于南部种植园奴隶主的激烈反对，未能实现。随着世界市场

美国废奴运动领袖约翰·布朗像

对棉花需求的猛增，奴隶主大肆扩张奴隶制，与广大人民群众及北部工业资本主义的发展产生严重冲突。围绕奴隶制的扩张与反扩张、限制与反限制、维护与消灭的斗争，构成19世纪上半叶美国历史的主要内容。

从19世纪30年代起，废奴运动在北方兴起，渐渐形成声势浩大的群众运动。奴隶主不甘心退出历史舞台，负隅顽抗，使南北斗争白热化。1859年10月，弗吉尼亚州西部发生了一次反奴隶制起义，这就是美国历史上著名的约翰·布朗起义。布朗是当时美国白人废奴派英雄，他在美国历史上第一次组织了黑人与白人的联合战斗，试图以武装斗争方式解决黑人奴隶制问题，为后来美国内战的顺利进行作出了榜样。

19世纪初，随着美国向外扩张，边界不断向西推进，奴隶主的胃口越来越大，力图把新扩张来的土地都变成自己的地盘。这就同北部广大的工人、农民和从欧洲来的新移民发生了尖锐的矛盾。后者渴望着开发西部的自由土地以争取自身的生存。北部新兴的工业资产阶级也愿意将西部土地廉价售予或分给小农，以便形成更广阔的国内市场，有利于

资本主义的发展。围绕着西部土地成为自由土地还是奴隶主领地的问题，南北方之间产生了严重的冲突。

奴隶主贪得无厌的扩张企图，引起北方人民的愤慨。国际上反对奴隶制的呼声也越来越高。早在1793年，法国宣布废除其领土上的奴隶制。1790～1803年，海地革命胜利后，奴隶完全得到解放。1833年，英国宣布要解放英属西印度群岛上的黑人奴隶。所有这一切，都给美国废奴运动以很大的推动。尤其是美国南方奴隶不断进行反抗斗争，加深了北方人民对奴隶制的憎恨。1822年7月，黑人丹马克·维西在南卡罗来纳州查尔斯顿组织1万名奴隶起义。1831年8月，弗吉尼亚州又发生黑人纳特·特纳组织的奴隶起义。这些起义虽然都被镇压了，却深深震动了北方人民的心。那些有幸逃到北方来的黑奴，带来了奴隶要求解放的迫切愿望，他们的现身说法，使北方人了解

港口城镇圣弗朗西斯科

到黑奴的苦难，大大激发了北方人民起来反对奴隶制。从19世纪30年代起，北方社会上废奴运动逐渐高涨起来。

1832年1月，要求"立即解放奴隶"的"新英格兰反奴隶制协会"成立。1833年12月，成立了全国性的废奴组织"美国反奴隶制协会"（又称"废奴社"），标志着美国历史上轰轰烈烈的反奴隶制群众运动的开始。此后，北部各州相继成立了它的分会和其他反奴隶制组织。到1837年，纽约州已有270个反奴隶制协会，马塞诸塞州有145个，俄亥俄州有213个，整个北方共有废奴组织约2000个。到1840年，北方参加反奴隶制协会的人数约有15万到25万人。

以加里森为首的美国反奴隶制协会的纲领，比过去曾有过的废奴派的主张大大前进了一步。以前有人主张逐步、有偿地解放奴隶，反奴隶制协会则主张立即解放奴隶，不给奴隶主以"赔偿"。协会还反对"遣送奴隶回非洲"的主张，认为这是"骗人的、残酷的和不现实的"。由于反奴隶制协会坚持"立即解放，不补偿、不遣送"的方针，得到了广大北方人民的拥护，也得到了广大黑

最新整理图文珍藏版

人的拥护。

各地废奴组织运用各种有效的宣传工具，开展大规模的废奴宣传活动。各种废奴报刊如雨后春笋般出现，不下百余种。其中著名的有威廉·劳埃德·加里森创办的《解放者》周刊、美国把奴隶制协会的机关报《全国废奴旗帜报》、《释奴者》以及著名黑人领袖弗雷德里克·道格拉斯主办的《北斗星》等。还有无数宣传小册子，其中有许多是逃到北方的黑奴用他们亲身经历写出来的"黑人故事"，影响极大。

在揭露奴隶制的残忍和罪恶方面，哈里特·比彻·斯托夫人（1811～1896年）的小说《黑奴吁天录》（又名《汤姆叔叔的小屋》）是当时轰动英美的醒世之作。它以生动活泼的笔触，淋漓尽致地展现了黑奴地狱般的生活，有强烈的感染力。在它的感召下，英国有50万妇女在声讨美国奴隶制宣言上签名。林肯在内战中曾对斯托夫人说，是这本小说促使

迁都华盛顿

印第安人为保卫自己家园而浴血奋战

了美国内战的爆发。可见其影响之大。

在废奴宣传中，来自蓄奴州的逃奴表现很突出。其中有著名的黑人领袖道格拉斯。他于1817年诞生在马里兰州一个种植园里，自幼饱尝了当奴隶的一切苦难，对奴隶制怀有深仇大恨。1838年逃到北方后，投入了废奴运动。他是一位卓越的演说家，曾一针见血地指出黑奴的解放是当时美国社会的重大问题。他还以通俗的语言将白人优越论驳得体无完肤。此外，著名的黑人宣传员还有亨利·海兰·加尼特、西奥多·赖特、威廉·琼斯等人，他们大多用自己的亲身遭遇揭露奴隶制的黑暗，控诉它的罪恶。逃奴们的血泪控诉增强了废奴派的宣传效果。

废奴派还采取实际行动协助

奴隶逃亡。由于奴隶主完全掌握了南部的军政大权，有一整套严密防范黑奴起义的统治手段。他们在各地组织了武装"民兵"，从17世纪起，就建立了"巡逻制"，每个县分为几个巡逻区，每区有三名白人巡逻员值班巡逻，定期轮换。其任务是缉捕逃奴，搜索黑人武器，侦察和镇压黑人聚会。每个种植园还雇有武装家丁，养有猎犬。奴隶主和监工随身佩带武器，准备随时用来对付奴隶。所以有人称整个南方是座"军营"。在这种情况下，黑奴要密谋起义是十分困难的。侥幸组织起来的，规模不可能很大，而且迅即被镇压。个别逃亡倒是有可能成功。

早在18世纪就有人协助奴隶逃亡。到19世纪，有组织地帮助黑奴逃亡形成声势浩大的群众运动。这就是美国历史上的"地下铁道"运动。它有两条主要的干线，一条在中西部，从南方亚拉巴马、肯塔基等州通过俄亥俄到加拿大；另一条则沿着东海岸从南方到北方。有人估计，北方废奴派参加这个崇高事业的人有3.2万人以上。协助奴隶逃亡是一件艰苦和危险的工作，有些人为此而坐牢，甚至牺牲生命。被人称为地下铁道主席的利维·科芬，自1826～1860年帮助3.3万名黑奴获得了自由。著名的黑奴女英雄哈丽特·塔布曼曾只身潜入南方19次，救出黑奴300名。据密西西比州州长魁特曼估计，从1810到1850年，黑奴逃亡总人数达到10万名左右，南方奴隶主损失财产在3000万美元以上。因此，种植园奴隶主恨透了北方的废奴派及其运动，尤其仇恨地下铁道运动，不惜一切手段，包括用"血与火"来对付他们。

废奴运动的内部分歧

19世纪30年代，美国参加废奴运动的虽然有工人、农民、黑人和妇女，但是它的大多数知名领袖人物都是资产阶级和小资产阶级知识分子、中小资本家，因而指导废奴运动的是形形色色的资产阶级思想。

叛军总司令（敬礼者）

被称为"小密执安人"的马丁·范布伦击败前副总统，1836年12月7日当选为美国第八任总统。

美国反奴隶制协会的主要领导人威廉·劳埃德·加里森的理论和主张对30年代的废奴运动有广泛的影响。他虽然主张立即废除奴隶制，而且态度是坚决的，但是他信奉的是非暴力主义，反对奴隶通过暴力获得自由。他主张通过道德说教的办法劝说奴隶主放弃奴隶。他的主张反映在由他发起的该协会的纲领中，它号召人们以道德感化达到废奴的目的。它还宣告说："本协会决不暗中怂恿被压迫者以暴力来恢复他们的权力。"因而被称为"道德说教派"。

南方种植园奴隶主并不接受

道德说教，他们使用了一切可能使用的方法来对付北方废奴派及其运动。

首先，他们运用把持的政权力量，在制定有利于奴隶制扩展的法案的同时，竭力制定压制废奴运动的法案。美国建国后一直是资产阶级和奴隶主分享政权。可是从1829年杰克逊任总统起，奴隶主的政党民主党牢固地掌握着国家政权。在此后的32年中，民主党占据总统职位24年，控制最高法院26年，左右众议院22年。在这期间，奴隶主在扩展奴隶制地盘的斗争中咄咄逼人，迫使国会通过有利于他们的法案，1820年密苏里加入联邦时，南北方曾达成妥协：以北纬36度30分为界，新领地要加入联邦，此线以北为自由州，以南为蓄奴州。当1854年堪萨斯和内布拉斯加申请加入联邦时，按密苏里妥协案规定的地理界线，它们都应是自由州，但奴隶主操纵国会通过"堪萨斯—内布拉斯加法案"，打着"居民主权原则"的旗号力图把它们变成蓄奴州。奴隶主组织了大批暴徒进入堪萨斯，破坏当地选举，对自由移民滥施暴力，强占土地，由此引起激烈的冲突，这就是历时四年的"堪萨斯内战"。

1857年，奴隶主操纵的最高法院借德雷德·斯科特案企图使奴隶制在全美国合法化。

奴隶主还专门制定了对付废奴运动的法案。1836年，为了压制废奴派对国会的请愿活动，奴隶主操纵国会通过决议一概"不宣读、不讨论"这些请愿书，将其"永远搁置不议"。群众称之为"钳口法"。

为了对付日益活跃的地下铁道运动和规模越来越大的奴隶逃亡。1850年制定了《逃亡奴隶法》。规定奴隶不论逃到北方何处，北方各州司法机关都必须协助缉捕，并且可以得到"奖赏"；北方人民如有拯救和窝藏逃奴者，要罚款1000美元、被监禁半年，另外还要赔偿奴隶身价1千美元。这样，不仅逃奴可以随时被缉捕，连长期生活在北方的自由黑人也要遭殃。联邦政府不顾北方人民的反对，顽固执行该法。一时间，阴森恐怖气氛笼罩着北方，引起北方社会的极度不安。马塞诸塞州各地曾发生数起群众自发"抢救"逃亡奴隶的事件。

奴隶主还使用残酷的暴力手段压制废奴运动。他们不惜重金收买北方的地痞流氓，甚至派出暴徒对北方废奴派大打出手，肆意迫害。加里林、菲利普斯、道格拉斯等废奴领袖经常遭到暴徒袭击，不是被暴徒剥光了衣服，就是被打得遍体鳞伤。道格拉斯有一次几乎被暴徒打死。斯蒂芬·福斯特曾24次遭袭击，两次被暴徒从二楼仍下来，几乎丧了性命。

1834～1838年间，暴徒迫害废奴派的活动更加疯狂。他们经常袭击纽约市、费城、波士顿等地的废奴大会，焚烧了费城宾夕法尼亚大厅，劫掠了波士顿的马尔巴娄教堂。他们肆意捣毁废奴报社、袭击废奴派的家。他们还公然悬赏捉拿废奴派领袖，派出暗杀凶手。1837年，暴徒一再袭击伊利诺斯州废奴主义者、废奴报刊发行人伊莱贾·诺夫乔伊，捣毁他的报社和印刷机，最后，竟残酷地将他杀害了。

奴隶主的暴行使北方废奴派中的许多人猛醒，开始对单纯的道德说教产生怀疑。在美国反奴隶制协会中，以阿瑟·塔潘和伯尼·塔潘兄弟为代表的一派人转而主张采取一切手段，包括政治行动来达到释奴的目的。他们主张组织废奴政党，参加竞选，希望选出一个废奴派的总统来，运

士兵画家康拉德·查普曼在联邦舰队的炮火下绘制的南卡罗来纳萨姆特要塞战壕掩体中的哨兵守卫的南联盟旗帜

用联邦政府的权力来解决奴隶制问题。人们称之为"政治行动派"。

加里森坚决反对政治行动，终于在1840年5月使废奴运动发生分裂。以塔潘兄弟为首的一派退出美国反奴隶制协会，另组成"美国及外国反奴隶制协会"。同年，他们创立了废奴派政党——自由党，迅即投入竞选活动。由于加入的人不多，力量单薄，在以后的选举中无大建树，也就逐渐消失了。

汉密尔顿到达目的地受到英雄般的热烈欢迎

1848年又出现了自由土地党。它的基本群众是北部的工人、农民和西部争取自由土地的小农，比自由党具有更为广泛的群众基础。它的目标是反对奴隶制扩展到西部；要求实行"宅地法"，把西部土地无偿分给移民。它的口号是："自由土地，自由言论，自由劳动和自由的人。"

1854年7月，种植园奴隶主与北部资产阶级的矛盾达到不可调和的地步，北部工业资产阶级终于组织了共和党。共和党接过自由土地党的口号，希望联合北部的工人、农民、黑人和西部小农，他们的政治目标则仅仅是反对奴隶主势力的继续扩展。

就在北部一些人考虑采用政治行动来对付奴隶主日益猖狂的进攻时，废奴派内部还有一些人已经转向考虑使用武力的问题了。1837年，在奴隶主疯狂迫害废奴派时，"马塞诸塞反奴隶制协会"的年会上，就有人提出"以暴抗暴"的问题。黑人约翰逊曾指出，甚至一个昆虫当它被人践踏时，也会想咬人一口的。1839年，纽约废奴派贝兹·哈孟德曾向格里特·史密斯表示，他相信废奴派使用暴力是正义行为，他还建议在加拿大和墨西哥办训练黑人青年的军事学校。格里姆克主张废奴派到南方去，用武力帮助奴隶获得自由。在德雷德·斯科特案发生后不久，在废奴派中不仅使用暴力的思想开始传播，甚至还有人（莱桑德·斯普纳）拟定了具体的行动计划并打印出来到处散发。

彻底的废奴主义者：约翰·布朗

1859 年发生的约翰·布朗起义，是美国人民群众试图用武装斗争消灭黑人奴隶制的一次英勇尝试。

约翰·布朗起义究竟是为什么发生的呢？

原来，美国在独立战争后新建立起来的国家是一个大资产阶级和大种植园奴隶主联合专政的国家。独立后，美国并存着两种对立的社会制度：北方各州是工

1863 年 7 月在宾夕法尼亚发生的葛底斯堡战役的详细情景

商业资本主义的雇佣劳动制，南方各州是大种植园的黑人奴隶制。南方的大种植园奴隶主在政治上占有优势。1861 年以前，美国的十五个总统中，就有十一个是南方种植园奴隶主捧上台的。

19 世纪以后，在南方各州的种植园中，开始大量种植棉花。到 1860 年，这些种植园生产的棉花相当于当时世界总产量的四分之三，占美国出口总额的百分之七十五，欧洲棉织业几乎都靠美国供应棉花。在南方的奴隶主们看来，有了棉花就有了一切。因此他们肆无忌惮地扩充奴隶制。到南北战争前夕，美国黑人奴隶已从建国初期的 60 万人增加到400 万人。

奴隶们过着牛马不如的生活，他们在监工的皮鞭下，每天劳动

需要奴隶劳动的南部大农场

十八九小时。残酷的压榨和非人的待遇，使得一个奴隶通常在种植园里劳动八至十年就被折磨而死。北方各州虽然已废除了奴隶制度，但种族歧视也十分严重，南方的种植园奴隶主可以任意在北方自由州搜捕逃亡奴隶。

黑奴们怀着深仇大恨，开展了反奴役的斗争。他们怠工、逃离、焚毁种植园，杀死监工和奴隶主，以至用武装起义打击万恶的奴隶制度。在美国黑人奴隶起义中，最著名的有1822年南卡罗来纳州查尔斯顿黑人丹马克·维赛领导的近万人的奴隶大起义，和1831年弗吉尼亚州南安普顿黑人奴隶奈蒂·特那领导的奴隶起义。

在奴隶起义的推动下，北方各州也掀起了轰轰烈烈的废奴运动。广大工人、农民、黑人和城市小资产阶级纷纷投入这一运动。他们到处演讲，印行报刊和书籍，对反动的奴隶制进行揭露和抨击。1852年出版的斯托夫人所著《汤姆叔叔的小屋》（旧译《黑奴吁天录》），对美国南部黑人奴隶的悲惨生活和种植园奴隶主的残酷和虚伪作了淋漓尽致的描述。这本书出版后销售一空，接连再版，印数达几百万册。后来，又把它改编成剧上演，轰动一时。

废奴主义者还通过"地下铁路"组织这一斗争形式来反对黑人奴隶制度。废奴主义者像乘坐"火车"一样，把黑人奴隶从南方的蓄奴州分段地护送到北方的自由州或转送到加拿大。为了逃避缉捕者，逃亡的奴隶往往化妆而行。他们经常是昼伏夜行，并尽可能涉水泅渡以避开警犬的追踪。"地下铁路"在协助奴隶逃亡上发挥了很大作用。从19世纪30年代到60年代，通过这种组织逃出南方种植园主的魔掌而获得自由的黑人奴隶达4万人之多。

19世纪中期以后，随着美国资本主义的发展，北方的雇佣劳动制和南方的种植园奴隶制的矛盾异常尖锐，废除奴隶制，发展资本主义已成为一股不可抗拒的历史潮流。1859年震撼美国的约翰·布朗起义正是在这个背景下爆发的。

约翰·布朗1800年生于美国康涅狄格州托林顿镇一个贫苦白人的农民家庭。他的父亲是一个坚决的废奴主义者，他家就是"地下铁路"的一个转运站。因此，他从小就受到废奴主义的教育。由于家庭贫苦没有机会上学，所以他的童年是在美国北部的山林中度过的。长大后，他当过皮革匠、土地测量员和邮务员，他还当过牧羊人和农民。他耳闻目睹黑人奴隶的悲惨遭遇，激起他对黑人奴隶制度的无比憎恨，决心为反对奴隶制度而战。他细心研究黑人运动的历史，积极参加"地下铁路"的工作，了解黑人分布情况，绘制奴隶逃亡的路线图。1849年，他远涉重洋到欧洲进行考察，参观了所有的筑垒工事，准备将来使用到美国的一场山地战争中去。回国后，1850年在斯普林菲尔德建立了一个黑人武装组织——基列人同盟，为走向黑人武装斗争作了组织上的准备。

1854年，在南方种植园奴隶主的操纵下，国会通过了反动的《堪萨斯—内布拉斯加法案》，规

底斯堡战役中的南方军统帅罗伯特·E·李

定让堪萨斯和内布拉斯加两地区的居民自行决定他们自己所居住的地区应为蓄奴州还是自由州。这个法案实际上使北纬三十六度半以北的广大地区都可以变为蓄奴州。法案通过后，南方种植园奴隶主组织了大批武装匪徒，用武力在堪萨斯和内布拉斯加推行黑人奴隶制。广大人民群众强烈反对这个反动法案，大批工人、农民和其他劳动人民携带武器进入堪萨斯，决心把这个州变为自由州。堪萨斯已变成两种制度斗争的焦点。

在这场斗争中，约翰·布朗虽已年过半百，仍然像年轻人一样投入战斗。1854年，约翰·布朗同他的四个儿子和一个女婿，先后来到堪萨斯，并立即组织力量，投入到反对奴隶制的斗争中去。

1856年5月24日夜晚，约翰·布朗带着他的儿子、女婿和另外两个人向蓄奴派发动袭击，当场抓捕和处决了五个践踏自由州移民的歹徒。接着，约翰·布朗同他的战友在保卫堪萨斯边境城市奥萨瓦汤米的战役中，又重创了敌人。从此，"奥萨瓦汤米的老布朗"便名扬全国。

1858～1859年，约翰·布朗

又重新来到弗吉尼亚州，并选定弗吉尼亚西部的哈泼斯渡口作为他举行起义的地点。这里位于马里兰州同弗吉尼亚州的交界处，又是波托马克河和申南多亚河的汇合处，地势十分险要，是通往黑人大路的主要门户。那里并设有一个联邦政府的军火库，一旦夺取到手便可把奴隶们武装起来。约翰·布朗的计划是：夺取哈泼斯渡口的军火库，然后进入山区开展游击战争，在各蓄奴州开展更广泛的奴隶起义，最后在全国范围内推翻种植园奴隶主的统治。

1859年10月16日晚八时，约翰·布朗向他周围的人下令说："弟兄们！拿起武器，我们马上向哈泼斯渡口进军。"这是一个又黑又冷的深秋夜晚。约翰·布朗虽然年老多病，当晚却精神抖擞，他长须飘拂，一马当先，率领队伍向既定目标前进。

美国内战双方伤亡惨重

起义者的枪声打响了。他们以迅雷不及掩耳之势占领了波多马克大桥、军火库，很快地控制了整个城镇。起义者逮捕了反动驻军头目和附近的奴隶主，并开始解放奴隶。反动当局闻讯后，立即派兵镇压。第二天中午时分，奴隶主的代表罗伯特·李上校（即南北战争期间南方统帅李将军）率领一支由百名海军陆战队组成的反动武装来镇压。尽管约翰·布朗的队伍只有22个人，力量比较薄弱，但是，他们为了黑人奴隶解放的事业，不畏强暴，英勇抗击。经过两天一夜的激烈战斗，最后因为众寡悬殊，约翰·布朗的队伍大部分，其中包括他的四个儿子，在战斗中英勇牺牲，约翰·布朗本人同其他六个战友因受伤被俘。后被关进查理士敦监狱。

当约翰·布朗受了伤、流着血、还躺在地上的时候，一场严酷的审讯就开始了。弗吉尼亚的州长怀斯厉声责问约翰·布朗："谁派你来这儿的？"

"谁也没有派我。是我自己的主见和上帝的旨意驱使我到这儿来的。"

"你的目的何在？"

"我是来解放黑人奴隶的。我认为干涉你们，解放被你们专横暴戾虐待的人们是完全正义的行为。"

"你相信《圣经》吗？"

"当然相信。"

"难道你不知道你是一个煽动者、一个叛国犯吗？"

"我争取解放黑人奴隶。"

"你是疯子、狂热分子。"

"我认为你们南方人才是疯子、狂热分子。认为这样一种制度能维持下去难道是神志清醒吗？凡是神所要毁灭的人，神先使他们发疯，你们已经疯了。"

最后，弗吉尼亚法庭以"杀人、叛国、煽动黑人奴隶叛乱"等罪名，叛处约翰·布朗死刑。

12月2日，约翰·布朗在临赴绞刑架之前，挥笔写下了最后的遗言："我，约翰·布朗，现在坚信只有用鲜血才能清洗这个有罪的国土的罪恶。过去我自以为不需要流很多血就可以做到这一

美国北部和南部的分界

点，现在我认为这种想法是不现实的。"

约翰·布朗为了黑人的解放事业献出了他的宝贵生命，在他英勇就义的时刻，北方各州统统下半旗，高大建筑物上饰以黑色装置，教堂鸣钟致哀。

约翰·布朗起义虽然被镇压下去了，然而他毕生为之奋斗的黑人奴隶解放的事业是不朽的。从此，约翰·布朗的名字成为反对黑人奴隶制斗争的光辉旗帜。

布朗在美国反奴隶制运动史上具有不可磨灭的功绩。这首先在于布朗是美国废奴运动中最先认识奴隶制是阻碍美国历史发展的赘瘤，他称它为"万恶的渊薮"，必须以革命的手段斩除。他曾对人说："推翻这个制度（奴隶制）是我们首要的任务。如果美国人民不拿出勇气来赶快把它消灭，在这个合众国里就根本谈不

林肯遇刺身亡

最新整理图文珍藏版

到人类的自由和共和国的解放。"早在1847年，他就对弗·道格拉斯说，靠劝说奴隶主回心转意是绝对不行的，除非让他们感到大棍子快打到头上。

布朗起义是在美国社会中两种制度的矛盾几达白热化的阶段进行的。为了维护和扩展奴隶制，奴隶主已施尽了一切手段，包括用反革命的暴力残害废奴派，废奴运动不但未能压制下去，反而越来越兴旺了。1859年，奴隶主已感到自己坐在火山上而在悄悄地积蓄军火物资，准备孤注一掷，作垂死挣扎。南北方之间一场凶猛的搏斗快要开始了。北方终将被迫以武力来解决这场冲突，这是不可抗拒的历史潮流。布朗起义只比内战早一年半，成了内战的前奏曲。布朗不愧为美国黑人解放运动史上走在历史潮流前面的人。

彼得斯堡战役

布朗起义是白人和黑人联合斗争，并肩战斗的光辉榜样。表明布朗彻底摆脱了白人优越论的种族偏见，在当时的美国真可谓凤毛麟角。

布朗起义以武装黑人，发动黑奴参加反对奴隶制、争取自身解放的伟大斗争，为日后内战的顺利进行作出了表率。他的坚忍不拔，不怕牺牲，宁死不屈的伟大精神，在内战中成为激发北方人民和士兵的巨大动力。著名的《约翰·布朗之歌》是北方最激励人心的军歌：

"约翰·布朗的躯体在坟墓中腐烂了，

他的精神在引导我们前进……"

北方军队就是高唱着这首歌直捣奴隶制的心脏里士满的。

美国—墨西哥战争

1846年～1848年美国对墨西哥的战争是世界近代史上一次臭名昭著的掠夺性战争。通过这次战争，美国夺取了墨西哥一半以上的领土。前美国共产党领袖威廉·福斯特称其为"美国和整个西半球历史上最蛮横的非正义战

世界通史

最新整理图文珍藏版

争"。

战争的直接起因是美国吞并得克萨斯。得克萨斯原是墨西哥的一个省份，面积20万平方公里，超过美国东北部九个自由州的面积总和。这里土地肥沃，矿藏丰富。南部奴隶主贪婪的目光一直注视着这片土地。19世纪20年代初，第一批美国移民约三百人到得克萨斯定居，并带来了黑奴。20年代末，美国总统亚当斯·杰克逊提出"购买"得克萨斯地区，遭拒绝。美国加紧向这里移民。到1836年，美国移民达到3万人，其中约有五千黑奴。移民人数大大超过墨西哥居民。

在杰克逊的怂恿下，1835年

奥地利大公登上墨西哥王位

6月，南部奴隶主积极策划美国移民举行武装暴乱。不到半年时间，叛乱者几乎控制了得克萨斯全境。1836年3月2日，在美国的一手策划下，得克萨斯宣布"独立"，建立了傀儡国家"孤星共和国"。杰克逊的好友、田纳西籍的将军萨姆·豪斯顿"当选"为首任"总统"。3月9日，遵照杰克逊的密令，美国军队越过边界，进入得克萨斯。

墨西哥政府拒绝承认得克萨斯"独立"。当时的总统圣塔安那率领6000兵力去平息美国移民的叛乱。1836年4月21日，墨西哥军队在哈辛托河口与美军遭遇，被歼，圣塔安那本人被俘。他与叛乱者签订了投降协定，承认所谓的孤星共和国，并以布拉沃河（美国称格兰德河）为国界。

但是，墨西哥国会在1836年5月20日和7月29日通过决议，宣布圣塔安那被俘期间缔结的一切协议均无效，并召回了墨西哥驻美大使，指出，"美国政府的行动威胁到墨西哥共和国的主权和独立"。美国政府不顾墨西哥政府的反对，于1837年3月3日正式承认得克萨斯"共和国"成立。

在建立了这个傀儡"国家"以后，美国南部的奴隶主为了扩大自己在参议院的席位，主张迅速合并得克萨斯，将这大片土地分成几个蓄奴州加入联邦。北部的资本家为了遏制南部的势力，反对合并。1844年美国总统选举时，民主党候选人詹姆斯·波尔克以合并得克萨斯为竞选政纲，并获得了胜利。波尔克执政以后，将注意力主要放在对外扩张方面，把掠夺墨西哥的领土作为整个对外扩张政策的一个重要组成部分。1845年初，美国参众两院通过联合决议，合并得克萨斯。1845年7月，美国正式吞并了得克萨斯，宣布它为联邦第28州。

美国统治集团的扩张主义政策激起了墨西哥人民的强烈反抗。在人民群众的压力下，墨西哥政府多次对美国提出抗议。1845年3月，墨西哥与美国断绝了外交关系，声称美国合并得克萨斯将被视为对墨西哥宣战。两国的关系到了剑拔弩张的地步。

然而，美国南部奴隶主并不以合并得克萨斯为满足。其目标是要占据墨西哥北部的全部领土，包括加利福尼亚、新墨西哥、奇瓦瓦等州。他们蓄意挑起一场战争，以达到其扩张主义的目的。代表南部奴隶主利益的波尔克政府一面调兵遣将，准备战争；一面派路易斯安那州的国会议员约翰·斯莱德耳为特使前往墨西哥谈判，企图迫使墨西哥承认美国合并得克萨斯，并将加利福尼亚和新墨西哥州卖给美国。当这一企图未能得逞时，波尔克政府决意出兵，以武力征服墨西哥。

1845年夏天，由泰洛将军指挥的美国正规部队进驻得克萨斯，在两国的实际边界线努埃西斯河附近不断挑起军事冲突，制造战争借口。1845年10月，美国正规军的一半包括5个步兵团、4个炮兵团和1个龙骑兵团，将近4000兵力集结在努埃西斯河口的科珀斯克里斯提，随时准备进入墨西哥国境。同时，康内尔海军准将和斯劳特海军准将指挥的美国舰队封锁了墨西哥湾和太平洋东西海岸。

1846年3月8日，美国军队不宣而战，从科珀斯克里斯提越过努埃西斯河，并迅速占领大片土地。4月底，墨西哥一支小分队渡过布拉沃河袭击了美军。边境冲突日益扩大。

5月8日，在布拉沃河北岸的巴洛阿尔托地区，由阿里斯塔指挥的墨西哥部队和泰洛的军队第一次正式交战。美军利用其炮兵优势使墨军失利。次日在雷萨卡

西克西米连及其夫人夏洛特

地区再次激战。在这次战役中墨西哥损失 522 人，美国伤亡 177 人。墨军被迫退到布拉沃河以南。

这时，波尔克总统认为宣战的时机已经成熟，1846 年 5 月 11 日，他在致国会的咨文中，颠倒黑白地说什么，"墨西哥越过了美国的边界，侵犯了我们的领土，并且在美国的土地上流洒着美国人的鲜血。"美国国会众议院以 174 票赞成，14 票反对，参议院以 42 票赞成，2 票反对，3 票弃权通过法案，宣布："由于墨西哥共和国的行动，该政府与美国政府之间进入战争状态。"决定拨款 1000 万美元作为军费，征召 5 万志愿兵。5 月 13 日，美国正式对墨西哥宣战。

当时，墨西哥国内政局依旧动荡不定。圣塔安那的独裁统治引起了广大人民的强烈不满。1844 年秋天，首都爆发起义，圣塔安那被推翻，并驱逐出国，流亡古巴，联邦派中温和派的代表何塞·华金·埃雷拉于 1845 年当选总统。

埃雷拉政府面对美国的侵略采取妥协退让的政策。保守派代表帕雷德斯利用人民对政府的不满，于 1846 年 1 月夺取了政权。他把主要精力放在巩固自己的统治上面，对战争根本未作必要的安排。直到 7 月 7 日，美国宣战后将近两个月，墨西哥国会才正式宣战。国会决议的第一条说明了战争的防御性质："美国已经开始并正在对墨西哥共和国进行侵略，侵入并攻占了我国的几个省份，政府将对这种侵略进行反击，行使保卫国家的天职。"

战争开始时，美国拥有的正规军人数不多，1845 年底共有步兵 7883 人。美国政府主要依靠征召志愿兵来扩充兵力，整个美墨战争期间，美国招募的志愿兵有 67905 人，总兵力超过 10 万人。

墨西哥军队的人数，在战争开始时约为 2.3 万多人，以后又

最新整理图文珍藏版

陆续补充了一些新兵。墨西哥士兵的装备很差，使用的大多是17世纪的旧式火炮和步枪，瞄准率很差；许多士兵单靠大刀、长矛、甚至套索与敌人拼搏。许多人光着脚行军。但是他们为了保卫祖国，驱逐侵略者，作战十分勇敢。

宣战以后，美国侵略军在几条战线同时发动攻势，以便达到两个目的：第一，占领墨西哥北部省份，包括上加利福尼亚、新墨西哥、奇瓦瓦；第二，迫使墨西哥承认这些占领。为了达到第一个目的，三支部队在加利福尼亚、新墨西哥和奇瓦瓦同时发动进攻。为了达到第二个目的，美国从布拉沃河地区出发，经萨尔提略向首都墨西哥城进逼。同时，海军准备在韦腊克鲁斯港登陆，从东南面直抵墨西哥城。

占领墨西哥北部省份的战斗

巴拿马运河施工现场

由1846年7月一直延续到1848年3月。1846年6月，美国在加利福尼亚的移民仿照侵占得克萨斯的伎俩，发动武装暴动，建立了所谓"独立"的加利福尼亚共和国。几乎是同时，由海军准将斯劳特和斯托克顿指挥的美国舰队在太平洋沿岸马塞特兰登陆，于1846年7月9日占领了旧金山，8月初进入圣彼得罗，8月13日在加利福尼亚首府洛杉矶登陆。8月17日，斯托克顿宣布加利福尼亚加入美国联邦。

这时，在新墨西哥，由基尔尼将军率领的占领军也发动攻势。1846年7月，基尔尼的部队在密苏里河岸的利文伏特要塞组成了拥有3000士兵和16门大炮的西路军向新墨西哥州进发。当时墨西哥在该州约有2000兵力，但是州长阿尔米霍不积极组织抵抗，仓皇逃遁。8月18日，新墨西哥首府圣菲失陷，占领者随即宣布新墨西哥归美国所有。1846年9月25日，基尔尼率领大军向加利福尼亚进军，准备打开一条从陆路通向太平洋的通道。

为了向奇瓦瓦地区进军，占领通往瓜马斯港的通道，波尔克政府在得克萨斯将4000名志愿兵组成了中路军，由伍尔将军率领，准备占领奇瓦瓦，后因情况变化，折向东面，占领了科阿韦拉州的首府蒙古洛瓦。12月，为与泰洛部队在萨尔提略汇合，放弃了征服奇瓦瓦的计划。

由泰洛率领的美国主力部队集中在东北部战场，准备从得克萨斯出发经过蒙特雷、萨尔提略向首都进军，以便迫使墨西哥接受美国提出的一切条件。泰洛在巴济阿尔托战役之后，于5月18日渡过布拉沃河，占领了重要城市马塔莫罗斯；6月初，向北部重镇蒙特雷进军。蒙特雷是新莱昂州的首府，有居民1.5万人，是通往首都的战略要地。守卫蒙特雷的安普迪亚将军有7000步兵，但装备极差。当时泰洛部队已拥有6670人的兵力，19门大炮。战斗于9月20日打响。墨西哥士兵进行了顽强的抵抗，23～24日进入巷战，几乎每一条街道，每一幢楼房都进行了激烈的争夺。经过三天激战，虽然市中心区仍在墨西哥军队手中，但是安普迪亚的部队已经弹尽粮绝，陷入重围，不得不投降。泰洛部队也伤亡惨重，仅仅9月21日一天就死伤400多人，包括1名将军，33名军官。他同意墨西哥军队带走一切武器装备，有组织地撤退，并休

战八个星期。11月16日，美军未遇任何抵抗，占领了战略要地萨尔提略。

经过八个月的战事，墨西哥1/3的领土被美国侵略军占领。占领军所到之处进行了野蛮的抢劫和屠杀。

墨西哥游击战的兴起

墨西哥军队的战败和大片领土的丧失使人民对保守派政府极端不满。帕雷德斯政府在国家生死存亡的关头，不去组织力量抵抗美国的侵略，而是准备在墨西哥建立帝制，认为墨西哥唯一的生路是让西班牙亲王路易斯·费尔南多当皇帝，以便得到欧洲列强的支持。

保守派政府的倒行逆施引起了各阶层人民的反对。在激进派领袖法里亚斯的领导下，瓜达拉哈拉、韦腊克鲁斯、普韦布拉等城市发生了武装起义，起义者高呼"共和国万岁"，"消灭侵略者"的口号。法里亚斯等为了尽快推翻保守派政府，与圣塔安那的支持者结成联盟，决定将流亡在古巴的圣塔安那召回，由他来指挥军队。他凭着在历次战争中的经历，仍被许多人看作是墨西哥将军中唯一能领兵打仗的人。

圣塔安那立即声明支持激进

最新整理图文珍藏版

派上台执政，表示回国后自己仅仅负责国防。当时墨西哥的港口已被美国海军封锁，无法通过。圣塔安那私下与波尔克总统做了一桩肮脏的交易，许诺只要美国让他通过封锁线回国，将来美国可以用 3000 万美元的代价获得所希望得到的土地。1846 年 8 月，这个臭名昭著的"考迪罗"又回到了墨西哥，重新登上政治舞台。

1846 年 8 月 4 日，墨西哥城爆发了声势浩大的起义，帕雷德斯政府被推翻。全国人民寄希望于激进派，国内出现了爱国主义的热潮。同年 12 月，国会选举圣塔安那为共和国总统，法里亚斯为副总统，政权主要掌握在法里

亚斯等激进派手中。

法里亚斯政府积极采取措施，加强国防力量，组织国民卫队，吸收爱国青年参加保卫祖国的战斗。为了筹措资金，继续进行战争，1847 年 1 月，法里亚斯政府决定征用教会价值 1500 万比索的贵重物品充当军费。反动僧侣和保守派不顾国难当头，企图发动内战推翻法里亚斯政权。国内的政治斗争进一步激化。

圣塔安那出任总司令之后，表面上在组织抗战，实际上在为美国效劳。1846 年 10 月，他下令放弃墨西哥湾重要港口——坦皮科。9 月，圣塔安那来到圣路易斯波托西，建立大本营，招募新兵，准备抗击泰洛的部队，但是几个月过去了，没有采取任何军事行动。直到 1847 年 1 月，圣塔安那才率领墨西哥 21500 人的部队从圣路易斯波托西开拔北上，迎击驻扎在萨尔提略的泰洛部队。

2 月 22 日 ~ 23 日，在离萨尔提略不远的布埃纳维斯塔山口发生了激战。这是北部战场上最后一次，也是最残酷的一次战役。泰洛投入的兵力有 6000 人，圣塔安那自称有 18133 人，实际上参战人数要少得多，因为长途行军中非战斗减员 1000 多人。泰洛部队

顽强、独立、好战的墨西哥牧牛人

世界通史

最新整理图文珍藏版

凭借有利的地形和密集的炮火打退了墨军一次又一次进攻。但是，墨西哥军队依靠士兵的勇猛和人多势众顶住了敌人的压力，并使泰洛部队遭到重大损失。23日，泰洛部队的左翼几乎完全被击溃。通往美军后方的道路已打开。

泰洛处境十分危险，准备向华盛顿告急。这时，圣塔安那因得悉首都发生了事变，随即命令自己的军队撤退，返回圣路易斯波托西，并无条件释放400名俘虏。泰洛部队立即转入反攻，墨西哥部队在一片混乱中向南撤退。由于饥饿、寒冷和疾病，倒在沙漠里的墨西哥士兵不计其数。整个战役中，墨军伤亡1500人，美军伤亡723人。

圣塔安那到达道都后，站在教权派叛乱者一边，推翻了法里亚斯政权，将其驱逐出国，自己独揽了军政大权。

内乱外患使墨西哥到了民族危亡的紧急关头。人民群众不愿当亡国奴，自动拿起武器，开展了广泛的游击战。敌占区游击战争的展开牵制了敌人的兵力，使其不能迅速前进。

1846年9月，一千多名武装起来的印第安农民在加利福尼亚的重要据点萨吉尔起义。9月23日，洛杉矶的居民在弗洛雷斯上尉的领导下，袭击了美国驻防军，迫使敌人投降。到1846年11月底，整个加利福尼亚几乎都被墨西哥爱国者占领。据统计，加利福尼亚游击队的人数达到6000~8000人。直到1847年1月12日，基尔尼部队经过激战才又重新占领洛杉矶。

在新墨西哥，印第安农民在托马斯·奥尔蒂斯、迭戈·阿尔丘莱塔等爱国者的领导下，举行了武装起义。1月20日，起义的主力部队袭击了首府圣菲。游击队人数达1500人。在蒙特雷、马塔莫罗斯等东北部地区，游击队切断了敌人的交通，袭击了敌人的辎重。

从太平洋沿岸到墨西哥湾，到处都燃烧着墨西哥爱国者抗美救国的烽火。敌后游击队的战斗打乱了敌人的部署，牵制了敌人大量兵力，使美国侵略军在北部战场不得不从进攻转入防御。

韦腊克鲁斯港登陆和墨西哥首都失陷

美墨经过将近一年的激战，美国侵略军占领了墨西哥北部大片领土，但是战争的第二个目的——迫使墨西哥承认这种占领——未能达到。战争变得旷日持久。

南部奴隶主发动的这场战争在美国国内已越来越不得人心。许多辉格党人，废奴主义者公开谴责这次战争，废奴主义的领袖弗雷德里克·道格拉斯将其称为"一场残酷的屠杀"，"是我们的蓄奴总统干的好事"。

波尔克害怕战争拖延会动摇自己的政治地位，所以也希望尽快结束战争。游击战争的扩大使美军越来越感到兵力不足，战线太长。从北部进攻墨西哥城要通过大片沙漠地带，存在许多困难。波尔克政府决定放弃原定计划，改变主攻方向，从海上登陆，直抵墨西哥城，迫使墨西哥投降。

1847年春，波尔克总统任命斯科特将军为总司令，准备从韦腊克鲁斯港登陆。斯科特部队拥有162艘军舰和登陆艇，装备有40~50门大炮，10万发炮弹，由三个师组成的兵力总人数达1.3万多人。

从韦腊克鲁斯港登陆到墨西哥城陷落历时半年多，进行了五次大的战役：

1. 3月22日~29日韦腊克鲁斯保卫战。3月9日，斯科特的部队在韦腊克鲁斯港附近登陆，在围城半个月之后发起攻击。由于反动的教权派在首都叛乱，法里亚斯政府被推翻，韦腊克鲁斯港处于孤立无援的状态，仅靠以莫拉雷斯将军为首的有限的城防力量进行抵抗。3月22日起，72艘美国军舰进行了历时四昼夜的野蛮炮轰，倾泻的炮弹足有数千发。由码头工人、建筑工人和渔民组成的四千多城防军进行了英勇抵抗，终因孤军奋战，寡不敌众而失败。3月29日，韦腊克鲁斯港被攻陷。

2. 4月17~18日塞罗戈尔多战役。美国占领军攻占韦腊克鲁斯以后，径直向西取道当年西班牙殖民者的路线向墨西哥城进军。圣塔安那率领1万2千名新兵组成的队伍在离韦腊克鲁斯港160英里的塞罗戈尔多峡谷迎击敌人。这是通往墨西哥城的战略要地。圣塔安那的主要阵地设在塞罗戈尔多山冈上，周围是难以通行的密林，打算借助天险，阻击敌人。

斯科特部队从小道绕过了密林地带，从后方袭击墨军。圣塔安那惊慌失措，临阵脱逃，墨军遭受重大损失。两天之内，墨军伤亡约1000~1200人，3000人被俘。美军伤亡431人。塞罗戈尔多要塞的失守意味着通往首都的道路已被打开。5月15日，美军未经战斗进入第三大城市普韦布拉。

3．8 月 19～20 日丘鲁布斯科战役。斯科特部队经过了休整和增补，于 8 月初重新向墨西哥城进逼。8 月 19 日，在离首都四英里的丘鲁布斯科河岸展开血战。墨西哥爱国者进行了顽强的抵抗。由爱尔兰人、波兰人、英国人和正义的美国人组成的"圣巴特里西奥营"的国际战士与墨西哥人并肩战斗，给了敌人以沉重打击。斯科特部队一天之内损失兵力 1056 人，其中有 76 名军官。

4．9 月 8 日莫利诺德雷伊战役。美国侵略军听说墨西哥人在莫利诺德雷伊铸造大炮，对这一据点发动了强攻。守卫这一据点的是来自附近负责各州防卫的国民卫队，总兵力达 4000 人。美军投入的兵力为 3447 人。战斗进行得十分激烈，一天之内美军伤亡 787 人。由于圣塔安那不派后备军增援，由民兵组成的骑兵部队也未投入战斗，墨军再次遭到失败。

5．9 月 13 日查普尔特佩克战役。这是通往墨西哥城的最后一个据点。9 月 13 日，斯科特借助猛烈的炮火，发动了强大的攻势，将四个师，七千多兵力全部投入了强攻。

驻守在查普尔特佩克山冈周围的墨西哥军队共有 5000 人，但投入战斗的只有步兵和军事学校学员组成的 832 名驻防军，由独立战争中的老将军尼科拉斯·布拉沃指挥。墨西哥士兵浴血奋战，几乎全部殉国。有六名年幼（最小的只有十三岁）的军事学校的学员与敌人进行了顽强的搏斗，"少年六英雄"的事迹至今仍为人们所传颂。斯科特占领军一天之内死伤 862 人。

查普尔特佩克的失守打开了通向墨西哥城的西大门。当时，斯科特的部队伤亡惨重，减员将近 1/3，加上增援部队仅有 6000 人。圣塔安那手中尚有 5000 名士兵，4000 名骑兵，可是他对首都未作任何设防。9 月 14 日，圣塔安那率领部队撤离了墨西哥城。

古巴三十年解放战争

1868～1898 年，古巴人民进行了一场持续三十年的反抗西班牙殖民统治、争取民族独立的战争。其全过程可分为三个阶段：1868～1878 年，第一次独立战争，史称"十年战争"；1878～1895 年，大规模武装斗争的间歇，革命力量的重组和集结；1895 ~ 1898 年，第二次独立战争。

16 世纪初，古巴岛沦为西班牙的殖民地。该岛是安的列斯群岛中最大的一个岛屿，地处大西洋、加勒比海通向墨西哥湾的咽喉要道，战略意义十分重要。它成了西班牙向美洲大陆扩张的基地，西班牙殖民帝国海上交通的枢纽和贸易往来的中转站。由于这些原因，它也成了法、荷、英等其他欧洲列强蓄意谋取的对象。因此，整个 16、17 乃至 18 世纪期间，古巴在西班牙殖民帝国里是个军事前哨，是个与其他欧洲列强争霸的前沿阵地，军事价值远远大于经济价值，其经济发展一直未受到宗主国的重视。到 18 世

美国军舰俄勒冈号

纪末，古巴经济才进入迅猛发展的时期。1790 年海地革命爆发，黑奴起义节节胜利，包括种植园主和黑奴在内的 3 万余人从海地移居古巴。他们带来了资本、劳力和技术。这又促进了古巴经济的繁荣。咖啡和甘蔗种植业大发展。1774 年只有两家咖啡种植园，1827 年达到了 2067 家。1792 年，出口咖啡 7101 阿罗巴（1 阿罗巴等于 25 磅），1833 年为 256. 6359 万阿罗巴。甘蔗种植园的面积逐年递增：18 世纪末每年增加 688 公顷，19 世纪初每年增加 1416 公顷，40 年代每年增加 5261 公顷；1862 年，总共达 100 万公顷。蔗糖出口量：1790 年为 1. 5423 万吨，1868 年增至 72. 025 万吨。甘蔗园、制糖厂的发展，带动了铁路、公路和港口的修筑，以及制糖技术的革新，蒸汽技术得到普遍应用，机械化程度大大提高。与此同时，养牛业和烟草种植业也得到了发展，牧场从 1827 年的 70 万公顷增至 1862 年的 330 万公顷；1780 年出口烟草 340 万磅，1850 年达 800 万磅。

为满足种植业发展的需要，古巴引进大批劳动力。1790 ~ 1815 年，有约 14.2 万黑奴进入古巴。1861 年，古巴已有 37 万余黑

第71 "纽约志愿者" 团登陆

奴,占总人口的 26.5%。从 1847
年开始,古巴又从中国引进"契
约劳工",从墨西哥引进印第安人
劳工。到 70 年代,已有 12.5 万中
国劳工在古巴的甘蔗种植园、制
糖厂、铁路修筑工地和家庭中干
活。同时,古巴还从欧洲招募了
大批移民。1774 年古巴只有 17 万
人,其中白人 9600 人,自由黑人
和混血种人约 3.2 万人,黑奴 4.4
万人;到 1849 年,人口增至 94.5
万,其中白人占了约 45.7 万,自
由黑人 16.4 万,黑奴约 32.4 万,
另有数百名华工。劳动力的增加
和种植业的发展促进了古巴对外
贸易的发展,加强了与国际市场、
特别是同美国市场的直接联系。
1826 ~ 1830 年,古巴同美国的贸

易总值达 372 万比索,1856 ~ 1860
年增加到了 1837 万比索;而同宗
主国西班牙的贸易总值却降到了
第二位:1826 ~ 1830 年为 280 万
比索,1856 ~ 1860 年亦仅为 531
万比索,古巴的经济已进入美国
市场的运行轨道。

　　1790 年海地革命的爆发不仅
影响了古巴社会与经济的发展,
也影响了古巴政治的发展。19 世
纪初,古巴人民在海地革命和拉
美其他地区独立斗争的影响下,
开展了推翻西班牙殖民统治、争
取独立的斗争。1809 年,共济会
会员、律师霍金·英方特和拉蒙
·德·拉·卢斯在首府哈瓦那密
谋独立,并草拟了宪法。他们遭
到殖民当局的镇压,卢斯被捕,
英方特逃往委内瑞拉。1811 年初,
自由黑人何塞·安东尼奥·阿庞
特以哈瓦那为中心,在全岛组织
武装起义。他宣布解放奴隶,废
除奴隶制,结束奴隶主的反动统
治。白人、自由黑人同黑奴一道
参加了战斗。他们烧毁甘蔗种植
园,捣毁制糖厂,处死作恶多端
的工头。1812 年初,起义惨遭殖
民当局镇压,阿庞特被捕罹难。
1821 年,革命组织"玻利瓦尔的
追随者们"成立,提出"不独立
毋宁死"的战斗口号,主张解放

基韦斯特港口的美国军舰

黑奴，成立共和国，计划 1823 年 8 月起义；但秘密泄露，领导成员被捕。1825 ~ 1843 年，马坦萨斯省黑奴几度起义，反抗殖民统治，要求获得解放，废除奴隶制；但起义均告失败。殖民当局指控马坦萨斯黑人起义是个长时期的阴谋，进行了大搜捕，数月内逮捕了四千余人。这对独立运动是个沉重打击。

谢夫曼将军

古巴人民的独立运动、特别是黑奴的起义，不但遭到了殖民当局的残酷镇压，也引起了克里奥约地主、资产阶级（即古巴当地出生的新兴地主、资产阶级）的极度恐慌。但是，这些人大多同时又是奴隶主，他们随着自身经济实力的不断增强和同国际市场联系的日益紧密，与宗主国西班牙殖民统治的矛盾渐趋加剧。同时，他们又慑于海地黑奴起义在古巴重演，遂对独立运动采取了消极乃至反对的立场。为了维护自身的利益。他们走上了改良的道路。1862 年，《世纪报》在哈瓦那问世，传播改良主张，要求殖民当局减免苛捐杂税，争取贸易更大的自由，并要求派代表参加西班牙议会。1865 年，"改良党"成立。它提出古巴人与半岛人（即西班牙人）权利平等，要求限制殖民都督的权力，主张更大的政治自由和贸易自由，主张逐步废除奴隶制。西班牙政府为摆脱自身的政治、经济困境，提出与古巴代表对话，商讨改良事宜。古巴组成了由 16 人组成的"陈情委员会"。1866 年底至 1867 年初，"陈情委员会"在马德里开会，向西班牙政府提出一系列变革要求，诸如古巴派代表参加西班牙议会、担任行政职务机会均等、不得随意逮捕和搜查、不得非法没收财产、改革税收和关税制度、逐步解放黑奴，等等。然而，西班牙政府充耳不闻，并下令解散"陈情委员会"，继而任命反动军官弗朗西斯科·莱松迪为古巴都督。莱松迪到古巴后，立即下令《世纪报》停刊，解散"改良党"，禁止公共集会。与此同时，西班牙政府下令在古巴征收6%的财产税，增收进口税。殖民当局的倒行逆施使克里奥约地主、资产阶级认识到，宗主国西班牙是不会允许任何重大变革的，自由的命运要由自己掌握。他们中的激进派开始了争取脱离西班牙而独立的斗争。

十年苦斗

1867年8月14日，七千余名主张独立的克里奥约地主、资产阶级分子在古巴东方省巴亚莫市秘密集会，成立"三人委员会"，由弗朗西斯科·维森特·阿基莱拉任主席，弗朗西斯科·马塞奥·奥索里奥和佩德罗·菲盖雷多为委员；并委托"三人委员会"负责组织武装起义的准备工作。"三人委员会"立即行动，决定分头前往圣地亚哥、卡马圭、奥尔金、拉斯维加斯和哈瓦那等中心

城市联络同志，共商独立解放大计，并决定1868年12月24日起事。然而，他们的活动引起了殖民当局的注意，起义计划有遭破坏之虞。以巴亚莫律师卡洛斯·马努埃尔·德·塞斯佩德斯为首的一批爱国者决定提前行动。1868年10月10日清晨，塞斯佩德斯会同37名同志在东方省亚拉小镇附近的"德马哈瓜"甘蔗种植园起事，以"古巴岛革命委员会"的名义发表《宣言》，号召全岛人民拿起武器，推翻西班牙殖民统治。

塞斯佩德斯立即解放了自家种植园的黑奴，让他们参加起义队伍。10日当天，起义队伍就集结了200人。"古巴岛革命委员会"计划首先攻打并占领市镇。11日黎明时分，起义队伍向亚拉镇进发，途中与一小股殖民军遭遇，被打散。数小时后，他们在附近一庄园重新集合。12日，起义队伍扩充到了三百余人。战争火种点燃，立呈燎原之势。从13日开始，战斗在东方省的巴亚莫、曼萨尼略、圣地亚哥、图纳斯、奥尔金和库巴等地区打响，起义队伍攻占了数十座大小市镇。黑奴、自由黑人、华人劳工和白人劳工纷纷参战，起义队伍很快从

数百人增加到了数千人。18日，塞斯佩德斯指挥三百余人攻打重镇巴亚莫城；20日敌指挥官率一百二十余名守军投降。巴亚莫的攻克，大大鼓舞了起义军的斗志。"古巴岛革命委员会"宣布组成临时政府，推选塞斯佩德斯为临时政府主席、起义军总司令，并指定巴亚莫市为自由古巴首都。

殖民都督莱松迪获悉东方省起义后，立即任命其副手瓦尔马塞达伯爵为前线总指挥，派他到东方省组织、指挥殖民军镇压起义军。瓦尔马塞达计划先收复东方省港口重镇曼萨尼略，再攻打起义军总部巴亚莫市，然后镇压其他地区。

瓦尔马塞达原定11月初开始行动，然而10月底，卡马圭省的爱国者响应塞斯佩德斯的号召，一举攻占了瓜伊马罗镇。11月4～11日，起义军在萨尔瓦多·西斯内罗斯·贝当古和伊格纳西奥·阿格拉蒙特的指挥下又接连攻

勒冈号军舰正在炮击圣地亚哥岸上的炮台

克港口重镇努埃维塔斯和巴加镇。同时，拉斯维加斯、哈瓦那和比纳尔德尔里奥的爱国者也在积极准备起事。解放战争有从东向西扩展之势。瓦尔马塞达立即改变计划，决定首先镇压卡马圭的起义军，以孤立东方省，遏制战争火势向西蔓延。11月下旬，殖民军夺取努埃维塔斯及其他市镇，起义军撤至农村地区。同时，殖民当局在西部诸省大肆搜捕爱国者，数千人被流放岛外。1869年1月初，瓦尔马塞达率领千余人马进入东方省，15日占领巴亚莫市。在敌军的强大攻势面前，起义军被迫放弃中心市镇，转移到农村地区作战。

瓦尔马塞达转战至东方省后，卡马圭省的起义军重新活跃起来。未几，除努埃维塔斯等几处港口城市和中心市镇外，起义军即控制了全省。1869年2月，拉斯维加斯省的爱国者在卡马圭省起义军的影响和支持下，亦拿起武器，攻打殖民军，收复了邻近卡马圭省的东部地区。

为了彻底消灭起义军，殖民当局宣布进行"绝灭战"。瓦尔马塞达下令：1. 15岁以上的人，凡无正当理由离家在外者，一律处死；2. 所有房舍均需悬挂白旗，

以示其主人愿意和平。凡无白旗的房舍一律烧毁；3．凡未生活在自己家里或父母家里的妇女一律集中到市镇。他企图以此割断起义军与人民群众的联系。与此同时，他下令建议军事据点，遍挖战壕，控制交通线，切断起义军的联络，企图将起义军分割开来，逐一消灭。为了防范起义军向西部运动，他下令在卡马圭省设置了一道封锁线，该封锁线南起胡卡罗，北至莫隆，全长四十余公里。

1869 年 4 月，为完善起义军的政治、军事建设，制定新的战斗计划，临时政府在瓜伊马罗镇召开制宪会议。来自各省的代表通过了古巴第一部宪法，宣布成立共和国，选举塞斯佩德斯为总统。塞斯佩德斯任命马努埃尔·盖萨达为起义军总司令。针对敌人的作战计划和部署，共和国军政当局制定了新的战略：1．分散战斗，扩大活动范围，迫使敌人分散兵力；2．开展游击战，在运动中打击敌人；3．尽力将战争向西扩展。

东方省起义军根据新的战略方针，分散活动，游击小组各自为战，骚扰、打击敌人。奥尔金地区的游击队最活跃。那儿的军事指挥官是马克西莫·戈麦斯将军。他是多米尼加人，极富作战经验，指挥 1800 人的队伍，分散与敌军周旋。在他的影响下，东方省的起义军尽量避免同殖民军发生正面冲突，打了就跑，让敌人追不着，打不到，最大限度地分散了敌人的兵力。殖民军控制着各个据点，起义军在广大农村和山区活动。东方省战事进入胶着状态。

1869 年底，卡马圭省战事进入一个新阶段。是年 6 月，殖民都督换马，安东尼奥·卡巴列埃罗·德·罗达斯接任。他策划将战斗重点移至卡马圭省，任命普埃略将军为前线总指挥。12 月 25 日，普埃略率领步兵 1200 人、骑兵 100 人、工兵 1 个连，携带 4 门山炮，向共和国政府所在地瓜伊马罗进发。1870 年 1 月 1 日，在

繁忙的坦帕港

米纳德胡安罗德里格斯与起义军遭遇。阿格拉蒙特指挥 500 人，凭借有利地形，与敌军交战，歼敌四百余人。普埃略被迫率队撤至努埃维塔斯。殖民总督遂指令戈叶内切将军从拉斯维加斯的桑克蒂斯皮里图斯出发增援普埃略。1 月 13 日，戈叶内切率领两个旅的兵力在普林西佩港登陆，与普埃略配合，分兵两路，向起义军活动的中心地区东南部进击；2 月中旬，又转向西南和东北地区追剿起义军。殖民军这次不是打赢了就走，而是拿下一个地方就占领一个地方，建立据点，控制战略要地，形成了一个据点网。面对这种情况，起义军转入丛林、山区，分散活动。

1870 年 12 月，瓦尔马塞达接任殖民都督。这时，殖民军已达 10.5 万人。瓦尔马塞达上台后，一方面加紧镇压行动，一方面收买起义军将领。对他收买活动的

美国船队到达古巴海岸

回答是起义军的反攻。他离开东方省后，戈麦斯指挥部队围攻奥尔金市；其他地区的起义军亦趁势攻打敌军据点，严重打乱了殖民当局的战略部署。1871 年 1 月中、下旬，阿格拉蒙特亦指挥起义军在卡马圭和拉斯维加斯两省各地骚扰、打击敌人。瓦尔马塞达决定先平息拉斯维加斯的战事。2 月间，他两度亲自出马，到拉斯维加斯指挥战斗。起义军在东方省和卡马圭省的支援下，开展游击活动，到处反击敌军。他于是决定转赴卡马圭省指挥作战，企图割断拉斯维加斯的起义军与东方省的联系。然而，在卡马圭省起义军的游击战面前，他同样束手无策。他的无能引起了西班牙政府的不满。1872 年 5 月 30 日，他向西班牙政府提出辞呈。7 月 11 日，弗朗西斯科·塞巴略斯将军接任古巴都督。

在三年多的战斗中，起义军中成长起了一批作战骁勇、指挥有方、深受士兵爱戴的军事将领，戈麦斯、卡利克斯托·加西亚、安东尼奥·马塞奥、阿格拉蒙特是其中杰出的代表。瓦尔马塞达辞职后，卡·加西亚在东方省组织、指挥起义军攻打市镇，争夺据点，消灭敌人有生力量。阿格

拉蒙特则在卡马圭省指挥起义军向西运动，力图攻入拉斯维加斯省。1873年5月11日，他指挥500名战士在希马瓜尤与敌军700人作战，不幸中弹身亡。戈麦斯受命继任卡马圭省起义军总司令，赴前线指挥作战。

一个时期来，共和国议会对塞斯佩德斯的专权甚为不满，1873年10月28日解除了他的职务，选举西斯内罗斯为总统。翌年2月27日，塞斯佩德斯在圣洛仑索与敌军作战时牺牲。

新总统上任后，根据作战需要，将共和国划分为三大战区：东方省战区，卡·加西亚任战区司令；考托特别战区，维森特·加西亚任战区司令；西部战区（包括卡马圭省和拉斯维加斯省），戈麦斯任战区司令。东方省战区又分为两个分区：关塔那摩—巴拉科阿分区，马塞奥任司令；考托—奥尔金分区，马努埃尔·卡尔瓦尔任司令。考托特别战区也分为两个分区：希瓜尼—巴亚莫分区，弗朗西斯科·哈维尔·德·塞斯佩德斯任司令；曼萨尼略—图纳斯分区，维·加西亚兼任司令。解放战争进入了一个新阶段。各战区继续主动出击，消灭敌人。1873年11月7日，维·加

西亚指挥起义军在拉桑哈战役中击溃1500敌军，缴获20万发子弹。12月2日，戈麦斯指挥起义军在帕洛塞科战役中全歼了1个纵队的殖民军，击毙包括敌军司令在内的300人，俘虏70人，缴获208支步枪、1.2万发子弹，57匹战马。起义军只伤17人、亡3人。12月初，卡·加西亚指挥起义军在曼萨尼略和巴亚莫地区攻打敌军据点和中心市镇，然而，由于缺少重型武器，伤亡惨重，战绩不佳。1874年8月底，他同卫队四十余人在巴亚莫附近的圣安东尼奥德巴哈与敌军遭遇，受伤被俘。共和国总统任命维·加西亚为东方省战区总司令，指挥起义军继续战斗。

在此期间，戈麦斯在卡马圭省指挥作战的同时，不断与共和国政府策划"西征"战略。他从东方省和卡马圭省的起义军中抽

"莽骑兵"和第10骑兵团攻占凯特尔山

最新整理图文珍藏版

调包括马塞奥在内的一批精兵强将，组成了500人的西征军。1875年1月初，他挥师西进，冲破敌军封锁线，突入拉斯维加斯省，与当地起义军会合，指挥1400余将士向敌人进攻，连获胜利。他一边作战，一边等待增援部队，以期大力向西推进。然而，4月初东方省起义军骚乱，要求西斯内罗斯总统辞职。28日，议会解除西斯内罗斯的职务，由议长胡安·鲍蒂斯塔·斯波托诺任临时总统。而东方省总司令卡·加西亚刚愎自用，也引起了军内的普遍不满。共和国一时陷入了政治和军事危机。1876年3月29日，议会选举托马斯·埃斯特拉达·帕尔玛为总统。他立即通知在起义军中深孚众望的戈麦斯返回控制局势。戈麦斯12月初回到政府所在地洛斯伊斯莱尼奥斯，受命任作战部部长。他着手整顿军事秩序，下令卡·加西亚离开东方省西征。

1876年11月初，西班牙指派阿塞尼奥·马丁内斯·坎波斯将军到古巴指挥战斗，并陆续增派了5.7万远征军。坎波斯制定了新的作战计划：扼制住起义军的西征势头，力保西部；然后从西向东打，先扫荡活动在马坦萨斯和拉斯维加斯省的起义军，步步为营，仔细搜索，不放过一个山洞、一个墙角。解放战争进入退却阶段。

卡马圭省的起义军指责帕尔玛无能，要求撤换总统。东方省起义军将领各自为战，缺乏统一指挥。1877年4月初，坎波斯调集数万人马，兵分四路，趁起义军内乱之机，向卡马圭省进犯。他亲自率领一路人马由海路到普林西佩港登陆，切断卡马圭省和东方省的联系。另三路由拉斯维加斯向东推进。坎波斯下令采用"密集扫荡"战术，部队分成小股，按划定的小区活动，相互配合，务求全歼起义军。殖民军初步控制了卡马圭省的局势后，坎波斯即率领援军进入东方省作战。

东方省的起义军在马塞奥的指挥下，针锋相对，开展游击战，抑制住了敌军扫荡的疯狂势头。然而，卡马圭省的起义军损失惨重，共和国政府和议会被敌人追赶，东奔西突。10月31日帕尔玛总统被俘，形势进一步恶化。12月中旬，议会决定与殖民当局和谈。坎波斯闻讯后，于21日赶至卡马圭省的圣克鲁斯德尔苏尔与共和国议会代表会晤，宣布在卡马圭省停火。1878年2月8日议会解散，成立"中央委员会"。10日，"中央委员会"派代表到桑洪与坎波斯会谈，签订《桑洪条约》。条约的主要内容是：起义军放下武器；殖民当局改革行政制度，大赦政治犯，给予参加起义军的黑奴和华工以自由，允许自由离境。

大多数起义军将领同意放下武器，停止战斗。但以马塞奥为首的一批东方省将领拒绝接受和约。3月15日，他与坎波斯在巴拉瓜镇会晤，宣布不承认《桑洪条约》，继续战斗，古巴不独立，决不放下武器。此后，坎波斯调集重兵围歼起义军；5月3日马塞奥被迫离开古巴。"十年战争"至此结束。

革命力量的重新积聚

"十年战争"停息后，古巴人民的解放斗争并未休止。战斗的中心移到了古巴境外，根据地在美国。《桑洪条约》签订后，一批坚决不妥协的起义军将士流亡异域，大批不满殖民统治的资产阶级、小资产阶级和劳动群众亦移居海外。有数万人分布在美国、牙买加、多米尼加、墨西哥、中美洲和欧洲等地。他们都抱有一个共同的崇高理想：争取古巴独立。他们坚持同一种斗争手段：

武装斗争。"流亡者革命俱乐部"、"爱国委员会"在美国、欧洲和拉丁美洲一些国家纷纷成立，这些组织四处集资、联络同志，准备为祖国解放大业服务。

一些"十年战争"中战功卓著、意志坚定、德高望重的将领成了侨民组织的核心和领导。1879年初，流亡到美国的卡·加西亚在纽约组织"古巴革命委员会"，指导筹集资金，购买武器弹药，号召岛内爱国者拿起武器，继续战斗。马塞奥从牙买加赶到纽约，与卡·加西亚一道进行准备工作。8月下旬，一批留在岛内的"十年战争"宿将和老战士响应卡·加西亚和马塞奥的号召，在东方省和拉斯维加斯省的一些地方重新拿起武器，投入反抗西班牙殖民统治的斗争。以何塞·马蒂为代表的哈瓦那爱国志士成立了"秘密革命委员会"，募集资金，支援起义军的战斗。9月17日，马蒂等人被捕，被放逐到西班牙。1880年1月，马蒂离开西班牙到美国纽约，立即参加"古巴革命委员会"的工作，与卡·加西亚共同筹备打回老家，支援岛上的武装斗争。4月17日，卡·加西亚亲自率领27名解放斗士，携带大量武器弹药，从美国

最新整理图文珍藏版

偷渡回国，于 5 月 7 日登陆。然而，由于外援未能及时赶到，国内起义军在殖民军的清剿下伤亡惨重，战斗力已大为削弱，许多人放下了武器。卡·加西亚被迫向殖民当局投降。历时近一年的武装起义失败。这次起义史称"小战争"。

卡·加西亚离开美国期间，马蒂担任"古巴革命委员会"代理主席。"小战争"失败后，马蒂及时总结了失败的原因，认为最主要是缺乏准备和内部不团结。他指出：准备不足，战斗难以持久，难以获得最后胜利。他十分强调：光有愿望不行，必须要有计划，要有组织，不能搞"唐·吉诃德式的军事冒险"。据此，他立即着手在纽约古巴侨民中积极活动，宣传自己的思想，广泛团结同志。1882 年 7 月，他派人前往多米尼加、哥斯达黎加等地，与戈麦斯、马塞奥等人联系，商讨联合行动计划。1884 年，他在纽约成立"古巴救济协会"，动员侨胞支持古巴岛内反西班牙殖民统治的斗争；同时，着手统一分散活动的爱国小团体，并开始重视黑人同胞的工作。1980 年，他在纽约协助侨居美国的古巴黑人成立爱国组织"同盟会"，并亲自

给他们上课，宣讲爱国主义，号召他们投身祖国解放运动。90 年代初，马蒂穿梭于美国的纽约、坦帕、卡约韦索和费城，往返于多米尼加、海地、牙买加、哥斯达黎加、巴拿马、墨西哥等国，广泛进行革命宣传鼓动工作，募集资金，指导古巴侨民建立统一组织。1891 年 11 月下旬，他在坦帕的一次讲演中指出，发动古巴解放战争的"时刻到了"，但是，必须要有一个团结一致的、坚强的革命组织；还必须正确对待黑人同胞。他号召同胞们"跨上战马，为国而战，捐躯在棕榈树下。"他的讲演极大地鼓舞了同胞们的爱国热情，纷纷表示愿同他一道为古巴解放而战。1892 年 4 月 10 日，马蒂在纽约主持召开古巴侨民各爱国团体代表大会，正式成立统一的组织"古巴革命党"。党纲第一条载明："古巴革命党的建立，是为了团结所有怀着善良愿望的人们的力量，以赢得古巴岛的完全独立，并促进和帮助波多黎各争取独立。"大会一致推选马蒂为"党代表"，负责协调、指导工作。为了宣传党的主张，团结一切爱国力量，马蒂创办了党报《祖国》。

"古巴革命党"的成立使解放

战争有了统一的政治领导和组织保证。古巴解放战争进入了一个新阶段。马蒂指导全党着手组织军事力量，购买武器弹药。他亲自到多米尼加会晤戈麦斯，以"古巴革命党"的名义请他出任解放军总司令；并与活动在哥斯达黎加的马塞奥联系，让他立即组织力量，准备行动。同时，马蒂又派人到牙买加、洪都拉斯、墨西哥等地，在古巴侨民中宣传党的主张，招募人员、筹集资金。此外，他吸取"小战争"失败的历史教训，特派专人潜回古巴，与岛内各爱国团体联络，发展党组织，贯彻党的主张，发动群众，组织力量，以期战争爆发时里应外合，确保胜利。

1894年底，古巴岛内外各爱国力量的组织、协调工作大体就绪，马蒂征集到两艘游艇和一艘轮船，准备满载武器弹药和人员从美国的佛罗里达渡海回国发动起义。但由于叛徒向美国当局告发了这一军事行动，美国海军于1895年1月12日扣留了船只，没收了武器弹药。这时，国内武装起义条件已经成熟。为了不让敌人有准备的时间，必须抓紧时机立即行动。马蒂代表"古巴革命党"于1月28日向国内党组织下

达全岛总起义的命令，时间定于2月下旬的某一天。命令下达后，全党总动员，岛内爱国志士热烈响应，整装待发。1月31日，马蒂及其数名同伴前往多米尼加，与戈麦斯会合；同时通知马塞奥做好准备，届时直接率领爱国志士回国参战。

决战的胜利和美国的介入

国内各地党组织会商后，决定2月24日起事。这天是星期日，又适逢狂欢节，是行动的大好时机。2月26日，马蒂和戈麦斯接到国内来电："东部、西部，起义开始。"西部哈瓦那省和马坦萨斯省以及拉斯维加斯和卡马圭省的起义很快被殖民军镇压了下去。但东方省的起义却发展迅速，省府圣地亚哥和重要市镇巴亚莫、关塔那摩、希瓜尼、考托等地的起义军在包括黑人、华人在内的广大工农群众的大力支援下，击退了殖民军的征剿，控制住了局势。

3月25日，为了争取一切可以争取的力量，最大限度地孤立敌人，马蒂和戈麦斯在多米尼加的蒙特克里斯蒂镇发表《蒙特克里斯蒂宣言》，声明这次战争是1868年爆发的独立革命战争的继续；宣布决不伤害和平的西班牙

最新整理图文珍藏版

人，尊重不与革命为敌的古巴人的财产权；号召全体古巴人不分种族、肤色，紧密团结，战斗到底。当天，马塞奥率领22名爱国志士从哥斯达黎加出发，途经牙买加、巴哈马群岛，4月1日在东方省北部巴拉科阿镇附近登陆，与起义军汇合。为了直接指挥战斗，就在马塞奥等人登陆的当天，马蒂和戈麦斯从多米尼加出发，渡海回国，11日在东方省南部的普拉伊塔斯登陆，与起义军会合。马蒂、戈麦斯和马塞奥的到来，极大地鼓舞了起义将士的斗志，同时也引起了殖民当局的极度恐慌。西班牙政府任命"十年战争"末期任殖民军总司令的坎波斯为古巴都督。他率领万余人马于4月16日到达古巴，增援殖民军。这时在古巴的殖民军已达20万。坎波斯调兵遣将，布防控制西部诸省和拉斯维加斯省及卡马圭省；而后亲自率领5万重兵由海路到东方省的关塔那摩登陆，抢占了圣地亚哥、奥尔金、图纳斯等中心市镇。

5月5日，马蒂、戈麦斯、马塞奥及其他起义军将领在圣路易斯附近的梅霍拉纳糖厂聚会，商讨破敌计策。会议决定成立临时政府，选举马蒂为管理行政和外交事务的最高负责人、戈麦斯为解放军总司令、马塞奥为东方省解放军司令。会议通过了西征计划，以打破敌人对东方省的封锁。

会后，马塞奥在东方省发动群众，扩充队伍。成千上万的农民（大多是黑人和混血种人，还有一些华人）投军或参加支前服务，老人、小孩、妇女都行动了起来。他们照顾伤病员和马匹，送信、传递消息。在广大农民的支援下，解放军在霍比托、佩拉莱萨、萨奥德尔印迪奥等地连战皆捷，逼使敌军龟缩在中心市镇，不敢妄动。这一时期解放战争遭受的一大损失是马蒂的牺牲。5月19日，解放军总部在双河口与敌军遭遇，马蒂冲锋陷阵，不幸中弹身亡。

马蒂牺牲后，戈麦斯前往卡马圭省，发动、组织农民群众，开展游击战，指挥偷袭敌人据点、袭击敌人的运输线。解放军很快在卡马圭省打开了局面。7月间，拉斯维加斯省的爱国武装在塞拉芬·桑切斯等人的领导下也打响了，并得到了工人和农民群众的广泛支持。

为了推动解放战争的深入发展。9月中旬临时政府在卡马圭省的希马瓜镇召开制宪会议。会议宣告古巴独立，成立共和国，并通过了为期一年的古巴共和国临时宪法。根据宪法，组成古巴共和国政府。西斯内罗斯当选为总统，戈麦斯和马塞奥受命出任解放军正、副总司令。

戈麦斯和马塞奥立即同政府协商，决定实施"西征"战略，将解放战争推向全国。戈麦斯和马塞奥分头行动。戈麦斯前往拉斯维加斯指挥战斗，牵制敌人，配合马塞奥行动。马塞奥回东方省选调精兵强将1500人，10月22日率部进入卡马圭省，突破敌军封锁线，进入拉斯维加斯省，与戈麦斯会合，组成了一支3600人的队伍。解放军弹药奇缺，人均才有两颗子弹；而敌军在拉斯维加斯省结集了3万装备精良的部队。戈麦斯和马塞奥一方面指挥部队进行运动战，灵活机动地打击敌人；另一方面进行"经济战"，组织力量破坏制糖厂、烧毁甘蔗园。12月中旬，解放军在马尔蒂恩波与1000敌军交战，靠砍刀与对手拼杀15分钟，杀死敌人200余人，自己伤亡44人。马塞奥乘胜挥师西进，所向披靡，于1896年1月10日进入殖民统治的中心地带哈瓦那省，22日进抵古巴岛最西端的曼图亚镇。至此，

马塞奥率领不足4000人的解放军，历时三个月，征程2360余公里，胜利完成了"西征"任务，达到了动员群众、打击敌人的预期目的。解放战争的烈火蔓延到了全岛各地，解放军从30个团扩充到了86个团，控制了广大农村地区。殖民军龟缩到了少数中心市镇。

西班牙政府为挽救战争颓势，召回主和派坎波斯，任命主战派瓦莱西亚诺·魏勒为殖民都督兼殖民军总司令。他于2月10日赶到古巴。他将带来的5万远征军布防在首府周围，接着在各大中心市镇搜捕爱国政党领袖，将其驱逐出境，同时镇压一切反对殖民统治、要求自治或独立的活动。他在稳定了中心城市后，于10月8日颁布《集中令》，迫使所有乡村居民八日内离开家园，集中居住到驻有殖民军的中心市镇，否则一律处死。其目的在于制造恐怖气氛，割断解放军与农民的联系。然而，这一反动措施更激起了广大农民的反抗，大批人参加了解放军。1896年底，解放军人数增加到了5万人。魏勒下令清乡，滥杀无辜。

戈麦斯和马塞奥下令反清剿，指导部队改变战略战术，分散活

动，开展游击战，打夜战，打伏击，奇袭敌据点，能打则打，打不过则走。1896年12月7日傍晚，马塞奥率领一支人马在哈瓦那省圣彼得罗镇附近与敌人遭遇，中弹身亡。戈麦斯向全军将士发出号召："以誓死保卫祖国的爱国主义行动为马塞奥报仇！"1897年上半年，戈麦斯在拉斯维加斯省指挥游击战，机动灵活，使5万敌军陷于被动挨打的境地。在东方省战斗的解放军则解放了除省会圣地亚哥和少数大城市外的大片国土。卡马圭省广大农村亦在解放军的控制之下。

魏勒的反动政策非但没有遏制住解放军的反击势头，在军事上没有取得成功，反而在政治上遭到了古巴岛内外舆论的指责。他在"集中令"下达后，数十万农民被集中在据点里。他们生活无着，疾病流行，死亡人数日益增多。1897年8月，西班牙政府在舆论的压力下撤换殖民都督，委派主和派布兰科接替魏勒。新都督向古巴解放军伸出橄榄枝，谋求和谈，政治解决问题。11月，西班牙政府宣布古巴"自治"，在岛上实行西班牙宪法，主权归西班牙。解放军拒绝实行"自治"，戈麦斯下令继续战斗，推翻西班

牙殖民统治，建立独立自主的新古巴。1898年1月，古巴解放军已收复2/3以上的国土，控制了广大乡村地区和中、小市镇，殖民军龟缩进了省会城市和几个沿海重镇。从不预言战争发展前景的戈麦斯充满自信地宣告："战争要不了一年就可结束了。"

就在古巴人民胜利在即的时刻，1月12日美国借口保护其侨民的生命、财产安全，派遣包括"缅因号"战舰在内的四艘军舰驶近古巴。2月15日，停泊在哈瓦那港的"缅因号"发生爆炸沉没，美军死亡266人。4月28日，美国政府以此为借口向西班牙宣战。一场轰轰烈烈的古巴解放战争变成了美国征服殖民地的战争。

英布战争

从1899年到1902年，在南非爆发了一场激烈的战争。这是英帝国主义和布尔殖民主义争夺南非的帝国主义战争，也是帝国主义重新瓜分非洲的第一次战争。

1806年英国取代荷兰建立对南非开普殖民地的统治。英国殖民者从一开始就以征服和杀戮黑人、掠占黑人土地财富为其目的。

世界通史

最新整理图文珍藏版

布军将军德拉雷伊

19世纪，英国在南非断断续续进行了长达68年的"卡弗尔战争"（1811～1879年），先后侵占了纳塔尔、祖鲁兰、贝专纳兰，还确立了对巴苏陀兰（今莱索托）的"保护权"。

1867年，在南非奥兰治发现钻石矿。1886年，又在德兰士瓦发现当时世界上最大的金矿。因此，英国资本大量流入南非。1885年英国在南非的投资为3400万英镑，19世纪末增至2亿英镑。英国垄断资本在南非掠取了惊人的利润。

南非对英国殖民帝国来说，占有极其重要的战略地位：它控制着欧洲和亚洲之间的国际航线；它是通往英国在亚洲的殖民地（印度、新加坡等）的大门；它也是英国计划修建的开普——开罗铁路的关键地区。

英国在南非争夺霸权，遇到布尔殖民者的竞争。布尔，荷兰语，原为"农民"之意，布尔人是荷兰殖民者的后裔，实际上是农牧场主。1877年，英国曾侵占布尔人的德兰士瓦共和国。但1880～1881年布尔人用战争手段恢复对德兰士瓦的统治。1881年双方签订《比勒陀利亚协定》，规定在"英国主权"下，德兰士瓦"完全自治"。德兰士瓦总统克鲁格力图摆脱这种束缚。1884年英布再签订《伦敦协定》，德兰士瓦恢复南非共和国名称，不提"英国主权"一词，但仍受限制：德

准备上前线的布尔父子兵

最新整理图文珍藏版

兰士瓦不得向东、西方向扩大边界；未经英国同意，不得同奥兰治自由邦以外的任何国家签订条约。

十九世纪中叶，德国开始在非洲殖民扩张。1884年德国占领西南非后，深入腹地，迅速接近德兰士瓦边境。德国资本和商品猛烈地渗入布尔人的共和国。德帝国主义公然鼓吹要建立"新的南非大德意志"。在英、布斗争中，德国为布尔殖民者撑腰。德帝国主义在南非的出现，使争夺南非霸权的斗争复杂化和激烈化。

英、德、布之间的争霸，导致1895年的"詹姆森袭击"。1895年12月，英国金融大王、殖民头目罗得斯派遣詹姆森率领武装警察突然袭击德兰士瓦，企图推翻布尔共和国。但这次袭击被布尔人击败了。德皇威廉二世借机挑衅性地向克鲁格致电祝贺。

英、德在南非的争夺只是世界范围内英、德争夺的一个方面。英、德不断进行交易，调整各自的战略。1898年，英国向德国建议，由英、德共同瓜分葡萄牙在安哥拉和莫桑比克的殖民地，而以德国政府停止支持布尔共和国为交换条件，1899年3月，英国殖民头目罗得斯亲赴柏林举行谈判，支持德国在近东修建巴格达铁路等扩张政策，德国同意不干涉英国在南非的扩张。这时英、德在南非的争夺出现暂时的"减缓"。英国迫不及待地抓住这个时机，向布尔人百般挑衅，其目的是要挑起战争。

布尔人和英国人一样，是征服、杀戮南非黑人、掠夺黑人土地财富的殖民强盗。由于同英国人有矛盾，1836～1854年间，布尔人越过奥兰治河大规模向北迁徙。19世纪50年代，布尔人建立了奥兰治自由邦和德兰士瓦共和国。布尔人和英国人为争夺对南非黑人的统治权和掠夺权展开了激烈的斗争。

钻石矿和金矿发现后，布尔殖民者对英国垄断资本家获得巨额利润，分外眼红。他们利用手中掌握的国家政权，同英国激烈竞争。他们征收高额关税，控制铁路交通，优先使用通向洛伦索马贵斯（今马普托）的铁路，提高开普殖民地各港口通往约翰内斯保之间各铁路线在德兰士瓦境内的运费率，垄断炸药的生产和销售，后来又对采矿业征收百分之五的利润税。总之，布尔殖民者力图从英国垄断资本家手里分沾垄断利润，这是英布战争最重要的原因。布尔殖民主义虽然小而弱，但同样具有侵略扩张的本性，他们叫嚷要在南非建立"世界上伟大的帝国之一"。

布尔殖民者为了夺取战机，1899年11月11日首先向英国正式宣战。

英布战争大致可以分为三个阶段。

第一阶段：1899年11月至12月。战争一开始，布尔军队依靠熟悉的地理环境、比较充分的后勤供应和对英军人数上二比一的暂时优势，分三路主动进攻英军。第一路布军向东南方向进攻纳塔尔，包围劳迪史密斯，击退了英军的多次反扑。第二路侵入开普殖民地。第三路向西进军，切断开普到罗得西亚的铁路交通，包围金伯利和马弗京的英国驻军。

德兰士瓦总统克鲁格像

但到年底，各路布军停滞不前，特别是在纳塔尔，布军只松散地围困劳迪史密斯，没有直取德班港，使英军稳住立脚点和不断得到增援。

第二阶段：1900年1月至12月。英军兵力迅速增加到25万，为布军的三倍，战局发生有利于英国的变化。劳迪史密斯、金伯利和马弗京解围之后，英军立即向布军发动强大攻势，迅速占领了布隆方丹、约翰内斯堡和比勒陀利亚，控制了全部铁路网，迫使德兰士瓦总统克鲁格流亡国外。1900年12月，英国宣布吞并德兰士瓦和奥兰治。

第三阶段：1901年至1902年5月。英国虽然宣布吞并德兰士瓦和奥兰治，但布军没有停止战斗。布军主要采取游击战术，不时拦截英军供应，破坏铁路线，消灭小股英军，进行骚扰活动。英军采取各种措施来对付布尔人的游击战：把被俘的布尔人流放到圣赫勒拿、百慕大、锡兰（今斯里兰卡）和印度的俘虏营；实行焦土政策，焚毁布尔人的农牧场和住宅，杀尽牲畜家禽；把布尔老人、妇女、儿童（共约十一万人）赶进"集中营"，以孤立布尔游击队；在铁路沿线和内地遍设哨所

（"木房"），严密限制布尔游击队的活动。长达三年之久的战争，使英布双方都精疲力竭，人力、物力和财力蒙受巨大损失，加上黑人问题日益尖锐，最后迫使双方结束战争。1902年5月31日，英布签订了《韦雷尼京和约》，两个布尔共和国变成了英国的殖民地，英国付给布尔人300万英镑作为"补偿"。

英布战争是帝国主义战争，对双方来说，都是非正义的。英布战争在南非产生了极其深远的后果。在政治上，1910年德兰士瓦、奥兰治与开普、纳塔尔联合组成"南非联邦"。从此英布白人殖民者对南非黑人实行极其残暴的种族主义统治。在经济上，战后英国资本大量流入，建立起全部殖民帝国主义经济。

第一次英布战争和詹姆森事件

19世纪70年代以前，英布的矛盾和冲突尽管很激烈，但都能以某些"和平"的方式——"迁徙"、谈判、签约而得到暂时的解决。而十九世纪最后三十年，随着南部非洲钻、金矿业的出现和迅速发展，资本主义垄断组织的产生和帝国主义的形成，英布之间暂时缓和下来的矛盾日趋走向白热化。"最无耻"的英帝国主义

分子罗德斯为了实现"开普—开罗计划"，决心夺取赞比西河和林波波河之间的地区，打开南北通道，把开普殖民地扩大到赞比西河，占领整个南部非洲。1876年8月3日，南部非洲各国在唐宁街举行的联合会议上商讨建立南非联邦的计划告吹之后，英国政府决心通过武力来完成这一任务。1876～1877年，德兰士瓦东部巴苏陀族的一支叫巴佩的人发动起义，反对布尔人的统治。英国人利用这个有利时机，一枪不发，就占领了首都比勒陀利亚，吞并了德兰士瓦。布尔人对英国统治极为不满，伺机反抗。

祖鲁战争为德兰士瓦摆脱英国的统治创造了极为有利的条件。1880年12月8日，德兰士瓦各地的布尔人云集在比勒陀利亚附近的一个叫帕尔德克拉尔的村庄里。他们经过五天的激烈辩论，决定

英国人描绘的坎普尔屠杀的场面

以武力反抗英国，恢复布尔人对德兰士瓦的统治，重建南非共和国。克鲁格、茹贝尔和比勒陀利乌斯三人被推为临时政府的首脑。12月14日，布尔人出其不意地袭击了英军。当两连英军士兵正沿着乡间小道行进时，布尔人的指挥官突然露面，要求英军投降。同时，埋伏在道路两旁的布尔人瞄准了几乎每一个英军官兵。英军刚一拒绝投降，布尔人立刻进行猛烈射击。英军惊慌失措，一片混乱。200余名英军阵亡86人，受伤83人，剩下的人全部被俘。布尔人仅死亡1人。胜利大大鼓舞了布尔人的士气。他们的组织性虽差，但能骑善射，熟悉地形和自然条件，实战能力还是远远超过英军。布尔人持续进攻，屡战屡胜，把比勒陀利亚等几个英军驻防的城市包围起来。1881年2月27日，英布双方在马尤巴山进行决战。纳塔尔总督科利将军率领部队前来支援，受到布尔兵团的袭击。1000多名英军被打得丢盔弃甲，一败涂地，死亡达900余人，科利将军也被击毙。

马尤巴山的惨败迫使英国政府进行谈判。3月23日，英布两国签订停战协定。8月3日，两国又签订了比勒陀利亚协定，英国政府被迫承认德兰士瓦的布尔人独立，克鲁格任总统。但英国在协定中施加了一些限制，即德兰士瓦不准向大陆腹地扩张领土，未得到英国同意不得同除奥兰治以外的任何其他国家订约。这就是历史上所称的第一次英布战争。

在德兰士瓦重新建国后的最初几年，布尔人加紧与英国人争夺地盘，在贝专纳地区进行土地吞并活动。他们残酷地镇压了当地居民的武装反抗，于1882年和1883年分别建立了两个傀儡共和国——斯太拉南共和国和果兴共和国。贝专纳地区虽然是人烟稀少的荒坡地，却是到达赞比西河流域最方便的通道，罗德斯把它称为"通往北方之路"、进入大陆腹地的"通道之钥"和"瓶颈"。1883年，英国以拯救贝专纳"灭亡的命运"为借口，派遣沃伦将军率领一支四千人的远征军去驱逐布尔人。1884年12月，英军刚抵达南部非洲，布尔人慑于英军的威力，未作任何反抗就撤走了。次年初，沃伦部队占领了贝专纳全境。同年九月，英国内阁宣布这一地区的南部为英国的殖民地——"英属贝专纳"（后划归开普殖民地），而它的北部和西部则变为"贝专纳保护国"。这样，英国

最新整理图文珍藏版

就能更顺利地进行吞并河间地区的阴谋活动了。到 19 世纪 90 年代，英国南非特许公司占领了非洲广大的内陆地区——今天的津巴布韦（罗得西亚）、赞比亚和马拉维的全部领土。至此，罗德斯便完成了北进的突破任务，并切断了布尔人的出海通道，使两个布尔共和国处于英国占领区的弧形大包围之中，实现了最后征服布尔人的重大部署。

德国在南部非洲的掠夺和阴谋活动，加速了第二次英布战争的爆发。德国利用布尔人和英国人激烈争夺南非，无力他顾的机会，于 1884 年乘机占领了西南非洲，把它作为深入非洲腹地的跳板。此后，德国便迅速向南非腹地深入，垄断资本大量地渗入布尔人统治的国家，在 1886 年～1896 年短短的十年时间里，德国对德兰士瓦的商品输出从每年 30 万英镑剧增到 1600 万英镑。布尔政府为了联德拒英，利用德国的力量打破英国从南、北、西三面包围自己的不利处境，便把铁路建筑和制造炸药的特许权给了德国，这就严重地损害了英国的利益。德国在德兰士瓦积极进行经济渗透的同时，在舆论上也大力支持布尔人。

英军解救马弗金之围的部队军官

1895 年末，罗德斯认为占领德兰士瓦的时机已经成熟，决定通过里反外应的阴谋手段，一举解决它与两个布尔共和国以及德国的冲突。长期以来，约翰内斯堡的政治局势一直很紧张，不满布尔人统治的各垄断公司对克鲁格政府的公开反抗一触即发。他们憎恨布尔政府依靠他们交纳的税款过日子，却不给他们以选举权。他们提出了一连串的抗议和决议，其口号是：没有代表权就不纳税。在罗德斯的指使下，采矿资本家在约翰内斯堡成立了一个旨在推翻布尔政府的秘密的"改革委员会"。罗德斯的政变计划规定，由改革委员策划暴动，并建立一个临时政府。同时，英国的"特许团"将应新政府的"请求"从外部开进德兰士瓦。政变部署全部安排就绪：改革委员会由罗德斯的哥哥佛朗克领导，

世界通史

最新整理图文珍藏版

入侵的"特许团"由英国南非公司的雇佣军组成，由詹姆森博士指挥，行动的信号是"特许团从罗得西亚开进德兰士瓦"。暴动预定于1895年12月27日举行。可是事态的发展并不顺利。事到临头，约翰内斯堡改革委员会的委员们感到恐惧而把"暴动"的时间推迟到1896的1月6日。狂妄的詹姆森迫不及待了。他认为不能丧失"唯一难得的机会"便决定单独行动。1895年12月29日，詹姆森带领六百名"特许团"士兵，从贝专纳出发，进军德兰士瓦。他们攻占的主要目标是约翰内斯堡和比勒陀利亚。詹姆森的秘密军事行动很快就为布尔政府获悉，克鲁格派格罗尼将军率领部队应战。1896年1月2日，当英军到达约翰内斯堡城附近的山峦地带时，埋伏在这里的布尔人立即把英军团团包围。经过短时间的激烈战斗，英军全部被歼灭。134人被击毙，其余的人被迫投降，詹姆森也当了俘虏，被押解到比勒陀利亚。此后，约翰内斯堡改革委员会也被迫放弃了暴动的计划。于1月6日放下武器。

这次未遂的政变影响深远。罗德斯的政治生涯从此走下坡路，不像以前那样活跃了。詹姆森被克鲁格引渡给英国政府，在伦敦被判处十五个月的徒刑。但是，这位英帝国主义的殖民强盗，八年之后又当上了开普殖民地的总理。

詹姆森事件使英布双方的积怨像山爆发似的迸发出来。彼此都认识到大战迫在眉睫，无可避免，便开始积极备战。布尔人认为自己是南非白人的核心，企图实现"布尔非洲"的计划，建立从林波波河延伸到开普地区的南部非洲的地区霸权。布尔人从政治、经济、军事等方面进行了全面的准备。为了进一步打击英国势力，布尔政府对矿业公司加紧实施重税政策，阻止移民入境，并对已入境的外地新移民的政治权力加以严格限制。另外，布尔政府还大肆捕人，在约翰内斯堡逮捕的64名改革委员会的委员中，48名是英国人。布尔政府先将他们判处死刑，后改判为巨额罚款。布尔政府把增加的财政收入都用作军费开支，暗中购买大批军火：与德国克虏伯公司成交大炮订货，与柏林列维公司成交毛瑟式步枪订货。1894年，德兰士瓦从德国购买步枪1.3万支，1895年又购买1万支。詹姆森事件后，军事预算直线上升，1895

年为 74.16 万英镑，1896 年猛增为 200.73 万英镑。1895～1898 年，进口的步枪有 4 万支，加上原有的枪支，总数达八万支以上。

英国方面在"詹姆森袭击"失败之后，用战争粉碎布尔共和国的决心更加坚定。但是，当时的国际国内形势对英国统治者极为不利：在国内，工人阶级的反战运动，爱尔兰的独立运动和开普殖民地欧洲移民的反英风潮，弄得英国统治集团焦头烂额，狼狈不堪。国际上，英法在尼罗河上游剑拔弩张，委内瑞拉边界纠纷使英美关系异常紧张，印度西

莱迪史密斯市场

北部诸省的反英斗争如火如荼，远东的英俄冲突也是很尖锐；尤其是 1881 年马尤巴山的败北，英国仍记忆犹新。这些棘手的问题都迫使英国把征服布尔人的战争推迟了几年。可是，英国仍在进行着战争的准备。为了排除德国

这个严重的障碍，英国进行了一系列纵横捭阖的外交活动。英国把太平洋萨摩亚群岛中的两个岛屿让给了德国，并于 1889 年同德国就可能瓜分葡属非洲殖民地问题签订秘密协定，促使德国严守中立。1899 年，英国又与葡萄牙缔结密约。英国承担了保护葡萄牙及其殖民地的安全义务。葡萄牙则允诺不让军火经过葡属马普托湾运往德兰士瓦。此外，葡萄牙还同意当英国处于战争状态时，葡不宣布中立，以便英国海军能够利用葡属莫桑比克的港口。这样就堵塞了德兰士瓦唯一的出海口，从而加强了英国在南部非洲的地位。英国经过一系列的外交活动，调整和缓和了与其他列强——德国、俄国和法国的关系。在波谲云诡的外交斗争中，布尔人怎能对付得了老奸巨猾的英国人。至 1899 年，英国已创造了有利于自己的国际环境，彻底"解决"南非问题的"时机"已经成熟。

布隆方丹会谈和英布战争的爆发

战争前夕，伦敦的《每日邮报》、《泰晤士报》、《每日新闻》和好望角的《海角时报》，同时发动了大规模的反对布尔共和国的宣传，指责布尔政府征收高额采矿税为非法，大肆宣传布尔政府

腐朽无能，专制横暴。1899年4月，英国驻南非最高专员米尔纳策动移民把一封有两万多人签名的请愿书送给维多利亚女王，要求女王对德兰士瓦政府施加压力，给移民以选举权。事实上，这只是发动战争的借口。按照米尔纳自己的说法，仅有百分之一的移民要求选举权，因为移民并不愿意放弃自己原来的国籍和公民权利。

战争的火药味越来越浓。布尔人自知处于不利的地位：首先由于英国人的包围，德兰士瓦与外界已完全隔绝；其次德兰士瓦的外交代表经过在欧洲争取援助的试探，发现已不可能得到欧洲国家的实际支援，因为就连曾经把布尔人称为盟友和亲兄弟的德国，这时也居然劝告德兰士瓦对英国让步；再就是布尔人也面临着祖鲁人的反抗。为了争取时间完成军事部署，奥兰治自由邦总统斯泰因向英国提出谈判要求，想以谈判来拖延时间。英国殖民大臣张伯伦、米尔纳和罗德斯都认为在武力的威胁下，两个布尔共和国可能屈服，于是就同意了和布尔人进行谈判。

1899年5月30日至6月5日，谈判在奥兰治自由邦的首府布隆方丹举行。会议首先讨论移民的选举权问题。克鲁格提出德兰士瓦政府准备对居住满七年的移民授予公民资格，但要求必须把双方的一切争执交由第三国仲裁。英国代表米尔纳坚持移民居住五年，应即授予选举权，并声明这一问题未获得解决前，拒绝谈判其他任何问题。米尔纳在会议上极力挑逗布尔人，嬉笑怒骂，步步紧逼。克鲁格清楚地知道，如果答应米尔纳的条件，他还会提出更多的要求。谈判中断了，后来米尔纳自己也承认，会谈是他破坏的。

布隆方丹会谈破裂后，局势急剧恶化，战争一触即发。英国首相索尔兹伯里口头上表示"不相信会发生战争"，实际上却给张伯伦、米尔纳等发动战争的充分自由。只是由于英国统治集团向来低估布尔人的武装力量，军事上并无作充分准备，同时又惧怕布尔人乘英国在南非兵力不足之际展开军事行动，所以张伯伦又故作姿态，摆出"和解"的架势。

8月初，在比勒陀利亚双方恢复谈判。克鲁格看风使舵，会议刚开始就宣布接受米尔纳在布隆方丹提出的方案，但要求英国此后不再干涉德兰士瓦的内政。英

在图盖拉山谷的英军骑兵部队

国代表得寸进尺，要求对布尔国家享有宗主权，并声称英国还准备提出其他条件，布尔政府也必须全部答应。与此同时，英国派兵万余人，开往南非，作为外交谈判的后盾，向布尔人施加军事压力。8月12日，年仅三十岁的布尔代表史末资和英国代表康尼翰·格林举行非正式谈判。会上双方唇枪舌剑展开了尖锐的争论。史末资宣布移民居住五年可获得选举权的规定，两周后可能成为布尔国家的法律；英国不得干涉内政，不应再坚持宗主权的要求；选举法一旦生效仲裁应即得到承认。对史末资的宣布，英国代表蛮横无理地全部驳回。13日清晨，

克鲁格和政府的其他重要官员与奥兰治自由邦的政府官员在布隆方丹交换情报和意见。布尔官员警告说，英国军队在边境不断加强。在这生死存亡的紧急关头，两个布尔政府决定"不再等待了"，决心背水一战，与英国人决一雌雄。8月19日，克鲁格政府公开发表声明，提出三点强硬"建议"，要求英国政府"不干涉南非共和国的内部事务，不再坚持宗主权的要求，同意仲裁"。8月21日布尔政府再次声明，保留三点建议是继续谈判的基础。英国政府把布尔人的三点建议看作是"挑战"和"最后通牒"。

两个布尔共和国关系的改善和加强，也促使克鲁格决心一战。在"詹姆森袭击"之前，德兰士瓦企图称霸南非，曾引起奥兰治自由邦的反感和敌视。之后，由于英国对德兰士瓦的咄咄进逼，奥兰治自由邦颇有兔死狐悲之感，便奉行与德兰士瓦紧密合作的政策。为了共同对付英国的军事入侵，早在1897年两个布尔共和国就签订了军事同盟条约。此后，它们在与英国的斗争中休戚相关，生死与共。英国也曾施展外交手段，企图破坏它们的同盟关系，向奥兰治自由邦表示愿维护其独

立，妄图各个击破。奥兰治识破了英国的阴谋，拒绝了英国的建议。

英莱迪史密斯部队司令霍特的司令部

　　1899年9月，南非大陆战争的阴云密布。英国军队正向德兰士瓦和奥兰治自由邦的西部边境移动，还有不少英军从海上向南非进发。英国内阁会议通过了秘密动员的决议案。接着约翰内斯堡的外侨成群撤离，厂矿关闭，报纸停刊。在这危急的时刻，面对英国人虎视眈眈的挑战，布尔人一如既往，不甘示弱，早已摩拳擦掌，准备反击。他们在全国各地登记入伍，对前线各阵地的守军进行战前动员，突击队也纷纷开往纳塔尔边境，不惜一切代价准备与英国人决一雌雄。

　　布尔政府认为，既然与英国人一战已在所难免，现在英国军事准备还未最后完成，正是发动进攻的良好时机；同时，布尔人也坚信战争爆发后，好望角和纳塔尔的布尔居民必然会起而反英。此外，欧洲各国政府的声援还是有指望的。所以，当德兰士瓦得到奥兰治的充分支持后，为了先发制人，出奇制胜，而不惜孤注一掷。9月26日，克鲁格拟就了对英国的最后通牒，要求英国政府在四十八小时内做出如下保证：一、英军立即撤离德兰士瓦边境；二、6月13日以来增援的英军撤离南非；三、正在途中的英军不在南非任何港口登陆。否则，德兰士瓦共和国不得不深为遗憾地认为英国政府的行动就是"正式宣战"。9月27日，德兰士瓦下达总动员令，四天后，布尔全军开赴国境线。由于集中在边境的布尔军队缺乏粮食、帐篷、医药、交通工具等等，加上奥兰治自由邦的动员很缓慢，不能迅速与德兰士瓦作军事上的配合，因而不能立即投入战斗，所以26日拟好的最后通牒只好推迟到10月9日才正式发出。英军收到通牒后立即予以驳回，声称"不值得讨论"。10月11日，布尔军队进攻纳塔尔，英布战争爆发。这就是一般人所称的英布战争，即第二次英布战争。

布尔人的初期胜利

英布战争从 1899 年 10 月 11 日开始到 1902 年 5 月 31 日双方签订和约结束，长达两年零八个月。这次战争明显地分为三个阶段。在战争的第一个阶段，英国统治集团由于在战前错误地估计了形势，低估了布尔人的反击力量，宣传英军对布尔人的作战不能算是军事行动而是一次"愉快的旅行"，可以轻而易举地取得胜利，于是掉以轻心，没有做好充分的战前军事准备，所以战争打起来后，英军节节失利，一败涂地。张伯伦曾绝望地写道："我简直不相信自己，我不能不认为现在的陆军部毫无用处。如果幸运的话，上帝将拯救我们。"

战争初期，布尔人在南非明显地占据着优势地位，英国人处于劣势。布尔人在长期镇压非洲当地居民的过程中，建立了全民皆兵的民军制度。按照选区建立兵营，18～34 岁的男性布尔人都得服兵役。军官由士兵选举的产生，作战计划由各级军官组成的军事会议讨论决定，比较民主，善于协作。布尔人勇敢善战，善于防御和突袭。布尔军队几乎全是骑兵，行动迅速，有很大的机动性和灵活性。詹姆森事件后，

布尔人进行了充分的军事准备。他们有优秀的炮队，全是由德制大炮武装起来的；他们还进口了许多德制的卡宾步枪，贮存有大量的弹药。战前，布尔政府又在全国进行总动员，下令 16～60 岁的布尔男性公民都得上前线，拒绝服役的课以罚金或监禁。仅德兰士瓦和奥兰治就动员了六七万骑兵，开普殖民地也有一万多名布尔人志愿参加布尔军队，另外还有一支两万五千人的欧洲志愿军，总计十万余人。这是一支武器装备精良的军队。

布尔人非常熟悉南非辽阔的草原地形，习惯南非炎热的气候。战前，他们的军事部署已经基本就绪，有六七万骑兵在靠近纳塔尔和开普殖民地区的东西两侧安营扎寨，只待进攻的命令。英国政府虽然早已下定决心武装解决南非问题，但缺乏实际的军事准备，直到战争爆发的前夕，南非的英军还只有一万五千人，而且兵力分散，缺乏军火。因此，只能据守阵地，等待援军。不习惯南非的炎热气候，不熟悉复杂的地形等，也给英军作战带来了很多困难。

10 月 10 日是克鲁格总统的生日，在比勒陀利亚举行了声势浩

在斯潘考普顶峰的交战

大的游行和阅兵式。11 日黄昏，布尔军队首先向英军发动进攻。从战争爆发到 1900 年 2 月是英布战争的第一个阶段。这一阶段是以布尔军队的胜利进军和英军的失利为其战争特征。布尔军队从四个主要方向向英军展开攻势。在东线战场，总司令茹贝尔将军率领 1.7 万名布尔人的军队首先越过德拉肯斯堡山脉，突入纳塔尔。10 月 12 日第一次交锋就打败了英军，在战争的最初几天，他们就占领了边疆城市纽卡斯尔和丹基。在几次攻坚战中，布尔军使用的克虏伯工厂的大炮大显威力，"炮火把土地都变成了泥浆"。英军企图阻止布尔军的进攻，但无济于事。10 月 30 日，在尼科逊山峡一役，一千多名英军被迫投降。这一天被英国人称为"悲哀的星期一"。接着，纳塔尔的英军总司令霍特率领的近万名军队被包围在纳塔尔的最大城市劳迪史

密斯城里，纳塔尔同德班港的联系被切断了。在以后的两次战役中，英军在斯托姆山和科伦索连遭失败，被俘近两千人。布尔军乘胜强渡图盖拉河。在不到三个星期的时间里，布尔军在东线战场上就取得了如此重大的胜利。

在西线战场上，克罗里埃将军率领 8000 名布尔骑兵进入贝专纳境内。不久就把以贝登堡为首的英军包围在马佛京，从而切断丁好望角和罗得西亚的联系。在稍稍往南的地区，德·拉·雷伊指挥下的布尔军向金刚石工业中心金伯利城进攻，包围了这座城市。英布战争的罪魁之一罗德斯也被包围在城内。与此同时，布尔人的另一支强大的机动部队强渡奥兰治河，向南挺进，占领了开普殖民地的东北地区，并发动当地的布尔居民起来同英国当局作斗争。在不到一个月的时间内，布尔军队就获得了辉煌的战果。但是布尔人未能乘胜前进扩大战果，而是把主要兵力固定在围城打援上。由于他们不善于打攻坚战，攻取城池的战术又过于简单，因此布尔军虽然包围了英军的三个重要据点——劳迪史密斯、马佛京和金伯利，但始终未能攻克它们，以取得战略上的决定性胜

利。旷日持久的攻坚战反给了英军以喘息之机。这时，布尔的统治者被胜利冲昏了头脑，建立"布尔非洲"的愿望又浮现了。他们企图把德兰士瓦和奥兰治以外的开普殖民地、纳塔尔、贝专纳、罗得西亚和其他地区联结起来，一统于比勒陀利亚之下，与英国抗衡。

1899年11月上旬，新任命的南非英军总司令布勒将军率领三万英军来到南非。在罗德斯的强烈要求下，他不顾一切地派遣大批英军增援并不具有重大战略意义的金伯利城，去拯救罗德斯和他的矿业公司。由于布尔军的顽强阻击，八千多名英军花费了三个星期，才向前推进了二十四公里。英军源源不断地向南非开来。到12月，英军已增至15万人，在数量上已超过布尔军队的一倍。英军企图扭转战局，发起反攻战，从12月9日至15日一周内就发生了英布战争中三次著名的战役：英军第三师在奥兰治自由邦边境的风暴山战役中，全军覆没；增援金伯利的英军遭到布尔人的突然袭击，伤亡、失踪多达900人，司令官乔华普将军也被击毙；英军总司令布勒率领的具有第一流精良武器装备的2万名英军，企图强渡图盖拉河，以解劳迪史密斯之围，也毫无成效。在主要战场纳塔尔，战斗十分激烈，尽管英军肆意违犯国际公法，使用了达姆弹，也没有"把战线推进一公尺"。在短短的一个星期内，三次大战役，英军损失惨重，反攻计划化为泡影。在英军战争史上称之为"黑暗的一周"。

面对严重的失败局面，布勒完全绝望了。他在给英国政府的报告中说，要解劳迪史密斯之围是不可能的。布勒不愿再听到败北的战报，竟电告劳迪史密斯的守军司令霍特："烧掉你的电报密码本吧！"12月18日，布勒被撤职，降为纳塔尔的英军司令。英国新派罗伯茨勋爵任南非英军总司令，基切纳为总参谋长。1900年的1月，英布双方没有采取较大的军事行动，战局处于相持状态。

突破图盖拉防线

1900年2月至8月，战争跨入第二个阶段，英军的战略反攻取得了巨大的胜利。

1900的1月底，罗伯茨和基切纳来到南非。他俩都是双手沾满了殖民地人民鲜血的刽子手。罗伯茨在印度"征战"四十一年，具有丰富的殖民战争经验，因对

世界通史

最新整理图文珍藏版

1570

行进中的英军

阿富汗进行殖民战争的"功绩"而臭名远扬。基切纳在征服埃及和苏丹时也获得"功勋"。从1899年12月到1900年1月底，英国从印度、加拿大、澳大利亚和新西兰等地调动大批援军。陆续开到南非各港口，总兵力增加到25万人，远远超过布尔人的兵力。在集结了大量兵力后，罗伯茨和基切纳就重新部署兵力，调整了军事将领，加强了骑兵部队，装备了新式武器，整顿了运输组织。1900年2月，英军大规模的军事行动开始了。

首先，英军开始解金伯利城之围。随着英军部队源源不断地到来，布勒派兵增援金伯利，企图解金伯利之围。但增援的英军遭到布尔军的阻击，这样便形成了包围之包围的战争态势。布勒

无法解围，布尔军也无力攻下城池。

布尔军围困金伯利城达一百二十四天之久，给金伯利造成了严重的经济危机。城内食物严重不足，实行卡片定量供应，到处是排队买食品的人群，市场供应十分紧张。饥饿的人们，肚子肿得很大，躺在铁丝网下，等待着死神的降临。各种疾病也到处蔓延，白种人的婴儿死亡率达50%，混血孩子的死亡率竟高达93.5%，对黑人无疑更是一场大灾难。矿上的孩子多死于坏血病。

2月英军开始反攻。英军总司令罗伯茨利用优势兵力和有利地形，发动钳形攻势，从东西两侧同时向布尔军发动进攻，把战斗的重心从纳塔尔转向奥兰治河流域易于攻击的地区。2月15日，英军将领弗伦奇率5000骑兵，从后面迂回绕过克罗里埃的坚固阵地，"像大海里的鱼雷一样横扫大草原"。经过残酷的战斗，最后终于进入了被围困三个月之久的金伯利城。金伯利的解围，是英军的一大胜利，但英军也付出了重大的代价，弗伦奇精锐的骑兵损失惨重，只剩下1500余骑了。克罗里埃的布尔军队遭受挫折后，只得向北撤退，但因行动迟缓，

第三编 世界近代史

最新整理图文珍藏版

1571

通往奥兰治自由邦的退路已被英军截断。两个星期后，克罗里埃被迫率军向英军投降。

另外，英军加紧突破图盖拉防线。图盖拉河和劳迪史密斯是纳塔尔的战略要地，是布尔共和国的门户，它有德拉肯斯堡山脉作屏障，又有布尔人的精锐部队守卫着。四个月来，博塔又在图盖拉河沿岸建筑了坚固的防御工事，易守难攻。起初布勒想用1.5万人的兵力来突破有1.2万布尔军防守的图盖拉防线，但事实证明这是根本不可能的。罗伯茨来到南非后，调兵遣将，重新部署兵力，加强了纳塔尔战场的力量，但在金伯利解围前，罗伯茨给布勒的任务只是"严格执行防御"，保住重要的前沿阵地。所以，2月12日以前，布勒连续发动了三次进攻也未突破布尔军的防御工事，进展是极其缓慢的。

英军入侵马赫迪国家

在实战中布勒逐渐认识到南非战争是一场现代化的战争，要解劳迪史密斯之围应用一把新的"钥匙"，采取一套新的进攻体制，即步兵加炮兵的联合作战体制。大炮不再仅仅是"三幕戏"的第一幕，而是要为先头部队挺进提供一道开路的火力保护网。2月12日，布勒发动第四次进攻，便采用了新的战术。英军用五十门重炮和野战炮对付布尔军的八门大炮，从胡萨高地到金果罗，从金果罗到芒泰·克里斯托，再到赫朗瓦尼，步步为营，一个山头一个山头地向前推进，逐段摧毁了布尔军的防线。金伯利解围的消息传来，又大大鼓舞了英军士兵的士气。19日，赫朗瓦尼被英军占领，打开了通向科伦索的道路，剩下的问题就是如何攻占图盖拉河和劳迪史密斯之间的地区了。当天早晨，布勒的两个步兵连不费一枪一弹就开进了科伦索。第二天布尔军逃过了图盖拉河。这样图盖拉河南岸的弧形地带便被英军完全占领了。2月下旬，布勒的大炮每天都在向布尔军的阵地猛烈炮击，英军继续向前推进。21日，布勒的部队渡过科伦索东面的浮桥，打通了沿着介于博塔防线和图盖拉河之间的铁路走廊

世界通史

最新整理图文珍藏版

英国军队镇压苏丹马赫迪起义军

向东北方向前进的道路。22日前半夜，英军拔除了建立在绿色山头的两个坚固阵地——马蹄山和温山。23日英军攻占了哈特山，这是一场残酷的争夺战，英军以伤亡五百余人，阵亡两名校级军官的代价才夺取了阵地。这场战斗尽管使英军遭到惨重的损失，但对夺取整个战争的胜利却具有重要意义。从走廊最后的哈特山到劳迪史密斯大平原形成双方对垒的阵势，形势变得逐渐有处于英军了：位于幽深峡谷中的掩蔽部队可以使英军安全推进到走廊的尽头，而不会受到布尔军阵地的威胁。

2月27日，图盖拉河防线的最终突破，这是英布战争的重要转折点。布勒令英军从左右两侧夹击布尔军，左侧是利特尔顿战区，他们用炮火控制走廊下部布尔军的阵地，把博塔的主要兵力阻挡在战壕里；右侧沃伦的三个旅在巴顿指挥下，像三把钢刀插进走廊上部布尔军的阵地，这样便从东侧包围了布尔军的防线。由于山路崎岖难行，布勒的部队被阻挡在铁道山。这时，基切纳的部队从皮特斯山脉边上展开攻势。他们从山坡上端蜿蜒前进，很快就越过铁路线。接着，双方对铁道山和哈特山之间的咽喉地带进行了激烈的争夺，展开了肉搏战。结果布尔军遭到惨败，博塔苦心经营了四个月的图盖拉防线全线崩溃。布尔军队一部分撤退，一部分投降，包围劳迪史密斯的布尔军队也被迫后撤，被围困了118天的劳迪史密斯终于解围。

劳迪史密斯的解围，为英军打开了通往布尔共和国的大门。英军乘胜追击，3月13日又占领了奥兰治自由邦的首府布隆方丹，插入布尔国家的心脏，使纳塔尔战场形势发生了重大变化。占领开普殖民地北部地区的布尔军，同自己基地的联系被切断，不得不经过英军占领的奥兰治冲往德兰士瓦。布尔军损兵折将，仅在一个月内，就连失两名大将：克

1573

罗里埃被迫投降，茹贝尔落马摔伤致死。战争形势的发展对布尔军极为不利，战场转移到布尔共和国境内，英军掌握了战争的主动权。

英军占领了布隆方丹之后，军中伤寒病突然蔓延开来；铁路运输线过长，物资供不应求；博塔接任总司令后，布尔军战术比较灵活，坚决阻止英军前进。以上种种原因，迫使英军不得不暂时中断反攻，布尔军暂时住了几个防御阵地。七个星期后，直到四月底，罗伯茨重新发动总攻。英军倚仗数量上的绝对优势，以两翼包抄相威胁，迫使布尔军从许多坚固的防御阵地撤退。英军节节胜利，布尔军步步后退。5月12日，英军大举进攻克隆斯塔特。5月17日，被包围了217天的马佛京解围。5月31日，英军直指约翰内斯堡，布尔军被迫放弃城池。6月5日，英军攻入德兰士瓦的首府比勒陀利亚。到夏末，两个布尔共和国的一些最重要的中心城市都被英军占领。布尔共和国享有高龄的克鲁格总统启程前往欧洲，指望说服各大国政府出面支持"布尔事业"。罗伯茨宣布吞并两个布尔共和国，然后把事务交给基切纳便返回英国。因征战有功。罗伯茨被晋升为英军总指挥。至此英布战争的第二阶段告终。

漫长的游击战

当英军在军事上取得巨大胜利的时候，不管在南非或世界其他地区，许多人都以为英布战争已经结束了。罗德斯在南非同盟的集会上发表讲演说："战争已经成为过去。"为了欢庆胜利，英军最高统帅罗伯茨在比勒陀利亚举行了规模盛大的阅兵式。英国政府也于9月10日正式宣布战争结束，吞并德兰士瓦共和国和奥兰治自由邦。保守党利用战争的胜利，乘机提前举行大选，通过所谓的"咔叽选举"，继续执政。英国矿业资本家、军火大王、将军们、政客们以及整个统治集团的人们，皆大欢喜。但是，他们高兴得太早了。英国的所谓胜利不过是暂时的，战争结束也只是错觉而已。布尔人尽管遭到严重的挫折，丢失了一大片土地、城市和交通要道，但他们并没有被消灭，广大的乡村、草原、高原和山脉仍然被布尔人控制着。布尔政府还在，军队还在。他们化整为零，神出鬼没地破坏交通、袭击英军、夺取武器、捕捉俘虏。实际上，漫长而残酷的游击战争开始了。

茹贝尔落马致死后，博塔将军继任布尔军总司令，他以善于灵活运用游击战术而著名。布尔军队的民团突击体制也很适应于游击战争。他们对每一条沟壑，每一座山头，每一条道路，每一个村庄都了如指掌并且得到绝大多数白人居民的支持。分布很广的农场就是他们巩固的根据地。在博塔的领导下，德·威特将军率领的一支游击队活跃在德兰士瓦的东部，威胁着纳塔尔；史末资将军和德·拉·雷伊将军统率的游击队活跃在德兰士瓦的西部。布尔游击队也经常深入到东起伊丽莎白港，西至纳巴特湾，南达好望角的广大区域内活动。布尔人往往用夺来的武器装备把自己武装起来，使英军往往分不清敌我。他们利用熟悉的地形，经常出其不意地打击敌人，使英军坐卧不安，疲于奔命，惶惶不可终日。1902 年 3 月，梅图安师长率领的一支英军，被德·拉·雷伊的部队包围，无计可施，被迫投降。这个消息使英军十分震惊，吓瘫了基切纳勋爵，使他卧床不起达 36 个小时。

发动战争之初，英国政府错误地估计了形势，认为 1000 万英镑的军费和一个师的兵力就可以解决南非问题。然而战争进行到 1901 年 1 月时，消耗的军费已达 8000 万英镑，派出的远征军已超过 24 万人，离结束战争还遥遥无期。1901 年 9 月，基切纳在给罗伯茨的信中写道："我希望那些说战争可以迅速结束的人能来南非，请他告诉我们怎么办！"布尔人的游击战已使英国将军黔驴技穷，一筹莫展了。就连维多利亚女王也坐卧不安，焦急万分。1901 年她临死时的最后一句话是："基切纳勋爵那里有什么消息？"有人认为维多利亚女王的死亡可能是南非战争影响的，因为"她是为战争而劳瘁的"。由此可见，英国统治集团因战争的不利局面已焦急到何种程度。两个小小的布尔国家，居然能使称霸全球的大英帝国碰得焦头烂额，这真是历史的讽刺。但是，英国索尔兹伯里的保守党政府不顾英国人民的反对，也不顾世界舆论和英国部分自由党人的谴责，决心不惜一切代价，把战争进行到底。英国军队在南非采取了最残酷的虐杀手段，如任意屠杀俘虏，建立集中营制度，进行大规模扫荡等。这些残酷的手段都为后来的法西斯所承袭。

从 1900 年 9 月起，英军就在

最新整理图文珍藏版

布隆方丹和比勒陀利亚建立集中营，后来又陆续扩大到开普殖民地和纳塔尔地区。仅在德兰士瓦和奥兰治两个布尔共和国境内就建立了 80 个集中营。英军到处搜捕，把一个个村庄里的妇女、儿童都关进集中营。1901 年 10 月，被囚禁在集中营里的布尔人已达 11.8 万人，黑人有 4.2 万人。基切纳在向英国政府的报告中说："我们现在拘捕了占总数一半以上的布尔人。"集中营里没有房屋，人们大都是风餐露宿；缺乏燃料，人们很难得到熟食；饮水不足，人们只能以污水代替。因此，在集中营里传染病到处流行，因患流行病而死亡的人遍布集中营，特别是在华氏 115° 高温的夏季，死亡率高的骇人听闻，竟高达百分之四十三。根据官方大大缩小了的统计数字，1901 年 10 月，南非集中营死去 3156 人，其中儿童占 2633 人；11 月，死去 2807 人，其中儿童占 2271 人。1901 年 9 月至 11 月，死亡总数达 8374 人。英国报刊对集中营里迫害妇女儿童的残暴行为讳莫如深。1901 年 1 月，英国著名的慈善家霍布豪斯女士对布隆方丹等地的集中营进行了实地调查，揭露了集中营的惨状，引起了世界舆论的普遍愤

慨。她在给英国国防部的报告中写道："我认为这个集中营制度极端残暴，它永远不能从人们的记忆中勾销。维护这个集中营就意味着明目张胆地屠杀儿童。"英军首创的这种灭绝大量无辜居民的集中营，在第二次世界大战时为德国希特勒法西斯所仿效。

英军进行了大规模的"扫荡"。起初英军只是焚毁铁路沿线十公里以内所有的农庄和房舍，后来这种暴行蹂躏的范围一天天扩大，程度一天天加深，实际上扩大到整个南非地区。英军集结兵力对布尔游击进行全面"分区扫荡"。最大的一次是在德兰士瓦，英军排成 50 公里宽的密集队形，扫荡可能遇到的所有布尔人。基切纳曾命令英军：不但要包围敌人，而且要系统地、彻底地断绝布尔游击队的供应来源，要把马匹、牛群、谷物、运输工具、男女老少和当地土著居民，一律送往铁路沿线，不能利用的物资立即焚毁，磨房和面包都应毁坏，布尔军人的家属均押解到军中服劳役。

为了彻底摧毁布尔人的游击战，切断布尔军民的"鱼水关系"，从 1901 年 1 月起，英军开始设立军事堡垒防线。他们沿铁

世界通史

最新整理图文珍藏版

在印度，英国密切关注英国在印度领土上的利益和印度统治者的行动。

路和各条战线，三步一岗，五步一哨，每半公里或一公里建筑一座堡垒。堡垒的直径为 12 英尺，高 6 英尺。它的顶部和墙都是用铁制的。堡垒的四周筑起围墙，堡垒之间用有刺的铁丝网连接起来。一般的堡垒驻兵 6 ~ 10 人，重要的堡垒驻兵 20 ~ 30 人。英军一共修筑了 8000 多个堡垒，防线长达 4000 多公里。

英军的残暴行径给一般布尔和平居民带来了深重的灾难。就连英国自由党首脑坎伯尔·班纳曼在议会的演讲中也揭露了不列颠的野蛮行径，他说：在两个布尔族的国家里，除矿业城市外，所有的地方都成了一片恐怖的荒漠：田舍化为灰烬，乡村变为废墟，大小牲畜一群群被消灭，或被赶走，工厂被破坏，农业机器被捣毁。

尽管英军采用了抢、捕、围、烧、杀等极其残酷的手段，仍然不能阻止布尔人的顽强抵抗。他们的每一个暴行都激起了布尔人的更大的仇恨。活跃在南非草原上的布尔游击队，作战机动灵活，无比英勇，他们神出鬼没，经常出击小股英军，偷袭仓库，阻击列车，夺取英军武器武装自己，使反英战争逐渐成了燎原的烈火，四处蔓延。

残酷而漫长的游击战到 1902 年 5 月已延续了将近两年，英布双方都已精疲力竭。

印度民族大起义

1857 年 5 月，在印度爆发了轰轰烈烈的民族大起义。这是印度历史上第一次由下层人民和部

1911 年，英属殖民地印度庆祝英王乔治五世继位典礼。

分爱国封建主进行的全国性的反英武装起义。西方习惯称之为"雇佣军兵变"或"士兵起义"。卷入起义的地区占全印面积的1/6，人口占1/10。起义持续了两年多，严重震撼了英国殖民统治的根基。

印度民族大起义是英国入侵印度后民族矛盾的总爆发，它的原因可以归结为政治的、经济与社会的、宗教的及军事的四个方面。

英国统治时期的印度，是一个殖民地半封建社会。它是英国用刺刀强加给印度的一种社会形态。按通常的说法，1757年6月普拉西战后，英国占领了孟加拉，这是印度沦为英国殖民地的开端；到1849年英国殖民者吞并旁遮普，整个印度都沦为英国的殖民地了。

1600年成立的"东印度公司"是英国殖民者侵略和掠夺印度的主要工具。在商业资本时期，东印度公司通过贸易、直接掠夺在孟加拉实行"固定柴明达尔制"，破坏印度的社会经济。但从总的看，这种破坏只是触动了印度社会的表面，而没有破坏印度社会的基础。

19世纪上半期，由于英国工业资本主义的发展，英国对印度的殖民剥削方式也有所改变。1813年，英国取消了东印度公司对印度的贸易垄断权，把印度变成倾销英国商品的市场和原料产地，并在农村普遍确立土地私有制，实行农业的商品化生产。英国殖民主义对印度社会的发展，同时起了相反相成的两种不同的作用。一方面，殖民主义的入侵给予印度村社制度以决定性打击，使村社制度彻底解体以至消灭，英国人充当了历史不自觉的工具。另一方面，殖民主义的入侵却给印度社会带来了无穷无尽的灾难，使印度各阶层同英国殖民者的矛盾极其尖锐。

农民和手工业者是社会的下层，受压迫最重，苦难最深，反抗意识最坚决。1813年，英国取

英印军队中的印籍下级军官

世界通史

最新整理图文珍藏版

兵营中正在进行锻炼的印籍士兵

消了公司对印度的贸易垄断权。自此以后，英国工业品像洪水一般涌入印度，对印度的经济发生了毁灭性的打击。例如，1824年英国输往印度的棉布为100万码（1码等于3英尺），1837年猛增到6400万码。印度的纺车和织机迅速为英国蒸汽机所摧毁，手工业工场纷纷倒闭。纺织业的著名城市达卡，过去有15万居民，1840年减少到2万~3万，城内长满荆棘，疟疾流行，由一个繁华的城市变成了一个贫穷的小镇。英国的印度总督本丁克勋爵在1834年的报告中说："悲惨的境况在商业史上是无与伦比的。棉织工人的白骨使印度平原都白成一片了。"广大手工业者和农民，深受国破家亡之苦，他们很自然地

成为反英起义的主力军。

征收高额土地税是英国殖民者增加收入的主要来源。英国殖民者在印度的一些地区实行了几种征收土地税的办法。1793年，在孟加拉、比哈尔和奥里萨实行"固定柴明达尔制"，即英国没收了这些地区的封建主和公社的土地以后，把土地交给包税人柴明达尔。包税人向东印度公司交纳相当于1790年实际税额9/10的定额土地税。在孟买和马德拉斯的大部地区，土地私有制根深蒂固，英国于1820年实行"莱脱瓦尔制"，即农民租佃制。该制度虽然承认公社农民对于耕地的所有权，但农民必须向公司缴纳相当于全年收成的1/3到1/2的土地税，农民实际上成了公司的佃农。1822年又在中部地区实行"不固定柴明达尔制"，规定柴明达尔负责向农民征收租税，税额不固定，每

乘坐各种交通工具赶向德里的英军士兵

25年至30年重定一次。英国在印度实行的土地税制，虽然形式多种多样，但本质则在于最大限度地压榨农民。马克思在论到这些制度的实质时说："这两种制度都是贻害无穷的，都包含着极大的内在矛盾，都不是为了耕种土地的人民群众的利益，也不是为了占有土地的掌管人的利益，而是为了从土地上征税的政府的利益。"新的土地税制把农民压得喘不过气来，致使农业衰退，土地荒芜，饥荒不断。据统计，到1830年，马德拉斯省有1/4的土地荒芜。19世纪上半叶，印度先后发生七次饥荒，饿死150万人。其中1837年西北省的饥荒最为严重，饿死80万人。马克思指出："无论是在孟加拉的柴明达尔制度下，或者是在马德拉斯和孟买的莱特瓦尔制度下，占印度居民11/12的莱特农民都遭到了可怕的赤贫化。"印度农民的悲惨处境，使他们对英国殖民者充满了深仇大恨。

英国的殖民统治也损害了部分印度封建王公的利益。印度各邦的封建王公原是英国殖民统治的支柱，但殖民当局为扩大直接统治区的地盘，以开辟更广阔的市场和更多的原料产地，采取兼并部分封建王公领地的政策。1848年戴贺胥任总督后，按照殖民者的所谓"丧失权利说"，规定王公死后若无直系后嗣，其土地和年金即由东印度公司收回。通过这种手段，殖民者先后兼并了萨塔拉、那格浦尔、詹西等十多个封建土邦，剥夺了印度土邦王公的世袭特权。1856年，殖民当局竟宣布奥德王公不善治理，强行吞并其领地。另外，还剥夺了马拉特王公那那·萨希伯领取年金的继承权，没收了印度教和伊斯兰教寺院大量的土地。英国殖民者的这些政策，损害了土邦王公的利益，把封建王公中的一部分人也推向起义者一边。

英印军队中的印度土著雇佣兵是当时印度唯一有组织的力量。这种给英国人当兵的印度人被称为"士兵"。大起义前夕，英印军队总数超过28万人，其中英籍官

1911年，一位英国绅士与他的印度仆人。

德里激战的场面

兵只有 4.55 万人。英印军队分三部分，即孟加拉军、孟买军和马德拉斯军。孟买军人数超过 17 万，其中印籍士兵约 14 万。他们都是破产的农民和手工业者，为生活所迫而受雇于公司。在征服印度的长期战争中，殖民者曾施以小恩小惠，对他们进行笼络和收买，如薪饷较高、纳税较轻等。当英国利用士兵征服整个印度以后，对士兵也改变了政策：干涉他们的信仰，触犯他们的种姓；削减他们的薪饷，因而激起了他们的反抗情绪。有些印度士兵团，因为政府未能满足其发给远征津贴的要求，在 1857 年起义前的 13 年中已发动过四次叛变。印度士兵成为印度人民过去从未有过的第一支核心的反抗力量。

英国殖民者大大强化殖民统治，使印度人民"所遭受的灾难具有了一种特殊的悲惨的色彩"。

这样，反抗英国殖民统治的民族起义在全国酝酿起来。

这次民族大起义不再像以往封建主领导的起义那样，只谋求恢复个别土邦的独立，而是以恢复全印度的独立为目标。革命士兵和下层群众向往恢复独立，但决不希望再出现诸侯割据、战乱不已的局面。至于封建主，许多人也看到统一是大势所趋；此外，以往斗争失败的教训也使他们认识到，只有提出全局的反英目标才能动员全国的力量共同进行斗争。这次起义所以显示了以往任何起义所不能比拟的威力，首先就是因为有了这个全局性的共同目标。

1857～1859 年印度民族起义可分为四个阶段：

起义的酝酿和开始（1857 年初～5 月中旬）

19 世纪中期，印度到处弥漫着对英国殖民者的不满情绪，社会各阶层都在秘密酝酿起义。早在 1856 年，印度教徒和伊斯兰教徒就在广大城乡进行各种形式的反英宣传。一些大城市出现了号召人民赶走外国侵略者，进行"圣战"的文告。民间到处是用人民喜闻乐见的艺术形式进行广泛宣传。在神殿和广场树荫下常常

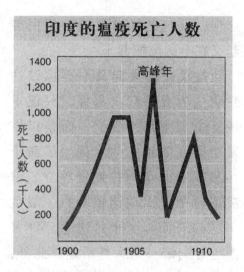

印度的瘟疫死亡人数

死亡人数（千人）

高峰年

印度的瘟疫死亡人数

聚集着人群，往往可以听到苍劲悲壮的歌声。揭露英殖民者的戏剧《暗蓝色的镜子》在德里、阿格拉、勒克瑙等地巡回演出。马德拉斯的小封建主莫尔维·阿赫马德·沙从南到北，在各地号召举行反英起义。后因建立武装组织被捕。1857年初，马尔瓦和西北各省农村中，传递着神秘的烤薄饼。2月，这种被看作起义的信号传到了德里城下。在雇佣兵中传递着同样象征的荷花，而且产生了秘密组织五人会——潘查雅特。

涂油子弹问题成为民族起义的导火线。1857年初，殖民当局发下的子弹涂有牛油和猪油，士兵使用时必须用牙咬破包装纸。印度两个最大的宗教是印度教和伊斯兰教。印度教徒视母牛为神圣，而伊斯兰教则忌讳猪肉。这样就伤了两个最大宗教信徒的感情。因此，士兵对于殖民者这样的恶毒用心极为愤恨。从2月到4月，军队哗变事件不断发生。3月29日，第34步兵团士兵曼加尔·潘迪，怀着对殖民者的满腔怒火，开枪打死三个英国军官，被处绞刑。这次事件加速了民族起义的爆发。

5月10日，驻在德里附近的米鲁特的士兵首先发难，点燃了印度民族大起义的烈火。起义的印度士兵和以后的起义者鉴于大敌当前，

阿迦汗三世殿下穿着全副王者装束

世界通史

最新整理图文珍藏版

坐落于恒河岸边拥挤不堪的寺院

放弃了宗教偏见，用他们曾经拒绝使用的涂油子弹来回击英国殖民者。他们趁英国军官在教堂做祈祷，包围了教堂，杀死英国军官，焚烧兵营和殖民官署，打开监狱，释放囚犯。起义者还封锁了铁路。就这样，米鲁特起义当天就取得了胜利。

高 潮（1857年5月~9月）

5月10日晚，米鲁特的起义军乘胜向德里进发。11日上午抵德里。城内军民纷纷响应，严惩英国军官，烧毁殖民者的住宅，打开城门迎接起义军。起义者很快就占领了古都德里。

德里的占领，是起义者的第一个重大胜利。它沉重地打击了殖民主义者的统治，极大地鼓舞了人们的斗争信心。从此，那些对英国统治者心怀不满的贵族、僧侣也纷纷参加到起义队伍中来，初步形成了一个包括各阶级、各种力量的反英战线。起义军拥立莫卧儿王朝末代皇帝巴哈杜尔·沙为印度皇帝，成立了由六名军官和四名文官组成的起义领导机构行政院。行政院发表文告，号召人民不分宗教信仰，团结对敌。行政院还颁布命令，废除"柴明达尔制"，取消贫民捐税，对地主、富商和高利贷者征收特别税。

德里起义政权的建立具有重大的政治影响，它意味着起义者取得了全印的政治中心，德里起义的胜利有力地推动了其他各地的反英斗争。奥德省的勒克瑙、坎普尔和中部的詹西成为起义的重要中心。

到这时，英国侵略者才慌了

在图盖拉山谷的英军骑兵部队

手脚。总督坎宁勋爵下令从各处调兵：从缅甸、马德拉斯等地调兵，把参加波斯战争的军队调回印度，又请求额尔金勋爵把准备派往中国去镇压中国人民的军队转派到印度。同时，采取各种手段，拉拢印度土邦王公和大地主，来分化印度方面的团结。6月8日英军首先围攻德里。德里4万起义军英勇战斗，不断出击。英军屡遭挫败，不能前进一步。7月4日，英国驻奥德的行政长官亨利·劳伦斯爵士身负重伤，一命呜呼。

勒克瑙和奥德全境起义的胜利，使英国人从印度东南方向德里进攻的计划成为泡影；零散在恒河一线的英军不时地受到奥德起义军民的威胁。

继勒克瑙起义之后，西南的坎普尔，东南的贝拿勒斯、阿拉哈巴德于6月初也相继起义。对战局有重要影响的是坎普尔。坎普尔地处恒河南岸，是英国人在印度东北部的军事重镇，也是这次民族起义前秘密组织活动最早的发源地之一。那那·萨希伯是那里的组织者和领导者，他的家臣坦提亚·多比参加了起义，后来成为著名的起义将领。

中印度的起义中心在詹西。5月10日米鲁特起义以后，詹西女王拉克希米·巴伊就积极准备起义。6月4日，她在詹西举起义旗。詹西女王身着武装，亲临前线巡视和指挥。英国殖民主义者及其爪牙据守市区的碉堡进行顽抗。7日，女王命令骑兵团长卡拉·汗和税务官穆罕默德·胡西恩率兵攻打。堡垒里面的印籍士兵起义响应。8日，英国殖民者竖起白旗投降。起义军民举行示威游行，欢庆胜利，英国殖民主义者被斩首示众。詹西女王再度登上王位。起义军向全邦发出通告："世界属上帝，印度属德里莫卧儿皇帝，詹西属拉克希米·巴伊"。

民族起义的烽火不仅遍及北部印度和中印度各地，而且还进一步深入印度的南方。海德拉巴和孟买是南印度发动起义的两个重要的地方。但在南印度没有形成起义的中心。

相　持（1857年9月～1858年6月）

在起义广泛发展的过程中，逐渐形成了以德里、勒克瑙、詹西等几座大城市为中心的起义据点。而德里尤为引人注目，因而成了英国进攻的主要目标。

英国人经过了一阵慌乱之后，逐渐由被动转为主动。他们以旁遮普为基地，6 月 8 日向德里进攻。德里起义者在战略上采取守势，没有乘胜出击，拔除城外敌人据点。混进起义队伍的封建王公，阴谋叛变；地主、富商囤积粮食，抬高物价，窝藏军火，甚至私通英军，盗卖情报，炸毁军火库。他们的叛卖活动，严重地削弱了起义队伍的力量。英军利用起义队伍的弱点，组织反攻。9 月 14 日，英军向德里发动总攻，在炮兵的支持下，闯进了城里。起义军同英军进行了激烈的巷战。在六天的保卫战中，起义者打死敌军五千余人，击毙两个英军司令官。英军对起义军民进行了野

印度北部城市勒克瑙遍布印度兵遗骸的废墟

蛮的报复，在德里开始了血腥的大屠杀。以巴哈杜尔·沙为首的王公贵族屈膝投降，起义军被迫退出德里。

9 月 19 日德里陷落后，奥德首府勒克瑙成为起义军的中心。英军以坎普尔为基地，四次派援军来解围勒克瑙巡抚官邸的英军，接着向勒克瑙进攻。1857 年秋，起义军达 5 万人以上。1858 年初，集中在勒克瑙的起义军接近 20 万人，其中 3.5 万以上是孟加拉军团的印度雇佣兵。然而，他们大部分人的武器是马刀。奥德封建贵族集团反对莫尔维·阿赫马德·沙对军队的领导，并把他投入监狱。在起义军士兵要求下，封建贵族集团释放了他，但为时已晚。

1858 年 3 月初，英军集中 9 万名武装精良的军队和 180 多门

闷闷不乐的君主：波斯的 12 岁王太子艾哈迈德·米尔扎（右），在叛军迫使其父出逃后被立为王。

1900年印度有很多神奇的事情，都是以神所需要的名义进行，这包括蓄发、长指甲，在干热的土地爬行等苦行。

西进军。3月20日，罗斯的军队抵达詹西南郊。25日，双方展开激烈的炮战，詹西女王亲临前线指挥。一个目击者说，拉克希米·巴伊"一直在繁忙地指挥战斗。她亲自察看每件事物，不断传下重要的命令，哪段城墙危险，她立刻命人去抢修"。在女王的率领下，詹西军民多次打哑敌人的大炮，致使敌军一时难于攻入城内。4月1日，坦提亚·多比率领援军2.2万人从卡尔皮赶至詹西，从背后打击敌人，但因麻痹轻敌，当英军调头反攻时，他的军队被击溃，损失惨重，不得不向卡尔皮撤退。詹西的处境越来越困难，女王毫不气馁，仍顽强地坚持斗争。3日，敌人向詹西正门（北门）发起进攻，女王同往常一样，亲临前线，不仅在精神上鼓励战士英勇杀敌，而且对那些打得特别出色的战士赠与金银财宝或其

大炮，开始向勒克瑙进攻。面对强大的敌人，起义者展开了英勇顽强的斗争，战斗持续两个多星期，3月21日，起义军主力开始撤离，勒克瑙陷落。

德里、勒克瑙相继沦陷以后，詹西成了最重要的起义中心，中印度的英军总指挥休·罗斯爵士率其主力，于1858年1月6日，从因陀尔附近的姆霍出发，向詹

在第三次阿富汗战争中，英军以超过25万的兵力，对抗叛军。

他实物。战士们冲杀勇敢，一度迫使敌人退却。由于内奸的叛卖，敌人从南门进入市区，并逐渐逼近王宫。4 日，战斗集中在王宫附近。女王登上堡垒，环视詹西全城，亲眼看到市民被屠杀，房屋被烧毁，财产被劫掠的情景，怒火万丈。她拿起佩刀，率领 1000 名战士向敌人冲击。双方展开白刃战。正在这时，有使者前来向女王报告：北门的守门官库阿尔·库达·巴克什和炮兵军官古兰·戈斯·汗阵亡，北门已向敌人敞开。女王见大势已去，不禁大声痛哭。她对那位使者说："我决定亲手点燃军火库，和它同归于尽。"后经那位使者劝说，决定连夜突围，支援外地的独立战争。当天夜里，詹西女王从北门突围而出。5 日，詹西城沦陷。

游击战（1858 年 6 月 ~ 1859 年 12 月）

德里、勒克瑙、詹西等起义中心相继陷落后，各地分散的起义军转入游击战。当时，活跃在各地的起义军至少还有 15 ~ 20 万人。

游击战主要在三个地区进行：奥德和罗希尔坎德地区，起义军领袖为奥德皇后、那那·萨希伯及其弟弟巴拉·劳、阿赫马德，沙。东南奥德和西比哈尔地区，起义军领袖为库马尔·辛格和其弟阿马尔·辛格、朱斑·辛格。朱木纳河和纳尔巴达河之间的广大中印度地区，起义军领袖为詹西女王、坦提亚·多比和拉奥·萨希伯。而中印度的游击战争，无论就活动范围或持续的时间，都远远超过前两个地区。

中印度的起义军自詹西沦陷后即向卡尔皮集中，詹西女王、坦提亚·多比等起义军领袖决定据守这一战略要地。但受到北印度和南印度敌军的两面夹攻，不得不于 1858 年 5 月 22 日撤离卡尔皮，向西边的瓜廖尔进军。6 月 1 日，起义军解放瓜廖尔，建立了临时性的政权机构，由拉奥·萨希伯为首相。6 月 3 日，在瓜廖尔城内举行盛大典礼。首相任命了以拉姆·拉奥·戈文德为首的一批大臣，任命坦提亚·多比为起义军总司令。

印度的马达拉斯港，印度人将英国殖民者及其妻子抬上岸。

英国人对此十分恐慌，从各方面调兵遣将。6月17日，中印度英军总指挥罗斯率军进攻瓜廖尔。坦蒂亚·多比负责指挥城防的战斗，詹西女王负责指挥城郊的战斗。东南郊一带的战斗最为激烈，詹西女王一直和起义士兵们一起奋战。一位目击者描写了女王在战场上英勇杀敌的情景："美丽的女王立即奔向战场，坚定地反击休·罗斯爵士的军队。她率领她的军队对罗斯的军队进行多次猛烈的攻击。虽然她的军队被敌人的炮火打乱，伤亡愈来愈大，但女王仍旧出现在最前线，聚结她的散乱的军队，表现了她那非凡的勇气。不过，所有这一切都无济于事。休·罗斯亲自率领骆驼兵向前冲击，冲断了女王最后的阵线。尽管如此，不屈不挠，英勇无畏的女王仍坚守在她的阵地。"正当女王以"这种世所罕见的英雄气概"抵抗罗斯爵士的时候，其余的英军从背后袭来，女王腹背受敌，壮烈牺牲。坦提亚·多比为了保全实力，决定放弃瓜廖尔。6月20日起义军撤离瓜廖尔。

坦提亚·多比退出瓜廖尔后，与英军反复周旋，转战各地，使英军疲于奔命，一筹莫展。但这些优势并未充分发挥。由于内部争执，无法协同作战；英国殖民者实行收买政策，许多封建主叛变。1859年1月，巴克德·汗、那那·萨希伯退走尼泊尔。4月18日，坦提亚·多比遇难。年底，零星的游击战最后停止。

明治维新

我们以复杂的心情看着日本崛起的历史。日本明治维新之前，德川幕府多次颁布海禁和严禁基督教的法令，并严格限制对外通商。在各个方面，都是中国的翻版。但是从明治维新开始，日本励精图治，迅速崛起，并且多次发动对外战争，成为世界一流强国，对东亚甚至世界格局产生了重要影响。

倒幕运动

日本在明治维新前是一个闭关自守、封建落后的国家。这个国家号称"神国"，是所谓"诸神保护的国家"。天皇就是神的化身，他对自己的臣民拥有至高无上的权力。"忠君报国"、"效忠天皇"的思想一直是日本封建社会的最高道德准则。

到了17世纪初，国家权力落

到了由德川家康创立的被称作"武家政权"的德川幕府手中。德川家康，原是一个地方诸侯，在多年的群雄争霸战争中势力逐步扩大，并于1600年关原之战中击败了与之对立的大名，奠定了日后总揽天下的基础。1603年，德川家康从日本天皇那里取得"征夷大将军"的称号，并在江户城创设了封建军事专政政权。此后，德川一家世袭相承，经15代将军，在日本维持了长达二百六十余年的幕府统治。

在德川幕府统治下，日本名义上的首脑是天皇，但实权已落在德川家族的手中。当时幕府将军把持着全国最高土地所有权，直辖约占全国耕地总面积的1/4，是最大的封建领主。并且，还掌握着全国的商业城市和矿山，垄断着对外贸易，控制着国家经济命脉。在政治上，德川幕府名义上是"大将军"，实际上自称"大君"，对外代表国家，对内主持政府，大权独揽。最典型的是，幕府并不设在首都，而在江户办公，处理国家大事，往往自作主张，根本不把天皇放在眼里。

为了加强自己的统治，德川幕府在日本全国实行了"幕藩体制"，这是一种金字塔般的制度，德川幕府将军端据于其顶，下面由各诸侯支持。为了获得大名的拥护，德川家族把掠夺来的土地分封给260家大名，各地大名则必须宣誓效忠将军，遵守幕府法规，听从调遣。大名的领地和统治机构叫做"藩"，意即幕府的屏障。并按亲疏关系，把两百多个藩分为亲藩、内藩和外藩，将军依靠亲藩、内藩，对边远的外藩大名严加防范。大名又把自己的领地分割成更小的单位分赐给自己的家臣，他们属于将军和大名之下，被称做武士。这些武士一般是职业军人，拥有佩刀的特权，杀死平民可以不受惩罚，是幕府将军统治人民的主要力量。

为了更加巩固自己的统治，幕府一方面拼命鼓吹迂腐的儒家思想，尤其把宋朝理学家朱熹的学说定为国学，禁锢人民的思想，压制他们的反抗情绪；另一方面，推行闭关自守的"锁国"政策，不同其他国家建立任何关系，把整个日本严密地封闭起来。

18世后期，随着商品经济的发展，出现了新兴的地主阶级和商业资本家，他们为了争得政治上的地位，摆脱封建统治，对幕府制度产生强烈的不满。而广大的人民群众不堪忍受苦难的生活，反抗的情绪也日趋高涨，接连爆发无数次农民起义和市民暴动。这些反抗斗争，严重地动摇了幕府的统治。

19世纪中叶，一向奉行"锁国政策"的日本，遭到美、英、法、俄等国的侵略。1853年和1854年，美国海军将领柏利率领舰队两次闯进江户湾，迫使日本开港通商。幕府屈服于列强的炮火，连续与列强签订了很多不平等条约和关税协定，出卖国家主权和民族利益。日本面临着严重的民族危机。日本人民仇视外国侵略者，更痛恨和侵略者相勾结的幕府。农民和市民纷纷起义，开展"倒幕"运动；中下层武士、商人、资本家和新兴地主中的改革势力也投入了"倒幕"斗争。

1863年12月，长州藩讨幕派高杉晋作率领以农民为主体的"奇兵队"击败保守派，夺取了藩政权。随后，萨摩藩讨幕派西乡隆盛、大久保利通等人也控制了藩权。不久，这两股力量结成讨幕联盟，成为全国讨幕运动的核心。他们一方面实行政治、经济改革，以调动农民、商人和中下级武士的积极性；另一方面，在军事上武装自己，购置大量的西方先进武器，与幕府军队抗衡。

面对这个情况，德川幕府自不会善罢甘休。1866年5月，幕府借口长州藩蓄谋叛乱，派遣大军讨伐。以为胜券稳操的幕府军对于他们对手的详情是所知不多的，只晓得高杉晋作的部队唤作奇兵队，是用各种稀奇古怪的洋玩意装备起来的，但是等到了战斗打响时，幕府军终于发现他们的敌手是可怕的。那是支由贫穷武士、浪人、农民所组成的军队，所有官兵都作战勇敢，所有服装、武器和训练方式都取法于欧洲。几番冲杀和突击，幕府军终于撑不住，败下阵来。这时，幕府的后院又开始起火，各地不约而同地爆发了四十多起暴动。7月间，将军家茂在大阪于绝望中病死。

1866年的12月，德川庆喜继任将军。不久，压制讨幕派的孝明天皇去世，不满十五岁的明治天皇即位。这时，宫廷形势开始向有利于讨幕派方面发展。1867年10月，萨摩、长州、安艺三藩讨幕派在京都召开秘密会议，决定利用年幼的明治天皇的名义武装倒幕。他们一方面扩充兵力，另一方面秘密同天皇取得联系，准备发动宫廷政变，把德川将军赶下台去。

1867年12月9日，西南各诸

侯率兵包围皇宫，解除德川幕府驻后宫警卫队的武装。他们簇拥着年少的明治天皇，召开御前会议，宣布"王政复古"，大权全归天皇掌握。明治天皇随即颁布诏书，决定建立由他领导的新的中央政府，并委派西乡隆盛和大久保利通这些改革派主管政事。

1868 年 1 月底，倒幕军在京都附近击败幕府军队，德川庆喜逃往江户。政府军不给对方以喘息之机，跟踪幕府残军，迅即包围江户。2 月，天皇组织了讨幕军，由于广大农民和城市贫民积极配合，倒幕军终于打败了比自己数量大三倍的幕府军，德川庆喜被迫投降，统治日本长达两百多年之久的德川幕府垮台。倒幕派取得了胜利，建立起以明治天皇为首的日本新政府。明治天皇废藩置县，将全国划为三府七十二县，消灭了国内的封建割据势力，建立起一个统一的中央集权的国家，为发展资本主义扫除了障碍。

明治维新是日本挤进资本主义列强的转折点。新兴的资产阶级与保留下来的封建贵族相勾结形成军事封建帝国主义，极力对外扩张，成为第二次世界大战的策源地。给世界带来了巨大的灾难和痛苦。

明治维新

19 世纪后半期，继英国、法国等欧洲国家和美国等美洲国家的资产阶级革命胜利之后，日本也出现了一次在政治、经济、思想文化等领域的全面革新运动。这场以推行资本主义新政为目的的资产阶级革新运动，开始于明治年间，所以史称"明治维新"。

在 19 世纪之前，日本是一个闭关自守、封建落后的国家。在这个自称为"神国"的国家里，天皇被认为是神的化身，对自己的臣民拥有至高无上的权力。1603 年，德川家康消灭了当时日本各地的割据势力，在江户设置了幕府，开始了德川幕府的统治时期。

在德川统治时期，天皇只是名义上的最高统治者，国家的实际权力则落到了世袭的幕府将军手中。幕府并不在首都而在江户办公，在处理国家大事时，往往自作主张，根本不把天皇放在眼里。除皇族外，日本存在着严格的四个封建等级，即"士、农、工、商"。

士和皇族是国家的统治阶级。士中的将军具有最高的地位，拥有全国土地的支配权，其领地占

明治维新之前的四个等级

了整个日本的1/4。并且，还掌握着全国的商业城市和矿山，垄断着对外贸易，控制了国家的经济命脉。在政治上，德川幕府名义上是"大将军"，实际上自称"大君"，对外代表国家，对内主持政府，大权独揽。

其余的土地分给了二百六十多个"藩"，即大名。大名从属于将军，向将军担负军事和其他方面的义务。为了更好的进行统治，德川幕府按照亲疏关系，把这些藩分为

明治维新前的日本社会

亲藩、内藩和外藩，将军依靠亲藩、内藩，对边远的外藩大名严加防范。武士是将军和大名的臣属亲兵。实际上，德川幕府主要就靠武士来维持自己的统治。

农、工、商分别是当时日本的农民、手工业者和商人，是被统治阶级。此外，当时日本还有"秽多"、"非人"等贱民，这些人的社会地位就更加低下了。广大群众不堪忍受苦难的生活，反抗的情绪日趋高涨，接连爆发农民起义和市民暴动。这些反抗斗争，严重地动摇了幕府的统治。

在18世纪中叶后，商业资本开始进入日本农村，导致农民进一步丧失了原本就很微薄的土地。这些新兴地主在控制土地的同时，还控制了农民的家庭手工业，开设了纺织业手工场。此后，棉纺织品、采矿以及一些海产加工工业的资本主义手工工场开始在日本出现。很快，日本出现了江户、京都等商业中心，并且出现了三井、鸿池等拥有巨额财产的商业富豪。这些地主阶级和商业资本家为了争得政治地位，对幕府制度产生了强烈不满。

近代资本主义的发展，动摇了原本非常坚实的封建主义制度。本来作为统治阶级的士，对工商

业是持鄙视态度的。但是随着商品货币经济的渗入，这些士和商人、高利贷者形成了相互依赖的关系。他们有的和商人共同出资以经营工商业，有的则向高利贷者大举借债。工商业的崛起和传统统治阶层财政上的分化，使得靠将军、士等发放的俸禄为生的武士的生活也颇为艰难。

正当日本国内统治开始动摇时，西方殖民主义开始大举入侵日本。早在16世纪中叶，葡萄牙、西班牙以及荷兰、英国等欧洲国家就开始在日本传教通商。幕府为了巩固封建统治，抵制资本主义对日本的影响，曾先后五次发布"锁国令"，规定日本只能和中国、朝鲜、荷兰进行少量的贸易，与其他国家的贸易一律禁止。这种闭关锁国的局面持续了两百多年。

美国、俄国、英法等国家曾多次提出日本开设通商港口，但是遭到了日本政府的拒绝。1853年，美国海军将领柏利率领海军舰队两次闯入江户湾，以炮轰江户相威胁，迫使日本开港通商。次年，日本和美国签订了《日美和好条约》。不久，幕府连续与英国、俄国、荷兰等签订了不平等条约和关税协定。1863年，英法联军借口日本个别武士排外，炮轰鹿尔岛，并最终索取了大量赔款。1864年，英、法、美、俄四国组成联军，炮轰下关，要去下关海峡自由通航，并再次勒索了大量赔款。

这些不平等条约的签订，使日本国内面临更加严重的统治危机。大批农民和手工业者因为外国商品的进入而纷纷破产。民族矛盾和阶级矛盾迅速激化，最终爆发了推翻封建幕府、争取民族独立的斗争。

1859年，当幕府要求天皇批准《安政条约》时，以长州藩和萨摩藩为首的下级武士聚集京都，联络部分王宫贵族，策划推翻幕府统治。幕府大老片伊直弼为了恢复幕府统治的力量和威信，随之制造了"安政大狱"，杀害了大量改革派人员；并于1863年，在京都策划了一次政变，把改革派贵族和长州藩武士都驱逐出了京都，然后发动了两次征讨长州藩的军事行动。

但是幕府军队在征讨长州藩的过程中不仅没有成功，反而使自己原本就虚弱的统治力量变得更加虚弱。1866年，长州藩和萨摩藩秘密结成反幕府的军事同盟。军事同盟一方面实行政治、经济改革，以调动农民、商人和下级武士的积极性；同时购置了大量西方先进武器，以与幕府军队抗衡。

同年 12 月，倾向于保留幕府统治的孝明天皇去世，不满十五岁的明治天皇即位。次年 10 月，天皇给军事同盟密诏，要求他们讨伐幕府。在讨幕派大军压境的情况下，德川庆喜采取了以退为进的策略，宣布"奉还大政"，主动请求辞去将军的职位，把政权交还给天皇。这一举动使得讨幕派"师出无名"，同时德川庆喜可以利用这段时间组织军队进行反扑。

讨幕派识破了幕府的阴谋，于 1868 年 1 月 3 日率兵包围皇宫，解除德川幕府驻后宫警卫队的武装。明治天皇当即召开御前会议，天皇发布《王政复古大号令》，废除幕府，令德川庆喜"辞官纳地"，并且随即颁布诏书，决定建立由他领导的、名为"太政官"的新中央政府，并委派西乡隆盛和大久保利通这些改革派主管政事。8 日及 10 日，德川庆喜在大阪宣布"王政复古大号令"为非法。

德川庆喜连夜逃出京都而退居大阪，准备集中全部兵力做最后一番挣扎。他们打着"解救天皇、清除奸臣"的旗号，兵分两路，准备夹击京都。随之，幕府军队和天皇军队在京都附近的鸟羽、伏见一带进行决战。士气旺盛的新政府军以 5000 兵力一举击败了三倍于自己的幕府军。1869 年春，天皇军出征北海道，于 6 月 27 日攻下幕府残余势力盘踞的最后据点五棱廓，戊辰战争结束。4 月，在天皇军队大军迫近江户的时候，德川庆喜献城投降。统治日本长达二百六十多年的德川幕府至此宣告覆灭。

德川幕府倒台后，天皇成立的政府成为全国唯一合法的政府，天皇则成为全国最高统治者。新政府内的高级官员都由天皇直接任命，并对天皇负责。同时，新政府在财政上受到了三井、小野等财团的支持。7 月，天皇宣布迁都江户，并将之改名为东京。

在经济上，明治天皇于 1868 年～1873 年逐步废除了封建领主的地方割据，以加强天皇的中央集权统治。同时，在经济、政治、文化、社会等方面开始了自上而下的、史称"明治维新"的资产阶级改革。

1868 年 3～4 月间，明治政府先后颁布了《五条誓文》和《政体书》，从而提出推行资本主义新政的两个纲领性文件，开展了大刀阔斧的维新运动。

《五条誓文》的内容是：一、广兴会议，决万机于公论；二、上下一心，盛行经论；三、官武一体，以至庶民，各遂其志，勿使人心倦怠；四、破除旧来之陋习，一本天地之公道；五、应求知识于世界，大振皇基。在《政体书》上，提出要在日本实行"三权分立"制度，反映了资产阶级的政治要求。

根据这些纲领性文件，明治天皇在以下几个方面进行了改革。

在政治方面，首先逐步削弱了封建割据的势力，建立中央集权的统一国家。1869年1月，萨摩、长州等几个藩奏请奉还版籍，归还土地和人口与中央。同年7月25日，天皇下诏接受各藩奉还土地和人口，任命藩主为藩知事。1871年8月29日，天皇宣布废藩置县，解除旧藩主的藩知事职务，建立近代府具体制，此后日本建立了府、县、道地方体制，原有的封建领主制被废除。

此外，天皇废除了封建等级制度，实行"四民平等"。首先，将大名、公卿等统一改名为"华族"，一般武士为"士族"；随之，正式确立皇族、华族、士族和平民的份制，农、工、商及贱民一律归为平民，并且取消了武士特权。这一措施，使得原有的武士阶层彻底瓦解，中上层武士后来成为资本家，下层武士则成为劳动者。然后，取消过去根据身份不同而规定的职业、通婚、生活规则等限制，允许不同阶层的人通婚、自由选择职业、自由选择居住地，实现形式上的平等。

在军事上，1871年，日本建立了专门保护天皇的部队，称"亲兵"；同时，对原有各藩拥有的军队进行改编，使之成为政府军队的主力。1872年，天皇仿效西方资本主义国家，颁布了《征兵令》，取消了武士独占军人身份的特权，实行征兵制，建立了近代常备军。这支富于武士道精神、绝对效忠天皇的新式军队，成为日本后来对外侵略扩张的主要工具。此外，日本在全国建立了中央集权的"国家警察"制度。

在经济方面，明治天皇采取各种措施，大力发展资本主义经济。1868年，政府下令解除各藩设立的税卡；1869年，废除大商人对对外贸易的垄断权，并且鼓励发展对外贸易；1873年7月，日本天皇发布《地税改革法》，允许土地私有和自由买卖，废除禁止土地买卖的法令，正式从法律上保障新兴地主的土地所有权；把年贡制（即由农业生产者按收获量向领主交纳实物或代金）改为地税制，由国家向土地所有者按法定地价征收固定货币地税。

政府对纺织、水泥等轻工业部门极为重视，投入大量资金，引进西方先进技术，并且聘请国外的技术工人，扶持私人企业。针对日本资本主义经济相对薄弱的情况，政府以国家力量投资举办一些私人无法开办的近代工业，如铁路、钢铁冶炼、机器制造、邮电等，当然，同时鼓励有能力的私人发展这些行业。在起到示范作用后，政府把这些国营企业贱价甚至无偿转让给和政府有联系的私人资本家，例如，三井财团得到了煤矿、纺织厂和制丝厂等，而三菱财团则得到了造船厂、金矿和银矿等。

在教育方面，政府推行"文明开化"政策。1871年设立文部省，统一管理全国的教育事业，改革旧有教育制度。1872年，文部省发布了《学制布告》、《学制》等文件，提出任何人都享有平等的受教育权利，同时在日本实行小学义务教育制度；为了尽快移植和利用西方最新技术，在教育课程中设立大量科技课程，规定每个学生学习科技课程的时间要占到全部时间的一半；同时，政府非常强调大学教育，并且选派优秀人才去西方大学留学，这批人后来成为资本主义经济发展的重要建设人才。

同时，著名思想家、"近代日本哲学之父"西周等人倡导学习西方思想，而福则谕吉等人则提倡"实学"，以儒家吸收西学，接受西方自然技术思想，以"天"接受天赋人权思想。从这一点来看，日本明治维新比中国有些思想家的"以儒学排斥西学"要进步得多。

应该说，日本的明治维新在短时间内就取得了巨大成功。四五年后，日本棉纱的出口量就达到了全世界总出口量的1/4。三十年后，日本已经从落后的封建农业国进入新兴工业国的行列。这些有利于资本主义经济发展的改革措施，使日本迅速走上了资本主义发展的道路。此后，日本逐步摆脱美国、俄国等势力的控制，逐步废除了不平等条约，收回国家主权，摆脱了民族危机，成了独立发展的资本主义强国，并且以自己的军事、经济优势进攻朝鲜、中国大清王朝。

明治维新后，日本迅速崛起，成为亚洲近代唯一走上独立发展道路的国家，并且逐步步入了先进的资本主义国家的行列。此后，新兴的日本资产阶级和残余下来的封建主义一起形成了军国主义，发动日俄战争，成为第二次世界大战的策源地。所有这些，都离不开明治维新。明治维新后，随着经济军事实力的增长，日本竭力推行军国主义，开始对亚洲邻国进行侵略扩张，成为新兴的帝国主义国家。因此，明治维新成为日本历史发展的转折点。

维新措施

1868 年 1 月，倒幕派利用人民的力量，通过国内战争（鸟羽、伏见战役）推翻了德川幕府的统治后，成立了由明治天皇（睦仁，1852～1921 年）亲政的新中央政府。明治政府是地主资产阶级的联合专政。它成立后实行一系列资产阶级改革，史称"明治维新"。

1869 年 3 月，明治政府颁布了内政、外交基本纲领——五条誓文。它规定：（一）广兴会议，决万机于公论（实际上国家事务由列侯会议讨论决策）。（二）上下一心，盛行经纶（即政府和民众共同过问国事）。（三）官武一途以至庶民，各遂其志，人心不倦（即上自宫廷贵族、封建武士，下至平民百姓，各守本分，履行职责）。（四）破旧有之陋习，基于天地之公道（即破除封建的旧制度，实行改革，务求公道）。（五）求知识于世界，大振皇基（即向西方先进资本主义国家学习，输入近代资本主义文化知识，促进天皇统治下的日本民族国家的繁荣富强）。

为了实现上述基本纲领，明治政府实行了一系列资产阶级改革，其中比较重要的有以下几个方面：

一、废藩置县，消除封建割据，加强以天皇为中心的统一的中央集权国家。

1869 年，各地藩主被迫先后奉还版籍，即把领地和户籍（人民）奉还给天皇。旧藩主成为新中央政府任命的藩知事，藩政基本方针必须服从中央。接着，1871 年政府强行废藩置县。所有藩知事被解除职务，移居东京，领受俸禄，取消藩国，将全国划分为三府七十二县，由中央委派知事直接管辖。这个措施大大地加强了国家的统一和中央集权。

同时，新政府作为地主资产阶级的国家机器，发挥了镇压人民的作用。它宣布永远禁止农民

最新整理图文珍藏版

结党聚众、强行控诉和相率逃亡。当农民要求把反封建斗争进行到底，在许多地方发动起义时，新政府悍然镇压这些起义。

二、改革封建等级制度，以适应资本主义经济的发展。

新政府在废除纯粹的封建土地所有制的基础上，改革了封建等级制度，废除武士等级的部分特权。大名公卿改称华族，一般武士改称士族，农、工、商和贱民皆称平民。1873年后，政府以公债代替各种俸禄。领受公债者达31.3万人，发放的公债达1亿7500余万元。华族用公债购买土地，成为地主；或投资于工商业，成为资本家。这种赎买政策实际上使封建私有财产制变成为资本主义私有财产制。

政府取消对农、工、商的限制，承认土地私有权，允许自由买卖土地和种植作物，允许一切人自由选择职业和迁居。这些措施意味着农民摆脱了对封建主的人身依附关系，为日本资本家提供大量的自由劳动力，从而为资本主义的发展提供有利的条件。

三、地税改革，保证政府的财政收入。

土地税占新政府收入的百分之八十。为了固定和保证这项收入，1873年政府颁布了地税改革条例。条例规定：只对土地所有者征税；地税为法定地价（按五年内平均产量折合米价，作为法定地价）的百分之三，不管丰歉如何，地税不变；地税一律以货币缴纳。

地税改革丝毫没有减轻农民的负担。政府始终站在地主方面，保护地主对佃农的剥削。好不容易取得土地的自耕农，大部分由于交纳不起地税，纷纷丧失土地，沦为佃农。地税改革是促使封建经济转化为资本主义而强制推行原始积累的重要手段。这个改革使政府的财政收入得到保证，使政府有足够的财力供养军队和补贴近代军事工业（财阀）。同时，地税改革使作为天皇制政府重要社会支柱的半封建地主制，迅速地确定下来。

四、实行征兵制，建立近代常备军。

明治政府成立初期，提出了"富国强兵"的口号，努力建立一支强大的近代常备军。其目的是为了镇压士族叛乱和人民起义，也是为了对外侵略扩张。政府首先建立由亲政府的士族组成的近卫军，各县在整顿旧藩兵的基础上建立士族军队。1872年11月，开始实行征兵制，向全国人民征兵，建立近代常备军。

天皇制政府从一开始就具有浓厚的军国主义色彩。日本地主资产阶级羽毛尚未丰满，就依靠这支常备军，开始对中国的台湾（1874年）和朝鲜（1875年）进行侵略。

五、扶植资本主义工商业，积极引进外国先进技术。

为了扩大国内市场和促进资本主义的发展，新政府采取了许多经济措施，例如：废除各藩设立的关卡；统一全国币制和邮政；建立示范企业，传授技术；向资本家发放无息贷款，扶植和补助私人企业；聘请外国技师，积极引进外国先进技术，等等。政府为了军事上的需要，特别重视和大力发展军事工业。政府把一些厂矿企业廉价转让给三井、三菱、安田、住友等财阀，促使日本垄断资本急剧形成。

天皇制政府、军阀和财阀紧密勾结，是明治维新后一个十分突出的现象。因此，从一开始，日本资本主义的发展就带有鲜明的军事特征和军国主义的倾向。日本资本主义迅速过渡为军事封建帝国主义。

六、与列强交涉，收回国权。

新政府成立后，努力与列强交涉，力争修改不平等条约，收回国权。1871年政府派出以岩仓具视为团长的代表团到美欧各国，进行关于修改不平等条约的谈判。但遭到欧美各国的蛮横拒绝。尽管如此，在70年代新政府先后收回了租借地及铁路修筑权、采矿权、驻军权、租借地警察权等。直到90年代末，日本才成功地修改了不平等条约，获得与欧美各国基本上平等的地位（只有关税自主权等未收回）。

明治维新是日本历史上一个转折点。它标志着日本从封建主义社会过渡到资本主义社会，从封建割据国家变成统一的国家，从半殖民地国家逐渐变成独立的资本主义强国。明治维新之所以能够取得这些成就，绝非偶然。倒幕派利用人民的力量，建立了广泛的反幕阵线，通过国内战争推翻了与外国殖民势力相勾结的反动幕府封建统治，建立了地主资产阶级联合专政的新政权。这是实行上述资产阶级改革的首要前提。当时，美国忙于国内的南北战争，英、法等国忙于侵略和争夺比日本资源丰富、市场广大的中国，无暇顾及日本，从而使日本得以乘隙自强。西方资本主义国家各怀鬼胎，对日政策各异，未能采取统一行动或进行联合武装干涉。当时中国等亚洲人民反封建反殖民主义的斗争方兴未艾，也牵制了西方殖民势力，使它们不能抽调大量兵力进一步干涉日本。这些就是明治维新能够成功的内外条件。但是，明治维新是一次极不彻底的资产阶级革命，它没有完成资产阶级革命的任务。从上层建筑到经济基础，保留了许多封建残余。天皇制和半封建寄生地主制就是封建残余的突出表现。尽管如此，明治维新在历史上所起的进步作用是不容抹杀的。它改造了日本社会，使日本走上资本主义道路，资本主义生产力飞速发展。它促进了日本近代民族的形成。日本通过明治维新第一个摆脱了半殖民地的束缚。明治维新的道路，鼓舞了近代亚洲各国被压迫民族，特别是亚洲各国民族资产阶级，争取民族独立和重建祖国的信念。

明治维新的启蒙者：福泽谕吉

福泽谕吉（1835～1901 年）是日本明治时期著名的资产阶级启蒙思想家和教育家，被称为"日本的伏尔泰"。他一生从事教育和著述，宣传西方资产阶级思想和文化，抨击封建统治意识，对日本明治时期社会思想的变革起了巨大的推动作用。

1. 多次出洋考察

福泽谕吉出身于一个下层武士家庭，早年丧父。他少年时一面从事家务劳动，一面学习汉文，并阅读父亲留下的许多文学书籍。

1853 年，美国海军将领培里率领四艘军舰到江户的浦贺港外，用武力迫使日本打开门户。在外国侵略面前，福泽谕吉深感日本要强盛必须向西方学习。他怀着振兴日本的抱负，先后去长崎、大阪、江户学习荷兰语和英语，学习理论、解剖等西方科学文化知识，后来又在江户开办一所荷兰语学塾。

福泽谕吉渴望能到国外参观访问，了解西方社会情况。1860 年，作为日本第一个使节团的成员，赴美交换"日美友好通商条约"批准书。1861 年，他作为译员陪同幕府使团历访英、法、荷、普、俄等国。1867 年，他再度赴美。

多次出国访问使福泽开阔了眼界，对西方资本主义社会有了进一步的了解，看到日本和欧美各国存在着很大差距，期望把西方文明开化之风带回国内。他路过新加坡等地时，目击殖民地人民的苦难，感慨多端。

福泽谕吉访问欧美期间，用节省下来的外汇，购置大批外文书籍，包括各种辞典、史地、法律及经济著作。回国后组织学生翻译，其中许多书籍被广泛采用作教科书。

日本被迫开港后，社会上盛行"攘欧论"，福泽倡导学习西方文明，处处受到传统势力的猛烈攻击。在这样的社会矛盾中，福泽以极大的胆略和追求真理的勇气，为文明开化事业做出贡献。

2. 鼓吹社会改革

从1862年起，福泽连续发表了六十多种著作，尤以《西洋事务》、《劝学篇》和《文明论概略》最为著名，对当时日本改革起了推动作用。

《西洋事务》一书是福泽根据访问笔记写成的，它详细介绍西方资本主义制度以及社会、政治、经济、风俗等情况。当时日本朝野凡谈西方文明、主张开国的，案头都有这部著作。

这一时期福泽的著作多是宽观的介绍，很少有自己的理论和主张，可以说这是他的思想准备时期。

1872年，福泽发表了被称为"明治的圣经"的重要著作《劝学篇》，吹响了向近代文明社会进军的号角。

在这部著作中，福泽用通俗语句指出，"天不生人上之人，也不生人下之人。""人人生而平等，无上下贵贱之分。"他充分肯定人的知识只能通过后天学习才能得到，贤愚之别是由于学与不学造成的。他敦促国人要多读书，多接触事物，钻研对社会真正有用的学问。他认为一国文明事业的成功、国家的独立，取决于每个人，他要求日本人立志学问，充实力量。他主张放开眼界，将东西方事物进行比较，信其可信，疑其可疑，取其可取，舍其可舍，取得真理。

《劝学篇》力排传统思想，宣传功利主义和进取精神，对日本以后积极引进国外先进的科学技术、资产阶级社会政治学说和制度起了有益的作用。这本书一出版，人们争相购阅，销售量多达70万册，对当时日本社会思想影响极大。

3. 重视德智教育

福泽在《文明论概略》一书中，全面提出学习西方文明的主张。指出文明的内容极为广泛，人类社会一切事物都包括在这一概念中。文明可分狭义和广义两个方面，即物质文明和精神文明。他认为人生不能仅以物质为目的，否则就和蚂蚁、蜜蜂没有什么不同。一国文明高低，可以从人民的德智水准来衡量，因此要促进文明，必先提高人民的道德与智慧，即精神文明。

他指出，西方文明只不过是历史发展到一定阶段的产物。西方的富强虽然值得羡慕，但人民贫富不均，盗窃和杀人案件层出不穷。因此学习西方应有分析和取舍，应结合国情，学习其主流。福泽认为东西方人民风俗不同，思想各异，外在的文明（物质文明）易取，内在的文明（精神文明）难求，学习时不能强搬硬套，应先求西方文明可取的精神所在，然后吸取西方的物质文明。不能为了吸取西方物质文明而甘当西方物质文明的犬羊，不能因吸取西方精神文明而抛弃本国传统的文化和精神。如果全国人民没有真正的独立思想，这种文明对日本不会起作用，也不能说是日本的文明。这一时期是福泽谕吉作为启蒙思想家最活跃的时期，也是其思想对社会影响最大的时期。

4. 创办庆应义塾

福泽是日本近代教育史上私人大学的创始人。1868 年他创办了"庆应义塾"，后来又加以扩大，建成日本第一所西方式学校，建立了宣传文明开化的基地，为日本的维新改革事业培养了多方面的人才，被誉为"日本近代教育之父"。

他试图通过办教育以打开日本闭关自守的局面，使日本逐渐走向文明社会。因此，他把推进日本社会文明进步作为办学宗旨。他主张在学校讲授西方先进的科学知识，学习自然科学基础理论，并传播西方资产阶级社会的政治学说。

福泽的许多思想对日本资产阶级政治运动有着直接影响。日本能迅速发展成一个资本主义强国，与福泽谕吉的名字是联系在一起的。

福泽积极鼓动明治政府对外执行侵略扩张政策。1882 年他发表《帝室论》，1885 年又抛出"脱亚论"，配合日本侵略朝鲜和中国的活动，公然宣扬"日本肩负文明教师的责任……应把朝鲜带进文明世界"；甲午战争中国战败后，他鼓吹要将中、朝"包括到我（日本）文明圈之中"，这实际上是在为日本侵略扩张政策制造理论根据。这是福泽的思想理论中最反动的一面，应予揭露和批判。